Prävention braucht Praxis, Politik und Wissenschaft

Ausgewählte Beiträge des 19. Deutschen Präventionstages

12. und 13. Mai 2014 in Karlsruhe

Herausgegeben von
Erich Marks und Wiebke Steffen

Mit Beiträgen von:
Klaus Michael Beier; Helmut Fünfsinn; Dorit Grundmann; Dieter Hermann; Harrie Jonkman; Stefan Kersting; Anna Konrad; Arthur Kreuzer; Laura F. Kuhle; Helmut Kury; Olaf Lobermeier; Erich Marks; Gisela Mayer; Viktor Mayer-Schönberger; Grygorii Moshak; Daniela Pollich; Karla Schmitz; Christoph Schüle; Wiebke Steffen; Rainer Strobl; Jens Wagner

Forum Verlag Godesberg GmbH 2015

Bibliographische Information der Deutschen Nationalbibliothek

Die Deutsche Nationalbibliothek verzeichnet diese Publikation in
der Deutschen Nationalbibliographie: detailierte bibliografische
Daten sind im Internet über http://dnb.d-nb.de abrufbar.

Satz und Layout: Karla Schmitz, Kathrin Geiß und Isabell Becker
Coverdesign: Konstantin Megas, Mönchengladbach

Gesamtherstellung: BoD - Books on Demand, Norderstedt
Printed in Germany

978-3-942865-36-4   (Printausgabe)
978-3-942865-37-1   (eBook)

Inhalt

Vorwort der Herausgeber

Der 19. Deutsche Präventionstag fand am 12. und 13. Mai 2014 in Karlsruhe unter der Schirmherrschaft des Ministerpräsidenten des Landes Baden-Württemberg, Winfried Kretschmann, statt. Gut 3000 Teilnehmende und Gäste aus 29 Staaten kamen auf dem größten europäischen Kongress zur Kriminalprävention zusammen, um sich über das Schwerpunktthema „Prävention braucht Praxis, Politik und Wissenschaft" und über nahezu alle anderen aktuellen Themen, Projekte und Programme der Kriminalprävention sowie angrenzender Präventionsbereiche zu informieren. Mehr als 250 Fachorganisationen der Kriminalprävention waren involviert und fast 300 Vorträge und Projektspots standen auf dem Programm. Unterstützt wurde der 19. Deutsche Präventionstag von über 40 Partnerorganisationen.

Dieser Dokumentationsband, der wie in den Vorjahren als Printausgabe sowie als eBook im Forum Verlag Godesberg erscheint, enthält zum einen die Schriftfassungen jener Vorträge, die sich primär mit dem Schwerpunktthema befassen. Zum andern gibt die Dokumentation einen Überblick über den gesamten Kongress und enthält das wissenschaftliche Gutachten zum Schwerpunktthema sowie die ausführliche Kongressevaluation. Weitere Dokumente zum Deutschen Präventionstag des Jahres 2014 finden sich auf der Internetseite des Kongresses (www.praeventionstag.de).

Im Namen des Deutschen Präventionstages danken wir dem Bundesministerium für Familie, Senioren, Frauen und Jugend (BMFSFJ) für die finanzielle Förderung des 19. Deutschen Präventionstages, den gastgebenden Veranstaltungspartnern, dem Land Baden-Württemberg und der Stadt Karlsruhe, für die gewährte inhaltliche und finanzielle Unterstützung. Unser Dank gilt ebenso den ständigen Veranstaltungspartnern des Deutschen Präventionstages, dem Fachverband für Soziale Arbeit, Strafrecht und Kriminalpolitik (DBH), der Polizeilichen Kriminalprävention der Länder und des Bundes (ProPK), der Stiftung Deutsches Forum für Kriminalprävention (DFK) und dem WEISSEN RING e.V. für ihre ideelle und finanzielle Unterstützung sowie ihre aktive Mitwirkung im Programmbeirat.

Die Herausgeber danken sehr herzlich allen Autorinnen und Autoren dieses Kongressbandes für die Bereitstellung ihrer Texte. Namentlich danken wir Kathrin Geiß und Isabell Becker für die Texterfassung und Gestaltung dieses Sammelbandes, Karla Schmitz für die Endredaktion sowie Carl Werner Wendland für die verlegerische Betreuung.

Erich Marks und Wiebke Steffen

4. Plenumsveranstaltungen

Kongresseröffnung
Montag, 12. Mai 2014 – 11:00 bis 12:30 Uhr

- Geschäftsführer des Deutschen Präventionstages
  Erich Marks
- Bundesministerin für Familie, Senioren, Frauen und Jugend
  Caren Marks, Parlamentarische Staatssekretärin, in Vertretung für *Manuela Schwesig*
- Oberbürgermeister der Stadt Karlsruhe
  Dr. Frank Mentrup
- Innenminister des Landes Nordrhein-Westfalen
  Reinhold Gall
- Kongresspräsident und Vorsitzender der Deutschen Stiftung für Verbrechensverhütung und Straffälligenhilfe
  Prof. Dr. Hans-Jürgen Kerner
- Gutachterin des Deutschen Präventionstages
  Dr. Wiebke Steffen
- University of Cambridge
  Prof. Dr. Manuel Eisner
- Künstlerische Beiträge:
  Landespolizeiorchester Baden-Württemberg
  Cabuwazi Kinder- und Jugendzirkus
  Dance Vision Karlsruhe - Trainershow

Abendempfang
des Landes Baden-Württemberg und der Stadt Karlsruhe für die Teilnehmenden des 19. Deutschen Präventionstages am Montag,12.Mai 2014 ab 18:00 Uhr - Gartenhalle

Abschlussplenum
Dienstag, 13. Mai 2014 – 15:15 bis 16:15 Uhr

- *Dr. Wiebke Steffen, Gutachterin des Deutschen Präventionstages*
  „Karlsruher Erklärung" des Deutschen Präventionstages
- *Prof. Dr. Hans-Jürgen Kerner, Kongresspräsident und Vorsitzender der Deutschen Stiftung für Verbrechensverhütung und Straffälligenhilfe*
  Abschluss-Statement
- *Prof. Dr. Viktor Mayer-Schönberger, University of Oxford*
  Big Data – Chancen und Risiken in der Prävention
- Erich Marks, Geschäftsführer des Deutschen Präventionstages
  Ausblick und Verabschiedung
- Künstlerische Beiträge:
  Polizeimusikkorps Karlsruhe

5. Vorträge

- Sexuellem Kindesmissbrauch vorbeugen – Das Präventionsnetzwerk „Kein Täter werden"
  Prof. Dr. Dr. Klaus Michael Beier, Charité - Universitätsmedizin Berlin

- Weltweit 50% weniger Gewalt bis 2050 — Ansätze zu einer globalen Strategie
  Prof. Dr. Manuel Eisner, University of Cambridge

- Prävention braucht Praxis, Politik und Wissenschaft: Die Sicht der Wissenschaft
  Prof. Dr. Andreas Beelmann, Friedrich-Schiller-Universität Jena

- „Missbrauch verhindern" durch Strafanzeige
  Andreas Mayer, Polizeiliche Kriminalprävention der Länder und des Bundes (ProPK), Stuttgart

- Fortschritte und Möglichkeiten. Was wissen wir und was können wir erreichen in der Präventionsarbeit für Jugendliche (IOM Report 2009)?
  Dr. Harrie Jonkman, Verwey-Jonker Institute, Utrecht

- Das Präventionsprinzip im Strafrecht - Weitere Möglichkeiten der Verbesserung
  Klaus Michael Böhm, Behandlungsinitiative Opferschutz (BIOS-BW) e.V., Karlsruhe

- Ausweitung des Strafrechts auf dopende Sportler - ein sinnvoller Präventionsbeitrag?
  Prof. em. Dr. Arthur Kreuzer, Justus-Liebig-Universität Gießen / WEISSER RING e. V., FB Vorbeugung, Mainz

- Gewalt gegen Frauen: auch ein europäisches Thema
  Dr. Thomas Hackner in Vertretung für Antje Niewisch-Lennartz, Niedersächsische Justizministerin, Hannover

- 30 Jahre Täter-Opfer-Ausgleich: Verheißung des Guten - aber wie soll es weitergehen?
  Prof. Dr. Dieter Rössner, Tübingen

- Gewaltprävention – zur Praxis einer Theorie. Inwieweit lenkt das Wissen um die Ursachen von Gewalt die Praxis der Prävention?
  Gisela Mayer, Aktionsbündnis Amoklauf Winnenden

- Das Projekt Sozialnetz-Konferenz in der Bewährungshilfe Österreich – die Aktivierung des sozialen Netzes zur Planung der Hilfe
  Prof. Dr. Christian Grafl, Universität Wien
  Hansjörg Schlechter, Neustart Österreich, Wien

- „Trau dich!" Die bundesweite Initiative zur Prävention des sexuellen Kindesmissbrauchs. Erfahrungen aus der Kooperation mit den Bundesländern und der wissenschaftlichen Begleitforschung
  Stefanie Amann, Bundeszentrale für gesundheitliche Aufklärung (BZgA), Köln
  Christiane Firnges, Bundeszentrale für gesundheitliche Aufklärung (BZgA), Köln

- Sicher Wohnen - warum benötigt es mehr als (gute) polizeiliche Ratschläge
  Rita Salgmann, Landeskriminalamt Niedersachsen, Hannover

- „Das Romahaus" - polizeiliche Prävention als Netzwerkarbeit aus Sicht von Praxis und Forschung
  Christian Horn, Polizei Berlin
  Eva Kiefer, Johann-Wolfgang-Goethe Universität, Frankfurt/Main
- Alkoholprävention vor Ort: Unterstützung von kommunalen Strategien – Maßnahmen der BZgA
  Michaela Goecke, Bundeszentrale für gesundheitliche Aufklärung (BZgA), Köln
  Prof. Dr. Elisabeth Pott, Bundeszentrale für gesundheitliche Aufklärung (BZgA), Köln
- „Schnell weg – zwischen Panik und Gewissen!" - Vorstellung eines Zivilcouragenseminars für Erwachsene
  Stefanie Ferdinand, Heidelberg
  Reiner Greulich, Sicheres Heidelberg e.V.
- Evidenzbasierte Kriminalprävention am Beispiel der Region Rhein-Neckar
  Günther Bubenitschek, Prävention Rhein-Neckar e.V., Heidelberg
  Dr. Melanie Wegel, Universität Zürich / Kommunale Kriminalprävention Rhein-Neckar e.V., Zürich
- Situative Kriminalprävention; Chancen eines Kooperationsansatzes im Bereich Cybercrime
  Jörg Bässmann, Bundeskriminalamt, Wiesbaden
- Kriminalpräventive Angebote für ältere Menschen
  Dierk Marckwardt, Landeskriminalamt Baden-Württemberg, Stuttgart
  Dr. Volkhard Schindler, Polizeiliche Kriminalprävention der Länder und des Bundes (ProPK), Stuttgart
- Gewaltprävention in der Schweiz: Zusammenarbeit zwischen Politik, Praxis und Wissenschaft
  Thomas Vollmer, Eidgenössisches Departement des Inneren, Bern
- Kriminalitätsmonitor NRW – Ergebnisse aus einer repräsentativen Opferbefragung zum Wohnungseinbruch
  Dr. Stefan Kersting, Landeskriminalamt Nordrhein-Westfalen, Düsseldorf
  Dr. Daniela Pollich, Landeskriminalamt Nordrhein-Westfalen, Düsseldorf
- Sicherheit und Sicherheitsbedrohungen im Alter - Phänomene und Präventionsansätze
  Prof. Dr. Thomas Görgen, Deutsche Hochschule der Polizei, Münster
  Sandra Kotlenga, Zoom - Gesellschaft für prospektive Entwicklungen e.V., Göttingen
  Benjamin Kraus, Deutsche Hochschule der Polizei, Münster
  Sabine Nowak, Deutsche Hochschule der Polizei, Münster
  Daniel Wagner, Deutsche Hochschule der Polizei, Münster
- Kriminalprävention in der Praxis - das Soziale-Stadt-Projekt Bonn-Neu-Tannenbusch
  Michael Isselmann, Bundesstadt Bonn
  Sabine Kaldun, barrio novo., Gelsenkirchen
  Detlev Schürmann, Stiftung Deutsches Forum für Kriminalprävention (DFK), Bonn

- Kriterien gelingender Netzwerke am Beispiel Früher Hilfen
  Dr. Frauke Zahradnik, Stadt Karlsruhe - Kinderbüro / Frühe Hilfen

- PaC - Prävention als Chance; Erfahrungen aus 10 Jahren Mehrebenenprogramm auf kommunaler Ebene, Chancen für die Zukunft
  Susanne Gremmler, Landeskriminalamt Niedersachsen, Hannover
  Mario Jansen, Gemeinde-Unfallversicherungsverband Hannover/Landesunfallkasse Niedersachsen

- Praxisforschung - Evaluation eines theaterpädagogischen Projekts gegen sexuelle Aggression
  Prof. Dr. Friederike Eyssel, Universität Bielefeld
  Dr. Susanne Heynen, Stadt Karlsruhe, Sozial- und Jugendbehörde

- Evaluation über die elektronische Überwachung in Korea
  Dr. Cheonhyun Lee, Korean Institute of Criminology (KIC), SEOUL
  Hark-Mo Daniel Park, Korean Institute of Criminology (KIC), SEOUL

- Rechtsextremismus heute - Erscheinungsformen und Aspekte für die Präventionsarbeit
  Lisa Hempel, Landespräventionsrat Niedersachsen, Hannover
  Patrick Neumann, Landespräventionsrat Niedersachsen, Hannover

- Kommunales Risikomanagement: über die Gemeinsamkeiten von Kindswohlgefährdungen und Hurrikans
  Dr. Björn Weiße, Stadt Karlsruhe, Ordnungsamt

- Ansätze und Möglichkeiten zur Verhütung vorsätzlicher Brandstiftungen in Wohnbereichen
  Frank Dieter Stolt, Initiative Schutz vor Kriminalität e.V., Mannheim

- Polizei und multi-ethnische Jugend. Was die Polizei gut macht und noch besser machen kann
  Udo Behrendes, Polizeipräsidium Köln
  Daniela Hunold, Max-Planck-Institut für ausländisches und internationales Strafrecht, Freiburg im Breisgau
  Dr. Dietrich Oberwittler, Max-Planck-Institut für ausländisches und internationales Strafrecht, Freiburg im Breisgau
  Anina Schwarzenbach, Max-Planck-Institut für ausländisches und internationales Strafrecht, Freiburg im Breisgau

- Schütze Dein BESTES. - Prophylaxe für Ihr Gehirn: „a good way to avoid your neurosurgeon"
  Prof. Dr. Martin U. Schuhmann, Universitätsklinikum Tübingen

- Prävention von Jugendgewalt: Kriterien guter Praxis in Familie, Schule und Sozialraum
  Carlo Fabian, Fachhochschule Nordwestschweiz, Basel
  Nadine Käser, Fachhochschule Nordwestschweiz, Basel

- Präventionsprogramme - mehr als die Summe seiner Teile?
  Heidrun Mayer, Papilio e.V., Augsburg
  Prof. Dr. Herbert Scheithauer, Freie Universität Berlin

- Sicherheit für Alle - Partizipation von Migrantenselbstorganisationen an der Prävention
  Necati Benli, Hessisches Landeskriminalamt, Wiesbaden
  Jürgen Schmatz, Polizeipräsidium Südosthessen, Offenbach am Main

- Das bundesweite Hilfetelefon „Gewalt gegen Frauen" - Erfahrungen nach einem Jahr
  Tina Budavari, Bundesamt für Familie und zivilgesellschaftliche Aufgaben, Köln
  Petra Söchting, Bundesamt für Familie und zivilgesellschaftliche Aufgaben, Köln

- „Entwicklungsförderung und Gewaltprävention für junge Menschen" als Kooperationsstrategie
  Prof. Dr. Andreas Beelmann, Friedrich-Schiller-Universität Jena
  Frederick Groeger-Roth, Landespräventionsrat Niedersachsen, Hannover
  Wolfgang Kahl, Stiftung Deutsches Forum für Kriminalprävention (DFK), Bonn
  Christine Liermann, Stiftung Deutsches Forum für Kriminalprävention (DFK), Bonn
  Erich Marks, Deutscher Präventionstag, Hannover

- Alltagsprobleme durch Medikamenten- und Drogenkonsum und Lösungsansätze
  Franz Horst Wimmer, Buchautor und Kriminalbeamter, Fürth

- „RESTORATIVE CIRCLES" - ein Ansatz mit radikaler heilsamer Wirksamkeit
  Hannah Hartenberg, Alanus Hochschule für Kunst und Gesellschaft, Alfter

- Sichere Schweizer Städte 2025
  Sybille Oetliker, Schweizerischer Städteverband, Bern
  Dr. Tillmann Schulze, Ernst Basler + Partner AG, Zollikon

- Urheberrechtsverletzungen und Raubkopien – der Aufklärungsansatz von RESPE©T COPYRIGHTS
  Dr. Norbert Taubken, Initiative RESPE©T COPYRIGHTS, Berlin
  Matthias Wolf, Initiative RESPE©T COPYRIGHTS, Berlin

- Diebstahl- und Überfallschutz durch künstliche DNA. Entwicklungen 2009-2014 und Aussichten
  Donald van der Laan, SDNA Technology GmbH, Schriesheim
  Tobias Vogel, SDNA Technology GmbH, Schriesheim

- Kriminalprävention in Somogy (Ungarn)
  Dr. Magdolna Jávorszkiné Molnár, Polizeipräsidium Somogy (Ungarn), Kaposvár

- Prävention braucht Grundlagenforschung. Ideen zur Konzeption universeller Gewaltprävention
  Prof. Dr. Dieter Hermann, Universität Heidelberg / WEISSER RING e. V., FB Vorbeugung

- Erkenntnisse des SURVEILLE Projektes zu Ethik und Effizienz von Überwachungstechnologien
  Ralf Eck, Fraunhofer-Institut für Optronik, Systemtechnik und Bildauswertung IOSB, Karlsruhe
  Dr. Sebastian Höhn, Universität Freiburg, Zentrum für Sicherheit und Gesellschaft
  Erik Krempel, Fraunhofer-Institut für Optronik, Systemtechnik und Bildauswertung IOSB, Karlsruhe
  Sebastian Sperber, European Forum for Urban Security (EFUS), Paris

- Sicherheitsbericht der Stadt Luzern 2013 - ein bewährtes Arbeitsinstrument für die Praxis
  Maurice Illi, Stadt Luzern

- Der Einfluss der gesamtgesellschaftlichen Kriminalprävention auf das Strafrecht
  Dr. Helmut Fünfsinn, Hessisches Ministerium der Justiz, für Integration und Europa, Wiesbaden

- Polizeiaufbau zur Gewalt- und Kriminalitätsprävention in fragilen Staaten Afrikas
  Monica Perez-Olea, Deutsche Gesellschaft für Internationale Zusammenarbeit (GIZ) GmbH, Berlin
  Sabine Wenz, Deutsche Gesellschaft für Internationale Zusammenarbeit (GIZ) GmbH, Berlin

- Kriminalprävention durch härtere Sanktionen? - Die Rolle der Kriminologie
  Prof. Dr. Dr. Helmut Kury, Universität Freiburg

- Gewalt in Gruppen und Hooliganismus: Erscheinungsformen, Motive und Prävention
  Prof. Dr. Niels Habermann, SRH Hochschule Heidelberg

- Korruptionspraevention in Indonesien - wer lernt von wem?
  Doris Becker, Deutsche Gesellschaft für Internationale Zusammenarbeit (GIZ) GmbH, Jakarta 10310
  Johanna Beate Wysluch, Deutsche Gesellschaft für Internationale Zusammenarbeit (GIZ) GmbH, Eschborn

6. Sonderveranstaltungen

6.1 Medienforum der bpb

- Medienalltag von Kindern und Jugendlichen: Herausforderungen für Eltern und Pädagogen
  Walter Staufer, Bundeszentrale für politische Bildung/bpb, Bonn

- 30 Jahre Rechtsrock und aktuelle Tendenzen in der Jugendmusikkultur
  Martin Langebach, Bundeszentrale für politische Bildung/bpb, Bonn
  Jan Raabe, Argumente & Kultur gegen Rechts e.V., Bielefeld

- Bildschirmmedien und Prävention - Stand der Wissenschaft zu Chancen und Risiken
  Dr. Paula Bleckmann, Kriminologisches Forschungsinstitut Niedersachsen, Hannover

- Spiel-Konzepte und Spiel-Technologien für adaptive Präventionserlebnisse
  Prof. Dr. Dr. Klaus Jantke, Fraunhofer IDMT, Erfurt
- Online-Medien im Präventionsalltag mit pb21 entdecken
  Daniel Seitz, mediale pfade - Agentur für Medienbildung, Berlin
- „Wird der Jugendschutz ein Opfer der digitalen Revolution?" - Expertenbefragung mit offener Fragerunde
  Jutta Croll, Zentrum für Kinderschutz im Internet (I-KiZ), Berlin
  Hajo von Gottberg, Freiwillige Selbstkontrolle Fernsehen e.V., Berlin

6.2 DJI-Forum

- Forschung für die Praxis – das „Nationale Zentrum Frühe Hilfen"
  Alexandra Sann, Deutsches Jugendinstitut e. V., München
- Prävention sexueller Gewalt gegen Mädchen und Jungen – Der Spektrum-Ansatz
  Elisabeth Helming, Deutsches Jugendinstitut e. V., München
- Kinder- und Jugendkriminalitätsprävention im Blick: Die DJI-Arbeitsstelle im Spannungsfeld zwischen Praxis, Politik und Wissenschaft
  Bernd Holthusen, Deutsches Jugendinstitut e. V., München
  Dr. Sabrina Hoops, Deutsches Jugendinstitut e. V., München
  Carina Seidl, Deutsches Jugendinstitut e. V., München
- Podiumsdiskussion: Was kann und soll Wissenschaft für Praxis und Politik leisten?
  Martina Liebe, Bayerischer Jugendring, München
  Martina Reinhardt, Thüringer Ministerium für Soziales, Familie und Gesundheit, Erfurt
  Prof. Dr. Peter Rieker, Universität Zürich
  Rita Salgmann, Landeskriminalamt Niedersachsen, Hannover
- Gelingensbedingungen pädagogischer Rechtsextremismusprävention
  Dr. Ursula Bischoff, Deutsches Jugendinstitut e. V., Halle
  Frank König, Deutsches Jugendinstitut e. V., Halle
  Eva Zimmermann, Deutsches Jugendinstitut e. V., Halle
- Schulische Berufsorientierung als Angebote zur Prävention von Ausbildungslosigkeit
  Dr. Nora Gaupp, Deutsches Jugendinstitut e. V., München
  Dr. Birgit Reißig, Deutsches Jugendinstitut e. V., Halle

6.3 Symposium Innere Sicherheit

- Prävention gestern und heute - eine Zeitreise
  Gerhard Klotter, Landespolizeipräsident Baden-Württemberg, Stuttgart
- Häuser des Jugendrechts (HdJR) - ein Erfolgsmodell
  Martin Schatz, Innenministerium Baden-Württemberg, Stuttgart
- Projekt VESBA - „Verbesserte Erkennbarkeit von Streifenfahrzeugen auf Bundesautobahnen und autobahnähnlich ausgebauten Straßen"
  Detlef Werner, Innenministerium Baden-Württemberg, Stuttgart

- Prävention zum Schutz des Lebens von abgängigen Demenzerkrankten
  Belinda Hoffmann, Innenministerium Baden-Württemberg, Stuttgart
  Uwe Stürmer, Polizeipräsidium Konstanz, Friedrichshafen

- Der beste Schutz der Demokratie ist die informierte Zivilgesellschaft
  Beate Bube, Landesamt für Verfassungsschutz Baden-Württemberg, Stuttgart

- Arbeitsgruppe „Lebenswerter öffentlicher Raum"
  Andreas Renner, Innenministerium Baden-Württemberg, Stuttgart
  Rüdiger Schilling, Polizeipräsidium Karlsruhe

- Zusammenlegung der Verkehrs- und Kriminalprävention (im Zuge der Polizeireform in Baden-Württemberg)
  Andreas Renner, Innenministerium Baden-Württemberg, Stuttgart
  Claudia Rohde, Innenministerium Baden-Württemberg, Stuttgart

6.4 Karlsruher Forum für Cybersicherheit

- Cyberkriminalität - die Schattenseite der digitalen Gesellschaft
  Jörg Ziercke, Präsident des Bundeskriminalamts, Wiesbaden

- Cybersicherheit – eine neue Herausforderung für Bund und Länder?
  Dr. Herbert O. Zinell, Ministerialdirektor im Innenministerium Baden-Württemberg, Stuttgart

- Unternehmen in Sozialen Netzen – Wer hat die Kontrolle?
  Silvija Höger, Fraunhofer-Institut für Optronik, Systemtechnik und Bildauswertung IOSB, Karlsruhe

- WLAN-Hacking
  Kai Jendrian, KA-IT-Si/Secorvo Security Consulting GmbH, Karlsruhe
  Jörg Völker, KA-IT-Si/Secorvo Security Consulting GmbH, Karlsruhe

- Cybermobbing auch ein Problem bei Erwachsenen? Was verrät die Sprache der Täter/Opfer
  Uwe Leest, Bündnis gegen Cybermobbing e.V., Karlsruhe

- juuuport - Die Selbstschutz-Plattform von Jugendlichen für Jugendliche im Netz
  Sorina Lungu, www.juuuport.de, Köln
  Karin Wunder, Niedersächsische Landesmedienanstalt (NLM), Köln

- Cybermobbing- auch bei uns ? - Implementierung von Prävention
  Uli Gilles, Rhein-Sieg-Kreis, Siegburg

- Online-Kinderschutz im Zeitalter des Digitalen Exhibitionismus - eine (un)lösbare Herausforderung
  Julia von Weiler, Innocence in Danger e.V., Berlin

- Datenschutz bei notwendigen Veröffentlichungen privater Daten mit Beispielen aus dem Gesundheits- und Energiebereich
  Stephan Kessler, Karlsruher Institut für Technologie (KIT)

- Be Wiser - Ein europaweiter Ansatz zur Stärkung des IT-Security-Sektors
  Tamara Högler, CyberForum e.V., Karlsruhe
- Gemeinsam gegen Cybercrime – Neue Ansätze in der Prävention
  Peter Vahrenhorst, Landeskriminalamt Nordrhein-Westfalen, Düsseldorf
- Strategic importance of cyber security
  Melissa Hathaway, Belfer Center for Science and International Affairs, Cambridge, MA 02138

6.5 US Juvenile Justice
- Die Rolle der Amerikanischen Bundesvereinigung der Familien- und Jugendrichter im gegenwärtigen Reformprozess
  David E. Stucki, Stark County Ohio Family Court, Brewster, OH 44613
- From first Model to Model Court
  Patricia M. Martin, Circuit Court of Cook County, Chicago, Il 60612
- Juvenile in Justice
  Richard Ross, University of California, Santa Barbara, Santa Barbara, CA 93109
- Child Friendly Justice – Wishful Thinking?
  Petra Guder, Glen Mills Academie Deutschland e. V., Lübbecke

6.6 Barometer Sicherheit in Deutschland (BaSID)
- Ergebnisse aus dem Verbundprojekt Barometer Sicherheit in Deutschland (BaSiD)

  Prof. Dr. Rita Haverkamp, Eberhard-Karls-Universität Tübingen
- Sicherheitsempfinden und Lebenszufriedenheit in Deutschland
  Dr. Dina Hummelsheim, Max-Planck-Institut für ausländisches und internationales Strafrecht, Freiburg im Breisgau
- Nachbarschaftseffekte auf Kriminalitätsfurcht in Deutschland
  Dr. Dietrich Oberwittler, Max-Planck-Institut für ausländisches und internationales Strafrecht, Freiburg im Breisgau
  Julian Pritsch, Max-Planck-Institut für ausländisches und internationales Strafrecht, Freiburg im Breisgau
- Befunde zu Opfererfahrungen, Mehrfachviktimisierungen und Anzeigeverhalten
  Christoph Birkel, Bundeskriminalamt, Wiesbaden
- Strafeinstellungen in Deutschland
  Nathalie Guzy, Bundeskriminalamt, Wiesbaden
- Technisierung von Sicherheit - Partizipation von Bürgerinnen und Bürgern
  Peter Zoche, Fraunhofer-Institut für System- und Innovationsforschung ISI, Karlsruhe

6.7 Übergangsmanagement

- Übergangsmanagement im Strafvollzug: Anwendungsfelder – Schwerpunkte
  Wolfgang Wirth, Kriminologischer Dienst des Landes Nordrhein-Westfalen, Düsseldorf

- Problemfelder bei der Kooperation der beteiligten Dienste
  Peter Reckling, DBH Fachverband für Soziale Arbeit, Strafrecht und Kriminalpolitik, Köln

- Wer ist dran? Welche Kooperationen sind für ein gelingendes Übergangsmanagement notwendig?
  Daniela Kundt, Bundesarbeitsgemeinschaft Jugendhilfe im Strafverfahren der DVJJ, Heilbronn

- Gelingendes Übergangsmanagement im Netzwerk Straffälligenhilfe Baden-Württemberg
  Oliver Kaiser, Netzwerk Straffälligenhilfe Baden-Württemberg, Stuttgart

- Entlassungsmanagement in Hessen
  Stephan Volp, Hessisches Ministerium der Justiz, Wiesbaden

6.8 Eltern-LAN – Zusammen.Spiele.Erleben
Veranstaltung von spielbar.de der bpb mit Partnern

6.9 Verfassungsschutz und Prävention – ein Gegensatz?
Natalia Calmicova, Landesamt für Verfassungsschutz Baden-Württemberg, Stuttgart
Dr. Frank Donath, Landesamt für Verfassungsschutz Baden-Württemberg, Stuttgart
Markus Kaiser, Landesamt für Verfassungsschutz Baden-Württemberg, Stuttgart
Dr. Benno Köpfer, Landesamt für Verfassungsschutz Baden-Württemberg, Stuttgart

6.10 NEST - Material für Frühe Hilfen
Kristin Adamaszek, Stiftung Pro Kind, Bremen
Michael Hahn, Nationales Zentrum Frühe Hilfen, Köln
Till Hoffmann, Nationales Zentrum Frühe Hilfen, Köln

6.11 Restorative Circles (RC) – Heilung statt Strafe. Eine Form der Konfliktverwandlung, entwickelt in der gewaltvollen Welt brasilianischer Favelas
Hannah Hartenberg, Alanus Hochschule für Kunst und Gesellschaft, Alfter

6.12 Wege zu nachhaltiger (Gewalt)prävention. Vom theoretischen Konzept zur kommunalen Netzwerkarbeit.
Michael Breitschwerdt, Kooperationsnetzwerk zum Konzept MIT-EIN-ANDER in Kita und Schule, Neuruppin
Stephan Grün-Fischer, Universitätsstadt Marburg
Regina Linda, Universitätsstadt Marburg
Waltraud Lorenz, Landkreis Ostprignitz-Ruppin

Prof. Dr. Dr. Friedrich Lösel, Friedrich-Alexander-Universität Erlangen
Johannes Maaser, Philipps-Universität Marburg
Prof. Dr. Ulrich Wagner, Philipps-Universität Marburg

7. Projektspots

- JobFit: Prävention am Übergang von der Schule in den Beruf
  Mirjam Laakmann, Universität Bremen
  Jan Schultheiß, Universität Bremen

- Wohnungseinbruch – akt. empirische Befunde
  Dr. Tillmann Bartsch, Kriminologisches Forschungsinstitut Niedersachsen, Hannover
  Katharina Blauert, Kriminologisches Forschungsinstitut Niedersachsen, Hannover
  Arne Dreißigacker, Kriminologisches Forschungsinstitut Niedersachsen, Hannover

- Gegen sexualisierte Gewalt im Sport!
  Elena Lamby, Deutsche Sportjugend im Deutschen Olympischen Sportbund e.V. (dsj), Frankfurt am Main

- OPEN SPORT Ludwigshafen - Sozialraumorientiert für gefährdete Jugendliche
  Petra Oberbeck, Sportjugend Rheinland-Pfalz, Mainz
  Stefan Streitel, Pfälzischer Verein für Straffälligenhilfe e. V., Speyer
  Dr. Ohle Wrogemann, Sportjugend Rheinland-Pfalz, Mainz

- Die Fankultur als Chance begreifen – die präventive Arbeit der sozialpädagogischen Fanprojekte
  Gerd Wagner, Deutsche Sportjugend im Deutschen Olympischen Sportbund e.V. (dsj), Frankfurt am Main

- Rechtsextrem orientierte Eltern (im Sport) – eine Form der Kindeswohlgefährdung
  Angelika Ribler, Sportjugend Hessen, Frankfurt am Main

- „Zwischen den Zeiten"- Kriminalprävention mit jungen Volljährigen - Projekt „Arbeitsweg"
  Sven Enger, Sächsische Jugendstiftung, Dresden
  Manuela Weise, Landeshauptstadt Dresden, Dresden

- „Wir für uns" - Peer-Learning und Gewaltprävention an der Schule
  Dr. Stefan Schanzenbächer, Caritasverband für das Erzbistum Berlin e.V.

- „Seniorensicherheit im ländlichen Raum"
  Doreen Radelow, Landkreis Ludwigslust-Parchim

- Mit dem Mörder meines Mannes reden?
  Wolfgang Schlupp-Hauck, Projekt TOA im Justizvollzug - LAG TOA Baden-Württemberg, Stuttgart

- Fachberatungsstelle Gewaltprävention – ein Modell für die Zukunft
  Markus Beck, Sozialberatung Stuttgart e.V.

- Kooperationsgremium „Für Lippe gegen häusliche Gewalt". Interdisziplinäre Zusammenarbeit bei Intervention und Prävention
  Regina Pramann, Kreis Lippe, Detmold

- Evaluation in der Jugendhilfe am Beispiel des Projekts „Dresdner Neuanfang"
  Dr. Kati Masuhr, Verein für soziale Rechtspflege Dresden e.V.
  Melanie Wehner, Landeshauptstadt Dresden

- Facebook, wkw und Co. - Sicher unterwegs in Sozialen Netzwerken
  Stephan Stengel, Landeszentrale für Medien und Kommunikation Rheinland-Pfalz, Ludwigshafen

- Forschungen und Prävention der Polizeigewalt
  Dr. Anastasiia Lukash, Universität Zürich und St. Gallen
  Prof. Dr. Dr. Grygorii Moshak, Nationa Meeresuniversität in Odessa, Ukraine

- GewaltFrei zum Erfolg – eine Präventions-Initiative für Kinder und Eltern in der Grundschule
  Dr. Kerstin Kern, Gesamt-Eltern-Beirat der Schulen von Schwäbisch Hall
  Jürgen Merwald, Polizeipräsidium Aalen

- GRENZBEREICHE – Theaterprojekt zur Prävention von sex. Übergriffen zwischen Teenagern
  Andrea Glück, Polizeidirektion Ludwigsburg
  Christa Wenzelburger, Silberdistel Ludwigsburg e.V.

- Hilfen für Kinder von Inhaftierten - Eltern-Kind-Projekt-Chance
  Horst Belz, Badischer Landesverband für soziale Rechtspflege, Stuttgart

- Ich, wir & die. Prävention menschenfeindlichen Denkens bei Jugendlichen
  Regina Bossert, Landeszentrale für politische Bildung Baden-Württemberg, Stuttgart

- Bleib Cool am Pool – ein gewaltpräventives Konfliktlotsenprojekt in Berliner Bädern
  Hartmuth Kurzhals, GSJ - Gesellschaft für Sport und Jugendsozialarbeit gGmbH, Berlin

- SaferSpaces – Wissenstransfer online für Prävention offline
  Daniel Brumund, Deutsche Gesellschaft für Internationale Zusammenarbeit (GIZ) GmbH, Pretoria

- Die bundesweite Täter-Opfer-Ausgleichs-Statistik - 2011/2012
  Alexander Bähr, Institut für Polizei- und Sicherheitsforschung, Bremen
  Rainer Hoffmann, Institut für Polizei- und Sicherheitsforschung, Bremen

- Formen polizeilicher Kriminalprävention aus Sicht der Praxisforschung
  Christiane Howe, Johann-Wolfgang-Goethe Universität, Frankfurt/Main

- „Total ausgerastet" - Gewalt an Schulen
  Wolfgang Welp-Eggert, Senatorin für Bildung und Wissenschaft, Bremen

- Betrug durch türkische Call-Center – Prävention durch das BKA
  N. Engmann, Bundeskriminalamt Wiesbaden

- Entschieden! - Zivilcourage jetzt
  Ulf Neumann, Kreisvolkshochschule Gifhorn
- Aktion BOB – eine sechsjährige Erfolgsgeschichte
  Dirk Brandau, Polizeipräsidium Mittelhessen, Gießen
- Peers planen Prävention – Jugendforum „Gutes Schulklima"
  Dennis Blauert, Wendepunkt e.V., Elmshorn
  Dr. Jakob Tetens, Wendepunkt e.V., Elmshorn
- BeSt KinGs – Bewegungsförderung und Stärkung der kindlichen Persönlichkeit
  in Kindergarten und Grundschule
  Shanta Ghosh-Broderius, Landesinstitut für Präventives Handeln, St. Ingbert
- Mehrfach straffällige Jugendliche im Fokus der Jugendhilfe
  Jana Meier, Deutsches Jugendinstitut e. V., München
- Ich kann, was ich will und ich will, dass ich kann!
  Christine Spies, Anne-Frank-Grundschule, Berlin
- Das soziale Umfeld im Täter-Opfer-Ausgleich beteiligen: Projektspot zur Wie-
  dergutmachungskonferenz
  Andrea Bruhn, Jugendamt Stuttgart
- SEL 5+6 - Trainingsprogramm zum sozial-emotionalen Lernen
  Dr. Michael Bleicher, Regierungspräsidium Tübingen
  Andreas Rapp, Ministerium für Kultus, Jugend und Sport Baden-Württemberg,
  Stuttgart
- Aktive Teens – ein Schüler-Mentoren-Programm zur Prävention in Klasse 7+8
  Cornelia Christiansen, Regierungspräsidium Stuttgart, Schwäbisch-Hall
  Gerd Frick, Regierungspräsidium Stuttgart, Gerabronn
- Opfer und Täter im Gespräch – Gesprächsgruppen für Opfer und Täter im Seehaus
  Irmela Abrell, Seehaus Leonberg
- Angebote zur Alkoholprävention im öffentlichen Raum: das Freiburger Projekt PräRIE
  Karin-Anne Böttcher, Stadt Freiburg, Amt für Soziales und Senioren, Freiburg
- Zur Theorie, Praxis, Steuerung schulischer Gewaltprävention
  Jutta Wedemann, Leuphana Universität Lüneburg
- Schutzengel-Projekt Pforzheim-Enzkreis
  Jochen Merkle, Polizeipräsidium Karlsruhe
- KomPass – Kompetenzportal zur Prävention von Krisen an Schulen
  Nadine Nagel, Landesinstitut für Präventives Handeln (LPH), St. Ingbert
- Seniorensicherheitsberater der Stadt Leipzig
  Karsten Lauber, Stadt Leipzig
- Zonta sagt NEIN zu Gewalt an Frauen und Mädchen
  Dr. Elke Persohn, ZONTA Karlsruhe

- Informieren. Agieren. Vorbeugen. Das Präventionsportal PolizeiDeinPartner.de
  Antje Kleuker, Verlag Deutsche Polizeiliteratur, Hilden
  Walter Liedtke, Verlag Deutsche Polizeiliteratur, Hilden

- Prävention braucht...Kommunikation
  Helmut Dirschner, Connect GmbH - Agentur für soziale Kommunikation, Kronberg
  Sylvia Kolbe, Connect GmbH - Agentur für soziale Kommunikation, Kronberg

- Netzwerk Prävention Ostalbkreis
  Helmut Sailer, Polizeidirektion Aalen
  Berthold Weiß, Landratsamt Ostalbkreis, Aalen

- Mobile Jugendarbeit – Prävention auf Umwegen? Praxis und Wirkung Mobiler Jugendarbeit
  Clemens Beisel, Landesarbeitsgemeinschaft Mobile Jugendarbeit/Streetwork Baden-Württemberg e.V., Stuttgart
  Uwe Buchholz, Mobile Jugendarbeit Karlsruhe

- Medienpaket Heimspiel – Ein Projekt von Sozialarbeit und Polizei gegen Jugendgewalt in Baden-Württemberg
  Manuel Kaus, Landeskriminalamt Baden-Württemberg, Stuttgart

- Open Air in Cannabis - Drogenprävention an Schulen
  Jürgen Hedderich, Stadt Chemnitz
  Diana Schubert, Stadt Augsburg
  Tanja Schwarzer, Kriminalpräventiver Rat der Landeshauptstadt Düsseldorf

- Amok an Schulen – Ein neuer interdisziplinärer und systemischer Präventionsansatz
  Mario Schu, Landesinstitut für Präventives Handeln (LPH), St. Ingbert

- Pilotversuch: Bewährungsmodell mit Alkohol-Wegfahrsperre
  Sabine Kaulich, Kuratorium für Verkehrssicherheit, Wien
  Klaus Robatsch, Kuratorium für Verkehrssicherheit, Wien

- Mobbingfreie Schule – Gemeinsam Klasse sein!
  Viktoria Darkashly, Ministerium für Kultus, Jugend und Sport Baden-Württemberg, Stuttgart

- Implementierung von Prävention gegen Cybermobbing an Schulen
  Uli Gilles, Rhein-Sieg-Kreis, Siegburg

- Kriminologische Erkenntnisse über die Konsumenten von Kinderpornographie - eine empirische Studie
  Susanne Linz, Justus-Liebig-Universität Gießen

- stark.stärker.WIR. Prävention an Schulen in Baden-Württemberg
  Karl Häberle, Ministerium für Kultus, Jugend und Sport Baden-Württemberg, Stuttgart
  Viola Orschel, Ministerium für Kultus, Jugend und Sport Baden-Württemberg, Stuttgart

- Onlinebefragung von Jugendlichen zu Gewalt im öffentlichen Raum
  Dr. Stefan Jeck, Hessisches Kultusministerium, Wiesbaden

- Onlinepräsenz von Beratungsstellen gegen sexuelle Gewalt
  Dr. Miriam Damrow, Fachhochschule Düsseldorf

- Haus des Jugendrechts - „Pforzheimer Modell"
  Thomas Hoffmann, Polizeidirektion Pforzheim

- Pikita: Ein Projekt zur Prävention von häuslicher Gewalt in KITAs
  Henrike Krüsmann, BORA e.V., Berlin

- Präventionskooperationen in ländlich geprägten Regionen
  Ingeborg Hartmann-Seibt, BISS Aurich-Wittmund
  Zara-Marlene Helms, Universität Vechta
  Wiebke Janßen, Universität Vechta
  Walter Sieveke, Polizeikommissariat Vechta
  Prof. Dr. Yvette Völschow, Universität Vechta

- Projekt „Keine Gewalt- und Sexualstraftaten begehen"
  Anna Beckers, Forensische Ambulanz Baden, Karlsruhe

- Qualifizierung für junge Strafgefangene mit Reha-Status
  Robert Heidrich, Berufsbildungswerk Nordhessen, Kassel
  Jutta Hoffmann, Berufsbildungswerk Nordhessen, Bad Arolsen
  Mario Watz, JVA Rockenberg / BBW Nordhessen

- Ist ein Nationales Suizidpräventionsprogramm sinnvoll?
  Prof. Dr. Dr. Armin Schmidtke, Nationales Suizidpräventionsprogramm für Deutschland (NaSPro), Hamburg

- Roter Faden Prävention – eine Handreichung für Projekte und Programme für Kindertageseinrichtungen und Schulen in Baden-Württemberg
  Karl Häberle, Ministerium für Kultus, Jugend und Sport Baden-Württemberg, Stuttgart

- Schulische Gewaltprävention - Das Elmshorner Netzwerk
  Dennis Blauert, Wendepunkt e.V., Elmshorn
  Dr. Jakob Tetens, Wendepunkt e.V., Elmshorn

- Internet und Facebook in der kriminalpräventiven Arbeit
  Frank Goldberg, Magistrat der Stadt Frankfurt am Main

- Ungehorsam? - Arrest! Gründe für den Ungehorsamsarrest
  Carina Seidl, Deutsches Jugendinstitut e. V., München

- Warnsignale häuslicher Gewalt - Kennenlernen in Aktion
  Birgitta Rennefeld, Dachverband der autonomen Frauenberatungsstellen NRW e.V., Essen
  Gabriele van Stephaudt, Dachverband Frauenberatungsstellen NRW e.V., Gladbeck

- Wendepunkte in kriminellen Karrieren?
  Maria Walsh, Max-Planck-Institut für ausländisches und internationales Strafrecht, Freiburg im Breisgau

- Prävention von tödlicher Gewalt gegen Kinder bei Trennungen
  Rainer Becker, Deutsche Kinderhilfe e. V., Berlin

- Von wegen Elfenbeinturm! Chancen webbasierter Kommunikation in Evaluationen
  Dr. Janine Neuhaus, Freie Universität Berlin

- Therapie im Rahmen von Bewährungsauflagen
  Michaela Stiegler, Forensische Ambulanz Baden, Karlsruhe

- Projekt RAUS - Alphabetisierung von Straffälligen – Chancen für Lehrende und Lernende
  Tim Henning, Bundesverband Alphabetisierung und Grundbildung e.V., Münster
  Tim Tjettmers, Bundesverband Alphabetisierung und Grundbildung e.V., Münster

- Schule-Polizei-Kooperationen: Synergie oder Widerspruch?
  Pina Keller, Freie Universität Berlin
  Dr. Janine Neuhaus, Freie Universität Berlin

- Radikalisierungsprozesse von Gewalt im Blickpunkt
  Nils Böckler, Universität Bielefeld
  Lina-Maraike Nitz, Universität Bielefeld
  Viktoria Roth, Universität Bielefeld
  Prof. Dr. Andreas Zick, Universität Bielefeld

- STEP – Systematische Qualitätssicherung in der Erziehungshilfe durch ein gemeinsames pädagogisches Konzept
  Christine Mayer-Brandt, STEP – Verein zur Förderung von Erziehung und Bildung e.V., Düsseldorf

- Praxisbericht: Die kriminalpräventive NRW-Initiative „Kurve kriegen" in Hagen
  Uwe Grohmann, Die Brücke Dortmund e.V.
  Christel Matysiak, Die Brücke Dortmund e.V.
  Heike Pohlmann, Ministerium für Inneres und Kommunales des Landes NRW, Düsseldorf
  Jörg Konrad Unkrig, Ministerium für Inneres und Kommunales des Landes NRW, Düsseldorf

- Wie gelingt Kommunale Kriminalprävention?
  Ingolf Grunwald, Polizeirevier Kehl
  Ulrike Jensen, Courage e.V., Kehl

- Wir geben der Jugend eine Chance - PAJ-Projekt BW
  Leo Keidel, Polizeipräsidium Aalen

- Ehrenamtliche Bewährungshilfe bei Neustart
  Tina Riede, NEUSTART gGmbH, Stuttgart
- Strategien und Erfolgsfaktoren der „Lokalen Alkoholpolitik"
  Sabine Lang, Baden-Württembergischer Landesverband für Prävention und Rehabilitation gGmbH, Freiburg
- Prävention und Nachhaltigkeit
  Helmolt Rademacher, Hessisches Kultusministerium Projekt GuD, Frankfurt
  Christian Wild, Hessisches Kultusministerium Projekt GuD, Frankfurt

8. Achtes Internationales Forum (AIF) des Deutschen Präventionstages[2]

Die Vorträge des AIF werden in einer gesonderten Veröffentlichung in englischer Sprache dokumentiert, die, wie in den vergangenen Jahren, im Forum Verlag Godesberg (Book on Demand) erscheinen wird. Im Einzelnen wurden folgende Vorträge angeboten:

- Current Developments in Implementation Research
  Prof. Dr. Dean L. Fixsen, University of North Carolina, Chapel Hill
- Prevention connects! - The Twinning-light Project 'Strengthening Capacities of the Ministry of Interior for Crime Prevention' (Croatia – Baden-Württemberg)
  Frank Buchheit, Landeskriminalamt Baden-Württemberg, Stuttgart
  Ruža Karlović, Police Academy, Police College, Zagreb
- Violent offending with unspecified motives toward strangers
  Dr. Jeongsook Yoon, Korean Institute of Criminology (KIC), SEOUL
- Unravelling school violence: The case of South Korea
  Dr. Seung-Hyun Lee, Korean Institute of Criminology (KIC), SEOUL
  Dr. Seong-Hoon Park, Korean Institute of Criminology (KIC), SEOUL

Day of debates "Europe and prevention: the needs of local decision makers and practitioners"
Organized by the European Forum for Urban Security in partnership with the German Forum for Urban Security

- The EU landscape 2014 – 2020. Institutional renewal, policy renewal
  Overview of EU Policies relating to prevention
- The European scope of local crime prevention
  Panel Discussion on Europena inter-city and cross-border cooperation in crime prevention

---

[2] Zur Konzeption und weiteren Hintergrundinformationen zum AIF s. http://www.aif-prevention.org

- Expectations of new EU policies and programmes in the field of justice & home affairs?

  Panel discussion to analyse the EU Stockholm programme in the light of the Efus Manifesto and to identify the needs of local authorities.

- An open letter by crime prevention stakeholders to the reneweg European Institutions

  Concluding session formulating the position and needs of local-decision makers an practitioners.

9. Kongressbegleitende Ausstellung

Die kongressbegleitende Ausstellung des 19. Deutschen Präventionstages gliederte sich in 164 Infostände, 9 Sonderausstellungen, 26 Campus-Aktivitäten und 19 Posterpräsentationen.

9.1 Infostände

- AGJ-Fachverband - Konflikt-KULTUR
- Aktion „Sportler setzen Zeichen" - WEISSER RING e. V.
- Aktionsbündnis Amoklauf Winnenden - Stiftung gegen Gewalt an Schulen
- Aktiv gegen Frauenhandel und Ausbeutung
- Ambulanter Justizsozialdienst Niedersachsen
- AWO Karlsruhe gemeinnützige GmbH
- B.B.W. St. Franziskus Abensberg, Träger: Kath. Jugendfürsorge der Diözese Regensburg e.V.
- Baden TV
- Beccaria Fachkräfte Kriminalprävention
- Behandlungsinitiative Opferschutz (BIOS-BW) e.V.
- Bewährungshilfe Stuttgart e.V. / PräventSozial Justiznahe Soziale Dienste gemeinnützige GmbH
- Buchhandlung Büchergilde
- Bündnis gegen Cybermobbing e.V.
- Bund Deutscher Kriminalbeamter
- Bundesamt für Justiz
- Bundesamt für Migration und Flüchtlinge – Präventionskooperation
- Bundesamt für Sicherheit in der Informationstechnik BSI
- Bundesarbeitsgemeinschaft für Straffälligenhilfe (BAG-S) e.V.
- Bundesarbeitsgemeinschaft Prävention & Prophylaxe e. V.
- Bundesarbeitsgemeinschaft Täterarbeit Häusliche Gewalt e.V.

- Bundeskriminalamt
- Bundesministerium der Justiz und für Verbraucherschutz / Bundesamt für Justiz
- Bundespolizei
- Bundeszentrale für gesundheitliche Aufklärung (BZgA)
- Bundeszentrale für politische Bildung
- Courage- Sicherheit Fördern e.V., Kehl
- DBH-Fachverband für Soziale Arbeit, Strafrecht und Kriminalpolitik
- Der PARITÄTISCHE Sachsen-Anhalt – Landesweites Netzwerk für ein Leben ohne Gewalt
- Deutsche BOB-Initiativen - BOBBayern Initiative
- Deutsche BOB-Initiativen - Pfalz-BOB
- Deutsche BOB-Initiativen - Polizeipräsidium Mittelhessen
- Deutsche BOB-Initiativen - Polizeipräsidium Trier
- Deutsche Sportjugend im Deutschen Olympischen Sportbund e.V. (dsj)
- Deutsche Stiftung Mediation
- Deutsche Vereinigung für Jugendgerichte und Jugendgerichtshilfen e.V. (DVJJ)
- Deutscher Familien Verband Landesverband Sachsen-Anhalt e. V.
- Deutscher Ju-Jutsu Verband e.V.
- Deutsches Forum für Kriminalprävention (DFK)
- Deutsches Jugendinstitut e. V.
- Deutsch-Europäisches Forum für Urbane Sicherheit e.V. (DEFUS)
- Deutschland sicher im Netz e.V. (DsiN)
- Die Kinderschutz-Zentren
- DKSB Ortsverband Karlsruhe Stadt und Landkreis e.V.
- Drogenhilfe Köln
- EJF gAG
- ESM Jugendbüro / Jugendamt Stadt Marl
- European Forum for Urban Security (EFUS)
- Evangelische Gesellschaft Stuttgart e.V.
- Fachkräfteportal der Kinder- und Jugendhilfe
- Fairplayer e.V.
- Förderung der Bewährungshilfe in Hessen e.V.
- Förderverein „Sicherer Landkreis Böblingen e.V."
- Forum Jugend / Soziales / Prävention e.V. Sigmaringen

- FREIE HILFE BERLIN e.V.
- Freikirche der Siebenten-Tags-Adventisten K.d.ö.R.
- Galli Präventionstheater und Lichtmädchen e.v. „Märchen helfen heilen"
- gegen-missbrauch e.v.
- Gemeinde Unfallversicherungsverband Hannover / Landeskriminalamt Niedersachsen
- Gewaltstopper e.V.
- Gewerkschaft der Polizei
- Gewinnsparverein der Volksbanken und Raiffeisenbanken in Baden-Württemberg e. V.
- GSJ - Gesellschaft für Sport und Jugendsozialarbeit gGmbH / Berliner Polizei, Dir. 5 Stab 4 – Prävention und Öffentlichkeitsarbeit
- Haus des Jugendrechts Stuttgart
- Hessisches Kultusministerium – Projekt Gewaltprävention und Demokratielernen
- Hessisches Landeskriminalamt / Polizei Hessen
- Hessisches Ministerium der Justiz
- Hilfswerk der Deutschen Lions e.V. – Lions-Quest „Erwachsen werden"
- IN VIA Kath. Verband für Mädchen- und Frauensozialarbeit i.d. Erzdiözese Freiburg e.V.
- Initiative Sicherer Landkreis Rems-Murr e.V.
- International Centre for the Prevention of Crime (ICPC)
- Internationaler Bund
- Jugendförderungswerk Villingen Schwenningen e.V.
- Jugendstationen Gera und Jena/Saale-Holzland-Kreis
- Junge Menschen im Aufwind (JuMA), Speyer
- Junges Staatstheater Karlsruhe
- Justizvollzugsanstalt Wiesbaden
- juuuport – www.juuuport.de, die Selbstschutz-Plattform von Jugendlichen für Jugendliche im Web
- Katholische Bundes-Arbeitsgemeinschaft Straffälligenhilfe im Deutschen Caritasverband (KAGS)
- Kinder- und Jugendamt Heidelberg
- klicksafe
- Kolping-Bildungswerk Württemberg e.V. - „Schule ohne Rassismus - Schule mit Courage" Landeskoordination BW

- Koordinierungs- und Entwicklungsstelle Verkehrsunfallprävention (KEV) beim Landeskriminalamt Baden-Württemberg / Bund gegen Alkohol und Drogen im Straßenverkehr (B.A.D.S.)
- Koordinierungsstelle Gewaltprävention und Verein Verantwortung statt Gewalt e. V.
- Kreis Lippe, Kooperationsgremium „Für Lippe gegen häusliche Gewalt"
- Kriminalistik - Verlagsgruppe Hüthig Jehle Rehm GmbH
- Kriminologische Masterstudiengänge der Ruhr-Universität Bochum
- Landesamt für Verfassungsschutz Baden-Württemberg
- Landesarbeitsgemeinschaft Mobile Jugendarbeit/Streetwork Baden-Württemberg e.V. und Mobile Jugendarbeit Karlsruhe
- Landesinstitut für Präventives Handeln (LPH)
- Landeskriminalamt Baden-Württemberg, Geschäftsstelle „Förderprogramm Prävention alkoholbedingter Jugendgewalt (PAJ)"
- Landeskriminalamt Mecklenburg-Vorpommern
- Landeskriminalamt Niedersachsen
- Landeskriminalamt Rheinland-Pfalz und Verbraucherzentrale Rheinland-Pfalz
- Landeskriminalamt Sachsen-Anhalt
- Landespräventionsrat Niedersachsen
- Landespräventionsrat Nordrhein-Westfalen
- Landespräventionsrat Sachsen
- Landespräventionsrat Sachsen-Anhalt
- Landesprogramm Weltoffenes Sachsen für Demokratie und Toleranz
- Landratsamt Breisgau-Hochschwarzwald
- Landratsamt Karlsruhe
- Landratsamt Karlsruhe - Frühe Hilfen
- Landratsamt Karlsruhe - Wegschauen ist keine Lösung
- Lebenswertes Murgtal e.V. – Verein für Prävention und Sicherheit
- MAVAND Solutions GmbH
- Ministerium des Innern, für Sport und Infrastruktur
- Ministerium für Inneres und Kommunales des Landes NRW
- Ministerium für Kultus, Jugend und Sport Baden-Württemberg
- Netzwerk gegen Gewalt
- Netzwerk Gewaltprävention und Konfliktregelung Münster
- Netzwerk Straffälligenhilfe in Baden-Württemberg
- Netzwerk Zuhause sicher e. V.

- Netzwerkarbeit für nachhaltige Gewaltprävention: Konzept MIT-EIN-ANDER in Kita und Schule
- NEUSTART gGmbH
- Niedersächsisches Ministerium für Inneres und Sport
- Oberzent-Schule Beerfelden
- Odenwald-Regional-Gesellschaft (OREG) mbH
- Ortspolizeibehörde Bremerhaven
- Papilio e.V.
- PHINEO gAG
- Polizei Sachsen
- Polizeiinspektion Schwerin
- Polizeiinspektion Stralsund
- Polizeiliche Kriminalprävention der Länder und des Bundes (ProPK)
- Polizeipräsidium Aalen - Haus der Prävention
- Polizeipräsidium Bochum - Kriminalprävention
- Polizeipräsidium Heilbronn
- Polizeipräsidium Karlsruhe, Haus des Jugendrechts Pforzheim und Enzkreis - „Anti-Graffiti-Mobil"
- Polizeipräsidium Karlsruhe, Referat Prävention, Schutzengel Pforzheim-Enzkreis
- Polizeipräsidium Ludwigsburg / Referat Prävention
- Prävention im Blick - im Landkreis Diepholz
- Präventionsnetzwerk Karlsruhe
- Projekt Chance im CJD Creglingen
- Rat für Kriminalitätsverhütung Schleswig-Holstein (RfK)
- Regiestelle TOLERANZ FÖRDERN – KOMPETENZ STÄRKEN und Initiative Demokratie Stärken / BIKnetz - Präventionsnetz gegen Rechtsextremismus
- Rheinisches Präventionsinstitut gegen Gewalt
- Schillerschule Brühl/ Baden
- SDNA Technology GmbH
- Seehaus e.V.
- Sicheres Freiburg e.V.
- SKM-Katholischer Verein für soziale Dienste in der Erzdiözese Freiburg e.V.
- Stadt Esslingen in Kooperation mit dem Polizeirevier Esslingen
- Stadt Karlsruhe - Gleichstellungsbüro ZJD

- Stadt Karlsruhe - Hauptamt
- Stadt Karlsruhe - Kulturbüro
- Stadt Karlsruhe - Ordnungs- und Bürgeramt
- Stadt Karlsruhe, Sozial- und Jugendbehörde | Hauptabteilung Beratung
- Stadt Karlsruhe, Sozial- und Jugendbehörde | Jugendgerichtshilfe
- Stadt Karlsruhe, Sozial- und Jugendbehörde | Sozialer Dienst
- STEP – Verein zur Förderung von Erziehung und Bildung e.V.
- Stiftung Opferhilfe Niedersachsen
- Stiftung Pro Kind
- Täter-Opfer-Ausgleich im Justizvollzug und LAG TOA Baden-Württemberg
- theaterpädagogische werkstatt gGmbH
- Triple P Deutschland GmbH
- Unfallkasse Baden-Württemberg
- Universität Erlangen - EFFEKT
- Verein Programm Klasse2000 e. V.
- Verein zur Förderung der Methode Puppenspiel in der Kriminal- und Verkehrs-prävention e. V. (VPKV)
- Verkehrsbetriebe Karlsruhe GmbH (VBK)
- WEISSER RING e.V.
- Zartbitter e. V.
- „Zentrale Beratungsstellen" der freien Straffälligenhilfe mit Förderung durch das Justizministerium NRW
- Zusammenhalt durch Teilhabe

9.2 Sonderausstellungen
- Bezirksverein f. soziale Rechtspflege Bruchsal K.d.ö.R.
- broken hearts stiftung
- Bundespolizei
- Dachverband der autonomen Frauenberatungsstellen NRW e.V.
- Deutsche Gesellschaft für Internationale Zusammenarbeit (GIZ) GmbH
- Justizministerium Nordrhein-Westfalen
- Lichtmädchen e.V. Berlin
- Polizeiinspektion Goslar
- Richard Ross

9.3 Campus

- ADFC
- ALK
- AOK Mittlerer Oberrhein
- Beratungsraum Rollende Räder
- Bundeszentrale für gesundheitliche Aufklärung (BZgA)
- Dienstfahrzeuge des Ordnungsamts der Stadt Karlsruhe
- DRK
- DRV
- Ernährungszentrum im Landkreis Karlsruhe
- Gesundheitszentrum am Ostring
- Greenpeace
- Gruppe Karlsruher Apotheker
- IDAG
- Inclusionbikes
- Kinder-, Jugend- und Familienbüro Rheinstetten
- Polizeipräsidium Karlsruhe
- Polizeipräsidium Ludwigsburg
- Schul- und Sportamt der Stadt Karlsruhe
- Seniorenbüro/Pflegestützpunkt der Stadt Karlsruhe
- Stadt Karlsruhe, Branddirektion
- Städtisches Klinikum
- Trimedic
- Umwelt- und Arbeitsschutz der Stadt Karlsruhe
- Verein zur Förderung von Kindern und Jugendlichen Bad Urach e.V.
- Vereinsinitiative Gesundheitssport e.V.
- Werkraum Karlsruhe e.V. / Stiftung Hänsel + Gretel / Sozial- und Jugendbehörde Karlsruhe / Präventionsnetzwerk Kein Täter werden

9.4 Posterpräsentationen

- Bergische Universität Wuppertal
- Caritasverband für das Erzbistum Berlin e.V.
- Couragiert-Magazin
- Freikirche der Siebenten-Tags-Adventisten K.d.ö.R.
- gegen-missbrauch e.V.

- Goethe-Universität Frankfurt/Main
- Kelly-Insel e.V.
- Kinderbüro / Frühe Hilfen Karlsruhe
- Klinik Wollmarshöhe
- Landesinstitut für Präventives Handeln
- Landesinstitut für Präventives Handeln (LPH)
- Landespräventionsrat Niedersachsen
- Netzwerk SpokK – Sport genießen – mit klaren Kopf!
- Ostfalia - Hochschule für angewandte Wissenschaften / Landespräventionsrat Niedersachsen
- Polizei NRW, PP Essen
- SRH Hochschule Heidelberg
- Universität Bremen
- www.theaterallan.de

10. Filmforum

Im Filmforum des 19. Deutschen Präventionstages wurden 10 Filmbeiträge gezeigt und diskutiert.

- Täter-Opfer-Ausgleich bei Neustart
  NEUSTART gGmbH
- Demokratielernen in der Schule: Klassenrat in Grundschule und Förderstufe
  Hessisches Kultusministerium – Projekt Gewaltprävention und Demokratielernen
- The Making of... a real serious Game
  Kolping-Bildungswerk Württemberg e.V.
- OTHELLO - aus: DIE WERFT - Kulturelle Arbeit und Integration Straffälliger
  Förderverein JVA Holzstraße e.V.
- Märchen helfen heilen
  Lichtmädchen e.V. Berlin
- Theater und Training für das Leben
  Galli Präventionstheater Berlin
- „Stand up for your rights"
  Polizeiliche Kriminalprävention der Länder und des Bundes (ProPK)
- „My Jihad" - Ein Film über den Streit um einen Begriff und den Kampf um Gerechtigkeit
  Polizeiliche Kriminalprävention der Länder und des Bundes (ProPK)

- Kurzfilmserie zum Thema „Sichere Netzwelten"
  Landeskriminalamt Nordrhein-Westfalen
- „Verklickt"
  Polizeiliche Kriminalprävention der Länder und des Bundes (ProPK)

11. Schüleruniversität

- Einsatz digitaler Spiele „Serious Games" in der Extremismusprävention an Schulen
  Landeskriminalamt Baden-Württemberg

- Was man mit Spielen lernen kann und was nicht
  Prof. Dr. Dr. Klaus Jantke, Fraunhofer Institut für digitale Medientechnologie – IDMT

- „fit und mobil" – Neue Ansätze in der Verkehrsprävention
  Prof. Dr. Günter Dörr, Aline Hollenbach und Hans-Jürgen Mauer, Landesinstitut für Präventives Handeln

12. Bühne

Auf der DPT-Bühne des 19. DPT wurden 11 Bühnenstücke angeboten:

- Pfoten weg!
  Konstanzer Puppenbühne
- Das kleine Zebra - die etwas andere Verkehrserziehung
  Landeskriminalamt Baden-Württemberg - Zentralstelle Prävention, Koordinierungs- und Entwicklungsstelle Verkehrsunfallprävention (KEV)
- „Eins auf die Fresse"
  Sandkorn-Theater
- RATTENKLATSCHEN - Theaterprojekt gegen Gewalt und für mehr Mitgefühl
  Spiel & Theaterwerkstatt Ostalb e.V.
- CABUWAZI Kinder- und Jugendzirkus
  CABUWAZI Kinder- und Jugendzirkus
- Streetdance
  M.O.B. Showcrew
- Romeo added Julia
  Das Unternehmen Dominique Berg
- Mein Körper ist mein Freund II
  Theater EUKITEA gGmbH
- Püppchen - Prävention zum Thema Essstörungen , unterst. Von AOK, Caritas, Landratsamt Aalen
  Freies Ensemble SakramO 3D

- Gemeinsam stark
  Aktionsbündnis Amoklauf Winnenden

- Frosch mich!
  Galli Präventionstheater Berlin

13. Begleitveranstaltungen

Im Rahmen des 19. Deutschen Präventionstages fanden die nachfolgenden Begleitveranstaltungen statt.

- 21. DVS-Stiftungstag

- Alumnitreffen der Beccaria-Fachkräfte Kriminalprävention

- Arbeitstreffen der Geschäftsführerinnen und Geschäftsführer der Landespräventionsgremien

- Gemeinsames Treffen der AG Kripo und des UA FEK

- Mitgliederversammlung des Deutsch-Europäischen Forums für Urbane Sicherheit e. V. (DEFUS)

- Planungsgespräch zur 3. Trägerkonferenz „Grüne Liste Prävention"

- Pressefrühstück

- Sitzung des Programmbeirates des 19. Deutschen Präventionstages

- Jahresversammlung des Europäischen Forums für Urbane Sicherheit (EFUS) 730

14. Teilnehmende und Besucher

Die zahlenmäßige Entwicklung der Kongressteilnehmenden und –besucher der vergangenen Jahre ergibt sich aus der nachfolgenden Tabelle:

	registrierte Kongressteil- nehmende	registrierte Besucher der Bühne und der DPT-Universität	Gesamtzahl der registrierten Teilnehmenden und Besucher
1. DPT, Lübeck 1995	168	-	168
2. DPT, Münster 1996	195	-	195
3. DPT, Bonn 1997	209	-	209
4. DPT, Bonn 1998	314	-	314
5. DPT Hoyerswerda, 1999	610	-	610
6. DPT, Düsseldorf, 2000	1.214	-	1.214
7. DPT, Düsseldorf, 2001	1.226	-	1.226
8. DPT, Hannover, 2003	1.219	50	1.269
9. DPT, Stuttgart, 2004	1.235	750	1.985
10. DPT, Hannover, 2005	1.907	1.550	3.457
11. DPT, Nürnberg, 2006	1.442	780	2.222
12. DPT, Wiesbaden, 2007	1.901	1.624	3.525
13. DPT, Leipzig, 2008	1.744	2.400	4.144
14. DPT, Hannover 2009	2.129	718	2.847
15. DPT, Berlin 2010	2.728	1.691	4.419
16. DPT, Oldenburg 2011	2.579	7.917	10.496
17. DPT, München 2012	2.333	1.357	3.690
18. DPT, Bielefeld 2013	1.946	850	2.796
19. DPT, Karlsruhe 2014	2.306	1.057	3.363

Erich Marks

Prävention braucht Praxis, Politik und Wissenschaft und neue konzertierte und systematische Initiativen

Zur Eröffnung des 19. Deutschen Präventionstages am 12. Mai 2014 in Karlsruhe

1. Herzlich willkommen zum 19. Deutschen Präventionstag

Zur Eröffnung des 19. Deutschen Präventionstages begrüße ich sehr herzlich alle anwesenden Kongressteilnehmenden, Ehrengäste und Medienvertreter in der badischen Metropole Karlsruhe und mein herzlicher Gruß gilt ebenso all jenen präventionsinteressierten Menschen, die live, oder zeitlich versetzt, im Internet mit dem Kongress verbunden sind.

Der Deutsche Präventionstag und seine Partnerorganisationen freuen sich sehr über den ungebrochenen Zuspruch, den Europas größter Präventionsjahreskongress auch in diesem Jahr wieder gefunden hat.

Wie in jedem Jahr bitte ich um Verständnis, wenn ich aus der großen Gruppe unserer diesjährigen prominenten Kongressteilnehmenden und Ehrengäste hier nur einige Persönlichkeiten namentlich begrüßen kann. Zur Gruppe der Ehrengäste gehören u.a. Abgeordnete des Bundestages und des Landtages von Baden-Württemberg, die Parlamentarische Staatssekretärin bei der Bundesministerin für Familie, Senioren, Frauen und Jugend, Ministerinnen, Minister und Staatssekretäre verschiedener Ressorts aus mehreren Bundesländern, zahlreiche Oberbürgermeister, Landräte, Bürgermeisterinnen und Bürgermeister, eine große Zahl hochrangiger Repräsentanten aus den Arbeitsbereichen Justiz, Polizei, Wissenschaft sowie Nichtregierungsorganisationen, ausländische Diplomaten, zahlreiche Präsidenten und Direktoren von Bundes- und Landesbehörden sowie hochrangige Vertreterinnen und Vertreter der DPT-Partnerorganisationen. Namentlich begrüßen möchte ich an dieser Stelle folgende Persönlichkeiten:

*Jadesola A. **Adesuyi**,* Ministerin, Botschaft der Republik Nigeria in der Bundesrepublik Deutschland

*Serhat **Aksen**,* Generalkonsul der Republik Türkei

*Dr. Nadine **Bals**,* Geschäftsführerin der Deutschen Vereinigung für Jugendgerichte und Jugendgerichtshilfen (DVJJ)

*Bianca **Biwer**,* Bundesgeschäftsführerin WEISSER RING

*Prof. Dr. Reihard **Böttcher**,* Präsident des OLG a.D., Ehrenvorsitzender WEISSER RING

*Prof. Dr. Dr. h.c. Gerd **Brudermüller***, Ehrenvorsitzender des Deutschen Familiengerichtstages (DFGT)

*Arne **Busse***, wissenschaftlicher Referent der Bundeszentrale für politische Bildung (bpb)

*Stefan **Daniel***, geschäftsführendes Vorstandsmitglied der Stiftung Deutsches Forum für Kriminalprävention (DFK)

*Thomas **Dittmann***, Ministerialdirektor im Bundesministerium der Justiz und für Verbraucherschutz (BMJV)

*Günther **Ebenschweiger***, Präsident des Österreichischen Zentrums für Kriminalprävention

*Prof. Dr. Rudolf **Egg***, Direktor der Kriminologischen Zentralstelle (KrimZ)

*Prof. Dr. Manuel **Eisner***, Deputy Director of the Institute of Criminology, University of Cambridge

*Saskia **Esken** MdB* (SPD), Mitglied im Ausschuss für Bildung, Forschung und Technologiefolgenabschätzung sowie im Ausschuss Digitale Agenda des Deutschen Bundestages

*Dr. Johannes **Fechner** MdB* (SPD), Mitglied im Ausschuss für Wahlprüfung, Immunität und Geschäftsordnung sowie im Ausschuss für Recht und Verbraucherschutz

*Prof. Dr. Dean L. **Fixsen***, President of the Global Implementation Ininitiative, University of North Carolina, USA

*Reinhold **Gall** MdL*, Innenmister des Landes Baden-Württemberg

*Prof. Dr. Christian **Grafl***, Universität Wien und Repräsentant des Deutschen Präventionstages in Österreich

*Prof. Dr. Ulf **Gundlach***, Staatssekretär im Ministerium für Inneres und Sport des Landes Sachsen-Anhalt

*Prof. Dr. Wolf-Dietrich **Hammann***, Ministerialdirektor des Ministeriums für Integration Baden-Württemberg

*Thierry **Hartmann***, Polizeiattaché, Französischen Botschaft in der Bundesrepublik Deutschland

*Melissa **Hathaway***, Belfer Center for Science and International Affairs, USA

*David **Hermanns***, Geschäftsführer CyberForum

Peter **Holzem**, Präsident der Bundespolizeidirektion Stuttgart

Elizabeth **Johnston**, Generalsekretärin EFUS und Vorstand des International Centre for the Prevention of Crime, Paris/Montreal

Eva **Kühne-Hörmann** *MdL*, Hessische Staatsministerin der Justiz

Javad **Kazemi**, Gesandter, Botschaft der Islamischen Republik Iran in der Bundesrepublik Deutschland

Prof. Dr. Hans-Jürgen **Kerner**, Vorsitzender der Deutschen Stiftung für Verbrechensverhütung und Straffälligenhilfe (DVS)

Uwe **Leest**, Vorsitzender Bündnis gegen Cybermobbing

Tina **Mahler**, Deutsche Gesellschaft für internationale Zusammenarbeit (GIZ)

Michel **Marcus**, Generalsekretär des Französischen Forums für urbane Sicherheit

Caren **Marks**, Parlamentarische Staatssekretärin bei der Bundesministerin für Familie, Senioren, Frauen und Jugend

Gisela **Mayer**, Vorsitzende der Stiftung gegen Gewalt an Schulen

Prof. Dr. Viktor **Mayer-Schönberger**, Oxford Internet Institute

Dr. Frank **Mentrup**, Oberbürgermeister der Stadt Karlsruhe

Roswitha **Müller-Piepenkötter**, Bundesvorsitzende des WEISSEN RING

Jürgen **Mutz**, Vorsitzender des Kuratoriums der Deutschen Stiftung für Verbrechensverhütung und Straffälligenhilfe (DVS)

Daniel Hark-Mo **Park**, Leiter der Delegation des Koreanischen Instituts für Kriminologie, Seoul

Norbert **Pieper**, Senior Experte, Deutsche Post AG

Guilherme **Pinto**, Präsident des Europäischen Forums für urbane Sicherheit (EFUS)

Prof. Dr. Elisabeth **Pott**, Direktorin der Bundeszentrale für gesundheitliche Aufklärung

Peter **Reckling**, Bundesgeschäftsführer des Fachverbandes für Soziale Arbeit, Strafrecht und Kriminalpolitik (DBH)

Alexander **Salomon** *MdL*, Mitglied der Fraktion Bündnis 90 / Die Grünen im Landtag von Baden-Württemberg

Dr. Martin **Schairer**, Vorsitzender des Deutsch-Europäischen Forums für urbane Sicherheit (DEFUS)

Dr. Uwe **Schlosser**, Generalstaatsanwalt, Karlsruhe

Dr. Christoph **Schnaudigel**, Landrat des Landkreises Karlsruhe

Dieter **Schneider**, Präsident des Landeskriminalamtes Baden-Württemberg

Prof. Dr. Hans-Dieter **Schwind**, Präsident des Stiftungsrates der Deutschen Stiftung für Verbrechensverhütung und Straffälligenhilfe (DVS)

Walter **Staufer**, Referent der Bundeszentrale für politische Bildung (bpb)

Dr. Wiebke **Steffen**, Deutscher Präventionstag (DPT)

Katrin **Stüllenberg**, Vorstand der Stiftung Kriminalprävention

Frank **Tempel** *MdB* (Die Linke), stellvertretender Vorsitzender des Innenausschusses des Deutschen Bundestages

Gerd **Thielmann**, Vizepräsident der Deutschen Hochschule der Polizei

Matthieu **Tsangu Makukula**, Botschaftsrat, Botschaft der Demokratischen Republik Kongo in der Bundesrepublik Deutschland

Florencia Eugenia **Vilanova de von Oehsen**, Generalkonsulin von El Salvador

Jörg **Ziercke**, Präsident des Bundeskriminalamtes

Dr. Herbert O. **Zinell**, Ministerialdirektor des Innenministeriums Baden-Württemberg

Mein besonderer Willkommensgruß, verbunden mit einem herzlichen Dankeschön für ihr großes persönliches Engagement, gilt den vielen Hundert Aktiven, die dieses „Gesamtkunstwerk" 19. Deutscher Präventionstag in Karlsruhe erst möglich machen. Ihr in vielen Fällen auch ehrenamtlicher Einsatz umfasst von Vorträgen und Moderationen über Präsentationen bis hin zu technischen und organisatorischen Unterstützungen ein inzwischen sehr breites Feld. Bereits zu Beginn des Kongresses möchte ich den gastgebenden Veranstaltungspartnern, dem Land Baden-Württemberg und ganz besonders der Stadt Karlsruhe auf das herzlichste Dank sagen für 9 Monate intensiver, erfolgreicher und äußerst angenehmer gemeinsamer Vorbereitungszeit. Der Karlsruher DPT setzt in vielerlei Hinsicht neue Akzente und Maßstäbe und wird mir sicherlich im allerbesten Sinne unter „shared attention", als aufmerksam (auf-)geteilte Arbeit für ein gemeinsames Wunschziel, in Erinnerung bleiben.

2. Der Kongress im Überblick

Der 19. Deutsche Präventionstag gliedert sich in vier zentrale Sektionen mit jeweils mehreren Teilbereichen. Alle Angebote sind mit Abstracts und weiteren ergänzenden Informationen im Kongresskatalog dokumentiert und stehen auch in digitaler Form auf der Webseite www.praeventionstag.de zur Verfügung:

1. Plenumsveranstaltungen

- Kongresseröffnung
- Abendveranstaltung in der Gartenhalle auf Einladung des Landes Baden-Württemberg und der Stadt Karlsruhe
- Abschlussplenum
- Vorträge
- zum Schwerpunktthema und zu aktuellen Präventionsthemen
- Projektspots
- Forum Jugendhilfe (DJI)
- Medienforum (bpb)
- Kongressgutachten
- 8. Annual International Forum (AIF)
- Sonderveranstaltungen

2. Ausstellung

- Aktionen
- Campus
- Infostände
- Poster
- Sonderausstellungen

3. Werkstatt

- Begleitveranstaltungen
- Bühne
- Filmforum
- Presentation on Demand
- Schüleruniversität

Insgesamt werden beim 19. Deutschen Präventionstag über **200 Vorträge** angeboten. Kongressbegleitend präsentieren sich ca. **250 Fachorganisationen** mit Ausstellungen, auf der DPT-Bühne und im Filmforum.

Zum Schwerpunktthema des 19. Deutschen Präventionstages „Prävention braucht Praxis, Politik und Wissenschaft" hat im Vorfeld des Kongresses erneut die ausgewiesene **Kriminologin Dr. Wiebke Steffen** ein **wissenschaftliches Gutachten** vorgelegt, das im Vorfeld des Kongresses bereits viel beachtet und diskutiert worden ist. Das Gutachten legt auch die Basis für die **Karlsruher Erklärung** des Deutschen Präventionstages und seiner Veranstaltungspartner, die am 13. Mai veröffentlicht wird.

In der Eröffnungsveranstaltung wird der renommierte Direktor des Violence Research Centre an der Universität Cambridge **Prof. Dr. Manual Eisner** einen Vortrag zum Thema **„Weltweit 50% weniger Gewalt bis 2050 — Ansätze zu einer globalen Strategie"** halten.

Schlussredner des Kongresses ist der international anerkannte Forscher und Autor **Prof. Dr. Viktor Mayer-Schönberger** zum Thema **„Big Data – Chancen und Risiken in der Prävention"**: „Big Data" verspricht uns nicht nur neue Einsichten in die Wirklichkeit, sondern auch bessere Vorhersagen. Was aber ist das Besondere an „Big Data", gerade im Hinblick auf die Prävention, wo liegen die Stärken und wo liegen die Grenzen?

Im Internationalen Forum des 19. Deutschen Präventionstages berichten zahlreiche **internationale Experten sowie Fachorganisationen** über ihre Erfahrungen in den Bereichen Präventionspolitik, Präventionsforschung und Präventionspraxis aus über 20 europäischen und außereuropäischen Staaten. Insgesamt werden ca. **150 ausländische Gäste aus 30 Staaten** am diesjährigen Kongress teilnehmen.

Das **Europäische Forum für urbane Sicherheit (EFUS)** veranstaltet im Rahmen des 19. Deutschen Präventionstages seine diesjährige Generalversammlung mit einem kongressöffentlichen Programm unter dem Thema „Europa und Prävention: Positionen und Bedürfnisse der lokalen Akteure und Entscheidungsträger" mit Simultanübersetzung zwischen Englisch, Französisch und Deutsch.

Zum Programm des 19. DPT in Karlsruhe gehören erstmals auch **eine Reihe von Sonderveranstaltungen**: Symposium Innere Sicherheit; Karlsruher Forum für Cybersicherheit; US Juvenile Justice. Vom ersten Jugendgericht der Vereinigten Staaten in Chicago 1899 über die Chicagoer Schule zu den Model Courts for Change; Barometer Sicherheit in Deutschland (BaSiD) – Ergebnisse aus dem Verbundprojekt; Übergangsmanagement zwischen Jugendstrafvollzug und Nachbetreuung: Wie können die hohen Rückfallraten reduziert werden?; Eltern-LAN – Zusammen.Spiele.Erleben (Veranstaltung von spielbar.de der bpb mit Partnern); Verfassungsschutz und Prävention – ein Gegensatz?; NEST – Material für Frühe Hilfen; Restorative Circles (RC) – Heilung statt Strafe. Eine Form der Konfliktverwandlung, entwickelt in der gewaltvollen Welt brasilianischer Favelas; Wege zu nachhaltiger (Gewalt)Prävention. Vom theoretischen Konzept zur kommunalen Netzwerkarbeit.

Unterstützt wird der 19. DPT von über **40 Partnerorganisationen**. Auch auf diesem Wege danke ich sehr herzlich allen Partnern und fördernden Institutionen sowie ihren Mitarbeiterinnen und Mitarbeitern für ihre großzügige inhaltliche, idelle und materielle Unterstützung.

3. Schwerpunktthema: Prävention braucht Praxis, Politik und Wissenschaft

Zum Schwerpunktthema des 19. Deutschen Präventionstages „Prävention braucht Praxis, Politik und Wissenschaft" sollen mit dem nachfolgenden idealtypischen Interdependenzmodell einige Anregungen für die Fortentwicklung kriminalpolitischer Präventionsinitiativen der kommenden Jahre gegeben werden:

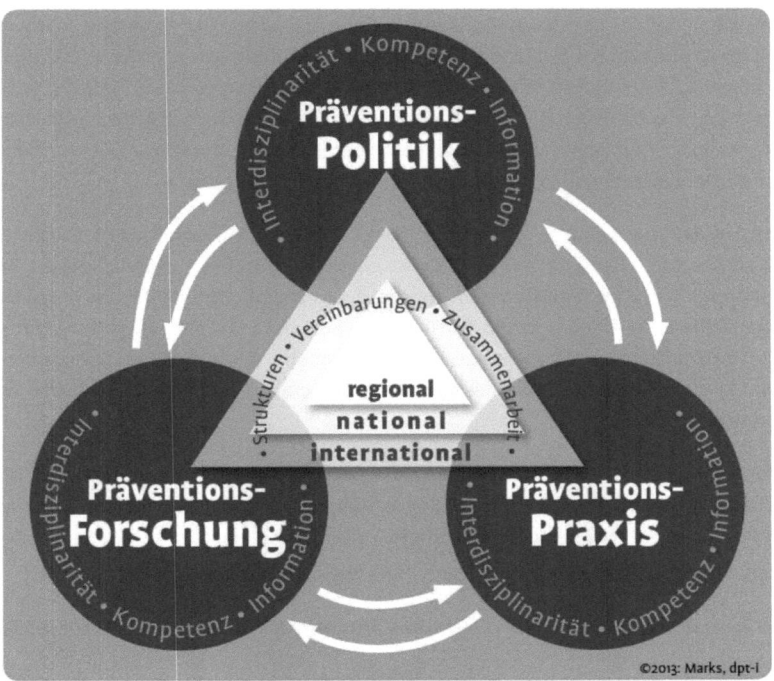

Drei zentrale Arbeitsfelder der Prävention: Praxis, Politik und Wissenschaft

Präventionspraxis, Präventionspolitik und Präventionsforschung sind als die zentralen Arbeitsfelder einer ganzheitlichen und nachhaltigen Präventionsorientierung anzusehen. Zum einen bedarf es in den kommenden Jahren einer stringenten Fortentwicklung und Ausdifferenzierung innerhalb dieser drei zentralen Arbeitsfelder. Zum anderen besteht die Notwendigkeit einer deutlich strukturierteren Zusammenarbeit und Vernetzung zwischen diesen drei zentralen Arbeitsfeldern. Entsprechende Absprachen über Zuständigkeiten, Arbeitsteilungen, Kooperationsstrukturen sollten jeweils sowohl auf kommunaler Ebene, auf nationaler Ebene sowie auf internationaler Ebene erfolgen. Ergänzend sind ebenso verbesserte Kommunikationsabsprachen zwischen diesen vertikalen Ebenen erforderlich und einzufordern.

Drei zentrale Anforderungen für jedes Arbeitsfeld:

Interdisziplinarität: Interdisziplinäre Zusammenarbeit sollte in jedem Präventions-Arbeitsfeld systematisch organisiert und gewährleistet werden. Im Arbeitsfeld Präventionspraxis sollten neben Vertretern der Jugend- und Sozialbehörden und der Polizei auch Nichtregierungsorganisationen sowie Freiwilligenorganisationen repräsentiert sein. Im Arbeitsfeld Präventionspolitik sollten Vertreter der politischen Parteien, der Legislative, der verschiedenen Ressorts der Exekutive sowie der Judikative involviert sein. Im Arbeitsfeld der Präventionsforschung sollten öffentliche, staatliche und private Forschungsinstitutionen mit den einschlägigen Disziplinen und Teildisziplinen (z.B. Soziologie, Psychologie, Biologie, Medizin, Politikwissenschaft, Rechtswissenschaft, Ökonomie, Kriminologie, Viktimologie, etc.) ebenso beteiligt sein wie Organisationen der Forschungsförderung und wissenschaftliche Fachvereinigungen.

Kompetenz: Eine wichtige Voraussetzung einer erfolgreichen gesamtgesellschaftlichen Präventionsorientierung ist ein klares Selbstverständnis der einzelnen Arbeitsfelder. Definitorische Vorgaben, Selbstverständnisse und Zuständigkeiten sollten jeweils in den Arbeitsfeldern Präventionspraxis, Präventionspolitik und Präventionsforschung formuliert werden. Zu klaren Profilen und Portfolios der drei Arbeitsfelder gehören jeweils auch klare Beschreibungen der bestehenden Ressourcen, Leistungsmöglichkeiten und Angebotsstrukturen.

Information: Insbesondere sollten die Profile der Arbeitsfelder Präventionspraxis, Präventionspolitik und Präventionsforschung künftig besser und offensiver kommuniziert werden. Jedes Arbeitsfeld sollte sein Profile proaktiv, mit einem hohen Maß an Allgemeinverständlichkeit sowie öffentlich und frei zugänglich machen.

Drei zentrale Aufgaben für das gemeinsame Handeln der drei zentralen Arbeitsfelder:

Strukturen: Auf den drei zentralen Kommunikationsebenen, der kommunalen/regionalen Ebene, der nationalen Ebene sowie der internationalen/globalen Ebene, sollten die Präventionsfelder Präventionspraxis, Präventionspolitik und Präventionsforschung gleichberechtigt in dauerhaften Gremienstrukturen kooperieren und dabei eventuell auch noch weitere Partnerorganisationen einbeziehen. Durch eine solche feste Gremienstruktur können die gegenseitige Information, grundsätzliche Agreements und konkrete Kooperationen transparent und nachhaltig realisiert werden.

Vereinbarungen: Neben funktionierenden Kommunikationswegen in und zwischen den jeweiligen Präventionsfeldern und Präventionsebenen wird es zunehmend wichtig, sich über Begriffe, Definitionen, Ziele, Kriterien, Methoden, unterschiedliche Profile und Zuständigkeiten sowie Schwerpunktsetzungen, Strategien und konkrete Projekte und Programme zu verständigen.

Zusammenarbeit: Durch eine formalisierte und stetige Kommunikation zwischen den Arbeitsfeldern Präventionspraxis, Präventionspolitik und Präventionsforschung können schließlich auch gemeinsame Positionen veröffentlicht und konkrete Projektvorhaben vorbereitet, realisiert und evaluiert werden.

Neben den fachlich-methodischen Antworten aus den jeweiligen Sichten der beteiligten Disziplinen und Präventionsakteure sind grundsätzlichere und weitreichendere Strukturveränderungen erforderlich, wenn Präventions- und Interventionsmaßnahmen tatsächlich erfolgreich entwickelt, realisiert und evaluiert werden sollen. Entscheidend ist eine neue Kommunikationskultur zwischen den drei zentral involvierten Präventionsfeldern der Präventionspraxis, der Präventionspolitik und der Präventionsforschung, die wechselseitig in hohem Maße aufeinander angewiesen sind.

Das Schwerpunktthema dieses Kongresses „Prävention braucht Praxis, Politik und Wissenschaft" steht im Mittelpunkt zahlreicher Vorträge und Beratungen des 19. Deutschen Präventionstages. Auf der Basis des wissenschaftlichen Kongressgutachtens der Kriminologin Dr. Wiebke Steffen haben sich bereits im Vorfeld einige konkrete Forderungen abgezeichnet. Das Spektrum reicht von Forderungen zur Stärkung kommunaler Präventionsstrategien und einer verbesserten Einbeziehung vorliegender Forschungserkenntnisse bis zu einer mutigeren präventionsorientierten Sozial- und Kriminalpolitik.

Aus meiner Sicht möchte ich als eine zentrale Forderung die Etablierung interdisziplinärer und ressortübergreifender Präventionszentren nennen – und zwar auf allen politischen Ebenen – in den Kommunen, den Bundesländern sowie im Bund. Kriminalprävention und andere Präventionsbereiche könnten so effektiver zusammen arbeiten und damit die die Grundlage für eine systematische, gesamtgesellschaftliche und vor allen Dingen nachhaltige Präventionsstrategie bzw. Präventionspolitik legen. Investitionen in wirksame Präventionsmaßnahmen zahlen sich nachweislich in Form einer geringeren Anzahl von Verbrechen und auch in Form geringerer Kosten für den Steuerzahler aus. Praxis, Politik und Wissenschaft sind hier gemeinsam gefordert. Enden möchte ich mit einer Bitte an die Politik; sie sollte deshalb jetzt endlich damit beginnen, gezielter in wirkungsvolle Präventionsprogramme einerseits und ressortübergreifende Präventionszentren andererseits zu investieren.

Uns allen wünsche ich anregende, erkenntnis- und folgenreiche Kongressberatungen in der Präventionsstadt Karlsruhe.

Wiebke Steffen

Gutachten

für den 19. Deutschen Präventionstag
12. & 13. Mai 2014 in Karlsruhe

Prävention braucht Praxis, Politik und Wissenschaft

Kriminalprävention braucht Präventionspraxis,
Präventionspolitik und Präventionswissenschaft

Inhalt

Vorbemerkung

Im letzten Vierteljahrhundert ist die Kriminalprävention in Deutschland in vielfältiger Weise ausgebaut und etabliert worden: Inzwischen ist ein neues Handlungs- und Politikfeld entstanden.

Im Zuge dieser Entwicklung kamen zu den bekannten, originären Präventions-Akteuren Polizei und Justiz weitere Akteure wie Schule, Kinder- und Jugendhilfe oder zivilgesellschaftliche Organisationen hinzu. Auf allen Ebenen – lokal, regional, national, international – wurden Kooperationsgremien eingerichtet, um dem Verständnis von Kriminalprävention als einer gesamtgesellschaftlichen Aufgabe, die eine Akteure und Institutionen übergreifende Kooperation erfordert, gerecht zu werden.

Motor dieser Entwicklung sind die zahlreichen Programme und Projekte der jeweiligen Fachpraxen, also der organisierten Praxis von staatlichen und nichtstaatlichen Instanzen und Einrichtungen. Kriminalprävention braucht jedoch nicht nur die Praxis, wenn sie sich etablieren und weiter entwickeln will.

Zwingend braucht Kriminalprävention auch die Präventionspolitik, hier vor allem einen breiten gesellschaftspolitischen Konsens dahingehend, dass Kriminalität primär mit präventiven Strategien und Konzepten begegnet werden soll. Ein Konsens, der die erforderlichen (rechtlichen) Rahmenbedingungen schafft und die nötigen personellen und finanziellen Ressourcen zur Verfügung stellt.

Zwingend braucht Kriminalprävention auch die Präventionswissenschaft, als Lieferanten der theoretischen wie der empirisch gesicherten Grundlagen, als Beraterin bei der Planung, Umsetzung und Verbreitung präventiver Programme sowie bei der Überprüfung von Projekten auf ihre Praxistauglichkeit und Wirksamkeit hin.

In der Kriminalprävention sind Praxis, Politik und Wissenschaft die zentralen Arbeitsfelder. Deshalb hat der 19. Deutsche Präventionstag ihre Aufgaben in der und für die Kriminalprävention mit der Forderung „Prävention braucht Praxis, Politik und Wissenschaft" zu seinem Schwerpunktthema gemacht. Das Gutachten zum Schwerpunktthema „Kriminalprävention braucht Präventionspraxis, Präventionspolitik und Präventionswissenschaft" fragt für die drei Arbeitsfelder

- ob und wie sie ihre Aufgaben in der und für die Kriminalprävention umgesetzt haben, wie sich also Kriminalprävention in der Praxis entwickelt hat, welche Unterstützung sie von der Politik erfährt und welche Leistungen die Wissenschaft erbracht hat,

- welche Herausforderungen in Anbetracht der jeweils eigenen und keineswegs immer (leicht) miteinander zu vereinbarenden Handlungsziele und Handlungslogiken für die drei Arbeitsfelder zu bewältigen waren und sind, ob es Hinweise darauf gibt, dass sie bei der Umsetzung ihrer Aufgaben für die Kriminalprävention miteinander kooperieren und ggf. auch voneinander profitiert haben,

- welche Folgerungen zu ziehen und welche Forderungen zu stellen sind, um Kriminalprävention durch die und mit den drei Arbeitsfeldern weiter zu entwickeln, zu etablieren sowie stärker systematisch auszurichten.

0

Zusammenfassung und Folgerungen

Im letzten Vierteljahrhundert ist die Kriminalprävention in Deutschland in vielfältiger Weise ausgebaut und etabliert worden.[1] Inzwischen ist mit dieser Aufgabe auf den Ebenen der Kommunen, der Länder und des Bundes ein neues Handlungs- und Politikfeld entstanden. Kriminalprävention als das aktive Zusammenwirken vieler gesellschaftlicher Kräfte und Disziplinen mit dem Ziel, Straftaten vorzubeugen, braucht dabei Praxis, Politik und Wissenschaft. Das sind ihre zentralen Arbeitsfelder, die jeweils eigene Leistungen für die Kriminalprävention erbringen müssen und dabei möglichst aufeinander bezogen sein und kooperieren sollten.

Definition und Ziele von Kriminalprävention

Kriminalprävention ist eine alternative, nicht punitive Antwort auf die Herausforderung, Kriminalität als gesellschaftliches Phänomen oder als individuelles Ereignis zu verhindern, zu mindern oder in ihren Folgen gering zu halten.

Im Vergleich zur Repression ist Prävention inhaltlich vorrangig und zeitlich vorgängig: Strafübel und Opferleid werden vermieden, ihre Effektivität ist größer, es entstehen weniger materielle und immaterielle Kosten.

Kriminalprävention kann aber auch riskante Aspekte haben, etwa durch die Tendenz zur Entgrenzung der Kriminalitäts- und Präventionsbegriffe sowie zur Vorverlagerung des präventiven Tuns.

Deshalb sollte Kriminalprävention eng verstanden werden:

Es sollten nur die Strategien, Maßnahmen und Projekte als kriminalpräventiv verstanden werden, die direkt oder indirekt die Verhinderung bzw. Verminderung von Kriminalität zum Ziel haben und von denen erwartet werden darf, dass sie in einem begründbaren und nachvollziehbarem Zusammenhang darauf gerichtet sind, Kriminalität zu verhindern bzw. zu vermindern – entweder auf der Basis überzeugender empirischer Belege oder an Hand von plausiblen Annahmen.

Allgemein förderliche Maßnahmen der sozialen oder universellen Prävention sind unverzichtbar und die Aufgabe vieler Politikbereiche, müssen aber als das verstanden

---

[1]   Ein entscheidendes Datum mit Signalfunktion für die Entwicklung und Umsetzung von Kriminalprävention auch außerhalb von Polizei und Justiz in den Ländern und Kommunen war das Jahr 1990: Mit der Gründung des ersten kriminalpräventiven Landesrates, des „Rates für Kriminalitätsverhütung in Schleswig-Holstein" in Anlehnung an skandinavische Vorbilder.

und eingefordert werden, was sie sind, nämlich als Sozialpolitik und nicht als Kriminalpolitik bzw. Kriminalprävention.

So verstandene Kriminalprävention ist eine gesamtgesellschaftliche Aufgabe, die vernetzt, interdisziplinär, als Ressorts und Institutionen übergreifende Kooperation auf mehreren Ebenen erfüllt und umgesetzt werden muss: Auf lokaler/kommunaler Ebene, auf Landesebene, auf Bundesebene, auf internationaler/globaler Ebene. Sie braucht Spezialwissen und sollte evidenzbasiert erfolgen.

Zentrale Arbeitsfelder im Handlungs- und Politikfeld „Kriminalprävention" sind demnach die Präventionspraxis, die Präventionspolitik und die Präventionswissenschaft. Arbeitsfelder, die jeweils eigene Leistungen für die Kriminalprävention erbringen müssen und dabei möglichst aufeinander bezogen sein und kooperieren sollten.

Präventionspraxis

Die organisierte kriminalpräventive Fachpraxis von staatlichen und nichtstaatlichen Einrichtungen war und ist ohne Zweifel mit ihren zahlreichen Programmen und Projekten der Motor der Entwicklung im Bereich der Kriminalprävention. Dabei lag und liegt der Schwerpunkt der kriminalpräventiven Programme und Projekte auf kommunaler bzw. lokaler Ebene. Es macht Sinn, Kriminalität wie Kriminalitätsfurcht dort zu beeinflussen und zu verhindern, wo sie entsteht und begünstigt wird

Zu den wichtigsten Akteuren der Präventionspraxis gehören die Polizei, die Kinder- und Jugendhilfe, die Schule und – mit Einschränkungen - das Strafrecht bzw. die Justiz. Die Polizei als der zeitlich erste und nach wie vor wohl wichtigste Träger der Kriminalprävention versteht sich inzwischen als ein Akteur in lokalen Problemlösungsprozessen. Die Kinder- und Jugendhilfe hat lange gezögert, sich mit Delinquenz zu befassen, doch inzwischen ist die pädagogische Kriminalitätsprävention etabliert. Die Schulen kommen im Rahmen ihres Erziehungs- und Bildungsauftrag mit einer Vielzahl von Präventions- und Interventionsprogrammen ihren Aufgaben im Bereich der Kriminalprävention nach. Kriminalprävention ist auch Gegenstand des Strafrechts und der Justiz, doch sind die präventiven Wirkungen begrenzt auf das, was im Rahmen der Repression möglich ist – und diese Wirkungen sind nachgewiesenermaßen äußerst gering.

Ausgesprochen positiv hat sich das Konzept der kommunalen Kriminalprävention auf die Entwicklung der Kriminalprävention ausgewirkt. Seit Anfang der 1990er-Jahre sind in vielen deutschen Städten und Gemeinden Netzwerke der Kommunikation und Kooperation zwischen Kommunalverwaltung und –politik, Polizei, Justiz, Schulen, Vereinen, Kirchen, Wirtschaft, sozialen Einrichtungen, Kinder- und Jugendorganisationen und sonstigen Akteuren entstanden.

Fazit und Folgerungen

Kommunale Kriminalprävention gibt mit die nachdrücklichsten Hinweise darauf sowie Beweise dafür, wie sehr Kriminalprävention Praxis, Politik und Wissenschaft braucht:

Sie braucht die Praxis für die „Arbeit vor Ort". Allerdings sollten die Praktiker für diese Aufgabe ausgewählt sein und eine Aus- und Weiterbildung erhalten, die den heutigen Anforderungen an Professionalität und Kompetenz gerecht wird. Hier ist die Wissenschaft gefordert, entsprechende Aus- und Weiterbildungsangebote zu entwickeln und anzubieten.

Sie braucht die Politik und zwar sowohl die Kommunalpolitik wie die auf Landesebene. Denn ohne deren Unterstützung und Förderung geht nichts, zumindest nicht wirkungsvoll und nicht auf Dauer.

Sie braucht die Wissenschaft für die theoretische und empirische Fundierung der präventiven Arbeit, für die Beratung und Begleitung bei der Implementation und Evaluation von Projekten, für die Entwicklung von Aus- und Weiterbildungsangeboten, für die Entwicklung und Pflege von Datenbanken und Informationssystemen.

Trotz ihrer langjährigen Existenz und stetigen Weiterentwicklung bietet die Praxis der kommunalen Kriminalprävention noch viel Optimierungspotenzial. Da dieses Konzept aber nach wie vor „eine Idee von bestechender Vernünftigkeit" ist, sollte nichts unversucht bleiben, um diese Idee nachhaltig zu verwirklichen.

Präventionspolitik

Kriminalprävention gilt zwar als wichtiges Ziel der Kriminalpolitik, bislang hat aber die von Wissenschaft und Praxis geforderte verstärkte Hinwendung der Politik zu Kriminalprävention und deren nachhaltigem Ausbau nicht im erforderlichen Ausmaß stattgefunden. Das gilt zumindest für die Kriminalpolitik auf Bundesebene, also für die Politik, die für das Strafrecht, die Repression, zuständig ist – und damit eigentlich auch für die Prävention, die der Repression ja zeitlich vorgängig und inhaltlich vorrangig ist. Die Kriminalpolitik bleibt auf Bundesebene jedoch nicht nur bei ihren strafrechtlichen Reaktionsmustern, sie verschärft sie sogar noch. Der Trend zu einem kontrollorientierten Präventionsstrafrecht (be)fördert den Präventionsstaat, zu dem sich Deutschland schon seit einigen Jahren verändert.

Diese Kriminalpolitik ist taub für das theorie- und empiriefundierte Wissen, das von der Kriminologie und anderen wissenschaftlichen Disziplinen längst erarbeitet und der Politik zur Verfügung gestellt worden ist, denn dieses Wissen steht quer zu den Trends der heute praktizierten Kriminalpolitik. Die empirische Kriminologie und andere wissenschaftliche Disziplinen haben noch nie so viel Wissen wie heute produziert – und waren kriminalpolitisch noch nie so einflusslos wie heute. Auch die beiden von der Bundesregierung in Auftrag gegebenen und von ihr vorgelegten Periodischen

Sicherheitsberichte hatten und haben auf die Kriminalpolitik in Deutschland praktisch keinen Einfluss – diese lässt sich offensichtlich auch nicht von dem besten Sachverstand von ihren politischen Überzeugungen abbringen. Auf Bundesebene kann von einer evidenzbasierten Kriminalpolitik keine Rede sein.

Dazu passt, dass bislang auf Bundesebene auch kein Wille dazu festzustellen ist, die Kriminalprävention dadurch zu fördern, dass ein organisatorisch, personell wie finanziell zumindest ausreichend ausgestattetes „Nationales Zentrum für Kriminalprävention" eingerichtet wird. Die Stiftung Deutsches Forum für Kriminalprävention (DFK) kann auch nicht ansatzweise ihre Ziele und Kernaufgaben erfüllen und ist nur Dank des Engagements der im Vordergrund wie im Hintergrund Beteiligten überhaupt am Leben geblieben.

Zwar sind die lokalen/kommunalen Ebenen wie die Landesebenen hinsichtlich Strafrecht und Strafrechtspraxis an den kriminalpolitischen Kurs des Bundes gebunden[2], dennoch sieht es hier hinsichtlich der Förderung der Kriminalprävention durch die Politik besser aus. Das zeigt für die Kommunale Kriminalprävention die – oft eingelöste – Forderung „Prävention ist Bürgermeisterpflicht". Für die Ebene der Länder zeigt das die Initiierung und Durchführung präventiv ausgerichteter Programme sowie vor allem die Einrichtung von Landespräventionsräten und vergleichbarer Gremien, die nicht nur die Aufgabe der kriminalpräventiven Politikberatung haben, sondern auch die kommunale Kriminalprävention stärken und unterstützen sollen.

Fazit und Folgerungen

Gerade vor dem Hintergrund einer insgesamt günstigen Kriminalitätsentwicklung sollten die Kommunen wie die Länder nicht mit ihren kriminalpräventiven Anstrengungen nachlassen, sondern sie zumindest beibehalten, wenn nicht sogar verstärken. In diesem Sinne ist auf allen Ebenen (immer wieder) ein breiter gesellschaftlicher Konsens dahingehend herzustellen, dass Kriminalität primär mit präventiven Strategien und Konzepten begegnet werden sollte.

Auf der lokalen Ebene hat das Konzept der kommunalen Kriminalprävention durchaus Perspektiven und sollte (flächendeckend) umgesetzt und weiterentwickelt werden, etwa in Richtung einer kommunalen Sicherheitspolitik, ausgewiesen bspw. in einem „Amt für Kriminalprävention".

Wegen der angespannten Haushaltslage vieler Kommunen ist eine finanzielle Unterstützung dringend geboten, auch damit die anderen Akteure auf kommunaler Ebene ihre hervorragenden und unentbehrlichen Aufgaben in der Kriminalprävention nicht nur weiterhin wahrnehmen, sondern möglichst noch ausbauen können.

---

[2]   Nur der Strafvollzug ist inzwischen Ländersache.

Landespräventionsräte sollten in allen Ländern eingerichtet und organisatorisch, personell wie finanziell angemessen ausgestattet werden. Die Anbindung der Räte an die Regierungen und nicht an ein Ministerium sollte ebenso geprüft werden wie die Schaffung eines „Amtes für Kriminalprävention" auf Landesebene. Die Weiterentwicklung der Kriminalprävention zu einer systematischen Präventionsstrategie bzw. Präventionspolitik ist anzustreben.

Auf Bundesebene dringend erforderlich ist die Schaffung eines organisatorisch, personell wie finanziell zumindest ausreichend ausgestatteten „Nationales Zentrum für Kriminalprävention", ggf. durch den Ausbau der Stiftung Deutsches Forum für Kriminalprävention (DFK) zu einem solchen Zentrum und der Integration der Kriminologischen Zentralstelle (KrimZ). Dieses Zentrum sollte ebenfalls nicht an ein Ministerium angebunden werden, sondern an das Bundeskanzleramt.

Auch wenn eine kriminalpolitische Wirkung der beiden bisherigen Periodischen Sicherheitsberichte (PSB) kaum festzustellen war, ist dennoch die Erstellung – wirklich – Periodischer Sicherheitsberichte auf der Grundlage einer gesetzlichen Regelung oder eines Beschlusses des Deutschen Bundestages dringend erforderlich. Diese Berichte sollten regelmäßig, etwa in jeder Legislaturperiode, von einem interdisziplinär zusammengesetzten wissenschaftlichen Gremium erstellt werden.

Auf allen Ebenen ist zu prüfen, ob 5% der aktuellen Ausgaben für die Reaktion auf Kriminalität – durch Polizei, Justiz und Strafvollzug – nicht in effektive Kriminalprävention investiert werden sollten.

Präventionswissenschaft

Kriminalprävention sollte evidenzbasiert erfolgen, also auf der Grundlage theoretischer wie empirischer wissenschaftlicher Erkenntnisse. Präventionspraxis und Präventionspolitik brauchen also Wissenschaft und Forschung.

Dass die Präventionspolitik das anders sieht, zumindest auf der Bundesebene, wurde schon ausgeführt. Auf kommunaler und Landesebene scheint die Politik offener für eine Evidenzbasierung zu sein. Auch für die Präventionspraxis ist das inzwischen der Fall.

Das liegt nicht zuletzt daran, dass die Wissenschaft etliche „Dienstleistungen" für die Praxis erbracht und die Präventionspraxis zunehmend systematisch unterstützt hat.

Der Präventionspraxis werden nicht nur die nötigen theoretischen wie empirischen wissenschaftlichen Erkenntnisse zur Verfügung gestellt, sondern es wird auch die Planung, Durchführung und Wirkung von Präventionsmaßnahmen und –programmen (Implementation und Evaluation) wissenschaftlich begleitet und überprüft. Insbesondere die Evaluation von Projekten ist inzwischen sehr viel häufiger und selbstverständlicher geworden und die Implementationsforschung gewinnt an Bedeutung.

Bei der Evaluation und zwar in der Form der nachwirkenden Gesetzesfolgenabschätzung, der Bewertung der Nützlichkeit eines Gesetzes, der Überprüfung dessen, was mit dem Gesetz ursprünglich beabsichtigt war, sollte es sich auch um ein Kernanliegen der Präventionspolitik handeln. Nicht nur hinsichtlich der Gesetzgebungstätigkeit, sondern vor allem auch für die praktische Präventionspolitik bis hin zur Ebene der Städte und Gemeinden.

Zum Problem kann dabei die Zeit werden, die Forschung im allgemeinen braucht. Praxis wie Politik wollen – müssen – möglichst rasch handeln, um erkannte Probleme zu beheben. Die Wissenschaft braucht jedoch Zeit, um begründet etwas über Wirkungen oder auch Nicht-Wirkungen sagen zu können. Es dürfte auch in der Präventionspraxis wie in der Präventionspolitik schwierig sein, empirische Untersuchungen durchzuführen, Daten zu erheben, bevor eine Präventionsmaßnahme gestartet bzw. ein Gesetz erlassen wird.

Probleme könnten sich auf der derzeitigen Lage der Kriminologie als der relevanten Bezugswissenschaft ergeben: Deutschland verfügt zwar über eine theoretisch wie empirisch hoch entwickelte kriminologische Wissenschaft, diese ist aber durch eine „strukturelle Auszehrung" offensichtlich ernsthaft bedroht. Kriminologische Forschungen finden zu einem großen Teil außerhalb der Kriminologie der Juristischen Fakultäten statt und streuen erheblich über verschiedene wissenschaftliche Disziplinen. Das heißt allerdings auch, dass kriminologische Fragestellungen ein breites wissenschaftliches Interesse finden.

Fazit und Folgerungen

An der Erarbeitung des Wissens darüber, was wirkt oder eben auch nicht wirkt, was kriminalpräventiv sinnvoll ist, was nicht, waren und sind viele wissenschaftliche Disziplinen beteiligt, insbesondere jedoch die Kriminologie, die aber in ihrer Existenz an den deutschen Universitäten gefährdet ist. Ähnliches gilt für benachbarte Fachrichtungen.

Da dies Auswirkungen auf die Kriminalprävention haben kann, sollte an den Universitäten die Lehre insbesondere in den soziologischen und juristischen Fakultäten intensiviert werden und die diversen kriminologischen Aktivitäten durch den Aufbau fachübergreifender kriminologischer Zentren gebündelt, koordiniert und damit vorangetrieben werden.

Zu begrüßen ist die 2012 eingerichtete Stiftungsprofessur „Kriminalprävention und Risikomanagement". Auch um der Kriminalprävention im Forschungsspektrum der Kriminologie und anderer Disziplinen das nötige Gewicht zu verleihen, ist dringend zu fordern, diesen Lehrstuhl über das Jahr 2017 hinaus zu finanzieren und auf Dauer zu erhalten.

Vor allem aber sollte die enge Anbindung der Kriminologie an das Strafrecht aufgegeben und die Kriminologie als unabhängige Sozialwissenschaft etabliert werden. Eine gut aufgestellte Kriminologie ist eine notwendige, wenn auch keine hinreichende Voraussetzung für die Umsetzung der Forderung nach einer interdisziplinär arbeitenden Präventionswissenschaft.

Kriminalprävention braucht Präventionspraxis, Präventionspolitik und Präventionswissenschaft

Der Deutsche Präventionstag (DPT) ist wohl mit das beste Beispiel dafür, wie weit die Forderung, Kriminalprävention brauche Präventionspraxis, Präventionspolitik und Präventionswissenschaft, schon Wirklichkeit geworden ist. Das zeigt sich nicht nur an seiner Entwicklung von wirklich kleinen Anfängen – 1995 in Lübeck mit 168 registrierten Kongressteilnehmern und einem sehr überschaubaren Programm dieser „Arbeitstagung" hin zum letzten 18. DPT 2013 in Bielefeld mit fast 2.000 Kongressteilnehmenden aus 17 ausgewiesenen Arbeitsbereichen, einem umfangreichen Programm (allein 169 Referenten für Vorträge und Projektspots), Infoständen, Sonderausstellungen usw. Die Evaluationsergebnisse (der DPT wird seit dem 13. DPT evaluiert) befinden: „Insgesamt zeigen die Evaluationsergebnisse, dass der 18. Deutsche Präventionstag als eine gelungene Veranstaltung bezeichnet werden kann. So fanden fast 92% der befragten Besucher den 18. Deutschen Präventionstag als sehr gut oder gut." Der Deutsche Präventionstag hat sich ohne Frage zu einem wichtigen Forum für den Diskurs zwischen Praxis, Wissenschaft und Politik im Arbeitsfeld der Kriminalprävention entwickelt.

2013 startete mit dem DPT-Institut für angewandte Präventionsforschung (dpt-i)ein weiterer Arbeitsbereich des DPT, um diese Entwicklung zu stärken und systematisch fort zu entwickeln. Eine wichtige Aufgabe dieses Institutes könnte es sein, auf der Basis der Befunde zu den Leistungen und Defiziten der Arbeitsfelder Präventionspraxis, Präventionspolitik und Präventionswissenschaft bei der Bewältigung ihrer Aufgaben für die Kriminalprävention sowie den Forderungen und Herausforderungen an diese Arbeitsfelder, eine systematische Strategie der Kriminalprävention zu entwickeln.

1

Kriminalprävention

Im letzten Vierteljahrhundert ist die Kriminalprävention in Deutschland in vielfältiger Weise ausgebaut und etabliert worden: Inzwischen ist auf der Ebene der Kommunen, der Länder und des Bundes ein neues Handlungs- und Politikfeld entstanden. Als das aktive Zusammenwirken vieler gesellschaftlicher Kräfte und Disziplinen mit dem Ziel, Straftaten vorzubeugen, braucht die Kriminalprävention Praxis, Politik und Wissenschaft: Das sind ihre zentralen Arbeitsfelder, die jeweils eigene Leistungen für die Kriminalprävention erbringen müssen und dabei möglichst aufeinander bezogen sein und kooperieren sollten.

Die Präventionspraxis war und ist mit ihren zahlreichen Akteuren, den staatlichen und nichtstaatlichen Instanzen und Einrichtungen mit ihren vielfältigen Programmen und Projekten der Motor in der Entwicklung der Kriminalprävention. Ohne die Unterstützung durch die Präventionspolitik kann diesem „Motor" jedoch die Kraft ausgehen. Kriminalprävention braucht als „Treibstoff" vor allem einen breiten gesellschaftspolitischen Konsens dahingehend, dass Kriminalität primär mit präventiven Strategien und Konzepten begegnet werden soll. Ein solcher Konsens ist die Voraussetzung dafür, dass für die Präventionspraxis die erforderlichen (rechtlichen) Rahmenbedingungen geschaffen und die nötigen personellen und finanziellen Ressourcen zur Verfügung gestellt werden. Das wiederum wird die Präventionspolitik zumindest auf Dauer nur dann leisten, wenn die Präventionspraxis evidenzbasiert erfolgt und Wirkungen („Erfolge") erzielt. Zwingend braucht die Kriminalprävention also die Präventionswissenschaft, als Lieferanten der theoretischen wie der empirisch gesicherten Grundlagen, als Beraterin bei der Planung, Umsetzung und Verbreitung präventiver Programme sowie bei der Überprüfung von Projekten auf ihre Praxistauglichkeit und Wirksamkeit hin.

Optimal für die Kriminalprävention wäre es, wenn diese Leistungen von ihren drei Arbeitsfeldern nicht nur erbracht werden, sondern wenn die Arbeitsfelder dabei auch kooperieren würden. Diese Kooperation steckt allerdings „noch in den Kinderschuhen" (Marks 2014) – und das nicht zuletzt deshalb, weil Kriminalprävention weder auf der kommunalen Ebene, noch auf Länder- oder Bundesebene systematisch im Sinne einer Präventionsstrategie oder gar einer Präventionspolitik geplant und umgesetzt worden ist, sondern sich mehr oder weniger „naturwüchsig" entwickelt hat. Außerdem haben die drei Arbeitsfelder je eigene Handlungsziele und Handlungslogiken, die eine Kooperation grundsätzlich nicht einfach machen. Auch innerhalb der jeweiligen Arbeitsfelder ist die Kooperation, die Akteure, Ressorts und Disziplinen übergreifende Vernetzung, nicht leicht herzustellen.

Im Folgenden wird für die drei Arbeitsfelder der Kriminalprävention auf der Basis des zur Verfügung stehenden Wissens diskutiert

- ob und wie sie ihre Aufgaben in der und für die Kriminalprävention umgesetzt haben, wie sich also Kriminalprävention in der Praxis entwickelt hat, welche Unterstützung sie von der Politik erfährt und welche Leistungen die Wissenschaft erbracht hat,

- welche Herausforderungen in Anbetracht der jeweils eigenen und keineswegs immer (leicht) miteinander zu vereinbarenden Handlungsziele und Handlungslogiken zu bewältigen waren und sind, welche Hinweise es darauf gibt, ob und wie sie bei der Umsetzung ihrer Aufgaben für die Kriminalprävention miteinander kooperiert und voneinander profitiert haben,

- welche Folgerungen zu ziehen und welche Forderungen zu stellen sind, um Kriminalprävention durch die und mit den drei Arbeitsfeldern weiter zu entwickeln und zu etablieren.

Zuvor wird jedoch festgelegt, welches Verständnis von Kriminalprävention dieser Diskussion zugrunde gelegt wird.

1.1

Definition, Ziele, positive wie riskante Aspekte[3]

Kriminalprävention umfasst die Gesamtheit aller staatlichen und privaten Bemühungen, Programme und Maßnahmen, die Kriminalität als gesellschaftliches Phänomen oder als individuelles Ereignis verhüten, mindern oder in ihren Folgen gering halten sollen.[4]

Grundsätzlich geht es bei Kriminalprävention um den Aufbau bzw. die Stärkung von Schutzfaktoren und die Abschaffung bzw. Minderung von Risikofaktoren.

Kriminalprävention ist eine alternative, nicht punitive Antwort auf die Herausforderung, Kriminalität und Kriminalitätsfurcht zu verhindern oder zumindest zu verringern. Kriminalprävention ist deshalb auch kein Teil des Kriminaljustizsystems, sondern sozusagen eine weitere „Säule" im Aufgabenfeld der Kriminalitätskontrolle, neben den „Säulen" Polizei, Justiz und Strafvollzug. Kriminalpräventives Handeln setzt keine schon begangenen Straftaten voraus, sondern versucht, Straftaten zu verhindern bevor sie sich ereignet haben (Welsh/Farrington 2012, 128; Waller 2011, 2013).

Mit Blick auf Täter, Situationen und Opfer ist die Unterscheidung zwischen primärer, sekundärer und tertiärer Kriminalprävention nach wie vor gängig (PSB 2006, 667 f.; Schwind 2013, §1 Rn 42, jeweils m.w.N.).

Diese Unterscheidung sollte jedoch aufgegeben werden, da sie immer wieder zu Missverständnissen führt, die dem Gedanken der Kriminalprävention nicht förderlich sind (Steffen 2013 b, 492 ff.):

- Zum einen unterstellt dieses Strukturmodell eine Hierarchie, eine Wertigkeit der Präventionsbereiche: Primär ist besser als sekundär und bei tertiär ist sowieso schon (fast) alles zu spät. Tatsächlich haben jedoch alle drei Bereiche eine jeweils eigene Bedeutung und Zielrichtung.

- Zum andern (ver)führt diese Unterteilung zu dem Fehlschluss, „primäre Prävention" habe etwas mit dem Alter der Adressaten zu tun, sei die Kriminalpräventi-

---

[3] Die folgenden Ausführungen orientieren sich an dem in den bisherigen Gutachten für den Deutschen Präventionstag verwendeten Verständnis von Kriminalprävention.

[4] So die Definition in den „Leitlinien Polizeiliche Kriminalprävention" von 1998 (s. Steffen 2013 b, Fn 12).

on, die sich an Kinder und vielleicht noch an Jugendliche richte.[5] Das ist jedoch keineswegs der Fall.

Aussagekräftiger und eindeutiger ist dagegen die Unterscheidung in universelle oder soziale Prävention, in selektive oder situative Kriminalprävention sowie in indizierte Kriminalprävention.[6]

Universelle oder soziale („primäre") Prävention

zielt mit allgemein förderlichen, nicht anlassbezogenen Programmen und Maßnahmen auf die Allgemeinheit und/oder Gesamtgruppen, ohne dass in diesen Gruppen besondere Risikofaktoren vorliegen müssen.

Ohne dass es schon „konkrete Verdachtsmomente" gäbe, sollen etwa durch eine konsistente Sozial-, Arbeits-, Jugend-, Familien-, Wirtschafts-, Bildungs- und Kulturpolitik optimale Bedingungen geschaffen werden, damit es gar nicht erst zu abweichenden Verhaltensweisen und Kriminalität kommt. Universelle Prävention ist die Aufgabe vieler Akteure und Institutionen, von der Familie über die Schule bis hin zu Jugendhilfe, Gemeinde und Politik, aber eher selten die von Polizei und Justiz.

Wegen ihrer sehr unspezifischen „universellen" Ausrichtung ist es durchaus umstritten, ob die soziale Prävention überhaupt als Kriminalprävention bezeichnet und verstanden werden darf – auch wenn ohne jeden Zweifel Sozialisation und Erziehung, individuelle und soziale Lebensbedingungen u.ä. erheblichen Einfluss auf Kriminalitätsentwicklungen haben. Aber es lassen sich eben keine unmittelbaren Zusammenhänge zwischen solchen „globalen Rahmenbedingungen" und Kriminalität herstellen.[7] Auch um den Risiken einer Entgrenzung der Kriminalitäts- und Präventionsbegriffe sowie der Vorverlagerung des präventiven Tuns entgegenzuwirken, ist Kriminalität nicht der geeignete Bezugsrahmen für Strategien der universellen Prävention.[8]

Maßnahmen der universellen Prävention, wie etwa die Wiederherstellung sozialer

---

[5]   Auf dieses (Miss)Verständnis geht Feltes ein, wenn er den Rückzug der Polizei Nordrhein-Westfalens aus der Primärprävention beschreibt, der deshalb erfolgt sei, weil Kinder grundsätzlich nicht Zielgruppe polizeilicher Maßnahmen zur Prävention von Jugendkriminalität seien (2012, 36).

[6]   Siehe dazu Steffen 2011, 102 f.; 2013 b, 492 ff.; Arbeitsstelle 2007; Eisner/Ribeaud/Bittel 2006.

[7]   Diese „universelle Ausrichtung" der primären Prävention ist übrigens auch der entscheidende Grund dafür, warum primäre Präventionsmaßnahmen einer gezielten Wirkungsforschung kaum zugänglich sind, obwohl sie ohne Frage Wirkungen haben (Bannenberg/Rössner 2002, 5).

[8]   Auf den Punkt hat das Michael Walter in einem 2004 beim 26. Deutschen Jugendgerichtstag in Leipzig von ihm gehaltenen Referat gebracht: „Der Gedanke der Kriminalprävention mag mit fast allem in Verbindung gebracht zu werden und ist insofern uferlos. Würde man unsere sämtlichen Lebensbedingungen, Einrichtungen und Beziehungen aus einer kriminalpräventiven Sicht betrachten, bedeutete das eine ungeheure menschliche Verarmung. Erziehung schon im Kindergarten, hat fraglos präventive Komponenten. So gesehen ist fast alles kriminalpräventiv."
      Zumal mit dem Etikett „Kriminalprävention" immer auch eine Zuschreibung verbunden ist, die den Zielgruppen zumindest mittelbar ein potenziell kriminelles Verhalten unterstellt. Damit ist unvermeidlich das Risiko einer Stigmatisierung verknüpft (Holthusen/Hoops 2012, 27; Steffen 2006 a, 1151)

Gerechtigkeit durch den Abbau der Einkommens-, Bildungs- und Integrationsarmut mit dem Ziel einer gleichberechtigten wirtschaftlichen, politischen, sozialen und kulturellen Teilhabe aller Bevölkerungsgruppen sind unverzichtbar, müssen aber als das verstanden und eingefordert werden, was sie sind, nämlich als Sozialpolitik und nicht als Kriminalpolitik bzw. Kriminalprävention,[9] auch wenn sie sich ohne Frage durchaus kriminalpräventiv auswirken können. Aber das ist nicht ihr Ziel, schon gar nicht ihr primäres und deshalb sollten sie auch nicht für Zwecke der Kriminalprävention instrumentalisiert werden – zumal das der Bedeutung dieser Maßnahmen nicht gerecht wird.

Gerade weil eine sozialstaatliche Absicherung der verschiedenen sozialen Risiken dabei helfen kann, (der Zunahme von) Kriminalität und Kriminalitätsfurcht entgegen zu wirken, gerade weil kriminalpräventive Arbeit nur dann erfolgreich sein kann, wenn sie in eine sozial gerechte Gesellschaftspolitik – Lebenslagenpolitik[10] - eingebettet ist, muss zwischen sozialpräventiven und kriminalpräventiven Strategien, Programmen und Maßnahmen klar unterschieden werden. Jedenfalls so klar wie möglich: Auch weil es immer wieder zu Überschneidungen und Vermischungen kommt, sollte zumindest begriffliche Klarheit herrschen.[11]

Selektive oder situative („sekundäre") Kriminalprävention

will wie die universelle Prävention bereits die Entstehung von Kriminalität verhindern, setzt aber spezifischer an, indem sie Gefährdungslagen in den Blick nimmt, potenziell delinquente Personen und kriminogene Situationen beeinflussen will. Selektive Prävention zielt auf besondere Teilgruppen, Individuen oder Situationen, die durch eine erhöhte Belastung mit Risikofaktoren gekennzeichnet sind und somit unter einem gesteigerten Täter- wie Opferrisiko stehen („gefährdete Personen als Täter und Opfer") bzw., bei Situationen, dadurch gefährdet sind, dass sich hier Kriminalität ereignen kann („Tatgelegenheiten").

Selektive Kriminalprävention ist direkt oder indirekt auf die Verhinderung und Verminderung von Kriminalität und Kriminalitätsfurcht bzw. auf die Verbesserung von Sicherheitslage und Sicherheitsgefühl gerichtet.

---

[9]   Auf problematische gesellschaftspolitische Entwicklungen – Stichworte: Präventionsstaat, Sicherheitsgesellschaft -, die mit einer Entgrenzung des Präventionsbegriffes, mit der Vermischung von Kriminalpolitik und Sozialpolitik verbunden sein können, wurde vertieft im Gutachten zum 17. Deutschen Präventionstag eingegangen (Steffen 2013 a); siehe dazu auch unten Kap. 3.1.2.

[10]   Auch deshalb ist für „die Politik in den letzten Jahrzehnten eine Orientierung an empirisch basierten und/ oder von Expertenteams abgegebenen Beschreibungen, Analysen und Einschätzungen zu den Lebenslagen ihrer Zielgruppen immer wichtiger geworden" (Pluto u.a. 2014, 7).

[11]   Anders Kahl (2012, 26) wenn er fordert, das Handlungsfeld der Kriminalprävention nicht weiter zu begrenzen, sondern tatsächlich und daher auch begrifflich zu erweitern bzw. zu entgrenzen.

Sie zielt darauf ab, persönliche und soziale Defizite als mögliche Kriminalitätsursachen zu beseitigen, Tatgelegenheiten zu verringern und das Entdeckungsrisiko zu erhöhen (Steffen 2013 b, 494).

Es geht hier etwa um

- Hilfe und Stützung von Personen in besonderen Problemlagen (durch Familien- und Erziehungshilfe u.ä.), um die
- Erhöhung des Tataufwandes und des Entdeckungsrisikos sowie um die Minderung des Tatertrages durch entsprechende Veränderungen der Tatgelegenheitsstrukturen[12] sowie um
- die Reduzierung tatfördernder Situationen, etwa auch durch eine entsprechend

  Information und Schulung potenzieller Opfer.

Indizierte („tertiäre") Prävention

setzt nach der Begehung von Straftaten an. Durch geeignete Maßnahmen, ggf. besondere Therapien, soll weiterer Rückfälligkeit möglichst effektiv vorgebeugt werden; dazu dient auch Entlassenenhilfe und Wiedereingliederung der Straffälligen (PSB 2006, 668).

Zur indizierten Prävention gehören auch Programme und Maßnahmen für Situationen, in denen sich gehäuft Straftaten ereignet haben („Kriminalitätsbrennpunkte").

Mit (staatlichen) Kontroll- und Eingriffsmaßnahmen soll Straftaten entgegengewirkt und sollen Kriminalitätsauffällige resozialisiert werden mit dem Ziel der Verhinderung bzw. Verminderung weiterer Straffälligkeit und Straftaten, der Senkung der Kriminalitätsrate und der Verminderung des Opferrisikos der Bevölkerung (Steffen 2013 b, 495).

Auch die Hilfe für Opfer von Straftaten mit dem Ziel, eine erneute Opferwerdung und vor allem eine sekundäre Viktimisierung durch entsprechende Reaktionen der Instanzen sowie des sozialen Umfelds zu verhindern, zählt zur indizierten Kriminalprävention.

Positive Aspekte der Kriminalprävention
Für Kriminalprävention sprechen vor allem folgende Überlegungen:[13]

- Vermeidung von Strafübel und Opferleid:
  Kriminalprävention ist humaner als Kriminalrepression. Das gilt nicht nur für die Täterseite im Hinblick auf die Bestrafung, sondern insbesondere auch für die Opferseite. Es ist sinnvoller Straftaten gar nicht erst entstehen zu lassen, als

---

[12] Heinz 1998, 31 f.: „Sekundärprävention durch Veränderung von (Tat-)Gelegenheitsstrukturen ... ist unter dem Gesichtspunkt der Verhältnismäßigkeit die Methode der Wahl."

[13] DVJJ 2007, 5; s. dazu auch Waller 2011, 2013 und Heinz 1998, 18 ff., 2005, 9 f.

sie später mit großem Aufwand verfolgen zu müssen. Neben den materiellen und körperlichen Schäden führen Straftaten oftmals zu schwerwiegenden psychischen Folgen für die Opfer. Auch eine noch so erfolgreiche Strafverfolgung kann dies nicht wieder gut – und schon gar nicht ungeschehen machen.

- Größere Effektivität:
  Durch kriminalpräventives Handeln können Konfliktpotenziale reduziert, Tatgelegenheiten verringert, Ängste abgebaut, Kommunikation verbessert, Desintegrationslagen entschärft werden. Die Strafverfolgung kommt immer zu spät: individuelle und gesellschaftliche Problemlagen, deren Ausdruck die Straftaten sind, haben sich bereits realisiert. Zudem entwickelt das strafjustizielle Handlungsrepertoire nur sehr begrenzt kriminalitätsreduzierende Wirkungen.

- Weniger Kosten:
  Dort, wo kriminalpräventives Handeln wirksam ist, zahlt es sich in der Regel auch in Hinblick auf die eingesetzten personellen und finanziellen Ressourcen aus. Investitionen in effektive Prävention bedeuten weniger Opfer, weniger Schäden, weniger Kosten für die Steuerzahler und die Reduzierung der Arbeitsbelastung für Polizei, Justiz und Strafvollzug.

Riskante Aspekte der Kriminalprävention

Kriminalprävention hat aber auch riskante Aspekte. Denn Kriminalprävention wirkt[14] – und hat deshalb auch Risiken und Nebenwirkungen, ist nicht nur deshalb schon und nur gut, weil sie Übles verhindern will (siehe zum Folgenden Steffen 2012 a, 108 f.):

- Prävention baut auf der Annahme auf, zukünftige Gefährdungen erkennen und ihnen durch Handeln in der Gegenwart zuvorkommen zu können. Zukunft ist aber kontingent, die Wissensbasis mithin ungesichert - und Prävention in dieser Hinsicht *Handeln auf Verdacht*. Mit der Gefahr, der Gegenwart Fesseln anzulegen aus der Befürchtung heraus, dass sich die Dinge maximal negativ entwickeln (Ohder 2010, 16 f).

- Kriminalprävention neigt zu *Entgrenzung der Kriminalitäts- und Präventionsbegriffe sowie zur Vorverlagerung* des präventiven Tuns: Im Fall eines Scheiterns kam Prävention eben zu spät, man hätte frühzeitiger und ggf. intensiver handeln müssen (Holthusen e.a. 2011, 23).

---

[14] Mit den Worten des Landesrates für Kriminalitätsvorbeugung Mecklenburg-Vorpommern (LfK): „Prävention wirkt – vorausgesetzt, dass bestimmte Bedingungen eingehalten werden. Dazu zählen z.B. ihr gesamtgesellschaftlicher Ansatz, ihre Fachlichkeit und ihre Nachhaltigkeit. Sowohl langfristige praktische Erfahrungen als auch wissenschaftliche Untersuchungen belegen, dass ... die Präventionsarbeit einen entscheidenden Einfluss auf die tatsächliche und die subjektiv empfundene Kriminalitätsentwicklung hat ... Mecklenburg-Vorpommern ist in den vergangenen 17 Jahren spürbar sicherer geworden und die Präventionsarbeit hat dazu einen wichtigen Beitrag geleistet." (impulse. Geschäftsbericht des LfK 2010/2011, 5).

- Es besteht die Gefahr, den Präventionsbegriff als *Legitimationsfolie* zu instrumentalisieren, wenn (nahezu) jede Maßnahme mit dem Etikett „Prävention" versehen wird (11. Kinder- und Jugendbericht 2002, 243).

- Nicht nur repressive Maßnahmen, auch präventive Maßnahmen sind stets *Intervention*, können stigmatisierend wirken und bedürfen deshalb bestimmter Voraussetzungen sowie einer Prüfung hinsichtlich negativer Nebenwirkungen und Folgen (Ohder 2010, 17).

- Wenn ganz normale Projekte, etwa solche der Jugendarbeit, mit dem Ziel „Kriminalprävention" durchgeführt werden – auch deshalb, um sie finanziert zu bekommen -, dann können nicht nur zivile Sachverhalte in kriminalitätsbezogene Sachverhalte umgedeutet und eine ganze Generation, nämlich die der Heranwachsenden, als (potenziell) „kriminell" oder „gewalttätig" stigmatisiert werden,[15] sondern dann kann es auch zu einer *Kriminalisierung der Sozialpolitik* kommen, zur kriminalpolitischen Bearbeitung sozialpolitischer Probleme (Steffen 2012 a, 100 ff.).

- Kriminalprävention kann eine *„Sicherheitshysterie"* fördern: Mit Kriminalprävention wird Kriminalität von einer weiteren Seite in den Blick genommen, nicht mehr nur von der Repression aus, und das kann zu einer übersteigerten Problembetrachtung, zu einer „Sicherheitshysterie" führen (Ostendorf 2005; s. dazu auch Sessar 2011).

- Kriminalprävention basiert auf der *Logik des Verdachts* – dies widerspricht der Unschuldsvermutung und ist aus pädagogischer Perspektive defizit- und nicht ressourcenorientiert. Außerdem besteht mit dieser Verdachtslogik wieder das erhebliche Risiko, Personen zu stigmatisieren (Holthusen e.a. 2011, 24).

- Kriminalprävention hat dort ihren Platz, wo etwas verhindert werden soll, das ohne entsprechende Maßnahmen mit einiger Wahrscheinlichkeit eintreten würde und mit einem erheblichen Schaden verbunden wäre. Gegenüber Kriminalprävention ist Skepsis am Platz, wo es um *Prozesse und Entwicklungen geht, die es zu gestalten gilt, wo nicht unterlassene Verhinderung, sondern unzureichende Förderung zu einem nachteiligen Ergebnis* führen könnte (Ohder 2010). Durch die Verwendung des Präventionsbegriffs wird den betroffenen Personen per se eine mögliche negative Entwicklung unterstellt. Besser wären die Bezeichnungen „Förderung" oder „Hilfe", insbesondere dann, wenn diese Konzepte – entsprechend der Tendenz zur Vorverlagerung – sehr früh eingesetzt werden (Holthusen e.a. 2011, 23).

- Prävention stellt also ein höchst voraussetzungsvolles und ambivalentes Unternehmen dar (Holthusen e.a. 2011, 25). Deshalb sollte auf jeden Fall dem Trend

---

[15] Gutes Beispiel dafür sind die inzwischen zahlreichen Projekte und Programme zur Förderung von Lebens- und Verhaltenskompetenz, mit denen unter der Überschrift „Gewaltprävention" ganze Schulklassen „zwangsbeglückt" werden - und dadurch völlig unabhängig von ihrem tatsächlichen Verhalten unter den Verdacht gestellt werden, sie seien kriminalitäts- und gewaltgeneigt.

zur Entgrenzung und Vorverlagerung des präventiven Tuns „vorgebeugt" und Kriminalprävention eng verstanden werden:

Es sollten nur die Strategien, Maßnahmen und Projekte als kriminalpräventiv verstanden werden, die direkt oder indirekt die Verhinderung bzw. Verminderung von Kriminalität zum Ziel haben und von denen erwartet werden darf, dass sie in einem begründbaren und nachvollziehbarem Zusammenhang darauf gerichtet sind, Kriminalität zu verhindern bzw. zu vermindern – entweder auf der Basis überzeugender empirischer Belege oder an Hand von plausiblen Annahmen.[16]

Diese Forderung nach einer „Engschneidung" des Präventionsbegriffes wird von der universell ausgerichteten (Kriminal)Prävention eher selten, von der selektiven wie von der indizierten Kriminalprävention dagegen in aller Regel erfüllt.

Außerdem sollten möglichst keine standardisierten Programme ohne Prüfung auf ihre Notwendigkeit und Eignung übernommen werden. Vielmehr sollten die kriminalpräventiven Programme, Projekte und Maßnahmen die lokalen, sozialen und kulturellen Bedingungen und Kontexte von Kriminalität in Betracht ziehen, auf einer gründlichen Problem- und Ursachenanalyse vor Ort beruhen, sorgfältig implementiert und natürlich auf ihre Wirksamkeit hin evaluiert werden. In enger Zusammenarbeit der Arbeitsfelder Praxis und Wissenschaft, unterstützt von der Politik.

1.2

Entwicklung der Kriminalprävention: Entstehung eines neuen Handlungs- und Politikfeldes

„Kriminalprävention als die Gesamtheit von Vorkehrungen und Maßnahmen, mit denen die Entstehung von Kriminalität vermindert und im Falle von doch eingetretenen Straftaten der Rückfall verhindert werden soll, hat als Idee und Bekenntnis eine lange Tradition, als praktische Realität jedoch nur eine kurze Geschichte ... Bis in die jüngere Zeit wurde zwar durchweg die Bedeutung von Kriminalprävention für die Kriminalpolitik und die Praxis betont, aber die konkrete Umsetzung eher vernachlässigt" (PSB 2001, 470 und 455).

„Blickt man .. auf die Herausbildung der gegenwärtigen ‚Landschaft' der Vorbeugung von Delinquenz und Straffälligkeit, auch der Vermeidung bzw. wenigstens wirksamen Verminderung von Gefährdungen aller Art, die zu abweichendem Verhalten beitragen können, so kann man zielführende Gespräche und Planungen für den ‚Start' einer aktuellen, nach und nach auf ganz Deutschland ausgreifenden (Kriminal-)Präventionsbewegung auf die Zeitspanne zwischen 1970 und 1980 fixieren." (Kerner 2012, 38).[17]

---

[16] Diese Definition entspricht der in Arbeitsstelle 2007, 17 f und in den bisherigen Gutachten für den Deutschen Präventionstag verwendeten Definition.

[17] Kerner führt hier vor allem die verschiedenen Aktivitäten der Polizei an wie die polizeilichen Programme zur Drogenprävention, den Sonderband der BKA-Forschungsreihe von 1986 „Systematische Kriminal-

Eine deutliche „Präventions-Aufbruchsstimmung" ist jedoch erst in den 1990er Jahren zu verzeichnen:[18] In Deutschland werden die ersten Landespräventionsräte gegründet – Schleswig-Holstein (1990), Hessen (1992), Niedersachsen (1995); bereits 1988 hatte sich in der Stadt Neumünster ein ständiger Arbeitskreis für ressortübergreifende Präventionsbemühungen konstituiert, der seit 1992 unter der Bezeichnung „Rat für Kriminalitätsprävention" firmiert – der Beginn der Kommunalen Kriminalprävention als (neuer) gesamtgesellschaftlicher Aufgabe; 1995 richtet das Bundesministerium der Justiz das bundesweit erste Fachreferat „Prävention" in einem Ministerium ein und das Bundeskriminalamt startet mit dem „Infopool Prävention" eine Sammlung empfehlenswerter Projekte aus dem Bereich der Kriminalprävention; 1997 richtet das Deutsche Jugendinstitut die weiterhin bestehende Arbeitsstelle Kinder- und Jugendkriminalitätsprävention ein und die Polizei strukturiert ihre präventionsbezogene Gremienarbeit neu: aus dem Kriminalpolizeilichen Vorbeugungsprogramm (KPVP) wird das heutige Programm Polizeiliche Kriminalprävention (ProPK); 1995 wird der erste Deutsche Präventionstag veranstaltet, 1999 eine rechtlich eigenständige Trägergesellschaft des Deutschen Präventionstages gegründet; 2001 kommt es zur Gründung der Stiftung Deutsches Forum für Kriminalprävention (DFK).

Inzwischen hat sich Kriminalprävention als das aktive Zusammenwirken vieler gesellschaftlicher Kräfte aus Praxis, Politik und Wissenschaft mit dem Ziel, Straftaten vorzubeugen,[19] als neues Handlungs- und Politikfeld etabliert (Kahl 2013, 39) „Kriminalprävention entwickelt Strategien, um die Kriminalitätsbelastung möglichst niedrig zu halten. Ihre Bedeutung und ihr Wert für die Kriminalpolitik und die Praxis sind mittlerweile unbestritten" (PSB 2006, 665).

Unstrittig ist heutzutage, dass „Kriminalprävention schon weit vor Strafgesetzgebung. Strafrecht, (polizeilicher) Strafverfolgung, Strafjustiz, Strafzumessung und Strafverwirklichung (Vollstreckung und Vollzug mit Alternativen) ansetzt bzw. weit darüber hinausgeht" (PSB 2001, 456). „Kriminalpolitisch gilt deshalb unbestritten ‚der Leitgedanke des Vorranges der Prävention vor der Repression'" (Heinz 1998, 18).

---

prävention – mit praktischen Beispielen" oder die BKA-Jahrestagung 1987 zum Generalthema „Kriminalitätsbekämpfung als gesamtgesellschaftliche Aufgabe." Bereits 1975 führte das BKA seine Jahrestagung zum Thema „Polizei und Prävention" durch.
Seit 1970 beteiligen sich alle Bundesländer am „Kriminalpolizeilichen Vorbeugungsprogramm (KPVP)"; 1972 wurde auf Beschluss der Ständigen Konferenz der Innenminister und –senatoren der Länder (IMK) eine Projektleitung für das KPVP eingerichtet, auch um dieses finanziell auf eine sichere Basis zu stellen. Der PSB 2001, 458 f. führt in diesem Zusammenhang aus: „Die neuere deutsche Diskussion über Kriminalprävention wurde mit einer Arbeitstagung des Bundeskriminalamtes im November 1975 gestartet. Auch wenn sich im Anschluss daran institutionell und organisatorisch in der Praxis zunächst noch nicht viel bewegte, war doch ein Zeichen gesetzt worden, um langfristig aus dem in der Regel bis dahin eher unverbindlich vorgetragenen Spruch, Kriminalprävention sei ‚vornehmste Aufgabe der Polizei', eine faktisch wirklich polizeiliches Handeln werden zu lassen".

[18] Siehe dazu Marks 2013, 129.

[19] So der LPR Niedersachsen.

Weitgehend unstrittig, wenn auch noch keinesfalls überall und in jeder Hinsicht realisiert, ist dieses Verständnis von Kriminalprävention:

- Kriminalprävention gilt als **gesamtgesellschaftliche Aufgabe**, an der keinesfalls nur Polizei und Justiz beteiligt sind, sondern, siehe oben, viele gesellschaftliche Kräfte aus Praxis, Politik und Wissenschaft.[20]

Denn mit polizei- und strafrechtlichen Mitteln allein lassen sich die Ursachen von Kriminalität nicht beheben. Das ergibt sich schon aus der Vielfalt dieser Ursachen, aber auch aus den Erfahrungen, die mit den begrenzten Wirkungen von strafrechtlichen Maßnahmen auf Verhalten und ggf. Verhaltensänderungen gemacht worden sind[21] sowie nicht zuletzt aus den theoretischen Überlegungen und praktischen Erkenntnissen zu den Ursachen von Kriminalitätsfurcht: Ein Großteil der Faktoren, die als Gründe für die Entstehung von Kriminalität und von Kriminalitätsfurcht erkannt und nachgewiesen worden sind, lassen sich durch die Mittel des Strafrechts gar nicht oder allenfalls in sehr (zu) geringem Maße beeinflussen. Hier – und nicht nur hier – ist die Prävention der Repression eindeutig überlegen, ist zeitlich vorgängig und inhaltlich vorrangig (Heinz 1998, 19 f.; Steffen 2013 b, 487).[22]

- Kriminalprävention ist eine Aufgabe, die auf **mehreren Ebenen** erfüllt und umgesetzt werden muss: Auf lokaler/kommunaler Ebene, auf Landesebene, auf Bundesebene, auf internationaler/globaler Ebene.

Dem Prinzip der Subsidiarität entsprechend[23] sollten für Kriminalprävention primär die Bürgerinnen und Bürger, danach die öffentlichen Kollektive wie Gemeinden, Städte und Landkreise und erst dann Länder und Bund zuständig sein (Marks 2014).

- Aus dem Verständnis von Kriminalprävention als einer gesamtgesellschaftlichen Aufgabe ergibt sich, dass sie **vernetzt, als Institutionen und Akteure übergreifende Kooperation** erfolgen sollte. Das gilt nicht nur für die Netzwerke der Kommunikation und Kooperation auf kommunaler Ebene, sondern beispielsweise auch für die Landespräventionsräte.[24]

---

[20] „Präventive Verhaltensbeeinflussung ist keine Besonderheit des Strafrechts, sondern ein gemeinsames Charakteristikum aller auf Sozialisation abzielenden sozialen Normensysteme und Institutionen" (Kunz 2011 § 24 Rn 3).
S. dazu auch die Broschüre der DVJJ 2007 „Gemeinsam mit verteilten Rollen".

[21] Zumal Strafverfolgung immer zu spät kommt, s.o.

[22] Siehe dazu auch Heinz 1998, 17 ff.

[23] Dem Prinzip der Subsidiarität zufolge sollen Aufgaben, Handlungen und Problemlösungen so weit wie möglich selbstbestimmt und eigenverantwortlich von kleinen Einheiten unternommen werden. Nur wenn dies nicht möglich ist, sollen sukzessive größere Gruppen, öffentliche Kollektive oder höhere Ebenen einer Organisationsform die Aufgaben und Handlungen subsidiär unterstützen und übernehmen (Marks 2014)

[24] So gehören beispielsweise dem Landespräventionsrat (LPR) Niedersachsen als Mitglieder an: Kommunale Präventionsgremien; landesweit tätige nichtstaatliche Organisationen; Ministerien, Landesbeauftragte

- Kriminalprävention braucht **Spezialwissen**: Die Anforderungen an diejenigen, die kriminalpräventive Programme und Maßnahmen in der Praxis umsetzen (sollen) sind gestiegen. Das auch vor dem Hintergrund, dass Kriminalprävention inzwischen ein „Markt" ist, an dem auch wirtschaftliche Interessen herrschen. Das gilt nicht nur für die Hersteller und Verkäufer präventiver Sicherheitstechnik, sondern auch für Anbieter verhaltensorientierter Präventionsprogramme und – konzepte: Etliche dieser Programme kosten Geld, etwa für die Ausbildung der Anwender („Trainer") oder/und für die Materialien. Die Präventionsakteure vor Ort müssen in der Lage sein, den „Wert" dieser Programme für die Ziele und Adressaten ihrer Präventionsvorhaben zu beurteilen.[25]

Inzwischen wird nicht nur verstärkt „akteursintern" aus- und weitergebildet, sondern es werden auch überregionale Aus- und Weiterbildungsmöglichkeiten angeboten – und genutzt! -, so etwa seit 2008 das „Beccaria-Qualifizierungsprogramm Kriminalprävention" des Landespräventionsrates Niedersachsen oder seit dem Wintersemester 2011 der Masterstudiengang „Präventive Soziale Arbeit mit den Schwerpunkten Kriminologie & Kriminalprävention" an der Ostfalia-Hochschule für angewandte Wissenschaften in Wolfenbüttel (s. dazu Kap. 4.3).

- Kriminalprävention sollte **evidenzbasiert** erfolgen: Also zum einen auf der Grundlage theoretischer wie empirischer wissenschaftlicher Erkenntnisse, zum andern hinsichtlich der Beurteilung ihrer Planung, Durchführung und Wirkung (Implementation und Evaluation).[26] Hier ist nicht nur die „Hol-Bereitschaft" der Praxis gefordert, sondern auch die „Bring-Leistung" der Wissenschaft.

1.3

Zusammenfassung und Folgerungen

Kriminalprävention ist in Deutschland im letzten Vierteljahrhundert in vielfältiger Weise ausgebaut und etabliert worden: Inzwischen ist ein neues Handlungs- und Politikfeld entstanden, das Praxis, Politik und Wissenschaft braucht und vor (neue) Herausforderungen stellt

---

und nachgeordnete Behörden; wissenschaftliche Institutionen.

[25] Unterstützt nicht nur durch eine entsprechende Qualifikation, sondern auch durch Datenbanken wie die „Grüne Liste Prävention".

[26] Bereits 2006 hält der 2. PSB die Notwendigkeit, bei der Entwicklung der Kriminalprävention in Deutschland einen wichtigen Grundlagenaspekt stärker zu fokussieren, nämlich den der Evaluation von kriminalpräventiven Initiativen und Programmen mit Blick auf ihre tatsächlichen Auswirkungen, für inzwischen weitgehend akzeptiert (2006, 670, 676).
Neuere Forschungen zeigen, dass Präventionsprogramme ein besonderes Augenmerk auch auf die systematische Implementation legen sollten (Stiftung Deutsches Forum für Kriminalprävention 2013 b, 32).
Zur „Beccaria-Qualitätsinitiative" des Landespräventionsrates Niedersachsen gehören nicht nur das Beccaria-Qualifizierungsprogramm, sondern auch die Beccaria-Standards, Maßgaben und Anforderungen an die Qualität der Planung, der Durchführung und der Bewertung kriminalpräventiver Programme und Projekte (www.beccaria.de; Marks 2014).

Denn diese Entwicklung ist in weiten Teilen und Bereichen eher ungeplant und zufällig erfolgt. Ein entscheidender Grund dafür ist, dass die Kooperation zwischen den drei Arbeitsfeldern der Kriminalprävention – Praxis, Politik und Wissenschaft – ebenfalls eher ungeplant und zufällig (wenn denn überhaupt) erfolgt und auf keinen Fall systematisch entwickelt worden ist.

Die Kriminalprävention braucht jedoch eine strukturierte und intensive Zusammenarbeit ihrer drei Arbeitsfelder. Welche Herausforderungen sich hier stellen und welche Forderungen zu stellen sind, wird im Folgenden an den Befunden zum jeweiligen IST-Zustand in Praxis, Politik und Wissenschaft diskutiert.

2

Präventionspraxis

2.1

Entwicklung und Sachstand

Die organisierte kriminalpräventive Fachpraxis von staatlichen und nichtstaatlichen Einrichtungen war und ist ohne Frage mit ihren zahlreichen Programmen und Projekten der Motor der Entwicklung im Bereich der Kriminalprävention – auch hin zu mehr Kooperation, Vernetzung und Professionalität.

Kriminalprävention wurde von der Praxis initiiert und vorangebracht, bevor sich Politik und Wissenschaft auch daran beteiligten.

2.1.1

Dominanz der kommunalen bzw. lokalen Ebene

Dabei lag und liegt der Schwerpunkt der kriminalpräventiven Programme und Projekte auf kommunaler bzw. lokaler Ebene. Deren Dominanz entspricht nicht nur dem Prinzip der Subsidiarität (s.o. Fn 23), sondern ergibt sich auch aus der Einsicht, dass es sich bei Kriminalität in allen ihren Ausprägungen im Schwerpunkt um ein lokales Phänomen handelt: Viele der für das Tatgeschehen relevanten soziokulturellen, wirtschaftlichen und infrastrukturellen Faktoren weisen einen deutlichen Lokalbezug auf. Rund 70% der polizeilich registrierten Delikte werden in der Wohnortgemeinde von Täter und/oder Opfer begangen, also dort, wo die Täter ihre Sozialisation erfahren haben und die Opfer (unbeabsichtigt) die Tatgelegenheiten (mit)gestalten. Auch die Sozialkontrolle weist deutliche örtliche Bezüge auf – ungeachtet der schon vor Jahren erfolgten Verstaatlichung der kommunalen Polizeien und einer ohnehin überregional (bundesweit) vereinheitlichten Justiz (Steffen 2006 a, 1145; PSB 2006, 670). Die Kinder- und Jugendhilfe liegt ohnehin in kommunaler Verantwortung; ähnliches gilt für viele Schulträger.[27]

---

[27] PSB 2001, 470: „Das Gewicht örtlicher Initiativen ist der Sache angemessen, insofern sich große Teile der Kriminalität, welche die Bürger in ihrem Alltagsleben treffen und betreffen, im nahen Umkreis des

Außerdem geht es nicht nur um Kriminalität, sondern auch um Kriminalitätsfurcht, nicht nur um Sicherheit, sondern auch um das Sicherheitsgefühl – und das wird vor allem von örtlichen Bedingungen, insbesondere solchen des nahen Umfeldes beeinflusst: „Die empirische Forschung zu Situationen und Verhaltensweisen in der Öffentlichkeit, die Kriminalitätsfurcht auslösen, hat auch in Deutschland inzwischen wiederholt den Befund bestätigt, dass die Bürger ihre Besorgnisse an Zeichen der Unordnung, Verfall und Verwahrlosung (teils raumbezogen, teils auf Baulichkeiten konzentriert, teils von Personengruppen herrührend) festmachen. Dieser Befund ist für die auch künftige Ausgestaltung einer praxisbezogenen Kriminalprävention, welche die Belange und Bedürfnisse der Bürger ernst nimmt, von hoher Bedeutung"(PSB 2001, 461).[28]

Es macht also Sinn, Kriminalität wie Kriminalitätsfurcht dort zu beeinflussen und zu verhindern, wo sie entsteht und begünstigt wird und dies in gemeinsamer Verantwortung der Bürger des jeweiligen Gemeinwesens und ihrer kommunalen und staatlichen Einrichtungen, ressortübergreifend und in institutionalisierter Form (Steffen 2013 b, 488).

2.1.2
Akteure der Kriminalprävention: Polizei, Kinder- und Jugendhilfe, Schule, Strafrecht und Strafjustiz

Im Aufgabenfeld der Kriminalprävention engagieren sich viele Akteure und Institutionen, was etwa an der Zusammensetzung der kriminalpräventiven Gremien deutlich wird. Zu den wichtigsten, die, wie bspw. die Kinder- und Jugendhilfe, selbst wieder mehrere staatliche und nichtstaatliche Einrichtungen repräsentieren, dürften jedoch die im Folgenden dargestellten Präventionsträger gehören.

2.1.2.1
Polizei

Zu den zeitlich ersten – und nach wie vor wohl wichtigsten – Akteuren der Kriminalprävention gehört die Polizei:[29] Da „die Abwehr von Gefahren, die das Leben und die Gesundheit, Hab und Gut der Menschen bedrohen, .. nach allgemeiner staatsrechtlicher Auffassung eine Kernaufgabe des Staates dar(stellt), ... liegt es bis zu einem gewissen Grad in der Natur der Sache, dass die Polizei am schnellsten und deutlich nach außen sichtbarsten an den jüngeren Entwicklungen (der Kriminalprävention)

Wohn- und Aufenthaltsortes von Tätern und Opfern abspielen."

[28] Siehe zur Kriminalitätsfurcht, ihren Auslösern und ihrem Ausmaß auch die Ausführungen im Gutachten für den 17. DPT 2012, Steffen 2012 a, 97 ff.).

[29] „Der hohe Stellenwert der Kriminalprävention im Spektrum polizeilicher Aufgaben ergibt sich nicht nur aus der herausragenden Bedeutung des Schutzes vor Kriminalität für die Bevölkerung, sondern auch aus der Erkenntnis, dass es sinnvoller ist, Straftaten erst gar nicht entstehen zu lassen, als sie später mit großem Aufwand verfolgen zu müssen. Neben den materiellen und körperlichen Schäden führen Straftaten oftmals zu schwerwiegenden psychischen Folgen für die Opfer. Auch eine noch so erfolgreiche Strafverfolgung kann dies nicht wiedergutmachen" (Leitlinien Polizeiliche Kriminalprävention 1998).

in unterschiedlichster Weise Anteil nahm. Die Polizei sah sich auch einem entsprechenden Erwartungsdruck von Seiten der Bevölkerung ausgesetzt, im Sinne des quasi alleinigen Garanten für die Innere Sicherheit und somit für Maßnahmen zur Kriminalitätsvorbeugung" (PSB 2001, 459).[30]

Dieser „Erwartungsdruck" wurde durch praktische wie theoretische Erkenntnisse zu Beeinträchtigungen des Sicherheitsgefühls der Bevölkerung und die polizeipraktischen wie kriminalpolitischen Reaktionen darauf noch verstärkt. In Deutschland werden „alternative Denkansätze hinsichtlich der formellen und informellen Sozialkontrolle aus den USA" (PSB 2001, 460) etwa seit Anfang der 1990er Jahre diskutiert, verbunden mit den Forderungen nach einer „bürgernahen und gemeinwesenorientierten Polizei",[31] die „eng mit anderen Institutionen, Vereinigungen und einzelnen Bürgern (oder Gruppen) zusammenarbeitet, um gemeinsam eine wirksame Prävention zustande zu bringen und nachhaltig aufrecht zu erhalten" (PSB 2001, 460).

Im November 1997 erarbeitete die Kommission Polizeiliche Kriminalprävention der Länder und des Bundes (KPK)[32] die Vorlage „Kommunale Sicherheits- und Ordnungspartnerschaft – die Adaption von Community Policing für Deutschland". Solche „Kommunalen Sicherheits- und Ordnungspartnerschaften" könnten aus Sicht der Kommission die vielfachen Einzelentwicklungen hin zu einer bürgernahen Polizeiarbeit in ein zielgerichtetes Gesamtkonzept einbinden (Steffen 2006 b, 119 f.).

Im Februar 1998 beschloss die Ständige Konferenz der Innenminister und –senatoren (IMK) das Konzept „Partnerschaft für mehr Sicherheit in unseren Städten und Gemeinden". Unter anderem sollte sich die Sicherheitsarbeit verstärkt an den konkreten Bedürfnissen der Bürger orientieren und die Einrichtung von kommunalen Präventionsräten und Sicherheitspartnerschaften gefördert werden.

Im Oktober 1998 stimmte der AK II (Arbeitskreis Innere Sicherheit der IMK) den „Leitlinien Polizeiliche Kriminalprävention" zu, die seither unverändert gelten und

---

[30]   Aus dieser Stellung der Polizei ergibt sich allerdings auch eine ganz spezifische Problematik: Ihre Zuständigkeit für Prävention und Repression hat die Zusammenarbeit mit anderen Akteuren der Kriminalprävention durchaus erschwert, etwa die mit der Sozialarbeit. Siehe dazu bspw. DVJJ 2007, 16 ff.

[31]   So die – gebräuchlichste - deutsche Bezeichnung für das Konzept des „community policing". Dieses Konzept ist keineswegs nur ein „Import" ausländischer Ideen und Vorgehensweisen, sondern auch die „Wiederbelebung" eines traditionellen, aber vielfach in Misskredit geratenen Grundsatzes deutscher Polizeiarbeit: Die Gewährleistung von Sicherheit und Ordnung. Zu seinen Kernelementen gehören die konsequente Einbeziehung der Bürgerinteressen in die kurz-, mittel- und langfristige polizeiliche Planung und in das aktuelle polizeiliche Handeln; die Erwartungen der Bürger und insbesondere ihr Sicherheitsgefühl werden in den Mittelpunkt der polizeilichen Arbeit gestellt (Steffen 2006 b, 120 ff.).
        Ausführlich zur „Bürgernahen und gemeinwesenorientierten Polizeiarbeit in Deutschland" Steffen 1995; Steffen 2002 und Steffen 2006 b.

[32]   Dieser Kommission gehören je ein Vertreter der jeweiligen Zentralstellen für Kriminalprävention in den 16 Landeskriminal-ämtern an, des Bundeskriminalamtes, der Deutschen Hochschule der Polizei und der Bundespolizei. Sie ist zuständig für alle polizeilich relevanten Themen und Aufgaben im Bereich der Kriminalprävention, die eine Abstimmung zwischen den Polizeien der Länder und im Bund erforderlich machen.

auch Eingang in die für die polizeiliche Aufgabenwahrnehmung grundlegende Polizeidienstvorschrift (PDV) 100 gefunden haben. Hier heißt es u.a. „Eine nachhaltig wirkende Strategie der Kriminalprävention muss der Ursachenvielfalt Rechnung tragen. Dies erfordert ein übergreifendes, integratives Gesamtkonzept. Kriminalprävention ist somit eine gesamtgesellschaftliche Aufgabe, für die nicht nur die Polizei, sondern insbesondere die Politik, andere staatliche und nichtstaatliche Stellen, die Wirtschaft, die Medien sowie die Bevölkerung selbst Verantwortung tragen und ihre spezifischen Beiträge hierzu leisten müssen ... Auf kommunaler Ebene kann Kriminalprävention besonders wirksam mit zielgerichteter Projektarbeit betrieben werden, da Kriminalität überwiegend örtlich entsteht und erlebt wird. Dabei sollten alle örtlich relevanten Präventionsträger ... einbezogen werden. Anzustreben ist die Vernetzung der jeweiligen Projekte und Maßnahmen sowie eine verstärkte Institutionalisierung der Bürgerbeteiligung. Hierzu kann die Einrichtung von kommunalen Präventionsräten bzw. Sicherheits- und Ordnungspartnerschaften beitragen."

Diese Entwicklung zeigt vor allem eins: Die Polizei versteht sich nicht mehr als „quasi alleinigen Garanten für die Innere Sicherheit und somit für Maßnahmen zur Kriminalitätsvorbeugung", denn mit polizeilichen (und strafrechtlichen) Mitteln allein lassen sich Kriminalität und Kriminalitätsfurcht nicht wirkungsvoll eindämmen oder gar verhindern. Das Verständnis von Kriminalprävention als gesamtgesellschaftlicher, vor allem lokal wahrzunehmender Aufgabe verändert auch das polizeiliche Selbstverständnis: Die Polizei als ein Akteur in lokalen Problemlösungsprozessen gibt ihr professionelles Sicherheitsmonopol auf (Steffen 2006 b, 122).

Dazu Ziercke 1997: In dem Prozess der Entwicklung kommunaler Kriminalprävention werde die Polizei auch weiterhin eine wichtige Rolle spielen. Sie müsse aber die Grenzen der polizeilichen Prävention neu bestimmen. „Sie muß Abschied nehmen von einem die Polizei überfordernden Selbstverständnis. Nicht die Polizei steht im Mittelpunkt der Kriminalprävention, sondern die Institutionen und engagierten Bürger auf kommunaler Ebene. Polizeiliche Kriminalprävention muß sich bewußt mit anderen Fachrichtungen auf kommunaler Ebene vernetzen, abstimmen, Partner suchen ..." (1998, 283).

Während das auf kommunaler Ebene einigermaßen gelungen zu sein scheint,[33] gibt es auf Landesebene und vor allem auf Bundesebene offensichtlich noch deutlichen Handlungsbedarf. So stellt die Kommission Polizeiliche Kriminalprävention (s.o. Fn 32) 2011 in einer Stellungnahme zu den „Voraussetzungen erfolgreicher polizeilicher

---

[33] So stellen etwa die Landespräventionsräte Mecklenburg-Vorpommern, Niedersachsen und Schleswig Holstein in ihrer gemeinsamen „Werbebroschüre" für die Einrichtung kommunaler Präventionsräte zum Thema, wie ein kommunaler Präventionsrat aufgebaut sein muss, damit er funktioniert, fest: „Ohne Polizei geht's nicht – Polizei kann viel Fachkompetenz und personelle Unterstützung (Präventionsberater) in die Präventionsarbeit vor Ort einbringen. Sie kann die tatsächliche Kriminalitätsbelastung vor Ort am besten einschätzen und wirksame Präventionsvorschläge unterbreiten. Polizeibeamte gehören in jeden Präventionsrat. Polizei kann aber nur ein Motor der kommunalen Kriminalprävention sein."

Kriminalprävention" fest: „Die Polizeiliche Kriminalprävention der Länder und des Bundes wird .. mit gesamtgesellschaftlichen Handlungsfeldern und Präventionsthemen befasst ... Die Polizei alleine kann aber weder rechtlich noch tatsächlich eine derart umfassende Präventionsarbeit leisten ... Bei ressortübergreifenden oder gar außerhalb der polizeilichen Zuständigkeit liegenden Präventionsthemen sind vorrangig Kooperationen mit den originär zuständigen Präventionsakteuren anzustreben. Diese sollen ihre Rolle im gesamtgesellschaftlichen Präventionsgeschehen eigenverantwortlich und ggf. lediglich unter Beteiligung (der Polizei) übernehmen."[34]

Deutlich wird die Entwicklung der polizeilichen Kriminalprävention zu mehr Kooperation, aber auch zur Einbeziehung interdisziplinär erarbeiteten kriminalpräventiven Wissens, an derjenigen der Polizeilichen Kriminalprävention der Länder und des Bundes (ProPK), der „Drehscheibe" bundesweiter Präventionsarbeit.[35] Dieses Programm verfolgt seit mehr als 40 Jahren das Ziel, die Bevölkerung, Multiplikatoren, Medien und andere Präventionsträger über Erscheinungsformen der Kriminalität und Möglichkeiten zu deren Verhinderung aufzuklären. Dies geschieht unter anderem durch kriminalpräventive Presse- und Öffentlichkeitsarbeit und durch die Entwicklung und Herausgabe von Medien, Maßnahmen und Konzepten, welche die örtlichen Polizeidienststellen in ihrer Präventionsarbeit unterstützen (www.polizei-beratung.de).

Es war nicht nur ein langer Weg, bis die polizeiliche Kriminalitätsvorbeugung 1997 so systematisch wie im Programm Polizeiliche Kriminalprävention verankert werden konnte,[36] sondern auch, bis sich die Polizei nicht mehr als „Einzelkämpfer" in Sachen Vorbeugung sah und verstand, sondern die Kooperation als Erfolgsfaktor in der polizeilichen Kriminalprävention begriff und nutzte: Da viele kriminalpräventive Angebote nur noch interdisziplinär verstanden und angegangen werden können, sind Fachleute und Kooperationspartner anderer Disziplinen und Bereiche zu einem unver-

---

[34] Deshalb hat sich die Polizeiliche Kriminalprävention der Länder und des Bundes auch immer für die Einrichtung eines Nationalen Gremiums für Kriminalprävention ausgesprochen und folglich auch die Stiftung Deutsches Forum für Kriminalprävention (DFK) immer unterstützt (s. Kap. 3.2.3).

[35] Siehe dazu Programm Polizeiliche Kriminalprävention (Hrsg.)(2013): Kommission Polizeiliche Kriminalprävention der Länder und des Bundes. Jahresbericht 2012. Stuttgart.
Am ProPK wird auch der hohe Vernetzungsgrad deutlich, den die Polizei in Bund und Ländern hat. Das Innenressort hat mit der Polizeilichen Kriminalprävention der Länder und des Bundes als einziges Ressort einen ausgewiesenen „Präventionsstrang".

[36] Die ersten Beratungsstellen zum Schutz gegen Einbruch und Diebstahl gab es bereits 1921 in Berlin und darüberhinaus auch eine ganze Reihe von kommunalen und regionalen Vorbeugungsaktivitäten. Richtig methodisch wurde der Gedanke der aufklärenden Vorbeugung aber erst 1964 vom Bayerischen Landeskriminalamt weitergeführt. Diese Idee griffen auch andere Bundesländer auf und es wurde das Kriminalpolizeiliche Vorbeugungsprogramm (KPVP) eingerichtet, der Vorgänger des heutigen ProPK. Ab 1970 waren alle Bundesländer vertreten. Der Slogan „Die Kriminalpolizei rät" wurde für Jahrzehnte zum Programm. Mit den Jahren wuchsen die Aufgaben; durch ein Finanzierungsabkommen zwischen den Ländern und dem Bund wurde das KPVP – und heute das ProPK - finanziell auf eine sichere Basis gestellt. 1997 wurde das KPVP grundlegend verändert und als ProPK in seiner jetzigen Organisationsstruktur verankert. Seither werden auch von der Zentralen Geschäftsstelle aus alle bundesweiten Aktivitäten der Polizeilichen Kriminalprävention innerhalb der Polizei und im Zusammenwirken mit außerpolizeilichen Präventionsträgern koordiniert (Quelle s. Fn 35).

zichtbaren und selbstverständlichen Teil der Präventionsarbeit des Programms geworden.[37] Zu den erfolgreich erprobten Kooperationsformen gehören: Themenbezogene Kooperationen, fachlicher Austausch, Kooperation im Bereich Öffentlichkeitsarbeit, fachliche Bewertung und Expertise von polizeilichen Präventionsvorhaben, Kooperationen auf örtlicher Ebene (Jerke 2013).

2.1.2.2

Kinder- und Jugendhilfe[38]

Ein weiterer zentraler Akteur im Handlungsfeld Kriminalprävention ist die Kinder- und Jugendhilfe, deren Beiträge in den letzten Jahren und Jahrzehnten erheblich an Bedeutung gewonnen haben: Zum einen, weil die Verhinderung von Kriminalität im Kindes- und Jugendalter ein zentraler Bereich der Kriminalprävention ist und die öffentliche Debatte um die Kinder- und Jugenddelinquenz vor allem in den 1990er Jahren „zeitweise heftig geführt worden" ist (PSB 2001, 466),[39] zum andern, weil sich Institutionen übergreifend die Erkenntnis durchgesetzt hat, dass bei der Prävention von Kinder- und Jugendkriminalität die Strategien vorwiegend pädagogisch ausgerichtet sein sollten. „Kinder und Jugendliche, bei denen das Risiko besteht, dass sie mit rechtswidrigen Taten auffällig werden oder die bereits auffällig geworden sind, sollen mit erzieherischen Mitteln von möglichen künftigen Straftaten abgehalten werden" (Holthusen/Hoops 2012, 23).

Diese erzieherische Orientierung gilt zwar für alle Akteure der Kinder- und Jugendkriminalitätsprävention bis hin zum Jugendstrafrecht (§ 2 Abs. 1 JGG), besonders aber für die Kinder- und Jugendhilfe, die den Auftrag hat, Kinder und Jugendliche in ihrer Entwicklung zu einer eigenverantwortlichen und gemeinschaftsfähigen Persönlichkeit zu fördern, sie vor Gefahren für ihr Wohl zu schützen und zu positiven Lebensbedingungen beizutragen (§ 1 SGB VIII).

---

[37] Die im „Jahresbericht 2012" (s. o. FN 36) auf fünf Seiten aufgeführten Kooperationspartner sind nicht nur von ihrer Anzahl her beeindruckend, sondern auch von der Fachlichkeit der von ihnen vertretenen Einrichtungen her.

[38] Die Kinder- und Jugendhilfe liegt in kommunaler Verantwortung und ist zuständig für alle Kinder und Jugendlichen, insbesondere aber auch für diejenigen, die in ihrer Entwicklung beeinträchtigt sind oder unter wenig förderlichen Bedingungen aufwachsen. Die Ausgestaltung und Auswahl der Angebote werden unter Berücksichtigung des Subsidiaritätsprinzips von öffentlichen und freien Trägern der Jugendhilfe vor Ort ausgehandelt. Dies führt zu einer großen, mitunter sehr großen Vielfalt von Angeboten und Leistungen, auch für den Bereich der Kriminalprävention (Holthusen/Hoops 2012, 25).

[39] Der Elfte Kinder- und Jugendbericht (2002) widmet sich in Kapitel B. X dem Thema „Öffentliche Aufmerksamkeiten: Delinquenz – Gewalt – Rechtsextremismus" und stellt einleitend fest: „Die öffentliche, vor allem die mediale und politische Diskussion um Kinder und Jugendliche in den letzten Jahren war in hohem Maße geprägt durch die Konzentration auf die Themen Delinquenz, Gewalt und Rechtsextremismus und auf die Frage, wie darauf zu reagieren sei ... die Konzentration der öffentlichen Aufmerksamkeit auf die problematischen Verhaltensweisen und Einstellungen von Kindern und Jugendlichen (hat) nicht selten dazu geführt, dass zum einen die Lebens- und Problemlagen der auffällig gewordenen Kinder und Jugendlichen aus dem Blick geraten ... Zum andern besteht die Gefahr, dass undifferenziert ein Bild der gewalttätigen bzw. der rechten Jugend zugrunde gelegt wird, das der Lebensrealität der Mehrzahl der jungen Menschen nicht entspricht" (2002, 231 ff.).

Prävention gilt als eines der Strukturprinzipien der Kinder- und Jugendhilfe, da Kinder- und Jugendhilfe nicht erst auf Beeinträchtigungen und Schädigungen reagieren, sondern sich frühzeitig um die Abwendung von Gefährdungen und Gefahren bemühen sollte (Holthusen/Schäfer 2007, 134 f.; Holthusen/Hoops 2012, 25).[40]

Dem Auftrag und der daraus resultierenden Perspektive der Kinder- und Jugendhilfe entsprechend, wird Delinquenz in Abhängigkeit von den Lebens- und Problemlagen der Kinder und Jugendlichen und den darin eingebetteten alterstypischen Herausforderungen verstanden (Elfter Kinder- und Jugendbericht 2002, 231). Delinquenz ist ein Risiko für das Wohl der Kinder und Jugendlichen und damit eine Herausforderung für die Kinder- und Jugendhilfe, für das „Aufwachsen in öffentlicher Verantwortung".

Der Elfte Kinder- und Jugendbericht verweist 2002 allerdings noch auf „einen blinden Fleck in der Fachdiskussion der Kinder- und Jugendhilfe": Innerhalb der Kinder- und Jugendhilfe sei „die Diskussion um den Umgang mit Delinquenz nicht gerade ausgeprägt". Delinquenz von Kindern und Jugendlichen sei aber nicht allein ein Problem der Polizei, der Justiz und der Innenpolitik; sie sei auch ein „pädagogisches Problem, das nicht damit gelöst wird, indem man die Täterin bzw. den Täter zum Opfer der Verhältnisse macht. Erinnert werden muss daran, dass Delinquenz von Kindern und Jugendlichen pädagogische Antworten provoziert, die eher etwas mit Erziehung, sozialer Kontrolle, Intervention bzw. Eingriff, Grenzsetzung und Normverdeutlichung zu tun haben ... Nicht sich der Kriminalprävention zu verweigern, ist die Antwort der Kinder- und Jugendhilfe, sondern auf allen Ebenen ... in der Auseinandersetzung mit allen Beteiligten im Interesse der Kinder und Jugendlichen nach fachlich tragfähigen Beschreibungen der Probleme und verhältnismäßigen Antworten zu suchen" (2002, 238 f.)

Der Bericht warnt aber gleichzeitig vor den „durchaus problematischen weitreichenden Erwartungen an die Kinder- und Jugendhilfe hinsichtlich ihrer kriminalpräventiven Funktion und Aufgabe". So verführe „auch die sorglose Rede von der primären Kriminalprävention als Aufgabe der Kinder- und Jugendhilfe allzu leicht dazu, Kinder und Jugendliche als mögliche Täter zu sehen ... Ein solcher Generalverdacht ist jedoch empirisch nicht haltbar und widerspricht allen Prinzipien pädagogischer Praxis, die eben nicht von einer – auch noch ungesicherten und in die Zukunft verlängerten – Defizitdiagnose ausgeht, sondern an den Ressourcen, Interessen und lebensweltlichen Voraussetzungen ansetzt ... um einer vermeintlich effektiven Prävention willen (darf) in der Kinder- und Jugendhilfe nicht aufgegeben werden, was bis zum Beweis des Gegenteils auch für das Strafrecht von zentraler Bedeutung ist: die Unschuldsvermutung. Wer jedoch seine Adressatinnen und Adressaten dem generellen Verdacht ausliefert, sie könnten einmal Straftaten begehen und sein Handeln daran orientiert,

---

[40]   Siehe grundsätzlich zu den Strategien der Gewaltprävention in der Kinder- und Jugendhilfe den Beitrag von Holthusen/Schäfer 2007.

suspendiert tendenziell die Unschuldsvermutung." Bei der Wahrnehmung einer öffentlichen Verantwortung für das Aufwachsen von Kindern und Jugendlichen dürften „junge Menschen nicht unter einen generalisierten Defizitverdacht kommen, vielmehr müsste deren Förderung und Unterstützung in Form von strukturbezogenen Maßnahmen im Mittelpunkt stehen."

Im Bereich der primären Kriminalprävention könne die Kinder- und Jugendhilfe im günstigen Fall Beiträge leisten. Vor Herausforderungen stehe die Kinder- und Jugendhilfe eher im Bereich der sekundären und tertiären Prävention, aber auch hier dürfe sie sich nicht allein auf die „öffentlichen Problemdefinitionen verlassen, sondern ist gefordert, auf der Basis der eigenen fachlich begründeten Kriterien Gefährdungspotentiale zu erkennen und entsprechend tätig zu werden."

Diese Antworten hat die Kinder- und Jugendhilfe inzwischen gegeben:[41] „Pädagogische Kriminalitätsprävention hat sich in den letzten zwei Jahrzehnten etabliert – vor allem in projektförmigen Organisationsformen, aber auch in Regelpraxen."[42] Dabei seien vielfältige Ansätze und Konzepte entstanden. „Herausforderungen bestehen darin, die Angebotsstruktur dauerhaft sicherzustellen und auch in der Fläche auszubauen, sodass je nach örtlichem Bedarf die notwendigen Ansätze als Regelangebote zur Verfügung stehen ... Zentrale Herausforderungen finden sich vor allem im Ausbau von zielgruppenspezifischen Ansätzen ... Erheblicher Bedarf kann auch im Hinblick auf (potenzielle) Opfer festgestellt werden."

Strukturelle Herausforderungen zeigten sich auch im Hinblick auf Kooperation. Insbesondere bei den Regeldiensten sei der fortgesetzte Ausbau der Kooperation ein zentrales Anliegen. „Nicht nur fallbezogen, sondern auch strukturell ist das Zusammenwirken von Kinder- und Jugendhilfe, Schule, Polizei, Justiz und gegebenenfalls weiteren Akteuren ... gefordert – unter Berücksichtigung und Anerkennung der jeweiligen unterschiedlichen Handlungslogiken und gesellschaftlichen Aufträge."

Unter einer fachpolitischen Perspektive sei die in mancher Hinsicht wenig reflektierte, geradezu inflationäre Verwendung des Präventionsbegriffs bedenklich. Eine weitere fachpolitische Herausforderung zeige sich in der Wirkungsplausibilisierung von pädagogischen Präventionsstrategien. Insbesondere die wenig formalisierten pädagogischen Praxissettings der Jugendhilfe stelle die Evaluationspraxis vor bisher nicht gelöste Probleme.

In der Kriminalitätsprävention sei die Kinder- und Jugendhilfe gefordert, im Interesse

---

[41]   Siehe dazu Holthusen/Hoops 2012, 26 f.

[42]   Zu den Regelangeboten der Kinder- und Jugendhilfe zählen etwa die Allgemeinen Sozialen Dienste, die Jugendhilfe im Strafverfahren/Jugendgerichtshilfe, der Jugendstrafvollzug, die Bewährungshilfe (Holthusen/Hoops 2012, 24).

der betroffenen Kinder und Jugendlichen immer wieder die pädagogische Perspektive in den Fachdiskurs einzubringen, die gegenüber sicherheitspolitischen Überlegungen nicht an Gewicht verlieren dürfe. Die Kinder- und Jugendhilfe müsse in der alltäglichen Kooperation und Kommunikation mit den anderen Institutionen „ihren professionellen, pädagogischen Standards folgen, die weit über Gefahrenabwehr und Vermeidung bzw. Reduzierung von Delinquenz hinausgehen. Genau dies macht die Kinder- und Jugendhilfe gegenüber den anderen Institutionen der Kriminalitätsprävention zu einem besonderen Akteur mit herausgehobener Bedeutung."

Einen nicht unerheblichen Anteil an der Etablierung der Kinder- und Jugendhilfe als Akteur der Kriminalprävention, hat die Arbeitsstelle für Kinder- und Jugendkriminalitätsprävention beim Deutschen Jugendinstitut (DJI). Seit 1997 begleitet die vom Bundesministerium für Familie, Senioren, Frauen und Jugend (BMFSFJ) geförderte Arbeitsstelle die Entwicklungen im Bereich der Kriminalprävention und informiert Praxis, Politik, Medien und Forschung über Konzepte und Handlungsstrategien der Kinder- und Jugendkriminalitätsprävention. Mit eigenen Evaluationsstudien und empirischen Forschungsvorhaben etabliert sich die Arbeitsstelle als ein neuer Projekttypus des DJI, in dem kontinuierliche Beratung von Politik und Fachpraxis mit Wissenschaft verbunden wird (Holthusen/Glaser 2013).[43]

2.1.2.3

Schule

Die Forderung an die Institution Schule, auch etwas gegen Gewalt und Gewaltbereitschaft bei Kindern und Jugendlichen zu tun, ist nicht neu.[44] So ist insbesondere für die erste Hälfte der 1990er Jahre geradezu ein „Boom" an Forschung und Prävention zum Thema „Gewalt an der Schule" festzustellen, der jedoch schon in der zweiten Hälfte wieder deutlich abflaute. Inzwischen hat sich die Diskussion insgesamt versachlicht, flammt allerdings immer wieder vor allem dann auf, wenn es zu spektakulären Gewalttaten (etwa „Amokläufen") an Schulen kommt (Steffen 2012 b, 83 f.; Hanke 2007, 104).

Zu dieser Versachlichung hat auch beigetragen, dass sich die Zuständigkeit und Bedeutung der Schule für die Kriminalprävention nicht primär daraus ergibt, dass es an Schulen häufig zu Kriminalität und hier insbesondere zu Gewaltkriminalität kommt. Im Gegenteil: Entgegen der öffentlichen, durch entsprechende Medienberichte ver-

---

[43] Als Ende der 1990er Jahre auch „jugendlicher Rechtsextremismus" in den Blick der Politik gerät, sollte zunächst auch dieses Thema von der Arbeitsstelle Kinder- und Jugendkriminalitätsprävention bearbeitet werden. Da aber die Phänomene „Delinquenz im Kindes- und Jugendalter" und „Rechtsextremismus und Fremdenfeindlichkeit" abgesehen von kleineren Überschneidungsbereichen große Unterschiede hinsichtlich der Entstehung, der Verbreitung und der gesellschaftlichen Bearbeitung aufweisen (siehe dazu auch den Elften Kinder- und Jugendbericht), wird im Jahr 2000 eine ebenfalls vom BMFSFJ geförderte zweite Arbeitsstelle „Rechtsextremismus und Fremdenfeindlichkeit – jugendpolitische und pädagogische Herausforderungen" in der DJI-Außenstelle Halle (Saale) eingerichtet (Holthusen/Glaser 2013, 71 f.).

[44] Siehe dazu auch Schubarth 2010, 9 ff., 57 ff. zu Ausmaß, Erscheinungsformen und Ursachen von „Gewalt und Mobbing an Schulen" sowie den Möglichkeiten zur Prävention und Intervention.

ursachten Wahrnehmung einer „gestiegenen Gewalt an Schulen", weisen alle empirischen Befunde darauf hin, dass es in den letzten Jahren nicht zu einer allgemeinen
Zunahme der (körperlichen) Gewalt und/oder einer zunehmenden Brutalisierung gekommen ist. Vielmehr sind die Vorfallszahlen sogar rückläufig – und das trotz einer
gestiegenen Sensibilisierung gegenüber schulischer Gewalt und einer gestiegenen
Anzeigebereitschaft (Steffen 2012 a, 85): „Kriminelle Verhaltensweisen kommen in
diesem Lebensraum vergleichsweise selten vor" (Melzer 2013). [45]

Kriminalprävention an Schulen richtet sich folglich auf die (Gewalt-)Kriminalität an
und von jungen Menschen generell, also keineswegs nur auf die Delikte, die sich
tatsächlich am „Tatort Schule" ereignen: Schülerinnen und Schüler sollen über die
Schule, über die Lehrkräfte und Erziehungsverantwortlichen mit Maßnahmen und
Konzepten der Kriminalprävention erreicht werden.[46]

Zuständigkeit und Bedeutung der Schule ergeben sich zum einen ganz grundsätzlich aus
dem Erziehungs- und Bildungsauftrag der Schule sowie daraus, dass sich der überwiegende Teil der in den letzten Jahren entwickelten Strategien der Kriminalprävention als
pädagogische Strategien kennzeichnen lässt. Diese Ausrichtung wird nicht nur der Tatsache gerecht, dass es die Kriminalprävention bei Kindern und Jugendlichen mit Aufwachsenden zu tun hat, sondern auch der weithin geteilten Überzeugung, dass Devianz
im Kindes- und Jugendalter vorrangig durch Erziehung, Lernen und Kompetenzerwerb
bewältigt werden kann. Damit sind vor allem pädagogisch vor- und ausgebildete Personen gefragt und in der Pflicht, ihre Aufgaben (auch) in der Kriminalprävention zu
übernehmen (Steffen 2008, 259; Arbeitsstelle 2007, 281). Und die finden sich nicht nur
in der Kinder- und Jugendhilfe, sondern eben auch in der Schule.

Zum andern ergibt sich die Bedeutung der Schule für die Kriminalprävention daraus,
dass Schule der Ort ist, an dem sich die Hauptzielgruppe der Kriminalprävention,
Kinder und Jugendliche, verlässlich aufhalten und wo sie deshalb auch für präventive
Maßnahmen und Programme prinzipiell erreichbar sind (Steffen 2012 b, 86).

Deswegen waren - und sind - auch andere Akteure der Kriminalprävention an Schulen präventiv tätig.[47]

---

[45] So weisen etwa die Daten der HBSC Erhebungen „Health Behaviour in School-aged Children" 2002,
      2006 und 2010 – eine der wenigen Längsschnittstudien – in Deutschland auf deutlich positive Trends bei
      Mobbing und Gewalt an Schulen hin. Von 2002 zu 2010 nimmt der Anteil der Täter und der Täter-Opfer
      substanziell ab und der Anteil der Unbeteiligten zu. Bei Kindern mit niedrigerem familiären Wohlstand geschieht dies zeitlich verzögert (Melzer u.a. 2012, 76). Bereits Fuchs u.a. hatten in Zeitreihenanalysen von
      1994 über 1999 zu 2004 festgestellt, dass sich das Gewaltaufkommen an Schulen allgemein vermindert.
      Schubarth zufolge (2010, 59) wird für „Täter" wie für „Opfer" ein Anteil von ca. 5% ermittelt; die überwiegende Mehrheit der Schüler trete weder als „Täter" noch als „Opfer" in Erscheinung.

[46] Siehe dazu auch den Beschluss der Kultusministerkonferenz (KMK) auf ihrer 298. Plenartagung am
      23./24. Mai 2002 in Eisenach „Schulen fördern – Erziehung stärken – Gewaltprävention ausbauen" (www.
      kmk.org; Pressemitteilung 2002).

[47] Zu nennen ist hier insbesondere die Polizei, die sich über die Verkehrserziehung hinaus zunächst vor allem

Die Schule sollte auch – so Schubarth (2010, 14) – „keine Hemmungen haben, die Kooperationsangebote anderer Institutionen, die ebenfalls für die Entwicklung von Kindern und Jugendlichen Verantwortung tragen, anzunehmen und zwar rechtzeitig und nicht erst dann, wenn das Kind schon in den Brunnen gefallen ist'. Gute Ansätze der Kooperation gibt es z.b. mit der Jugendhilfe, der Polizei oder im kommunalen Kontext."[48]

Inzwischen wurde jedenfalls eine Vielzahl schulischer Programme der Prävention und Intervention entwickelt und eingesetzt: Gewaltspezifische wie gewaltunspezifische Programme, Programme für alle Schüler ebenso wie Programme für Schüler verschiedener Altersstufen, Programme für auffällige Schüler, Programme für Lehrer wie für Eltern:[49] „Im Angebot befindet sich eine verwirrende Vielzahl von Präventions- und Interventionsprogrammen. Wissenschaftler, Journalisten, Verlage, Vereine und Stiftungen treten als Anbieter auf, nicht selten sind damit wirtschaftliche Interessen verknüpft. Die jeweilige Interessenlage und die bei der Nutzung auftretenden Verpflichtungen oder Kosten, z.B. durch Erwerb der Materialien oder Schulungen für die Akteure, sollten bei der Auswahl mit bedacht werden. Letztlich entscheidend muss aber sein, ob das zur Verfügung stehende Programm für die spezifische Situation an der jeweiligen Schule geeignet ist" (Melzer u.a. 2011, 201).

Da die Zielgruppe Schülerinnen und Schüler „in der Regel (noch) nicht mit kriminellen Handlungen auffällig geworden sind" (s.o.), sind die „Aufgaben der Vorbeugung

---

mit Programmen zur Drogenprävention in Schulen engagierte. Allerdings war sie hier häufig der einzige Akteur, auf den die Verantwortung delegiert wurde nach dem Motto: Der Polizist war hier und hat einen Vortrag gehalten, dann brauchen wir nichts mehr zu tun. Das hat sich inzwischen gründlich geändert: Die Polizei nimmt am kriminalpräventiven Unterricht oder an entsprechenden Aktionen nur auf Wunsch der Schule und in enger Zusammenarbeit mit den Lehrkräften teil. Außerdem kann die Förderung eines positiven Sozialverhaltens ohnehin nicht durch einmalige (Polizei)Aktionen erreicht werden, sondern nur durch kontinuierliches und vor allem anlassbezogenes Handeln. Das kann die Polizei nicht leisten und dafür hat sie auch keine Zuständigkeit (Steffen/Hepp 2007, 185).
Ein weiterer Akteur ist die Schulsozialarbeit, die jungen Menschen im Rahmen der Jugendhilfe sozialpädagogische Hilfen anbietet, die ihre schulische und berufliche Ausbildung, Eingliederung in die Arbeitswelt und ihre soziale Integration fördern (SGB VIII § 13 Abs. 1). Obwohl Schulsozialarbeit seit mehr als 30 Jahren praktiziert wird, gibt es nur wenige empirische Untersuchungen über die Wirkung dieser Maßnahme; auch die Frage nach dem Einfluss von Schulsozialarbeit auf Gewalt in Schulen wurde bisher nur am Rande behandelt (Hermann/Jantzer 2012, 207).

[48] Schließlich sei das „Kerngeschäft" von Schule nach wie vor das Unterrichten, nicht die Sozialarbeit oder die Therapie, obwohl an vielen Schulen eine große sozialerzieherische Arbeit geleistet werde, nicht neben dem Unterricht, sondern vor allem im Unterricht selbst. Die sozialen Lernprozesse bei Schülern seien dabei genau so hoch zu schätzen wie die Lernergebnisse in den Fächern. Beides lasse sich ohnehin nicht trennen, denn Wissensvermittlung und Erziehung bildeten eine dialektische Einheit.

[49] Siehe dazu die Übersichten und Beschreibungen bei Melzer u.a. 2011, 201 ff.; Schubarth 2010.
In der Fortbildung der Lehrkräfte sei die gegenwärtig „zentrale Strategie der Akteure" zu sehen, auf den verschiedenen Handlungsebenen Gewaltprävention an Schulen zu stärken. Die Vielzahl der Fortbildungsangebote verweise aber auch auf eine mangelnde grundsätzliche Qualifikation von Lehrern für den Schulalltag. Fortbildung versuche nachzuholen, was in der Ausbildung nicht ausreichend Berücksichtigung finde. „Neben methodischen Befähigungen zur Durchführung von Gewaltpräventionsprojekten benötigen Lehrkräfte grundsätzliche Qualifikationen, die es ihnen erlauben, neben ihrem Bildungsauftrag dem nicht weniger wichtigen Erziehungsauftrag nachzukommen" (Hanke 2007, 125).

... weitaus überwiegend auf universeller Ebene angesiedelt" (Melzer 2013). Damit gelten die Warnungen, die der Elfte Kinder- und Jugendbericht für die Kinder- und Jugendhilfe hinsichtlich der Auswirkungen der „sorglosen Rede von der primären Kriminalprävention als Aufgabe der Kinder- und Jugendhilfe" ausgesprochen hat (s.o.) auch für die Schule. Auch hier sollten nur Maßnahmen und Programme der selektiven und indizierten Prävention als Kriminalprävention bezeichnet und entsprechend eingesetzt werden. „Allgemein förderliche Maßnahmen" wie etwa die Förderung von sozialer oder kommunikativer Kompetenz, der Moralentwicklung, des Umgangs mit Medien u.ä. sind ohne Frage wichtig und sinnvoll, sollten aber nicht als kriminalpräventive Maßnahmen bezeichnet werden (s.o.).

Möglicherweise wichtiger als Programme und Maßnahmen, die sich an die Schülerinnen und Schüler, Lehrkräfte und Eltern richten, sind solche Maßnahmen, die auf die Institution Schule selbst bezogen sind. Denn ein spezifischer Ansatz für die Kriminalprävention an Schulen ergibt sich aus der Feststellung, derzufolge sozial problematische Verhaltensweisen zum Teil durch die innere Ausgestaltung der Schule und ihre pädagogische Orientierung mitbedingt seien. Es lasse sich festhalten, dass solche Verhaltensweisen nicht einfach von außen in die Schule ‚hinein schwappen', sondern zum Teil durch die innere Ausgestaltung der Schule und ihre pädagogische Orientierung mitbedingt seien. „Aus diesem Befund lässt sich ableiten, dass durch die Entwicklung und Verbesserung verschiedener Aspekte der Schulkultur ein sinnvoller Beitrag zur Gewaltprävention geleistet werden kann ... (es muss) eine Doppelstrategie erfolgen .., die einerseits auf eine Optimierung der Schul- und Unterrichtskultur, eine Verbesserung des Klassenklimas und in Verbindung damit der Schülerbefindlichkeiten gerichtet sein muss" (Melzer 2013).

Diese „Doppelstrategie" zu verfolgen und zu verwirklichen, scheint nach wie vor eine (noch nicht bewältigte) Herausforderung für die Schule als Akteur der Kriminalprävention zu sein.[50]

2.1.2.4

Strafrecht und Strafjustiz

Kriminalprävention ist immer auch Gegenstand des Strafrechts. Dennoch sei es, so

---

[50] Schon 1990 stellte das Endgutachten der Gewaltkommission fest: „Eine wirksame Prävention muß bei der Ausgestaltung der Institution Schule selbst und ihrer Einbettung in das gesellschaftliche Umfeld ansetzen, da die Schule bei der Verursachung schulischer Gewalt eine wichtige Rolle spielt." Der Weg zu einer gewaltfreien Schulkultur müsse über drei Zwischenziele führen: Die Verantwortlichkeit von Schülern und Lehrern für ihre Schule müsse gestärkt werden; Frustrationen, die die Schule im Rahmen ihrer gesellschaftlichen Selektionsfunktion ihren Schülern zufüge, müssten durch gezielte Unterstützung bei Leistungsdefiziten verringert werden; die Schule müsse sich auf ihren Erziehungsauftrag zurückbesinnen, der Erziehungsaspekt und die Vermittlung gesellschaftlicher Normen müssten gegenüber der Wissensvermittlung wieder stärker in den Vordergrund treten, Lehrer müssten in ihrer Ausbildung wieder besser auf ihre Erzieherrolle vorbereitet werden (Schwind/Baumann (Hrsg.) 1990, 150 f.). Siehe zur Bedeutung der Schulentwicklung für die Gewaltprävention auch Uhle 2012.

der PSB 2006, in Deutschland noch nicht selbstverständlich, dass strafrechtliche Prävention in Zusammenhang mit der Kriminalprävention behandelt werde. „Strafrecht wird vielfach mit Repression gleichgesetzt und damit von Prävention unterschieden. Diese Entgegensetzung von Prävention und Repression ist jedoch überholt, und zwar spätestens seit sich das Strafrecht auch dem Ziel der Prävention verschrieben hat. Im Jugendstrafrecht steht Prävention von Anbeginn im Vordergrund;[51] spätestens seit der Strafrechtsreform von 1969 ist auch das allgemeine Strafrecht nicht mehr nur dem Schuldausgleich, der Vergeltung von Unrecht, verpflichtet, sondern dient auch dem präventiven Rechtsgüterschutz" (PSB 2006, 684).[52]

Allerdings sind die präventiven Wirkungen des Strafrechts begrenzt. Das ergibt sich schon aus dem für dieses Gutachten grundlegenden Verständnis von Kriminalprävention als einer alternativen, nicht punitiven Antwort auf die Herausforderung, Kriminalität zu verhindern (s.o.). Unter dem Aspekt dieses Verständnisses von Kriminalprävention hätten Strafrecht und Strafjustiz auch nicht zu den Akteuren der Kriminalprävention gezählt werden können. Dass dies trotzdem geschieht, hat nicht zuletzt seinen Grund darin zu zeigen, wie begrenzt insbesondere die dem Strafrecht zugeschriebenen abschreckenden und resozialisierenden Wirkungen sind – und wie wenig sinnvoll deshalb eine Kriminalpolitik ist, die vor allem auf Punitivität setzt, um Kriminalität zu verhindern oder zumindest zu verringern (s. Kap. 3.1).

Die begrenzten Wirkungen ergeben sich aber auch aus dem grundsätzlich repressiven Charakter des Strafrechts. Während Kriminalprävention im eigentlichen Sinne darauf abzielt, persönliche und soziale Defizite als mögliche Kriminalitätsursachen zu beseitigen bzw. Schutzfaktoren aufzubauen und damit gefährdeten Personen, aber auch solchen, die bereits Täter und Opfer geworden sind, signalisiert, dass sich die Gesellschaft um sie kümmert, dass sie nicht aufgegeben, nicht ausgeschlossen werden, sondern dass sie dazu gehörten, integriert und inkludiert sind bzw. dass alles getan wird, um dies zu erreichen, ist Strafrecht notwendig repressiv, wirken seine Maßnahmen grundsätzlich ausschließend (Steffen 2011, 105).

Positive Präventivwirkungen können deshalb „nur im Rahmen des mit Repression möglichen erzielt werden. Positive Wirkungen sind insofern bloße Nebenwirkungen der per se negativen, primär auf Abschreckung abzielenden Sanktionsdrohung und –praxis. Die repressive Grundausrichtung des Strafrechts gestattet die Förderung sozial konstruktiver Anliegen nur in dem Maße, wie damit der im Medium der Strafe immer schon mitgelieferte Repressionszweck nicht unterlaufen wird" (Kunz 2011, § 24 Rn 5).

---

[51] Siehe dazu auch die Beträge zum Jugendkriminalrecht und zum Jugendstrafvollzug in Arbeitsstelle 2007.

[52] Siehe zur Rechtfertigung des Strafrechts aus und nach Maßgabe seiner sozialen Nützlichkeit und der Prävention als Bezeichnung für das Streben nach sozial nützlichen Wirkungen des Strafrechts Kunz 2011, § 24 Rn 1.

Die dem Strafrecht zugedachten Präventivwirkungen lassen sich danach unterscheiden, ob sie sich an die Allgemeinheit oder an die strafrechtlich erfasste Person richten und ob die positive oder negative Zwecke verfolgen (Kunz 2011, § 24 Rn 3):

- Im Bereich der *universellen* (primären) Kriminalprävention hat das Strafrecht das Ziel der positiven Generalprävention bzw. Normverdeutlichung: Durch Strafverfolgung und Sanktionierung sollen strafrechtliche Normen in der Bevölkerung bestätigt (verdeutlicht) und die Rechtstreue der Bevölkerung bekräftigt werden (PSB 2006, 685).

- Im Bereich der *selektiven* (sekundären) Kriminalprävention wird das Ziel der negativen Generalprävention verfolgt: Potenzielle Täter sollen durch den Eindruck von Strafandrohung, Strafverfolgung, Bestrafung, Strafvollstreckung und Strafvollzug – kurz: die Furcht vor einer Strafe - von der Begehung einer Straftat abgehalten werden.

Allerdings „lassen sich negative und positive Generalprävention nicht ganz sauber trennen, weil das Vertrauen in die Durchsetzungskraft der Rechtsordnung zum Teil von der Abschreckungswirkung des Strafrechts abhängt" (Kunz 2011, § 25 Rn 1).

- Adressaten der *indizierten* (tertiären) Kriminalprävention sind die bereits straffällig Gewordenen. Durch positive Spezialprävention („Besserung") bzw. durch negative Spezialprävention (Abschreckung des Einzelnen, Sicherung des Täters) versucht das Strafrecht, eine Rückfallwahrscheinlichkeit des Täters zu minimieren bzw. ganz auszuschließen.

Ob und in welchem Ausmaß das Strafrecht die postulierten general- bzw. spezialpräventiven Wirkungen hat, ist durchaus umstritten und nur zum Teil durch empirische Untersuchungen belegt.[53] Zwar sind die vom Strafrecht beanspruchten Präventionswirkungen grundsätzlich erfahrungswissenschaftlich überprüfbar, da es sich um Postulate von Wirkungen handelt, die eintreten oder ausbleiben können (Kunz 2011, § 24 Rn 2).[54]

Hinsichtlich der generalpräventiven Wirkungsannahmen begegne die empirische Überprüfbarkeit jedoch zumindest zwei Vorbehalten: „Zum einen sind messbare Effekte stets durch einen Wirkungsverbund verschiedener moralbildender Normensysteme und Sozialisationsinstanzen ausgelöst, sodass die generalpräventiven Wirkungen speziell des Strafrechts nicht für sich genommen geprüft werden können. Das Strafrecht bildet einen Teilbereich der sozialen Kontrolle, dessen generalpräventive Wirkung nur in toto erhoben werden kann" (Kunz 2011, § 25 Rn 4).[55]

---

[53] Siehe dazu grundlegend Schöch 1985 sowie die ersten Ergebnisse der Metaanalyse empirischer Abschreckungsstudien durch Dölling u.a. 2006.

[54] Anders Sessar (2011), für den das Dogma strafrechtlicher Generalprävention nicht empirisch, sondern normativ gemeint sei und damit faktischer Erkenntnis trotze.

[55] „Dies heißt, dass für die Annahme etwa einer ‚sittenbildenden Kraft' des Strafrechts jedenfalls zurzeit

Zum andern beziehen sich alle vorliegenden empirischen Untersuchungen zu dieser Thematik auf Gesellschaften, in denen ein Strafrecht und strafrechtliche Sanktionen vorhanden sind. „Eine systemvergleichende Prüfung der generalpräventiven Überlegenheit einer Gesellschaft mit Strafrecht gegenüber einer solchen ohne Strafrecht ist also nicht möglich" (Kunz 2011, § 25 Rn 5).[56]

Hinsichtlich der erwarteten Wirkung „Spezialprävention" - zumeist definiert als Legalbewährung[57] - besteht unter methodischen Gesichtspunkten, wie in der gesamten Evaluationsforschung, auch für die spezialpräventive Wirkungsforschung das Problem darin, den empirischen Nachweis zu führen, dass der gemessene Erfolg, der Nichtrückfall, eine Wirkung der Sanktion ist.

Trotz dieser methodischen Schwierigkeiten sind für die Strafrechtspraxis[58] wie für die Kriminalpolitik Erfolgsbewertungen dringend erforderlich (s. dazu Kap. 3). Dazu gehören nicht nur general- und spezialpräventive Wirkungsforschungen, sondern bspw. auch Bevölkerungsbefragungen zum Sanktionsverlangen. Allerdings steht schon der heutige „gesicherte Stand der Forschung" durchaus im Widerspruch zu den Erwartungen und Vorgehensweisen von Strafrechtspolitik und Strafjustiz.

So sei die Abschreckungswirkung (negative Generalprävention) von Androhung, Verhängung oder Vollzug von Strafen eher gering; die Vorstellung der Abschreckung fände praktisch keine empirische Stütze. Es gebe auch keine Anhaltspunkte dafür, dass eine Verschärfung des Strafrechts das Normbewusstsein positiv beeinflussen würde.[59] Gleichwohl sei es für die Aufrechterhaltung des Vertrauen der Bürger in den Staat und damit für die Bewahrung des staatlichen Gewaltmonopols wichtig, dass der Staat auf die Verletzung von Rechtsgütern, d.h. auf Kriminalität, angemessen reagiere (PSB 2006, 665 f.).

---

empirische Anhaltspunkte fehlen" (PSB 2006, 686).

[56] Der PSB (2006, 686) weist in diesem Zusammenhang auf die „Fülle von Einzelbeispielen" hin, „die zeigen, dass bei einem kurzfristigen bzw. zeitweiligen Zusammenbrechen strafrechtlicher Sanktionierung die Kriminalität enorm angestiegen ist."

[57] Dabei ist die Legalbewährung, also das Ausbleiben neuerlicher strafrechtlicher Registrierungen innerhalb eines bestimmten Beobachtungszeitraumes, kein unproblematisches Kriterium, da es sich zumeist nur auf Hellfelddaten bezieht und nach den Gründen für einen Erfolg oder Misserfolg nicht fragt (PSB 2006, 686; Kunz 2011, § 26 Rn 2 ff.).

[58] Denn, wie Kunz treffend ausführt: „Strafrechtspraktiker setzen die grundsätzliche präventive Nützlichkeit des Strafrechts voraus ... Es entspricht jedoch einer Déformation professionelle, von der Notwendigkeit der Heilung einer Krankheit auf die Eignung der derzeit verfügbaren Medikamente zu schließen. Aus der Pflicht der Strafrechtspraxis zur Anwendung der gesetzlich verfügbaren Sanktionen folgt nicht schon die präventive Eignung der Sanktionen. Auch dem Ethos der Medizin ist es nicht abträglich, die angewandten Medikamente kritisch auf ihre Heilwirkung zu prüfen, schädliche Nebenwirkungen zu erforschen und neue Heilmittel zu entwickeln" (2011, § 25 Rn 18).

[59] Jede Strafe, welche den Normbruch überhaupt deutlich mache und nicht verharmlose, sei geeignet, die generalpräventive Aufgabe des Strafrechts zu erfüllen (Schöch 1985, 1104) und Schöch 1995, 82: „Es gibt .. so etwas wie die generalpräventive Kraft unseres Strafrechts ... Aber sie ist ein kostbares Gut, mit dem wir sparsam umgehen müssen. Wir müssen uns davor hüten, diese kostbare Ressource durch Vielstraferei leichtfertig zu verschleudern."

Am meisten trage eine deutliche Missbilligung der Tat durch die Gesellschaft dazu bei, dass sich Menschen rechtstreu verhielten. Die Bevölkerung erwarte ein Zeichen der Diskreditierung des begangenen Rechtsbruchs und damit eine Bestätigung des Geltungsanspruchs der in der Strafnorm zum Ausdruck gebrachten Wertvorstellungen. Dabei werde jedoch in der Regel nicht die förmliche Bestrafung erwartet, sondern eine symbolische Missbilligung der Tat, begleitet von restitutiven Maßnahmen zur Wiederherstellung des Rechtsfriedens (Kunz 2011, § 25 Rn 6 und 12).

Hinsichtlich möglicher spezialpräventiver Wirkungen von Strafen lasse sich zunächst festhalten, dass umfassende neuere Sekundäranalysen der Wirkungsforschung zu den Strafen und Maßregeln der Besserung und Sicherung des allgemeinen Strafrechts fehlten ... Grundsätzlich besitze deshalb eine bereits 1981 getroffene Feststellung unverändert Gültigkeit: „Es gibt nach dem heutigen Stand der internationalen Forschung keine empirische Grundlage für die Erwartung, durch eine Verschärfung angedrohter oder vollzogener Strafen die Kriminalitätsraten beeinflussen zu können (PSB 2006, 688 f.).[60]

Diesen Befunden widersprechen jedoch die Aktivitäten des Gesetzgebers in Richtung Punitivität durch Verschärfung der Sanktionsdrohungen (Anhebung der Höchst- und Mindeststrafen, Ausbau der sichernden Maßregeln), durch Ausweitung der Strafzone (Neukriminalisierungen) und durch den Abbau der Rechtsstellung des Beschuldigten im Strafverfahren (Kunz 2013 b, 113).[61] Deshalb besteht in der Umsetzung der Forderung nach einer von wissenschaftlich geprüften Informationen geleiteten Strafrechtspolitik und Strafrechtspraxis eine der größten Herausforderungen für die „Präventionsakteure" Strafrecht und Strafjustiz.

2.2

Kommunale Kriminalprävention

Einen großen Anteil an der „Präventions-Aufbruchsstimmung" in den 1990er Jahren hatte die Kommunale Kriminalprävention: Seit Anfang der 1990er Jahre „sind in fast allen deutschen Städten unter dem Stichwort ‚Kommunale Kriminalprävention' neue Netzwerke der Kommunikation und Kooperation zwischen Polizei, Kommunalverwaltung und –politik, Justiz, Wirtschaft, sozialen Diensten, freien Trägern u.a. Akteuren zur Verhinderung von Alltagskriminalität und Gewährleistung öffentlicher Ordnung in Innenstadtbereichen entstanden, die ihren Teil der Verantwortung

---

[60] So auch Kunz (2011, § 26 Rn 23 f.): „Bei vorsichtiger Interpretation sprechen die verfügbaren Befunde insgesamt dafür, dass eine Verminderung der Rückfallwahrscheinlichkeit durch härtere Sanktionen, insbesondere durch unbedingte Freiheitsstrafen, nicht erwartbar ist. Dies stützt die Annahme einer weitgehenden Austauschbarkeit der Sanktionen ohne spezialpräventiven Wirkungsverlust."

[61] Kunz zufolge wurde das deutsche Strafgesetzbuch (ohne Nebengesetze) seit 1990 rund hundert Mal geändert. Darin sei ein Trend zu einem kontrollorientierten Präventionsstrafrecht zu erkennen, welches sich auf jedwede Gesellschaftsgefahr beziehe, vorbeugend interveniere und sich dabei quasi geheimdienstlicher Beweismittel bediene (2013 b, 121; s. dazu Kap. 3.1.1).

für die Gewährleistung der Inneren Sicherheit und die Beseitigung der Ursachen von Kriminalität wahrnehmen wollen. Derzeit existieren bundesweit ca. 1650 Präventionsgremien ... also Zusammenschlüsse auf kommunaler Ebene, die alle Verantwortlichen an einen Tisch zu holen suchen und die Aktivitäten bündeln" (PSB 2001, 462).[62] Aufgrund der „Dynamik der Entwicklung" geht der 2. PSB davon aus, dass „derzeit wahrscheinlich etwa 2.000 Präventionsprojekte existieren" (2006, 672).[63]

Die Entwicklung der Kommunalen Kriminalprävention in Deutschland liest – las? – sich wie eine Erfolgsgeschichte (Steffen 2004, 2005) – und in der Tat ist die Kommunale Kriminalprävention, wie Heinz auf dem 9. Deutschen Präventionstag in Stuttgart[64] ausführte, „aus kriminologischer und wissenschaftlicher Sicht ... eine Idee von bestechender Vernünftigkeit. Die Einsicht in die begrenzte Wirksamkeit repressiver Strategien und in den Vorrang der Prävention vor Repression scheint sich in der Arbeit vor Ort durchgesetzt zu haben."[65]

Allerdings, so Heinz weiter: „Freilich sind Defizite unübersehbar. So sind die verfügbaren Informationen darüber lückenhaft, wer wo was mit welchen Zielen und Trägern durchführt ... Die erforderliche Grundsatzdiskussion über Ziele, Mittel und – vor allem – Grenzen (nicht nur von Kommunaler) Kriminalprävention sowie über das Verhältnis von Kriminalprävention zu Sozialpolitik steckt noch in den Kinderschuhen. Dokumentationen der Erfahrungen – positiver wie negativer – sind die Ausnahme, Programm- oder Ergebnisevaluation noch weithin Forderung" (2005, 9).

Zwar sei die Notwendigkeit erkannt, „die Aktivitäten der verschiedenen öffentlichen Instanzen, die direkt oder indirekt kriminalpräventiv im weitesten Sinne tätig sind,

---

[62] Zu den Gründen für die Einrichtung kommunaler Gremien führt der 1. PSB aus: „Die Möglichkeiten und Zuständigkeiten zur Beeinflussung der konkreten Entstehungsfaktoren (von Kriminalität) sind also überwiegend auf der lokalen Ebene zu sehen. Aus diesem Grund kann Kriminalprävention nur erfolgreich sein, wenn sie als gesamtgesellschaftliche Aufgabe verstanden wird und neben polizeilichen Aktivitäten insbesondere lokale Initiativen umfasst" (PSB 2001, 460; s. dazu auch oben 2.1.1).
Kunz hält allerdings die Angstkultur und die Diskreditierung des Expertentums für die Triebkräfte der kommunalen Kriminalprävention als gesamtgesellschaftlicher Aufgabe. Es gehe „nicht unmittelbar um die Prävention von Kriminalität und die Bewältigung dadurch ausgelöster Ängste, sondern um die Erreichung dieser Anliegen auf dem (Um-)Weg einer am Ziel der Kriminalprävention ausgerichteten Umgestaltung der Lebensbedingungen in Kommunen und Regionen" (2011, § 31 Rn 10).

[63] Schreiber kommt auf eine Zahl von 960 (2007). Siehe dazu auch Steffen 2009, 55.

[64] Dieser DPT hatte das Schwerpunktthema „Kommunale Kriminalprävention"; siehe dazu Bannenberg u.a. 2005.

[65] Als Hintergrund der neuen Konzepte bei der Produktion von Sicherheit und Ordnung in der Stadt werden von Frevel (2012, 215) genannt: Veränderte Kriminalitätslagen und Ordnungsprobleme, gewandelte Ansprüche und Bewertungen des Sicherheitsempfindens der Bevölkerung, modifizierte Selbstverständnisse der an der Sicherheitsproduktion beteiligten Institutionen sowie neue Konzepte von Staatlichkeit und Verwaltung, wie sie an den Begriffen der ‚Bürgerkommune', der ‚bürgernahen Polizeiarbeit' und des ‚aktivierenden Staates' zum Ausdruck kommen. Siehe dazu auch Steffen 2005 sowie die Beiträge zum Titelthema „Urbane Sicherheit – Soziale Stadt" in forum kriminalprävention 4/2013.

zu koordinieren, Synergieeffekte zu nutzen und paralleles Arbeiten zu verhindern". Es bestehe jedoch „eine Kluft zwischen Anspruch und Wirklichkeit, wie sie größer kaum sein könnte."

Kritisiert werde zum einen, dass Kommunale Kriminalprävention zu stark polizeiorientiert, überwiegend behörden- und institutionenzentriert sei und Kooperation und Gemeinsinn der Bürgerinnen und Bürger zu wenig gefördert würden.

Zum andern bestehe, insbesondere zu Zeiten knapper Kassen, die Gefahr einer „Kriminalisierung der Sozialpolitik": Das Zauberwort „Prävention" scheine Türen und – vor allem – Haushaltstöpfe zu öffnen, das Verhältnis von allgemeiner Sozialpolitik und spezieller Kriminalpolitik werde fraglich und unsicher, folglich aber auch die Bestimmung dessen, was denn ein kriminalpräventives Projekt gegenüber einer allgemeinen sozialpolitischen Maßnahme, z.B. der Jugendförderung, auszeichne.

Und schließlich: Woher wissen wir, dass wir nicht nur Richtiges tun wollen, sondern es auch tun, wenn es doch eine systematische und methodischen Standards genügende Wirkungsforschung nur ausnahmsweise gibt? (Heinz 2005, 22 ff.).

Welche Feststellungen können nun zehn Jahre später getroffen werden - auch vor dem Anspruch der Gremien Kommunaler Kriminalprävention, einen „Drei-Säulen-Ansatz" zu verwirklichen: Lokale Orientierung, ressortübergreifende Vernetzung, Bürgerpartizipation (Steffen 2005, 157)?[66]

- Die „Aufbruchstimmung" der 1990er Jahre scheint verflogen. Zumindest ist es in den letzten Jahren kaum mehr zu Neugründungen gekommen und etliche der „alten" Gremien existieren nicht mehr. Allerdings: Es gibt keinen neueren Überblick[67] über Anzahl, Zusammensetzung, Ziele oder Projekte der kommunalen Gremien. Das liegt nicht zuletzt daran, dass es an einem einheitlichen Präventionsbegriff ebenso fehlt wie an eindeutigen, verbindlichen Erfassungskriterien – Gremium ist nicht gleich Gremium – oder gar einer fortgeschriebenen Dokumentation.

- Ausgehen kann man aber davon, dass wohl nur in einigen Gremien der Vielfalt kriminogener Entstehungsbedingungen und der Entwicklung entsprechender präventiver Maßnahmen auch durch die Zusammenführung einer möglichst großen Zahl relevanter Träger der formellen und informellen Kontrolle Rechnung getragen wird – und dann die Koordination und Vernetzung gelingt (Kober/Kahl 2012, 13 f.)

- Es ist auch nur sehr wenigen Gremien gelungen, den Anspruch auf *Bürgerbeteili-*

---

[66]   Kober/Kahl (2012, 12) nennen diese grundlegenden Strukturprinzipien: Ressortübergreifender Kooperationsansatz, Bürgerbeteiligung/Öffentlichkeit, „Bürgermeisterpflicht".

[67]   Zuletzt hat sich Schreiber 2007 diese Mühe gemacht.

gung zu verwirklichen und „normale" Bürger ohne „offizielles Amt" und Funktion – also sozusagen „funktionslose" Bürger – zu integrieren. Die Beteiligung der Bürger gilt aber als das „eigentlich Neue", das konstituierende Merkmal der Gremien, auch weil es den Grundsätzen der Bürgerkommune und der Bürgergesellschaft entspricht: Was Bürger unmittelbar betrifft – hier die Kriminalität – sollte von ihnen auch unmittelbar beeinflusst werden – hier durch Kriminalprävention. Tatsächlich konnte aber nur ausnahmsweise der Anspruch verwirklicht werden, die Bürger bei der Kriminalitätskontrolle von Betroffenen zu Beteiligten zu machen, ihre Partizipation am und ihre Verantwortung für den Sicherheitszustand ihres Gemeinwesens zu ermöglichen und durchzusetzen (Steffen 2009, 54 ff.).

Eine der wenigen neueren Untersuchungen zur internen Gestaltung der Gremien[68] kommt zu diesen Ergebnissen:

Der Grad der Institutionalisierung von kriminalpräventiven Gremien sei sehr unterschiedlich und die Akteurszusammensetzung gestalte sich sehr heterogen. Die Gründungsakteure bestimmten mit ihren spezifischen Sichtweisen und Problemdeutungen die gemeinsame Arbeit und suchten sich passende Mitstreiter.

- Die Gremien lebten vom Engagement ihrer Mitglieder; in den meisten Kooperationen sei dies sehr hoch. Aber: Je stärker die Gremien von den engagierten Individuen geprägt würden, desto gravierender wirke sich ein Ausstieg dieser Personen aus. Ein solcher Ausstieg gefährde die gremieninterne Zusammenarbeit und könne mitunter die gesamte Kooperation beenden.

- Die Mehrheit der Gremienmitglieder lasse sich der Sachbearbeiterebene zuordnen. Damit treffe man in den Gremien zwar auf hohe fachliche Kompetenz, aber auf wenig Entscheidungskompetenzen.

- Festzustellen seien verschiedentlich Wissens- und Qualifikationsdefizite insbesondere in der Grundausbildung zur Prävention.

- Deutliche Defizite gebe es in der Öffentlichkeitsarbeit, obwohl diese ein deziidiertes Ziel der Gremien darstelle. Das Erreichen der Bürgerschaft und eine breite Aufklärung über das Thema seien deshalb nur schwer möglich.

- Die Gremien führten in der Regel keine wissenschaftlich fundierten Evaluationen durch, sondern agierten aufgrund unsystematisch aufbereiteter Rückmeldungen sowie subjektiver Eindrücke.

- Außen vor bleibe die Bürgerperspektive; die Problemwahrnehmung und –bearbeitung von Kriminalität erfolge fast ausschließlich aus der Akteursperspektive heraus.

---

[68] Im Rahmen des vom Bundesministerium für Bildung und Forschung von 2010 bis 2012 geförderten Projektes „Kooperative Sicherheitspolitik in der Stadt – KoSiPol" wurden empirische Fallstudien zu kriminalpräventiven Kooperationen in 16 deutschen Kommunen in vier Handlungsfeldern durchgeführt: Häusliche Gewalt, Jugendliche als Täter und Opfer, Drogen und Sucht sowie polizierende Präsenz; siehe dazu Frevel (Hrsg.) 2012; Frevel/Miesner 2012; van den Brink 2012; John/Schulze 2012.

Fazit der Untersuchung:

In Verbindung mit dem Konzept der freiwilligen Kooperation, der Gleichrangigkeit der Partner und dem Ziel des Konsenses entstehe so eine Zusammenarbeit, die vielfach auf der Phänomen-Ebene verbleibe, aber Grundfragen zum Problem, zur Kooperation und zum Ziel unbeantwortet lasse. Erschwerend komme hinzu, dass die eigentlich vorhandene und recht gut entwickelte Systematik der Kriminalprävention selten rezipiert und vorbildhafte Ansätze nicht systematisch genutzt würden. „Die Praxis kooperativer Sicherheitspolitik bietet, trotz ihrer langjährigen Existenz und stetigen Weiterentwicklung, also durchaus noch viel Optimierungspotenzial" (Frevel/Miesner 2012, 219). Aber: Dieses Konzept der kooperativen lokalen Sicherheitspolitik habe Perspektiven. Mit den Worten der an KoSiPol beteiligten Wissenschaftlerinnen und Wissenschaftlern (Frevel 2012, 39): Sie sind der festen Überzeugung, „dass

- diese Form sinnvoll ist,

- sie qualitativ weiterentwickelt werden muss,

- bestehende Schwächen in der Organisation und Prozessgestaltung von Gremien überwindbar sind,

- die Akteure gezielt rekrutiert und für die Kooperation qualifiziert werden müssen,

- eine konzeptionelle Weiterentwicklung nötig ist,

- der Informationsaustausch zwischen den Gremien bislang rudimentär ist und – z.B. durch Landespräventionsräte oder die Stiftung Deutsches Forum für Kriminalprävention – gefördert werden sollte".[69]

Die Kommunale Kriminalprävention in Deutschland steht also vor einigen Herausforderungen, wenn sie tatsächlich – erfolgreich, wirkungsvoll und nachhaltig – realisiert werden soll. Da sie aber nach wie vor eine „Idee von bestechender Vernünftigkeit" ist, die Zusammenarbeit der Sicherheits- und Ordnungsbehörden, sozialer Dienste von Kommunen und freien Trägern, Gesundheitsdiensten und vielfältigen anderen Institutionen als eine Form der Komplexitätsbewältigung gilt, auf die nicht mehr verzichtet werden kann (Frevel/Kober 2012, 337), sollte nichts unversucht bleiben, um diese Idee nachhaltig zu verwirklichen, etwa durch die Umsetzung der folgenden fünf (wichtigsten) Strukturprinzipien:[70]

---

[69] Zumal sowohl der „Infopool Prävention" des Bundeskriminalamtes als auch das unter der Federführung des Deutschen Forums für Kriminalprävention entwickelte „Informationssystem der Prävention im Netz – PrävIS" ihre Dienste eingestellt haben.

[70] Siehe dazu auch den sehr instruktiven „Leitfaden für die kommunale Praxis" von Kober/Kahl 2012: Impulse für das Kommunale Präventionsmanagement. Erkenntnisse und Empfehlungen zu Organisation und Arbeit kriminalpräventiver Gremien auf kommunaler Ebene" sowie die Befunde und Folgerungen bei Frevel (Hrsg.) 2012.

1. Strukturprinzip: Ressortübergreifende Vernetzung

Der ressortübergreifende Ansatz, das Auftreten mehrerer Institutionen und Gruppierungen als Initiatoren und verantwortliche Träger sowie die Vernetzung ihrer Aktivitäten sind entscheidend und kennzeichnend für die Gremien kommunaler Kriminalprävention. Schon wegen der Vielzahl der Einflussfaktoren auf Kriminalität und Kriminalprävention ist kommunale Kriminalprävention eine Querschnittsaufgabe, zu deren Bewältigung ein breites Spektrum professionellen Sachverstandes erforderlich ist.

Mitglieder eines kriminalpräventiven Gremiums sollten deshalb Vertreter der Stadtverwaltung, der kommunalen Ämter sein, der Polizei und Justiz sowie von sozialaktiven zivilen Einrichtungen der Kommune, von Wirtschaft, Medien usw.

Die spezifische Aufgabe dieser Vertreter im Gremium ist es, die vorhandenen Tätigkeitsfelder in ihrer kriminalpräventiven Bedeutung zu erkennen und die vorhandenen Ressourcen durch Vernetzung effizienter und effektiver zu machen. Es sind also keine eigentlich neuen Aufgaben, die auf die Akteure zukommen, sondern „nur" neue Interpretationen vorhandener Aufgaben – aber das ist tatsächlich häufig sehr viel schwieriger als es klingt und von den Akteuren erwartet worden ist.

Auch stellt die Vernetzung wegen der sehr unterschiedlichen Handlungslogiken und Eigenständigkeiten der beteiligten Akteure eine nicht zu unterschätzende Herausforderung dar.

Es sollte deshalb immer wieder überprüft werden, ob und wieweit es gelingt, tatsächlich vernetzt und ressortübergreifend zu arbeiten. Bewährt hat sich die Einrichtung einer Arbeitsgruppe des Gremiums, die nur die Aufgabe „Ressortübergreifende Vernetzung" wahrzunehmen und zu überprüfen hat.

2. Strukturprinzip: Bürgerpartizipation – Herstellung von Öffentlichkeit durch Bürgerbeteiligung

Prävention auf kommunaler Ebene braucht bürgerschaftliches Engagement – andernfalls läuft sie Gefahr aufzugeben, was eigentlich ihr Auslöser war: Die Idee, in einer Gemeinde gemeinschaftlich für ein lebenswertes Umfeld zu sorgen (Kober/Kahl 2012, 26).

Als Leitbild ist diese Idee weitgehend unstrittig, in der Praxis der Gremienarbeit aber, wie gezeigt, nur ausnahmsweise umzusetzen: Bislang ist es nur wenigen Gremien gelungen, „normale" Bürger ohne „offizielles" Amt und Funktion – also sozusagen „funktionslose Bürger" zu integrieren.[71]

---

[71] Siehe zu den „Ambivalenzen, die mit der Einbindung von Bürgern verbunden sind" auch Kober/Kahl 2012, 16 ff.

Einmal abgesehen davon, ob die „funktionslosen" Bürger überhaupt ein Interesse daran haben, in den Gremien mitzuarbeiten, ob sich also überhaupt genug Bürger finden lassen, widerspricht es der Organisation und Arbeitsweise von Gremien – selbst wenn sie, wie bei der Kommunalen Kriminalprävention üblich, nur wenig formalisiert sind – funktionslose Bürger einzubinden.

Gremien können nur dann sinnvoll arbeiten, wenn ihre Mitglieder einer anderen staatlichen oder nicht-staatlichen Einrichtung gegenüber verantwortlich sind, also einer solchen Einrichtung angehören, von ihr in das Gremium entsandt werden, um hier die Erkenntnisse und Interessen ihrer Einrichtung zu vertreten. Im Gegenzug sollten diese Vertreter dann die Inhalte und Ergebnisse der Beratungs- und Projekt-arbeit des Gremiums wieder in ihre Einrichtungen hineintragen und umsetzen, um so auch als Multiplikatoren der institutionalisieren Kriminalprävention für die „funktionslosen" Bürger – etwa ihre Vereinsmitglieder - zu fungieren. Das allerdings geschieht noch zu selten, zu zufällig, zu wenig systematisch.

Darüberhinaus ist für die „funktionslosen", aber gleichwohl zu einem kriminalpräventiven Engagement bereiten Bürgern auf kleinräumiger (Sozialraum- oder Stadtteil-) Ebene bei konkreten, anlassbezogenen, sie direkt betreffenden Projekten und Maßnahmen eine Mitarbeit möglich und sinnvoll. Anknüpfend an die Bedürfnislage und die hohe Kompetenz der Bürger für Dinge, die ihr unmittelbares Umfeld betreffen, können sich diese an konkreten, kurzfristigen, aktionsorientierten Maßnahmen beteiligen, die gerade in „Stadtteilen mit besonderem Erneuerungsbedarf" – vulgo: sozialen Brennpunkten – über Kriminalprävention hinausgehen und sozialräumliche Strategien verfolgen dürften (s. dazu auch Frevel e.a. 2009 und Kahl/Kober 2009).

3. Strukturprinzip: Lokal orientierte Problemanalyse
Notwendige, unerlässliche Voraussetzung für eine erfolgsorientierte Präventionsstrategie – auch und gerade auf kommunaler Ebene – ist eine möglichst umfängliche Bestandsaufnahme der lokalen Rahmenbedingungen.

Optimal ist eine kriminologische Regionalanalyse, bei der nicht nur die „Kriminalitätsmaske" einer Gemeinde erstellt wird, sondern auch ihre „Sozialmaske".

Erst auf der Grundlage einer solchen – soliden – Daten- und Erkenntnisgrundlage lässt sich eine „kommunale Präventionsstrategie entwickeln, mit Hilfe derer erkannter Handlungsbedarf durch Vernetzung vorhandener oder Bereitstellung notwendiger Ressourcen effektiv gedeckt werden kann" (Kober/Kahl 2012, 34).

4. Strukturprinzip: Überprüfung des Erfolges der durchgeführten Maßnahmen
An den Ergebnissen der lokalen Problemanalyse ansetzend, sollte eine an überprüfbaren Kriterien ausgerichtete und schriftlich fixierte Planung der zur Problemlösung vorgesehenen Maßnahmen erfolgen.

Außerdem die prüfende Begleitung des Verlaufs der Umsetzung dieser Pläne auch im Hinblick auf ihre Effizienz, also eine sog. Prozessevaluation („Tun und erreichen wir eigentlich das, was wir vorhaben?")

Optimal wäre schließlich die Evaluation der Ergebnisse auf ihre Effektivität hin, auf die Wirksamkeit der Maßnahmen und Programme hinsichtlich des Grades der Zielerreichung, der Vermeidung ungünstiger Nebeneffekte (etwa von Verdrängungseffekten) sowie hinsichtlich der Nachhaltigkeit der erreichten Wirkungen.

5. Strukturprinzip: Prävention ist Chefsache

Die Leitung des kriminalpräventiven Gremiums durch den Bürgermeister der Gemeinde sowie die Teilnahme hochrangiger Vertreter der kommunalen Ämter und des Gemeinde-/Stadtrates unterstreicht den Stellenwert des Gremiums und erleichtert die Umsetzung von Empfehlungen und Entscheidungen.

Zum Prinzip der „Chefsache" gehört auch, dass das Gremium über einen rechtlich bestimmten und abgesicherten Status verfügt, eindeutig legitimiert ist – etwa durch den Gemeinde-/Stadtrat, klare Kompetenzen, präzise, zielorientierte Inhalte hat sowie über die notwenige finanzielle und personelle Ausstattung verfügt, beispielsweise über eine Geschäftsstelle.

„Prävention ist Chefsache" heißt also vor allem, dass ohne kommunalpolitische Unterstützung und Legitimierung diese Gremien zum Scheitern verurteilt sind. Zwar bestehen, so Frevel/Kober, juristisch kaum Zweifel, dass die Gremien berechtigt sind, kooperativ sicherheitspolitisch zu agieren. Polizei und Kommunalverwaltung arbeiteten auf der Grundlage demokratisch begründeter Zuständigkeiten und seien einer politischen Kontrolle unterworfen. Aber eine solche Konstellation sei gleichwohl nicht unumstritten, wenn die Rückbindung an kommunale Gremien, also Stadträte oder Kreistage, fehle: „Wenn .. die Gremien in einem kommunalpolitisch so bedeutsamen Feld der Sicherheit und Ordnung agieren, erscheint der Verzicht auf die Beteiligung der Politik problematisch" (2012, 344).

Kommunale Kriminalprävention muss Teil der Gemeindeentwicklungspolitik werden und in Richtung einer Kommunalen Sicherheitspolitik weiter entwickelt, als kommunale Querschnittsaufgabe ausgestaltet und demokratisch legitimiert werden, mit klaren politischen Zielsetzungen und vernetzten, interdisziplinären und integrativen Vorgehensweisen (Steffen 2005, 166). Zu prüfen wäre der Vorschlag von Waller, ein Amt für Kriminalprävention auch auf lokaler Ebene einzurichten – und 5% der Ausgaben für „Recht und Ordnung" zugunsten von Prävention auszugeben, weitere 2% für Ausbildung und Datensysteme, die benötigt werden, um diesen Wandel aufrechtzuerhalten (2011, 235 ff.).

2.3

Zusammenfassung und Folgerungen

Kommunale Kriminalprävention gibt mit die nachdrücklichsten Hinweise darauf und
Beweise dafür, wie sehr Kriminalprävention Praxis, Politik und Wissenschaft braucht:

- Sie braucht die Praxis für die „Arbeit vor Ort". Allerdings sollten die Praktiker
  für diese Aufgabe ausgewählt sein und eine Aus- und Weiterbildung erhalten, die
  den heutigen Anforderungen an Professionalität und Kompetenz gerecht wird
  – hier ist die Wissenschaft gefordert, entsprechende Aus- und Weiterbildungsangebote zu entwickeln und anzubieten.

- Sie braucht die Politik und zwar sowohl die Kommunalpolitik wie die auf Landesebene. Denn ohne deren Unterstützung und Förderung geht nichts, zumindest
  nicht auf Dauer und wirkungsvoll.

- Sie braucht die Wissenschaft für die theoretische und empirische Fundierung der präventiven Arbeit, für die Beratung und Begleitung bei der Implementation und Evaluation von Projekten, für die Entwicklung von Aus- und Weiterbildungsangeboten, für
  die Entwicklung und Pflege von Datenbanken und Informationssystemen.

3

Präventionspolitik

3.1

Kriminalprävention als Ziel von Kriminalpolitik

„Unter Kriminalpolitik ist die Gesamtheit aller staatlichen und außerstaatlichen
Maßnahmen zu verstehen, die zum Schutz der Gesellschaft und des einzelnen Bür-
gers auf Verhütung und Bekämpfung von Kriminalität gerichtet sind" (Schwind
2013, § 1 Rn 37).[72] Dabei beziehen sich die entsprechenden Aktivitäten nicht nur
auf die rein repressiven Bereiche wie Rechtspflege und Strafvollzug, sondern – ressortübergreifend - vor allem auf den Einsatz auch außerstrafrechtlicher präventiver
Maßnahmen, die dem kriminalitätsrelevanten Gesellschaftsschutz dienen (Schwind
2013, § 1 Rn 33 f.).

Kriminalprävention als Vorbeugung und Verhütung von Straftaten habe „in einem
allgemeinen Verständnis ... schon immer als wichtiges Ziel von Rechtspolitik, insbesondere von Kriminalpolitik" gegolten. Daraus folge aber nicht, „dass Theorie und
Praxis sich stets bemüht hätten, Gesetze, Maßnahmen, institutionelle Einrichtungen
und organisatorische Vorkehrungen konkret auf Prävention hin auszurichten ... Stattdessen blieb es in der Regel bei sehr allgemeinen Überlegungen und z.T. bekenntnis-
haft vorgetragenen Überzeugungen" (PSB 2001, 455 f.).

---

[72] Zwar gibt es keine einheitliche Definition davon, was unter Kriminalpolitik zu verstehen ist, doch do-
      miniert inzwischen dieses weite Verständnis von Kriminalprävention (Kriminologie-Lexikon ONLINE,
      Artikel „Kriminalpolitik").

Für Heinz ist deshalb eine „Kurskorrektur der Kriminalpolitik überfällig. Eine verstärkte Hinwendung zu und ein nachhaltiger Ausbau von Kriminalprävention ist geboten. Eine sich lediglich strafrechtlicher Mittel bedienende Kriminalpolitik nach dem Motto ,more oft the same' ist ein ,Katastrophenrezept'. Die Frage kann deshalb heute nicht mehr die des Ob der Kurskorrektur sein. Hinsichtlich des Vorranges von Prävention vor und ihrer Überlegenheit gegenüber Repression besteht kein Erkenntnisproblem, es besteht vielmehr ein Umsetzungsproblem" (1998, 17).

Damit stellt sich die Anschluss-Frage, ob es in den letzten Jahren zu dieser Kurskorrektur gekommen ist: Hat sich inzwischen auch in der Kriminalpolitik die Überzeugung durchgesetzt, dass Kriminalität vor allem mit Präventionskonzepten begegnet werden sollte – und zwar mit solchen nicht-punitiver Art? Also die Überzeugung, die in der Praxis, wie oben dargestellt, weitgehend – mit Ausnahme der Akteure Strafrecht und Strafjustiz - unstrittig ist.

Ist es der Kriminalpolitik auf den verschiedenen Ebenen – lokale/kommunale, Landes- und Bundesebene - gelungen, einen breiten gesellschaftlichen Konsens dahingehend zu schaffen, dass Kriminalität primär mit präventiven Strategien und Konzepten begegnet werden sollte, hat sie die dafür notwendigen rechtlichen Rahmenbedingungen geschaffen sowie die erforderlichen Ressourcen zur Verfügung gestellt?

Und versteht Kriminalpolitik Kriminalprävention dann auch so wie die Praxis oder versteht sie sie vor allem repressiv, geht es um Prävention durch Repression, nicht mehr nur um Gefahrenabwehr, sondern schon um Gefahrenvorsorge, überholt unter dem Aspekt der Risikobekämpfung eine verdachtslose Prävention als staatliches Kontrollmittel die bisherige verdachtsabhängige Prävention (Sessar 2011) – ist die Kriminalpolitik auf dem Weg zur Sicherheitsgesellschaft und zum Präventionsstaat?

Ist die Kriminalpolitik rational, lässt sie sich sozialethisch legitimieren und orientiert sie sich an den Resultaten der wissenschaftlichen Forschung – oder ist sie doch eher emotional oder sogar populistisch, lässt sie sich (zunehmend) von Medien und Meinungsumfragen beeinflussen?[73]

3.1.1

Kriminalpolitik: Wissenschaftlich fundiert oder „im Blindflug"?[74]

Um mit der letzten Frage zu beginnen: Eine rationale Kriminal- und Strafrechtspolitik ist ohne eine solide empirische Grundlage nicht möglich, so zutreffend Heinz (2006, 241). Schwind zitiert den „Altmeister kriminologischen Denkens", Franz von Liszt (1841-1919), der betont habe, dass die „Bekämpfung des Verbrechens die Kenntnis

---

[73] Siehe dazu auch Schwind 2013, § 1 Rn 33 ff.

[74] „Kriminalpolitik im Blindflug" hieß eine Tagung der Friedrich-Ebert-Stiftung am 7. Mai 2012 in Berlin und verwendete damit ein inzwischen „geflügeltes Wort" von Wolfgang Heinz (siehe dazu auch Hilgendorf/Rengier 2012, 7).

des Verbrechens voraussetzt", ein Satz der sich primär auf Präventionsmaßnahmen beziehe (2013, § 1 Rn 40) und wieder von Liszt, jeder Kriminalpolitiker bleibe „Dilettant, wenn ihm die feste wissenschaftliche Grundlage fehlt, die er nur in der genauesten und umfassendsten Kenntnis der Tatsachen gewinnen kann."[75]

Das sieht auch die Bundesregierung – also die Kriminalpolitik – so, zumindest in ihrer Stellungnahme zum 1. PSB: „Erkenntnisse über Ausmaß, Struktur und Entwicklung der Kriminalität einerseits, über Strafverfolgung, Strafvollstreckung und Strafvollzug andererseits müssen in ausreichendem Umfang vorhanden sein, um kriminal- und strafrechtspolitische Maßnahmen erfolgreich gestalten und in ihren Auswirkungen überprüfen zu können" (2001, 599).[76]

Dieses (theorie- und empiriefundierte) Wissen „zur Kriminalität, zum Verbrechen, zum Täter und Opfer sowie zu den verschiedenen staatlichen und privaten, informellen und formellen Reaktions- und Präventionsformen" ist von der Kriminologie als der dafür relevanten Bezugswissenschaft,[77] aber auch von anderen wissenschaftlichen Disziplinen, längst erarbeitet und der Kriminal-, Sozial- und Kommunalpolitik zur Verfügung gestellt worden. Dazu das Freiburger Memorandum „Zur Lage der Kriminologie in Deutschland":[78] „Für Kriminalprävention, Strafverfolgung, Strafvollstreckung und Strafvollzug samt den hiermit verbundenen Maßnahmen der Begutachtung, Therapie und Wiedereingliederung ist empirisches Wissen unverzichtbar geworden, um mit rationalen Mitteln den Schutz der Bürgerinnen und Bürger und ihr Vertrauen in die Funktionsfähigkeit der Strafrechtspflege ständig zu verbessern. Dies beinhaltet den Aufweis von Schranken, jenseits derer eben diese Funktionsfähigkeit fraglich wird. Zur Fortentwicklung moderner Kriminal- und Sozialpolitik können sich die Gesetzgeber des Bundes und der Länder in ihren verschiedenen Ausprägungen der vorhandenen Befunde dieser kriminologischen Wissenschaften bedienen."

Aber tun sie das auch? Dem Freiburger Memorandum zufolge wird dieses Wissen „auch genutzt, wenn es darum geht, eine zureichende wissenschaftliche Begründung und Evaluation ihrer jeweiligen Aufgaben zu gewährleisten".[79] Kunz dage-

---

[75] Zitiert nach Schwind/Steinhilper 2014, 593.

[76] Mit der Vorlage des 1. PSB habe die Bundesregierung „einen sowohl für die Darstellung und Bewertung der Inneren Sicherheit als auch für die kriminalpolitische Diskussion gleichermaßen neuen und vielversprechenden Weg der amtlichen Berichterstattung über Kriminalität beschritten" (Heinz 2003).

[77] Als sozialwissenschaftliche Integrationswissenschaft verbindet die Kriminologie Ansätze u.a. aus der Psychiatrie, Neurobiologie, Psychologie und Sozialpädagogik, aus der Jurisprudenz, Soziologie, Politologie, Ökonomie und Geschichtswissenschaft (Freiburger Memorandum 2012).

[78] Das „Freiburger Memorandum" ist das Ergebnis einer Tagung im Juni 2012, an der 60 Wissenschaftler/innen teilnahmen, die in Lehre und/oder Forschung mit Kriminologie und verwandten Disziplinen befasst sind.

[79] Da das „Freiburger Memorandum" jedoch auf die „nachlassende Bedeutung der Kriminologie insbesondere an den deutschen Universitäten" aufmerksam machen will und für eine Verbesserung dieser Situation

gen beklagt die „Taubheit der offiziellen Kriminalpolitik für empirische Befunde", die Ergebnisse der empirischen kriminologischen Forschung stünden „quer zu den Trends der heute praktizierten Kriminalpolitik. Die aus der Forschung abzuleitenden Empfehlungen für eine ‚rationale' Politik werden in der Realität kaum aufgegriffen. Im Gegenteil verdichtet sich der Eindruck, als ob die offizielle Kriminalpolitik sich gegenüber ‚evidenzbasierten' Aussagen über hohe Irrtumsrisiken bei Individualprognosen, der Gefahr einer Überschätzung krimineller Gefährlichkeit, der Zweifelhaftigkeit der Wirkung von Allgemeinabschreckung, der mangelnden spezialpräventiven Vorzugswürdigkeit härterer Sanktionierung und der generell eher desozialisierenden Wirkung des Freiheitsentzuges[80] taub stellt und stattdessen den dramatisierenden und Strafhärte einfordernden Kriminalitätsinszenierungen von Massenmedien und vielen Politikern folgt ... Es ist nachgerade absurd, dass die empirische Kriminologie noch nie so viel Wissen wie heute produzierte – und das sie kriminalpolitisch noch nie so einflusslos wie heute war" (2011, § 30 Rn 23). Auch die kürzlich von Heinz gestellte Frage „Was sollte der Gesetzgeber wissen wollen?"[81] lässt eher auf eine „Kriminalpolitik im Blindflug" schließen als auf eine „rationale Kriminalpolitik".[82]

„wirbt", wird diese Bereitschaft der Politik, kriminologische Befunde zur Kenntnis zu nehmen und in politisches Handeln umzusetzen, vielleicht etwas zu positiv gesehen.

[80] So schon die Erkenntnisse des 2. PSB: „Entgegen einer weit verbreiteten Alltagsmeinung erscheinen nach dem gegenwärtigen Stand der kriminologischen Forschung die Abschreckungswirkung (negative Generalprävention) von Androhung, Verhängung oder Vollzug von Strafen eher gering. Für den Bereich der leichten bis mittelschweren Kriminalität jedenfalls gilt grundsätzlich, dass Höhe und Schwere der Strafe keine messbare Bedeutung haben. Lediglich das wahrgenommene Entdeckungsrisiko ist – allerdings nur bei einer Reihe leichterer Delikte – etwas relevant. Bislang wurden auch keine Anhaltspunkte dafür gefunden, dass eine Verschärfung des Strafrechts das Normbewusstsein positiv beeinflussen würde ...
Hinsichtlich der spezialpräventiven Wirkung von Strafen gibt es keinen empirischen Beleg dafür, dass – bei vergleichbaren Tat- und Tätergruppen – die Rückfallrate nach einer Verurteilung niedriger ist als nach einer Verfahrenseinstellung (Diversion). Wo, in vergleichbaren Gruppen, Unterschiede beobachtet wurden, waren die Rückfallraten nach Diversion niedriger. Negative Effekte der Diversion im Vergleich zur formellen Sanktionierung sind nicht belegt.
Im Bereich der leichten bis mittelschweren Kriminalität haben unterschiedliche Sanktionen keine differenzierende Wirkung auf die Legalbewährung; die Sanktionen sind vielmehr weitestgehend ohne messbare Konsequenzen auf die Rückfallraten austauschbar.
Wenn es eine Tendenz gibt, dann die, dass nach härteren Sanktionen die Rückfallrate bei vergleichbaren Tat- und Tätergruppen höher ist. Insbesondere gibt es bis heute keine Gruppe von Straftätern, für die – in spezialpräventiver Hinsicht – eine Überlegenheit von Jugendarrest oder (unbedingter) Jugendstrafe im Vergleich zu ambulanten Reaktionen empirisch belegt worden wäre" (2006, 665 f.).
Siehe dazu auch die kürzlich veröffentlichen Befunde der Rückfalluntersuchung „Legalbewährung nach strafrechtlichen Sanktionen 2007 bis 2010 und 2004 bis 2010" (www.bmj.de/DE/Ministerium/Strafrecht/KriminologieKriminalpraevention/_doc/Rueckfallstatistik_doc.html?nn=1470118) sowie Albrecht (2013 b) zu Rückfallstatistiken im internationalen Vergleich. Außerdem Spiess 2012 und Kury 2013.

[81] Gestellt hat Heinz diese Frage in Zusammenhang mit der „unendlichen Geschichte der Reform der deutschen Kriminalstatistiken". Insbesondere Heinz hat ja immer wieder auf die Reformbedürftigkeit der Kriminalstatistiken hingewiesen, vor allem auf die Notwendigkeit einer Verlaufsstatistik und betont, dass die statistischen Voraussetzungen für eine wissensbasierte Kriminalpolitik defizitär seien und aktuelle, umfassende und zuverlässige Daten eine notwendige (wenngleich keine hinreichende) Bedingung für eine rationale Kriminalpolitik seien. Erreicht hat er damit bei dem dafür zuständigen Bundesgesetzgeber, der Kriminalpolitik, aber wenig bis gar nichts (Heinz 2013).

[82] Siehe zur Akzeptanz wissenschaftlicher Befunde durch die Kriminalpolitik auch Schwind (2000) „Hat die

3.1.2
Kriminalpolitik: Auf dem Weg zum Präventionsstaat?

Die von Heinz schon 1998 eingeforderte „überfällige Kurskorrektur der Kriminalpolitik" (s.o.) ist jedenfalls bisher nicht festzustellen. Nach wie vor bedient sich die
Kriminalpolitik strafrechtlicher Mittel nach dem Motto „more of the same". Und das
ist wörtlich zu nehmen: Die Kriminalpolitik bleibt nicht nur bei ihren strafrechtlichen
Reaktionsmustern, sie verschärft sie sogar noch: „In den Bereichen der außerhäusli-
chen Gewalt- und Sexualdelinquenz werden ‚Strafbarkeitslücken' rasch und vollständig gefüllt und Nachbesserungen nach dem Muster des „Mehr von Demselben" voll-
zogen. So wurde das deutsche Strafgesetzbuch (ohne Nebengesetze) seit 1990 rund
hundert Mal geändert ... In der Hitze einer massenmedial bewegten Öffentlichkeit
ist die Sexualdelinquenz endgültig zum Motor der Kriminalpolitik geworden (Kunz
2013 b, 121).[83]

Kunz erkennt einen „Trend zu einem kontrollorientierten Präventionsstrafrecht ..,
welches sich auf jedwede Gesellschaftsgefahr bezieht, vorbeugend interveniert und
sich dabei quasi geheimdienstlicher Beweismittel bedient ... Eine für die Angstkultur
funktionale Gesetzgebung ist bemüht, gemutmaßte Punitivitätserwartungen der Bevölkerung möglichst vorbeugend abzuarbeiten" (2013 b, 121).

Das ist der Weg in den Präventionsstaat, auf dem sich Deutschland schon seit einigen Jahren befindet.[84] Auf diese Entwicklung bezieht sich auch die Aussage, Kriminalprävention sei zum herrschenden Paradigma unserer Zeit und der Kriminalpolitik
geworden: Nämlich auf die Prävention durch Repression. Dieser Aspekt erfreut sich
in Deutschland traditioneller Wertschätzung, die sich an zahlreichen neuen Straftatbeständen, reduzierten Strafbarkeitsvoraussetzungen, erhöhten Strafrahmen sowie
repressiv orientierten Regelungen in den Gefahrenabwehr- und Polizeirechten der
Länder zeigt (Steffen 2006, 1150).

(Anti-) Gewaltkommission vergeblich gearbeitet?"

[83] Was aktuell wieder an der Diskussion um Kinderpornografie deutlich wird.
Dazu das Kriminologie-Lexikon ONLINE im Artikel zur Kriminalpolitik: „Mitnichten wird die Notwendigkeit bestritten, gesetzliche Strafbarkeitsvoraussetzungen zu schaffen, effektive Sanktionen anzudrohen
und in einem leistungsfähigen Verfahren durchzusetzen. Ebenso wie diese Notwendigkeit besteht, ist aber
bekannt, dass Strafrecht nur dann abschreckt, wenn Rechtsverstöße aufgedeckt und sanktioniert werden.
Doch gerade dieser Aspekt wird von der Politik vernachlässigt ... Anstelle die Qualität der Strafverfolgung
zu verbessern und sinnvoll in Prävention zu investieren, schafft der Gesetzgeber hektisch Strafvorschriften
und Eingriffsbefugnisse. Er verkennt dabei sowohl die Rolle als auch die Möglichkeiten des Strafrechts."

[84] Siehe dazu schon Steffen 2006a; ausführlich diskutiert wird die Problematik der Sicherheitsgesellschaft
und des Präventionsstaates im Gutachten für den 17. Deutschen Präventionstag (Steffen 2013 a, 105 ff.).
Siehe dazu auch Ostendorf (2005), für den nicht nur die Kriminalitätsvorbeugung hoch im Kurs steht. Es
werde auch, nach wie vor intensiver, die Reaktion auf Kriminalität mittels Strafrecht ausgebaut. Hinter
beiden Ansätzen stehe eine zunehmende Betonung der Sicherheitsinteressen unserer Gesellschaft. Offensichtlich würden Sicherheitsbedürfnisse auch produziert. Sicherheit werde von den Medien nachgefragt,
von den Politikern versprochen. „Hieraus entstehen offensichtlich Verstärkereffekte. Man spricht von
publizistisch-politischen Verstärkerkreisläufen, von Heizspiralen."

Um dem Sicherheitsdenken im Präventionsstaat[85] gerecht zu werden, scheint es nicht mehr auszureichen, wenn Polizei und die anderen Instanzen der Strafverfolgung nur eine verlässliche Grundsicherung vor kriminellen Gefahren gewährleisten. Inzwischen ist es zur öffentlichen Aufgabe geworden, schon Bedrohungen wahrzunehmen und zu beschwichtigen, bereits die Kriminalitätsfurcht zu besänftigen und das Sicherheitsgefühl zu stärken – und nicht mehr nur Kriminalität zu verhindern bzw. zu verfolgen. Damit besteht die Gefahr der Herausbildung eines Präventionsstaates: Eines Staates, der seine Bürger, um Sicherheitsrisiken zu minimieren, (massiven) Misstrauens- und Überwachungsmaßnahmen aussetzt, die auf keinem konkreten Verdacht beruhen. In einem solchen Präventionsstaat ist jeder Bürger nicht nur potenziell gefährlich – und muss sich entsprechende Überprüfungen gefallen lassen, durch die dann festgestellt wird, dass er doch nicht gefährlich ist -, sondern auch gefährdet – und damit Ziel und Objekt der Gefahrenvorsorge durch prinzipiell unbegrenzte und unbestimmte Präventionsmaßnahmen. Eine solche Entwicklung ist aber weder im Sinne des Rechtsstaates noch im Sinne einer Reduzierung von Kriminalitätsfurcht und Stärkung des Sicherheitsgefühls. Eher im Gegenteil: Wenn überall der Kriminalität vorgebeugt werden muss – selbst einer vermeintlichen Bedrohung -, dann kann das für den Einzelnen eben auch bedeuten, dass er überall mit Kriminalität rechnet und sich nirgends vor niemandem mehr sicher fühlt (Steffen 2013 a, 106 f.).

Dabei kann sich dieser Trend zu einem „kontrollorientierten Präventionsstrafrecht" nicht, wie von den davon verantwortlichen Politikern gerne behauptet, auf ein gestiegenes Strafbedürfnis in der Bevölkerung berufen.

So kommt etwa Reuband bei seiner Bestandsaufnahme bundesweiter Umfragen zur Frage steigender Punitivität in der Bevölkerung insgesamt zu der Aussage: „Zusammengenommen sprechen die empirischen Befunde bislang gegen einen punitiven Trend". Nach wie vor werde in der Erziehung und Resozialisierung eine wichtige Funktion der Strafe gesehen. Trotz der Vorstellung, es würde nicht hart genug mit Kriminellen umgegangen, gibt es keine Verschiebungen zu einem Plädoyer für härteres Durchgreifen. Im Gegenteil: die Forderung, man brauche strengere Gesetze, hat unter den Bundesbürgern in der Zeit zwischen 1998 und 2006 an Popularität verloren. Bei der Einstellung zur Todesstrafe hat sich das Ausmaß der Befürwortung im Laufe der Jahre erheblich reduziert, inzwischen überwiegen die Gegner (2010, 143 ff).

Dem entsprechen auch die Ergebnisse von Bevölkerungsbefragungen zum Sanktionsverlangen, die von Kunz zitiert werden. In Europa gebe es eine deutliche Präferenz für die Gemeinnützige Arbeit gegenüber der Gefängnisstrafe; in Deutschland würden sogar nichtstrafende Reaktionen – jedenfalls bei Eigentumsdelikten – klar einer Be-

---

[85] Für Heinz (1998, 19) erfordert die Störanfälligkeit moderner Gemeinwesen Prävention. Die Risikogesellschaft der Gegenwart sei gefahrenvorsorgerisch ausgerichtet, um mögliche Risikopotentiale und Gefahrenherde schon im Vorfeld erkennen und verhüten zu können.

strafung vorgezogen. Selbst bei Opfern habe die Straferwartung oft bloß ergänzende Bedeutung und beschränke sich auf eher milde, pädagogisch sinnvolle Reaktionen.[86] In der Regel werde nicht eine förmliche Bestrafung erwartet, sondern eine symbolische Missbilligung der Tat, begleitet von restitutiven Maßnahmen zur Wiederherstellung des Rechtsfriedens. Die Bevölkerung erwarte ein Zeichen der Diskreditierung des begangenen Rechtsbruchs und damit eine Bestätigung des Geltungsanspruchs der in der Strafnorm zum Ausdruck gebrachten Wertvorstellungen (Kunz 2011, § 25 Rn 11, 12).[87]

Auch für die Strafrechtspraxis findet sich keine Tendenz zu mehr Punitivität. Heinz kommt bei seiner sorgfältigen und umfassenden Analyse von Daten der Strafrechtspflege (bis 2008) zu diesen Ergebnissen: Die „These von der ,neuen Lust am Strafen' (kann) für die deutsche Sanktionierungspraxis aufgrund der Aggregatdaten der Strafrechtspflegestatistiken empirisch nicht bestätigt werden .. Nach den vorliegenden Daten handelt es sich bei der These von zunehmender Punitivität der deutschen Sanktionierungspraxis um einen zwar dem Zeitgeist entsprechenden, empirisch aber nicht hinreichend belegten Mythos. Richtig ist, dass es eine auf bestimmte, in quantitativer Hinsicht insgesamt sehr kleine Straftäter- und Deliktsgruppe beschränkte Tendenz zu mehr Punitivität gibt, die freilich sogar wieder rückläufig zu sein scheint. Es handelt sich einerseits um die Gruppe der als besonders ,gefährlich' eingestuften Täter sowie um Täter der Gewaltkriminalität. Für die weit überwiegende Mehrheit der informell oder formell Sanktionierten lassen sich jedoch keine wesentlichen Änderungen feststellen." Dass die deutsche Justiz dem punitiven Trend weitestgehend nicht erlegen sei, liege am Rechtssystem selbst: „Wo Richter und Staatsanwälte gewählt werden, wo der Einfluss der Laienrichter groß ist, ist der Einfluss der öffentlichen Meinung größer als in einem System mit professionellen, verbeamteten unabhängigen Entscheidungsträgern ..." (2011, 27).

3.1.3

Kriminalpolitik in der Mediengesellschaft

Während es in der Bevölkerung und in der Strafjustiz keine Tendenz zu mehr Punitivität gibt, gilt dies nicht für den Umgang von Politikern mit dem Thema Kriminalität, und schon gar nicht für die Präsentation von Kriminalität durch die Massenmedien. Hier kommt „eindeutig eine verstärkte Dramatisierungstendenz und damit vermehrt Punitivität zum Ausdruck" (Kunz 2011, § 30 Rn 17).

In der Berichterstattung der Medien spielt Kriminalität und insbesondere Gewaltkriminalität eine große Rolle - und diese Berichterstattung ist, und das nicht erst seit

---

[86] So auch die Befunde zu den „Straf- und Genugtuungswünschen" bzw. nach „Wiedergutmachung" von Opfern im Gutachten für den 18. Deutschen Präventionstag (Steffen 2013 d).

[87] Von daher sei, so Kunz, die Praxis der Staatsanwaltschaften, verbreitet Ermittlungsverfahren aus Opportunitätsgründen folgenlos oder diskret durch Auflagen einzustellen, generalpräventiv fragwürdig (2011, § 25 Rn 12).

heute, „keineswegs zur gesellschaftlichen Wirklichkeit strukturtreu".[88] Die Folgen solcher oft einseitigen und an spektakulären Einzelfällen orientierten Informationen können erheblich sein, wenn man davon ausgeht – was man nach den empirischen Befunden zu diesem Thema kann -, dass sich die Mediennutzung auf die Kriminalitätswahrnehmung, auf Strafbedürfnisse und die Kriminalpolitik auswirkt.[89]

Dabei ist es nicht zuletzt der so genannte politisch-publizistische Verstärkerkreislauf[90], der (Gewalt-)Kriminalität zum allumfassenden Problem und zur alltäglichen Bedrohung werden lässt:[91]

- Den Aufmerksamkeitsregeln der Medien entsprechend wird vielfach selektiv über Aufsehen erregende, brutale und schockierende Einzelfälle gerade auch der „Jugendgewalt" berichtet und regelmäßig eine Zunahme dieser Gewalt und wachsende Brutalisierung festgestellt.

- Das löst (kriminal)politische Aktivitäten aus, die in einer Art Zugzwang zu der durch diese dramatisierende Betrachtung ausgelösten öffentlichen Diskussion zu stehen scheinen: „Wenn die Medien über längere Zeit stark ansteigende Zahlen vermelden, und wenn die öffentliche Debatte zudem von spektakulären schweren Straftaten geprägt ist, dann gerät die Politik unter erheblichen Druck, den gesetzlichen Strafrahmen anzuheben und die prozessualen Regeln zur Durchführung von Strafverfahren zu verschärfen."[92]

- Diese politischen Aktivitäten wiederum sorgen dafür, dass dasselbe Thema über die Politik-Berichterstattung erneut zum Inhalt der Medien wird.

Sicherheitsbedürfnisse können so „produziert" werden: Sicherheit wird von den Medien nachgefragt, von den Politikern versprochen (Ostendorf 2005). Für Kunz wird die Agenda der praktischen Kriminalpolitik in der Mediengesellschaft durch gesellschaftliche Erwartungen vorgegeben, deren Bildung und Formulierung über die Massenmedien erfolge (2011, § 23 Rn 4).

Denn die „praktische Kriminalpolitik hat, wie jede Sparte der Politik, ihre Tätigkeit öffentlich zu rechtfertigen. Sie handelt nicht einfach, sondern ist darauf angewiesen, ihr Handeln zu kommunizieren, es verständlich zu interpretieren und um öffentliche Zustimmung dafür zu werben. Bei dieser Kommunikation mit der Öffentlichkeit sind

---

[88] Lamnek 1990, 174. Siehe dazu auch Schubarth 2001 und Heinz 2007.

[89] Siehe dazu z.B. Pfeiffer u.a. 2004.

[90] Scheerer 1978, 223.

[91] Dieser politisch-publizistische Verstärkerkreislauf ist jedoch nicht nur hinsichtlich der Wahrnehmung von und der Reaktion auf Gewaltkriminalität gut belegt, sondern etwa auch bei der Opferschutzgesetzgebung. Zuletzt wurde das Wirksamwerden dieses Kreislaufs an der Diskussion um den „Sexuellen Missbrauch von Kindern in Institutionen und im familiären Bereich" deutlich. Die „Welle der Empörung" mündete in dem neuen „Gesetz zur Stärkung der Rechte von Opfern sexuellen Missbrauchs (StORMG)".

[92] Pfeiffer u.a. 2004, 415.

die Massenmedien dazwischengeschaltet ... Die Eigenart des Kriminalitätsthemas, jeden emotional anzusprechen und zugleich seinen individuellen Wahrnehmungshorizont zu übersteigen, legt eine vereinfachende und zuspitzende Präsentation von Problemen und Lösungen nahe. Die praktische Kriminalpolitik muss sich mit dieser medialen Vereinfachung und Zuspitzung ihres Tätigkeitsbereichs arrangieren. Die Probleme, deren sie sich annimmt, sind durch mediale Aufbereitungen gesellschaftlicher Problemwahrnehmungen definiert. Der kriminalpolitische Handlungsbedarf und der Zeitdruck sind durch Vorstellungen geprägt, die sich aus einer medial beeinflussten Meinungsbildung ergeben. Die Akzeptanz kriminalpolitischer Interventionen wird maßgeblich durch die mediale Berichterstattung darüber bestimmt" (Kunz 2011, § 23, Rn 4).

Diese Bedeutung der Medien für die Politik ist auch für die Kriminologie und andere Wissenschaften eine Chance: Wenn es den relevanten Wissenschaften gelingt, ihre Befunde und die daraus resultierenden Forderungen in die Medien zu bringen, könnten sie dadurch auch bei der Politik auf offene, zumindest offenere Ohren stoßen. Gefragt sind hier nicht nur Wissenschaftler mit hohen Kommunikationsfähigkeiten und der Begabung, ihre „Produkte" zu verkaufen, sondern auch ein guter, an kriminalpolitischen Fragestellungen interessierter Wissenschaftsjournalismus.[93]

3.1.4

Zusammenfassung und Folgerungen

Die Kriminalpolitik scheint – zumindest was ihr Handeln mit bundesweiten Konsequenzen angeht – Kriminalprävention nicht nur in erster Linie repressiv zu verstehen, sondern sich auch gegenüber wissenschaftlich-kriminologischen Befunden und daraus resultierenden Forderungen „taub" zu stellen.[94] Dazu gehört auch, dass die Kriminalpolitik Gesetze nur selten evaluieren lässt.[95] So wurde bspw. für die Opferschutzgesetzgebung festgestellt, dass es an jeglicher Evaluierung der Reform-

---

[93]   Vor 20 Jahren ist aufgrund der Feststellung die „Selbstdarstellung der Kriminologie und die Darstellung ihrer Ansätze und Ergebnisse liegen im argen" der Versuch gemacht worden, mit den Medien über kriminologische Erkenntnisse ins Gespräch zu kommen – vergeblich. Die dafür gewonnene, scheinbar gewogene Tageszeitung verzögerte die Publikation der 1994 vorliegenden Beiträge und zog sich dann allmählich ganz zurück. 1996 wurden die Beiträge im Heft 4 des Kriminologischen Journals veröffentlicht.

[94]   Die Kriminalpolitik auf der kommunalen Ebene ist dagegen weit eher bereit, kriminologische Befunde zu akzeptieren und umzusetzen, wie die bisherigen Ausführungen zur Präventionspraxis, insbesondere zur kommunalen Kriminalprävention, gezeigt haben. Auch auf Landesebene findet sich eine vergleichsweise größere Bereitschaft, kriminologische Befunde umzusetzen (s. 3.2.2).

[95]   Anders Becker, die in der Kriminalpolitik ein zunehmendes Interesse an der Evaluation von Gesetzen erkennt. Die Kriminologie könne sich hier als kompetente Ansprechpartnerin präsentieren. Allerdings: „Dabei müssten die Antworten den praktischen Anforderungen der Politik entsprechen, ohne dass Abstriche an wissenschaftlichen Kriterien in Kauf genommen werden sollten. Ein gewisses Problem stellt dabei die Zeit dar, die für seriöse wissenschaftliche Evaluationen zu veranschlagen ist." Auf der Ebene der Gesetzgebung sei es häufig schwierig, empirische Untersuchungen durchzuführen, bevor ein Gesetz erlassen werde. „Das Bewusstsein des Umstandes, dass Gesetze keineswegs immer nur oder vielleicht sogar überhaupt nicht die beabsichtigten Wirkungen haben, wird aber immer öfter durch die Ankündigung einer Evaluation des Gesetzes nach seinem Inkrafttreten zum Ausdruck gebracht" (2012, 207, 210).

maßnahmen ebenso fehlt wie an Erkenntnissen darüber, was die Opfer brauchen und wünschen.[96]

Dabei ist es keineswegs so, dass Kriminalpolitiker die Notwendigkeit nicht sehen, ihre Konzepte und Gesetzgebung auf eine wissenschaftlich fundierte Basis zu stellen und überprüfen zu lassen. So schreiben etwa in ihrem Vorwort zum 2. PSB der damalige Bundesinnenminister Schäuble und die damalige Bundesjustizministerin Zypries:

„Um wirksame Konzepte zur Kriminalitätsbekämpfung entwickeln zu können, braucht die Politik eine verlässliche, in regelmäßigen Abständen aktualisierte Bestandsaufnahme der Kriminalitätslage, die über die bloße Analyse der Kriminalstatistik und der Strafverfolgungsstatistiken hinausgeht. Daher hat die Bundesregierung erstmals 2001 mit dem Ersten Periodischen Sicherheitsbericht (1. PSB) eine Grundlagenarbeit vorgelegt, die der systematischen, breit gefächerten Aufarbeitung und Analyse des vorhandenen Datenmaterials unter kriminologischen, soziologischen, rechtswissenschaftlichen und statistischen Aspekten diente. Dieser 1. PSB war von vornherein als Auftakt einer regelmäßigen Berichterstattung angelegt und zielte auf Überprüfung in angemessenen zeitlichen Abständen, um die staatlichen Reaktionsmuster gegenüber einer sich verändernden Kriminalitätslage passgenau zu halten. Rund fünf Jahre nach Veröffentlichung des Ausgangsberichts legt die Bundesregierung nun mit dem Zweiten Periodischen Sicherheitsbericht (2. PSB) eine aktualisierte Analyse vor."

Bei diesen beiden Berichten ist es allerdings bis heute geblieben – und sie hätten auf die Kriminalpolitik in Deutschland praktisch keinen – jedenfalls sichtbaren –Einfluss gehabt (Hahlen 2012, 122). Um zumindest die Chancen dafür zu verbessern, dass Kriminalpolitik ihre Entscheidungen empirisch-wissenschaftlich fundiert trifft und sie dadurch auch legitimiert, sollte eine regelmäßige Sicherheits-Berichterstattung erfolgen. Entweder auf gesetzlicher Grundlage, wie sie etwa für den einmal in der Legislaturperiode vorzulegenden Kinder- und Jugendbericht gilt oder aufgrund von Beschlüssen des Deutschen Bundestages, wie sie etwa für den Familienbericht, den Altenbericht oder den Armuts- und Reichtumsbericht vorliegen.[97]

3.2

Ebenen der Präventionspolitik

Wie die Präventionspraxis ist auch die Präventionspolitik eine Aufgabe, die auf meh-

---

[96] Siehe dazu die „Bielefelder Erklärung" des 18. Deutschen Präventionstages und die Präventions-News vom 22. März 2014.

[97] „Für die Politik ist in den letzten Jahrzehnten eine Orientierung an empirisch basierten und/oder von Expertenteams abgegebenen Beschreibungen, Analysen und Einschätzungen zu den Lebenslagen ihrer Zielgruppen immer wichtiger geworden. Solche Berichte dienen sowohl einer sachlich-fachlichen Fundierung politischer Entscheidungen als auch ihrer Legitimation. Diese Entwicklung lässt sich sowohl supranational, national und auf der Ebene der Bundesländer und Kommunen beobachten. Das gilt für etliche Politikfelder und eben auch für die Jugendpolitik" (Pluto u.a. 2014, 7).

reren Ebenen wahrgenommen wird: Auf lokaler/kommunaler Ebene, auf Landesebene, auf Bundesebene, auf internationaler/globaler Ebene.

Und gleichfalls ebenso wie bei der Präventionspraxis ist auch auf der Ebene der politisch Verantwortlichen die lokale Ebene die wichtigste: „präventive Kriminalpolitik (sollte) alle Politikfelder erfassen .., die einen Beitrag zur Verhinderung von Straftaten leisten können (dabei ist) die Gestaltung und Stärkung der örtlichen Verhältnisse ganz wesentlich... Die Möglichkeiten und Zuständigkeiten zur Beeinflussung der konkreten Entstehungsfaktoren (von Kriminalität) sind ..überwiegend auf der örtlichen Ebene zu sehen" (PSB 2001, 459 f.)

3.2.1

Präventionspolitik auf lokaler bzw. kommunaler Ebene

Die Bedeutung der Politik für die Kriminalprävention auf kommunaler Ebene wird schon in der bekannten Forderung deutlich: „Kriminalprävention ist Bürgermeisterpflicht".

„Die kommunalen Spitzen in Verwaltung und Politik müssen die Prävention zu ihrer Sache machen, sonst hat die Arbeit keine Chance! ... Im Rahmen des Handlungsauftrags der verschiedenen Akteure ... entstehen verschiedene Schnittstellen mit der Stadt oder Gemeinde, bei denen ein gemeinsames und abgestimmtes Handeln erforderlich und sinnvoll ist. Wenn der Chef/die Chefin der Verwaltung die Arbeit des Präventionsrates nicht unterstützt, ist die notwendige Mitarbeit der Verwaltung naturgemäß sehr viel schwieriger. Dazu kommt, dass sich die ehrenamtlich oder nebenamtlich engagierten Personen sehr viel leichter zur Mitarbeit entschließen, wenn sie die kommunale Spitze hinter sich wissen" (Müller 2004).

Und in der „Werbeschrift" der Landespräventionsräte Mecklenburg-Vorpommern, Niedersachsens und Schleswig-Holsteins „10 GUTE GRÜNDE WARUM und WIE kommunale Präventionsräte eingerichtet werden sollten" heißt es: „Bürgermeister an die Spitze – Der Bürgermeister sollte das Steuer der kommunalen Kriminalprävention fest in der Hand halten. Er sollte selbst die Initiative und den Vorsitz im kommunalen Präventionsrat übernehmen und mit seiner ganzen Autorität sicherstellen, dass auch die Verwaltung mitwirkt ... Die Arbeit eines Präventionsrates an der Verwaltung vorbei oder gar gegen die Verwaltung ist von vornherein zum Scheitern verurteilt."

„Bürgermeister an der Spitze" stehen für den Stellenwert der Kriminalprävention in ihrer Gemeinde, geben den Gremien Ansehen und Legitimität, motivieren dadurch weitere kommunale Einrichtungen und Organisationen zur Mitarbeit und erleichtern es, Vorschläge der kriminalpräventiven Gremien ressortübergreifend in den Fachverwaltungen durchzusetzen (so auch Kober/Kahl 2012, 28).

Der Bestandsaufnahme von Schreiber im Winter 2005/2006 zu den lokalen Präventionsgremien in Deutschland zufolge wirken in mehr als zwei Drittel aller Gremien

(Ober-)Bürgermeister/innen mit. Damit wird in vielen, vor allem kleineren Kommunen die Forderung nach dem „Bürgermeister an der Spitze" erfüllt. Allerdings sei das keine Garantie für eine als erfolgreich bewertete Gremienarbeit: Weder falle die Bewertung der Effektivität des Gremiums besser aus, wenn die (Ober-)Bürgermeister im Gremium engagiert seien, noch scheine ihre Beteiligung einen positiven Einfluss auf die Aktivität der Gremien zu haben. „Die vielfach postulierte Annahme, dass sich die Präsenz der (Ober-)Bürgermeister/innen generell positiv auf die Präventionsarbeit auswirkt, muss folglich differenziert betrachtet werden" (Schreiber 2007, 44).

Angesichts der oben (Kap. 2.2) angesprochenen Probleme bzw. – positiv gewendet – der Vielzahl der Gelingens- und Gestaltungsparameter, die es für die Gremien zu bewältigen gilt, ist es allerdings auch nicht wirklich überraschend, wenn sich der eine, wenn auch wichtige Faktor, „Bürgermeister an der Spitze", als doch nicht so entscheidend herausstellen sollte.[98]

Entscheidend dürfte allerdings sein, welche Unterstützung die kommunalen Gremien durch die jeweilige Landespolitik erhalten.[99] Ein Ausdruck solcher Unterstützung ist die Einrichtung von zentralen Gremien, die in erster Linie der Aufgabe dienen sollen, kriminalpräventive Politikfeldberatung zu betreiben, die kommunale Ebene durch Sachverstand und Expertise in Fragen der Institutionalisierung sowie hinsichtlich ablauforganisatorischer Aspekte und der inhaltlichen Ausrichtung beratend zu unterstützen (Kober/Kahl 2012, 30): Die Einrichtung von Landespräventionsräten und vergleichbaren Gremien.[100]

---

[98] Aus Sicht des Landespräventionsrates Niedersachsen hat sich allerdings für die ca. 200 kommunalen Gremien des Landes die Anbindung an die Verwaltung als besonders effektiv erwiesen.

[99] In einigen Ländern wurden auch gesetzliche Regelungen getroffen, um der kommunalen Kriminalprävention den notwendigen gesetzlichen Rahmen zu geben. So wurde etwa in Hessen im Jahr 2000 der § 1 Abs. 6 des Hessischen Gesetzes über die öffentliche Sicherheit und Ordnung ergänzt. Dort heißt es jetzt in Satz 3 „Die Gefahrenabwehrbehörden und die Polizeibehörden sollen im Rahmen der Gefahrenabwehr gemeinsame Arbeitsgruppen (Kriminalpräventionsräte) bilden; diese sollen auch Personen und Institutionen aus unterschiedlichen Bereichen und Aufgabenfeldern, die zur Kriminalprävention beitragen können, aufnehmen." (www.landespraeventionsrat.hessen.de).

[100] Ausführlich dazu im Kap. 3.2.2
Ziercke führt dazu schon 1997 für die Situation in Schleswig-Holstein aus: „Die Initiative (zur kommunalen Kriminalprävention) mußte überwiegend von zentraler Stelle in den Ländern erfolgen. Nur dadurch konnte dort das Ziel der Etablierung eines landesweiten Netzwerks kommunaler kriminalpräventiver Räte relativ zügig vorangebracht werden. Diese Landesräte waren insofern für die Kommunen Schnittstelle und Steuerungselement zugleich ... Neben der Funktion einer Informationssammel- und Steuerungsstelle bietet eine zentrale Landesstelle zugleich ein Forum für die Bürgermeisterinnen und Bürgermeister, um sich speziell und gezielt über die Kriminalprävention austauschen zu können. Regionalkonferenzen zur Kriminalprävention mit vielen interessierten Bürgermeistern und den beteiligten Institutionen sind ein solches Forum!" (1998, 282)
Siehe dazu beispielsweise auch die „Gemeinsame Rahmenvereinbarung des Innenministeriums Baden-Württemberg mit dem Städte-, Landkreis- und Gemeindetag zur Intensivierung des Informationsaustausches, zur Durchführung gemeinsamer periodischer Analysen der örtlichen Sicherheitslage und zur Koordinierung der Kommunalen Kriminalprävention durch die unteren Verwaltungsbehörden" vom 14.9.2004 (abgedruckt bei Bannenberg u.a. (Hrsg.)(2005), 251-255.

Am Beispiel des Landespräventionsrates Niedersachsen (LPR) wird gezeigt, welche Unterstützungsleistungen von der Landesebene für die kommunale Ebene erbracht werden können.[101]

Der LPR versteht sich als das „niedersächsische Kompetenzzentrum für Kriminalprävention" und sieht in der Stärkung der kommunalen Kriminalprävention seine wichtigste Zielsetzung. Sein Arbeitsbereich „Kommunale Kriminalprävention" koordiniert alle Aktivitäten, die diesem Ziel dienen. Dazu zählen vor allem:

- Inhaltliche Vor- und Nachbereitung von Beratungsprozessen kommunaler Präventionsgremien (auch in Abstimmung mit anderen Arbeitsbereichen des LPR)
- Planung und Organisation von LPR-Veranstaltungen
- Umsetzung der Richtlinie zur Förderung kriminalpräventiver Projekte
- Vorbereitung von Fortbildungsveranstaltungen zu einschlägigen Themen der kommunalen Präventionsarbeit in Zusammenarbeit mit dem Arbeitsbereich Beccaria-Qualitätsinitiative.

Seit 2002 gewährt der LPR im Rahmen seines Förderprogramms (neue Richtlinie seit September 2012) Zuwendungen für kriminalpräventive Projekte auf kommunaler Ebene.[102] Förderschwerpunkt ist seit Dezember 2011 die Verbreitung der Methode „CTC - Communities That Care". Diese Methode hat zum Ziel, Kommunen dabei zu unterstützen, ihre Präventionsaktivitäten im Bereich der sozialen Entwicklung von Kindern und Jugendlichen zielgenauer, wirksamer und im Erfolg überprüfbar zu machen. Die in den USA entwickelte Arbeitsmethode wurde vom LPR im Rahmen des Modellversuchs „SPIN – Sozialräumliche Prävention in Netzwerken" von 2009 bis 2012 positiv auf Übertragbarkeit getestet und steht seit 2013 für niedersächsische Kommunen zur Verfügung.[103]

Der LPR stellt „mittlerweile erhebliche qualitative Veränderungen in der täglichen Arbeit (fest). Bandbreite, Reichweite und Komplexität der Themen sind seit der Entstehung der ersten niedersächsischen Gremien Anfang der 90er Jahre größer und vielfältiger geworden. Hinzu kommt eine zunehmende Akzeptanz und Wahrnehmung der Arbeit kommunaler Präventionsgremien in der Öffentlichkeit."

Positiv ist auch die Beurteilung der Unterstützungsleistungen des LPR durch seine „Kunden", die kommunalen Präventionsgremien. Hier kommt eine Untersuchung mit dem Ziel, Erkenntnisse darüber zu erlangen, auf welche Weise der Landespräventi-

---

[101] Die folgenden Informationen entstammen der Webseite des LPR Niedersachsen: www.lpr.niedersachsen. de.
Derzeit sind 188 kommunale Präventionsgremien Mitglieder im LPR.

[102] Gemäß Förderrichtlinie sind alle Zuwendungsempfänger verpflichtet, die durch den LPR geförderten Maßnahmen durch eine Hochschule oder eine sonstige geeignete Einrichtung evaluieren zu lassen.

[103] Ausführliche Informationen befinden sich auf www.ctc-info.de; siehe dazu auch Groeger-Roth 2012.

onsrat Niedersachsen kommunale Präventionsgremien optimal unterstützen kann, zu diesem Befund: „Die Ergebnisse der Untersuchung bezüglich der Beurteilung des Gesamtangebotes sowie der Rolle des Landespräventionsrates lassen den Schluss zu, dass dieser durch sein Wirken und sein Angebot erheblich zur Stärkung der kommunalen Kriminalprävention beiträgt." Allerdings gebe es selbst bei dem umfangreichen Angebot des Landespräventionsrates Niedersachsen noch „Luft nach oben" (Müller 2010).

Politische Unterstützung könnte das Konzept der kommunalen Kriminalprävention auch durch das Deutsch-Europäische Forum für Urbane Sicherheit e.V. (DEFUS) erhalten, das deutsche Forum im Europäischen Forum für Urbane Sicherheit (EFUS; s. Kap. 3.3.3).

DEFUS wurde am 10. Mai 2010 im Rahmen des 15. Deutschen Präventionstages in Berlin gegründet; derzeit gehören ihm acht Städte[104] sowie der Deutsche Präventionstag und der LPR Niedersachsen an. Ziel von DEFUS ist die Mitwirkung an der Verbesserung der öffentlichen Sicherheit auf den Gebieten der Verbrechensvorbeugung und –bekämpfung, der Verkehrssicherheit – und der Intensivierung der kommunalen Kriminalprävention. Die Mitgliedschaft bei DEFUS bietet Informations- und Erfahrungsaustausch in Sicherheitsfragen, Förderung eines gesellschaftlichen Klimas, das der Kriminalprävention einen hohen Stellenwert einräumt sowie die Vernetzung von Behörden, Körperschaften und Organisationen, zu deren Aufgabe die Verbesserung der öffentlichen Sicherheit gehört (www.defus.org).[105]

Vielleicht wird es mit Hilfe von DEFUS den Gremien der kommunalen Kriminalprävention gelingen, nicht nur die kommunalpräventive Arbeit zu verbessern und zu verstetigen, sondern auch ein eigenständiges und langfristiges Konzept kommunaler Kriminalpolitik zu entwickeln, deutlich zu machen, was ihre Arbeit von den herkömmlichen Projekten und Maßnahmen der sozialen und situativen Prävention unterscheidet (Steffen 2005, 158).

3.2.2
Präventionspolitik auf Landesebene

Wenn Kriminalprävention, um erfolgreich zu sein, in eine „offensive Lebenslagenpo-

---

[104] Augsburg, Düsseldorf, Göttingen, Heidelberg, Leer, Mannheim, München und Stuttgart.

[105] Der eingetragene und als gemeinnützig anerkannte Verein DEFUS hat seinen Sitz und seine Geschäftsstelle in Hannover in Anbindung an die Geschäftsstellen des LPR Niedersachsen und des Deutschen Präventionstages.
Solche interkommunalen Netzwerke sind in Deutschland unterentwickelt. Gerade im Vergleich zu dem hohen Vernetzungsgrad des wichtigen Partners Polizei in Bund und Ländern auf dem Gebiet der Kriminalprävention bestehe auf dem Gebiet der kommunalen Sicherheit Nachholbedarf (Marks/Schairer 2010).
Ein weiteres interkommunales Netzwerk besteht seit 2001 mit dem „Städtenetzwerk für Sicherheit, Toleranz und Gewaltlosigkeit", dem inzwischen 17 deutsche Städte und die Stiftung Deutsches Forum für Kriminalprävention(DFK) angehören (www.kriminalpraevention.de).

litik" eingebettet sein muss (s.o. Kap. 1.1), dann sind die Länder wichtige Handlungsebenen für die Präventionspolitik. Denn „Ländersache", Aktionsfelder der jeweiligen
Landespolitik, sind im föderalen System der Bundesrepublik Deutschland - zumindest
weitgehend – die Bereiche der Inneren Sicherheit (etwa Aufgaben, Organisation und
Befugnisse der Polizei), Strafvollzug, Medien (Presse- und Rundfunkrecht), Bildung
und kulturelle Förderung, öffentliche Gesundheits- und Pflegeinfrastruktur und Verwaltung. Eine wichtige Verantwortung der Länder ist diejenige für ihre Kommunen
(die Länder verabschieden Kommunalverfassungen und helfen finanzschwächeren
Kommunen im Rahmen des kommunalen Finanzausgleichs).[106]

Ein Weg, um die Bedeutung von Kriminalprävention auf der Landesebene deutlich zu
machen, ist die Einrichtung von Landespräventionsräten. Landespräventionsräte, deren Bedeutung für die kommunale Kriminalprävention schon diskutiert wurde, gibt es
inzwischen in fast allen Ländern. Nur Bayern und Hamburg haben bislang keine solche
Gremien eingerichtet; in Thüringen gibt es den Landespräventionsrat nicht mehr, dafür
möglicherweise bald in Baden-Württemberg (hier gibt es derzeit nur mit dem „Projekt-
büro Kommunale Kriminalprävention – KKP" ein ressortübergreifendes Gremium
auf interministerieller Ebene). Ganz überwiegend sind die Landespräventionsräte den
Innenministerien zugeordnet; nur in Hessen gehörte der Landespräventionsrat von
Anfang an, in Niedersachsen und in Nordrhein-Westfalen seit einigen Jahren zum
Justizministerium; in Berlin ist es als „Berliner Kommission gegen Gewalt" mehreren
Senatsressorts zugeordnet, im Saarland dem 2009 eingerichteten „Landesinstitut für
präventives Handeln" (Steffen 2013, 489). Die Landespräventionsräte sind also überwiegend einem Ressort zugeordnet; die Forderung „Prävention ist Chefsache" würde
allerdings die Anbindung an die Regierungen bedeuten.

Landespräventionsräte   sind   Beratungsorgane   der   jeweiligen   Landesregierung,   verzahnen   staatliches   Handeln   mit   zivilgesellschaftlichem   Engagement   und   sind   „Mittler"   zwischen   Politik,   Prävention   und   Wissenschaft. Dazu   wieder   das   Beispiel   des   Landespräventionsrates   Niedersachsen
(www.lpr.niedersachsen.de; Marks 2014).

Der Landespräventionsrat Niedersachsen (LPR), der sich als das niedersächsische
Kompetenzzentrum für Kriminalprävention versteht, verdeutlicht durch Zusammensetzung und Tätigkeit das Verständnis von Kriminalprävention als dem aktiven
Zusammenwirken vieler gesellschaftlicher Kräfte mit dem Ziel, Straftaten vorzubeugen.

Er wurde 1995 per Kabinettsbeschluss der Niedersächsischen Landesregierung gegründet, um die Kommunen bei ihrer Präventionsarbeit zu unterstützen, Fachleute

---

[106] Siehe dazu die von der Bundeszentrale für politische Bildung (bpb) herausgegebene Information zur poli-
       tischen Bildung Nr. 318/2013 „Föderalismus in Deutschland".

in ganz Niedersachsen miteinander zu vernetzen und die Haltung der gesamtgesell-schaftlichen Prävention zu fördern.

Der LPR ist ein eigenständiges Beratungsorgan der Landesregierung mit den gene-rellen Zielsetzungen der Reduzierung des Kriminalitätsaufkommens und der Verbes-serung des subjektiven Sicherheitsgefühls der Bürgerinnen und Bürger in Nieder-sachsen.

Die Geschäftsstelle des LPR gehört seit 2000 zum Niedersächsischen Justizminis-terium. Das hauptamtliche Team entwickelt Konzepte und koordiniert Maßnahmen, die zur Zielerreichung notwendig sind. Dabei stimmt es sich mit dem Vorstand des LPR ab, der die rund 270 Mitglieder des LPR vertritt. Neben den ca. 200 kommuna-len Präventionsgremien gehören zu den Mitgliedern landesweit tätige nichtstaatliche Organisationen, Ministerien, Landesbeauftragte und nachgeordnete Behörden sowie wissenschaftliche Institutionen.

Die Arbeit des LPR umfasst eine Fülle von Aufgaben, Projekten, Kooperationen und Veranstaltungen, die sieben Themenschwerpunkten zugeordnet sind: Kommunale Kriminalprävention, Prävention nach Maß. CTC in Niedersachsen, Gewaltprävention und Opferschutz, Prävention von Rechtsextremismus, Beccaria-Qualitätsinitiative, Kooperationen in Niedersachsen, Nationale und internationale Netzwerke.

Der LPR organisiert Veranstaltungen zum praxisrelevanten Informations- und Erfah-rungsaustausch für das Arbeitsgebiet Kriminalprävention. Hierzu zählen: Der Nieder-sächsische Präventionstag (NPT), die Regionalkonferenzen Kriminalprävention, die Veranstaltungsreihen Konfliktmanagement-Kongress und Verantwortung überneh-men im Norden, die jährliche Fachtagung Betrifft häusliche Gewalt.

Die Dienstleistungen – Service – des LPR für seine Mitglieder umfassen den Rund-brief, Datenbanken , Publikationen, Terminkalender, Präventionslinks, Webseiten des LPR .

Dabei seien die aktuellen Projekte und Arbeitsschwerpunkte des LPR im wesentli-chen pragmatisch gewachsen und beruhten – noch – nicht auf einer politischen Ge-samtstrategie für ein landesweites präventives Handeln, einem ressort-übergreifenden Präventionsplan. Die Kooperation zwischen den zentralen Arbeitsfeldern der Präven-tion – Präventionspolitik, Präventionspraxis, Präventionsforschung – stecke noch in den Kinderschuhen und sei bislang nicht systematisch entwickelt (Marks 2014).

Neben den Landespräventionsräten als den „institutionalisierten Nachweisen" für die Bedeutung, die Kriminalprävention in der Landespolitik hat, gibt es natürlich noch weitere Initiativen und Aktionen der Länder in diesem Bereich. Schließlich ist Kri-minalprävention als Handlungskonzept für die Politik sehr attraktiv: Politik kann mit

Prävention deutlich machen, dass sie nicht nur im Nachhinein auf Probleme reagiert,[107] sondern zukunftsgerichtet und handlungsorientiert agiert (Holthusen/Hoops 2012, 24, 27). Außerdem wird in diesen zumeist Ressorts übergreifend konzipierten Programme die Tendenz zu einer Präventionspolitik deutlich.

Beispielhaft dafür seien zwei Initiativen aus Nordrhein-Westfalen erwähnt: Im Sommer 2008 setzte der Landtag Nord-rhein-Westfalen die Enquetekommission „Prävention" zur „Erarbeitung von Vorschlägen für eine effektive Präventionspolitik in Nordrhein-Westfalen" ein – als Reaktion auf einen Gefangenenmord in der Justizvollzugsanstalt in Siegburg. Der bemerkenswerte Bericht[108] mit den Schwerpunktthemen „Erkennung und Beseitigung von strukturellen Risikofaktoren für Jugenddelinquenz (primäre und sekundäre Prävention)" sowie „optimierte Ausgestaltung von bestehenden und Konzeption von neuen Maßnahmen der Strafe und Erziehung delinquenter Jugendlicher" wurde zur Grundlage für viele Entwicklungen der Landespolitik (Landtag Nordrhein-Westfalen 2010).

So unter anderen für das Projekt „Kurve kriegen" des Ministeriums für Inneres und Kommunales Nordrhein-Westfalens, das seit 2011 in acht Polizeibehörden als Modellprojekt eingerichtet ist und verhindern will, dass gefährdete Kinder und Jugendliche zu Intensivstraftätern werden. Dazu arbeiten pädagogische Fachkräfte von freien Trägern der Kinder- und Jugendhilfe mit der Polizei im Team in Familien. Das Projekt wird durch das Institut für Psychologie der Christian-Albrecht-Universität in Kiel wissenschaftlich begleitet.[109]

3.2.3

Präventionspolitik auf Bundesebene

Im Vergleich zur Entwicklung der Kriminalprävention auf kommunaler und Landesebene hat die Politik auf Bundesebene eher zurückhaltend agiert, vor allem hinsichtlich einer Institutionalisierung der Kriminalprävention in einem Nationalen Gremium. Das entspricht der oben diskutierten „Zurückhaltung" der Kriminalpolitik dabei, bei ihren Entscheidungen – zumindest auch - theoretisch und empirisch fundierte wissenschaftlich-kriminologische Erkenntnisse zu berücksichtigen.

---

[107] Wie es typischerweise im Bereich der Repression der Fall ist, wenn etwa nach Aufsehen erregenden Straftaten gesetzliche Strafrahmen angehoben und/oder prozessuale Regeln verschärft werden (s. oben 3.1).

[108] Bemerkenswert auch hinsichtlich der Einbindung und Berücksichtigung von Praxis und Wissenschaft durch zahlreiche Anhörungen, Expertisen und Expertengespräche.

[109] Siehe dazu den Beitrag von Beckmann/Pohlmann/Unkrig auf dem 17. Deutschen Präventionstag und den von Bornträger/Pohlmann auf dem 18. Deutschen Präventionstag und www.mik.nrw.de/themen-aufgaben/schutz-sicherheit/projekt-kurve-kriegen/grundkonzept.html.
Auch andere Länder haben Programme gegen Jugendkriminalität bzw. –gewalt mit vorrangig präventiver Ausrichtung beschlossen, so etwa Hamburg „Handeln gegen Jugendgewalt" (www.handeln-gegen-jugendgewalt.hamburg.de oder Bremen „Stopp der Jugendgewalt" (www.kriminalpraevention.bremen.de).

Zwar ist Deutschland nicht mehr, wie Ziercke noch 1997 beim 3. Deutschen Präventionstag feststellen musste, „ein Entwicklungsland der Kriminalprävention", aber insbesondere auf der nationalen Ebene auch nicht gerade weit entwickelt, schon gar nicht im Vergleich mit europäischen Nachbarstaaten.

Immerhin wurde im Juni 2001 nach zweijähriger Aufbauarbeit das Deutsche Forum für Kriminalprävention (DFK) als privatrechtliche Stiftung eingerichtet mit dem anspruchsvollen Ziel, als nationale Service- und Informationsstelle für die deutsche, europäische und internationale Zusammenarbeit die Kriminalprävention in allen Aspekten zu fördern.[110]

Ziele und Kernaufgaben des DFK sind:

- Förderung der Kriminalprävention in allen Aspekten, Nutzung der Präventionsmöglichkeiten in größtmöglichem Umfang, Einbindung aller gesellschaftlichen Kräfte durch

- Vernetzung und Kooperation; Verknüpfung staatlicher wie nichtstaatlicher Instanzen und Verantwortungsträger; Kompetenzorientierung

- Bündelung; Förderung von Synergien und Professionen übergreifenden Ansätzen

- Wissenstransfer; Erhebung und Verbreitung von wissenschaftlichen und best-practice Erkenntnissen (nationale wie international)

- Öffentlichkeitsarbeit; Sensibilisierung der breiten Öffentlichkeit und Förderung der Mitwirkungsbereitschaft aller gesellschaftlichen Kräfte.

Stiftungsorgane sind das Kuratorium mit insgesamt 61 Mitgliedern[111] und der Vorstand. Die Geschäftsstelle befindet sich am Stiftungssitz Bonn; das Team der Geschäftsstelle umfasste zum 31. Mai 2013 sieben Personen; fünf davon wurden von Polizeidienststellen der Länder „ausgeliehen". Auch aus personellen Gründen – von der völlig unzureichenden finanziellen Basis ganz zu schweigen - kann das DFK nicht ansatzweise seine „Ziele und Kernaufgaben" abdecken; es konzentriert sich bei seiner Arbeit schwerpunktmäßig auf die Gewaltprävention. Außerdem wird vom DFK die vierteljährlich erscheinende Zeitschrift „forum kriminalprävention" herausgegeben.

---

[110] Siehe dazu auch das Leitbild der Stiftung (www.kriminalpraevention.de).
Das DFK ist auf Grund eines Beschlusses der Innenministerkonferenz (IMK) vom 21. November 1997 eine „Tochter" der Innenressorts mit entsprechend deutlicher personeller Beteiligung der Polizei am Aufbaustab und an der heutigen Geschäftsstelle.

[111] Fünf Bundesressorts, die Bundesländer, Vertreter der Wirtschaft und von Verbänden, der Gewerkschaften, der großen Religionsgemeinschaften, der kommunalen Spitzenverbände.
Die Präsidentschaft im Kuratorium wechselt zwischen den Bundesministerien des Innern und der Justiz; weitere Ressorts sind zwar im Kuratorium vertreten, beteiligen sich aber weder personell noch inhaltlich am DFK. Versäumt worden ist die Anbindung an das Bundeskanzleramt, die den ressortübergreifenden, gesamtgesellschaftlichen Auftrag des DFK zumindest sichtbar(er) gemacht hätte.

In Anbetracht der Bedeutung gesamtgesellschaftlicher Kriminalprävention auf Bundesebene ist es mehr als bedauerlich, dass das von Anfang an „zarte Pflänzchen" DFK in finanzieller wie personeller Hinsicht nicht so recht „gedeihen" will – und nur Dank des Engagements der „im Vordergrund wie Hintergrund Beteiligten" überhaupt arbeitsfähig gehalten geblieben ist (Kerner 2012, 43).[112]

Inzwischen gibt es einen Vorschlag, ein Nationales Zentrum für Kriminalprävention einzurichten, an dem das DFK und auch die Kriminologische Zentralstelle[113] „angemessen zu beteiligen sind". Dieser Vorschlag wurde der AG „Kriminalität und Sicherheit" im „Dialog über Deutschlands Zukunft" gemacht. Er sollte aus Sicht der AG „mit hoher Priorität" verfolgt werden. Das Nationale Zentrum für Kriminalprävention sollte als interdisziplinäres Zentrum empirisch fundiertes Wissen für eine evidenzbasierte Prävention und Kontrolle von Kriminalität erarbeiten und für die Politik handlungsorientiert aufbereiten (Dialog über Deutschlands Zukunft 2011/2012, 92 f.).

Ob dieser Vorschlag realisiert werden wird, ist allerdings mehr als fraglich – auch vor dem Hintergrund der wenigen Aussagen, die im Koalitionsvertrag zwischen CDU, CSU und SPD „Deutschlands Zukunft gestalten" zur Kriminalprävention gemacht werden. Schon der Begriff taucht kaum auf (etwa in Zusammenhang mit der „Extremismusprävention") und auch sonst bleibt es bei wenig konkreten Absichtserklärungen, bei „Gemeinplätzen ohne inhaltliche Anreicherung, bloßen programmatischen Floskeln", die niemandem nützen und schaden (Kreuzer 2013).[114]

Etwa: „Die Kinder- und Jugendhilfe soll auf einer fundierten empirischen Grundlage[115] in einem sorgfältig strukturierten Prozess zu einem inklusiven, effizienten und dauer-

---

[112] Ausführlich zu Einrichtung, Problemen und Chancen des DFK Kerner 2012; außerdem die Zwischenbilanz von Kahl 2011.
    Auch nicht annähernd ist das DFK so ausgestattet und gefördert worden, wie es Ziercke 1997 für das damals schon von Arbeitskreis II der Innenministerkonferenz beschlossene „bundesweite Präventionsgremium" gefordert hat: "Ich bin davon überzeugt, daß wir in Deutschland mit diesem Modell eines bundesweiten Präventionsgremiums ernst machen müssen. Die Bewertung der Sicherheitslage ... zeigt dies deutlich. Vor allem aber dürfen wir uns nicht nur auf den Bereich der kommunalen Kriminalprävention beschränken. Wir müssen auch erkennen, daß überregionale und internationale Kriminalität ihre Wurzeln und Auswirkungen auf kommunaler Ebene haben und es nicht ausreicht, nur auf kommunaler Ebene präventiv anzusetzen, sondern auch die nationalen Präventionsmöglichkeiten in Betracht zu ziehen" (1998, 289).

[113] Die Kriminologische Zentralstelle e.V. (KrimZ) ist die zentrale Forschungs- und Dokumentationseinrichtung des Bundes und der Länder für den Bereich der Strafrechtspflege. Sie arbeitet seit 1986 in Wiesbaden. Die KrimZ veranstaltet regelmäßig Fachtagungen zu aktuellen Themen der Kriminalpolitik, dokumentiert Forschungsergebnisse und führt eigene praxisbezogene Forschungsprojekte durch (www.krimz.de).

[114] Siehe dazu auch die Analyse des Koalitionsvertrages zwischen CDU, CSU und FDP der 17. Legislaturperiode durch Becker unter dem Aspekt der Erwartungen der Kriminalpolitik an die Kriminologie (2013, 207 ff.).s

[115] Immerhin wird bereits in jeder Legislaturperiode von einer Sachverständigenkommission mit dem sehr umfassenden Kinder- und Jugendbericht ein „Bericht über die Lebenssituation junger Menschen und die Leistungen der Kinder- und Jugendhilfe in Deutschland" vorgelegt – empirisch und wissenschaftlich fundierter geht es kaum. 2013 wurde der 14. Kinder- und Jugendbericht als Gesamtbericht erstellt, wie nur in jeder dritten Legislaturperiode üblich; zuletzt wurde ein Gesamtbericht 2002 vorgelegt.

haft tragfähigen und belastbaren Hilfesystem weiterentwickelt werden ... Wir brauchen starke Jugendämter und eine funktionierende Partnerschaft mit der freien Jugendhilfe ... Wir werden ... sozialraumorientierte und präventive Ansätze verfolgen" (S. 99). Oder: „Wir wollen Kinder und Jugendliche sowie Menschen mit Behinderung besser vor Gewalt, insbesondere sexueller Gewalt schützen" (S. 100) ... „Wir begreifen Jugendpolitik als ein zentrales Politikfeld, das vorrangig von Ländern und Kommunen vor Ort gestaltet wird. Um unsere jugendpolitischen Ziele zu verwirklichen, benötigen wir eine starke Allianz für die Jugend mit einer neuen ressortübergreifenden Jugendpolitik, die die Belange aller jungen Menschen im Blick hat" (S. 101) und schließlich, unter der Überschrift „Effektive Strafverfolgung und wirksame Maßnahmen zur Gefahrenabwehr": „Durch ein frühzeitiges gemeinsames Vorgehen der Strafverfolgungsbehörden und der Kinder- und Jugendhilfe wollen wir kriminalitätsgefährdete Kinder und Jugendliche vor einem Abgleiten in kriminelle Karrieren bewahren. Wird ein junger Mensch straffällig, soll die Strafe der Tat auf dem Fuße folgen" (S. 146).

Konkreter – und vielleicht auch folgenreicher - wird es, wenn eine Expertenkommission eingesetzt werden soll, etwa zu dieser Absichtserklärung: „Wir wollen das allgemeine Strafverfahren und das Jugendstrafverfahren unter Wahrung rechtsstaatlicher Grundsätze effektiver und praxistauglicher ausgestalten. Dazu wird eine Expertenkommission bis zur Mitte dieser Wahlperiode Vorschläge erarbeiten" (S. 146).

Wünschenswert wäre gewesen, wenn in Bezug auf die Kinder- und Jugendhilfe Aussagen dazu gemacht worden wären, wie ihre Programme und Maßnahmen angesichts der vielerorts sehr kappen Ressourcen finanziert werden sollen. Denn die „Kinder und Jugendhilfe wird im Gegensatz zu Polizei und Justiz von den Kommunen finanziert, die in manchen Regionen Deutschlands in so großer Finanznot ist, dass Haushaltssicherungskonzepte z.B. in Nordrhein-Westfalen zum Alltag gehören" (Holthusen/ Hoops 2012, 24).

Wünschenswert – gerade vor dem Hintergrund des zum Thema „Nationales Präventionsgremium" oben ausgeführten – wäre auch gewesen, wenn das Deutsche Forum für Kriminalprävention erwähnt worden wäre, das „neben anderen ein geeigneter Partner (wäre), einige Vorhaben zu präzisieren und kooperativ umzusetzen" (Kahl 2013, 2).

3.2.4

Präventionspolitik auf internationaler und globaler Ebene

Für die Gestaltung der Kriminalprävention auf den verschiedenen Handlungsebenen gewinnen internationale und globale Einrichtungen zunehmend an Bedeutung. Zu nennen sind hier insbesondere die Verträge und Institutionen auf europäischer Ebene, aber auch die Vereinten Nationen oder die Weltgesundheitsorganisation.

Das Europäische Netz für Kriminalprävention (www.eucpn.org) [116]

Bereits 1987 spricht das Ministerkomitee des Europarates in einem Abschlussbericht des Sachverständigenausschusses zur Organisation der Verbrechensverhütung für die Mitgliedstaaten die Empfehlung für eine Dreistufigkeit der Kriminalprävention auf lokaler bzw. kommunaler, regionaler und nationaler Ebene aus (Ziercke 1998, 286).

Im Oktober 1999 beschließt der Europäische Rat auf seiner Sitzung in Tampere/Finnland „Strategien und Maßnahmen zur Intensivierung der Kriminalitätsvorbeugung" als Teil der größeren Initiative mit dem Ziel, die EU zu einer „Union der Freiheit, der Sicherheit und des Rechts" auszubauen.

Im Mai 2000 begrüßen die Justiz- und Innenminister der EU in Lissabon die Stärkung der Kriminalprävention in einer gemeinsamen Erklärung. Dabei wird betont, dass diese Stärkung auf europäischer Ebene vor dem Hintergrund nationaler Präventionsprogramme geschehe, da effektive Kriminalprävention notwendig die Einbindung aller gesellschaftlichen Kräfte vor Ort voraussetze (PSB 2001, 472).

In Umsetzung der Beschlüsse von Tampere wird am 28. Mai 2001 das Europäische Netz für Kriminalprävention (European Crime Prevention Network – EUCPN) durch einen EU-Ratsbeschluss gegründet[117] mit dem Ziel, Maßnahmen der Kriminalprävention in allen Mitgliedstaaten zu fördern. EUCPN bietet ein Forum für den Austausch bewährter Praktiken zur Verhinderung von Kriminalität, insbesondere von Alltagskriminalität. Das Netzwerk besteht aus je einem ernannten „Nationalen Vertreter" der EU-Mitgliedstaaten, deren jeweiligen Stellvertretern[118] und weiteren Experten für Kriminalprävention, einschließlich Praktikern und Wissenschaftlern. Diese bilden die sog. Kontaktstellen des Netzwerks. Deutschland wird durch die Bundesministerien des Innern und der Justiz vertreten sowie durch das Deutsche Forum für Kriminalprävention (DFK) als Kontaktstelle.

Das EUCPN gibt einen Newsletter heraus sowie halbjährlich den „European Crime Prevention Monitor", führt Konferenzen durch und lobt jährlich den Europäischen Preis für Kriminalprävention aus (European Crime Prevention Award), der im Rahmen einer „Best Practice Conference" vergeben wird.

EFUS: European Forum for Urban Security (http://efus.eu) [119]

---

[116]   Siehe zur historischen Entwicklung der Kriminalprävention auf europäischer Ebene PSB 2001, 471 f. und EUCPN 2013.

[117]   Am 30. November 2009 wurde der Gründungsbeschluss aufgehoben und durch einen neuen Ratsbeschluss ersetzt.
       Zu den Zielen, Aufgaben und Aktivitäten von EUCPN siehe EUCPN 2013 und Wijckmans 2013; aktuell zur Struktur, den Aktivitäten und Ergebnissen auch Kahl 2014.

[118]   Diese „Nationalen Vertreter und Vertreterinnen" bilden das Direktorium, das von einem Sekretariat unterstützt wird. Der Vorsitz im Direktorium wechselt mit der EU-Präsidentschaft.

[119]   Siehe zum Folgenden Marks/Schairer 2010.

EFUS, das Europäische Forum für Urbane Sicherheit, ist ein Städtenetzwerk von mehr als 300 europäischen Kommunen und Regionen aus 17 Ländern, das 1987 gegründet wurde. Es dient dem Austausch von Erfahrungen und Fachwissen zu allen Fragen urbaner Sicherheit und Kriminalprävention.

Aufgabe und Ziel des Netzwerkes ist es, präventive Aktivitäten und Politiken zu stärken. Außerdem ist es sein Anliegen, die Rolle von Kommunalverwaltungen in diesem Bereich auf nationaler und europäischer Ebene zu fördern. Dazu wird eine enge Zusammenarbeit zwischen Verwaltungen und Präventionsgremien auf lokaler, nationaler, europäischer und internationaler Ebene hergestellt. EFUS arbeitet zu allen wichtigen Fragen von kommunaler Kriminalprävention. Zu den fundamentalen Grundlagen des Forums gehört die Achtung der Menschenrechte in der Umsetzung von Sicherheits- und Präventionspolitiken.

EFUS ist ein eingetragener Verein nach französischem Recht und unterhält Büros in Paris, Brüssel und Budapest. Mitglieder des Forums sind kommunale, regionale und nationale Verwaltungen. Voraussetzung für die Aufnahme als Mitglied ist die Existenz eines lokalen Bündnisses für lokale Sicherheit oder die Absicht, ein solches Gremium einzusetzen. Weitere Mitglieder sind nichtstaatliche Organisationen sowie Universitäten, die in der Kriminalprävention aktiv sind.[120]

UNODC: United Nations Office on Drugs and Crime

Das United Nations Office on Drugs and Crime (UNODC – Büro der Vereinten Nationen für Drogen- und Verbrechensbekämpfung; www.unodc.org) führt weltweit den Kampf gegen den illegalen Drogenhandel und internationale Verbrechen an und ist außerdem für die Umsetzung des Programms der Vereinten Nationen zur Terrorismusbekämpfung verantwortlich. Das UNODC wurde 1997 gegründet und beschäftigt ungefähr 500 Mitarbeiter weltweit. Der Sitz von UNODC ist in Wien und es gibt 20 Außendienstbüros sowie Verbindungsbüros in New York und Brüssel. Zu den Aufgaben von UNODC gehören auch die Bereiche „Kriminalprävention und Strafjustizreform" sowie „Drogenprävention und Gesundheit". Im Rahmen ihrer direkten Zusammenarbeit mit den Regierungen und nichtstaatlichen Organisationen entwickeln und implementieren die Außendienstmitarbeiter Drogenkontroll- und Verbrechensverhütungsprogramme, die auf die besonderen Bedürfnisse der jeweiligen Länder zugeschnitten sind (www.unvienna.org/unov/de/unodc.html).

Das zentrale Richtlinienorgan der UN im Verbrechensbereich ist die Kommission für Verbrechensverhütung und Strafrechtspflege (Commission on Crime Prevention and Criminal Justice – CCPCJ). Sie besteht seit 1991 als Fachkommission des Wirtschafts- und Sozialrats und definiert auch die politischen Vorgaben für die praktische

---

[120] Siehe zu den „Europäischen Visionen zur Zukunft der Prävention" das EFUS-Manifest von Aubervilliers und Saint-Denis (Fontanille 2013).

Arbeit von UNODC im Bereich der Verbrechensbekämpfung. Die Kommission ist
ferner zuständig für Vorbereitung und Nachfolgebeschlüsse der Weltkongresse für
Verbrechensverhütung und Strafrechtspflege. Der 12. UN World Congress on Crime
Prevention and Criminal Justice fand 2010 in Brasilien statt. Der 13. Weltkongress
wird 2015 von Qatar ausgerichtet (www.wie-io.diplo.de).[121]

Die Weltgesundheitsorganisation (World Health Organization –WHO; www.who.int)
ist eine Sonderorganisation der Vereinten Nationen mit Sitz in Genf. Sie wurde 1948
gegründet und zählt knapp 200 Mitglieder. Ihr Ziel ist die Verwirklichung des best-
möglichen Gesundheitsniveaus bei allen Menschen. Definiert wird die Gesundheit in
der Verfassung der WHO als „ein Zustand von vollständigem körperlichem, geistigem
und sozialem Wohlbefindens, der sich nicht nur durch die Abwesenheit von Krankheit
oder Behinderung auszeichnet".

Da Gewalt das Leben von Millionen Menschen in der ganzen Welt zerstört, Gewalt
aber verhindert werden kann, ist auch die Gewaltprävention ein Thema der WHO.
Von ihrer Violence Prevention Alliance (www.preventviolence.info), einem Netzwerk
von WHO Mitgliedstaaten, nichtstaatlichen und kommunalen Organisationen, sowie
privaten, internationalen und zwischenstaatlichen Organisationen, wurden beispielsweise ein Aktionsplan für eine „Globale Kampagne Gewaltprävention 2012 – 2020"
erstellt und entsprechende Materialien dafür erarbeitet.[122]

The International Centre für the Prevention of Crime - ICPC
Das Internationale Zentrum für Kriminalprävention[123] wurde 1994 mit Sitz in Mont-
real/Kanada gegründet.[124] ICPC ist die einzige internationale, nichtstaatliche Organisation, die ausschließlich auf Kriminalprävention und kommunale Sicherheit ausgerichtet ist. ICPC unterstützt nationale wie lokale Regierungen bei der Wahrnehmung
dieser Aufgaben. ICPC gehören internationale Mitglieder an wie Staaten, Regionen
und Städte, UN-Organisationen (etwa UNODC und UN-Habitat) und Nichtregierungsorganisationen. ICPC unterstützt den Wissens- und Erfahrungsaustausch im
Gesamtbereich der internationalen Kriminalprävention, bündelt, analysiert und verbreitet innovative Praktiken zur Kriminalprävention. ICPC bietet technische Unterstützung sowie Schulungen an, um die Praktiker in ihrer Arbeit zu unterstützen; es
organisiert Seminare, Kolloquien sowie Meetings auf nationaler und internationaler

---

[121] Siehe dazu auch Stolpe 2009 sowie die umfassende Analyse „Blue Criminology. The power of United Nations ideas to counter crime globally" von dem mit der UNO verbundenen „European Institute für Crime
Prevention and Control - HEUNI" in Helsinki (Redo 2012).

[122] 2010 erschien „violence prevention. the evidence. Auf dem 15. und auf dem 17. Deutschen Präventionstag
referierte Alexander Butchart von der WHO zu „Ensuring security and fundamental rights in urban set-
tings" bzw. zu „Preventing Violence: an Overview".

[123] Siehe zum Folgenden Marks 2011 und www.crime-prevention-intl.org.

[124] Auf Initiative des französischen Bürgermeisters Gilbert Bonnemaison, der auch das Europäische Forum
für Innere Sicherheit (EFUS) gründete.

Ebene und beteiligt sich an einer Vielzahl von Projekten durch fachliche Expertise oder technische Unterstützung. Alle zwei Jahre gibt das ICPC einen Internationalen Bericht zur Kriminalprävention und kommunalen Sicherheit heraus, zuletzt 2012.[125]

3.3
Zusammenfassung und Folgerungen

Auf kommunaler und auch auf Landesebene ist die Kriminalprävention durchaus ein ausgewiesenes und unterstütztes Ziel der Kriminalpolitik. Allerdings nicht in allen Kommunen und allen Ländern mit gleicher Intensität und Konsequenz. Mancherorts scheint „die Luft auszugehen" und „Luft nach oben" ist wohl überall. Gerade vor dem Hintergrund der insgesamt vergleichsweise günstigen Kriminalitätsentwicklung sollten die kriminalpräventiven Anstrengungen nicht geringer werden, sondern zumindest beibehalten, wenn nicht sogar verstärkt werden. Denn nach allem, was wir über die Wirkungen von Prävention und Repression wissen, ist die Prävention der Repression deutlich überlegen – ganz abgesehen davon, dass keine Straftat auch kein Opfer und keinen Schaden bedeutet.

Auf der kommunalen Ebene hat das Konzept der Kommunalen Kriminalprävention durchaus Perspektiven und sollte (flächendeckend) umgesetzt und weiterentwickelt werden, etwa in Richtung einer kommunalen Sicherheitspolitik, ausgewiesen bspw. in einem „Amt für Kriminalprävention". Das könnte die schon 1997 von Heinz eingeforderte „Grundsatzdiskussion über Ziele, Mittel und Grenzen Kommunaler Kriminalprävention" verwirklichen helfen. Denn „nur wir uns der Grenzen dessen bewusst sind, was Prävention leisten kann, werden wir – innerhalb dieser Grenzen – die Ressourcen sinnvoll und wirksam einsetzen können; nur wenn wir die Erfahrungen – positive wie negative – dokumentieren und der kritischen Bewertung zugänglich machen, werden wir dazulernen und die (bei weitem nicht ausgeschöpften) Möglichkeiten der Prävention besser zur Geltung bringen können" (1998, 30).

Wegen der angespannten Haushaltslage vieler Kommunen ist eine finanzielle Unterstützung dringend geboten, auch damit die anderen Akteure der Kriminalprävention auf kommunaler Ebene, etwa die Kinder- und Jugendhilfe und die (meisten) Schulen, ihre hervorragenden und unentbehrlichen Aufgaben in der Kriminalprävention nicht nur weiterhin wahrnehmen, sondern möglichst noch ausbauen können.

Es ist unbefriedigend, dass die Gremien- und Projektlandschaft so unübersichtlich und wenig transparent ist. Nach zehn Jahren wäre es wieder an der Zeit, die lokalen Präventionsgremien in Deutschland, ihre Zusammensetzung, ihre Tätigkeit etc. zu erfassen. Zur Zeit verfügen nur einige Landespräventionsräte über diese Informationen. Wünschenswert ist der Aufbau einer Gremien- und Projektdatenbank.

---

[125] „The 2012 International Report on Crime Prevention and Community Safety"; die Zusammenfassung dieses Berichtes steht auch auf deutsch zum download zur Verfügung

Auf der Ebene der Länder kommen den Landespräventionsräten wichtige Funktionen zu, insbesondere als Beratungsorgane der Landesregierungen sowie der örtlichen Gremien und Einrichtungen. Landespräventionsräte (oder vergleichbare Gremien) sollten in allen Ländern eingerichtet und organisatorisch, personell wie finanziell angemessen ausgestattet und an die Regierungen angebunden werden. Sinnvoll könnte ihre Ergänzung durch „Ämter für Kriminalprävention" sein.

Erheblicher Handlungsbedarf besteht für die Kriminalprävention auf Bundesebene, auch wenn im föderalen System der Bundesrepublik Deutschland viele kriminalpräventiv relevante Aufgaben in die Zuständigkeiten der Länder fallen. Aber nur wenn der Bund hier tätig wird, besteht die Chance, dass sich auch in der Bundespolitik der Vorrang der Prävention vor der Repression durchsetzt und das Strafrecht nicht immer mehr zu einem „kontrollorientierten Präventionsstrafrecht" ausgeweitet, neue Straftatbestände und härtere Sanktionierungen gefordert werden.

Dringend erforderlich ist die Schaffung eines „Nationalen Zentrums für Kriminalprävention" mit Anbindung an das Bundeskanzleramt, ggf. auch durch den Ausbau der Stiftung Deutsches Forum Kriminalprävention (DFK) zu einem solchen Zentrum und der Integration der Kriminologischen Zentralstelle (KrimZ).[126] Ob und wie auch die Polizeiliche Kriminalprävention der Länder und des Bundes beteiligt werden kann, ist zu prüfen.

Auch wenn die Erfahrungen mit der kriminalpolitischen Wirkung der bisherigen PSB wenig zufriedenstellend waren, ist die Erstellung – wirklich – Periodischer Sicherheitsberichte auf der Grundlage einer gesetzlichen Regelung oder eines Beschlusses des Deutschen Bundestages[127] dringend erforderlich. Diese Berichte sollten regelmäßig, etwa in jeder Legislaturperiode, von einem interdisziplinär zusammengesetzten wissenschaftlichen Gremium erstellt werden.

Zu diskutieren wäre, ob durch ein Präventionsgesetz die primäre Aufgabe der Kriminalprävention in ihren rechtsstaatlichen Grenzen festgeschrieben, eindeutige Verantwortlichkeiten hergestellt, die Vielzahl der staatlichen und nichtstaatlichen Einrichtungen in die Pflicht genommen und zur Zusammenarbeit im Sinne einer effektiven Kriminalprävention verpflichtet werden sollten.

Für alle Ebenen ist zu prüfen, ob der Vorschlag Wallers, 5% der aktuellen Ausgaben für die Reaktion auf Kriminalität – Polizei, Justiz und Strafvollzug – in effektive Kri-

---

[126] Vorbild für Organisation, Zuständigkeit und Ausstattung könnte die Bundeszentrale für gesundheitliche Aufklärung (BZgA) sein, eine obere Bundesbehörde im Geschäftsbereich des Bundesministeriums für Gesundheit (www.bzga.de).

[127] Als Drucksachen des Deutschen Bundestages bestehen für solche Periodischen Sicherheitsberichte zumindest die Chance, dass sie im Parlament debattiert und von den Medien zur Kenntnis genommen werden (Hahlen 2012, 120).
Wie Politikberatung gelingen kann, zeigt seit mehr als 50 Jahren das Deutsche Jugendinstitut (DJI), eines der größten deutschen sozialwissenschaftlichen Institute für Forschung zu Kindern, Jugendlichen und Familien an der Schnittstelle zwischen Wissenschaft, Politik und Praxis (s. dazu auch Mielenz 2013)."

minalprävention zu investieren (weitere 3% in Dienste und Rechte für die Opfer von Straftaten) realisiert werden kann – denn Inves-titionen in bewährte Präventionsmaß-nahmen zahlen sich in Form einer geringeren Anzahl von Straftaten und geringerer Kosten für den Steuerzahler aus (Waller 2013).

4

Präventionswissenschaft

Kriminalprävention sollte evidenzbasiert erfolgen, also auf der Grundlage theoretischer wie empirischer wissenschaftlicher Erkenntnisse (s.o. Kap. 1.2). Präventionspraxis und Präventionspolitik brauchen also Wissenschaft und Forschung.

Für die Präventionspraxis kann vor dem Hintergrund der bisherigen Ausführungen festgestellt werden werden: „Die Bedeutung einer wissenschaftlich-empirischen Erdung von Projekten und Programmen der (Kriminal-)Prävention hat in den vergangenen zwei Jahrzehnten kontinuierlich an Bedeutung gewonnen" (Marks 2013, 140).[128]

Für die Präventionspolitik als Teil der Kriminalpolitik wurde dagegen die „Taubheit der offiziellen Kriminalpolitik für empirische Befunde" beklagt – zumindest was die bundespolitischen Zuständigkeiten angeht, auf kommunaler und Länderebene finden sich eher „offene Ohren".

Damit stellt sich die Frage, ob Wissenschaft und Forschung das erforderliche empirische Wissen erarbeitet haben und politik- und praxis"gerecht" zur Verfügung stellen können. Das bereits zitierte „Freiburger Memorandum" stellt dazu fest, dass das theorie- und empiriefundierte Wissen zur Kriminalität, zum Verbrechen, zum Täter und Opfer sowie zu den verschiedenen staatlichen und nichtstaatlichen, formellen und informellen Reaktions- und Präventionsformen von der Kriminologie als der dafür relevanten interdisziplinären Bezugswissenschaft längst erarbeitet und der Kriminal-, Sozial- und Kommunalpolitik zur Verfügung gestellt worden sei.

4.1

Zur Lage der Kriminologie in Deutschland

Die Konferenz „Zur Lage der Kriminologie in Deutschland", die im Juni 2012 am Max-Planck-Institut für ausländisches und internationales Strafrecht in Freiburg durchgeführt wurde und aus der auch das „Freiburger Memorandum" hervorging, kommt zu einem ernüchternden Befund: Deutschland verfüge über eine theoretisch wie empirisch hoch

---

[128] Siehe dazu etwa Koop, der für den Strafvollzug „zu wenig konkrete universitäre Forschung" beklagt –mit der Folge, dass der Strafvollzug eigene kriminologische Dienste aufgebaut habe, um dem Bedarf nach gesicherten Erkenntnissen etwa zur Wirksamkeit oder Unwirksamkeit von Behandlungsmaßnahmen nachzukommen (2013, 202 f.).
Skeptischer sind Holthusen/Hoops für die Kriminalprävention in der Kinder- und Jugendhilfe. Hier sei das Thema Evaluation seit Jahren vielfach formulierte Forderung, der bislang jedoch nur selten entsprochen werde. Problematisch seien für die Evaluationsforschung vor allem die oft wenig formalisierten pädagogischen Praxissettings der Jugendhilfe (2012, 27).

entwickelte kriminologische Wissenschaft, die aber durch „strukturelle Auszehrung" ernsthaft bedroht sei. Die Kriminologie werde durch eine allmähliche, fast flächende-ckende, nirgends auf einer politischen Entscheidung basierenden Rückführung ihrer personellen und materiellen Ressourcen langsam zum Erliegen gebracht. Keineswegs werde ihre wissenschaftliche Reputation bezweifelt, noch würden ihre Forschungser-gebnisse geschmäht oder ihre internationalen Erfolge geleugnet. Der Abbau sei schlei-chend, als würde man eine Wissenschaft auslaufen lassen (wollen).[129]

Albrecht (2013, 73 ff.) kommt zu diesen Feststellungen: Während sich die Krimino-logie in Nordamerika als eine unabhängige Sozialwissenschaft etabliert habe,[130] sei die deutsche Kriminologie fast ausschließlich an die Juristischen Fakultäten ange-bunden – „das Schicksal der deutschen Kriminologie ist das einer immer noch an-dauernden Anbindung an das Strafrecht" (Sessar 2011) -, aber auch hier sei es zu einem Bedeutungsverlust gekommen. So würden etwa von den von der Deutschen Forschungsgemeinschaft (DFG) geförderten Projekten mit kriminologisch relevanten Fragestellungen nur etwa 8% durch die an der Universität angesiedelte Kriminolo-gie durchgeführt, alle anderen dagegen von anderen Disziplinen wie den allgemeinen Sozialwissenschaften, den Geschichtswissenschaften, der forensischen Psychiatrie/ Psychologie, Politikwissenschaften, Ethnologie, Ökonomie u.a.. Kriminologische Forschungen finden also zu einem großen Teil außerhalb der Kriminologie der Juris-tischen Fakultäten statt und „streuen erheblich über verschiedene wissenschaftliche Disziplinen, womit auch angezeigt wird, dass kriminologische Fragestellungen ein breites wissenschaftliches Interesse finden."

Nicht nur an den juristischen Fakultäten werde die Kriminologie „abgebaut", sondern auch an psychologischen und soziologischen Instituten deutscher Universitäten, wo sie „schon immer eher randständig vertreten" gewesen wäre: Fast alle kriminologisch aktiven Soziologen seien nach Emeritierung nicht mehr durch eine spezifische kri-minologische Forschungsrichtung repräsentierende Nachfolger ersetzt worden und „Bindestrichsoziologien" wie „Soziale Kontrolle" oder „Soziologie der Abweichung" seien „mit wenigen Ausnahmen an soziologischen Instituten nicht mehr sichtbar" (so auch Reuband 2013, 140).[131] In der Ausbildung von Polizei, Strafvollzug und Sozial-arbeit an Fachhochschulen bzw. der Deutschen Hochschule der Polizei sei die Krimi-nologie dagegen regelmäßig repräsentiert.

---

[129] Aus dem Vorwort von Klaus Sessar zu Albrecht u.a. 2013.
        Bei einem Bestand von 40 Juristischen Fakultäten sei an 11, also einem Viertel, die Kriminologie über-
        haupt nicht mehr vorhanden. 6 Lehrstühle seien ausschließlich für Kriminologie ausgewiesen, 22 Lehr-
        stühle neben dem Strafrecht und weiteren strafrechtlichen Gebieten auch für Kriminologie.

[130] Siehe dazu auch Schneider 2010, 475.

[131] Auch Boers/Seddig kommen auf der Basis einer Mitte 2012 unter juristisch sowie sozial- und verhaltens-
        wissenschaftlichen Fakultäten und Instituten durchgeführten Erhebung zum Ergebnis, dass „nur zum Teil
        von der institutionellen Verankerung einer modernen Kriminologie an deutschen Universitäten ausgegan-
        gen werden" könne (2013, 124).

Fazit: „Mit dem Rückzug in oder der Beschränkung auf das Strafrecht kommt es auch zu einer inhaltlichen, insbesondere aber theoretischen Bedeutungsverringerung, die darin sichtbar wird, dass die universitäre Kriminologie an verschiedenen Forschungsentwicklungen und neuen Fragestellungen kaum mehr teilnimmt. Neue Forschungsfelder, die einst eine zentrale Rolle der Kriminologie begründet hätten, sind nunmehr bereits weitgehend durch andere Disziplinen besetzt ... Besonders deutlich wird das Fehlen der Kriminologie bei Fragestellungen der Sicherheit und der Sicherheitsforschung" (Albrecht 2013, 77 f.).

Vor dem Hintergrund von „Sicherheit als einer der zentralen gesellschaftlichen Herausforderungen unserer Zeit" um die herum sich „neue Themenkomplexe, etwa das Forschungsfeld ‚Sicherheit – Risiko –Prävention'" bildeten, fordert auch Sessar (2011) eine Weiterentwicklung und Öffnung der Kriminologie: „Vielfach gilt die wissenschaftliche Beobachtung des Strafrechts und der Kriminalpolitik als genuine, d.h. von anderen Sozialwissenschaften nicht übernehmbare Aufgabe der Kriminologie; hinzu käme nunmehr die Beobachtung der Sicherheitspolitik und Präventionspolitik, soweit sie mit Kriminalität und der Angst davor zusammenhängen ... Eine Öffnung der Kriminologie würde auch bedeuten, sich verstärkt mit anderen Wissenschaftszweigen zu verbinden, um komplexere Forschungsthemen anzugehen und sich dadurch an gesellschaftstheoretischen Diskursen zu beteiligen".

Da die Kriminologie eine sozial- und verhaltenswissenschaftliche und dabei vor allem empirische Disziplin sei, fordern auch Boers/Seddig eine „deutlich stärkere Institutionalisierung der kriminologischen Forschung und Lehre an sozial- und verhaltenswissenschaftlichen Universitätseinrichtungen." Diese Stärkung der Kriminologie müsse „zu einer gleichrangigen, im Kern professoralen Kooperation führen, in die alle Disziplinen ihre jeweiligen Kompetenzen einbringen ... Es gibt in Deutschland für eine solche interdisziplinäre Zusammenarbeit langjährige herausragende Beispiele[132] wie auch ein aktuelles Interesse von renommierten Soziologen und Psychologen an originären kriminologischen Forschungsfragen" (2013, 124 f.).

Als „Startschuss für eine ganz neue Kultur der Kriminalprävention" wurde die 2012 unter der Trägerschaft der Stiftung Deutsches Forum für Kriminalprävention und mit Befürwortung des Deutschen Bundestages an der Universität Tübingen eingerichtete Stiftungsprofessur „Kriminalprävention und Risikomanagement" bezeichnet, die zum 1. Oktober 2013 von Rita Haverkamp übernommen wurde.[133] Von diesem in dieser

---

[132] Etwa das Institut für Konflikt- und Gewaltforschung der Universität Bielefeld; das Max-Planck-Institut für ausländisches und internationales Strafrecht in Freiburg oder das Kriminologische Forschungsinstitut Niedersachsen. Die Festschrift zum 70. Geburtstag seines langjährigen Direktors Christian Pfeiffer hat übrigens den Titel „Kriminologie ist Gesellschaftswissenschaft"!

[133] Den Anstoß für diese Stiftungsprofessur gab der Amoklauf von Winnenden, nach dem sich die Politik bundesweit und in Baden-Württemberg dafür aussprach, mehr Gelder in die Forschung zur strategischen Kriminalprävention in Deutschland zu investieren.

Form einmaligen Lehrstuhl in Deutschland wird erwartet, nachhaltige Methoden zur besseren Kriminalitätsbekämpfung weiter zu entwickeln und wirksame Strategien zur Verhütung von Gewalt und Kriminalität zu schaffen. Der Lehrstuhl ist allerdings nur bis 2017 finanziert und befindet sich wieder an einer Juristischen Fakultät.[134]

4.2

Anwendungsorientierte kriminologische Forschung: Chancen und Risiken[135]

Kriminologie als eine sozial- und verhaltenswissenschaftliche und dabei vor allem empirische Disziplin betreibt nicht nur wissenschaftlich autonome Grundlagenforschung - es „kann nicht nachdrücklich genug betont werden, dass Wissenschaft zunächst einmal für ihr Blühen und Gedeihen an und in sich eines selbstbestimmten Freiraums bedarf" (Kerner 2013, 183) – sondern auch anwendungsorientierte Forschung, gerade in dem hier diskutierten Zusammenhang der Politik- und Praxisberatung sowie der Praxisforschung. Das ist jedoch innerhalb der Wissenschaft wegen der möglichen Gefahr eines Autonomieverlustes für die Kriminologie bzw. die kriminologische Forschung nicht unumstritten.

So sieht Kunz die Kriminologie „in ihrem herkömmlichen ‚modernen' Zuschnitt im Kräftefeld zwischen wissenschaftlicher Autonomie und Praxisnutzen gefangen: Sie ist Wissenschaft der Kriminalitätsursachenergründung im Dienste der staatlichen Kriminalitätskontrolle. Die Anwendungsfelder, welche sie sich erschließt, und die Erkenntnisinteressen, welchen sie folgt, sind mithin durch die staatliche Kriminalpolitik geprägt" (2011, § 23 Rn 1).

„Der Eindruck bildet sich, die Kriminologie sei weitgehend eine Art Think tank für die staatlich geförderte Entwicklung kriminalpolitischer Ideen und Konzepte.[136] So fruchtbar dies ist und so sehr dies zur gesellschaftlichen und politischen Bedeutsamkeit des Fachs beiträgt, so groß ist andererseits die Gefahr, dass damit der Eigensinn der Kriminologie als Wissenschaft, der sich gegen zumeist von der Tagespolitik diktierte Verwertungsinteressen auflehnen und in diesem Sinne Autonomie beanspruchen muss, verloren geht" (Kunz 2011, § 23 Rn 3). [137]

Kerner (2013, 194 ff.) schließt bei seinem „Plädoyer für eine vielfältige kriminolo-

[134] www.uni-tuebingen.de; Newsletter Uni Tübingen aktuell Nr. 1/2013 und 4/2013.

[135] So der Titel eines Aufsatzes von Kerner 2013.

[136] Vor dem Hintergrund der von Kunz beklagten „Taubheit" der Kriminalpolitik für kriminologische Erkenntnisse (s.o.) ist diese Aussage zumindest zu hinterfragen.

[137] Maier (zitiert nach Schöch 2013, 211) weist auf die Möglichkeit hin, dass von den kriminalpolitischen ‚Abnehmern' auf die methodische Durchführung der Datenerhebung oder die Interpretation der Ergebnisse Einfluss genommen werde. Das ist ein Vorwurf, mit dem die sog. „Staatskriminologen" häufig konfrontiert wurden (s. dazu auch Mischkowitz 2013 und Schwind/Steinhilper 2014, 593 f.).
Für Kunz ist die anwendungsorientierte Kriminologie nach wie vor „instanzendienlich auf affirmative Stützung des Kriminaljustizsystems ausgerichtet. Potenziell instanzenkritische Themen wie Polizeigewalt werden von der etablierten Forschung eher gemieden" (2013 b, 106).

gische Wissenschaft mit Grundlagenorientierung und Anwendungsorientierung" diese prinzipiell mögliche Gefahr des Autonomieverlustes selbst für die formell freie Universitätsforschung und für die Grundlagenforschung nicht ganz aus, allerdings steige die Gefahr mit wachsender Praxisorientierung im Bereich der angewandten Kriminologie. Gefahren für die Autonomie einer unabhängigen Forschung wären im Übrigen bevorzugt auf der Ebene der Forschungsförderung zu suchen und ggf. zu thematisieren. In der Kriminologie spiele es „im Vergleich zu anderen Wissenschaften keine fundamental unterschiedliche, wohl aber wegen der spezifischen Aufgaben und Strukturen ggf. schon verstärkende Rolle, dass das Feld von ‚Kriminalität und Kriminalitätskontrolle' von besonders der Ordnung und Sicherheit sowie der Aufrechterhaltung der staatlichen Rechtsordnung verpflichteten Instanzen und deren entsprechend sozialisierten Ausbildung geprägt werden ... In jedem Falle sollte man sich von der Idee verabschieden, im Konzert der Wirkkräfte, Interessen und Zwänge stets in einem substantiellen Sinn und dann gar an erster Position „gehört" zu werden, oder dass sich das Gehörtwerden alsbald in Aktionen umsetzt, die der eigenen Position entsprechen."[138]

Zusammenfassend stellt Schöch für die Diskussion des „Anwendungsbezuges kriminologischer Forschung" fest, dass die angewandte Kriminologie neben der Grundlagenforschung, die auch in Deutschland intensiv gepflegt werde, als breites und legitimes Arbeitsfeld der kriminologischen Forschung anerkannt sei (2013, 210).

Die „erhebliche Rolle" (Schöch 2013, 217) der angewandten Kriminologie und ihrer Bezugswissenschaften werde beispielsweise in den Dokumentationen (Tagungsbänden) der alle zwei Jahre stattfindenden Tagungen der Kriminologischen Gesellschaft, der wissenschaftlichen Vereinigung deutscher, österreichischer und schweizerischer Kriminologinnen und Kriminologen, deutlich.[139] Schöch kommt bei der Auswertung von fünf Tagungsbänden (erschienen zwischen 2004 und 2013) zu einem Ergebnis, das „die Bedeutung der angewandten Kriminologie erkennen" lässt: Von den insgesamt 195 Vorträgen betreffen nach seiner Einschätzung 79 anwendungsorientierte

---

[138] Kerner weist in diesem Zusammenhang auch auf die Kritik -„Gegenwind" - hin, die beispielsweise von Wissenschaftlern an den Wissenschaftlern – Kriminologen – geübt wurde, die bei der Gewaltkommission oder an den beiden Periodischen Sicherheitsberichten der Bundesregierung mitgewirkt hätten. Eine breite fachöffentliche Diskussion habe sich aber auch hier nicht entwickelt (2013, 197 f.).

[139] „Die zentrale Aufgabe der Kriminologischen Gesellschaft (KrimG) ist es
• Die erfahrungswissenschaftliche Erforschung der Kriminalität, des Straftäters und des Verbrechensopfers sowie der staatlichen und gesellschaftlichen Reaktionen zu fördern (§ 2 der Satzung)
• und die Erkenntnisse der Praxis, insbesondere in den Bereichen Sozialarbeit, Polizei und Justiz, aber auch der Öffentlichkeit zugänglich zu machen
• und so einen Beitrag zur Kriminalprävention zu leisten ...
Die Tagungen dienen dem Bestreben, die für den einzelnen, insbesondere den Praktiker, kaum mehr überschaubaren Ergebnisse der interdisziplinär und international arbeitenden Kriminologie zu jeweils aktuellen Themen zu bündeln und dadurch zu einer breiten Fachdiskussion anzuregen" (www.krimg.de). Die letzte, 13. Wissenschaftliche Fachtagung der KrimG, fand im September 2013 zum Thema „Risiken der Sicherheitsgesellschaft. Sicherheit, Risiko und Kriminalpolitik" statt.

empirisch-kriminologische Untersuchungen, etwa zur Kriminalprävention und –prognose, zur Behandlungs- und Therapieforschung, zur Evaluation oder zu Opferwerdung und Opferschutz (2013, 218 ff.).

4.3

Präventionswissenschaft und Präventionspraxis

Die „anwendungsorientierte Kriminologie" steht also mit ihren Bezugsdisziplinen „bereit", um die Praxis bei der Umsetzung der Forderung nach einer evidenzbasierten Kriminalprävention zu unterstützen. Der Praxis somit einerseits die nötigen theoretischen wie empirischen wissenschaftlichen Erkenntnisse zur Verfügung zu stellen und zum andern die Planung, Durchführung und Wirkung der Präventionsmaßnahmen und –programme (Implementation und Evaluation) wissenschaftlich zu begleiten und zu überprüfen.[140]

Und die Bereitschaft der Praxis, bei der Planung von Projekten, ihrer Implementation und ihrer Evaluation auf wissenschaftliche Erkenntnisse und Unterstützung zurückzugreifen, hat im Vergleich zur den 1990er Anfangsjahren ganz eindeutig zugenommen. Das wiederum hat auch damit zu tun, dass die Wissenschaft entsprechende „Dienstleistungen", zunehmend systematische Formen der Unterstützung für die Präventionspraxis erbracht hat.

4.3.1

Dokumentation und Datenbanken

Ziemlich am Anfang standen dabei die Dokumentation kriminalpräventiver Maßnahmen und Projekte und der Aufbau von Datenbanken, etwa der Informationssammlung zu nationalen und internationalen Präventionsakteuren, -aktivitäten, -projekten und –modellen, des Infopools Prävention beim Bundeskriminalamt (PSB 2001, 467) oder von PrävIS, des Informationssystems der Prävention.[141] Die Kriminologische Zentralstelle (KrimZ) befasst sich seit Beginn ihrer Tätigkeit 1986 mit der computergestützten Literaturdokumentation KrimLit, die aber nur einem eingeschränkten Benutzerkreis zur Verfügung steht. Frei im Netz verfügbar ist dagegen KrimDok,

---

[140]   Der Erste Periodische Sicherheitsbericht musste noch feststellen: „Ein besonderes Defizit ist der in Deutschland bislang absolut unzureichende Einsatz von Forschungskapazitäten zur Prozessevaluation und sodann zur Wirkungsevaluation der verschiedensten präventiven Ansätze und Initiativen" (PSB 2001, 470).
Und auch der Zweite Periodische Sicherheitsbericht beklagte dieses Defizit: „Die genaue Analyse der Folgen von Präventionsmaßnahmen durch Begleitforschung ist .. unverzichtbar, um zu klären, in welchem Maße die angestrebten Wirkungen erreicht werden bzw. welche unerwünschten anderen Effekte auftreten. Solche Evaluationsforschung wird jedoch in Deutschland bislang kaum durchgeführt" (PSB 2006, 668).

[141]   Mit dem Aufbau dieses Infopools wurde 1995 begonnen; er wurde ständig erweitert, umfasste zuletzt auch die Verkehrssicherheitsarbeit, wurde dann aber – nach einer vollständigen Überarbeitung und Erweiterung – im Juni 2013 vom Netz genommen. Er stieß auf zu wenig Akzeptanz und Resonanz.
Auch PrävIS, das unter der Federführung des Deutschen Forums für Kriminalprävention zusammen mit Präventionsgremien und Landeskriminalämtern entwickelt worden war, um in Zusammenhang mit der Gewalt- und Kriminalitätsprävention Auskunft über entsprechende Institutionen, Projekte, Gremien, Arbeitsgruppen etc. zu geben, wurde inzwischen eingestellt.

eine Fachbibliografie für die Kriminologie der Universität Tübingen; im Rahmen des Fachinformationsdienstes Kriminologie soll KrimDok umfassend ausgebaut und auf eine komfortable Suchmaschinentechnologie umgestellt werden.

An bundesweiten Datenbanken sind zu nennen:[142]

- „DPT-Map", die Suchmaschine des Deutschen Präventionstages. Hier kann gezielt nach Projekten, Maßnahmen, Institutionen und Personen aus dem Arbeitsfeld der Kriminalprävention recherchiert werden.

- „Prävention im Überblick" (PRÄVÜ), wird auf der Internetseite des Deutschen Forums für Kriminalprävention bereitgestellt und bündelt Informationen zur deutschen Präventionslandschaft.

- Datenbanken des Deutschen Jugendinstitutes (DJI), etwa „EXE-Projekt: Strategien und Konzepte externer Evaluation in der Kinder- und Jugendhilfe";

- „PrevNet – Netzwerk zu Sucht und Gesundheit".

- „Präventionsnetz gegen Rechtsextremismus".

Dazu kommen noch Datenbanken auf der Ebene einiger Länder zu den Gremien kommunaler Kriminalprävention, wie der „Präventionsatlas Nordrhein-Westfalen" und der „Präventionsatlas Hessen" oder die landesweite Projekt-Datenbank NIMAP in Niedersachsen.

4.3.2

Qualitätssicherung, Implementation und Evaluation

Für den Bereich der Planung, der Durchführung und der Bewertung kriminalpräventiver Programme und Projekte ist 2003 „für Polizeibeamtinnen und Polizeibeamte ... die Präventionsprojekte planen oder durchführen" eine „Arbeitshilfe für die Evaluation" erstellt worden (herausgegeben von der Polizeilichen Kriminalprävention der Länder und des Bundes). 2009 wurde sie als „Arbeitshilfe für Planung, Durchführung und Bewertung von Projekten" gründlich überarbeitet neu aufgelegt und wendet sich jetzt umfassender an „Verantwortliche und Planer im Bereich der Kriminalitätsbekämpfung und Verkehrssicherheitsarbeit. Angesprochen sind damit nicht nur Fachleute der Polizei, sondern auch anderer Einrichtungen, die in diesem Aufgabenbereich tätig sind."

---

[142] Quelle: www.lpr.niedersachsen.de.
Englischsprachige Informationen zu den Fragen „What helps", „What harms", „Based on what evidence" bietet beispielsweise die Campbell Collaboration, die 1999 als internationales Netzwerk von Sozialwissenschaftlern gegründet wurde mit dem Ziel, durch systematische Untersuchungen und Metaanalysen den Nachweis für die Wirkung sozialer Interventionen zu erbringen und Best Practice Projekte zu finden. Die inhaltlichen Schwerpunkte der Campbell Collaboration liegen in den Bereichen Erziehung, Kriminalität, Justizwesen und Wohlfahrtspflege. Darüber hinaus widmet sie sich verstärkt Methodenfragen (www.campbellcollaboration.org).
Unter den Office of Justice Programs des National Institute of Justice (USA) findet sich crimesolution.gov. Dieses Programm bietet Informationen zur „review-rated" Forschung zur Effektivität von Programmen und Praktiken (www.crimesolutions.gov).

Von vornherein an alle „Entwickler, Akteure und andere Verantwortungsträger in der Kriminalprävention" wenden sich die 2005 vom LPR Niedersachsen im Rahmen seiner „Beccaria-Qualitätsinitiative" herausgegebenen „Beccaria-Standards zur Qualitätssicherung kriminalpräventiver Projekte".[143] Die Beccaria-Standards umfassen Maßgaben und Anforderungen an die Qualität der Planung, Durchführung und Bewertung kriminalpräventiver Programme und Projekte. Sie beziehen sich dabei auf folgende sieben Hauptarbeitsschritte eines Projekts:

1. Problembeschreibung

2. Analyse der Entstehungsbedingungen des Problems

3. Festlegung der Präventionsziele, Projektziele und Zielgruppen

4. Festlegung der Maßnahmen für die Zielerreichung

5. Projektkonzeption und Projektdurchführung

6. Überprüfung von Umsetzung und Zielerreichung des Projekts (Evaluation)

7. Schlussfolgerungen und Dokumentation

Welche Fortschritte in Bezug auf die Qualität von Präventionsprojekten und insbesondere hinsichtlich ihrer Evaluation gemacht worden sind,[144] zeigt die „Grüne Liste Prävention – CTC-Datenbank empfohlener Präventionsprogramme", die wiederum vom LPR Niedersachsen im Rahmen des CTC-Modellprojekts entwickelt worden ist (s.o.). Diese deutschlandweit einmalige Online-Datenbank über evaluierte Präventionsprogramme ist allgemein zugänglich. Nach der Güte der Wirkungsüberprüfung und der Konzeptqualität bietet die Datenbank auf der Basis nachvollziehbarer Kriterien einen Überblick über empfehlenswerte Präventionsansätze in den Bereichen Familie, Schule, Kinder/Jugendliche und Nachbarschaft (www.gruene-liste.de; Groeger-Roth/Hasenpusch 2011).[145] Da die „Grüne Liste Prävention" über CTC hinaus eine starke Nachfrage aus der Praxis gefunden hat, ist ihre Erweiterung um zusätzliche Präventionsbereiche und eine Erweiterung des Bewertungssystems um Aspekte der Implementationsqualität von Programmen geplant (Marks 2014).[146]

---

[143]   Denn: „Qualitätskriterien zur Planung, Durchführung und Bewertung von kriminalpräventiven Projekten sind bislang kaum vorhanden. Der fachliche Austausch zu diesem Themenkomplex befindet sich national wie europaweit ebenfalls noch in den Anfängen" (www.beccaria-standdards.net).

[144]   Wenn auch in der „Grünen Liste" darauf hingewiesen wird, dass im internationalen Vergleich in Deutschland nur wenige hochwertige Evaluationsstudien vorliegen, die zeigen, welche Programme wirklich wirksam sind.
        Und auch diese Warnung von Heinz nicht unberechtigt ist: „Kriminalpräventive Projekte sollten sich .. nicht in die Falle begeben, ihre Berechtigung von dem empirisch belegbaren Nachweis ihrer Wirkung abhängig zu machen; das Strafrecht macht es auch nicht" (1998, 54).

[145]   Vor dem Hintergrund von „nicht empfehlenswerten" Ansätzen wird inzwischen überlegt, ob nicht auch eine „Rote Liste Prävention" angeboten werden sollte (Bühler/Groeger-Roth 2013).

[146]   Vom Sachverständigenrat der Stiftung Deutsches Forum für Kriminalprävention wurde ein „Qualitätskriterienkatalog für die Auswahl und Durchführung wirksamer Programme" in Zusammenhang mit dem Leitfaden „Entwicklungsförderung und Gewaltprävention für junge Menschen" erarbeitet (Stand: 16.04.2013 – „work in progress"). Er soll dazu dienen, die Qualität von Präventions- und Interventions-

Inzwischen ist es fast schon selbstverständlich, dass kriminalpräventive Projekte mit wissenschaftlicher Unterstützung geplant, durchgeführt und bewertet werden. Denn schon die Prozessevaluation, vor allem aber die Wirkungsevaluation, sind methodisch komplexe Unterfangen, die ohne wissenschaftlichen background nicht gelingen können (Görgen 2013).

Neben der Evaluation gewinnt die Implementationsforschung in letzter Zeit zunehmend an Bedeutung: Eine angewandte Wissenschaft, die sich die Frage stellt, wie evidenzbasierte Praktiken in guter Qualität in der Fläche umgesetzt werden können. Offensichtlich ist dafür eine pro-aktive Begleitung und Unterstützung erforderlich; Handbücher oder einmalige Trainings von Personal scheinen nicht auszureichen. Allerdings könne die Wirksamkeit eines Programms durch eine gute Umsetzung um das Zwei- bis Dreifache gesteigert werden (s. dazu den dpt-i Blog vom 12.03.2014 „Auf die Umsetzung kommt es an!“).[147]

4.3.3

Qualifizierung, Aus- und Weiterbildung

Die bisherigen Ausführungen haben deutlich gemacht: Kriminalprävention braucht Spezialwissen, die Anforderungen an diejenigen, die kriminalpräventive Programme und Maßnahmen in der Praxis umsetzen (sollen) sind gestiegen.[148] Auch hier ist die Wissenschaft aufgefordert, der Praxis entsprechende Angebote zu machen – und die Praxis ist aufgefordert, diese Angebote zu nutzen.

Neben den „akteursinternen" Aus- und Weiterbildungen[149] gibt es das „Beccaria-Qualifizierungs-Programm", das mit dem Zertifikat „Fachkraft für Kriminalprävention" abschließt, den Masterstudiengang „ Präventive Soziale Arbeit mit den Schwerpunkten Kriminologie und Kriminalprävention" an der Ostfalia Hochschule für angewandte Wissenschaften sowie einige Masterstudiengänge in Kriminologie.[150]

---

maßnahmen oder –programmen zu erarbeiten; er kann damit als Entscheidungsgrundlage für die Auswahl, den Einsatz und die Förderung von Maßnahmen genutzt werden (Stiftung DFK 2013).

[147] Auch in den oben zitierten „Impulsen" und dem „Qualitätskriterienkatalog" des DFK-Sachverständigenrates wird auf die Bedeutung der Implementation hingewiesen.

[148] Nicht nur hinsichtlich der Kriminalprävention sind die Qualifizierungsansprüche gestiegen, sondern auch in anderen – allen? – Berufsbereichen. Beispiele dafür sind etwa die heutigen Ansprüche an Erzieher/innen oder die „Akademisierungswelle in der Polizei" (Schwind 2013, § 1 Rn 30b).

[149] Entsprechende Angebote finden sich – wenn auch durchaus noch ausbaufähig - an den Fachhochschulen für soziale Arbeit oder – für die Polizei – an den Fachhochschulen für öffentliche Verwaltung sowie an den polizeilichen Fortbildungseinrichtungen. So weist etwa die Fachhochschule für öffentliche Verwaltung NRW in ihrem „Modulhandbuch für den Bachelorstudiengang PVD 2012" das Modul „Kriminalitätsanalyse und polizeiliche Kriminalprävention" aus. An der Deutschen Hochschule für Polizei ist das „Lehrgebiet 13: Kriminologie und Interdisziplinäre Kriminalprävention" eingerichtet, das nicht nur im Rahmen des Jahresfortbildungsprogramms Veranstaltungen im Bereich „Kriminologie/Kriminalprävention" anbietet, sondern auch im Curriculum des Masterstudiengangs „Öffentliche Verwaltung – Polizeimanagement" für mehrere Module zuständig ist; darunter auch für das Modul „Kriminalität – Phänomen und Intervention", wozu auch „Kriminalprävention als gesamtgesellschaftliche Aufgabe" gehört.

[150] Siehe dazu die entsprechenden Beiträge bei Albrecht u.a. (Hrsg.)(2013).

Seit 2008 bietet der LPR Niedersachsen im jährlichen Turnus das „Beccaria-Qualifizierungs-Programm Kriminalprävention" an und bildet Personen weiter, die im
kriminalpräventiven Bereich tätig sind. Die Weiterbildung besteht aus vier Modulen:
Kriminologie, Kriminalprävention, Projektmanagement und Projektbegleitung. Die
vermittelten Lehrinhalte sind wissenschaftlich fundiert und zugleich anwendungsori-
entiert. Die Teilnehmenden sind anschließend qualifiziert, kriminologische Theori-
en und empirische Untersuchungen kritisch zu bewerten, Präventionsprojekte unter
Hinzuziehung neuester wissenschaftlicher Erkenntnisse und Daten zu entwickeln und
umzusetzen sowie Methoden des Projektmanagements anzuwenden.

Das Angebot ist berufsbegleitend konzipiert, dauert ein Jahr und jedes Modul umfasst
zwei Wochenenden. Nach Absolvierung aller vier Module wird das Zertifikat „Fachkraft für Kriminalprävention" verliehen. Derzeit gibt es über 120 Fachkräfte.

Das Programm wurde 2012 erstmals extern evaluiert und 2013 mit dem „Meilenstein
der Kriminalprävention" ausgezeichnet (www.beccaria-qualitaetsinitiative.de; s. auch
Meyer 2008 und 2010; Marks 2014).

Zum Wintersemester 2011 startete an der Ostfalia-Hochschule für angewandte Wissen-
schaften (Fakultät Soziale Arbeit) in Wolfenbüttel der konsekutive Masterstudiengang
„Präventive Soziale Arbeit mit den Schwerpunkten Kriminologie und Kriminalprä-
vention". Das Konzept für den Studiengang ist aus dem „Beccaria-Projekt: Aus- und
Weiterbildung in der Kriminalprävention" des LPR Niedersachsen hervorgegangen.
Das Angebot ist als Vollzeitstudium angelegt (Regelstudienzeit vier Semester) und für
Studierende geeignet, die ihre fachlichen und beruflichen Qualifikationen durch ein
Studium der Sozialen Arbeit bzw. vergleichbare Studiengänge erworben und ggf. in
der Praxis schon vertieft haben (www.master-kriminalpraevention.de; s. auch Meyer
2012; Marks 2014).[151]

4.4

Zusammenfassung und Folgerungen

Kriminalprävention sollte evidenzbasiert erfolgen, also auf der Grundlage theoretischer wie empirischer wissenschaftlicher Erkenntnisse. Präventionspraxis und Präventionspolitik brauchen also Wissenschaft und Forschung.

Dass die Präventionspolitik das anders sieht, zumindest auf der Bundesebene, wurde
schon ausgeführt. Auf kommunaler und Landesebene scheint die Politik offener für
eine Evidenzbasierung zu sein. Auch für die Präventionspraxis ist das inzwischen der
Fall.

---

[151] Vision sei noch ein berufsbegleitender Weiterbildungsstudiengang „Kriminalprävention" für all diejenigen, die neben ihrem Beruf studieren möchten, bei dem didaktisch sinnvoll Präsenzveranstaltungen
und virtuelles Lernen auf der Basis neuer Informations- und Kommunikationsmedien verknüpft werden
(Marks 2014).

Das liegt nicht zuletzt daran, dass die Wissenschaft etliche „Dienstleistungen" für die Praxis erbracht und die Präventionspraxis zunehmend systematisch unterstützt hat: Etwa durch die Dokumentation und den Aufbau von Datenbanken für Gremien und Projekte, inzwischen auch durch die Einrichtung einer Datenbank für empfohlene Präventionsprojekte; durch die Entwicklung von Standards für den Bereich der Planung, der Durchführung und der Bewertung kriminalpräventiver Programme und Projekte; durch die Konzeption und Durchführung von Qualifizierungsprogrammen, Aus- und Weiterbildungen sowie Studiengängen für den Bereich Kriminalprävention.

Für die Präventionspraxis werden nicht nur die nötigen theoretischen wie empirischen wissenschaftlichen Erkenntnisse zur Verfügung gestellt, sondern es wird auch die Planung, Durchführung und Wirkung von Präventionsmaßnahmen und –programmen (Implementation und Evaluation) wissenschaftlich begleitet und überprüft. Insbesondere die Evaluation ist inzwischen sehr viel selbstverständlicher geworden – bei geförderten Projekten wird sie in der Regel zur Pflicht gemacht -, und die Implementationsforschung gewinnt an Bedeutung.

Bei der Evaluation und zwar in der Form der nachwirkenden Gesetzesfolgenabschätzung, der Bewertung der Nützlichkeit eines Gesetzes, der Überprüfung dessen, was mit dem Gesetz ursprünglich beabsichtigt war, sollte es sich auch um ein Kernanliegen der Präventionspolitik handeln. Nicht nur hinsichtlich der Gesetzgebungstätigkeit, sondern vor allem auch für die praktische Präventionspolitik bis hin zur Ebene der Städte und Gemeinden (Becker 2012, 209 f.).

Zum Problem kann dabei die Zeit werden, die Forschung im allgemeinen braucht. Praxis wie Politik wollen – müssen – möglichst rasch handeln, um erkannte Probleme zu beheben. Die Wissenschaft braucht jedoch Zeit, um begründet etwas über Wirkungen oder auch Nicht-Wirkungen sagen zu können.

Es dürfte auch in der Präventionspraxis wie in der Präventionspolitik schwierig sein, empirische Untersuchungen durchzuführen, Daten zu erheben, bevor eine Präventionsmaßnahme gestartet bzw. ein Gesetz erlassen wird. Allerdings hat die Präventionswissenschaft inzwischen einen großen Bestand an Wissen darüber geschaffen, was wirkt oder eben auch nicht wirkt, was kriminalpolitisch sinnvoll ist, was nicht – man muss es nur wissen wollen.

Zum Problem kann auch werden, dass Forschung grundsätzlich ergebnisoffen durchgeführt wird, Politik wie Praxis aber gerne bestätigt haben wollen, dass das, was sie machen, richtig ist.

Grundsätzliche Probleme könnten sich aus der derzeitigen Lage der Kriminologie als der relevanten Bezugswissenschaft ergeben: Deutschland verfügt zwar über eine theoretisch wie empirisch hoch entwickelte kriminologische Wissenschaft, diese ist aber durch eine „strukturelle Auszehrung" offensichtlich ernsthaft bedroht. Nicht nur an den juristischen Fakultäten wird die Kriminologie abgebaut, sondern auch an psychologischen und soziologischen Instituten. Kriminologische Forschungen finden zu einem großen Teil außerhalb der Kriminologie der Juristischen Fakultäten statt und streuen erheblich über verschiedene wissenschaftliche Disziplinen. Das heißt allerdings auch, dass kriminologische Fragestellungen ein breites wissenschaftliches Interesse finden.

Dennoch sollte an den Universitäten die Lehre insbesondere in den soziologischen und juristischen Fakultäten intensiviert werden und die diversen kriminologischen Aktivitäten durch den Aufbau fachübergreifender kriminologischer Zentren gebündelt, koordiniert und damit vorangetrieben werden (s. dazu das „Freiburger Memorandum").

Allerdings sollte die enge Anbindung der Kriminologie an das Strafrecht aufgegeben und die Kriminologie als unabhängige Sozialwissenschaft etabliert werden. Eine gut aufgestellte Kriminologie ist eine notwendige, wenn auch keine hinreichende Voraussetzung für die Umsetzung der Forderung nach einer interdisziplinär arbeitenden Präventionswissenschaft.

Zu begrüßen ist die 2012 unter der Trägerschaft der Stiftung Deutsches Forum für Kriminalprävention – zunächst für fünf Jahre - erfolgte Einrichtung der Stiftungsprofessur „Kriminalprävention und Risikomanagement" an der Universität Tübingen. Auch um der Kriminalprävention im Forschungsspektrum der Kriminologie und anderer Disziplinen das nötige Gewicht zu verleihen, ist dringend zu fordern, dass dieser Lehrstuhl über das Jahr 2017 hinaus finanziert wird und auf Dauer erhalten bleibt.

Eine Chance für die Kriminologie und andere Wissenschaften ist die Bedeutung der Medien für die Politik: Wenn es den relevanten Wissenschaften gelingt, ihre Befunde und die daraus resultierenden Forderungen in die Medien zu bringen, könnten sie dadurch auch bei der Politik auf offene, zumindest offenere Ohren stoßen. Gefragt sind hier nicht nur Wissenschaftler mit hohen Kommunikationsfähigkeiten und der Begabung, ihre „Produkte" zu verkaufen, sondern auch ein guter, an kriminalpolitischen Fragestellungen interessierter Wissenschaftsjournalismus.

5

Kriminalprävention braucht Präventionspraxis, Präventionspolitik und Präventionswissenschaft

5.1

Der Deutsche Präventionstag (DPT)[152]

Es gibt wohl kein besseres Beispiel dafür, das diesjährige Schwerpunktthema des DPT

---

[152]   www.praeventionstag.de; und Marks 2013.

„Prävention braucht Praxis, Politik und Wissenschaft" zu illustrieren und zu zeigen, ob und wieweit diese Forderung schon Wirklichkeit geworden ist, als den DPT selbst.

1995 als nationaler jährlicher Kongress speziell für das Arbeitsfeld der Kriminalprävention begründet, war es von Beginn an das Ziel, Kriminalprävention ressortübergreifend, interdisziplinär und in einem breiten gesellschaftlichen Rahmen darzustellen und zu stärken. Nach und nach hat sich der Deutsche Präventionstag auch für Institutionen, Projekte, Methoden, Fragestellungen und Erkenntnisse aus anderen Arbeitsfeldern der Prävention geöffnet.

Der Kongress wendet sich insbesondere an Verantwortungsträger der Prävention aus Behörden, Gemeinden, Städten und Kreisen, Gesundheitswesen, Jugendhilfe, Justiz, Kirchen, Medien, Politik, Polizei, Präventionsgremien, Projekten, Schulen, Sport, Vereinigungen und Verbänden, Wissenschaft etc. - also an Praxis, Politik und Wissenschaft!

Der Deutsche Präventionstag will als jährlich stattfindender nationaler Kongress

- Aktuelle und grundsätzliche Fragen der verschiedenen Arbeitsfelder der Prävention und ihrer Wirksamkeit vermitteln und austauschen,

- Partner in der Prävention zusammenführen,

- Forum für die Praxis sein und Erfahrungsaustausch ermöglichen,

- Internationale Verbindungen knüpfen und Informationen austauschen helfen, Umsetzungsstrategien diskutieren,

- Empfehlungen an Praxis, Politik, Verwaltung und Wissenschaft erarbeiten und aussprechen.

Inzwischen ist der Deutsche Präventionstag der größte europäische Kongress speziell für das Arbeitsgebiet der Kriminalprävention sowie angrenzender Präventionsbereiche. Er lebt von der guten Zusammenarbeit vieler Menschen und Institutionen. Die jährlichen Kongresse finden an zwei Tagen in wechselnden Städten statt und gliedern sich in die zentralen Bereiche Plenumsveranstaltungen (Eröffnungs- und Abschlussplenum), Vorträge und Projektspots, die kongressbegleitende Ausstellung sowie die Präventionswerkstatt. Die Teilnehmenden sind überwiegend hauptamtlich in der Präventionsarbeit tätig und dort mehrheitlich mit der praktischen Durchführung von Maßnahmen und Programmen befasst. Sie arbeiten in Verwaltung, Management oder Leitung sowie in der Forschung. Die zahlenmäßig größte Gruppe kommt aus der Polizei, gefolgt von den Arbeitsbereichen Soziale Arbeit, Kommune, nicht-staatliche Organisationen, Landes- und Bundesbehörden, Wissenschaft, Justiz, Wirtschaft, Schule, Medizin und Sport.

Der Deutsche Präventionstag präsentiert sich im Internet als Informations- und Dokumentationsplattform, seit 2010 auch mit dem Such-Portal „dpt-map", das gezielt nach

Projekten, Maßnahmen, Institutionen und Personen aus dem gesamten Arbeitsfeld der Kriminalprävention sowie angrenzender Präventionsbereiche sucht.

Die Internetdokumentation umfasst alle Abstracts sowie Text-, Film- und Präsentationsdokumente der bisherigen Deutschen Präventionstage.

Seit Juli 2011 veröffentlicht der Deutsche Präventionstag die tägliche Präventions-News, die über Präventionsveranstaltungen sowie über Dokumente aus den Bereichen Präventionspraxis, Präventionsforschung und Präventionspolitik informiert. Wie der Deutsche Präventionstag selbst, ist die Präventions-News damit ein hervorragender Beleg dafür, wie weit die Forderung „Prävention braucht Praxis, Politik und Wissenschaft" schon Wirklichkeit geworden ist.

5.2
Das DPT-Institut für angewandte Präventionsforschung (dpt-i)[153]

Um die Entwicklung des Deutschen Präventionstages zu einem Forum für den Diskurs zwischen Praxis, Politik und Wissenschaft zu stärken und systematisch fort zu entwickeln, startete im Jahr 2013 ein weiterer Arbeitsbereich des Deutschen Präventionstages, das DPT-Institut für angewandte Präventionsforschung (dpt-i).

Präventionsforschung wird als multidisziplinärer Ansatz verstanden, der die Kenntnisse, Methoden und Standards verschiedener wissenschaftlicher Disziplinen und Fachrichtungen einbezieht, u.a. der Soziologie, Psychologie, Erziehungswissenschaft, Biologie, Medizin, Politikwissenschaft, Rechtswissenschaft, Ökonomie, Kriminologie und Viktimologie.

Präventionsforschung umfasst für das dpt-i[154] die wissenschaftliche Erkundung der

- gesellschaftlichen Verteilungen und Häufigkeiten von zu verhindernden Ereignissen und Zuständen wie Kriminalität, Gewalt, Sucht, körperliche und seelische Krankheitszustände, Unsicherheitslagen etc.
- Ursachen und Entstehungsbedingungen dieser Ereignisse und Zustände,
- Entwicklung, Begleitung und Überprüfung von wirksamen Interventionen zur Prävention dieser Ereignisse und Zustände sowie
- der Unterstützung einer breitflächigen Umsetzung von überprüften Interventionen unter den Bedingungen der „realen Welt".

---

[153] www.praeventionstag.de/nano.cms/dpt-institut und Marks 2013, 140 ff..

[154] In Anlehnung an das Verständnis der internationalen „Society for Prevention Research (SPR) wie auch der „European Society for Prevention Research (EUSPR). Im „Mission Statement" der SPR heißt es: „The Society for Prevention Research is an organization dedicated to advancing scientific investigation on the etiology and prevention of social, physical and mental health, and academic problems and on the translation of that information to promote health and well being" (www.preventionresearch.org und www.euspr.org.).

Präventionsforschung ist zur Erreichung ihrer Ziele auf ein multidisziplinäres Kooperationsverständnis sowie auf die Partnerschaft mit der Präventionspraxis und der Präventionspolitik angewiesen. Das dpt-i versteht seine Rolle deshalb auch als ein aktiver Förderer von Partnerschaften zwischen Forschung, Praxis und Politik.

Das dpt-i sieht seine allgemeinen Aufgaben vor allem in der

- Durchführung eigener Forschungsvorhaben mit der Perspektive der praktischen Anwendung der Forschungsergebnisse,

- Kooperation mit anderen wissenschaftlichen Einrichtungen zur Umsetzung von Forschungsvorhaben mit Praxisrelevanz,

- Vertiefung des Dialoges zwischen Wissenschaft, Politik, Verwaltung, Verbänden und Zivilgesellschaft über die Ergebnisse der Präventionsforschung mit dem Ziel einer stärkeren Wissensbasierung im gesamten Arbeitsfeld der Prävention,

- Beratung des Deutschen Präventionstages und seiner Partnerorganisationen über die Ergebnisse und den Stand der Präventionsforschung.

5.3

Zusammenfassung und Folgerungen

Der Deutsche Präventionstag (DPT) ist wohl mit das beste Beispiel dafür, wie weit die Forderung, Kriminalprävention braucht Präventionspraxis, Präventionspolitik und Präventionswissenschaft, schon Wirklichkeit geworden ist. Das zeigt sich nicht nur an seiner Entwicklung von wirklich kleinen Anfängen – 1995 in Lübeck mit 168 registrierten Kongressteilnehmern und einem sehr überschaubaren Programm dieser „Arbeitstagung" - hin zum letzten, 18. DPT 2013 in Bielefeld mit fast 2.000 Kongressteilnehmenden aus 17 ausgewiesenen Arbeitsbereichen, einem umfangreichen Programm (allein 169 Referenten für Vorträge und Projektspots), Infoständen, Sonderausstellungen usw. Die Evaluationsergebnisse (der DPT wird seit dem 13. DPT evaluiert) befinden: „Insgesamt zeigen die Evaluationsergebnisse, dass der 18. Deutsche Präventionstag als eine gelungene Veranstaltung bezeichnet werden kann. So fanden fast 92% der befragten Besucher den 18. Deutschen Präventionstag als sehr gut oder gut." Der Deutsche Präventionstag hat sich ohne Frage zu einem wichtigen Forum für den Diskurs zwischen Praxis, Wissenschaft und Politik im Arbeitsfeld der Kriminalprävention entwickelt.

2013 startete mit dem DPT-Institut für angewandte Präventionsforschung (dpt-i) ein weiterer Arbeitsbereich des DPT, um diese Entwicklung zu stärken und systematisch fort zu entwickeln. Eine wichtige Aufgabe dieses Institutes könnte es sein, auf der Basis der Befunde zu den Leistungen und Defiziten der Arbeitsfelder Präventionspraxis, Präventionspolitik und Präventionswissenschaft sowie zu den Forderungen und Herausforderungen, eine systematische Strategie der Kriminalprävention zu entwickeln.

Literatur

Albrecht, Hans-Jörg (2013): Zur Lage der Kriminologie in Deutschland – Eine Einführung. MschrKrim 96. Jahrgang – Heft 2/3 2013, S. 73-80.

Albrecht, Hans-Jörg (2013 b): Rückfallstatistiken im internationalen Vergleich. MschrKrim 96. Jahrgang – Heft 5 – 2013, S. 400-410.

Albrecht, Hans-Jörg u.a. (Hrsg.)(2013): Zur Lage der Kriminologie in Deutschland. Beiträge der
Tagung vom 28. bis 30. Juni 2012 am Max-Planck-Institut für ausländisches und internationales Strafrecht, Freiburg i. Br. MschrKrim 96. Jahrgang – Heft 2/3 – 2013.

Albrecht, Hans-Jörg u.a. (Hrsg.)(2012): Freiburger Memorandum. Zur Lage der Kriminologie in Deutschland. Auch abgedruckt in der MschrKrim 95. Jahrgang – Heft 6 – 2012, S. 385-391.

Arbeitsstelle Kinder- und Jugendkriminalitätsprävention (Hrsg.)(2007): Strategien der Gewaltprävention im Kindes- und Jugendalter. Eine Zwischenbilanz in sechs Handlungsfeldern. München.

Bannenberg, Britta u.a. (Hrsg.)(2005): Kommunale Kriminalprävention. Ausgewählte Beiträge des 9. Deutschen Präventionstages. 17. und 18. Mai 2004 in Stuttgart. Godesberg.

Bannenberg, Britta/Rössner, Dieter (2002): Wirkungsforschung bei der Kriminalprävention. forum kriminalprävention 1/2002, S. 5-8.

Becker, Monika (2013): Fragen an die Kriminologie ... aus der Sicht der Kriminalpolitik. MschrKrim 96. Jahrgang – Heft 2/3 2013, S. 207-211.

Bericht über die Lebenssituation junger Menschen und die Leistungen der Kinder- und Jugendhilfe in Deutschland – Elfter Kinder- und Jugendbericht – mit der Stellungnahme der Bundesregierung. Deutscher Bundestag. 14. Wahlperiode. Drucksache 14/8181 vom 04.02.2002.

Boers, Klaus/Seddig, Daniel (2013): Kriminologische Forschung und Lehre an deutschen Universitäten im Jahre 2012. MschrKrim 96. Jahrgang – Heft 2/3 2013, S. 115-126.

Boers, Klaus u.a. (Hrsg.)(2013): Kriminologie – Kriminalpolitik – Strafrecht. Festschrift für Hans-Jürgen Kerner zum 70. Geburtstag. Mohr Siebeck Tübingen.

Bühler, Anneke/Groeger-Roth; Frederick (2013): Brauchen wir eine „Rote Liste Prävention"? Was empfiehlt sich nicht in der Prävention? In: Kerner, Hans-Jürgen/Marks, Erich (Hrsg.): Internetdokumentation des Deutschen Präventionstages. Hannover 2013 (www.praeventionstag.de/Dokumentation. cms/2361).

Bundesministerium des Innern/Bundesministerium der Justiz (Hrsg.)(2006): Zweiter Periodischer Sicherheitsbericht. Berlin.

Bundesministerium des Innern/Bundesministerium der Justiz (Hrsg.)(2001): Erster Periodischer Sicherheitsbericht. Berlin.

Dialog über Deutschlands Zukunft. Ergebnisbericht des Expertendialogs der

Bundeskanzlerin 2011/2012. Hrsg. vom Presse- und Informationsamt der Bundesregierung. Berlin.

Dölling, Dieter u.a. (2006): Metaanalyse empirischer Abschreckungsstudien. Untersuchungsansatz und erste empirische Befunde. Darmstadt discussion papers in economics, No. 170 (http://hdl.handle.net/10419/32076).

DVJJ – Deutsche Vereinigung für Jugendgerichte und Jugendgerichtshilfen (Hrsg.) (2007): Gemeinsam mit verteilten Rollen. Position zur Jugendkriminalprävention. Hannover.

Eisner, Manuel/Ribeaud, Denis/Bittel, Stéphanie (2006): Prävention von Jugendgewalt. Wege zu einer evidenzbasierten Präventionspolitik. Hrsg. von der Eidgenössischen Ausländerkommission EKA. Bern-Wabern.

Elfter Kinder- und Jugendbericht s. Bericht über die Lebenssituation junger Menschen ...

Entorf, Horst (2013): Kriminologie, Ökonomie und Ökonomie der Kriminalität: Gemeinsame Inhalte, unterschiedliche Herangehensweisen. MschrKrim 96. Jahrgang – Heft 2/3 2013, S. 164-171.

EUCPN – European Crime Prevention Network (2013): Crime prevention activities at the EU, national and local level. Thematic Paper No. 4. EUCPN Secretariat. Brussels.

Feltes, Thomas (2012): Die Rolle der Polizei in der Kriminalprävention. ZJJ 1, S. 35-39.

Fontanille, Elsa (2013): Europäische Visionen zur Zukunft der Prävention. forum kriminalprävention 1/2013, S. 64-66.

Freiburger Memorandum(2012) s. Albrecht, Hans-Jörg u.a. (Hrsg.)(2012)

Frevel, Bernhard (Hrsg.)(2012): Handlungsfelder lokaler Sicherheitspolitik. Netzwerke, Politikgestaltung und Perspektiven. Frankfurt.

Frevel, Bernhard/Kober, Marcus (2012): Perspektiven kooperativer Sicherheitspolitik. In: Frevel, Bernhard (Hrsg.)(2012), S. 337-358.

Frevel, Bernhard/Miesner, Christian (2012): Das Forschungsprojekt Kooperative Sicherheitspolitik in der Stadt – KoSiPol. In: E. Marks/W. Steffen (Hrsg.) (2012), S. 215-219.

Frevel, Bernhard u.a. (2009): Bürgerengagement in der Kommunalen Kriminalprävention: Beiträge aus der aktuellen Forschung (Teil I) zu Konzeption und Wirklichkeit. In: E. Marks/W. Steffen (Hrsg.)(2009), S. 143-160.

Fuchs, Marek u.a. (2005): Gewalt an Schulen 1994 – 1999 – 2004. Wiesbaden.

Görgen, Thomas (2013): Spannungsfeld Wissenschaft und Praxis: Wohin geht die Reise in der Kriminalprävention? 3. Symposium – Deutscher Förderpreis Kriminalprävention. Bielefeld (unveröffentlichtes Manuskript; ein kurzer Ausschnitt findet sich in forum kriminalprävention 3/2013, S. 41).

Groeger-Roth, Frederick (2012): „Communities That Care – CTC" in der Praxis. Ergebnisse und Erfahrungen aus dem Modellversuch SPIN in Niedersachsen.

forum kriminalprävention 3/2012, S. 2-6.

Groeger-Roth, Frederick/Hasenpusch, Burkhard (2011): Die „Grüne Liste Prävention" – effektive und erfolgversprechende Präventionsprogramme im Blick.
forum kriminalprävention 4/2011, S. 52-58.

Hahlen, Johann (2012): Politikberatung – ein Erfahrungsbericht von beiden Seiten
mit Blick auf die beiden Periodischen Sicherheitsberichte. In: Hilgendorf,
Eric/Rengier, Rudolf (Hrsg.)(2012), S. 109-123.

Hanke, Ottmar (2007): Strategien der Gewaltprävention an Schulen. In: Arbeitsstelle
(Hrsg.)(2007), S. 104-130.

Heinz, Wolfgang (2013): Was sollte der Gesetzgeber wissen wollen? Oder: Worüber
sollten dem Gesetzgeber aus den Kriminal- und Strafrechtspflegestatistiken
aktuelle und verlässliche Informationen zur Verfügung stehen? In: Boers,
Klaus u.a. (Hrsg.)(2013), S. 345-357.

Heinz, Wolfgang (2011): Neue Straflust der Justiz – Realität oder Mythos? NK
1/2011, S. 14-27.

Heinz, Wolfgang (2007): „Besorgniserregend", „dramatisch" ... Einige aktuelle
Daten zur Einordnung und Bewertung der kriminalpolitischen Diskussion.
ZJJ 1/07, S. 65-72.

Heinz, Wolfgang (2006): Zum Stand der Dunkelfeldforschung in Deutschland. In:
Festschrift für Helmut Kury zum 65. Geburtstag, S. 241-263.

Heinz, Wolfgang (2005): Kommunale Kriminalprävention aus wissenschaftlicher
Sicht. In: Bannenberg, Britta u.a. (Hrsg.)(2005), S. 9-30.

Heinz, Wolfgang (2003): Der Beitrag des „Ersten Periodischen Sicherheitsberichts"
zur Kriminalprävention. In: Kerner, H.-J./Marks, E. (Hrsg.): Internetdokumentation Deutscher Präventionstag. Hannover.

Heinz, Wolfgang (1998): Kriminalprävention. Anmerkungen zu einer überfälligen
Kurskorrektur der Kriminalpolitik. In: Kerner, Hans-Jürgen u.a. (Hrsg.)
(1998), S. 17-59.

Hermann, Dieter/Jantzer, Vanessa (2012): Schulsozialarbeit – kriminalpräventive Wirkungen und Verbesserungsmöglichkeiten. In: E. Marks/W. Steffen
(Hrsg.)(2012), S. 207-229.

Hilgendorf, Eric/Rengier, Rudolf (Hrsg.)(2012): Festschrift für Wolfgang Heinz zum
70. Geburtstag. Baden-Baden.

Holthusen, Bernd/Glaser, Michaela (2013): Arbeitsstellen als neuer Projekttypus des
DJI. DJI Impulse – 50 Jahre DJI. 2/2013, 71-72.

Holthusen, Bernd/Hoops, Sabrina (2012): Kriminalitätsprävention im Kindes- und
Jugendalter. Zu Rolle, Beitrag und Bedeutung der Kinder- und Jugendhilfe.
ZJJ 1/2012, S. 23-28.

Holthusen, Bernd u.a. (2011): Über die Notwendigkeit einer fachgerechten und
reflektierten Prävention. DJI Impulse 2.2011, S. 22-25.

Holthusen, Bernd/Schäfer, Heiner (2007): Strategien der Gewaltprävention in der
Kinder- und Jugendhilfe im Jugendalter. In: Arbeitsstelle (Hrsg.)(2007),

131-168.

Jasch, Michael (2003): Kommunale Kriminalprävention in der Krise. MschrKrim, 86. Jahrgang, Heft 6/2003, S. 411-420.

Jerke ,Viktoria: Erfolgsfaktor Kooperation in der polizeilichen Kriminalprävention. forum kriminalprävention 4/2013, 40-41.

John, Tobias/Schulze, Verena (2012): Kooperative Sicherheitspolitik in der Stadt (KoSiPol). Bericht zum Forschungsprojekt. forum kriminalprävention 3/2012, S. 4-6.

Kahl, Wolfgang (2014): Europäisches Netzwerk für Kriminalprävention (EUCPN). forum kriminalprävention 1/2014, S. 36-37.

Kahl, Wolfgang (2013): Editorial zum forum kriminalprävention 4/2013, S. 2-3.

Kahl, Wolfgang (2013 a): 19. Deutscher Präventionstag. 12. & 13. Mai 2014 in Karlsruhe. forum kriminalprävention 4/2013, S. 39.

Kahl, Wolfgang (2012): „Eine gute Sozialpolitik ist die beste Kriminalpolitik" und verhindert den Weg in eine Überwachungsgesellschaft – Zum (Miss-) Verständnis des Präventionsgedankens. forum kriminalprävention 2/2012, S. 26-27.

Kahl, Wolfgang (2011): 10 Jahre DFK – Zwischenbilanz auf dem Weg „zu einem besseren Morgen". forum kriminalprävention 3/2011, S. 4-6.

Kahl, Wolfgang/Kober, Marcus (2009): Bürgerengagement in der Kommunalen Kriminalprävention: Beiträge aus der aktuellen Forschung (Teil 2) zu den Entwicklungsmöglichkeiten. In: E. Marks/W. Steffen (Hrsg.)(2009), S. 161-170.

Koop, Gerd (2013): Fragen an die Kriminologie ... aus der Sicht des Strafvollzuges. MschrKrim 96. Jahrgang – Heft 2/3 2013, S. 202-206.

Kerner, Hans-Jürgen (2013): Anwendungsorientierte kriminologische Forschung: Chancen und Risiken. MschrKrim 96. Jahrgang – Heft 2/3 2013, S. 184-201.

Kerner, Hans-Jürgen (2012): 10 Jahre Stiftung Deutsches Forum für Kriminalprävention (DFK). Gratulationsworte eines Wegbegleiters, unter Rückblick auf die historische Entwicklung von Prävention in Gesetzgebung und Praxis. In: Jahresbericht 2011 der Stiftung Deutsches Forum für Kriminalprävention. Bonn, S. 28-44.

Kerner, Hans-Jürgen u.a. (Hrsg.)(1998): Entwicklung der Kriminalprävention in Deutschland. Zugleich Dokumentation des 3. Deutschen Präventionstages in Bonn vom 5.-7- Mai 1997. Godesberg.

Koalitionsvertrag zwischen CDU, CSU und SPD: Deutschlands Zukunft gestalten. 18. Legislaturperiode.

Kober, Marcus/Kahl, Wolfgang (2012): Impulse für das Kommunale Präventionsmanagement. Erkenntnisse und Empfehlungen zu Organisation und Arbeit kriminalpräventiver Gremien auf kommunaler Ebene. Stiftung Deutsches Forum für Kriminalprävention (DFK)(Hrsg.), 2. Vollständig überarbeitete Auflage 2012. Bonn.

Koop, Gerd (2013): Fragen an die Kriminologie ... aus der Sicht des Strafvollzugs. MschrKrim 96. Jahrgang – Heft 2/3 – 2013, S. 202-206.

Kreuzer, Arthur (2013): Gemeinplätze, Populistisches, aber auch sinnvolle Vorhaben. Das kriminalpolitische Programm des Koalitionsvertrags – kritisch betrachtet. Gastbeitrag für die Gießener Allgemeine vom 4.12.2013.

Kunz, Karl-Ludwig (2013 a): Historische Grundlagen der Kriminologie in Deutschland und ihre Entwicklung zu einer selbständigen wissenschaftlichen Disziplin. MschrKrim 96. Jahrgang – Heft 2/3 2013, S. 81-114.

Kunz, Karl-Ludwig (2013 b): Zum Konzept der „Punitivität" und seiner Entwicklung im internationalen Vergleich. In: Klaus Boers u.a. (Hrsg.)(2013), S. 113-125.

Kunz, Karl-Ludwig (2011): Kriminologie. 6., vollständig überarbeitete und aktualisierte Auflage. Haupt Verlag Bern e.a.

Kury, Helmut (2013): Mehr Strafe -weniger Kriminalität: Wirken (härtere) Strafen?In: Kerner, Hans-Jürgen/Marks, Erich (Hrsg.): Internetdokumentation des Deutschen Präventionstages. Hannover 2013 (www.praeventionstag. de/Dokumentation.cms/2339).

Lamnek, Siegfried (1990): Kriminalitätsberichterstattung in den Massenmedien als Problem. MschrKrim 73. Jahrgang, Heft 3 – 1990, S. 163-176.

Landtag Nordrhein-Westfalen (2010): Bericht der Enquetekommission zur Erarbeitung von Vorschlägen für eine effektive Präventionspolitik in Nordrhein-Westfalen. Düsseldorf.

Landesrat für Kriminalitätsvorbeugung Mecklenburg-Vorpommern (LfK)(Hrsg.) (2011): impulse. Prävention wirkt. Geschäftsbericht des LfK 2010/2011. Schwerin.

Landesrat für Kriminalitätsvorbeugung Mecklenburg-Vorpommern (LfK)(Hrsg.) (o.J): impulse. EUROs für die Prävention. Das Förderprogramm des Landesrates für die Kriminalitätsvorbeugung. Schwerin.

Landesrat für Kriminalitätsvorbeugung Mecklenburg-Vorpommern (LfK)(Hrsg.) (o.J.): 10 GUTE GRÜNDE. Warum und wie kommunale Präventionsräte eingerichtet werden sollten. Schwerin.

Lösel, Friedrich (2013): Kriminologie und Psychologie – Entwicklung und Lage mit einem besonderen Bezug zu Deutschland. MschrKrim 96. Jahrgang – Heft 2/3 2013, S. 153-163.

Marks, Erich (2014): Zu einigen kriminalpräventiven Entwicklungen zwischen 1978 und 2013. In: Dirk Baier/Thomas Mößle (Hrsg.)(2014): Kriminologie ist Gesellschaftswissenschaft. Festschrift für Christian Pfeiffer zum 70. Geburtstag. Baden-Baden, S, 443-466.

Marks, Erich (2013): Der Deutsche Präventionstag – eine Zwischenbilanz 1993-

2013. In: Boers, Klaus u.a. (Hrsg.)(2013), S. 128-142.

Marks, Erich (2011): Das internationale Zentrum für Kriminalprävention ICPC. In: Kerner, Hans-Jürgen/Marks, Erich (Hrsg.): Internetdokumentation des Deutschen Präventionstages. Hannover (www.praeventionstag.de/Dokumentation.cms/1671).

Marks, Erich/Schairer, Martin (2010): Neues Deutsch-Europäisches Forum für urbane Sicherheit (DEFUS). In: Kerner, H.-J./Marks, E. (Hrsg): Internetdokumentation des Deutschen Präventionstages. Hannover 2010, www.praeventionstag.de/Dokumentation.cms/1030.

Marks, Erich/Steffen, Wiebke (Hrsg.)(2013): Sicher leben in Stadt und Land. Ausgewählte Beiträge des 17. Deutschen Präventionstages 2012. Forum Verlag Godesberg.

Marks, Erich/Steffen, Wiebke (Hrsg.)(2012): Bildung – Prävention – Zukunft. Ausgewählte Beiträge des 15. Deutschen Präventionstages 2010. Godesberg.

Marks, Erich/Steffen, Wiebke (Hrsg.)(2011): Solidarität leben – Vielfalt sichern. Ausgewählte Beiträge des 14. Deutschen Präventionstages 2009. Godesberg.

Marks, Erich/Steffen, Wiebke (Hrsg.)(2009): Engagierte Bürger – sichere Gesellschaft. Ausgewählte Beiträge des 13. Deutschen Präventionstages 2008. Godesberg.

Melzer, Wolfgang (2013): Kriminalprävention an Schulen – zwischen Einzelprojekten und Schulentwicklung (Vortrag 18. DPT, Bielefeld 2013, im Druck).

Melzer, Wolfgang u.a. (2012): Mobbing und Gewalt an Schulen. Entwicklungstrends von 2002 bis 2010. Gesundheitswesen 2012; 74 (Suppl 1), S. 76-83.

Melzer, Wolfgang/Schubarth, Wilfried/Ehninger, Frank (2011): Gewaltprävention und Schulentwicklung. 2., überarbeitete Auflage. Bad Heilbrunn.

Melzer, Wolfgang/Schwind, Hans-Dieter (Hrsg.)(2004): Gewaltprävention in der Schule. Grundlagen – Praxismodelle – Perspektiven. Dokumentation des 15. Mainzer Opferforums 2003. Mainzer Schriften zur Situation von Kriminalitätsopfern. Band 38. Baden-Baden.

Meyer, Anja (2012): Professionalität durch Qualifizierung: Neuer Master-Studiengang „Präventive Soziale Arbeit mit den Schwerpunkten Kriminologie & Kriminalprävention". forum kriminalprävention 1/2012, S. 2-3.

Meyer, Anja (2019): Qualität durch Kompetenz. Das Beccaria-Qualifizierungsprogramm. In: Kerner, Hans-Jürgen/Marks, Erich (Hrsg.): Internetdokumentation des Deutschen Präventionstages. Hannover 2010 (www.praeventionstag.de/Dokumentation.cms/1031).

Meyer, Anja (2008): Qualifizierung in der Kriminalprävention. ZJJ 3/2008, S. 368-370.

Mielenz, Ingrid (2013): Das DJI zwischen Wissenschaft und Praxis – Möglichkeiten und Grenzen der Politikberatung. DJI Impulse – 50 Jahre DJI. 2/2013, S. 78-79.

Mischkowitz, Robert (2013): Fragen an die Kriminologie ... aus der Sicht der Polizei. MschrKrim 96. Jahrgang – Heft 2/3 2013, S. 212-221.

Müller, Thomas (2010): Anforderungen an eine optimale Unterstützung kommunaler Präventionsgremien. In: Kerner, H.-J./Marks, E. (Hrsg.): Internetdokumentation des Deutschen Präventionstages. Hannover 2010, www.praventionstag. de/Dokumentation.cms/1110

Müller, Thomas (2004): Kommunale Präventionsgremien in Niedersachsen (http://www.lpr.niedersachsen.de/Landespraeventionsrat/Module/Publikationen/Dokumente/20050606_2_F87.pdf).

Ohder, Claudius (2010): Ein Blick zurück nach vorn. In: Evaluation und Qualitätsentwicklung in der Gewalt- und Kriminalitätsprävention. Dokumentation des 10. Berliner Präventionstages 2009. Berlin. S. 14-20.

Ostendorf, Heribert (2005): Kritische Reflexionen zur Kriminalprävention. Hannover (www.dvjj.de; Tagung: Prävention um jeden Preis?).

Ostendorf, Heribert (2002): Chancen und Risiken von Kriminalprävention. In: Berliner Forum Gewaltprävention. Sondernummer 5. Dokumentation des 2. Berliner Präventionstages am 10. Oktober 2001. Berlin, S. 16-24.

Pfeiffer, Christian u.a. (2004): Die Medien, das Böse und Wir. MschrKrim 87. Jahrgang. Heft 6/2004, S. 425-435.

Pluto, Liane/van Santen, Eric/Seckinger, Mike (2014): Lebenslagen Jugendlicher als Ausgangspunkt kommunaler Politikgestaltung. Eine Expertise zur beteiligungsorientierten Erhebung von jugendpolitischen Bedarfen. DJI Deutsches Jugendinstitut. München.

Programm Polizeiliche Kriminalprävention der Länder und des Bundes (Hrsg.) (2012): Jahresbericht 2012. Kommission Polizeiliche Kriminalprävention der Länder und des Bundes. Stuttgart.

Programm Polizeiliche Kriminalprävention der Länder und des Bundes (Hrsg.) (2009): Qualitätssicherung in der Polizeiarbeit. Arbeitshilfe für Planung, Durchführung und Bewertung von Projekten. Stuttgart.

PSB (2006): Zweiter Periodischer Sicherheitsbericht s. Bundesministerium des Innern/Bundesministerium der Justiz (Hrsg.)(2006)

PSB (2001): Erster Periodischer Sicherheitsbericht s. Bundesministerium des Innern/Bundesministerium der Justiz (Hrsg.)(2001)

Redo, Slawomir Marek (2012): Blue Criminology. The power of United Nations ideas to counter crime globally. A monographic study. Helsinki.

Remschmidt, Helmut (2013): Kriminologie und Forensische Kinder- und Jugendpsychiatrie: Die
Bedeutung der Entwicklungsperspektive. MschrKrim 96. Jahrgang – Heft 2/3 2013, S. 172-183.

Reuband, Karl-Heinz (2013): Kriminologie und Soziologie. Stellung im Wissenschaftssystem und wissenschaftliche Öffentlichkeit. MschrKrim 96. Jahrgang – Heft 2/3 2013, S. 140-152.

Reuband, Karl-Heinz (2010): Dimensionen der Punitivität und sozialer Wandel. NK

4/2010, S. 143-148.

Scheerer, Sebastian (1978): Der politisch-publizistische Verstärkerkreislauf. Zur Beeinflussung der Massenmedien im Prozess strafrechtlicher Normgenese. KrimJ 10, Heft 3, S. 223-227.

Schneider, Hans-Joachim (2010): Die Europäische Kriminologie zu Beginn des 21. Jahrhunderts. Kriminalität, Kriminologie und Kriminalpolitik in Europa. MschrKrim 93. Jahrgang – Heft 6/2010, S. 475-501.

Schöch, Heinz (2013): Angewandte Kriminologie. In: Boers u.a. (Hrsg.), S. 207-220.

Schöch, Heinz (1994): Generalprävention aus kriminologischer Sicht. In: Der Generalstaatsanwalt des Landes Schleswig-Holstein (Hrsg.)(1994): Was können wir in der strafjustitiellen Praxis von den Erkenntnissen in den Sozialwissenschaften umsetzen? Fortbildungsveranstaltung am 29. und 30. September in der Evangelischen Akademie Bad Segeberg, S. 76-83.

Schöch, Heinz (1985): Empirische Grundlagen der Generalprävention. In: Theo Vogler u.a. (Hrsg.)(1985): Festschrift für Hans-Heinrich Jescheck zum 70. Geburtstag. Berlin, S.1081-1105.

Schreiber, Verena (2007): Lokale Präventionsgremien in Deutschland. Forum Humangeographie 2. Frankfurt.

Schubarth, Wilfried (2010): Gewalt und Mobbing an Schulen. Möglichkeiten der Prävention und Intervention. Stuttgart.

Schubarth, Wilfried (2001): Jugendgewalt als Konjunkturthema in den Medien. Neue Kriminalpolitik 3/2001, S. 24-29.

Schwind, Hans-Dieter (2013): Kriminologie. Eine praxisorientierte Einführung mit Beispielen. 22., neubearbeitete und ergänzte Auflage. Kriminalistik Heidelberg e.a.

Schwind, Hans-Dieter (2000): Hat die (Anti-)Gewaltkommission vergeblich gearbeitet? Die Kriminalprävention 2/2000, 45-54.

Schwind, Hans-Dieter/Baumann, Jürgen (Hrsg.)(1990): Ursachen, Prävention und Kontrolle von Gewalt. Analysen und Vorschläge der Unabhängigen Regierungskommission zur Verhinderung und Bekämpfung von Gewalt (Gewaltkommission). Band I. Endgutachten und Zwischengutachten der Arbeitsgruppen. Berlin.

Schwind, Hans-Dieter/Steinhilper, Gernot (2014): Erinnerungen an die Entstehung des KFN. In: Baier, Dirk/Mößle, Thomas (Hrsg.)(2014): Kriminologie ist Gesellschaftswissenschaft. Festschrift für Christian Pfeiffer zum 70. Geburtstag. Baden-Baden, S. 593-603.

Sessar, Klaus (2011): Editorial: Gedanken zu einer künftigen Kriminologie in Deutschland. MschrKrim 94. Jahrgang – Heft 5/2011, S. I-V.

Spiess, Gerhard (2012): Drei Prüfsteine zur Bewertung der jugendstrafrechtlichen Diversionspraxis - eine Untersuchung anhand rückfallstatistischer Befunde. In: Hilgendorf, Eric/Rengier, Rudolf (Hrsg.)(2012), S. 287-305.

Steffen, Wiebke (2013 a): Sicherheit als Grundbedürfnis der Menschen und staatliche Aufgabe. Gutachten für den 17. Deutschen Präventionstag. 16. & 17. April 2012 in München. In: E. Marks/W. Steffen (Hrsg.)(2013), S. 47-119.

Steffen, Wiebke (2013 b): Prävention ist viel zu wichtig, als dass man sie der Polizei allein überlassen dürfte. Überlegungen zur Bedeutung der Polizeilichen Kriminalprävention im Kontext der Kriminalprävention als gesamtgesellschaftlicher Aufgabe. In: Boers, Klaus u.a. (Hrsg.)(2013), S. 485-498.

Steffen, Wiebke (2013 c): Kommunale Kriminalprävention – Eine Zwischenbilanz. Vortrag beim Seminar 8/2013 der DHPol am 14.02.2013 (unveröffentlicht).

Steffen, Wiebke (2012 a): Sicherheit als Grundbedürfnis der Menschen und staatliche Aufgabe. Gutachten für den 17. Deutschen Präventionstag 16. & 17. April 2012 in München. In: E. Marks/W. Steffen (Hrsg.)(2012), S. 47-119.

Steffen, Wiebke (2012 b): Lern- und Lebensräume von Kindern und Jugendlichen als Orte von Bildung und Gewaltprävention. Gutachten für den 15. Deutschen Präventionstag 10. & 11. Mai 2010 Berlin. In: E. Marks/W. Steffen (Hrsg.)(2012), S. 39-104.

Steffen, Wiebke (2012 c): Kommunale Kriminalprävention in Deutschland – Anmerkungen zu Erfolgen und Defiziten, Risiken und Nebenwirkungen (http://www.kriminalpraevention.bremen.de/sixcms/media.php/13/01%20-%20 Wiebke%20Steffen.pdf).

Steffen, Wiebke (2011): Moderne Gesellschaften und Kriminalität. Der Beitrag der Kriminalprävention zu Integration und Solidarität. Gutachten für den 14. Deutschen Präventionstag 8. und 9. Juni 2009 Hannover. In: E. Marks/W. Steffen (Hrsg.)(2011), S. 45-116.

Steffen, Wiebke (2009): Engagierte Bürger – sichere Gesellschaft. Bürgerschaftliches Engagement in der Kriminalprävention. Gutachten für den 13. Deutschen Präventionstag 2. und 3. Juni 2008 in Leipzig. In: E. Marks/W. Steffen (Hrsg.)(2009), S. 25-72.

Steffen, Wiebke (2006) a: Kriminalprävention in Deutschland: Eine Erfolgsgeschichte? In: Feltes, Thomas u.a. (Hrsg.)(2006): Kriminalpolitik und ihre wissenschaftlichen Grundlagen. Festschrift für Professor Dr. Hans-Dieter Schwind zum 70. Geburtstag. C.F.Müller Verlag Heidelberg, S. 1141-1154.

Steffen, Wiebke (2006 b): Bürgernahe und gemeinwesenorientierte Polizeiarbeit in Deutschland. In: Berg, Manfred u.a. (Hrsg.)(2006): Strafrecht in den Vereinigten Staaten und Deutschland. Geschichte und neuere Entwicklungen. Heidelberg, 117-128.

Steffen, Wiebke (2005): Gremien Kommunaler Kriminalprävention – Bestandsaufnahme und Perspektive. In: Bannenberg, Britta u.a. (Hrsg.)(2005), S. 156-167.

Steffen, Wiebke (2004): Kommunale Kriminalprävention in Deutschland – Eine Erfolgsstory? forum kriminalprävention 4/2004, S. 18-21.

Steffen, Wiebke (2002): Community Policing oder Bürgernahe Polizeiarbeit: Eine neue (Heraus-)Forderung? forum kriminalprävention 1/2002, 11-13.

Steffen, Wiebke (1995): Veränderungen in der polizeilichen Aufgabenwahrnehmung – Gemeinwesenorientierung als moderne Zielperspektive? In: 50 Jahre
polizeiliche Bildungsarbeit in Münster. Schriftenreihe der Polizei-Führungs-
akademie Nr. 3/4/1995, 107-122.

Steffen, Wiebke/Hepp, Reinhold (2007):Strategien polizeilicher Gewaltprävention
im Kindes- und Jugendalter. In: Arbeitsstelle (Hrsg.)(2007), S. 169-195.

Stiftung Deutsches Forum für Kriminalprävention (Hrsg.)(2013): Entwicklungsförderung und Gewaltprävention für junge Menschen. Qualitätskriterienkatalog
des DFK-Sachverständigenrates für die Auswahl und Durchführung wirksamer Programme.

Stiftung Deutsches Forum für Kriminalprävention (Hrsg.)(2013): Entwicklungsförderung und Gewaltprävention für junge Menschen. Impulse des DFK-Sachverständigenrates für die Auswahl und Durchführung wirksamer Programme
– Ein Leitfaden für die Praxis-.

Stolpe, Oliver (2009): An Overview of Crime Prevention at the International Level.
In: Coester, Marc/Marks, Erich /Eds.): International Perspectives of Crime
Prevention 3. Contributions from the 3rd Annual International Forum 2009.
Godesberg, S. 39-46.

Uhle, Ria (2012): Veränderungen, Umbrüche, Krisen – Gewaltprävention an Schulen
im Wandel.
In: E. Marks/W. Steffen (Hrsg.)(2012), S. 301-313.

van den Brinck, Henning (2012): Blicke hinter die Kulissen kommunaler Präventionsgremien. Tagungsbericht zum Abschlusssymposium des Forschungsprojekts „Kooperative Sicherheitspolitik in der Stadt" (KoSiPol). forum
kriminalprävention 4/2012, S. 4-7.

Waller, Irvin (2012): Ausgewogene Investituoinen in bewährte Kriminalitätsprävention. Kriminalistik 7/2012, S. 415-419.

Waller, Irvin (2011): Mehr Recht und Ordnung! Oder doch lieber weniger Kriminalität? Hrsg. im Auftrag des Deutschen Präventionstages von Burkhard
Hasenpusch und Erich Marks. Godesberg.

Welsh, Brandon C./Farrington, David P. (2012): Science, politics, and crime prevention: Toward a new crime policy. Journal of Criminal Justice 40 (2012), S.
128-133.

Wijckmans, Belinda (2013): European Crime Prevention Network (EUCPN):
Crime prevention activities on EU, national and local level. In: Kerner,
Hans-Jürgen/Marks, Erich (Hrsg.): Internetdokumentation des Deutschen
Präventionstages. Hannover 2012 (www.praeventionstag.de/Dokumentation.
cms/2256).

Ziercke, Jörg (1998): Anforderungen einer zukunftsorientierten, gesamtgesellschaftlich
ausgerichteten Kriminalitätsvorbeugung – Erfordernis eines bundesweiten
Präventionsgremiums. In: Kerner, Hans-Jürgen u.a. (Hrsg.)(1998), S. 281-292.

Rainer Strobl, Christoph Schüle und Olaf Lobermeier

Evaluation

des 19. Deutschen Präventionstages

am 12. und 13. Mai 2014 in Karlsruhe

Hannover, August 2014

Inhalt

1. Einleitung

Der 19. Deutsche Präventionstag fand am 12. und 13. Mai 2014 in Karlsruhe statt. Unter dem Schwerpunktthema „Prävention braucht Praxis, Politik und Wissenschaft" nahm der diesjährige Kongress die Interdisziplinarität der Präventionsarbeit in den Blick. Zu diesem Thema wurde auf dem 19. Deutschen Präventionstag eine Zwischenbilanz gezogen und gefragt, ob und inwieweit Präventionspraxis, Präventionspolitik und Präventionswissenschaft ihre Aufgaben umgesetzt haben, welche Herausforderungen zu bewältigen sind, welche Folgerungen daraus zu ziehen und welche Forderungen zu stellen sind, um kriminalpräventive Anstrengungen weiter zu verstärken und Kriminalprävention gesamtgesellschaftlich noch stärker zu etablieren.[1] Das Gutachten zum 19. Deutschen Präventionstag gibt hierzu einen umfassenden Überblick.[2]

Während des gesamten Präventionstages wurden unterschiedliche Aspekte des Schwerpunktthemas in zahlreichen Beiträgen analysiert und intensiv diskutiert. Darüber hinaus konnten sich die Besucher während der beiden Kongresstage natürlich auch wieder über verschiedene Facetten der Präventionsarbeit informieren. Hierzu gab es ein breites Angebot an Vorträgen, Filmen, Theater- und Musikdarbietungen sowie eine kongressbegleitende Ausstellung mit Informationsständen, Infomobilen, Sonderausstellungen und Posterpräsentationen. Etwa die Hälfte der Veranstaltungen befasste sich mit dem Schwerpunktthema; die andere Hälfte widmete sich sonstigen Präventionsthemen. Traditionell nimmt die Kriminalprävention in diesem Zusammenhang den größten Raum ein. Dies gilt auch für den 19. Deutschen Präventionstag. Ein weiterer wichtiger Aspekt des Präventionstages ist der fachliche Austausch mit Experten sowie der Aufbau und die Pflege von Kontakten.

Die Evaluation des diesjährigen Kongresses wurde mit einem ähnlichen Instrument durchgeführt wie in den vergangenen Jahren, so dass vielfältige Vergleiche möglich sind. Wie in den Vorjahren ist die Qualitätssicherung und Optimierung des Deutschen Präventionstages das wichtigste Anliegen der Evaluation. Es ist daher Aufgabe der Evaluation zu bewerten, inwieweit der Kongress seine Ziele erreicht und die Erwartungen erfüllt hat. Die Frage nach Wirkungen im Sinne von Veränderungen bei den Zielgruppen ist in diesem Zusammenhang allerdings nur ansatzweise zu beantworten. Auf S. 34 f. gehen wir aber der Frage nach, ob Wissen und Informationen, die auf vorangegangenen Präventionstagen erworben wurden oder Kontakte, die dort geknüpft wurden, dazu beigetragen haben, dass Präventionsaufgaben besser durchgeführt werden können.

---

[1] Vgl. hierzu die Karlsruher Erklärung des 19. Deutschen Präventionstages 2014

[2] Vgl. hierzu das Gutachten von Dr. Wiebke Steffen zum 19. Deutschen Präventionstag 2014

Insgesamt konzentriert sich die Evaluation jedoch vorrangig auf die Leistungen des Präventionstages. Hierzu zählen vor allem folgende Punkte:[3]

- Zahl und Art der angebotenen Veranstaltungen
- Zufriedenheit der Besucherinnen und Besucher mit den Veranstaltungen und mit dem Veranstaltungsangebot sowie
- Zielgruppenerreichung und Art der Teilnahme.

Darüber hinaus dienen die im Leitbild des Deutschen Präventionstages implizit und explizit angesprochenen Ziele als Richtschnur für die Evaluation.[4] Demnach soll der Kongress

1. Kriminalprävention ressortübergreifend, interdisziplinär und in einem breiten gesellschaftlichen Rahmen darstellen und stärken,

2. die Präsentation weiterer Präventionsfelder (z.b. Gesundheitsförderung, Sucht- und Verkehrsprävention) ermöglichen,

3. Verantwortungsträger der Prävention aus unterschiedlichen gesellschaftlichen Bereichen ansprechen,

4. aktuelle und grundsätzliche Fragen der verschiedenen Arbeitsfelder der Prävention und ihrer Wirksamkeit thematisieren,

5. Partner in der Prävention zusammenführen,

6. Forum für die Praxis sein und den Informations- und Erfahrungsaustausch ermöglichen,

7. internationale Verbindungen knüpfen und den Informationsaustausch unterstützen,

8. Umsetzungsstrategien diskutieren sowie

9. Empfehlungen an Praxis, Politik, Verwaltung und Wissenschaft erarbeiten und aussprechen.

Wie in den zurückliegenden Jahren basiert die Evaluation auf einem standardisierten Online- Fragebogen. Lob, Kritik und Anregungen konnten zudem unstandardisiert als Freitext mitgeteilt werden. Hiervon machten die Befragten regen Gebrauch, so dass der Evaluation Kommentare im Umfang von insgesamt 62 Textseiten zur Verfügung stehen.

---

[3]   Vgl. hierzu auch das proVal Handbuch für die praktische Projektarbeit. Hannover 2007, S. 69 (Online im Internet unter http://www.proval-services.net/download/proval-handbuch.pdf) sowie Beywl, Wolfgang/ Schepp-Winter, Ellen: Zielfindung und Zielklärung – ein Leitfaden – (QS21). Bonn: BMFSFJ 1999, S. 76.

[4]   Vgl. das Leitbild des Deutschen Präventionstages auf S. 42 des Kongresskatalogs 2014.

Den Besucherinnen und Besuchern wurde unmittelbar nach dem Ende des Kongresses und dann abermals knapp eine Woche später eine E-Mail mit der Bitte um die Beantwortung des Fragebogens zugesandt. Die E-Mails enthielten jeweils einen Link, mit dem der Fragebogen aufgerufen werden konnte. Insgesamt wurden 1.262 E-Mails an einzelne Personen verschickt. Zusätzlich wurden 165 Sammelanmelder mit der Bitte angeschrieben, die Nachricht an die zugehörigen Teilnehmerinnen und Teilnehmer weiterzuleiten. Von den angeschriebenen Personen haben 616 den Fragebogen beantwortet. Die Zahl der Rückmeldungen liegt damit höher als beim letztjährigen Präventionstag (18. DPT: 570 ausgefüllte Fragebögen). Insgesamt kann daher festgehalten werden, dass die von proVal durchgeführte Form der Kongressevaluation nach wie vor gut angenommen wird. Allerdings ist darauf hinzuweisen, dass von den 2.306 angemeldeten Kongressbesuchern lediglich 1.262 (54,7%) direkt angeschrieben werden konnten, da aufgrund von Sammelbestellungen, Fax- und Briefanmeldungen sowie Anmeldungen an der Tageskasse nicht von allen Teilnehmerinnen und Teilnehmern E-Mail-Adressen vorlagen. Bezogen auf die Gesamtzahl der angemeldeten Kongressbesucher hat nur etwa jeder Vierte eine Rückmeldung abgegeben (26,7%). Insofern können Verzerrungen trotz des guten Rücklaufes nicht grundsätzlich ausgeschlossen werden. Im Vergleich zu den vergangenen Präventionstagen zeigt sich jedoch eine große Stabilität der zentralen Befunde, so dass davon ausgegangen werden kann, dass die Ergebnisse der Befragung die Eindrücke und Meinungen der Besucherinnen und Besucher des 19. Deutschen Präventionstag insgesamt gut widerspiegeln.

2. Plenumsveranstaltungen

Die Plenumsveranstaltungen tragen wesentlich zum Charakter des Präventionstages bei. Hierzu gehören neben der Kongresseröffnung auch das Abschlussplenum sowie der Abendempfang. Neben der Vermittlung von Informationen geht es im Rahmen dieser Veranstaltungen auch darum, das Interesse an neuen Präventionsthemen zu wecken und die Motivation für ein Engagement in der Präventionsarbeit zu stärken.

2.1 Eröffnungsplenum

Das Eröffnungsplenum setzt den Rahmen des Präventionstages und hat deshalb in jedem Jahr eine besondere Bedeutung. Auf einer Skala von 1 (sehr gut) bis 5 (sehr schlecht) erreichte die diesjährige Eröffnungsveranstaltung mit 1,9 einen sehr guten Durchschnittswert (18. DPT: 1,8; 17. DPT: 2,0; 16. DPT: 2,1; 15. DPT: 1,5; 14. DPT: 1,8; 13. DPT: 1,6).

Abbildung 1:Wie hat Ihnen das Eröffnungsplenum gefallen?[5]

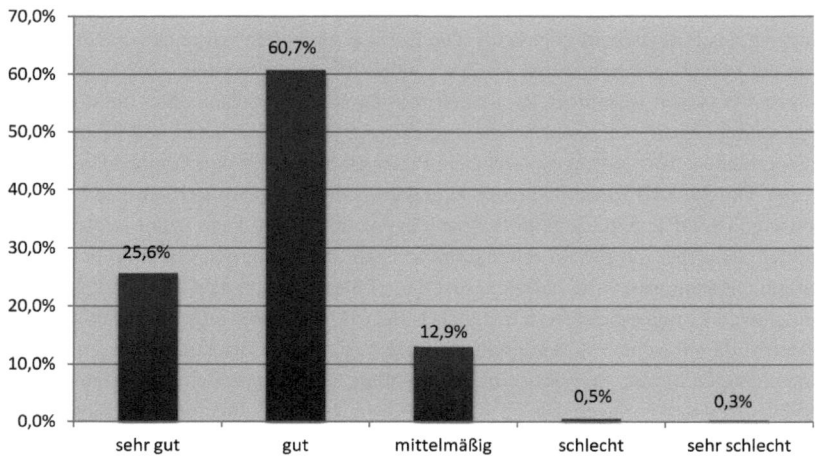

Die künstlerische und musikalische Untermalung der diesjährigen Kongresseröffnung wurde von den befragten Teilnehmerinnen und Teilnehmern in den Kommentaren besonders gelobt. Aber auch die „anregenden" und „visionären" Ausführungen von Professor Eisner ermöglichten „einen spannenden Blick über den Tellerrand". In den Kommentaren wurde aber auch der Wunsch nach kürzeren und inhaltlich pointierteren Grußworten der politischen Entscheidungsträger laut.

2.2 Abendempfang

Mit einer Durchschnittsnote von 1,6 wurde der Abendempfang im Vergleich zum Vorjahr um beinahe eine halbe Note besser bewertet. Er erreicht damit fast den sehr guten Wert des 17. Deutschen Präventionstages in München. Lediglich der Spitzenwert des 13. Deutschen Präventionsages in Leipzig bleibt unerreicht (18. DPT: 2,0; 17. DPT: 1,5; 16. DPT: 3,0; 15. DPT: 2,1; 14. DPT: 3,0; 13. DPT: 1,2). Insgesamt gefiel der Abendempfang 91% der Befragten gut oder sehr gut.

---

[5]   Die Prozentangaben beziehen sich auf die Zahl der gültigen Antworten (n=394). 194 Befragte gaben an, das Eröffnungsplenum nicht besucht zu haben.

Abbildung 2: Wie hat Ihnen der Abendempfang gefallen?[6]

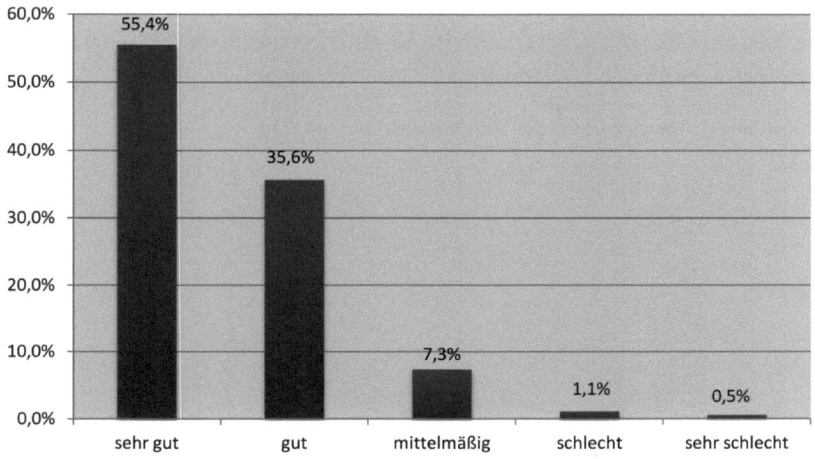

In den Kommentaren wird insbesondere der Stadt Karlsruhe und dem Land Baden-Württemberg, die es bei „sehr gutem Essen, hochwertigen Getränken und tollen Tänzern und Musikern" sowie „freundlichen Servicekräften an nichts missen ließen", ein großes Lob für einen sehr gelungenen Abendempfang ausgesprochen. Einige Kommentatoren empfanden die Musik allerdings zunächst als zu laut:

> „Es ist sehr schade, dass so früh so laute Musik gespielt wird, so dass man sich kaum noch unterhalten kann."

> „Laute Live-Musik während der Essenszeit war sicher gut gemeint, sollte aber eher nicht stattfinden. Wird den Künstlern nicht gerecht, weil man nicht so recht zuhört oder –schaut, und man kann sich nicht unterhalten. Man musste seinen Nachbarn bei Tisch in die Ohren schreien. Die spätere Live-Musik war dann wieder o.k. und wurde ja auch gut von einigen Tänzern aufgenommen."

2.3 Abschlussplenum

Wie in den vorangegangen Jahren litt auch in diesem Jahr das Abschlussplenum unter der vorzeitigen Abreise vieler Teilnehmerinnen und Teilnehmer. Insgesamt 57,8% der Befragten gaben in diesem Zusammenhang an, dass Abschlussplenum nicht besucht zu haben.

---

[6] Die Prozentangaben beziehen sich auf die Zahl der gültigen Antworten (n=368). 201 Befragte gaben an, den Abendempfang nicht besucht zu haben.

Die Bewertung der Abschlussveranstaltung fällt jedoch im Vergleich zu den Vorjahren mit einem Durchschnittswert von 1,6 besonders gut aus (18. DPT: 1,9; 17. DPT: 2,3; 16. DPT: 1,8; 15. DPT: 1,7: 14. DPT: 2,2; 13. DPT: 1,8). Mehr als 94% der Befragten bewerteten die Abschlussveranstaltung als gut oder sehr gut.

Abbildung 3: Wie hat Ihnen das Abschlussplenum gefallen?[7]

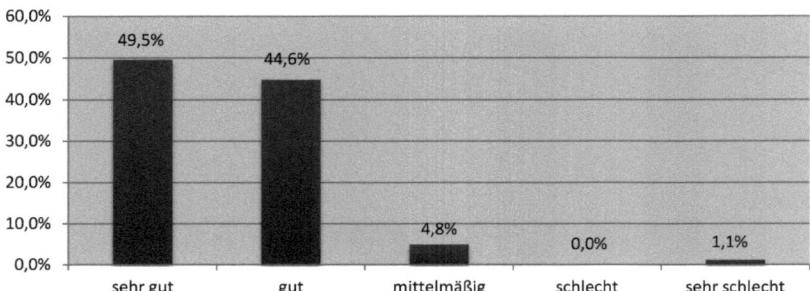

Besonders der Abschlussvortrag von Professor Mayer-Schönberger wird in den Kommentaren als „ein echtes Highlight" hervorgehoben.

3. Vorträge

In den Kommentaren wurden die in den einzelnen Zeitsträngen parallel gehaltenen Vorträge als interessant und vielfältig bezeichnet. Zu 74 Vorträgen konnten wir in der Evaluationsbefragung jeweils mindestens 10 Rückmeldungen erfassen. Die systematische Auswertung dieser Vorträge ergibt bei der Frage, wie den Teilnehmerinnen und Teilnehmern der Beitrag gefallen hat, einen Durchschnittswert von 1,9 auf einer Skala von 1 (sehr gut) bis 5 (sehr schlecht) (18. DPT: 2,0; 17. DPT: 1,9; 16. DPT: 2,0; 15. DPT: 2,0; 14. DPT: 2,0; 13. DPT: 2,1). Die Nützlichkeit der einzelnen Vorträge für die praktische Präventionsarbeit erhielt von den Befragten die Durchschnittsnote 2,2 (18. DPT: 2,3; 17. DPT: 2,2; 16. DPT: 2,5; 15. DPT: 2,2).

Natürlich gab es auch wieder Vorträge, die besonders herausragten. Die 10 Besten sind in Tabelle 1 aufgeführt. Dabei wurde für die Bestimmung der Rangfolge sowohl die allgemeine Bewertung als auch die Bewertung der Nützlichkeit für die praktische Präventionsarbeit berücksichtigt.

---

[7] Die Prozentangaben beziehen sich auf die Zahl der gültigen Antworten (n=186). 356 Befragte gaben an, den Abschlussplenum nicht besucht zu haben.

Tabelle 1: Die 10 besten Vorträge der Parallelveranstaltungen

| Rang | Vortrag | Wie hat Ihnen der Beitrag dieses Referenten gefallen? | | | Wie gut lassen sich die erhaltenen Informationen für die praktische Präventionsarbeit nutzen? | | | Gesamt durch- schnitt |
		N	Durch- schnitt	Standar dabwei chung	N	Durch- schnitt	Standar dabwei chung	
1	*Schuhmann*: Schütze Dein BESTES. - Prophylaxe für Ihr Gehirn	15	1,07	0,26	14	1,14	0,36	1,10
2	*Taubken*: Urheberrechts- verletzungen und Raub- kopien - der Aufklärungs- ansatz von RESPE©T COPYRIGHTS	13	1,38	0,65	11	1,36	0,50	1,37
3	*von Weiler*: Online- Kinderschutz im Zeitalter des Digitalen Exhibitionis- mus - eine (un)lösbare Herausforderung	13	1,08	0,28	12	1,75	0,62	1,41
4	*Wirth*: Übergangs- management im Strafvoll- zug: Anwendungsfelder - Schwerpunkte	13	1,46	0,78	10	1,50	0,97	1,48
5	*Weiße*: Kommunales Risikomanagement: über die Gemeinsamkeiten von Kindswohlgefährdungen und Hurrikans	15	1,33	0,90	12	1,75	1,22	1,54
6	*Mayer-Schönberger*: Big Data - Chancen und Risiken in der Prävention	47	1,13	0,40	40	2,08	0,89	1,60
7	*Greulich*: „Schnell weg - zwischen Panik und Ge- wissen!" - Vorstellung eines Zivilcourageseminars für Erwachsene	23	1,57	0,51	18	1,72	0,67	1,64
8	*Jansen*: PaC - Prävention als Chance	13	1,38	0,51	12	1,92	0,67	1,65
9	*Fünfsinn*: Der Einfluss der gesamtgesellschaftlichen Kriminalprävention auf das Strafrecht	19	1,58	0,69	15	1,73	0,70	1,66
10	*Beier*: Sexuellem Kindes- missbrauch vorbeugen - Das Präventionsnetzwerk „Kein Täter werden"	61	1,33	0,65	55	2,09	0,87	1,71

4. Projektspots

Nach wie vor erfreuen sich die Projektspots großer Beliebtheit. Im Unterschied zum letzten Jahr konnten die Teilnehmerinnen und Teilnehmer in der diesjährigen Befragung die Beiträge aller Referenten der von Ihnen besuchten Projektspots bewerten. Allerdings werden im Rahmen dieses Evaluationsberichtes lediglich die 29 Projektspots näher betrachtet, zu denen mindestens 10 Rückmeldungen vorliegen. Auf einer Skala von 1 (sehr gut) bis 5 (sehr schlecht) erreichten diese Projektspots im Hinblick auf die Frage, wie den Teilnehmerinnen und Teilnehmern der Beitrag des Referenten gefallen hat, mit 2,1 einen guten Durchschnittswert. Mit einem ähnlich guten Durchschnittswert von 2,2 bewerteten die Befragten die praktische Nützlichkeit der Projektspots.

Natürlich gab es auch Projektspots, die besonders herausstachen. Tabelle 2 zeigt die 10 besten Beiträge.

Tabelle 2: Die 10 besten Projektspots

Rang	Vortrag	Wie hat Ihnen der Beitrag dieses Referenten gefallen?			Wie gut lassen sich die erhaltenen Informationen für die praktische Präventionsarbeit nutzen?			Gesamtdurchschnitt
		N	Durchschnitt	Standardabweichung	N	Durchschnitt	Standardabweichung	
1	*Wenzelburger:* GRENZBEREICHE – Theaterprojekt zur Prävention von sex. Übergriffen zwischen Teenagern	13	1,31	,48	11	1,27	,47	1,29
2	*Glück:* GRENZBEREICHE – Theaterprojekt zur Prävention von sex. Übergriffen zwischen Teenagern	10	1,30	,48	11	1,36	,50	1,33
3	*Radelow:* „Seniorensicherheit im ländlichen Raum"	10	1,50	,71	8	1,50	,76	1,50
4	*Brandau:* Aktion BOB – eine sechsjährige Erfolgsgeschichte	11	1,55	,52	5	1,60	,55	1,57
5	*Lamby:* Gegen sexualisierte Gewalt im Sport!	12	1,67	,65	11	1,82	,75	1,74
6	*Engmann:* Betrug durch türkische Call-Center – Prävention durch das BKA	16	1,75	,58	16	1,81	,83	1,78
7	*Ribler:* Rechtsextrem orientierte Eltern (im Sport) – eine Form der Kindeswohlgefährdung	13	1,54	,66	13	2,08	,95	1,81
8	*Blauert:* Schulische Gewaltprävention - Das Elmshorner Netzwerk	14	2,00	1,11	11	1,64	,67	1,82
9	*Stengel:* Facebook, wkw und Co. - Sicher unterwegs in Sozialen Netzwerken	24	1,50	,98	21	2,29	1,10	1,89
10	*Schu:* Amok an Schulen – Ein neuer interdisziplinärer und systemischer Präventionsansatz	15	1,87	,52	13	2,08	1,04	1,97

5. Kongressbereiche

Auch in diesem Jahr konnten die Teilnehmerinnen und Teilnehmer verschiedene Kongressbereiche bewerten, zu denen u.a. das Kongressgutachten, die Vorträge und Projektspots sowie die Presentation on Demand (POD) gehören. Zusätzlich bestand die Möglichkeit, die Ausstellung und die Werkstatt zu bewerten. Die Ausstellung umfasst hierbei neben der kongressbegleitendenden Ausstellung auch die Sonderausstellungen zu verschiedenen Themen sowie die Posterpräsentationen. Unter dem Oberbegriff „Werkstatt" werden darüber hinaus die Bühne, das Filmforum sowie die Schüleruni und der Campus subsumiert.

5.1 Kongressgutachten

Mehr als 91% der Befragten gefiel das Kongressgutachten gut oder sehr gut. Auf einer Skala von 1 (sehr gut) bis 5 (sehr schlecht) erreichte das Kongressgutachten den guten Durchschnittswert 1,8.

Abbildung 4: Wie hat Ihnen das Kongressgutachten gefallen?[8]

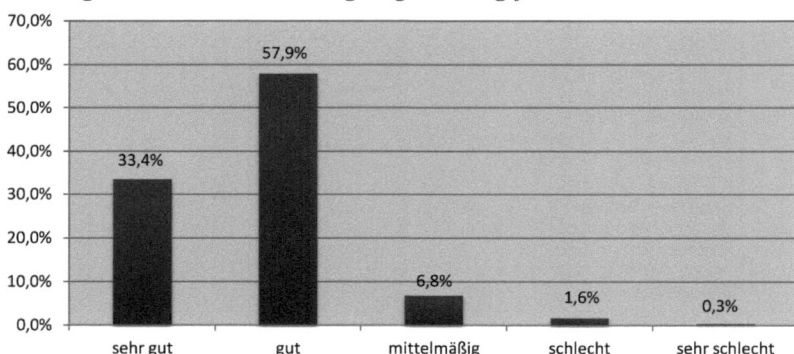

5.2 Vorträge

Die Vorträge erreichten auf der bekannten fünfstufigen Skala einen Durchschnittswert von 1,9 und gefielen beinahe 90% der Befragten gut oder sehr gut.

---

[8]   Die Prozentangaben beziehen sich auf die Zahl der gültigen Antworten (n=311).

Abbildung 5: Wie haben Ihnen die Vorträge gefallen?[9]

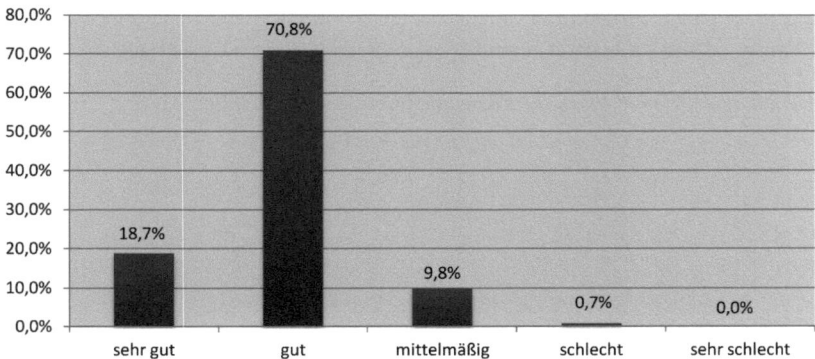

5.3 Projektspots

Insgesamt 84% der Befragten schätzten die Projektspots als gut oder sehr gut ein. Damit erreichten sie auf der bekannten Skala die Durchschnittsnote 2,0.

Abbildung 6: Wie haben Ihnen die Projektspots gefallen?[10]

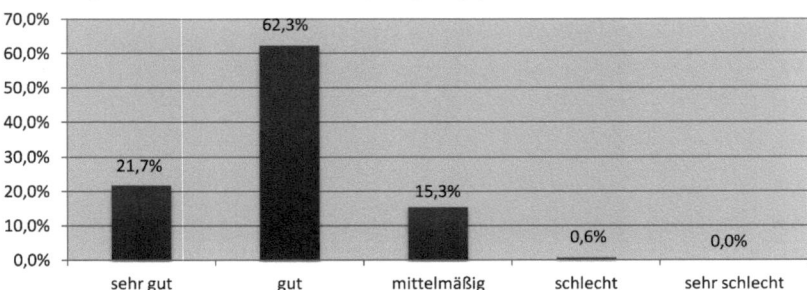

Einzelne Kommentare deuten allerdings darauf hin, dass die Projektspots möglicherweise zeitlich etwas zu eng getaktet waren.

---

[9]   Die Prozentangaben beziehen sich auf die Zahl der gültigen Antworten (n=449). 37 Befragte gaben an, die Vorträge nicht besucht zu haben.

[10] Die Prozentangaben beziehen sich auf die Zahl der gültigen Antworten (n=313). 85 Befragte gaben an, die Projektspots nicht besucht zu haben.

5.4 Presentation on Demand

Die Presentation on Demand erhielt auf unserer fünfstufigen Skala einen Durchschnittswert von 2,0 und gefiel rund 85% der Befragten gut oder sehr gut.

Abbildung 7: Wie hat Ihnen die Presentation on Demand gefallen?[11]

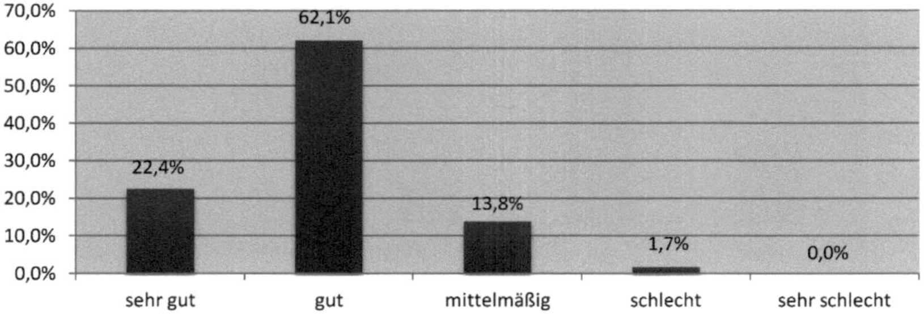

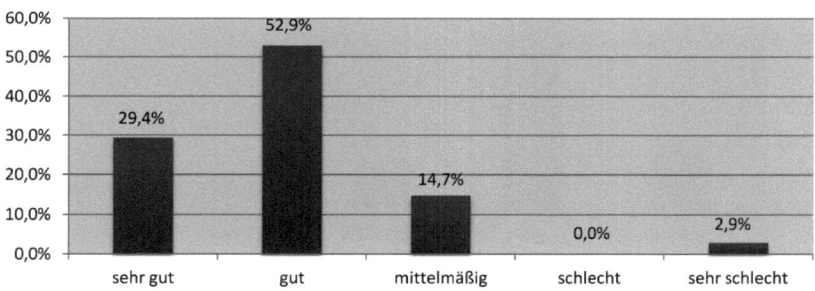

5.5 Schüleruni

Die Schüleruni wurde lediglich von rund 5,5% der Befragten besucht und erhielt von diesen die Durchschnittsnote von 2,0.

Abbildung 8: Wie hat Ihnen die Schüleruni gefallen?[12]

Den Kommentaren zufolge hat zur geringen Beteiligung an der Schüleruni möglicherweise auch eine unzureichende Beschilderung dieser Veranstaltung beigetragen.

---

[11]   Die Prozentangaben beziehen sich auf die Zahl der gültigen Antworten (n=58). 165 Befragte gaben an, die Presentation on Demand nicht besucht zu haben.

[12]   Die Prozentangaben beziehen sich auf die Zahl der gültigen Antworten (n=34). 200 Befragte gaben an, die Schüleruni nicht besucht zu haben.

5.6 Der Campus

Der Campus wurde von 191 befragten Teilnehmerinnen und Teilnehmern besucht. Auf der bekannten Skala von 1 (sehr gut) bis 5 (sehr schlecht) erhielt der Campus die Durchschnittsnote 2,1.

Abbildung 9: Wie hat Ihnen der Campus gefallen?[13]

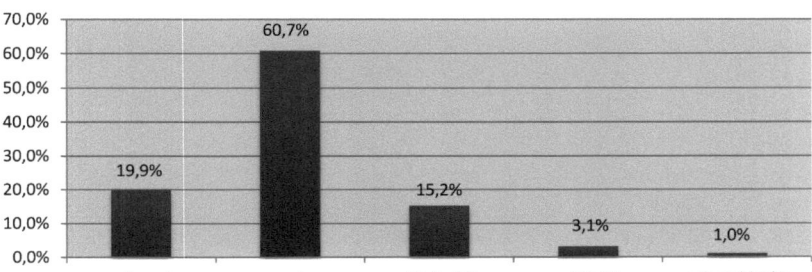

5.7 Kongressbegleitende Ausstellung

89,5% der Befragten gefiel die kongressbegleitende Ausstellung gut oder sehr gut. Damit erreichte sie auf unserer fünfstufigen Skala einen Durchschnittswert von 1,8.

Abbildung 10: Wie hat Ihnen die kongressbgeleitenden Ausstellung gefallen?[14]

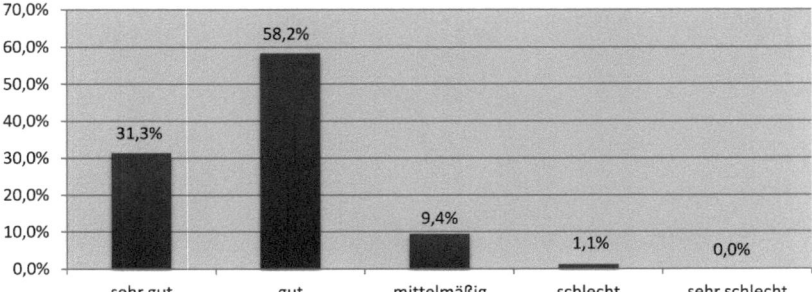

---

[13] Die Prozentangaben beziehen sich auf die Zahl der gültigen Antworten (n=191). 123 Befragte gaben an, den Campus nicht besucht zu haben.

[14] Die Prozentangaben beziehen sich auf die Zahl der gültigen Antworten (n=438). 36 Befragte gaben an, die kongressbegleitende Ausstellung nicht besucht zu haben.

5.8 Die Sonderausstellungen

Die Sonderausstellungen wurden von rund 38,5% der Teilnehmerinnen und Teilnehmer besucht. Diese bewerteten die Sonderausstellungen auf der bekannten Skala im Durchschnitt mit 1,9.

Abbildung 11: Wie haben Ihnen die Sonderausstellungen gefallen?[15]

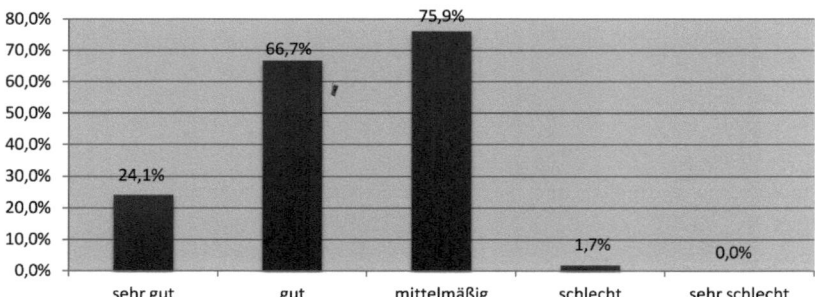

5.9 Poster

Zum Bereich der Ausstellung gehören auch die Posterpräsentationen. Diese wurden von weniger als der Hälfte der Befragten besucht, erzielten aber im Vergleich zu den Vorjahren mit 2,0 eine etwas bessere Durchschnittsnote (18. DPT: 2,3; 17. DPT: 2,2).

Abbildung 12: Wie haben Ihnen die Posterpräsentationen gefallen?[16]

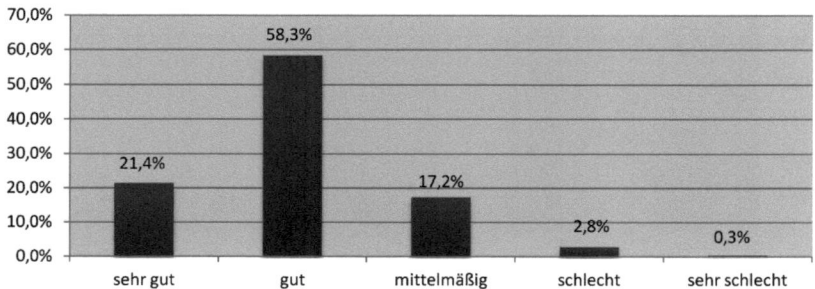

Einzelne Kommentare deuten an dieser Stelle darauf hin, dass die Poster in diesem Jahr vielleicht etwas zu weit vom Kerngeschehen des Präventionstages entfernt und schwer zu finden waren:

---

[15]   Die Prozentangaben beziehen sich auf die Zahl der gültigen Antworten (n=237). 103 Befragte gaben an, die Sonderausstellungen nicht besucht zu haben.

[16]   Die Prozentangaben beziehen sich auf die Zahl der gültigen Antworten (n=290). 67 Befragte gaben an, die Posterpräsentationen nicht besucht zu haben.

„Posterausstellung sehr abseits des Kerngeschehens, schade für die Beteiligten; lieber zentraler bzw. Begehung."

„Die Postersession konnte man kaum finden."

5.10 Die Bühne

Die Bühne wurde von insgesamt 41,9% der Befragten besucht. Mit der Bühne wurden auch Schulen und Kindergärten aus Karlsruhe und dem regionalen Umfeld als Zielgruppen angesprochen. Unter den Befragten erzielten die Bühnenveranstaltungen einen Durchschnittswert von 2,0 und schnitten damit etwa gleich gut wie in den letzten Jahren ab (18. DPT: 2,0; 17. DPT: 1,9; 16. DPT: 2,1; 15. DPT: 1,9).

Abbildung 13: Wie hat Ihnen die Bühne gefallen?[17]

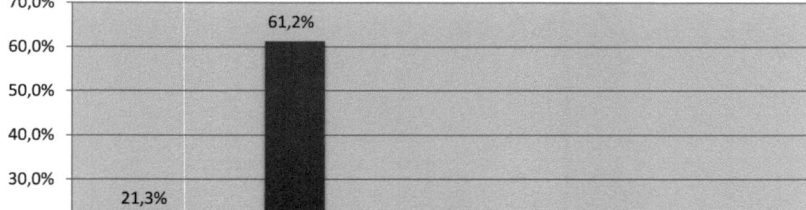

---

[17] Die Prozentangaben beziehen sich auf die Zahl der gültigen Antworten (n=258). 107 Befragte gaben an, die Bühnenveranstaltungen nicht besucht zu haben.

5.11 Das Filmforum

Das Filmforum wurde lediglich von 14,9% der Befragten besucht und hatte damit eine noch geringere Resonanz als auf den letztjährigen Präventionstagen. Die Durchschnittsnote von 1,9 verbesserte sich jedoch leicht (18.DPT: 2,0; 17. DPT: 2,0).

Abbildung 14: Wie hat Ihnen das Filmforum gefallen?[18]

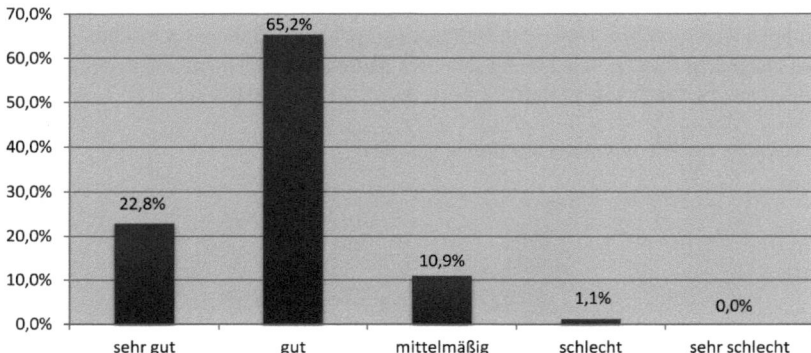

6. Internetauftritt und neue Medien

Wie in den vorhergehenden Jahren wurden die Befragten wieder um eine Bewertung der Internetseite und des Online-Angebotes des Deutschen Präventionstages gebeten. Dieses umfasst die Präventions-Suchmaschine dpt-map, die täglichen Präventions-News und die App des Deutschen Präventionsstages sowie die Vortragsmitschnitte der Eröffnungs- und Schlussveranstaltung. Zudem erhielten die Befragten auch die Möglichkeit die Web-Präsenzen des Deutschen Präventionstages auf Facebook und Twitter einzuschätzen.

6.1 Die Internetseite des Deutschen Präventionstages

Die Internetseite des Deutschen Präventionstags ist 92,3% aller 558 Personen, die auf Frage geantwortet haben, bekannt. Im Vergleich zu den letzten beiden Jahren hat die kongressunabhängige Nutzung der Internetseite allerdings abgenommen. So gaben lediglich 47,4% der Befragten an, die Internetseite des Deutschen Präventionstages auch unabhängig von einem Kongress zu nutzen (18. DPT: 57,6%; 17. DPT: 50,3%; 16. DPT: 42,5%; 15. DPT: 44%; 14. DPT: 52,4%). Der Anteil derjenigen, die die Internetseite überhaupt nicht besuchen, ist gegenüber dem Vorjahr von rund 4% auf rund 7% gestiegen.

---

[18]   Die Prozentangaben beziehen sich auf die Zahl der gültigen Antworten (n=92). 178 Befragte gaben an, die Filmforum nicht besucht zu haben.

Abbildung 15: Wie häufig nutzen Sie die Internetseite des Deutschen Präventionstages?[19]

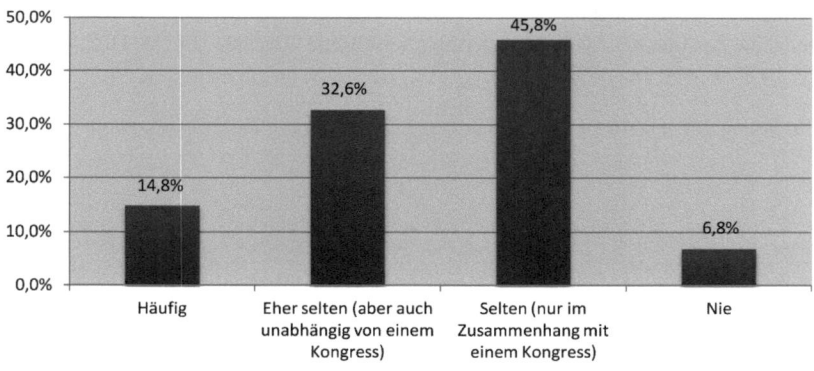

Erstmals wurden die Teilnehmerinnen und Teilnehmer in diesem Jahr auch um eine Angabe zur Nutzungshäufigkeit der Internetdokumentation des Deutschen Präventionstages gebeten. Von den 539 Personen, die diese Frage beantworteten, kannten 86,6% die Internetdokumentation. 48,8% dieser Befragten nutzten das Angebot auch unabhängig von einem Kongress, 40,9% nutzten es nur im Zusammenhang mit einem Kongress und 10,3% nutzten es gar nicht.

Abbildung 16: Wie häufig nutzen Sie die Internetdokumentation des Deutschen Präventionstages?[20]

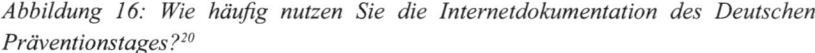
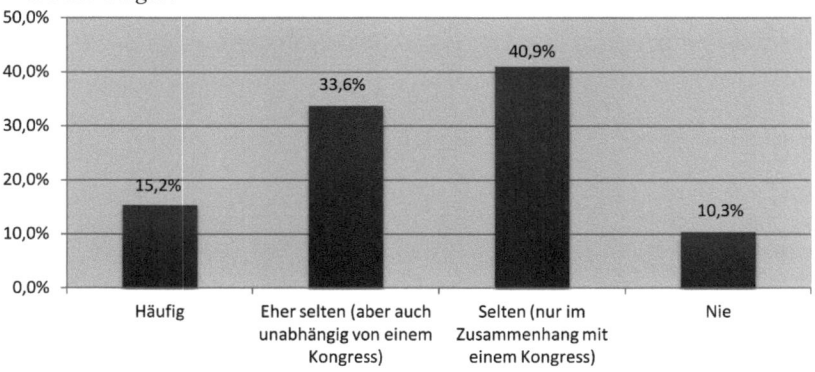

---

[19] Die Prozentangaben beziehen sich auf die Anzahl der gültigen Antworten (n=515). 43 Befragte gaben an, die Internetseite nicht zu kennen.

[20] Die Prozentangaben beziehen sich auf die Anzahl der gültigen Antworten (n=467). 72 Befragte gaben an, die Internetseite nicht zu kennen.

Die Struktur und Gestaltung der Internetseite wurde ähnlich wie in den Vorjahren mit der Durchschnittsnote 2,0 bewertet (18. DPT: 1,9; 17. DPT: 2,0). 88,4% der Befragten gefiel die Struktur und Gestaltung der Internetseite gut oder sehr gut (18. DPT: 89,6%; 17. DPT: 84,4%; 16. DPT: 78,3%).

Abbildung 17: Wie finden Sie die Struktur und Gestaltung der Internetseiten?[21]

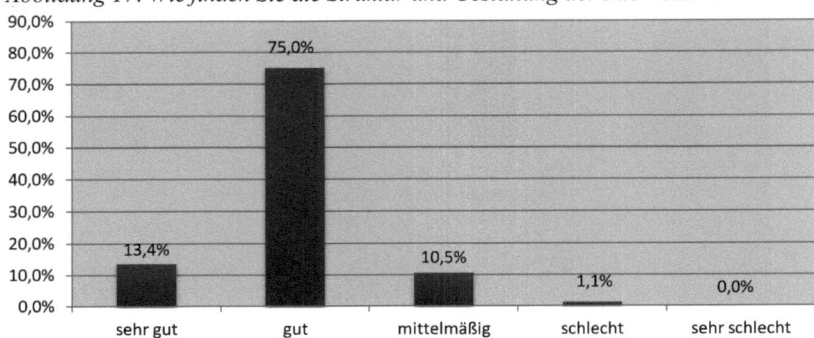

6.2 Das Such-Portal Kriminalprävention

Die Bekanntheit des Such-Portals Kriminalprävention (www.dpt-map.de) ist im Vergleich zum Vorjahr relativ stabil. 63,5% aller 510 Personen, die diese Frage beantwortet haben, kannten das Suchprotal (18. DPT: 66,4%; 17. DPT: 52,9%). Allerdings gaben 38,3% dieser Befragten an, das Suchportal nie zu nutzen.

Abbildung 18: Wie häufig nutzen Sie das Such-Portal Kriminalprävention?[22]

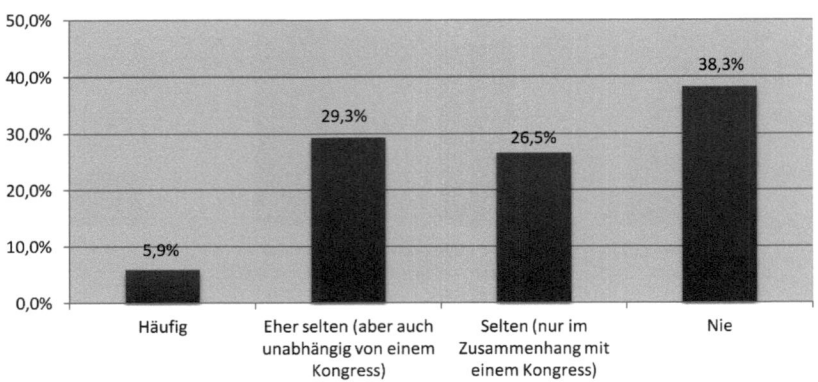

---

[21]   Die Prozentangaben beziehen sich auf die Anzahl der gültigen Antworten (n=372).

[22]   Die Prozentangaben beziehen sich auf die Anzahl der gültigen Antworten (n=324). 186 Befragte gaben an, das Such-Portal Kriminalprävention nicht zu kennen.

Auf unserer Fünferskala erreichte das Such-Portal Kriminalprävention in diesem Jahr einen Durchschnittswert von 2,0 (18. DPT: 2,0; 17. DPT: 2,1). 85,2% der Befragten, denen das Such-Portal bekannt war, fanden es gut oder sehr gut.

Abbildung 19: Wie finden Sie das Such-Portal Kriminalprävention?[23]

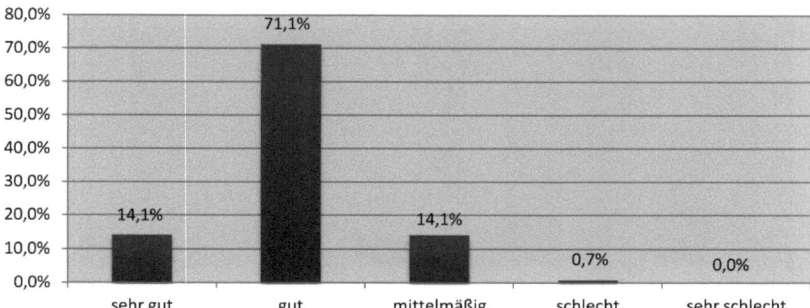

6.3 Die tägliche Präventions-News

Auch die Bekanntheit der täglichen Präventions-News ist in etwa auf dem Niveau des Vorjahres. 75,7% der 518 Befragten, die auf diese Frage geantwortet haben, war die Präventions-News bekannt (18. DPT: 79,2%; 17. DPT: 65,1%). Von diesen Personen nutzte wiederum etwa die Hälfte (51%) dieses Angebot auch unabhängig von einem Kongress; 31,6% gaben allerdings an, die täglichen Präventions-News nie zu nutzen.

Abbildung 20: Wie häufig nutzen Sie die tägliche Präventions-News?[24]

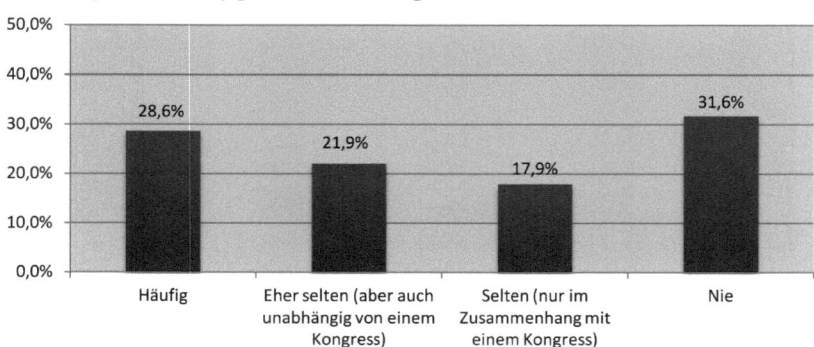

---

[23] Die Prozentangaben beziehen sich auf die Anzahl der gültigen Antworten (n=135).

[24] Die Prozentangaben beziehen sich auf die Anzahl der gültigen Antworten (n=392). 126 Befragte gaben an, die Präventions-News nicht zu kennen.

Das Angebot wurde auf unserer Fünferskala mit einem Durchschnittswert von 1,8 etwas besser bewertet als in den Vorjahren (18. DPT: 2,0; 17. DPT: 2,0). Insgesamt 90,9% der Befragten fanden die täglichen Präventions-News gut oder sehr gut.

Abbildung 21: Wie finden Sie die tägliche Präventions-News?[25]

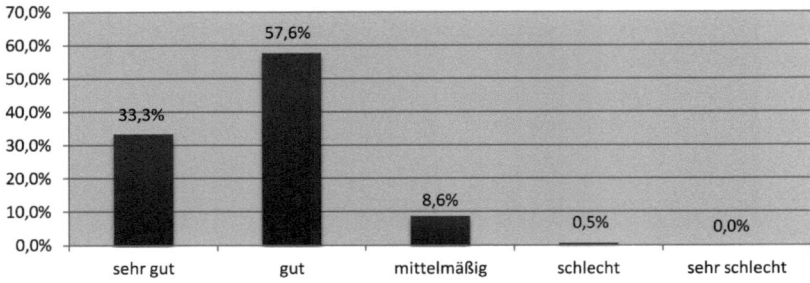

6.4 Die App des Deutschen Präventionstages

60,9% der 501 Befragten, die auf diese Frage geantwortet haben, kannten die App des Deutschen Präventionstages (18. DPT: 63,7%; 17. DPT: 46,7%). Von diesen Personen gaben allerdings 78,4% an, diese App nie zu nutzen (18. DPT: 72,8%; 17. DPT: 71,1%).

Abbildung 22: Wie häufig nutzen Sie die App des Deutschen Präventionstages?[26]

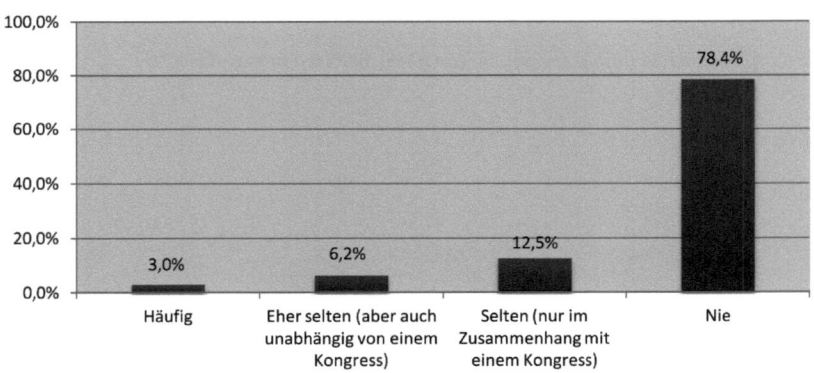

Auf unserer Skala von 1 (sehr gut) bis 5 (sehr schlecht) erreichte die App des Deutschen Präventionstages dabei einen Durchschnittswert von 2,3 (18. DPT: 2,3; 17. DPT: 2,2).

---

[25] Die Prozentangaben beziehen sich auf die Anzahl der gültigen Antworten (n=198).

[26] Die Prozentangaben beziehen sich auf die Anzahl der gültigen Antworten (n=305). 196 Befragte gaben an, die App nicht zu kennen.

Abbildung 23: Wie finden Sie die App des Deutschen Präventionstages?[27]

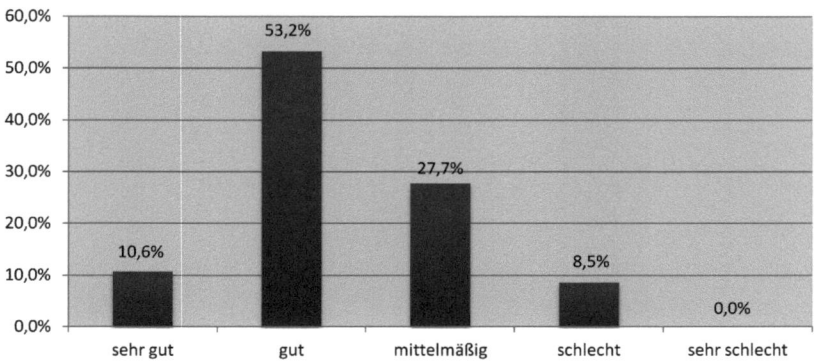

In einigen Kommentaren wurde darauf hingewiesen, dass die Werbung für die App verbessert und ihre Anwendung neu ausgerichtet werden sollte:

> „Mehr Werbung für Online-Angebote+App auch auf dem DPT selber! Vielleicht ein Stand an zentraler Stelle."

> „Die App zum DPT sollte nicht nur einfache Namenslisten oder Vortragslisten enthalten (so habe ich sie wahrgenommen). Sie sollte vielmehr den Kongress begleiten (z.B. auch mit Raumplänen (Veranstaltungsortsplänen), die Programmbeschreibungen beinhalten (Suchbar) und die eigenen Favoriten für den Kongress sammeln und per Klick die Navigation zu den Räumen ermöglichen. Optimal wäre auch eine Navigation zu den Ständen (wenn leistbar)."

6.5 Die Vortragsmitschnitte der Eröffnungs- und Schlussveranstaltung auf der Internetseite des Deutschen Präventionstages

Die Vortragsmitschnitte der Eröffnungs- und Schlussveranstaltung auf der Internetseite des Deutschen Präventionstages kannten 75,9% der 498 Befragten, die Angaben zu dieser Frage gemacht haben (18. DPT: 78,1%). Von diesen nutzten jedoch lediglich 21,7% diese Möglichkeit auch unabhängig von einem Kongress. 52,6% gaben hingegen an, dieses Angebot noch nie genutzt zu haben.

---

[27]   Die Prozentangaben beziehen sich auf die Anzahl der gültigen Antworten (n=47).

Abbildung 24: Wie häufig nutzen Sie die Vortragsmitschnitte der Eröffnungs- und Schlussveranstaltungen auf der Internetseite des Deutschen Präventionstages?[28]

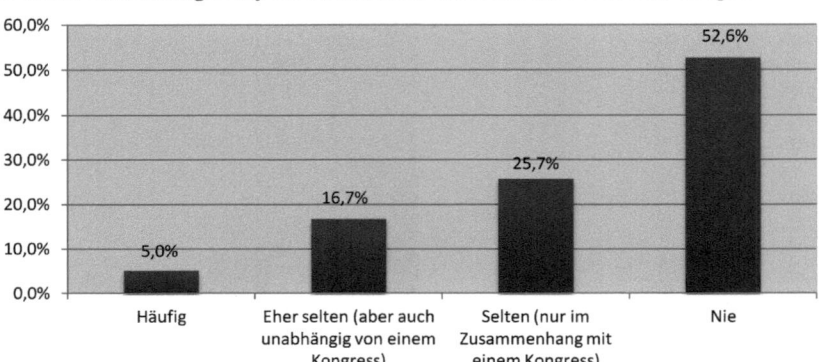

Dennoch wurde die Möglichkeit, Vortragsmitschnitte der Eröffnungs- und Schluss-veranstaltung auf der Internetseite anzusehen oder auf der Internetseite live zu verfol-gen sehr positiv wahrgenommen und erreichte auf unserer Fünferskala jeweils einen Durchschnittswert von 1,7. Insgesamt bewerten 94,7% der Befragten die Möglichkeit, Vortragsmitschnitte der Eröffnungs- und Schlussveranstaltung auf der Internetseite anschauen zu können, als gut oder sehr gut. Der Anteil derjenigen, die die Möglich-keit des Livestreamings der Eröffnungs- und Schlussveranstaltung als gut oder sehr gut empfanden, beträgt 93,7%.

---

[28] Die Prozentangaben beziehen sich auf die Anzahl der gültigen Antworten (n=378). 120 Befragte gaben an, die Vortragsmitschnitte nicht zu kennen.

Abbildung 25: Wie finden Sie, die Möglichkeit, die Eröffnungs- und Schlussveranstaltung auf der Internetseite anzusehen bzw. live zu verfolgen?[29]

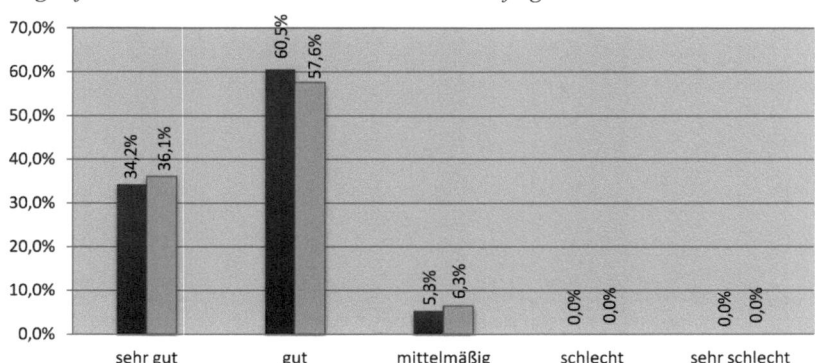

Die Möglichkeit, Vortragsmitschnitte der Eröffnungs- und Schlussveranstaltung auf der Internetseite anzusehen

Die Möglichkeit, die Eröffnungs- und Schlussveranstaltung auf der Internetseite live zu verfolgen

6.6 Das Facebook- und das Twitterprofil

Die Präsenz des Deutschen Präventionstages bei Facebook war 66,8% und die Präsenz bei Twitter war 66,4% der Personen, die die entsprechenden Fragen beantwortet haben, bekannt (18. DPT: 68,6% bzw. 66,6%). Allerdings nutzt nur ein geringer Teil dieser Befragten die Onlineauftritte des deutschen Präventionstages bei Facebook oder Twitter. Diesbezüglich gaben gerade einmal 9% der Befragten an, das Facebook-Profil auch unabhängig von einem Kongress zu nutzen, bei Twitter sind es 3%. Dagegen haben 84,5% dieser Befragten Facebook-Präsenz und 92,8% die Twitter-Präsenz noch nie genutzt.

---

[29]   Die Prozentangaben beziehen sich auf die Anzahl der gültigen Antworten: Die Möglichkeit, Vortragsmit-schnitte der Eröffnungs- und Schlussveranstaltung auf der Internetseite anzusehen (n=190); die Möglich-keit, die Eröffnungs- und Schlussveranstaltung auf der Internetseite live zu verfolgen (n=158).

Abbildung 26: Nutzung der Präsenzen des Deutschen Präventionstages bei Facebook und Twitter?[30]

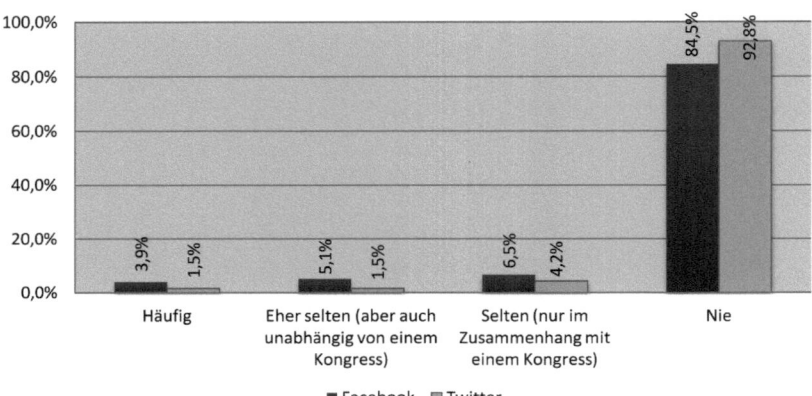

Die genannten Online-Angebote bei Facebook und Twitter wurden von den Befragten unterschiedlich bewertet. Während 73,2% der Befragten das Facebook-Profil als gut oder sehr gut empfanden, waren es bei Twitter lediglich 58,1%.

Abbildung 27: Wie finden Sie die Online-Angebote des Deutschen Präventionstages bei Facebook und Twitter?[31]

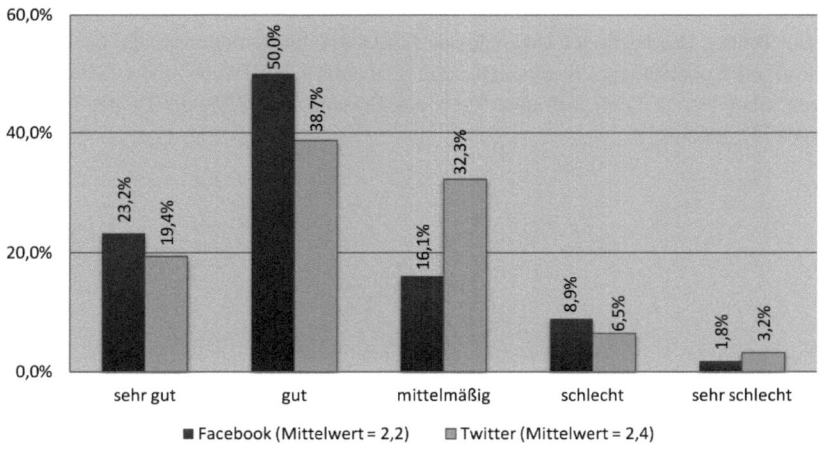

---

[30] Die Prozentangaben beziehen sich auf die Anzahl der gültigen Antworten: Facebook (n=336); Twitter (n=332).

[31] Die Prozentangaben beziehen sich auf die Anzahl der gültigen Antworten: Facebook (n=56); Twitter (n=31).

7. Gesamteindruck

Insgesamt erreicht der 19. Deutsche Präventionstag mit der Durchschnittsnote 1,8 ein hervorragendes Gesamtergebnis (18. DPT: 1,7; 17. DPT: 1,7; 16. DPT: 2,0; 15. DPT: 1,9; 14. DPT: 1,9; 13: DPT: 1,7). 90,0% der Befragten gefiel der 19. Deutschen Präventionstag gut oder sehr gut; lediglich 1,5% der Teilnehmerinnen und Teilnehmer empfanden ihn als schlecht oder sogar sehr schlecht. Das Abschlussplenum erreichte mit der Durchschnittsnote 1,6 sogar einen neuen Spitzenwert.

Abbildung 28: Wie fanden Sie den 19. deutschen Präventionstag insgesamt?[32]

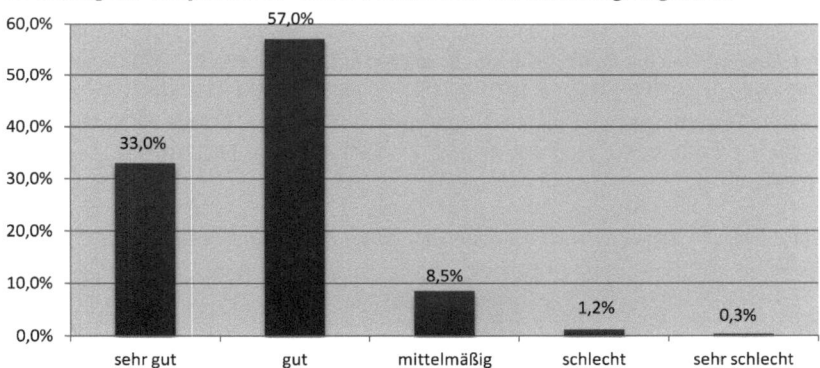

Auch in diesem Jahr erhielt der Präventionstag wieder sehr viel Lob:

„Perfekte Organisation, Fragen konnten sofort beantwortet werden, eine sehr ansprechende Abendveranstaltung, ausgewogenes Programm mit vielen Angeboten."

„Es ging alles schnell, reibungslos, jederzeit waren Ansprechpartner verfügbar. Insgesamt waren so gut wie keine Unklarheiten da, das war sehr positiv!"

„Es gab viele Veranstaltungen zu sehr verschiedenen Themen, so dass eigentlich für jeden etwas dabei war. Sehr nettes und hilfsbereites Messepersonal, das sich mit den Örtlichkeiten auch tatsächlich auskannte."

„Veranstaltungsgelände: gute Orientierung, kurze Wege, zentrale Lage. Catering bei der Abendveranstaltung hervorragend. Tasche mit den Veranstaltungsunterlagen und Begleitmaterial. Betreuung und Information der Dozenten bestens."

„Die produktive, angenehme Atmosphäre. Der Veranstaltungskomplex war sehr geeignet für einen Kongress dieser Größenordnung. Die Abendveranstaltung (Montag) war toll organisiert. Das Programm und die gute Stimmung ergaben ei-

---

[32] Die Prozentangaben beziehen sich auf die Anzahl der gültigen Antworten (n=591).

nen hervorragenden Rahmen für das Knüpfen von weiteren Beziehungen und die Entwicklung von Netzwerken."

„Der Veranstaltungsort als repräsentative Örtlichkeit zeigte, wie wichtig Prävention in Deutschland von vielen Akteuren genommen wird. Es war eine sehr aufgeschlossene Stimmung bei den Organisatoren, Besuchern, Vortragenden und Repräsentanten wahrzunehmen."

Rund 89% der Befragten sahen ihre Erwartungen an den Präventionstag voll und ganz oder überwiegend erfüllt. Obwohl gegenüber dem Vorjahr ein leichter Rückgang um 3,9 Prozentpunkte zu verzeichnen ist, liegt der Wert im Vergleich mit den anderen Präventionstagen durchaus im oberen Bereich (18. DPT: 92,8%; 17. DPT: 90,6%; 16. DPT: 84%; 15. DPT: 91%; 14. DPT: 89,1%; 13. DPT: 89,3%). Der Anteil derjenigen, die ihre Erwartungen eher nicht oder gar nicht erfüllt sahen, beträgt 11% (18. DPT: 7,2%; 17. DPT: 9,4%; 16. DPT: 16,1%; 15. DPT: 9%; 14. DPT: 10,9%; 13. DPT: 10,7%).

Abbildung 29: Meine Erwartungen an den Präventionstag haben sich erfüllt.[33]

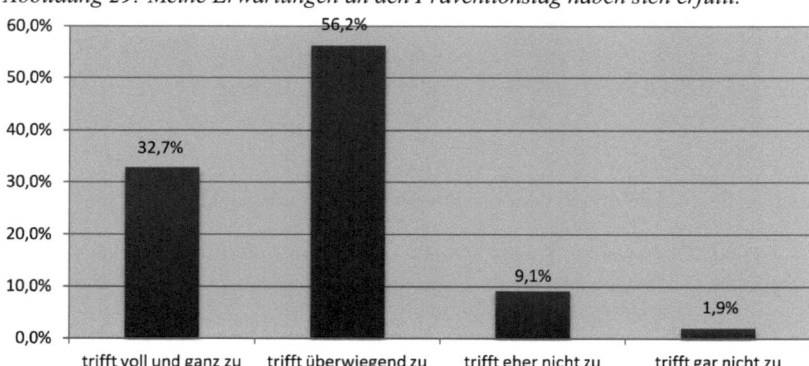

Rund 83% der Befragten gingen davon aus, dass von dem Kongress Impulse für die Präventionsarbeit in Deutschland ausgehen werden (18. DPT: 86%; 17. DPT: 80%; 16. DPT: 80,8%; 15. DPT: 80,5%; 14. DPT: 84,1%; 13. DPT: 82,5%).

---

[33]   Die Prozentangaben beziehen sich auf die Anzahl der gültigen Antworten (n=571).

Abbildung 30: Von dem Kongress werden Impulse für die Präventionsarbeit in Deutschland ausgehen.[34]

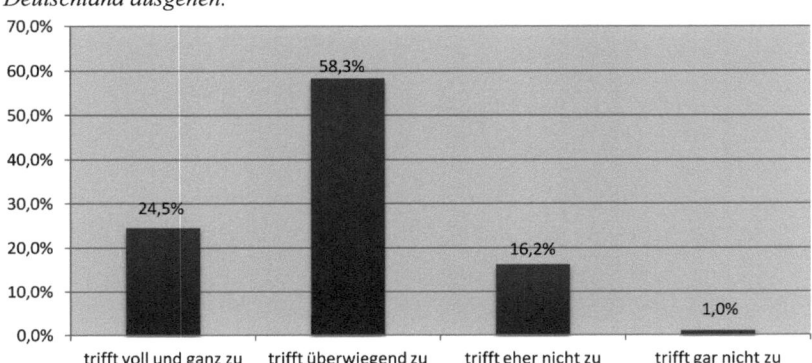

84,4% der Befragten gaben ferner an, viele Anregungen für die Präventionspraxis bekommen zu haben (18.DPT: 87,2%; 17. DPT: 86,7%; 16. DPT: 82,0%; 15. DPT: 85,5%; 14. DPT: 88,8%; 13. DPT: 86,4%).

Abbildung 31: Ich habe viele Anregungen für die Präventionspraxis bekommen.[35]

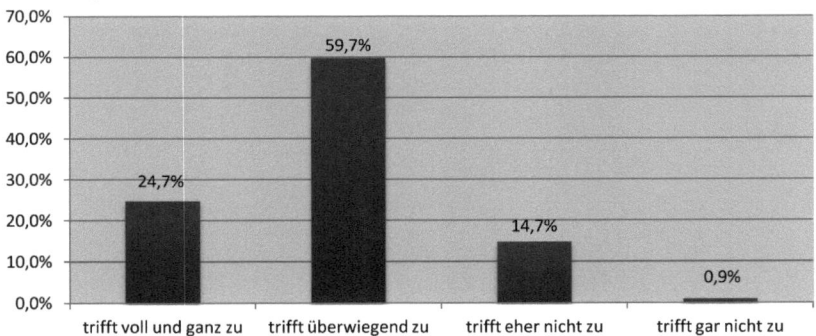

Rund 95% der befragten Teilnehmerinnen und Teilnehmer fiel es mehr oder weniger leicht, Kontakte zu knüpfen und Informationen auszutauschen (18. DPT: 95,0%; 17. DPT: 95,2%; 16. DPT: 88,7%; 15. DPT: 91,8%; 14. DPT: 91,2%; 13. DPT: 92,8%).

---

[34]   Die Prozentangaben beziehen sich auf die Anzahl der gültigen Antworten (n=506).

[35]   Die Prozentangaben beziehen sich auf die Anzahl der gültigen Antworten (n=563).

Abbildung 32: Es fiel mir leicht, Kontakte zu knüpfen und Informationen auszutauschen.[36]

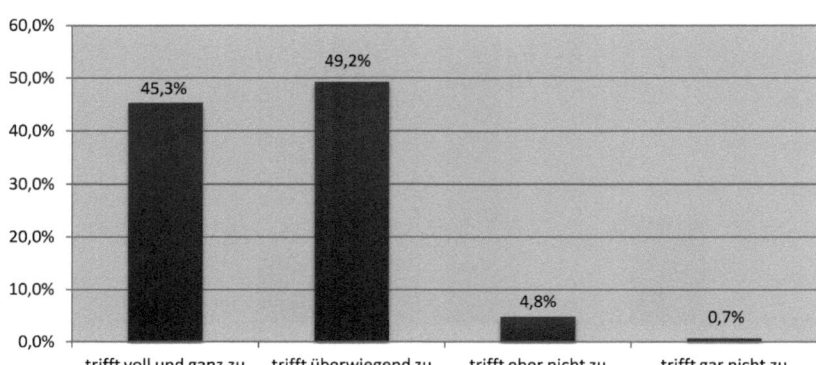

90% der Befragten bezeichneten die Aussage „Es gab genügend Gelegenheiten, um mit Praktikern über Fragen der Prävention zu diskutieren" als voll und ganz oder als überwiegend zutreffend (18. DPT: 90,0%; 17. DPT: 93,0%; 16. DPT: 85,2%; 15. DPT: 87,6%; 14. DPT: 90,6%; 13. DPT: 91,0%).

Abbildung 33: Es gab genügend Gelegenheiten, um mit Praktikern über Fragen der Prävention zu diskutieren.[37]

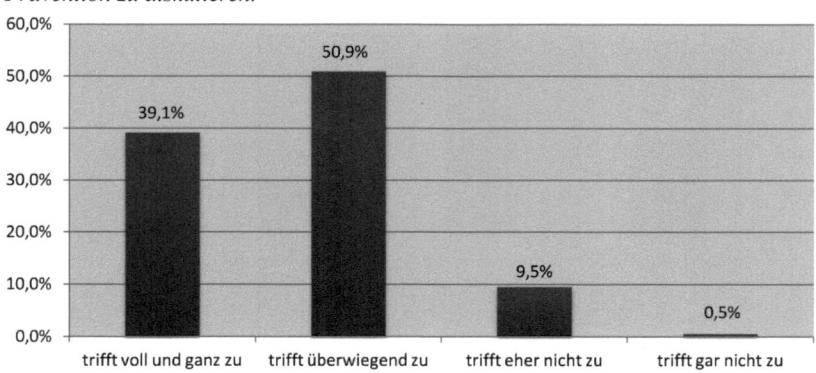

Rund 67% der Befragten stimmten daneben der Aussage „Es gab genügend Gelegenheit für den fachlichen Austausch mit Wissenschaftlern" voll und ganz oder überwiegend zu (18. DPT: 68,2%; 17. DPT: 66,4%).

---

[36]   Die Prozentangaben beziehen sich auf die Anzahl der gültigen Antworten (n=585).

[37]   Die Prozentangaben beziehen sich auf die Anzahl der gültigen Antworten (n=560).

Abbildung 34: Es gab genügend Gelegenheit für den fachlichen Austausch mit Wissenschaftlern.[38]

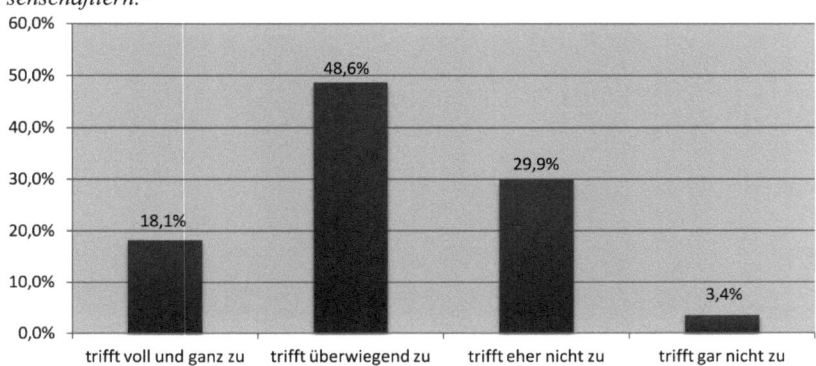

Positiv wurden auch der Aufbau und die Gestaltung des Kongresskataloges bewertet. Auf unserer fünfstufigen Skala erreichte dieser mit einem Durchschnittswert von 1,8 wieder ein gutes Ergebnis (18. DPT: 1,7; 17. DPT: 1,7; 16. DPT: 2,1; 15. DPT: 2,0; 14. DPT: 1,9; 13. DPT: 1,6).

Abbildung 35: Wie fanden Sie den Kongresskatalog?[39]

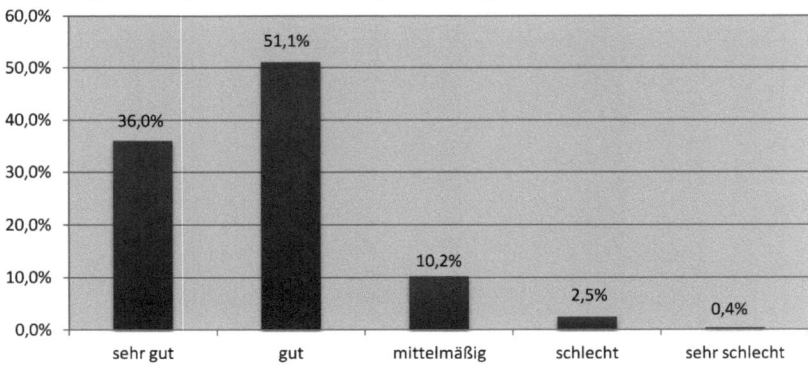

Viel Lob erhielt auch die Kongressorganisation. Mit einer Durchschnittsnote von 1,7 konnte sie an die Spitzenwerte der beiden vorangegangenen Jahre anknüpfen (18. DPT: 1,6; 17. DPT: 1,6; 16. DPT: 1,9; 15. DPT: 2,0; 14. DPT: 1,9; 13. DPT: 1,5).

---

[38] Die Prozentangaben beziehen sich auf die Anzahl der gültigen Antworten (n=475).

[39] Die Prozentangaben beziehen sich auf die Anzahl der gültigen Antworten (n=570).

Abbildung 36: Wie fanden Sie die Kongressorganisation insgesamt?[40]

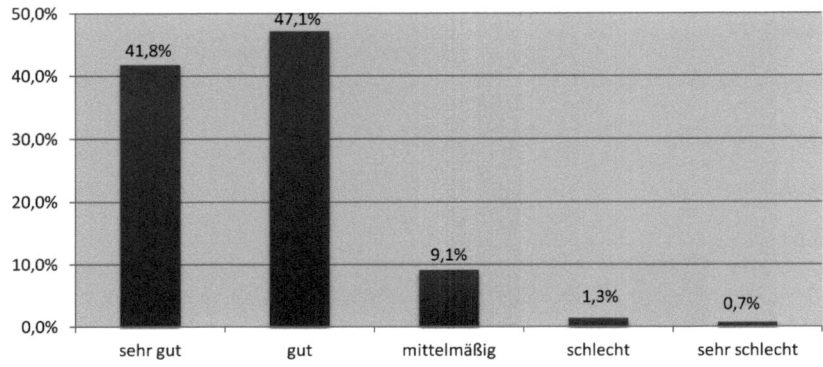

Auch in diesem Jahr wurden wieder verschiedene Einzelaspekte der Kongressorganisation erhoben. Die Informationen zur Tagung bewerteten dabei 85,2% der befragten Besucherinnen und Besucher als gut oder sehr gut (18. DPT: 92,8%; 17. DPT: 84,4%; 16. DPT: 83,4; 15. DPT: 72,4%).

Abbildung 37: Wie fanden Sie die Informationen zur Tagung (Anfahrtsskizze, Ausschilderung etc.)?[41]

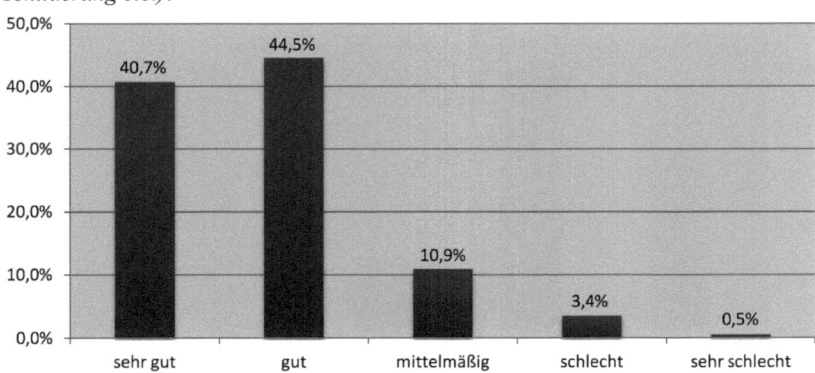

88,6% der befragten Teilnehmerinnen und Teilnehmer fühlten sich darüber hinaus gut oder sehr gut durch die Organisatoren betreut. Diese Zahl liegt zwar unterhalb des Spitzenwertes des letzten Jahres, weicht jedoch nicht maßgeblich von den Bewertungen vorangegangener Präventionstage ab (18. DPT: 94,6%; 17. DPT: 89,7%; 16. DPT: 88,8%; 15. DPT: 76,7%).

---

[40]   Die Prozentangaben beziehen sich auf die Anzahl der gültigen Antworten (n=594).

[41]   Die Prozentangaben beziehen sich auf die Anzahl der gültigen Antworten (n=580).

Abbildung 38: Wie fanden Sie den Service/ die Betreuung durch die Organisatoren?[42]

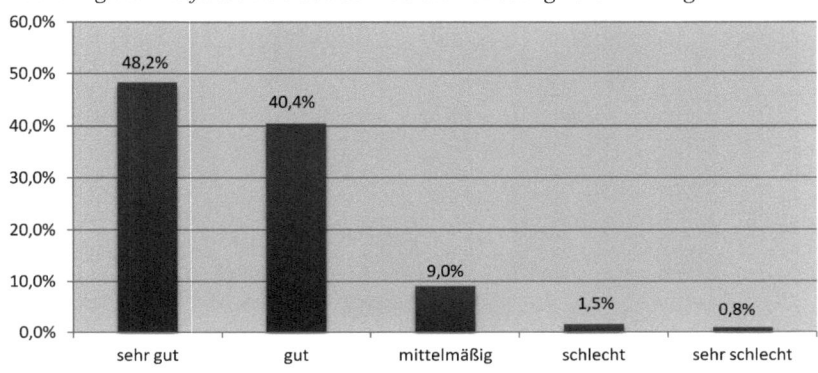

Das Catering schnitt auch in diesem Jahr mit der Note 2,4 wieder eher durchschnittlich ab. Dabei beträgt der Anteil der Befragten die das Catering gut oder sehr gut fanden 60,8% (18. DPT: 51,5%; 17. DPT: 63,9%; 16. DPT: 37,1%; 15: DPT 29,8%).

Abbildung 39: Wie fanden Sie das Catering?[43]

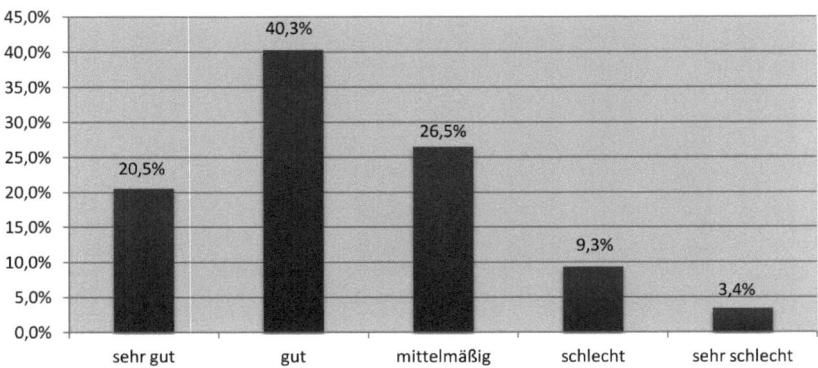

Kritik gibt es wieder an den hohen Preisen. Zudem wünschten sich viele Befragte ein abwechslungsreicheres Angebot und mehr Sitzmöglichkeiten.

Die Stadthalle Karlsruhe stieß bei der Mehrzahl der Besucherinnen und Besucher auf positive Resonanz. Insgesamt 83,5% der Befragten bewerteten den Veranstaltungsort als gut oder sehr gut.

---

[42] Die Prozentangaben beziehen sich auf die Anzahl der gültigen Antworten (n=599).

[43] Die Prozentangaben beziehen sich auf die Anzahl der gültigen Antworten (n=536).

Abbildung 40: Wie fanden Sie die Stadthalle Karlsruhe als Veranstaltungsort?[44]

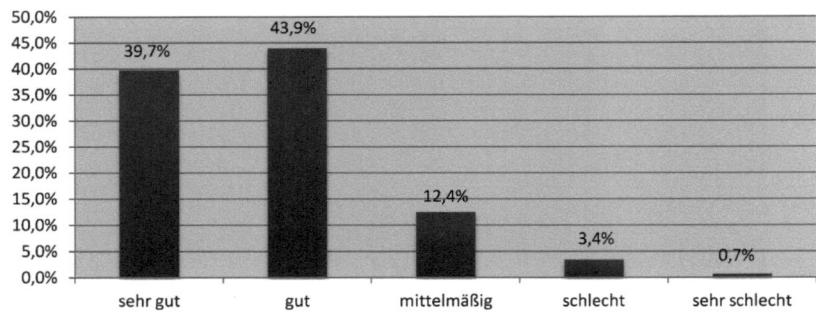

Die Räumlichkeiten wurden hinsichtlich ihrer Ausstattung und ihrer Technik von jedoch nur von 79,0% der Befragten als gut oder sehr gut bewertet (18. DPT: 89,8%; 17. DPT: 92%; 16. DPT: 80,1%; 15. DPT: 65,2%).

Abbildung 41: Wie fanden Sie die Räumlichkeiten (Ausstattung, Technik etc.)?[45]

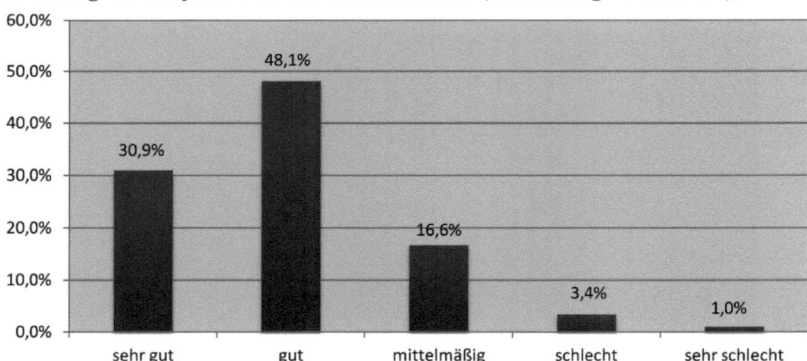

In den Kommentaren wird insbesondere die schlechte Beschilderung kritisiert. Darüber hinaus boten manche Räume den Kommentatoren zufolge zu wenig Platz für die Anwesenden.

„Die Ausschilderung zu den Vortragsräumen in den Hallen war unzureichend."

„Die kleineren Seminarräume waren sehr schwer zu finden. Die Örtlichkeit war generell etwas unübersichtlich."

---

[44] Die Prozentangaben beziehen sich auf die Anzahl der gültigen Antworten (n=595).

[45] Die Prozentangaben beziehen sich auf die Anzahl der gültigen Antworten (n=595).

„Die Räume waren ein wenig zu klein, denn einige Teilnehmer mussten stehen oder konnten nicht mehr hinein, weil es einfach zu voll war."

Vor dem Hintergrund ihrer Eindrücke äußerten 87,0% der Befragten die Absicht, auch an zukünftigen Kongressen des Deutschen Präventionstages teilnehmen zu wollen (18. DPT: 89,2%; 17. DPT: 84,3%; 16. DPT: 80,9%; 15. DPT: 87,1%; 14. DPT: 91,4%; 13. DPT: 86,7%).

Abbildung 42: Ich werde vermutlich an zukünftigen Veranstaltungen des Deutschen Präventionstages teilnehmen.[46]

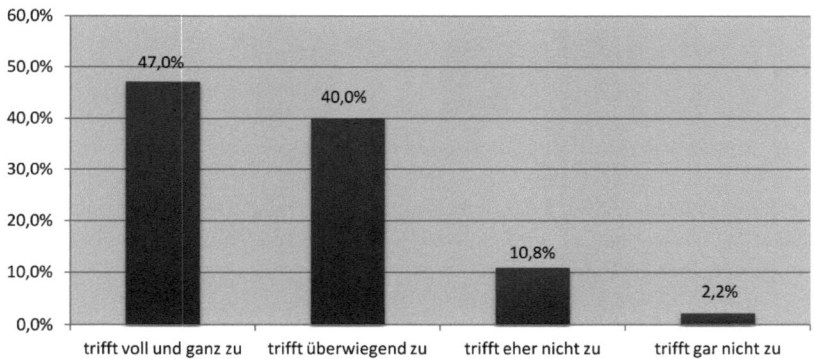

8. Wirkungen der Präventionstage

Auch in diesem Jahr wurden wieder einige Fragen zur Wirkung der Präventionstage gestellt. Konkret wurde gefragt, ob das erworbene Wissen, die erhaltenen Informationen und die geknüpften Kontakte für die praktische Präventionsarbeit nützlich waren. Da diese Fragen nur im Rückblick beantwortet werden konnten, wurden sie nur Personen gestellt, die zuvor bereits an mindestens einem Präventionstag teilgenommen hatten. Bei den Antworten handelt es sich zwar um eine subjektive Selbsteinschätzung der Befragten; diese kann aber dennoch interessante Hinweise auf Bereiche geben, in denen ein Präventionstag positive Veränderungen anstoßen kann.

Rund 86% der Befragten, die schon mindestens einmal einen Präventionstag besucht hatten, gaben an, Wissen für eine bessere Ausführung ihrer Präventionsaufgaben erworben zu haben. Lediglich 0,4% erklärten, dass die entsprechende Aussage gar nicht auf sie zutrifft.

---

[46] Die Prozentangaben beziehen sich auf die Anzahl der gültigen Antworten (n=555).

Abbildung 43: Ich habe Wissen erworben, mit dem ich meine Präventionsaufgaben besser durchführen kann.[47]

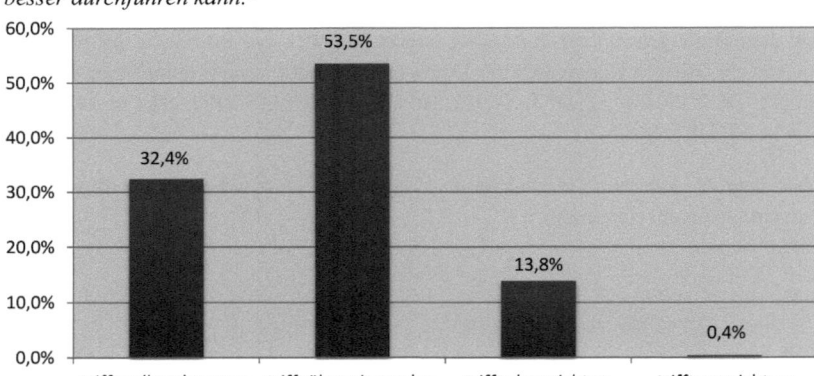

Zudem berichteten rund 91% der Befragten, die schon mindestens einmal einen Präventionstag besucht hatten, Informationen für eine bessere Durchführung ihrer Präventionsaufgaben erhalten zu haben.

Abbildung 44: Ich habe Informationen erhalten, durch die ich meine Präventionsaufgabe besser durchführen konnte.48

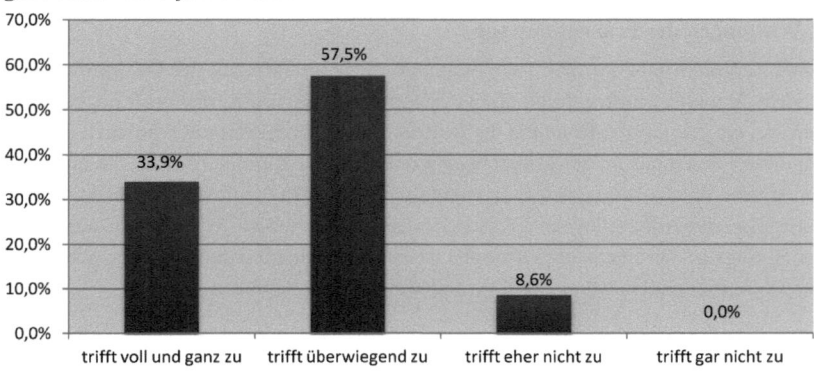

87,8% dieser Befragten gaben zudem an, dass sie Kontakte knüpfen konnten, die Ihnen bei der Durchführung ihrer Präventionsaufgaben geholfen haben.

---

[47]   Die Prozentangaben beziehen sich auf die Anzahl der gültigen Antworten (n=275).

[48]   Die Prozentangaben beziehen sich auf die Anzahl der gültigen Antworten (n=280).

*Abbildung 45: Ich konnte Kontakte knüpfen, durch die ich meine Präventionsaufga-
ben besser durchführen konnte.*[49]

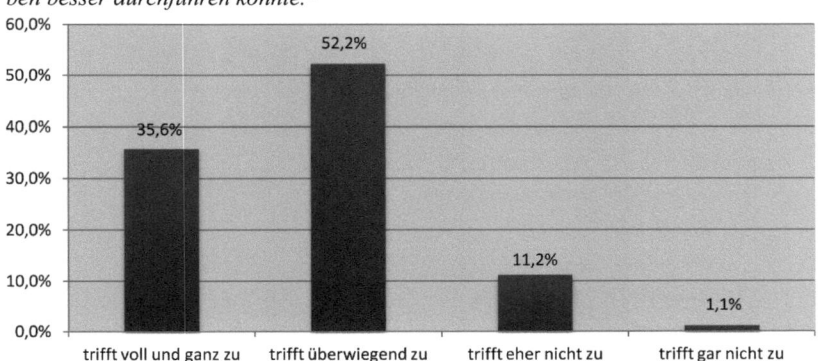

9. Teilnehmerinnen und Teilnehmer des 19. Deutschen Präventionstages

Nach den Ergebnissen der Befragung ist der Anteil der Frauen im Vergleich zum letzten Jahr
um 2,5 Prozentpunkte gestiegen und betrug auf dem 19. Deutschen Präventionstag 50,6%.
Der beschriebene Trend wird auch durch die Teilnehmerstatistik bestätigt, in welcher der
Frauenanteil bei 43,9% lag (18. DPT: 41,2%; 17. DPT: 38,9%; 16. DPT: 45,4%; 15. DPT:
45,3%; 14. DPT: 40,1%; 13. DPT: 40,2%). Die Stichprobe überschätzt also den Frauenanteil
um 6,7 Prozentpunkte. Ein Grund könnten die 165 Sammelanmeldungen sein.

Abbildung 46: Geschlecht der Teilnehmer/innen (nach der Teilnehmerstatistik)[50]

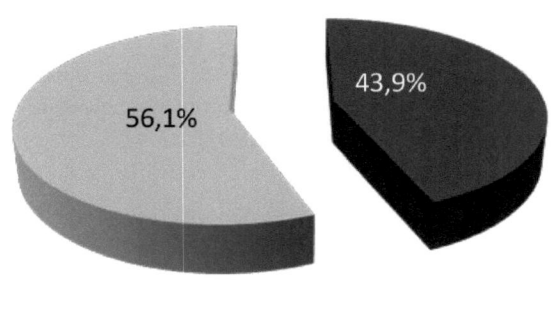

---

[49]   Die Prozentangaben beziehen sich auf die Anzahl der gültigen Antworten (n=278).

[50]   Die Prozentangaben beziehen sich auf alle registrierten Kongressteilnehmer (n=2306).

Wie auch in den vergangenen Jahren war die Polizei auf dem 19. Deutschen Präventionstag wieder stark vertreten. Allerdings zeigt sich nach den Ergebnissen der Teilnehmerstatistik ein Rückgang von 31,1% (18. DPT) auf 29,3% (19. DPT).

Abbildung 47: Kongressteilnehmer/innen nach der Teilnehmerstatistik[51]

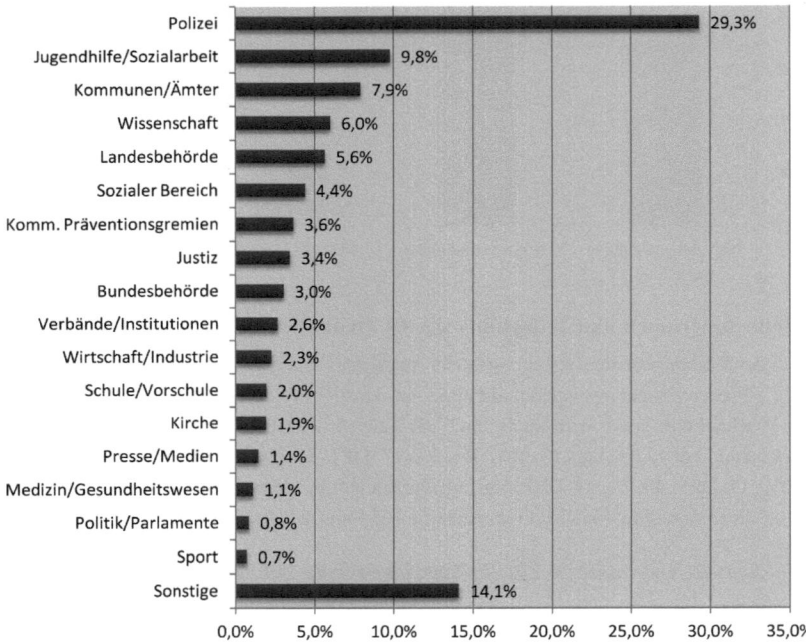

Wie Abbildung 48 zeigt, waren die meisten befragten Besucherinnen und Besucher des 19. Deutschen Präventionstages hauptamtlich in der Präventionsarbeit tätig. In dieser Hinsicht gab es keine großen Veränderungen zu den Vorjahren.

---

[51]   Die Prozentangaben beziehen sich auf alle registrierten Kongressteilnehmer (n=2306).

Abbildung 48: In welcher Form sind Sie in der Präventionsarbeit beschäftigt?[52]

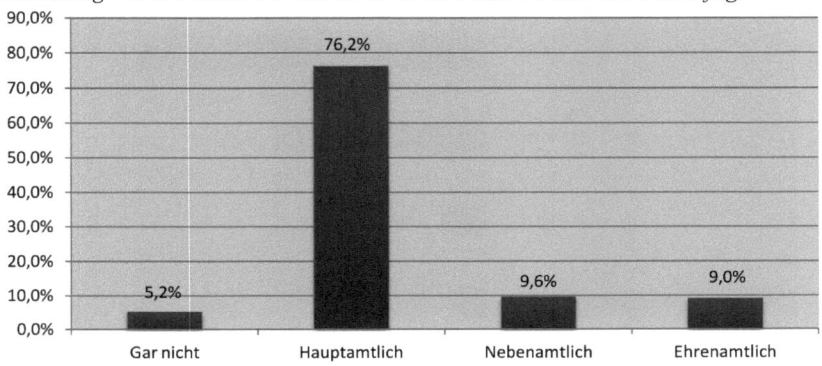

Weitgehend stabil ist auch der erfreuliche Befund, dass sich rund 49% der befragten Teilnehmerinnen und Teilnehmer mit der praktischen Präventionsarbeit beschäftigen.

Abbildung 49: Mit welchen Aufgaben beschäftigen Sie sich im Rahmen ihrer Präventionsarbeit hauptsächlich?[53]

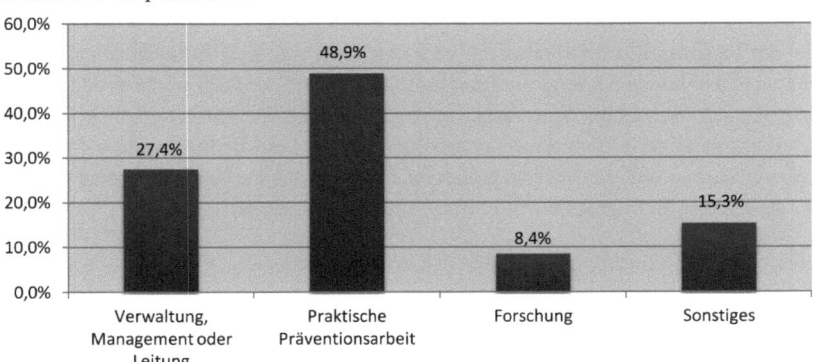

Am stärksten waren bei den Befragten die Tätigkeitsfelder der Kriminal- und Gewaltprävention vertreten. Der Anteil aus dem Bereich der Kriminalprävention sank jedoch in diesem Zusammenhang von 42,3% (18. DPT) auf 38,6% (19. DPT). Die Tätigkeitsfelder der Gewalt- und Suchtprävention sowie der Verkehrserziehung und Unfallverhütung waren in diesem Jahr ähnlich stark vertreten wie im Vorjahr. Eine erheblich Zunahme gibt es jedoch in der Kategorie „Sonstiges" (19. DPT: 23,9%; 18. DPT: 17,5%). Hierunter werden zahlreiche weitere Tätigkeitsfelder subsumiert, die vom Opferschutz über die Prävention von Rechtsextremismus bis zur Suizid- und Cyber-Crime-Prävention reichen.

---

[52]   Die Prozentangaben beziehen sich auf die Anzahl der gültigen Antworten (n=542).

[53]   Die Prozentangaben beziehen sich auf die Anzahl der gültigen Antworten (n=616).

Abbildung 50: In welchem Präventionsbereich engagieren Sie sich hauptsächlich?[54]

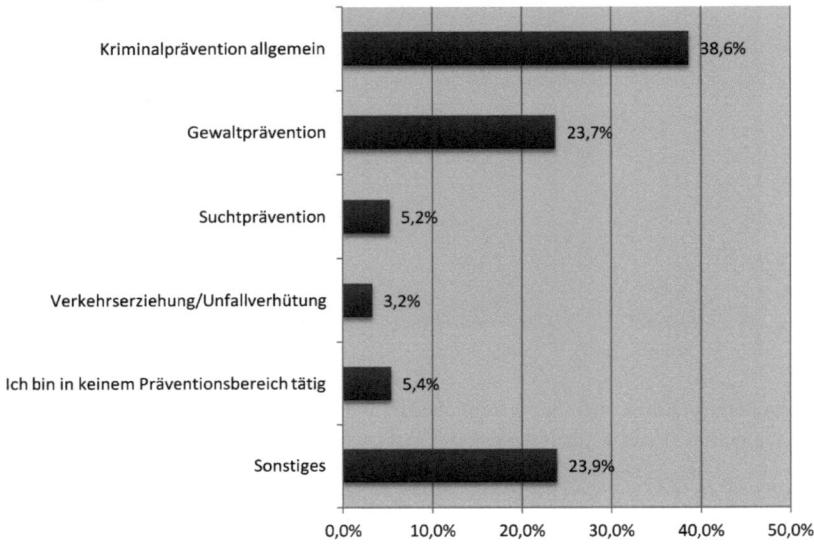

Bei der Frage nach den Gründen für die Anmeldung waren Mehrfachnennungen zugelassen. Abbildung 51 zeigt die Rangliste der Gründe, die auch in diesem Jahr von dem Wunsch nach fachlichem Austausch angeführt wird. Zweitwichtigster Grund war der Wunsch, neue Informationen zu erhalten, gefolgt vom Bedürfnis, neue Projekte kennenzulernen. Wie bei vorangegangenen Kongressen hatte das Schwerpunktthema für die meisten Befragten keinen Einfluss auf ihre Teilnahme.

---

[54] Die Prozentangaben beziehen sich auf die Anzahl der gültigen Antworten (n=616).

Abbildung 51: Was waren für Sie die wichtigsten Gründe für die Anmeldung zum Deutschen Präventionstag?[55]

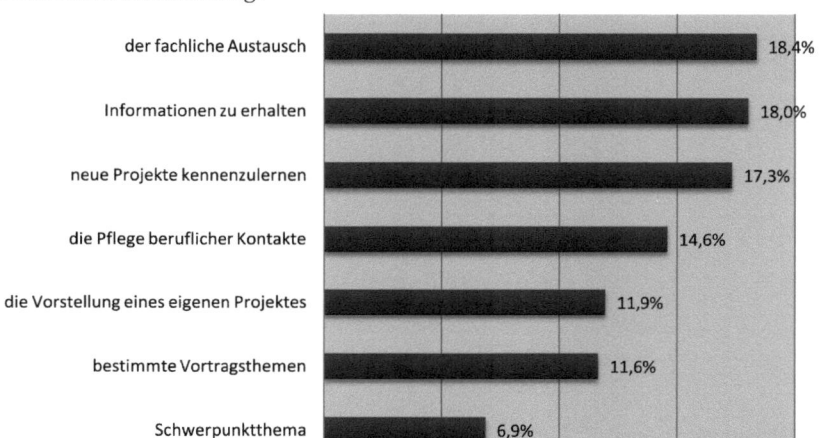

Im Vergleich zum Vorjahr ist der Anteil derjenigen Personen, die ausschließlich als Besucher an dem Kongress teilnahmen, um rund 11 Prozentpunkte auf 48,4% gesunken (18. DPT: 59%; 17. DPT: 48,3%; 16. DPT: 51,4%; 15. DPT: 51,9%; 14. DPT: 62,5%; 13. DPT: 59,7%). Die anderen 51,6% der Befragten nahmen in einer aktiven Rolle (als Referent oder Moderator bzw. mit einer Präsentation wie Infostand, Poster, Film, Bühne, POD) teil.[56]

Der Anteil der Befragten, die zuvor noch nie einen Präventionstag besucht hatten, stieg im Vergleich zum Vorjahr um rund 5 Prozentpunkte auf 48,5%. Dagegen nahmen rund 37% bereits mehrfach an einen Präventionstag teil.

---

[55] Die Prozentangaben beziehen sich auf die Anzahl aller Nennungen (n=2009).

[56] Die Prozentangaben beziehen sich auf die Anzahl der gültigen Antworten (n=595).

Abbildung 52: Haben Sie schon früher an Kongressen des Deutschen Präventionstages teilgenommen?[57]

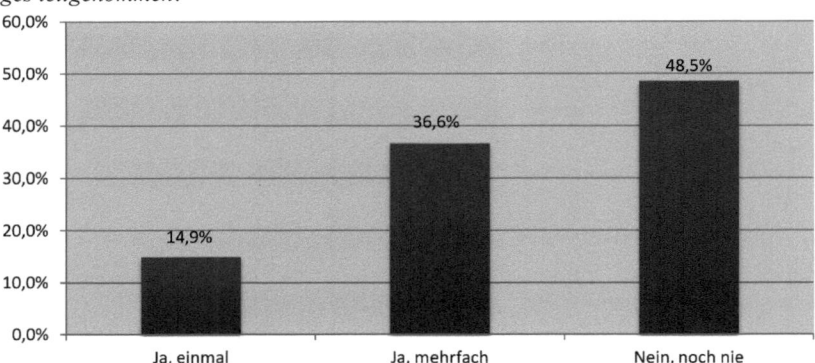

10. Resümee

Betrachtet man die gesamten Evaluationsergebnisse, so kann der 19. Deutsche Präventionstag als ein sehr gelungener Kongress bezeichnet werden. 90% der befragten Besucherinnen und Besucher gefiel der Präventionstag sehr gut oder gut. Rund 89% der Befragten gaben zudem an, dass ihre Erwartungen erfüllt wurden. Die Bewertung des Abschlussplenums zeigt, dass es gelungen ist, den Kongress mit einem Highlight abzuschließen. Leider litt das Abschlussplenum auch in diesem Jahr unter der frühzeitigen Abreise vieler Besucher.

Die Vorträge und Projektspots boten wiederum einen spannenden Einblick in unterschiedlichste Facetten der Präventionsarbeit. Dabei zeigt die Durchsicht des breiten Angebotes, dass der Spagat zwischen Präventionspraxis, -wissenschaft und -politik auf dem 19. Deutschen Präventionstag sehr gut gelungen ist.

Auch in diesem Jahr wurden die verschiedenen Online-Angebote des Deutschen Präventionstages gründlich untersucht. Die Ergebnisse zeigen, dass sich das Interesse auf die eher klassischen Angebote konzentriert. Die Online-Präsenzen des Präventionstages bei Facebook oder Twitter und die App des Deutschen Präventionstages werden immer noch wenig genutzt.

Die Befragten, die bereits an einem Präventionstag teilgenommen hatten, berichteten verschiedene Wirkungen. Demnach trägt der Kongress dazu bei, Präventionsaufgaben besser durchzuführen, indem neues Wissen erworben, neue Informationen aufgenommen und neue Kontakte geknüpft werden.

---

[57]   Die Prozentangaben beziehen sich auf die Anzahl der gültigen Antworten (n=604).

Misst man den Präventionstag an den im Leitbild formulierten Zielen, dann bleibt festzuhalten, dass der Präventionstag den Teilnehmerinnen und Teilnehmern einen interdisziplinären Rahmen bietet, in dem unterschiedliche Praxisfelder präsentiert, Erfahrung zwischen Verantwortungsträgern, Wissenschaftlern und Praktikern ausgetauscht, Umsetzungsstrategien und ihre Wirksamkeit diskutiert und Empfehlungen erarbeitet und ausgesprochen werden können. Als besonders positiv ist die zunehmende Internationalisierung des Kongresses hervorzuheben. So gibt es einen länderübergreifenden Austausch nicht mehr nur im Bereich der Plenumsveranstaltungen, sondern auch bei der Diskussion von Präventionskonzepten, -strategien und -erfahrungen.

Erich Marks, Wiebke Steffen

Memorandum zur Gründung eines Nationalen Zentrums Kriminalprävention (NZK)

Die Kriminalprävention hat sich in den vergangenen 25 Jahren in der Bundesrepublik Deutschland insgesamt positiv entwickelt. Dies gilt besonders für die Fortschritte auf den Handlungsebenen der Kommunen und der Bundesländer mit entsprechenden Initiativen, Maßnahmen und institutionellen Rahmenbedingungen.

Auf der Ebene des Bundes ist aktuell eine Entwicklung mit hoffnungsvollen Tendenzen zu beobachten. Zunächst hat eine Expertengruppe "Kriminalität und Sicherheit" im Rahmen des Experten- und Bürgerdialogs der Bundeskanzlerin bereits 2012 konkrete Vorschläge zur Einrichtung eines Nationalen Zentrums für Kriminalprävention entwickelt. Mit dem Entwurf für den Etat 2015 hat die Bundesregierung erstmals Mittel in Höhe von 500.000 Euro zur Einrichtung eines „Nationalen Zentrums Kriminalprävention" im Einzelplan 06 für das Bundesministerium des Innern (Kapitel 0610, Titel 68604) eingestellt. Auch der Deutsche Präventionstag (DPT) hat wiederholt, zuletzt im Mai 2014 gemeinsam mit seinen Veranstaltungspartnern zum Abschluss des 19. Jahreskongresses in der Karlsruher Erklärung ausdrücklich die Gründung eines nationalen Gremiums für Kriminalprävention gefordert.

Eine solche nationale Einrichtung ist notwendig, um das für die Kriminalprävention unabdingbare Wissen zu generieren, zu transferieren und zu implementieren. Von den kriminalpräventiven Gremien auf kommunaler beziehungsweise Landesebene kann diese Aufgabe allein nicht hinreichend erfüllt werden. Vielmehr sind dies in einem föderalen und subsidiär aufgebauten Staat originäre Aufgaben des Bundes.

Um die bislang auf Bundesebene unzureichende Aufgabenwahrnehmung (Wissensgenerierung, Wissensvermittlung und Wissensnutzung) zu verbessern, bedarf es einerseits der Expertise vieler bereits im Feld vorhandener Institutionen und Arbeitsstrukturen und andererseits einer auf diese Aufgaben spezialisierten Institution, die personell und finanziell angemessen ausgestattet ist.

Konkret schlagen wir deshalb die Gründung eines „Nationalen Zentrums Kriminalprävention (NZK)" vor, das bewusst auf vorhandenen Strukturen und Ressourcen aufbaut und zumindest die unmittelbare Beteiligung folgender Institutionen vorsieht: Bundeskanzleramt (BK), Deutscher Präventionstag (DPT), Deutsches Forum für Kriminalprävention (DFK), Deutsches Jugendinstitut (DJI), Kriminologische Zentralstelle (KrimZ), Programm Polizeiliche Kriminalprävention der Länder und des Bundes (ProPK) sowie WEISSER RING (WR).

Das Nationale Zentrum Kriminalprävention (NZK) sollte eine eigene Rechtspersönlichkeit darstellen, als eingetragener Verein strukturiert werden und eine schlanke, kostengünstige und effektive Aufbau- und Ablauforganisation erhalten. Mitglieder-versammlung und NZK-Leitung erscheinen als satzungsmäßige Gremien ausreichend.

Das jährliche Startbudget von 500.000 Euro sollte jeweils etwa zur Hälfte für die Personal- und Sachkosten der Geschäftsstelle sowie für Projekte und Einzelmaßnahmen zur Verfügung stehen.

Da auf vorhandenen Strukturen aufgebaut wird, könnte das Nationale Zentrum Kriminalprävention (NZK) bereits zum 1. Juni 2015 seine Arbeit aufnehmen.

Nationales Zentrum Kriminalprävention (NZK)

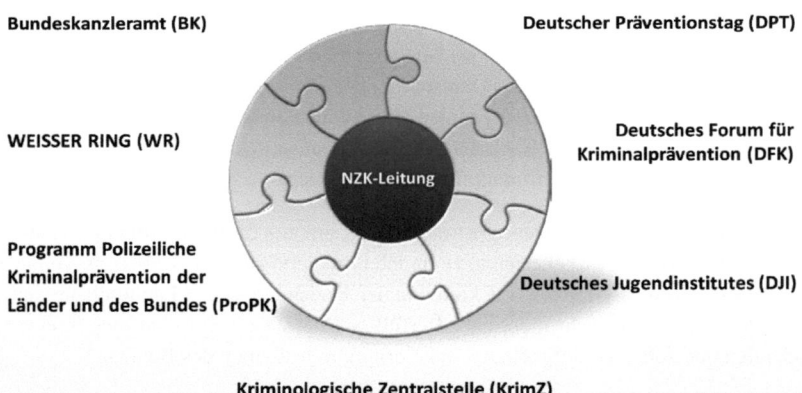

Erich Marks

Der Deutsche Präventionstag – eine Zwischenbilanz 1993 – 2013[1]

Die Festschrift zu Ehren von *Hans-Jürgen Kerner* ist eine wunderbare Gelegenheit, auf 20 Jahre eines gemeinsamen Projektes zurück zu blicken und eine erste Zwischenbilanz zum Deutschen Präventionstag zu ziehen. Dies geschieht in großer Freude über nunmehr drei Jahrzehnte engster Zusammenarbeit mit *Hans-Jürgen Kerner* in stets freundschaftlichem, kreativem und effizientem Rahmen. Herzlich danke ich auf diesem Wege einem großen Gelehrten für zahllose gute Gespräche mit stets neuen Ideen, konkreten Planungen und langfristigen Visionen, für eine fast intuitive Kommunikation sowie für die stetig erfahrene Unterstützung und Förderung.

I. Anfänge, Strukturen und Kooperationen des Deutschen Präventionstages

Die Anfänge des Deutschen Präventionstages gehen zurück auf das Jahr 1993 und erste Überlegungen zur Veranstaltung von Tagungen und Expertentreffen zum Themenkomplex Kriminalprävention resp. Kriminalitätsverhütung auf nationaler und europäischer Ebene. Nach zahlreichen Vorgesprächen mit dem Rat für Kriminalitätsverhütung Schleswig-Holstein und seinen Vorsitzenden, den Innenministern *Bull* und *Wienholtz,* dem Kriminalpräventiven Rat der Stadt Lübeck *(Pohl-Laukamp),*[2] der Polizeiführungsakademie in Münster-Hiltrup (*Jäger*) und verschiedenen weiteren (inter-)nationalen Organisationen fiel der formelle Beschluss der Deutschen Stiftung für Verbrechensverhütung und Straffälligenhilfe (DVS) auf der 3. Vorstandssitzung der DVS am 20.02.1995 in Stuttgart: „Gemeinsam mit dem Kriminalpräventiven Rat der Hansestadt Lübeck und weiteren Kooperationspartnern wird die Stiftung vom 14. bis 16. September 1995 in Lübeck den ersten Deutschen Präventionstag veranstalten. Ein zweiter Präventionstag soll 1996 in enger Kooperation mit der KrimZ und ggf. mit dem BMJ veranstaltet werden. Sofern sich das Konzept von nationalen Präventionstagen und –kongressen bewährt, wird perspektivisch die jährliche Veranstaltung vergleichbarer Veranstaltungen unter der Federführung der Stiftung erwogen". In seinem grundlegenden Eröffnungsvortrag scheint bei *Kerner* 1995 noch vorsichtige kriminalpräventive Zurückhaltung durch: „Die derzeitige Konjunktur des Redens über Kriminalprävention mag durchaus einen Beigeschmack des Modischen haben. Die Sache selber ist es wert, kontinuierlich ernst genommen und in praktischen Versuchen getestet sowie konzeptionell weiterentwickelt zu werden."[3]

---

[1] Erstveröffentlichung: „Kriminologie - Kriminalpolitik - Strafrecht, Festschrift für Hans-Jürgen Kerner zum 70. Geburtstag", Mohr Siebeck Verlag, Tübingen, 2013, S. 56-66, © Mohr Siebeck Tübingen „all rights reserved"

[2] *Pohl-Laukamp* Kommunale Kriminalitätsverhütung: ein europäischer Erfahrungsaustausch – Einführung und Eröffnung. In: Dokumentation des Deutschen Präventionstages 1995. S. 4 - 8

[3] *Kerner* Ansätze und Grenzen praktischer Kriminalprävention – Eine strukturelle Analyse. In: Dokumentation des Deutschen Präventionstages 1995, S. 20-61

In ihrer Begrüßungsrede zum 1. Deutschen Präventionstag schreibt *Pohl-Laukamp* 1995 „Die Idee zu dieser Arbeitstagung entstand vor einigen Jahren, kurz nachdem wir den Kriminalpräventiven Rat der Hansestadt Lübeck am 27. April 1992 in Lübeck gegründet hatten. In Gesprächen, die ich mit Ihnen, Herr *Dr. Jäger,* geführt habe, haben Sie als Vision nicht nur die Ausbreitung der kriminalpräventiven Idee und des kriminalpräventiven Wirkens in der Bundesrepublik Deutschland auf allen Ebenen, nämlich in den Städten und Gemeinden, in den Ländern, im Bund und in Europa gesehen, sondern auch die Wichtigkeit eines Erfahrungs- und Gedankenaustausches europäischer Städte und Gemeinden zum Thema Kriminalitätsverhütung betont."

In den folgenden Jahren ist der Kongress kontinuierlich gewachsen und konnte sich in vielerlei Hinsicht gut entwickeln. Zum 10. Kongress zieht *Mutz* 2005 eine erste positive Zwischenbilanz, verbunden mit Ausblicken auf die kommenden Jahre.[4] Heute ist der Deutsche Präventionstag der größte europäische Kongress speziell für das Arbeitsgebiet der Kriminalprävention sowie angrenzender Präventionsbereiche und bietet eine internationale Plattform zum interdisziplinären Informations- und Erfahrungsaustausch in der Prävention.

1. Die Präventions-Aufbruchstimmung der 90er Jahre des 20. Jahrhunderts

Während beispielsweise in Dänemark bereits seit 1971 das SSP-Programm mit einer erfolgreichen behördenübergreifenden Zusammenarbeit von Schule, kommunaler Sozialverwaltung und Polizei realisiert wurde, hängt die Bundesrepublik der internationalen Entwicklung zu diesem Zeitpunkt deutlich hinterher.

Auf europäischer Ebene wurde bereits 1987 auf Initiative des französischen Bürgermeisters Gilbert Bonnemaison und unter der Schirmherrschaft des Europarates das Eu-

---

[4]   „Ich wünsche dem Deutschen Präventionstag Kraft und Beharrlichkeit, in der Verfolgung seiner Ziele nicht nachzulassen. Es möge ihm gelingen, über ein jährlich einmaliges Treffen hinaus an 365 Tagen im Jahr nachhaltige Wirkungen zu entfalten, die der Sicherheit in unserem Land und dem Sicherheitsgefühl unserer Mitbürger zu gute kommen, vergleichbar dem Juristentag oder dem Verkehrsgerichtstag noch kräftigere Signale auszusenden und Zeichen zu setzen, insbesondere auch an die in unserem Staat für die Bildungs- und Wirtschaftspolitik, für die Sozial- und Kriminalpolitik Verantwortlichen, zur Stärkung des Rechts- und Wertebewusstseins in der Bevölkerung, zur Reduzierung tatfördernder Gelegenheiten, zum Opferschutz und zur Opfergerechtigkeit, zur Rückfallverhinderung und (Re-)Integration von Tätern. Mögen die künftigen Präventionstage dazu beitragen, der Kriminalität auch dort den Boden zu entziehen, wo große Schäden entstehen. Ich denke - wie Wolfgang Heinz es auf dem 9. DPT zum Ausdruck brachte - an die Wirtschafts- und Umweltkriminalität, an Drogen-, Waffen- und Menschenhandel und an Korruption. Ich wünsche mir mit Ostendorf einen wirksamen Beitrag zur Verbesserung der Evaluation, auch um Standards für die beste Praxis zu entwickeln. Möge es gelingen, gezielte Aktionen im Sport häufig, intensiv, langfristig und mit sozialpädagogischem Ansatz zu initiieren und zu bestärken, damit sie nachhaltig präventiv wirken können. Ich wünsche dem Präventionstag, mehr Bürger zu motivieren, präventive Maßnahmen mitzugestalten. Ich wünsche dem Präventionstag Erfolg in dem Bestreben, Qualitätsmanagement und Qualitätssicherung auch auf dem großen Feld der Kriminalprävention zu etablieren. Möge der Deutsche Präventionstag auch in Zukunft Gehör finden, wenn er Bedürfnisse aufzeigt, Fehlentwicklungen diagnostiziert und auf Mängel aufmerksam macht." *Mutz* Zehn Jahre Deutscher Präventionstag – Gedanken zum ersten runden Geburtstag. In: Kerner/ Marks (Hrsg.), Internetdokumentation Deutscher Präventionstag, 2005 Hannover: http://www.praeventionstag.de/html/GetDokumentation.cms?XID=107

ropäische Forum für Urbane Sicherheit (EFUS)[5] gegründet. Im Jahr 1994 gründet sich auf internationaler Ebene in Montreal das Internationale Zentrum für Kriminalprävention (ICPC)[6]. Auf der Ebene der Vereinten Nationen fällt eine intensivere Befassung mit Fragen der Kriminalprävention ebenfalls in diesen zeitlichen Zusammenhang.[7]

In Deutschland werden die ersten Landespräventionsräte in Schleswig-Holstein (1990), Hessen (1992) und Niedersachsen (1995)[8] gegründet. Das Bundesministerium der Justiz (BMJ) richtet 1995 unter der Leitung von MR Kiermeier in der Strafrechtsabteilung das bundesweit erste Fachreferat „Prävention" in einem Ministerium ein. Ebenfalls im Jahr 1995 startet das Bundeskriminalamt mit dem „Infopool Prävention", einer Sammlung empfehlenswerter Projekte aus dem Bereich der Kriminalprävention.[9] Das Deutsche Jugendinstitut richtet 1997 die weiterhin bestehende Arbeitsstelle Kinder- und Jugendkriminalprävention ein.[10] 1997 strukturiert die deutsche Polizei ihre präventionsbezogene Gremienarbeit neu. Aus dem vormaligen Kriminalpolizeilichen Vorbeugungsprogramm (KPVP) wird das heutige Programm Polizeiliche Kriminalprävention der Länder und des Bundes (ProPK) mit einer zentralen Geschäftsstelle in Stuttgart.[11] Schließlich kommt es 2001 zur Gründung der Stiftung Deutsches Forum für Kriminalprävention.[12]

2. DPT – Deutscher Präventionstag gemeinnützige GmbH

Eine rechtlich eigenständige Trägergesellschaft des Deutschen Präventionstages wurde im Jahr 1999 unter dem Namen „Prevent – Institut für Prävention" als 100%ige Tochtergesellschaft der Deutschen Stiftung für Verbrechensverhütung und Straffälligenhilfe (DVS)[13] gegründet und im Jahre 2002 in „DPT – Deutscher Präventionstag" gemeinnützige Gesellschaft mbH umbenannt. Die Inhaberin der DPT-Trägergesellschaft, die Stiftung DVS, wurde im Jahr 1993 als juristische Person nach dem Stiftungsrecht des Landes Nordrhein-Westfalen anerkannt. Ihre Organe sind der Vorstand, das Kuratorium und der Stiftungsrat. Die DVS ist (inter-)national tätig, mit besonderer Berücksichtigung der europäischen Zusammenarbeit. Dabei versteht sie

---

[5]   http://efus.eu/en/

[6]   http://www.crime-prevention-intl.org/

[7]   Ausführlich zur Geschichte der Befassung der UN mit Kriminologie und Kriminalprävention siehe *Redo* Blue Criminology – The power of United Nations ideas to counter crime globally 2012

[8]   Zu weiteren früheren Initiativen vgl. *Marks* Die Entwicklung des Landespräventionsrates Niedersachsen zwischen 1978 und 2005. In: Festschrift für Schwind, 2006: S. 1045 – 1058

[9]   Der Infopool Kriminalitätsbekämpfung und Verkehrssicherheit des Bundeskriminalamtes ist zwischenzeitlich über die BKA-Webseite öffentlich zugänglich: http://www.infopool-polizeikonzepte.bka.de/ (2013-01-25)

[10]   http://www.dji.de/cgi-bin/projekte/output.php?projekt=150 (2013-01-25)

[11]   Eine zusammenfassende Information zur Entwicklung und Arbeitsweise von ProPK findet sich im Internet unter http://www.polizei-beratung.de/ueber-uns.html (2013-01-25)

[12]   Siehe ausführlich hierzu *Kerner* forum kriminalprävention 3 (2011) 46ff.

[13]   Zu weiteren Hintergründen siehe *Marks* BewHi 3 (2009) 268ff.

sich als operative Stiftung. Sie ist mithin weniger auf Anträge Dritter als vielmehr auf die Realisierung eigener Konzepte ausgerichtet. Die DVS-Stiftung hat in den vergangenen 20 Jahren zahlreiche Präventionsprojekte angeregt und gefördert. Eine finanzielle Förderung erhielt in seinen Gründungsjahren namentlich das Deutsche Forum für Krimininalprävention (DFK) sowie durchgängig der Deutsche Präventionstag. Als Vorsitzender der Deutschen Stiftung für Verbrechensverhütung und Straffälligenhilfe fungiert *Kerner*, seit dem ersten DPT in 1995 auch als dessen Kongresspräsident. Der Sitz der Trägergesellschaft des Deutschen Präventionstages ist Köln. Das ständige Büro des Deutschen Präventionstages befindet sich seit 2002 in einer Bürogemeinschaft mit dem Landespräventionsrat Niedersachsen (LPR) und seit 2010 zusätzlich mit dem Deutsch-Europäischen Forum für urbane Sicherheit (DEFUS) im Niedersächsischen Justizministerium in Hannover.

3. Partner, Förderer und Sponsoren

Der Deutsche Präventionstag lebt von der guten Zusammenarbeit vieler Menschen und Institutionen. Im Verlauf der ersten zwei Kongress-Jahrzehnte haben dutzende Städte, Bundesländer, staatliche und nichtstaatliche Organisationen sowie Unternehmen als Partner fungiert, sich aktiv an einzelnen Veranstaltungen beteiligt sowie finanzielle Unterstützung geleistet.

Gastgebende Veranstaltungspartner waren die Städte Berlin (2010), Bielefeld (2013), Bonn (1997 und 1998), Düsseldorf (2000 und 2001), Hannover (2003, 2005 und 2009), Hoyerswerda (1999), Leipzig (2008), Lübeck (1995), München (2012), Münster (1996), Nürnberg (2006), Oldenburg (2011), Stuttgart (2004) und Wiesbaden (2007) sowie die Bundesländer Baden-Württemberg (2004), Bayern (2006 und 2012), Hessen (2007), Niedersachsen (2003, 2005, 2009 und 2011), Nordrhein-Westfalen (1996, 1997, 1998, 2000, 2001 und 2013), Sachsen (1999 und 2008) und Schleswig-Holstein (1995).

Ständige Veranstaltungspartner und Mitglieder des Programmbeirates[14] sind der Fachverband für Soziale Arbeit, Strafrecht und Kriminalpolitik (DBH), die Polizeiliche Kriminalprävention der Länder und des Bundes (ProPK), die Stiftung Deutsches Forum für Kriminalprävention (DFK) und der WEISSE RING e.V.

Kooperationspartner der Kongresse waren bislang: Aktionsbündnis Amoklauf Winnenden (seit 2013), Buddy e.V. (2007), Bündnis für Demokratie und Toleranz (2011-2012), Bundesministerium der Justiz – BMJ (1997), Bundeszentrale für gesundheitliche Aufklärung – BZgA (seit 2006), Bundeszentrale für politische Bildung – bpb (2004-2012), Deutsche Gesellschaft für internationale Zusammenarbeit – giz (seit 2012), Deutsche

---

14   Zur Vorbereitung eines jeden Präventionstages wird ein Programmbeirat gebildet, in dem der Veranstalter sowie alle Veranstaltungspartner repräsentiert sind. Der Programmbeirat ist zuständig für inhaltliche Gestaltungsfragen des jeweilig anstehenden Kongresses sowie für Ausblicke und erste Vorplanungen künftiger Kongresse

Hochschule der Polizei (1996), Deutsche Sportjugend – dsj (seit 2006), Deutsche Stiftung für Verbrechensverhütung und Straffälligenhilfe – DVS (seit 1995), Deutscher Familiengerichtstag – DFGT (seit 2005), Deutscher Jugendgerichtstag der DVJJ (seit 2007), Deutsches Jugendinstitut – dji (2004, seit 2007), Deutschland sicher im Netz – DsiN (2011), eco Forum – Verband der Internetwirtschaft in Deutschland (2004), European Internet Services Providers Association (2004), Europäische Kommission (1995), Europäisches Forum für Urbane Sicherheit – EFUS (seit 2004), Evangelische Akademie Loccum (2009), Förderverein Sicheres und Sauberes Stuttgart (2004), Friedrich-Ebert Stiftung (1995, 2010), FSM e.V. (2011-2012), Hilfsgemeinschaft der Deutschen Lions – HDL (2008), International Centre for the Prevention of Crime – ICPC (seit 2005), Klosterkammer Hannover (2009), Koreanisches Institut für Kriminologie – KIC (seit 2011), Kriminologische Zentralstelle – KrimZ (1996, 1997), Kriminologisches Forschungsinstitut Niedersachsen – KFN (seit 2005), Landeskommission Berlin gegen Gewalt (2010), Landespräventionsrat Niedersachsen – LPR (2003, 2005, 2008, 2011), Landespräventionsrat Nordrhein-Westfalen (2013), Österreichischer Präventionskongress (seit 2009), Präventionsrat Oldenburg – PRO (2011), Probation Europe – CEP (2008), Rat der Gemeinden und Regionen Europas (1995), Rat für Kriminalitätsverhütung in Schleswig-Holstein (1995), Schau hin (2006-2007), Stiftung Bündnis für Kinder – gegen Gewalt (2004-2009), Stiftung Kriminalprävention (seit 2005), Unabhängiger Beauftragter für Fragen des sexuellen Kindesmissbrauchs (2013), UNHABITAT (seit 2012), Universität Bielefeld (2004), Violence Prevention Alliance der WHO (seit 2011), Vodafone Stiftung Deutschland (2007).

Gefördert wird der Deutsche Präventionstag seit 2005 durch das Bundesministerium für Familie, Senioren, Frauen und Jugend – BMFSFJ. Die zentralen Sponsoren des Deutschen Präventionstages der vergangenen Jahre waren die AOK Niedersachsen, die Deutsche Bahn AG, die Deutsche Post DHL AG sowie die Metro Group AG.

Der Deutsche Präventionstag ist seinerseits Mitglied der folgenden Organisationen: Bundesnetzwerk Bürgerschaftliches Engagement (BBE), Deutsch-Europäisches Forum für Urbane Sicherheit (DEFUS), Europäisches Forum für Urbane Sicherheit (EFUS), International Centre for the Prevention of Crime (ICPC), International Organization for Victim Assistance (IOVA), Violence Prevention Alliance der WHO.

II. Der jährliche Kongress

Der Kongress wendet sich an Verantwortungsträger der Prävention zum Beispiel in Kommunen, bei der Polizei, im Gesundheitswesen, in der Jugendhilfe, in der Justiz, im Sport, in den Kirchen, in Schulen, Vereinen und Verbänden sowie an Politiker und Wissenschaftler. Thematisiert werden neben der Kriminalprävention auch die Suchtprävention, Verkehrsprävention und verschiedene Präventionsbereiche im Gesundheitswesen. Der Deutsche Präventionstag bildet ein Diskussionsforum für aktuelle und grundsätzliche Fragen der Prävention, führt Partner in der Prävention zusammen, ermöglicht einen Informations- und Erfahrungsaustausch, ermöglicht Internationale Verbindungen und erarbeitet Empfehlungen an Praxis, Politik, Verwaltung und Wissenschaft.

Die bislang 18 Kongresse im Überblick

1. Deutscher Präventionstag: 14.-16.9.1995 im Hotel Scandic Crown in Lübeck mit dem Kongressthema „Kommunale Kriminalitätsverhütung – ein europäischer Erfahrungsaustausch"

2. Deutscher Präventionstag: 1.-3.7.1996 in der Polizeiführungsakademie in Hiltrup mit dem Kongressthema „Kriminalprävention – Programme und Projekte in der Praxis"

3. Deutscher Präventionstag: 5.-7.5.1997 im Gustav-Stresemann-Institut in Bonn mit dem Kongressthema „Entwicklungen der Kriminalprävention in Deutschland"

4. Deutscher Präventionstag: 25.-27.11.1998 im Gustav-Stresemann-Institut in Bonn mit dem Kongressthema „Gesamtgesellschaftliche Kriminalprävention"

5. Deutscher Präventionstag: 2.-3.11.1999 in der Lausitzhalle in Hoyerswerda mit dem Kongressthema „Gesamtgesellschaftliche Kriminalprävention – Projekte, Entwicklungen, Perspektiven"

6. Deutscher Präventionstag: 13.-15.11.2000 im Congress Center Düsseldorf unter der Schirmherrschaft von Ministerpräsident *Wolfgang Clement* mit dem Kongressthema: „Gewalt – ein Phänomen unserer Gesellschaft !?"

7. Deutscher Präventionstag: 26.-28.11.2001 im Congress Center Düsseldorf unter der Schirmherrschaft des Saarländischen Ministerpräsidenten *Peter Müller* mit dem Kongressthema „Entwicklungen in Gesellschaft und Politik – Herausforderungen für die Kriminalprävention"

8. Deutscher Präventionstag: 28.-29.4.2003 im Convention Center der Messe Hannover unter der Schirmherrschaft von Ministerpräsident *Christian Wulff* mit dem Schwerpunktthema „Migration – Kriminalität – Prävention"

9. Deutscher Präventionstag: 17.-18.5.2004 im Kultur- und Kongresszentrum Liederhalle in Stuttgart unter der Schirmherrschaft von Ministerpräsident *Erwin Teufel* mit dem Schwerpunktthema „Kommunale Kriminalprävention"

10. Deutscher Präventionstag: 6.-7.6.2005 im Convention Center der Messe Hannover unter der Schirmherrschaft von Ministerpräsident *Christian Wulff* mit dem Schwerpunktthema „Gewaltprävention im sozialen Nahraum"

11. Deutscher Präventionstag: 8.-9.5.2006 im CongressCenter Nürnberg unter der

Schirmherrschaft von Ministerpräsident *Edmund Stoiber* mit dem Schwerpunktthema „Sport und Prävention"

12. Deutscher Präventionstag: 18.-19.6.2007 in den Rhein-Main-Hallen in Wiesbaden unter der Schirmherrschaft von Ministerpräsident *Roland Koch* mit dem Schwerpunktthema „Starke Jugend – starke Zukunft"

13. Deutscher Präventionstag: 2.-3.6.2008 im Congress Center Leipzig unter der Schirmherrschaft von Ministerpräsident *Georg Milbradt* mit dem Schwerpunktthema „Engagierte Bürger – sichere Gesellschaft"

14. Deutscher Präventionstag: 8.-9.6.2009 im Hannover Congress Centrum HCC unter der Schirmherrschaft von Ministerpräsident *Christian Wulff* mit dem Schwerpunktthema „Solidarität leben – Vielfalt sichern"

15. Deutscher Präventionstag: 10.-11.5.2010 im Internationalen Congress Centrum ICC Berlin unter der Schirmherrschaft des Regierenden Bürgermeisters *Klaus Wowereit* mit dem Schwerpunktthema „Bildung – Prävention – Zukunft"

16. Deutscher Präventionstag: 30.-31.5.2011 in der Weser-Ems-Halle Oldenburg unter der Schirmherrschaft des Ministerpräsidenten *David McAllister* mit dem Schwerpunktthema „Neue Medien – Herausforderungen für die Kriminalprävention?"

17. Deutscher Präventionstag: 16.-17.4.2012 im Internationalen Congress Center ICM München unter der Schirmherrschaft des Münchener Oberbürgermeisters *Christian Ude* und des Bayerischen Ministerpräsidenten *Horst Seehofer* mit dem Schwerpunktthema „Sicher leben in Stadt und Land"

18. Deutscher Präventionstag: 22.-23.4.2013 in der Stadthalle Bielefeld unter der Schirmherrschaft der Ministerpräsidentin *Hannelore Kraft* mit dem Schwerpunktthema „Mehr Prävention – weniger Opfer".

1. Struktur und Schwerpunkte der Kongresse

Die jährlichen Kongresse finden seit einigen Jahren an jeweils zwei Tagen im Frühsommer statt und gliedern sich in die zentralen Bereiche Plenumsveranstaltungen (Eröffnungs- und Abschlussplenum), Vorträge und Projektspots, die kongressbegleitende Ausstellung sowie die Präventionswerkstatt. Thematisch teilen sich die Kongresse in zwei Bereiche. Einerseits befassen sich das Kongressgutachten sowie ca. 1/3 der Vorträge und Projektspots mit dem jährlich wechselnden Schwerpunktthema des Kongresses. Andererseits umfassen etwa 2/3 der insgesamt ca. 150 Vorträge und Projektspots thematisch das gesamte Themenspektrum der Kriminalprävention und angrenzender Präventionsbereiche. Erstmals beim 9. Deutschen Präventionstag in Stuttgart (2004) wurden parallel zu Vorträgen und Workshops im Hauptprogramm des Kongresses auch Vorlesungen für Schülerinnen und Schüler unter der Firmierung Kinder- bzw. Schüleruniversität des DPT angeboten. Bewusst richten sich seitdem diese Vorlesungen aus Anlass des Deutschen Präventionstages primär an Schülerinnen und Schüler aus der Region sowie, mit einer begrenzten Platzzahl, auch an interessierte Kongressteilnehmende.

Die kongressbegleitende Ausstellung umfasst Informationsstände, Infomobile, Sonderausstellungen und Posterpräsentationen. Seit einigen Jahre informieren in diesem Kongressbereich jährlich ca. 250 Fachorganisationen auf einer Gesamtfläche von gut 5.000 m² über ihre Angebote und Erfahrungen in der Präventionsarbeit.

Zum Kongressbereich der „Präventionswerkstatt" gehören das Filmforum, die DPT-Bühne sowie Begleit- und Sonderveranstaltungen. Im Rahmen der DPT-Bühne werden verschiedene theaterpädagogische Projekte gezeigt, die sich, wie die DPT-Schüleruniversität, primär an Kinder- und Jugendliche aus der gastgebenden Kongressstadt richten. In einem speziellen Programm für Kindergärten und Schulen werden die jährlich ca. 15 speziellen Angebote zusammengefasst und durch die gastgebenden Städte verteilt. Am Rande bzw. im Rahmen der Deutschen Präventionstage finden jährlich 10 bis 15 Begleit- und Sonderveranstaltungen statt. Hier kommen verschiedene Gruppen der Veranstalter und Kooperationspartner zu Gremiensitzungen, internen Treffen oder zu öffentlich zugänglichen Informationsveranstaltungen zusammen.

2. Das wissenschaftliche Gutachten zum Schwerpunktthema

Ein wissenschaftliches Gutachten zum Kongressthema „Migration – Kriminalität – Prävention" wurde erstmals zum 8. Deutschen Präventionstag von *Bannenberg* erstellt. Seit 2007 ist die Kriminologin *Steffen* Gutachterin des Deutschen Präventionstages und hat zu jedem Schwerpunktthema der seitherigen Kongresse ein Gutachten erstellt: *Steffen*: „Jugendkriminalität und ihre Verhinderung zwischen Wahrnehmung und empirischen Befunden", Gutachten zum 12. DPT 2007. *Steffen*: „Engagierte Bürger – sichere Gesellschaft. Bürgerschaftliches Engagement in der Kriminalprävention", Gutachten zum 13. DPT 2008. *Steffen*: „Solidarität leben – Vielfalt sichern", Gutachten zum 14. DPT 2009. *Steffen*: „Bildung - Prävention – Zukunft", Gutachten zum 15. DPT 2010. *Steffen*: „Neue Medienwelten – Herausforderungen für die Kriminalprävention?", Gutachten zum 16. DPT 2011. *Steffen*: „Sicherheit als Grundbedürfnis der Menschen und staatliche Aufgabe", Gutachten zum 17. DPT 2012. *Steffen*: „Mehr Prävention – weniger Opfer", Gutachten zum 18. DPT 2013.[15]

Die Kongressgutachten stellen einerseits den Vortragenden, den Kongressteilnehmenden sowie der interessierten Fachöffentlichkeit die wissenschaftlichen Basisdaten zu dem jeweiligen Schwerpunktthema eines Kongresses zur Verfügung und bilden außerdem die Grundlage für die jährlichen präventionspolitischen Erklärungen des Deutschen Präventionstages und seiner gastgebenden und ständigen Veranstaltungspartner.

---

[15]   Alle Kongressgutachten finden sich auch als Downloads auf der Webseite www.praeventionstag.de

3. Teilnehmende der Deutschen Präventionstage

Die Teilnehmenden der Deutschen Präventionstage sind überwiegend hauptamtlich in der Präventionsarbeit tätig und dort mehrheitlich mit der praktischen Durchführung von Maßnahmen und Programmen befasst. Die Evaluation des 17. DPT ergab, dass 30,8% in Verwaltung, Management oder Leitung sowie 7,3% in der Forschung arbeiten. Bezogen auf die konkreten Arbeitsfelder nannten die Befragten zu 39,2% „Kriminalprävention allgemein", 24,7% „Gewaltprävention", 16,8% „Sonstiges", 7,5% „Suchtprävention" und 4,3% „Verkehrserziehung/Unfallverhütung". Die zahlenmäßig größte Gruppe der Kongressteilnehmenden kommt mit ca. 30% aus der Polizei, gefolgt von den Arbeitsbereichen Soziale Arbeit, Kommune, nicht-staatlichen Organisationen, Landes- und Bundesbehörden, Wissenschaft, Justiz, Wirtschaft, Schule, Medizin und Sport.

Tabelle 1: Entwicklung der Teilnehmendenzahlen

Kongresse	Registrierte Kongress-teilnehmende	Registrierte Besucher der Bühne und der DPT-Universität	Gesamtzahl der registrier-ten Teilneh-menden und Besucher
1. DPT, Lübeck, 1995	168	0	168
2. DPT, Münster, 1996	195	0	195
3. DPT, Bonn, 1997	209	0	209
4. DPT, Bonn, 1998	314	0	314
5. DPT, Hoyerswerda, 1999	610	0	610
6. DPT, Düsseldorf, 2000	1.214	0	1.214
7. DPT, Düsseldorf, 2001	1.226	0	1.226
8. DPT, Hannover, 2003	1.219	50	1.269
9. DPT, Stuttgart, 2004	1.235	750	1.985
10. DPT, Hannover, 2005	1.907	1.550	3.457
11. DPT, Nürnberg, 2006	1.442	780	2.222
12. DPT, Wiesbaden, 2007	1.901	1.624	3.525
13. DPT, Leipzig, 2008	1.744	2.400	4.144
14. DPT, Hannover 2009	2.129	718	2.847
15. DPT, Berlin 2010	2.728	1.691	4.419
16. DPT, Oldenburg 2011	2.579	7.917	10.496
17. DPT, München 2012	2.333	1.357	3.690

4. Das „Annual International Forum for Crime Prevention (AIF)

Bereits seit dem ersten Kongress haben jährlich zahlreiche ausländische Gäste teilgenommen und teilweise auch in englischer Sprache vorgetragen. Mit der Einführung des Annual International Forum im Jahr 2007 ist ein eigenständiges, ausschließlich englisch-sprachiges Forum im Rahmen der jährlichen Deutschen Präventionstage entstanden. Mit dem AIF soll insbesondere ein internationales (nicht-deutschsprachiges) Publikum angesprochen werden, um Erfahrungen in der Kriminalprävention auch international zu teilen. Die Welt wächst auch im Arbeitsfeld der (Kriminal-)Prävention weiter und beschleunigt zusammen. Das AIF soll ein Forum bilden für die gezielte Einbringung ausländischer und internationaler Erfahrungen nach Deutschland, die Einbringung deutscher Erfahrungen in internationale Diskurse sowie für die Debatte internationaler Trends und Themen aus Präventionspraxis, Präventionsforschung und Präventionspolitik. Die Dokumentation der bislang durchgeführten AIF-Veranstaltungen finden sich im Internet auf der Webseite www.gcocp.org sowie in den auf dieser Webseite ebenfalls zugänglichen Kongressbänden 1-5, herausgegeben von *Coester & Marks* 2008, 2009, 2011, 2012, 2013 „International Perspectives of Crime Prevention".

Tabelle 2 Besucherzahlen des AIF 2007 – 2012

	Teilnehmende	Vertretene Nationen
1. AIF 2007	40	14
2. AIF 2008	73	33
3. AIF 2009	80	27
4. AIF 2010	192	36
5. AIF 2011	72	18
6. AIF 2012	199	37

5. Externe Kongressevaluationen

Seit dem 12. Deutschen Präventionstag, der 2007 in Wiesbaden stattfand, werden die jährlichen Kongresse durch unabhängige Wissenschaftler und externe Institute evaluiert und im Internet sowie in den Buchdokumentationen des Deutschen Präventionstages veröffentlicht. Den Evaluationsbericht des Wiesbadener Kongresses hat *Bals* von der Universität Bielefeld erstellt, für die Evaluationen seit 2008 zeichnen *Strobel* und *Lobermeier* vom Institut proval verantwortlich. Seit 2008 haben die befragten Kongress-Teilnehmenden sehr gute Durchschnittsnoten in ihrer Gesamtbewertung gegeben (2008 = 1,7; 2009 = 1,9; 2010 = 1,9; 2011 = 2,0 und 2012 = 1,7).

Durch die Evaluatoren wurde für den 17. Kongress in München (2012) erstmals auch nach Wirkungen der Präventionstage gefragt. Im Evaluationsbericht heißt es dazu: „Konkret wurde nach neuem Wissen, neuen Informationen und neuen Kontakten gefragt, die für die

Durchführung von Präventionsaufgaben wichtig sind. Diese Fragen wurden allerdings nur Personen gestellt, die bereits einmal oder bereits mehrfach an einem Präventionstag teilgenommen hatten. Bei den Antworten handelt es sich um eine subjektive Selbsteinschätzung der Befragten, die aber dennoch interessante Hinweise auf Bereiche gibt, in denen Präventionstage positive Veränderungen anstoßen können. Rund 88% der Befragten, die schon mindestens einmal einen Präventionstag besucht hatten, gaben an, Wissen für eine bessere Ausführung ihrer Präventionsaufgaben erworben zu haben. Lediglich 0,9% erklärten, dass die entsprechende Aussage gar nicht zutrifft."[16]

Abbildung 1: „Wie fanden Sie den Deutschen Präventionstag insgesamt?

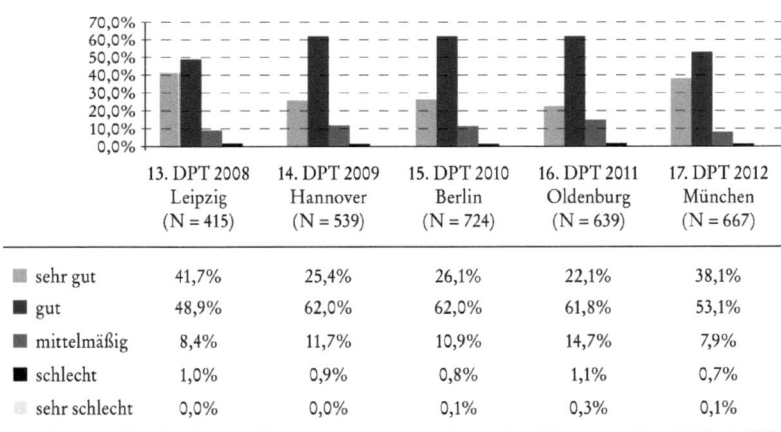

	13. DPT 2008 Leipzig (N = 415)	14. DPT 2009 Hannover (N = 539)	15. DPT 2010 Berlin (N = 724)	16. DPT 2011 Oldenburg (N = 639)	17. DPT 2012 München (N = 667)
sehr gut	41,7%	25,4%	26,1%	22,1%	38,1%
gut	48,9%	62,0%	62,0%	61,8%	53,1%
mittelmäßig	8,4%	11,7%	10,9%	14,7%	7,9%
schlecht	1,0%	0,9%	0,8%	1,1%	0,7%
sehr schlecht	0,0%	0,0%	0,1%	0,3%	0,1%

III. Der Deutsche Präventionstag als Informations- und Dokumentationsplattform

Der Deutsche Präventionstag präsentiert sich mit mehreren Webseiten im Internet. Die zentrale Seite www.praeventionstag.de, die englischsprachige Seite www.gcocp.org die insbesondere das internationale Forum AIF des DPT vermittelt, die Webseite www.dpt-uni.de mit den Dokumentationen der Kinder- und Jugenduniversität seit 2004 sowie das Such-Portal www.dpt-map.de.

1. Das Such-Portal „dpt-map"

In 2010 ist die Webseite "www.dpt-map.de" des Deutschen Präventionstages entstanden. Dieses neue Such-Portal sucht gezielt nach Projekten, Maßnahmen, Institutionen und Personen aus dem gesamten Arbeitsfeld der Kriminalprävention sowie angrenzender Präventionsbereiche. Die Quellen für die Suche nach Stichwörtern und Schlüsselbegriffen sind bereits im Internet veröffentlichte thematische Datenbanken ausgesuch-

---

[16] http://www.praeventionstag.de/html/GetDokumentation.cms?XID=1162

ter und ausgewiesener Fachorganisationen. Zum Start des Such-Portals „dpt-map" im Oktober 2010 konnte zunächst innerhalb von 2.462 Datensätzen recherchiert werden, auf der Basis der Internetseiten des Deutschen Präventionstages und des Landespräventionsrates Niedersachsen (LPR). Anfang 2013 verweisen über 5.000 Datensätze auf ca. 1.300 unterschiedliche Webseiten. Die Einbeziehung weiterer Fachorganisationen als Partner des Portals erfolgt fortlaufend. Vorbereitet ist auch die Nutzung des Portals für englischsprachige Einträge über die gesonderte Webseite „www.pre-search.org".

2. Internetdokumentation

Die Internetdokumentation des Deutschen Präventionstages befindet sich auf der Webseite www.praeventionstag.de und wird herausgegeben von *Kerner* und *Marks* im Auftrag der Deutschen Stiftung für Verbrechensverhütung und Straffälligenhilfe (DVS). Die Internetdokumentation umfasst alle Abstracts sowie Text-, Film- und Präsentations-Dokumente der bisherigen Deutschen Präventionstage. Von den ersten Kongressen liegen lediglich wenige digitalisierte Dokumente vor; seit zahlreichen Jahren werden jedoch die jährlichen Kongresse in dieser Datenbank komplett dokumentiert. Dies gilt auch für die inzwischen ca. 15 Buchdokumentationen in deutscher bzw. englischer Sprache. Verschiedene Unterstützungsfunktionen ermöglichen es, über eine Volltextsuche, gegliedert nach Kongressen oder Schlüsselbegriffen sowie nach Fachorganisationen resp. Autoren zu suchen.

3. Userzahlen der Webseiten

Die Online-Angebote des Deutschen Präventionstages sind seit ihrer Einführung sehr positiv aufgenommen worden und ihre Nutzung steigt hinsichtlich verschiedener Bewertungskriterien stetig an. Anfang 2013 beträgt der direkte Traffic auf den Servern des Deutschen Präventionstages im Monatsdurchschnitt über 40 GB Downloads. Zusätzlicher Traffic wird durch die Videodokumentationen auf YouTube generiert. Von monatlich durchschnittlich 6.000 Besuchern werden ca. 15.000 Webseiten aufgerufen. Für den Zeitraum 3/2008 bis 10/2012 wurden Daten in der Gesamtmenge von 2.300 GB heruntergeladen.

4. DPT mobil durch Apple-Applikationen

Die iPhone- und iPad-App des Deutschen Präventionstages ermöglicht den mobilen Abruf des im Internet dokumentierten Wissens aus den bislang durchgeführten achtzehn Kongressen (1995 - 2013). Erstmals wurde die von der Firma nanodesign erstellte App im April 2012 veröffentlicht und seither mehrfach erweitert und aktualisiert. Eine fortlaufende Anpassung der jeweils gültigen Datenbanken des DPT erfolgt ebenso wie die strukturelle Weiterentwicklung dieser Applikation. Unter dem Stichwort „Prävention" steht die App im „iTunes App Store" zum kostenlosen Download zur Verfügung. Zu den Features der DPT-App gehören die Offline-Recherche im Dokumentationsarchiv zu allen Kongressen, die Expertensuche nach Personen und Fachorganisationen sowie eine allgemeine Kurzinformation über den Deutschen Präventionstag.

Seit Anfang 2013 steht eine zweite kostenlose iPhone-App des Deutschen Präventionstages zur Verfügung, mit der insbesondere die Tägliche Präventions-News mobil empfangen werden kann, alle vorhanden News abgerufen werden können und nach News gesucht werden kann.

5. Die Tägliche Präventions-News (TPN)

Speziell für das Arbeitsgebiet der Kriminalprävention und angrenzender Präventionsbereiche veröffentlicht der Deutsche Präventionstag seit Juli 2011 täglich eine aktuelle News auf seiner Internetseite[17] sowie über die Internetdienste Twitter[18] und Facebook[19]. Die tägliche Präventions-News informiert über Präventionsveranstaltungen sowie über Dokumente aus den Bereichen Präventionspraxis, Präventionsforschung und Präventionspolitik. Es besteht auch die Möglichkeit, die Präventions-News als RSS-Feed oder kostenlos als E-Mail zu abonnieren und hier zwischen einem täglichen, wöchentlichen oder monatlichen Versand zu wählen.

Mit dem Angebot der Täglichen Präventions-News erreicht der Deutsche Präventionstag derzeit ca. 2.500 Personen als direkte RSS- oder Newsletter-Abonnenten. Im Evaluationsbericht zum 17. DPT (2012) wird ausgeführt, dass die Tägliche Präventions-News immerhin 65,8% der Befragten bekannt war. „Von diesen nutzt jedoch weniger als die Hälfte (42%) dieses Angebot häufig bzw. eher selten – aber auch unabhängig von einem Kongress. 31,9% der Befragten gaben an, die täglichen Präventionsnews nie zu nutzen. Dennoch wurde das Angebot auf unserer Fünferskala mit einem Durchschnittswert von 2,0 als gut bewertet. Insgesamt fanden 80,7% der Befragten die täglichen Präventions-News sehr gut oder gut."[20]

IV. Das DPT-Institut für angewandte Präventionsforschung (dpt-i)

Die Bedeutung einer wissenschaftlicht-empirischen Erdung von Projekten und Programmen der (Kriminal-)Prävention hat in den vergangenen zwei Jahrzehnten kontinuierlich an Bedeutung gewonnen. Der Deutsche Präventionstag hat sich in den vergangenen Jahren auch zu einem wichtigen Forum für den Diskurs zwischen Praxis und Forschung in einem erweiterten Arbeitsfeld der Kriminalprävention entwickelt. Um diese Entwicklung zu stärken und systematisch fort zu entwickeln, startet im Jahr 2013 ein weiterer Arbeitsbereich des Deutschen Präventionstages, das DPT-Institut für angewandte Präventionsforschung (dpt-i).

Präventionsforschung wird hier als ein multidisziplinärer Ansatz verstanden, der die Kenntnisse, Methoden und Standards verschiedener wissenschaftlicher Disziplinen und Fachrich-

---

[17] www.praeventionstag.de/nano.cms/news

[18] https://twitter.com/praeventionstag

[19] www.facebook.com/praeventionstag

[20] *Strobl, Schüle, Loberweier* (2012), http://www.praeventionstag.de/html/GetDokumentation. cms?XID=1162 (22)

tungen einbezieht. Zu den einzubeziehenden Grundwissenschaften und den sich zunehmend spezialisierenden und differenzierenden aufbauenden Disziplinen und Fachrichtungen gehören u.a. die Soziologie, Psychologie, Erziehungswissenschaft, Biologie, Medizin, Politikwissenschaft, Rechtswissenschaft, Ökonomie, Ökologie, Kriminologie und die Viktimologie. Antizipiert und aufgegriffen wird dabei der laufende Prozess einer Profilbildung für eine disziplinübergreifende Präventionsforschung in Bezug auf ihren spezifischen Forschungsgegenstand.

In Anlehnung an das Verständnis der internationalen „Society for Prevention Research (SPR)"[21] umfasst Präventionswissenschaft für das dpt-i die wissenschaftliche Erkundung der

a.) gesellschaftlichen Verteilungen und Häufigkeiten von zu verhindernden Ereignissen und Zuständen wie Kriminalität, Gewalt, Sucht, körperliche und seelische Krankheitszustände, Unsicherheitslagen etc.,

b.) Ursachen und Entstehungsbedingungen dieser Ereignisse und Zustände,

c.) Entwicklung, Begleitung und Überprüfung von wirksamen Interventionen zur Prävention dieser Ereignisse und Zustände sowie

d.) der Unterstützung einer breitflächigen Umsetzung von überprüften Interventionen unter den Bedingungen der „realen Welt".

Präventionsforschung ist zur Erreichung ihrer Ziele auf ein immanentes und multidisziplinäres Kooperationsverständnis sowie Partnerschaften mit der Präventionspraxis und der Präventionspolitik angewiesen. Das dpt-i versteht seine Rolle deshalb auch als ein aktiver Förderer von Partnerschaften zwischen Forschung, Praxis und Politik. Das DPT-Institut für angewandte Präventionsforschung sieht seine allgemeinen Aufgaben daher vor allem in der

a.) Durchführung eigener Forschungsvorhaben mit der Perspektive der praktischen Anwendung der Forschungsergebnisse,

b.) Kooperation mit anderen wissenschaftlichen Einrichtungen zur Umsetzung von Forschungsvorhaben mit Praxisrelevanz,

c.) Vertiefung des Dialoges zwischen Wissenschaft, Politik, Verwaltung, Verbänden und Zivilgesellschaft über die Ergebnisse der Präventionsforschung mit dem Ziel einer stärkeren Wissensbasierung im gesamten Arbeitsfeld der Prävention,

Beratung des Deutschen Präventionstages und seiner Partnerorganisationen über die Ergebnisse und den Stand der Präventionsforschung.

---

[21]   Im Mission Statement der SPR heißt es „The Society for Prevention Research is an organization dedicated to advancing scientific investigation on the etiology and prevention of social, physical and mental health, and academic problems and on the translation of that information to promote health and well being. The multi-disciplinary membership of SPR is international and includes scientists, practitioners, advocates, administrators, and policy makers who value the conduct and dissemination of prevention science worldwide.", www.preventionresearch.org/about-spr/mission-statement/ , 2013-01-25

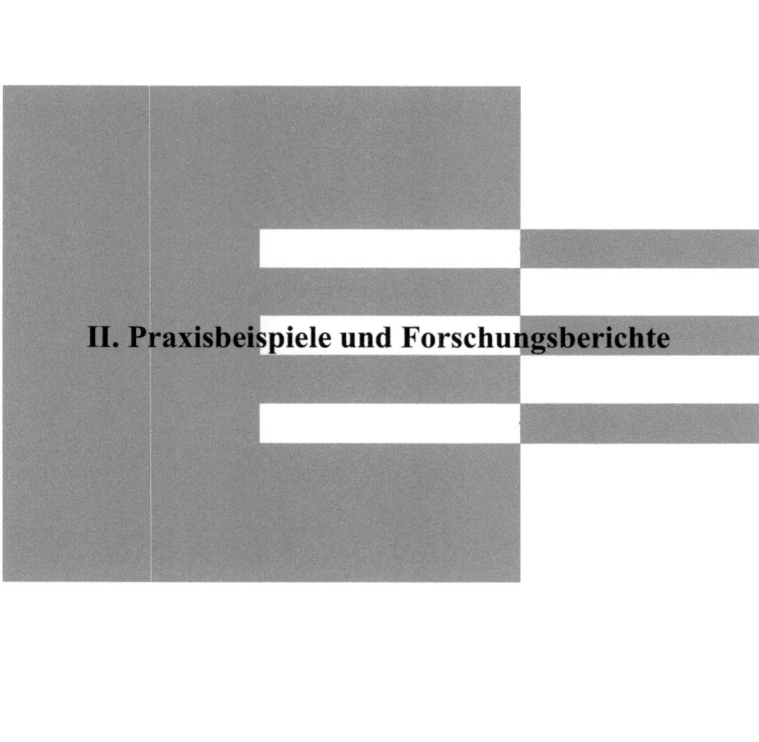

II. Praxisbeispiele und Forschungsberichte

Jens Wagner, Laura F. Kuhle, Dorit Grundmann, Anna Konrad, Klaus M. Beier

Vorbeugung sexuellen Kindesmissbrauchs[1]

Zur Behandlung pädophiler und hebephiler Männer im Präventionsnetzwerk „Kein Täter werden"

Anstrengungen zur Vorbeugung sexuellen Kindesmissbrauchs wenden sich vorrangig an mögliche Opfer und deren Umfeld. Das Präventionsnetzwerk „Kein Täter werden" bietet an allen Standorten die Möglichkeit, mit präventiver Therapie, die potentielle oder unerkannte tatsächliche Täter einbezieht, Kindesmissbrauch sowie den Konsum von Missbrauchsabbildungen zu verhindern.

Sexueller Kindesmissbrauch im Dunkelfeld

Sexueller Kindesmissbrauch sowie die sexuelle Ausbeutung von Kindern durch Herunterladen, Sammeln und/oder Verbreiten von Missbrauchsabbildungen (oft verharmlosend als Kinderpornografie bezeichnet) und dessen Konsum sind eine große Herausforderung für die Gesellschaft sowie insbesondere für die Justiz und das Gesundheitssystem. Der ersten repräsentativen Umfrage in der deutschen Allgemeinbevölkerung zufolge wurden 8,6 % der Mädchen und 2,8 % der Jungen im Laufe ihres Lebens Opfer sexueller Übergriffe mit direktem Körperkontakt durch erwachsene Täter (Wetzels 1997). Neuere, ebenfalls repräsentative Untersuchungen in Deutschland ergaben einerseits niedrigere (vgl. Bieneck et al. 2011), andererseits aber auch höhere Prävalenzraten (Häuser et al 2011), wobei es einen Zusammenhang mit der Altersverteilung der untersuchten Stichprobe gibt - je mehr ältere Menschen einbezogen werden, umso höher war die Häufigkeit. So ist offensichtlich davon auszugehen, dass die Opfer sexueller Traumatisierungen, die oft lebenslang unter den Folgen leiden, meist keine Strafanzeige erstatten und das Erlebte zum Teil erst sehr spät anderen Menschen anvertrauen. Insofern bilden jene Fälle, die der Justiz bekannt werden und im sogenannten Hellfeld erscheinen, nur einen Teil der Problematik ab. Auch Konsum, Besitz und Verbreitung von fotografischen oder filmischen Darstellungen sexuellen Kindesmissbrauchs oder der expliziten Darstellungen der unbekleideten Genitalien von Kindern bleiben in den meisten Fällen unentdeckt und finden damit im (juristischen) Dunkelfeld statt.

Sexuelle Präferenzstörungen (Pädophilie/Hebephilie)

Die sexuelle Präferenzstruktur des Menschen manifestiert sich im Jugendalter im Laufe der individuellen psychosexuellen Entwicklung. Nach aktuellem sexualwissenschaftlichen Kenntnisstand ist von einer weitgehend lebenslangen Stabilität dieser Struktur auszugehen (vgl. Seto, 2009). So auch für die sexuellen Präferenzstörungen der Pädophilie bzw. Hebephilie (siehe Tabelle 1).

---

[1] Erstabdruck in: der kriminalist, 07-08-2014

Tabelle 1. Mögliche Ausrichtungen sexueller Präferenz bezogen auf das Körperschema.

	ICD-10/DSM-IV-TR	Sexuelle Ansprechbarkeit für:	
Pädophilie	F65.4 / 302.2	den kindlichen (vorpubertären) Körper	Die sexuelle Präferenz geht einher mit sexuellen
Hebephilie	302.9 (NOS)	den jugendlichen (frühpubertären) Körper	Fantasien, Wünschen und Verhaltensimpulsen,
Teleiophilie	-	den erwachsenen (postpubertären) Körper	bezogen auf den gewünschten Sexualpartner.

WHO, 2007; APA, 2000

Mit Pädophilie ist die sexuelle Ansprechbarkeit (i.e. Präferenz) für das kindliche Körperschema gemeint, mit Hebephilie entsprechend die sexuelle Ansprechbarkeit für das frühe jugendliche Körperschema. Beide Präferenzausrichtungen gibt es in zwei Unterformen: Als ausschließliche und als nicht ausschließliche Ansprechbarkeit auf den kindlichen bzw. jugendlichen Körper, d.h. ohne bzw. mit einer zusätzlichen sexuellen Ansprechbarkeit auf den erwachsenen Körper (Teleiophilie). Eine Pädophilie wird fast nur bei Männern diagnostiziert. Die Prävalenz pädophiler bzw. hebephiler Neigung in der männlichen Gesamtbevölkerung ist unbekannt, liegt aber schätzungsweise zwischen 1-5% (Ahlers et al., 2011; Seto, 2008, S. 6). Über die Häufigkeit einer pädophilen Präferenz bei Frauen gibt es derzeit keine gesicherten Erkenntnisse. In einigen wenigen Veröffentlichungen zu diesem Thema wird aber davon ausgegangen, dass es sich um Einzelfälle handelt (Bundschuh, 2001; Schorsch, 1985).

Sexueller Kindesmissbrauch und Pädophilie

Den vorliegenden Daten zufolge gibt es zwei Gruppen von Tätern, die sexuellen Missbrauch von Kindern begehen: Diejenigen, die eine sexuelle Präferenzstörung aufweisen (Pädophilie oder Hebephilie) und diejenigen, die gemäß ihrer sexuellen Präferenzstruktur ausschließlich auf das erwachsene Körperschema ausgerichtet sind und aus unterschiedlichen Gründen so genannte „Ersatzhandlungen" begehen, beispielsweise aufgrund einer Persönlichkeitsstörung. In Studien an Stichproben verurteilter Sexualstraftäter fehlt meist diese wichtige Differenzierung, und wenn sie vorgenommen wird, variiert die Methodik zur Feststellung der Präferenzstörung, was unterschiedliche Angaben zum Anteil pädophil-motivierter sexueller Missbräuche von Kindern erklärt. Von besonderer Bedeutung sind daher Studien mit großen Stichproben, welche auf der Grundlage phallometrischer Messungen die diagnostische Einschätzung vornehmen. Gemäß diesen Studien lag der Anteil pädophil motivierter Missbrauchstäter zwischen 40% und 50 % der untersuchten Stichproben, die verbleibenden 50-60% sind Ersatzhandlungen (vgl. Seto, 2008). Durch Studien, in denen Täter von sexuellem Kindesmissbrauch daraufhin untersucht wurden, ob sie entsprechend der Kriterien des DSM-IV die Diagnose Pädophilie erhalten würden, stellte sich heraus, dass 12-20% der verurteilten Sexualstraftäter als pädophil angesehen werden können (vgl. APA, 1999). Angaben zu dem Anteil pädophil motivierter sexueller Kindesmissbräuche an der Gesamtzahl der justiziell unentdeckten Missbrauchstaten sind unbekannt.

Wichtig ist die Differenzierung zwischen Neigung und Verhalten, also sexueller Präferenzstörung und sexuellem Kindesmissbrauch, wie sie in Abbildung 1 schematisch dargestellt ist. Diese dient dabei nur der konzeptuellen Veranschaulichung und gibt nicht die tatsächlichen Größenverhältnisse wieder.

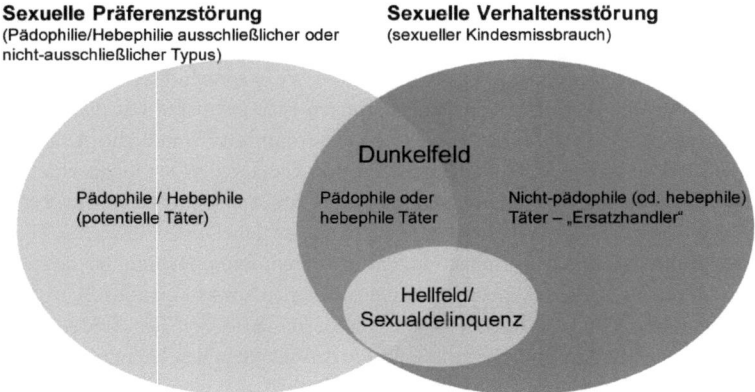

Abbildung 1: Zusammenhang zwischen sexueller Präferenz (Pädophilie und Hebephilie) und sexuellem Kindesmissbrauch.

Die Bedeutung dieser differentialdiagnostischen Unterscheidung liegt darin, dass Männer mit pädophiler Neigung ein höheres Risiko für erstmalige und wiederholte sexuelle Übergriffe aufweisen und deshalb einer speziellen therapeutischen Versorgung bedürfen: Bei einer nicht-ausschließlichen Pädophilie werden 50% der Täter rückfällig, bei einer ausschließlichen Pädophilie 80%, bei Ersatzhandlungen je nach Hintergrundproblematik zwischen 10 und 30 % (vgl. Beier 1995).

Das Präventionsnetzwerk „Kein Täter werden"

Das 2005 vom Berliner Institut für Sexualwissenschaft und Sexualmedizin des Universitätsklinikums Charité ins Leben gerufene „Präventionsprojekt Dunkelfeld" (PPD) ist mittlerweile auch in Kiel (seit 2009), Regensburg (2010), Leipzig (2011), Hannover (2012), Hamburg (2012), Stralsund (2013), Gießen (2013), Düsseldorf (2014) und Ulm (2014) vertreten. Die Standorte haben sich 2010 im Präventionsnetzwerk „Kein Täter werden" zusammengeschlossen, das sich gemeinsamen Qualitätsstandards verpflichtet hat und von Berlin aus koordiniert wird. Das therapeutische Angebot wird an allen Standorten von den Betroffenen in Anspruch genommen. Im gesamten Präventionsnetzwerk „Kein Täter werden" haben sich bis Sommer 2014 etwa 4.000 hilfesuchende Personen gemeldet. Dessen Angebot wendet sich gezielt an die Gruppe potentieller Täter und realer Dunkelfeld-Täter mit pädophiler oder hebephiler Neigung. Ziel des Präventionsnetzwerks ist es, durch präventive Therapie einen aktiven Beitrag zum Kinderschutz zu leisten. Die Betroffenen werden therapeutisch in ihrem Bestreben unterstützt, keinen erstmaligen oder wiederholten sexuellen Kindesmissbrauch zu begehen und keine Missbrauchsabbildungen zu konsumieren.

Aus der klinischen Arbeit im Indikationsgebiet ist bekannt, dass Betroffene große Angst vor sozialer Ausgrenzung haben. Darum ist eine wertfreie Haltung gegenüber der Präferenzausrichtung eine entscheidende Voraussetzung für die therapeutische Arbeit im Präventionsprojekt. Dies steht nicht im Widerspruch dazu, dass die Therapeuten bezüglich möglicher Verhaltensstörungen (wie sexuellen Übergriffen oder dem Konsum von Missbrauchsabbildungen) eine unmissverständliche Ablehnung vermitteln. Eine solche klare Positionierung des Therapeuten im Sinne einer Akzeptanz der sexuellen Präferenz an sich und einer ablehnenden Haltung gegenüber sexuell missbrauchendem Verhalten kann den Patienten dabei unterstützen, die eigene sexuelle Präferenzstruktur ins Selbstbild zu integrieren. Diese Haltung bestimmt die Diagnostik und auch die therapeutischen Interventionen sowohl im Einzel-, als auch im Gruppensetting. In der diagnostischen Phase werden neben der Abklärung der Präferenzstörung die Einschlusskriterien für die Aufnahme in das Therapieprogramm geprüft, wobei insbesondere wichtig ist, dass die Betroffenen nicht justizbekannt sind bzw. sich nicht aufgrund einer Auflage der Justiz melden, sofern sie bereits Übergriffe begangen oder Missbrauchsabbildungen konsumiert haben.

Therapeutische Versorgung im Präventionsnetzwerk

Die Therapie im Netzwerk „Kein Täter werden" ruht als Ausdruck einer biopsychosozial fundierten Behandlung auf drei Säulen: sexualmedizinisch-fundierte Grundhaltung bezüglich sexueller Präferenzstörungen und speziell der Pädophilie, kognitiv-verhaltenstherapeutische Therapiemethoden sowie Pharmakotherapie.

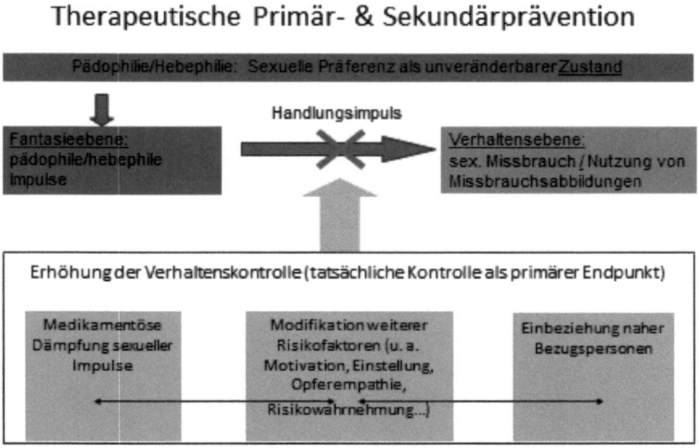

Therapeutische Primär- & Sekundärprävention

Pädophilie/Hebephilie: Sexuelle Präferenz als unveränderbarer Zustand

Handlungsimpuls

Fantasieebene:
pädophile/hebephile
Impulse

Verhaltensebene:
sex. Missbrauch / Nutzung von
Missbrauchsabbildungen

Erhöhung der Verhaltenskontrolle (tatsächliche Kontrolle als primärer Endpunkt)

| Medikamentöse Dämpfung sexueller Impulse | Modifikation weiterer Risikofaktoren (u. a. Motivation, Einstellung, Opferempathie, Risikowahrnehmung...) | Einbeziehung naher Bezugspersonen |

Abbildung 2: Sexualmedizinisches Interventionsmodell zur Verhinderung sexuellen Kindesmissbrauchs und des Konsums von Missbrauchsabbildungen im Projekt „Kein Täter werden"

Das Behandlungskonzept ist über ein Manual definiert, das formal als Richtlinie bezüglich der Behandlungsinhalte, -prozesse und –ziele dient. Primärer Endpunkt ist die Sicherstellung der Verhaltenskontrolle. Der multimodale Ansatz unterstützt die Betroffenen dabei, ihre sexuelle Präferenz zu akzeptieren und in ihr Selbstkonzept zu integrieren. Einstellungsänderungen, verbesserte Perspektivenübernahme, Emotions- und Stressbewältigung sowie Konfliktbewältigung in Beziehungen ermöglichen darüber hinaus die Stärkung der Selbstregulationskompetenz der Betroffenen. Diese Faktoren bilden zudem die Grundlage für eine mögliche Einnahme von triebdämpfenden Medikamenten, die von ca. einem Fünftel der Projektteilnehmer in Anspruch genommen wird. Eine pharmakotherapeutische Intervention führt zu einer Reduktion der gedanklichen Beschäftigung mit sexuellen Inhalten, einer Abnahme der Masturbationsfrequenz und sexuell motivierter Kontaktsuche. Gemeinsam mit der Einbeziehung naher Bezugspersonen wirken die genannten therapeutischen Prozesse modulierend auf das sexuelle Erleben, so dass über eine Verknüpfung dieser Behandlungsansätze sichergestellt werden kann, dass die aus der Sexualpräferenz resultierenden sexuellen Impulse auf der Phantasieebene belassen werden und deren Übergang auf eine Verhaltens- bzw. Interaktionsebene unterbunden bleibt (bei potentiellen Tätern) bzw. zukünftig verhindert wird (bei realen Dunkelfeldtätern).

Rund 2000 Betroffene aus dem gesamten Bundesgebiet haben sich zwischen 2005 und Sommer 2014 allein am Berliner Standort des Projektes gemeldet. Fast 900 Personen reisten zur Diagnostik nach Berlin, rund 450 von ihnen konnte ein Therapieangebot gemacht werden. Insgesamt haben seitdem über 180 Männer die Therapie begonnen und über 100 erfolgreich abgeschlossen. 34 Projektteilnehmer befinden sich derzeit am Standort Berlin in Therapie, 14 Teilnehmer besuchen die Nachsorgegruppe.

Fallvignette A – Pädophil motivierter Konsument von Missbrauchsabbildungen:
Der 43-jährige Angestellte des Öffentlichen Dienstes, Herr K. stellt sich im Rahmen des Präventionsprojektes Dunkelfeld vor, weil seine Ehefrau „Bilder von nackten Mädchen" auf seinem Computer gefunden und ihn damit konfrontiert habe. Während des Erstkontaktes berichtet er von „nächtelangen Kinderpornografie-Sessions", die es ihm zunehmend erschweren würden, seiner Arbeit nachzugehen, weil er durch den fehlenden Schlaf erschöpft sei und sich kaum noch konzentrieren könne. Es habe immer wieder Phasen gegeben, in denen er alle Dateien gelöscht habe und für einige Wochen ohne die Suche nach Bildern ausgekommen sei, aber irgendwann sei er letztlich doch wieder rückfällig geworden.

Herr K. berichtet von einer „normalen Kindheit in einer Kleinstadt", wo er mit seinen drei älteren Geschwistern aufgewachsen sei. Seine Eltern hätten ein klassisches Rollenmodell gelebt, sein Vater habe als Leitender Angestellter in einem mittelständischen Unternehmen viel gearbeitet und sei eigentlich nur an den Wochenenden zu Hause und häufig müde gewesen. Seine Mutter, eine gelernte Arzthelferin, habe sich nach der Geburt der Kinder aus dem Berufsleben zurückgezogen und sich um die Familie und den Haushalt gekümmert. Hinsichtlich Sexualität und Körperlichkeit sei es bei ihm zu Hause eher verklemmt gewesen, es sei nie über dieses Thema gesprochen worden. Aufgeklärt worden sei er eigentlich durch seinen 5 Jahre älteren Bruder. Im Alter von 7 Jahren sei es in der Schule zu einer „ersten Liebelei" mit Claudia gekommen, sie hätten sich Briefchen geschrieben, Händchen gehalten und sich geküsst. Diese sei für ihn der Inbegriff von „Unschuldigkeit und Reinheit" gewesen, und er glaube, „da hängen geblieben zu sein". Claudia sei dann mit ihren Eltern in eine andere Stadt gezogen. Obwohl er es selbst als „Unsinn" bezeichne, frage er sich bis heute, was aus ihnen hätte werden können. In der Pubertät habe er angefangen, sich regelmäßig selbst zu befriedigen, was er bereits damals als „Ventil" für sich entdeckt habe, mit unangenehmen Spannungszuständen umzugehen. Damals habe er Pornohefte genutzt, die im Freundeskreis kursierten. Er könne sich nicht erinnern, was genau ihn daran angesprochen habe, vermutlich habe es gereicht, dass dort nackte Frauen abgebildet waren. Zwischen dem 17. und 21. Lebensjahr habe er einige sexuelle Begegnungen mit gleichaltrigen Freundinnen gehabt, allerdings habe er sich auf keine richtig einlassen können, bis er im Alter von 22 seine heutige Frau, Annette (-4), kennen gelernt habe, die ihm aufgrund ihres „unbeschwerten Gemüts" sofort gefallen habe. Nach 2 Jahren seien sie zusammen gezogen, und hätten kurz darauf geheiratet. Als Herr K. 26 Jahre alt war, wurde der gemeinsame Sohn geboren, er könne sich daran erinnern, dass er damals erleichtert war, dass es keine Tochter geworden ist, jedoch habe er dieser Erleichterung nicht weiter Beachtung geschenkt. Bis zur Geburt des Sohnes habe seine Frau für eine Bekleidungsfirma gearbeitet und häufig Kataloge mit nach Hause gebracht, in denen auch Mädchen in Unterwäsche abgebildet waren. Nach der Geburt seines Sohnes habe er erstmalig zu diesen Bildern masturbiert. Er sei darüber erschrocken gewesen, habe die Erregung aber zunächst auf die nach der Geburt des Sohnes eingeschlafene sexuelle Beziehung zu seiner Frau geschoben. Es sei dann jedoch „schleichend immer häufiger" gewesen, bis er irgendwann angefangen habe, im Internet nach leicht bekleideten oder nackten Mädchen im Alter von 7-9 Jahren zu suchen. Der Wunsch, „das perfekte Mädchen" zu finden, sei dann „wie eine Sucht" gewesen, er habe immer mehr Bilder gespeichert, sich auch in Foren angemeldet, um Zugriff zu mehr Material zu haben. Im letzten Urlaub mit seiner Nichte sei es außerdem zu einer Situation gekommen, die ihn erschrocken habe: Beim Toben im Pool habe er plötzlich bemerkt, dass er sexuell erregt werde, woraufhin er die Situation sofort verlassen, und sich den Rest des Urlaubs deutlich zurück gezogen habe. Er wisse, dass er ihr nie etwas tun würde, aber seine Erregung habe ihn bestürzt. Er habe sich damals Hilfe suchen wollen, aber nicht gewusst, wohin er sich wenden sollte. Er sei fast froh, dass seine Frau die Bilder gefunden habe, denn alleine wisse er nicht mehr weiter.

Nach ausführlicher Sexualanamnese und Diagnostik konnte für Herrn K. die Diagnose einer nicht-ausschließlichen Pädophilie gestellt werden. Die Schwerpunkte der Behandlung lagen auf der Förderung der Akzeptanz dieser Präferenz und ihrer Integration in das Selbstkonzept sowie der Entwicklung eines Risikomodells für den Konsum von Missbrauchsabbildungen. Während Herr K. zu Beginn der Therapie erzählte, dass er wieder Missbrauchsabbildungen gesucht habe, was „einfach passiert sei, er habe nur seine Mails checken wollen", konnte er die Hintergründe und inneren Vorgänge, die zu diesem Verhalten führten zunehmend hinterfragen und verstehen. Besonders der bereits seit seiner Jugend bestehenden Strategie, bei negativen Spannungszuständen zu masturbieren, um sich Erleichterung zu verschaffen, wurde dabei Beachtung geschenkt. Herr K. konnte zunehmend erkennen, dass ihm dies nur kurzfristig Erleichterung verschaffte, er langfristig jedoch starke Scham- und Schuldgefühle entwickelte und nicht an den eigentlichen Problemen arbeitete. Er wurde dabei unterstützt, funktionalere Alternativen für den Umgang mit negativen Gefühlen aufzubauen, wozu auch der Einbezug der Ehefrau im Rahmen einer begleitenden Paar-Beratung gehörte, da es mit dieser zu vielen Konflikten und gegenseitigen Verletzungen kam.

Fallvignette B – Pädophil motivierter potentieller Missbrauchstäter (Präferenztäter) und Konsument von Missbrauchsabbildungen:

Patient Herr A., 36 Jahre, Pädophilie, ausschließlicher Typus, orientiert auf Mädchen, Teilnahme an der Gruppentherapie im Rahmen des Präventionsprojektes Dunkelfeld entsprechend dem sexualmedizinischen Interventionsmodell, anschließend in Nachsorgegruppe integriert, erhält seit drei Jahren Cyproteronacetat (CPA), im ersten Jahr 600 mg alle 14 Tage intramuskulär, danach 300 mg alle 14 Tage intramuskulär.

Patient A. ist als zweitjüngstes von drei Geschwistern in behüteten familiären Verhältnissen aufgewachsen. Seine Kindheit sei „eher gut gewesen", er habe aber immer Probleme gehabt, „Menschen an sich ranzulassen". Es bestand kaum Kontakt zu Gleichaltrigen. Nach dem Abitur begann er ein weit über die Regelstudienzeit hinausreichendes Jurastudium, hatte das Referendariat mit Unterbrechungen absolviert und war danach erfolglos auf Arbeitssuche. Er fühlte sich durch eine starke Kurzsichtigkeit „behindert und ausgegrenzt".

Im Jugend- und Erwachsenenalter hatte er keine über Kuss- und Pettingkontakte hinausgehenden sexuellen Erfahrungen mit weiblichen Jugendlichen/Frauen gesammelt. Er glaubte, dass dies an seiner dicken Brille gelegen habe. Die Ejakularche erlebte er im Alter von 13 Jahren und die Begleitfantasien bei der Masturbation hatten damals Mädchen im präpubertären Alter zum Inhalt.

Vor fünf Jahren absolvierte Patient A. eine Verhaltenstherapie wegen Sexsucht (Pornografiekonsum täglich stundenlang, überwiegend Kinderpornografie, Masturbationsfrequenz dreimal täglich). Er gibt als bevorzugtes Partneralter fünf bis acht Jahre an. Die Mädchen dürften auf keinen Fall Schambehaarung oder Brustwachstum zeigen. In den masturbatorischen Begleitfantasien treten Vorstellung von vaginaler und analer Penetration sowie passivem Oralverkehr auf. In seinen Fantasien seien die Mädchen zwar immer mit seinen sexuellen Wünschen einverstanden, aber er wisse, dass dies völlig unrealistisch wäre.

Im Rahmen des einjährigen Therapieprogramms (Gruppensitzungen) kam er immer mehr in die Lage, Gefährdungssituationen mitzuteilen: Wenn er auf der Straße Mädchen im von ihm präferierten Alter sehe (die zudem dunkle, lange Haare haben und schlank sind), mache er sich darüber Gedanken, wie er mit dem Kind in Kontakt kommen könne. Er sei dann eindeutig „explosiver als beim Anblick einer Frau".

Unmittelbar vor der Entscheidung, CPA zu nehmen, habe er auf der Straße ein etwa acht Jahre altes Mädchen gesehen und sofort den Impuls gehabt: „Mit der könnte ich mich vereinigen." (Mitteilung in der Gruppe.)

Er nahm (zu Recht) an, dass er für Mädchen eine reale Gefahr darstelle und wünschte selbst eine weitestgehende Impulsreduktion, wobei er eine Höchstdosis CPA wegen des höheren Osteoporoserisikos einem GnRH-Analogon vorzog.

Nach der Therapieeinleitung war er über den Effekt erfreut („Druck ist weg"), aber unzufrieden mit sich selbst („Warum schaffe ich das nicht allein?") und empfand die Medikation als Niederlage. Allerdings bekannte er weiterhin: „Ich denke, dass ich ohne das Medikament nicht in der Lage bin, mich zu kontrollieren." (Aussage nach einjähriger Antiandrogenbehandlung, die über die Gruppentherapie hinaus fortgesetzt wurde.).

Öffentlichkeitsarbeit im Präventionsnetzwerk „Kein Täter werden"

Die Erfahrung des Präventionsnetzwerks zeigt, dass für eine erste Kontaktaufnahme der eigene Leidensdruck aufgrund einer bestehenden pädophilen und/oder hebephilen Neigung entscheidend ist. Aufmerksam werden Betroffene in erster Linie durch die

Presse- und Öffentlichkeitsarbeit sowie über das Internet.

Um die Zielgruppe zu erreichen, wird bereits seit Projektbeginn mit Hilfe einer Medienkampagne auf die Möglichkeit der Beratung sowie auf das therapeutische Angebot aufmerksam gemacht. In Zusammenarbeit mit der Kinderschutzorganisation „Hänsel+Gretel" und der renommierten PR-Agentur „Scholz & Friends" entstand 2005 die erste Medienkampagne „lieben sie kinder mehr, als ihnen lieb ist?"

Bei der Entwicklung der PR-Strategie und des Spots wurde der nach den Erfahrungen des Präventionsprojekts erwartete beachtliche Leidensdruck der Zielgruppe berücksichtigt, indem die Kampagne:

(1) Empathie und Perspektivenwechsel erkennen lässt,

(2) sich davon distanziert, jemanden aufgrund seiner sexuellen Präferenz zu diskriminieren,

(3) vor Strafe durch die Justiz bei einer möglichen Projektteilnahme entängstigt,

(4) Schweigepflicht und Anonymität in Bezug auf alle gesammelten Daten zusichert, und

(5) Schuld- und Schamgefühle durch die Vermittlung folgender Botschaft reduziert: „Du bist nicht schuld an Deinen sexuellen Gefühlen, aber Du bist verantwortlich für Dein sexuelles Verhalten! Es gibt Hilfe – werde kein Täter!"

Abbildung 3: Plakat der Medienkampagne „lieben sie kinder mehr, als ihnen lieb ist?"

Potentielle und reale Konsumenten von Missbrauchsabbildungen werden mit einer zweiten Medienkampagne angesprochen, die 2009 ebenfalls von „Scholz & Friends" umgesetzt wurde. Auch im Zentrum dieser Kampagne steht ein Spot. Die Botschaft dieser Kampagne: „Du bist nicht schuld für deine sexuelle Ansprechbarkeit durch Kinderpornografie, aber du bist verantwortlich für dein Verhalten, also dafür, ob du klickst. Es gibt Hilfe! Kein Täter werden, auch nicht im Netz"

Abbildung 4: Motiv der Medienkampagne „Kein Täter werden. Auch nicht im Netz"

Mitte Juni 2013 ist darüber hinaus der aktuelle Fernseh- und Kinospot „Kein Täter werden" erschienen, der für eine verursacherbezogene Prävention sexuellen Kindesmissbrauchs wirbt und unter www.kein-taeter-werden.de abrufbar ist. Dieser Spot wird aktuell deutschlandweit kostenlos von zahlreichen Kinos und Fernsehsendern ausgestrahlt und wurde bei YouTube bereits vielfach angeklickt. Die Protagonisten dieses Spots sind entsprechend den Erfahrungen aus dem Präventionsnetzwerk „Leute wie Du und Ich" - Menschen unterschiedlichen Alters und verschiedenster gesellschaftlicher Schichten. Dies soll einerseits eine humane Einstellung zu sexuellen Minoritäten – wie der Pädophilie/Hebephilie – fördern und darüber hinaus zur Teilnahme an dem Therapieprogramm motivieren. Auch hier lautet die Botschaft: Niemand sucht sich seine sexuelle Neigung aus, aber jeder ist verantwortlich für sein Verhalten. Moralisch zu verurteilen ist also nicht die Neigung, sondern ein Verhalten, das andere schädigt.

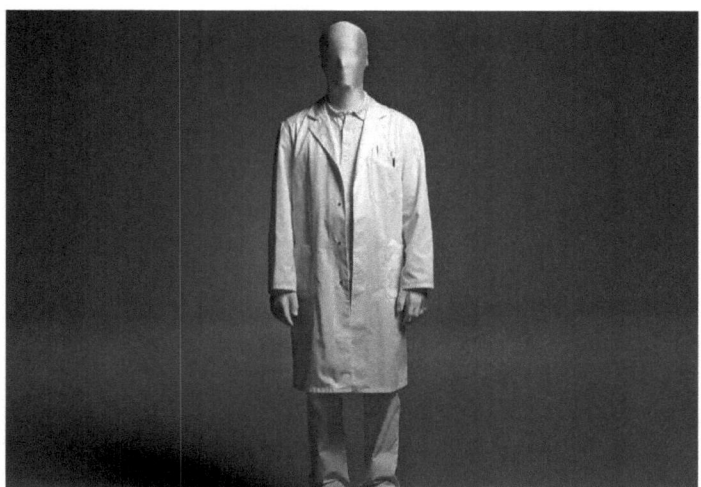

Abbildung 5: Motiv aus dem Spot „Kein Täter werden"

Neben den Spots und Plakaten der Medienkampagnen haben sich insbesondere sogenannte „AdWords"-Anzeigen, die Google kostenfrei für das Projekt schaltet und die über explizite Suchbegriffe direkt auf die Website des Präventionsnetzwerks führen, als hilfreich zur Ansprache der Zielgruppe erwiesen. Auch die Berichterstattung der Presse ist von großer Bedeutung, um einerseits Betroffene für eine Teilnahme am Projekt anzusprechen und darüber hinaus über das Thema aufzuklären. Zudem erhalten viele Hilfesuchende die ersten Informationen über das Projekt über Empfehlungen von Ärzten, Psychotherapeuten, Beratungsstellen und anderen Einrichtungen, teilweise auf der Grundlage von ausgelegten Flyern.

Da die Motivation zur Teilnahme auch durch Angehörige gefördert wird, macht es zudem großen Sinn, den Bekanntheitsgrad des Präventionsprojekts so weit wie möglich in der gesamten Öffentlichkeit zu steigern.

Konklusion

Die bisherigen Erfahrungen des Präventionsnetzwerks „Kein Täter werden" zeigen, dass therapeutische Präventionsangebote von pädophilen und hebephilen Männern wahrgenommen und in Anspruch genommen werden, die verhindern möchten, dass es erstmalig (bei potentiellen Tätern) oder erneut (bei realen Dunkelfeldtätern) zu sexuellem Kindesmissbrauch kommt. Auch für eine therapeutische Prävention der Nutzung von Missbrauchsabbildungen lassen sich pädophile und hebephile Männer motivieren.

Eine Heilung im Sinne einer Löschung der auf Kinder bezogenen sexuellen Impulse ist nach bisherigem Wissensstand nicht möglich. Daher liegt die therapeutische Zielsetzung vor allem in der Bearbeitung des Maßes an Verantwortungsübernahme in kritischen Situationen. Die Erfahrungen des Präventionsnetzwerks zeigen, dass durch die Therapie missbrauchsbegünstigende Einstellungen und Verhaltensweisen - zum Teil mit medikamentöser Unterstützung - erheblich gesenkt werden können und dadurch sexuelle Übergriffe verhindert werden.

Aufgrund der anzunehmenden Unveränderbarkeit der pädophilen Präferenzstruktur muss für die Betroffenen von einem lebenslangen Risiko ausgegangen werden, ein Kind sexuell zu missbrauchen und/oder Missbrauchsabbildungen zu nutzen. Aus taxonomischer Sicht lassen sich die pädophile und die hebephile Präferenzstörung als chronische Erkrankungen verstehen, die durch das Gesundheitssystems (anstelle des Justizministeriums) im Sinne eines „Chroniker-Programms" versorgt werden müssten.

In Parallelität zu anderen chronischen Erkrankungen muss in einem multimodalen Ansatz der Verlauf mit therapeutischen Maßnahmen zur Verhaltensveränderung sowie medikamentösen Therapieoptionen begleitet werden, um Risikofaktoren lebenslang zu minimieren und somit Manifestationen der zu Grunde liegenden Erkrankung zu verhindern. Im Gegensatz zu chronischen somatischen Erkrankungen (Morbus Crohn, Neurodermitis, etc.) gehen Manifestationen der Pädophilie und Hebephilie mit der Gefährdung anderer, noch dazu von Kindern, einher. Daraus resultiert die Notwendigkeit eines besonderen gesellschaftlichen Engagements zur Etablierung präventiv wirksamer therapeutischer Maßnahmen zur Verhinderung sexuellen Kindesmissbrauchs.

Dementsprechend bedarf es für pädophile/hebephile Menschen auch nach Abschluss von Therapieprogrammen niedrigschwelliger Anlaufstellen im Sinne sexualmedizinischer Ambulanzen, welche die erforderlichen Therapieoptionen einschließlich sexuell impulsdämpfender Medikamente bereithalten, um in Risikosituationen zeitnah und adäquat Hilfe leisten zu können.

Zukünftige Anstrengungen sollten in die Richtung gehen, den Präventionsansatz des Netzwerks „Kein Täter werden" flächendeckend bundesweit anzubieten. Noch immer gibt es für viele problembewusste, hilfesuchende pädophile Menschen keine wohnortnahen Anlaufstellen.

Kontakt

Potentielle Projektteilnehmer können sich unter www.kein-taeter-werden.de an das Präventionsnetzwerk wenden.

Literatur

Ahlers Ch. J., Schaefer G. A., Mundt I. A., Roll S., Englert H., Willich S. N., Beier K. M. (2011): How unusual are the contents of paraphilias? Paraphilia-Associated Sexual Arousal Patterns (PASAP) in a community-based sample of men. Journal of Sexual Medicine; 8: 1362-1370.

American Psychiatric Association (1999). Dangerous sex offenders. A task-force report. Washington, DC: APA.

APA (American Psychiatric Association) (2000): Diagnostic and Statistical Manual of Mental Disorders. Fourth edition revised (DSM-IV-TR). Washington DC: APA-Press.

APA (American Psychiatric Association). DSM-5 [Internet]. Washington, DC: American Psychiatric Association Available from 2011, http://www.dsm5.org/.

Beier, K. M.; Bosinski, H. A. G.; Loewit, K. (2005): Sexualmedizin: Grundlagen und Praxis. (2. Aufl.). Elsevier, Urban und Fischer. München.

Beier K. M., Schäfer GA, Goecker D, Neutze J, Ahlers CJ (2007): Das Präventionsprojekt Dunkelfeld (PPD). Berliner Ärzte; 7: 32–35.

Beier, K. M., Ahlers, C.J.,Goecker, D., Neutze, J., Mundt, I.A., Hupp, et al. (2009). Can pedophiles be reached for primary prevention of child sexual abuse? First results of the Berlin Prevention Project Dunkelfeld (PPD). Journal of Forensic Psychiatry & Psychology, 20, 851-867.

Beier, K. M.; Neutze, J.; Mundt, I. A.; Ahlers, C. J.; Goecker, D.; Konrad, A.; Schaefer, G. A. (2009): Encouraging self-identified pedophiles and hebephiles to seek professional help: First results of the Prevention Program Dunkelfeld (PPD). Child Abuse & Neglect. 33, 545–549.

Beier K. M., Konrad A, Amelung T, Scherner G, Neutze J (2010): Präventive Behandlung nicht justizbekannter Männer mit pädophiler Präferenzstörung Das Präventionsprojekt Dunkelfeld. in: G. Hahn, M. Stiels-Glenn (Hrsg.) Ambulante Täterarbeit Intervention, Risikokontrolle und Prävention. Psychiatrie-Verlag. Bonn .

Bundschuh, C. (2001). Pädosexualität: Entstehungsbedingungen und Erscheinungsformen. Opladen: Leske + Budrich.

Bieneck, S., Stadler, L. & Pfeiffer, C. (2011). Erster Forschungsbericht zur Repräsentativbefragung Sexueller Missbrauch 2011.

http://www.kfn.de/versions/kfn/assets/fb1semissbr2011.pdf [04.01.2013]

Briken, P., Hill., A., & Berner, W. (2006). Sexualstörungen – Störungen der Sexualpräferenz, Paraphilien. In Förstl, H., Hautzinger, M., & Roth, G. [Hrsg.] Neurobiologie psychischer Störungen, 827-851. Springer Berlin Heidelberg.

Finkelhor, D. (1994): The international epidemiology of child sexual abuse. Child Abuse & Neglect. 18(5), 409-417.

Finkelhor, D.; Ormrod, R.; Turner, H.; Hamby, S. (2005): The Victimization of Children and Youth: A Comprehensive, National Survey. Child Maltreat. 10(1), 5-25.

Häuser W, Schmutzer G, Brähler E, Glaesmer H (2011): Maltreatment in childhood and adolescence—results from a survey of a representative sample of the general German population. Deutsches Ärzteblatt; 108(17): 287–94.

Marshall, W. L.; Fernandez, Y. M. (2003): Sexual preferences: Are they useful in the assessment and treatment of sexual offenders? Aggression and Violent Behavior. 8(2), 131-143.

Neutze, J.,Goecker, D., Ahlers, C. J., Schaefer, G. A., & Beier, K. M. (2008). Berliner Gruppentherapie zur Prävention sexueller Übergriffe auf Kinder - revidierte Fassung. Unpublished manuscript, Institute of Sexology and Sexual Medicine, Berlin, Germany.

Neutze J, Seto MC, Schaefer GA, Mundt IA, Beier KM (2010): Predictors of child pornography offenses and child sexual abuse in a community sample of pedophiles and hebephiles. Sex Abuse; 23(2):212-242.

Schorsch, E. (1985). Sexuelle Perversionen. Mensch, Medien, Gesellschaft, 10, 253–260.

Seto, M. C.; Cantor, J. M.; Blanchard, R. (2006): Child pornography offenses are a valid diagnostic indicator of pedophilia. Journal of Abnormal Psychology. 115(3), 610-615.

Seto, M. C. (2008): Pedophilia and sexual offending against children: Theory, assessment, and intervention. American Psychological Association. Washington, DC, US.

Seto, M. C. (2009): Pedophilia. Annual Review Of Clinical Psychology. 5, 391-407.

Smallbone, S.; Marshall, B.; Marshall, W. L.; Wortley, R. (2008): Preventing child sexual abuse: evidence, policy and practice. Willan Publishing. Cullompton Devon; Portland Or.

Wetzels, P. (1997): Gewalterfahrungen in der Kindheit - Sexueller Missbrauch, körperliche Misshandlung und deren langfristige Konsequenzen (Bd. 1). NOMOS. Baden-Baden.

WHO (1993): Internationale Klassifikation psychischer Störungen: ICD-10, Kapitel V (F): Klinisch-diagnostische Leitlinien. Bern: Huber.

Helmut Fünfsinn

Der Einfluss der gesamtgesellschaftlichen Kriminalprävention auf das Strafrecht[1]

Der Hessische Landespräventionsrat hat seinen 20-jährigen Geburtstag gefeiert, die hessische Landeskoordinierungsstelle gegen häusliche Gewalt hatte ihren sechsjährigen Geburtstag, aber auch das Gewaltschutzgesetz ist zehn Jahre alt geworden und das Gesetz zur Strafbarkeit beharrlicher Nachstellungen (40. Strafrechtsänderungsgesetz, besser bekannt als „Stalking-Bekämpfungsgesetz") fünf Jahre. Diese Daten haben auf den ersten Blick nicht viel miteinander zu tun, doch gleichwohl sollen die hinter diesen Daten stehenden Entwicklungen als nur plakative Beispiele für das Zusammenwirken der gesamtgesellschaftlichen Kriminalprävention und der modernen Strafgesetzgebung verknüpft werden. Dabei gilt es nicht nur, die die Entwicklung tragenden Ideen zu beleuchten, sondern auch die Organisationsstrukturen, die den Erfolg dieser Ideen begünstigen. Der Beitrag stützt sich dabei auf frühere Untersuchungen des Verfassers, die sowohl die Organisationsformen der gesamtgesellschaftlichen Kriminalprävention[1] als auch deren Einfluss auf die moderne Strafgesetzgebung[2] betrachten und will insbesondere darüber hinausgehende Nachweise für die dort aufgestellten Thesen liefern. Im Einzelnen sollen über die Wiederholung der tragenden Ideen (1) und dem Nachzeichnen der verschiedenen Organisationsformen der gesamtgesellschaftlichen Kriminalprävention insbesondere in Hessen (2) die Wirkungen dieser Strukturen beleuchtet werden (3). Dabei werden vor allem weitere Einflüsse auf die Gesetzgebung (4) und auf die sie begleitenden Richtlinien (5) anzusprechen sein. Die Untersuchung endet mit einem Fazit und einem Ausblick (6).

(1) Die Idee der gesamtgesellschaftlichen Kriminalprävention

Der Präventionsgedanke ist weder im Bereich der Kriminologie, der Kriminalistik, der Kriminalpolitik noch im Bereich der Straftheorie ein neuer Gedanke. Zu einem Leitmotiv ist der Gedanke im Strafrecht des letzten Jahrhunderts geworden, erste Ansätze gehen aber schon auf das Ende des 17. Jahrhunderts zurück. Der Präventionsgedanke hat zu zwei bedeutsamen Straftheorien geführt, deren Aktualität in den Strafzumessungsregeln der §§ 46 ff. StGB nachgelesen werden kann. Johann Paul Anselm Feuerbach war es, der eine Theorie der Generalprävention begründete, die unter dem Namen der Theorie des psychologischen Zwangs berühmt geworden ist.[3] Im Fortlauf der straftheoretischen Diskussion trat Franz von Liszt drei Generationen später allen

---

[1] *Fünfsinn*, Kriminalprävention und Strafjustiz – Das hessische Modell, in: Jehle (Hrsg.), Kriminalprävention und Strafjustiz, Wiesbaden 1996, 111 ff.

[2] *Fünfsinn*, Der Einfluss der gesamtgesellschaftlichen Kriminalprävention auf die moderne Strafgesetzgebung, in: Festschrift für Gunter Widmaier, Köln 2008, 909 ff.

[3] *Paul Johann Anselm Feuerbach*, Revision der Grundsätze und Grundbegriffe des positiven Peinlichen Rechts, 1799/1800, § 8 ff.

auf Kant und Hegel gegründeten absoluten Straftheorien mit großer Schärfe entgegen und forderte eine klare spezialpräventive Ausrichtung des Strafrechts, also eine Ausrichtung an den Gedanken der Resozialisierung des Täters und der Sicherung der Gesellschaft vor dem Täter.[4] Strafe wurde von ihm als Prävention durch Repression verstanden. Zugleich öffnete Franz von Liszt den Blick auf außerstrafrechtliche Felder mit seinem Hinweis, eine gute Sozialpolitik sei die beste und wirksamste Kriminalpolitik.[5] Damit war die Idee der ressortübergreifenden Kriminalprävention und der Blick auf das Vorfeld der Kriminalität schon angelegt. Soweit ersichtlich, taucht Kriminalprävention als Begriff im deutschsprachigen Schrifttum allerdings erst Ende 1970 auf.[6] Naheliegend scheint hier die Übernahme des Terminus „crime prevention", der im amerikanischen Raum und internationalen Bereich zu dieser Zeit bereits seit längerem etabliert ist, zu sein.[7] Dabei besteht häufig auch die Verbindung mit dem Begriff „crime control".[8] In der Kriminologie ist damit die strafrechtliche Sozialkontrolle angesprochen, die einen bestimmten Ausschnitt aus der umfassenderen sozialen Kontrolle bezeichnet und etwa als alle staatlichen und gesellschaftlichen Einrichtungen, Strategien und Sanktionen, welche die Verhaltenskonformität im strafrechtlich geschützten Normbereich bezwecken, definiert wird.[9]

Der Begriff der Kriminalprävention geht insoweit über die Betrachtung des sog. Kriminaljustizsystems deutlich hinaus, weil insbesondere das Vorfeld von Kriminalität und außerstrafrechtliche Maßnahmen einbezogen werden.[10] Den präventiven Ansätzen ist gemein, dass möglichst frühzeitig Fehlentwicklungen und Risiken – mit der Möglichkeit der Intervention – erkannt werden sollen, bevor sie in Kriminalität umschlagen.[11] Noch weitergehend sind die verschiedenen Lebensbereiche und gesellschaftlichen Verhältnisse so zu gestalten, dass Kriminalitätsursachen möglichst ausgeschaltet werden. Anders als im Bereich der Strafverfolgung bleibt der Staat nicht allein, es sind vielmehr gesellschaftliche Kräfte und Bereiche mit einzubeziehen.[12]

---

[4] Siehe *Franz von Liszt*, Lehrbuch des Deutschen Strafrechts, 14./15. Auflage 1905, 64 ff.

[5] *Franz von Liszt*, Strafrechtliche Aufsätze und Vorträge, Band 2 1905, 246 sowie an vielen weiteren Stellen mit einzelnen Beispielen aufgegriffen.

[6] Siehe *Jehle*, Möglichkeiten und Grenzen der Kriminalprävention, in: Jehle (Hrsg.), Kriminalprävention und Strafjustiz, Wiesbaden 1996, 13 m.w.N.

[7] Siehe *Jehle*, Möglichkeiten und Grenzen der Kriminalprävention, in: Jehle (Hrsg.), Kriminalprävention und Strafjustiz, Wiesbaden 1996, 14.

[8] *Jehle*, Möglichkeiten und Grenzen der Kriminalprävention, in: Jehle (Hrsg.), Kriminalprävention und Strafjustiz, Wiesbaden 1996, 14.

[9] Siehe schon *Kaiser*, Kriminologie, 2. Auflage, 224.

[10] *Jehle*, Möglichkeiten und Grenzen der Kriminalprävention, in: Jehle (Hrsg.), Kriminalprävention und Strafjustiz, Wiesbaden 1996, 15 und umfassend *Rössner*, Was kann Strafrecht im Rahmen der Sozialkontrolle und der Kriminalprävention leisten?, in: Jehle (Hrsg.), Kriminalprävention und Strafjustiz, Wiesbaden 1996, 203.

[11] *Jehle*, Möglichkeiten und Grenzen der Kriminalprävention, in: Jehle (Hrsg.), Kriminalprävention und Strafjustiz, Wiesbaden 1996, 15.

[12] *Jehle*, Möglichkeiten und Grenzen der Kriminalprävention, in: Jehle (Hrsg.), Kriminalprävention und

Darüber hinaus fordert Kriminalprävention eine ressortübergreifende Betrachtungsweise und die Überwindung herkömmlicher Zuständigkeitsgrenzen, so dass etwa
Justiz-, Innen-, Jugend-, Sozial-, Gesundheits-, Bau- und Verkehrsressort gemeinsam
Kriminalprävention betreiben können.[13]

(2) Organisationsformen der gesamtgesellschaftlichen Kriminalprävention

(a) Landespräventionsräte, dargestellt am hessischen Modell

Die Einrichtung der „Sachverständigenkommission für Kriminalprävention" geht auf
einen Kabinettbeschluss vom 23. Juni 1992 zurück. Dieser Kabinettbeschluss griff
einen Vorschlag der vom hessischen Justizministerium eingesetzten früheren Sachverständigenkommission auf, die in einem „kriminalpolitischen Bericht für den Hessischen Minister der Justiz" vom Dezember 1989 dargelegt hatte, dass eine Kriminalitätsvorbeugung nur dann erfolgreich sein könne, „wenn sie den Käfig der Innen- und
Justizpolitik verlässt und ihrerseits Einfluss nimmt auf alle gesellschaftspolitisch
maßgeblichen Instanzen". Diese Kommission schlug deshalb die Bildung eines auf
Landesebene einzurichtenden präventionspolitischen Gremiums vor.

Bei der Einrichtung des „hessischen Präventionsrates" wurde natürlich auf die skandinavischen und anglo-amerikanischen Erfahrungen mit den dort gebildeten Präventionsgremien zurückgegriffen und auch die sehr beachtliche Arbeit des schleswig-
holsteinischen Landespräventionsrates[14] ausgewertet. Inzwischen bestehen in zwölf
Bundesländern Präventionsgremien auf Landesebene, in den übrigen Ländern wird
eine Koordinierung der Präventionsaktivitäten zumeist durch die Landeskriminalämter vorgenommen.[15] Für das hier aufgegriffene Thema dürfte von Interesse sein, dass
die Geschäftsführung der Landespräventionsräte in Hessen von Anfang an, in Niedersachsen und Nordrhein-Westfalen inzwischen den Landesjustizministerien übertragen
worden ist, während im Übrigen die Landesinnenministerien federführend zuständig
sind. Die Übertragung der Moderierung der Sachverständigenkommission auf das im
Hinblick auf alle Arten von Leistungsverwaltung wenig involvierte und daher „neutrale" Hessische Ministerium der Justiz erfolgte in der Absicht, dass nicht Forderungen
an einzelne Ressorts in den Vordergrund gerückt, sondern die Zusammenhänge ressortübergreifend einer Betrachtung unterzogen werden sollen.[16]

Strafjustiz, Wiesbaden 1996, 15.

[13] Siehe *Fünfsinn*, Kriminalprävention und Strafjustiz – Das hessische Modell, in: Jehle (Hrsg.), Kriminalprävention und Strafjustiz, Wiesbaden 1996, 111 und 114 sowie umfassend alle Beiträge zur ressortübergreifenden Kriminalprävention aus Forschung, Praxis und Praktik (so der Untertitel) in: Schwind/
Berckhauer/Steinhilper (Hrsg.), Präventive Kriminalpolitik, Heidelberg 1980.

[14] *Jäger*, Kriminalpräventive Räte – Das schleswig-holsteinische Modell, in: Jehle (Hrsg.), Kriminalprävention und Strafjustiz, Wiesbaden 1996, 121 ff.

[15] Vgl. im Einzelnen *Schreiber*, Lokale Präventionsgremien in Deutschland, Frankfurt am Main 2007, 24
sowie grundlegend *Kube*, Polizeiliche Kriminalprävention, in: Jehle (Hrsg.), Kriminalprävention und
Strafjustiz, Wiesbaden 1996, 133 ff.

[16] *Fünfsinn*, Kriminalprävention und Strafjustiz – Das hessische Modell, in: Jehle (Hrsg.), Kriminalpräven-

Die Übertragung der Geschäftsführung auf die Organisationseinheit Strafrechtsabteilung hat Konsequenzen, die im Fortgang der Untersuchung einer näheren Betrachtung unterzogen werden sollen. An dieser Stelle ist nur die Organisationsform zu beschreiben. In Nordrhein-Westfalen hat der Referatsleiter für Kriminologie die Geschäftsführung des Landespräventionsrates übernommen. In Niedersachsen wurde 2001, mit dem Eintritt von Prof. Dr. Christian Pfeiffer als Justizminister in die niedersächsische Landesregierung, die Federführung vom Innen- auf das Justizministerium übertragen.[17] Hier tritt Anfang 2002 ein inzwischen 15 Personen starkes Geschäftsführerteam seine Arbeit an und bezieht im November des gleichen Jahres neue Räumlichkeiten im niedersächsischen Justizministerium zur Nutzung als Geschäftsstelle.[18] Mit der Aufnahme der Landeskoordinierungsstelle gegen häusliche Gewalt in diese Organisationseinheit arbeiten in der Geschäftsstelle des Landespräventionsrates in Niedersachsen nun beinahe so viele Personen wie in der früheren Strafrechtsabteilung.

In Hessen hat die Ausweitung der gesamtgesellschaftlichen Kriminalprävention zu einer etwas anderen Organisationsform geführt. Der nebenamtliche Geschäftsführer, der seit 2001 die Strafrechtsabteilung im Hauptamt leitet, erfährt in der Präventionsarbeit vielfältige Unterstützung durch die Referatsleitungen. So ist die koordinierende Referatsleiterin für Jugendstrafrecht, Strafvollstreckung und Prävention inzwischen zur weiteren Geschäftsführerin des Landespräventionsrates ernannt worden, schon seit 2008 führt sie zudem die Geschäfte der Arbeitsgruppe „Jugendkriminalität" des Landespräventionsrates. Alle Referatsleiterinnen und -leiter, die mit ihren Referaten eine inhaltliche Nähe zu den einzelnen Arbeitsthemen des Landespräventionsrates aufweisen, führen entweder die Geschäfte der inzwischen zehn Arbeitsgruppen des Landespräventionsrates oder nehmen an diesen teil. Bei Querschnittsthemen, wie etwa den Überlegungen zur Prävention für alte Menschen, ist der Zugang ersichtlich offener als bei Einzelfragen zum materiellen Strafrecht, etwa beim Thema Graffiti, wo die Leitung des Referates materielles Strafrecht gefragt war.

(b) Deutsches Forum für Kriminalprävention

Nach den Erfahrungen der Landespräventionsräte war es folgerichtig, neben den zahlreichen kommunalen und landesweiten Präventionsaktivitäten durch die Gründung eines „Deutschen Forums für Kriminalprävention" (DFK) auch eine verstärkte Vernetzung von Erfahrungen in diesem Bereich sowie die Initiierung neuer Aktivitäten zu versuchen.[19] Dies umso mehr, als auch europaweit viele Präventionsgremien bestehen

---

tion und Strafjustiz, Wiesbaden 1996, 114.

[17]   *Marks*, Die Entwicklung des Landespräventionsrates Niedersachsen zwischen 1978 und 2005, in: Festschrift für Hans-Dieter Schwind, Heidelberg 2006, 1045 (1048).

[18]   *Marks*, Die Entwicklung des Landespräventionsrates Niedersachsen zwischen 1978 und 2005, in: Festschrift für Hans-Dieter Schwind, Heidelberg 2006, 1048.

[19]   Siehe schon *Jehle*, Möglichkeiten und Grenzen der Kriminalprävention, in: Jehle (Hrsg.), Kriminalprävention und Strafjustiz, Wiesbaden 1996, 29 ff.

und umfassende kriminalpräventive Projekte durchgeführt werden. So gesehen ist die von Bund, Ländern und nicht zuletzt Wirtschaftsunternehmen vorgenommene Gründung der Deutschen Stiftung für Kriminalprävention 2001 eine effektive Ergänzung der bisherigen Aktivitäten und zugleich der Versuch, eine ständige, hauptamtliche (Experten-)Instanz für gesamtgesellschaftliche Kriminalprävention zu schaffen.[20]

(c) Deutscher Präventionstag

Um die gesamtgesellschaftlichen Präventionsaktivitäten breit zu diskutieren und auch einer interessierten Öffentlichkeit zur Kenntnis zu bringen, wurde 1995 der Deutsche Präventionstag als nationaler jährlicher Kongress speziell für das Arbeitsfeld der Kriminalprävention begründet. Damit steht ein Forum für die Praxis zur Verfügung, das einen breiten, auch internationalen, Erfahrungsaustausch gewährleistet und die Möglichkeit gibt, Umsetzungsstrategien zu diskutieren und Empfehlungen an Praxis, Politik, Verwaltung und Wissenschaft zu erarbeiten und auszusprechen.

(d) Kommunale Präventionsräte

Seit Beginn der 1990er Jahre haben sich in vielen Bundesländern fast flächendeckend lokale Präventionsgremien etabliert, die zumeist eine Hilfestellung durch Landespräventionsräte erfahren. Beispielhaft wird die Idee formuliert, dass „jenen Personen und Einrichtungen, die wegen ihrer eigenen Betroffenheit oder wegen ihres – oft ehrenamtlichen – Engagements ein besonderes Interesse und besondere Möglichkeiten haben, an der Verhinderung von Straftaten mitzuwirken, … organisatorisch dazu auch die Gelegenheit gegeben werden"[21] sollte. Die so ins Blickfeld geratene kommunale Kriminalprävention weist drei wesentliche Aspekte auf: Lokale Orientierung, ressortübergreifende Vernetzung und Bürgereinbindung. Die lokale Orientierung ist durch die Beobachtung, dass die Mehrheit aller Täter am Wohnort straffällig wird, bedingt.[22] Die Kommune rückt so als vordringliches Handlungsfeld der Kriminalprävention in den Vordergrund. Die ressortübergreifende Vernetzung vor Ort soll dazu führen, aus unterschiedlichen Perspektiven den besonderen Handlungsbedarf zu identifizieren und spezifische Kompetenzen einzubringen.[23] Hinsichtlich der Bürgereinbindung besteht weitgehend Konsens, dass eine wirkungsvolle Präventionsarbeit nur gewährleistet sei, wenn die Bürgerinnen und Bürger Verantwortung für ihre Sicherheit übernehmen und Engagement zeigen.[24] Bürgerinnen und Bürger können die Stellung von

---

[20] *Fünfsinn*, in: Gewalt an Schulen – Konzepte der kriminalpräventiven Räte in Hessen, in: Gehl (Hrsg.), Auswege aus der Gewalt an Schulen, Band I, 2004, 169 (171).

[21] *Schreiber*, Lokale Präventionsgremien in Deutschland, Frankfurt am Main 2007, 7 m.w.N. sowie umfassend *Heinz*, Kriminalprävention auf kommunaler Ebene, in: Jehle (Hrsg.), Kriminalprävention und Strafjustiz, Wiesbaden 1996, 55 ff.

[22] *Steffen*, Gremien kommunaler Kriminalprävention – Bestandsaufnahme und Perspektive, in: Bannenberg/ Coester/Marks (Hrsg.), Kommunale Kriminalprävention – Ausgewählte Beiträge des 9. Deutschen Präventionstages, 155 (157).

[23] *Schreiber*, Lokale Präventionsgremien in Deutschland, Frankfurt am Main 2007, 8.

[24] *Doll*, in: Innenministerium Baden-Württemberg (Hrsg.), Dokumentation des Fachkongresses „Kommuna-

Seismographen einnehmen und so die Veränderungen in der Kriminalitätswahrnehmung registrieren und Kriminalitätsschwerpunkte lokalisieren.[25]

(e) Landeskoordinierungsstelle gegen häusliche Gewalt in Hessen

Die Idee der Landeskoordinierungsstelle gegen häusliche Gewalt ist jedenfalls in
Hessen mit der Idee der gesamtgesellschaftlichen Kriminalprävention verknüpft und
konkret aus dem Landespräventionsrat heraus entwickelt worden. Die Arbeit dieser
Koordinierungsstelle ist kriminalpräventiv ausgerichtet, sie vereint das im Vorder-
grund stehende kriminalpolitische Ziel des Opferschutzes und einen großen Teil der
Ergebnisse der Frauenarbeit.[26]

Die Arbeitsgruppe „Gewalt im häuslichen Bereich" des Landespräventionsrates, bei
der von Beginn an die Justiz-, Innen- und Sozialressorts, die Staatsanwaltschaften, die
Landesarbeitsgemeinschaft der kommunalen Frauenbüros sowie die Träger der Be-
ratungseinrichtungen vertreten waren, erhielt den Auftrag, einen Landesaktionsplan
zur Bekämpfung der Gewalt im häuslichen Bereich zu erarbeiten.[27] Der erarbeitete
Landesaktionsplan ist vom hessischen Kabinett am 29. November 2004 beschlossen
worden. Die Zielsetzung wurde wie folgt umschrieben:

„Das Land Hessen stärkt mit dem Landesaktionsplan aus staatlicher Verantwortung
die Prävention von häuslicher Gewalt, die Maßnahmen zum Schutz und zur Hilfe
für die Opfer sowie zur Intervention gegen die Täter. Wo dieses schon geschehen
ist, sorgt das Land Hessen dafür, dass diese Maßnahmen dauerhaft erhalten und erkennbare Lücken geschlossen werden. In regionalen Arbeitskreisen gegen häusliche
Gewalt bestehen hessenweit erprobte und erfolgreiche Netzwerke von öffentlichen
Einrichtungen und freien Trägern. Der Landesaktionsplan fördert diese regionalen
Strukturen."[28]

Eine Kernforderung des Landesaktionsplans war die Einrichtung einer Landeskoordinierungsstelle gegen häusliche Gewalt, der eine wesentliche Koordinierungsfunktion
bei der Umsetzung des Landesaktionsplans zukommen sollte. Die Landeskoordinierungsstelle gegen häusliche Gewalt wurde sodann zum 1. Februar 2006 im Hessischen Ministerium der Justiz eingerichtet. Innerhalb des Justizministeriums wurde
die Landeskoordinierungsstelle in die Strafrechtsabteilung eingegliedert und mit der
Tätigkeit der Arbeitsgruppe „Gewalt im häuslichen Bereich" des Landespräventionsrates verknüpft.

---

le Kriminalprävention – Netzwerk der Zukunft", 23; siehe auch *Heinz*, Kriminalprävention auf kommunaler Ebene, in: Jehle (Hrsg.), Kriminalprävention und Strafjustiz, Wiesbaden 1996, 110.

[25]   *Schreiber*, Lokale Präventionsgremien in Deutschland, Frankfurt am Main 2007, 8.

[26]   *Bell/Fünfsinn*, forum kriminalprävention, Heft 3/2007, 7 ff.

[27]   *Bell/Fünfsinn*, forum kriminalprävention, Heft 3/2007, 7.

[28]   Aktionsplan des Landes Hessen zur Bekämpfung der Gewalt im häuslichen Bereich, Wiesbaden 2004, 2 ff.

Bei den im Vordergrund stehenden konkreten Handlungsschritten sind vor allem die Anregung zur interdisziplinären Zusammenarbeit, insbesondere im Rahmen der Runden Tische gegen häusliche Gewalt, aber auch die Fortbildung aller mit dem Thema befassten Professionen besonders hervorzuheben. Gerade die Zusammenarbeit mit den kommunalen Runden Tischen gegen häusliche Gewalt ist ein Kernpunkt der Arbeit der Landeskoordinierungsstelle.

Damit ähnelt die Struktur der Landeskoordinierungsstelle gegen häusliche Gewalt in Hessen[29] aber auch in anderen Bundesländern sehr der Struktur der Landespräventionsräte im Ganzen, die ebenfalls die Kooperation mit den örtlichen Präventionsgremien und die Anregung zu kriminalpräventiver Arbeit als ihr Hauptaufgabenfeld betrachten. Inzwischen hat die Arbeitsgruppe „Gewalt im häuslichen Bereich" einen 2. Aktionsplan erarbeitet, der vom Kabinett am 12. September 2012 beschlossen wurde.

(3) Die Wirkungen der Organisationsstrukturen

Die Wirkungen der unter (2) beschriebenen Organisationsstrukturen liegen jedenfalls hinsichtlich der Organisation der Teilnahme an den Arbeitsgruppen des hessischen Landespräventionsrates und der Leitung der Referate in der Strafrechtsabteilung des Hessischen Ministeriums der Justiz, für Integration und Europa auf der Hand: Das Wissen um gesellschaftliche Probleme, denen sich einzelne Gremien der Kriminalprävention, die oben beschrieben sind, widmen, kann in der dort aufgearbeiteten Breite etwa als Tatsachengrundlage für die Arbeit in den einzelnen strafrechtlichen Referaten herangezogen werden. Diese Vorgehensweise kann zu interessanten Vereinfachungen führen. Die tatsächliche Relevanz von Rechtsfragen ist nicht mehr – was leider auch nie wirklich der Fall war – durch empirische Forschung zu klären. Der m.E. zunehmende Verzicht auf empirische Absicherung wird zwar weiterhin auch hier nur alltagstheoretisch abgefangen, aber in den sich verfestigenden Strukturen des Zusammenhangs kriminalpräventiver Überlegungen. So wird immerhin die Alltagstheorie auf eine breitere Tatsachengrundlage gestellt.

Auf der anderen Seite erhalten insbesondere nichtstaatliche Institutionen, die in einzelnen Feldern der Kriminalprävention tätig sind, einen deutlich vereinfachten Zugang etwa zum Justizministerium mit einer möglichen Verstärkung ihrer Einflussnahme. Die Auswirkungen dieser eher direkten Kommunikationsform sollen im Folgenden anhand einzelner Beispiele dargestellt werden.

---

[29] Siehe nochmals *Bell/Fünfsinn*, forum kriminalprävention, Heft 3/2007, 7 (10).

(4) Der Einfluss der gesamtgesellschaftlichen Kriminalprävention auf die Gesetzgebung

(a) Gewaltschutzgesetz

Am 1. Januar 2002 ist das Gewaltschutzgesetz in Kraft getreten. Sowohl die Entstehungsgeschichte, aber auch das Nutzen und Zusammengreifen der unterschiedlichen Rechtsgebiete zeigen am plakativsten den Einfluss gesamtgesellschaftlicher kriminalpräventiver Akteure. Aus diesem Grund ist der Blick erneut auf die damaligen und noch heute aktuellen Diskussionslinien zu richten.[30]

In der Begründung zum Entwurf eines Gesetzes zur Verbesserung des zivilgerichtlichen Schutzes bei Gewalttaten und Nachstellungen sowie zur Erleichterung der Überlassung der Ehewohnung bei Trennung, kurz: Gewaltschutzgesetz, wird an erster Stelle darauf hingewiesen, dass die Bewältigung der Zunahme von Gewalttaten für die Gesellschaft eine besondere Herausforderung und die Gewalt, die sich innerhalb von Beziehungen im häuslichen Umfeld ereigne, die am häufigsten auftretende Form sei.[31] Mit dem Gewaltschutzgesetz sollte daher eine klare Rechtsgrundlage für Schutzanordnungen des Zivilgerichts bei vorsätzlichen und widerrechtlichen Verletzungen von Körper, Gesundheit oder Freiheit einer Person einschließlich der Drohung mit solchen Verletzungen geschaffen werden. Das Gesetz, das dem österreichischen Gewaltschutzgesetz nachgebildet ist, belässt die gesetzlichen Grundlagen zwar in den §§ 823 und 1004 BGB, bündelt aber die einschlägigen Schutzmaßnahmen auch des Verfahrens- und Vollstreckungsrechts.[32] Die effektive Durchsetzung der Maßnahmen soll ferner dadurch gewährleistet werden, dass der Verstoß gegen eine gerichtliche Schutzanordnung in § 4 GewSchG mit Freiheitsstrafe bis zu einem Jahr oder Geldstrafe bewehrt wird. Diese Konstruktion stellt aber nicht die eigentlichen Verletzungshandlungen – z.B. auch das unzumutbare Belästigen oder Nachstellen wie in § 1 Abs. 1 und 2 GewSchG beschrieben – unter Strafe, sondern allein die Unbotmäßigkeit gegenüber der gerichtlichen Anordnung.[33] Die Strafbarkeit kann so als gesteigerte Form eines Zwangsmittels zur Durchsetzung der Unterlassungsanordnung angesehen werden, mithin dürfte insoweit klassisches Ordnungsrecht angesprochen sein.[34] Auch die beharrlichen Nachstellungen konnten somit vor der Aufnahme in das Kernstrafrecht, worauf noch zurückzukommen sein wird, unter gewissen zivilrechtlichen Voraussetzungen nebenstrafrechtlich geahndet werden.

---

[30] *Fünfsinn*, Der Einfluss der gesamtgesellschaftlichen Kriminalprävention auf die moderne Strafgesetzgebung, in: Festschrift für Gunter Widmaier, Köln 2008, 909 (914 ff., 923).

[31] BT-Drs. 14/5429, 1, 17 ff.

[32] BT-Drs. 14/5429, 17.

[33] *Meyer*, ZStW 115 (2003), 249 (269 ff.); a.A. *Pollähne*, NKrimPol 2002, 56, 58; *Frommel*, ZRP 2001, 287, 291 Fn. 36; *Grziwotz*, NJW 2002, 872, die hierin auch einen Straftatbestand gegen Stalking erkennen.

[34] *Meyer*, ZStW 115 (2003), 249 (269 ff.).

Betrachtet man die Diskussion um das Gewaltschutzgesetz und die Implementierung desselben, so fällt diese sowohl zeitlich, aber auch inhaltlich – und dies dürfte kein Zufall sein – mit der auch rechtspolitischen Diskussion um die Vorzüge einer gesamtgesellschaftlichen Kriminalprävention seit Ende der 1980er Jahre zusammen,[35] wie beispielhaft schon der Hinweis auf den Bericht der Gewaltkommission in der Begründung zum Gesetzentwurf zeigt.[36] Es sind vor allem zwei Diskussionslinien, die bis in die inhaltliche Ausgestaltung des Gewaltschutzgesetzes erkennbar sind und diese Entwicklung vorangetrieben haben. Dies ist zum einen der wahrscheinlich zuerst kriminologisch veranlasste Versuch, das Opfer einer Straftat in den Mittelpunkt des Geschehens zu rücken,[37] der alsbald zu einer ganzen Reihe von gesetzlichen Änderungen, wie z.B. dem Opferschutzgesetz und zuletzt dem Opferschutzreformgesetz,[38] geführt hat. Damit einher geht auch die Einforderung von Frauenrechten.[39] Auf der anderen Seite – durchaus ebenfalls mit der kriminalpolitischen Idee des Opferschutzes verknüpft – spielen kriminalpräventive Überlegungen, die aus der Idee der gesamtgesellschaftlichen Kriminalprävention begründet werden, eine bedeutende Rolle.

Sichtbar wird dieser Einfluss nicht nur in der Begründung des Gesetzentwurfs,[40] sondern auch bei der Auswahl der Sachverständigen, die vor dem Rechtsausschuss und dem Ausschuss für Familie, Senioren, Frauen und Jugend angehört worden sind. Angesprochen werden in den weit überwiegend positiven Stellungnahmen zum Gewaltschutzgesetz die unterschiedlichen Akteure in diesem Bereich und zudem werden Forderungen nach Fortbildung und Veränderungen von polizeigesetzlichen Maßnahmen erhoben.[41] Es ist vor allem diese Forderung nach einem koordinierten Vorgehen der unterschiedlichen Ressorts bei der Umsetzung des Gewaltschutzgesetzes, die den Einfluss der gesamtgesellschaftlichen Kriminalprävention auf eine Anzahl von Gesetzen deutlich werden lässt.

Ressortübergreifendes Vorgehen als ein wesentliches Element der gesamtgesellschaftlichen Kriminalprävention lässt sich im Rahmen der Umsetzung des Gewalt-

---

[35]   *Fünfsinn*, Gewaltschutzgesetz – Ein Beispiel für die ressortübergreifende Zusammenarbeit, in: Schröder/ Berthel, Gewalt im sozialen Nahraum II, Frankfurt 2005, 31 ff.

[36]   BT-Drs. 14/5429, 18.

[37]   Siehe hierzu z.B. *Eisenberg*, Kriminologie, 5. Auflage, § 1 Rn. 15, §§ 61 und 62 jeweils m.w.N.

[38]   Zu den Einzelheiten des Opferrechtsreformgesetzes siehe *Ferber*, NJW 2004, 2562 ff.

[39]   *H.J. Albrecht*, FPR 2006, 204.

[40]   Die Sachverständigen *Geißel* von der Berliner Initiative gegen Gewalt gegen Frauen e.V., *Raddant*, Leiterin des Frauenhauses Eggesin, *Oberlies* vom Deutschen Juristinnenbund e.V., *Sellach* vom Paritätischen Gesamtverband e.V. und *Mörsberger* vom Deutschen Institut für Jugendhilfe und Familienrecht kennen schon aus ihrer praktischen Tätigkeit die ressortübergreifende am Problem orientierte Zusammenarbeit.

[41]   *Geißel*, BT 14. Protokoll der 87. Sitzung des Rechtsausschusses und der 70. Sitzung des Ausschusses für Familie, Senioren, Frauen und Jugend, 8; *Stormann*, BT 14. Protokoll der 87. Sitzung des Rechtsausschusses und der 70. Sitzung des Ausschusses für Familie, Senioren, Frauen und Jugend, 28; *Raddant*, BT 14. Protokoll der 87. Sitzung des Rechtsausschusses und der 70. Sitzung des Ausschusses für Familie, Senioren, Frauen und Jugend, 28.

schutzgesetzes zuerst bei den breiten Aufgaben der Polizei und deren gesetzlichen Grundlagen nachweisen. Bei genauer Betrachtung des Gewaltschutzgesetzes fällt auf, dass die Polizei zwar keine Erwähnung findet – obwohl gerade in akuten Gefahrensituationen die Polizei als erste Institution Hilfe bietet[42] –, die polizeilichen Möglichkeiten aber schon in der Gesetzesbegründung eine wichtige Rolle spielen.[43] Bei gewalttätigen Konflikten auch innerhalb der Familie ist die Polizei häufig die erste Stelle, die von außen Hilfe anbietet und leistet. Beim konkreten Einsatz stellt sich deshalb u.a. die Frage, wie dieser dokumentiert wird, um mit diesen Aufzeichnungen auf Anfragen der Gerichte – sowohl der Straf- als auch der Zivilgerichte – reagieren zu können. Während die Aufnahme einer Anzeige durch die Polizei bei strafbaren Handlungen eine Routine darstellt, ist dies zur Hilfestellung bei zivilrechtlichen Fragen eher ein neues Verfahren.[44] Die Polizei kann im Übrigen auch eine Person, von der eine Gefahr ausgeht, sofort aus der Wohnung oder der unmittelbaren Umgebung der gefährdeten Person verweisen oder sogar vorübergehend in Gewahrsam nehmen. Als unmittelbare Folge der Verabschiedung des Gewaltschutzgesetzes wurde z.B. in Hessen noch im Jahre 2002 eine gesonderte Rechtsgrundlage für die polizeiliche Wegweisung geschaffen. So sieht § 31 Abs. 2 HSOG ein bis zu 14 Tage andauerndes Wegweisungsrecht und Betretungsverbot vor, das um weitere 14 Tage verlängert werden kann, wenn bis dahin eine wirksame richterliche Entscheidung nicht getroffen wurde. Damit ist sichergestellt, dass die Opfer in dieser Zeit Beratung in Anspruch nehmen, ggf. zivilrechtliche Schritte einleiten und gerichtliche Schutzanordnungen erlangen können. Auch in vielen anderen Bundesländern hat der Landesgesetzgeber unmittelbar auf das Gewaltschutzgesetz reagiert und Rechtsgrundlagen für polizeiliche Maßnahmen zur Unterstützung der Zielsetzung und der Umsetzung einzelner Maßnahmen des Gewaltschutzgesetzes geschaffen.[45]

Es dürfte deutlich geworden sein, dass die Polizei nicht nur eine große Last bei der Bekämpfung der häuslichen Gewalt zu tragen hat, sondern letztlich die Weichen stellt für eine vom Gesetzgeber gewollte effektive Anwendung des Gewaltschutzgesetzes. Insgesamt setzt die effektive Anwendung des Gewaltschutzgesetzes eine funktionierende, ressortübergreifende Zusammenarbeit in allen Bereichen – Polizei, Justiz, Jugend- und Sozialbehörden, Gesundheitswesen, Beratungs- und Unterstützungsstellen wie Frauenhäuser und Interventionsstellen – voraus und diese ist interessanterweise weit überwiegend gewährleistet.[46] Erklären lässt sich dies vor allem mit dem obigen

---

[42] *Fünfsinn*, Gewaltschutzgesetz – Ein Beispiel für die ressortübergreifende Zusammenarbeit, in: Schröder/ Berthel, Gewalt im sozialen Nahraum II, Frankfurt 2005, 38.

[43] BT-Drs. 14/5429, 52 f.

[44] *Fünfsinn*, Gewaltschutzgesetz – Ein Beispiel für die ressortübergreifende Zusammenarbeit, in: Schröder/ Berthel, Gewalt im sozialen Nahraum II, Frankfurt 2005, 38.

[45] Siehe beispielhaft §§ 34 und 34a PolG NW.

[46] *Fünfsinn*, Gewaltschutzgesetz – Ein Beispiel für die ressortübergreifende Zusammenarbeit, in: Schröder/ Berthel, Gewalt im sozialen Nahraum II, Frankfurt 2005, 43.

Blick auf das Zustandekommen des Gesetzes. Von vielen Akteuren im Bereich der gesamtgesellschaftlichen Kriminalprävention unterstützend gefordert, die Zusammenarbeit in einer Vielzahl von Arbeitsgruppen zur „Gewalt im häuslichen Bereich" sowohl auf kommunaler als auch auf Landesebene schon vor der Gesetzesverkündung erprobt, konnte bei der Umsetzung der Schutzmaßnahmen des Gesetzes auf diese Strukturen zurückgegriffen werden.

Hinsichtlich der Implementierung einer strafrechtlichen Norm, § 4 GewSchG, ist zu bemerken, dass der Gesetzgeber die Durchsetzung der Schutzanordnungen mit den Mitteln des Strafrechts für geboten hält und die geschaffene Norm so zweckentsprechend einsetzen will.[47] Mit dieser Norm ist, wie sogleich zu sehen sein wird, die Tür zur Nutzung des Strafrechts zur intensiven Bekämpfung gewisser häuslicher Gewaltsituationen, die auch das unzumutbare Belästigen und Verfolgen einschließen, aufgestoßen worden.

(b) Stalking-Bekämpfungsgesetz

Das Gesetz zur Strafbarkeit beharrlicher Nachstellungen – Stalking-Bekämpfungsgesetz – hat vergleichsweise schnell mit Erfolg das Gesetzgebungsverfahren durchlaufen, ist kaum mehr als fünf Jahre nach dem Gewaltschutzgesetz am 1. April 2007 in Kraft getreten und hat das Kernstrafrecht erreicht. Diese Entwicklung war sowohl in den Diskussionslinien zum als auch in der Konstruktion des Gewaltschutzgesetzes angelegt. In § 1 Abs. 1 und 2 GewSchG war das unzumutbare Belästigen oder Nachstellen, also das sog. „Stalking-Verhalten", erstmals gesetzlich beschrieben. Während die Rechtswissenschaft noch darüber nachdachte, ob in Verbindung mit § 4 GewSchG erstmals ein Straftatbestand gegen Stalking im Nebenstrafrecht geschaffen wurde[48] oder – m.E. näherliegend[49] – § 4 GewSchG nur als Ungehorsamsnorm gegen gerichtliche Anordnungen aufzufassen ist,[50] wurde die Forderung nach der Aufnahme eines eigenständigen Straftatbestandes im Kernstrafrecht unüberhörbar.[51] Der Erfolg, den die Akteure aus den Bereichen des Opferschutzes, der Frauenrechte und der gesamtgesellschaftlichen Kriminalprävention im Gesetzgebungsverfahren zum Gewaltschutzgesetz hatten, sollte sich schnell – und diesmal im Strafrecht – wiederholen. Der Hinweis aus Teilen der Rechtswissenschaft[52] und der damaligen Bundesministerin der Justiz, erst einmal die Evaluation des Gewaltschutzgesetzes abzuwarten, ging ins Leere. Es ist hier nicht der Raum, die Entstehungsgeschichte und die Gesetzge-

---

[47]   BT-Drs. 14/5429, 76 f.

[48]   *Pollähne*, NKrimPol 2002, 56, 58; *Frommel*, ZRP 2001, 287, 291 Fn. 36 und *Grziwotz*, NJW 2002, 872.

[49]   *Fünfsinn*, Der Einfluss der gesamtgesellschaftlichen Kriminalprävention auf die moderne Strafgesetzgebung, in: Festschrift für Gunter Widmaier, Köln 2008, 909 (914).

[50]   *Meyer*, ZStW 115 (2003), 249 (269 ff.).

[51]   Nachweise bei *Fünfsinn*, Der Einfluss der gesamtgesellschaftlichen Kriminalprävention auf die moderne Strafgesetzgebung, in: Festschrift für Gunter Widmaier, Köln 2008, 909 (917 ff.).

[52]   z.B. *Freudenberg*, NKrimPol 2005, 84; *Frommel*, NKrimPol 2005, 86.

bungsschritte im Einzelnen nachzuzeichnen, zumal dies an anderer Stelle hinreichend dokumentiert scheint.[53] Allerdings soll kurz die aktuelle Diskussion, die auch auf den letzten beiden Justizministerkonferenzen[54] geführt wurde, benannt werden. Sie lässt das schon mehrfach beschriebene Schema erkennen. Konkret wird konstatiert, dass der Opferschutz des Nachstellungstatbestandes nicht weit genug greift, weil das „Erfolgsdelikt" den Nachweis erfordere, dass die Lebensgestaltung schwerwiegend beeinträchtigt wird. Da dieser Nachweis in einer Vielzahl von Fällen nicht zu führen sei, wird die ursprüngliche Idee des hessischen und auch des gemeinsamen Bundes-ratsentwurfs[55] wieder aufgegriffen und die Umgestaltung in ein Gefährdungsdelikt gefordert. Es soll mithin nur noch erforderlich sein, dass das Verhalten des Täters geeignet ist, die Lebensgestaltung zu beeinträchtigen.

Es bleibt abzuwarten, ob der Gesetzgeber hier nachbessert, deutlich wird aber auf jeden Fall, dass die Forderungen an das Strafrecht zunehmen, wie auch die nachfolgenden Beispiele zeigen.

(c) Zwangsheirat

Der Straftatbestand der Zwangsheirat wurde durch Gesetz vom 23. Juni 2011[56] wiederum in das Kernstrafrecht als § 237 StGB eingeführt. Zuvor war die Zwangsverheiratung nur als besonders schwerer Fall der Nötigung in § 240 Abs. 4 Satz 2 Nr. 1 StGB erfasst. In der Begründung für den Gesetzentwurf der Bundesregierung[57] finden sich die typischen Elemente eines Opferschutz- und Präventionsthemas: Das „Bewusstsein der Öffentlichkeit für das Unrecht, das in jeder Zwangsheirat liegt, (soll) geschärft werden"[58] und der eigene Straftatbestand soll „ein deutliches Signal" gegen Zwangs-heirat setzen.[59] Außerdem verweist die Begründung auf die Bedeutung präventiver und sozialer Maßnahmen.[60] Ebenso beschrieb bereits der vorangegangene Gesetzent-wurf des Bundesrates für ein Zwangsheirats-Bekämpfungsgesetz[61] die Zwangsver-heiratung als Thema, das bislang „leider eher verharmlost oder gar verschwiegen" worden sei,[62] so dass nun ein „eindeutiges Signal"[63] gesetzt werden müsse.

---

[53]   *Fünfsinn*, Der Einfluss der gesamtgesellschaftlichen Kriminalprävention auf die moderne Strafgesetzge-bung, in: Festschrift für Gunter Widmaier, Köln 2008, 909 (917 ff.).

[54]   Siehe Beschlüsse zu TOP II.12 der Herbstkonferenz und zu TOP II.7 der 83. Konferenz der Justizministe-rinnen und Justizminister.

[55]   BT-Drs. 15/5410, neu eingebracht als BT-Drs. 16/1030.

[56]   BGBl. I 2011, 1266.

[57]   BT-Drs. 17/4401.

[58]   BT-Drs. 17/4401, 1.

[59]   BT-Drs. 17/4401, 9.

[60]   BT-Drs. 17/4401, 8.

[61]   BT-Drs. 17/1213.

[62]   BT-Drs. 17/1213, 8.

[63]   BT-Drs. 17/1213, 9.

Auch der Weg des Themas der Zwangsheirat von der öffentlichen Debatte in den Gesetzgebungsprozess zeigt wiederum den Einfluss der Akteure der gesamtgesellschaftlichen Kriminalprävention und des Opferschutzes. Organisationen wie Terre des Femmes e.V. wiesen öffentlich bereits seit Jahren auf das Thema hin.[64] Die Berliner Kriseneinrichtung für Migrantinnen „papataya" führte seit 2007 mit Unterstützung des Bundesministeriums für Familie, Senioren, Frauen und Jugend ein Projekt zur „interkulturellen Onlineberatung bei Zwangsverheiratungen und familiärer Gewalt" durch und wurde bereits im Jahr 2004 zu diesem Thema vom Berliner Senat angehört. Schließlich berief sich auch der Gesetzentwurf des Bundesrates[65] auf die Angaben dieser Organisation.

Baden-Württemberg – obwohl es bis heute keinen Landespräventionsrat eingerichtet hat – nahm sich des Themas bereits frühzeitig mit einer Strategie an, die das Nebeneinander von Strafgesetzgebung und Prävention zeigt. Es wurde ein „Landesforum gegen Zwangsverheiratungen" als Zusammenschluss verschiedener Ministerien, Institutionen und Verbände geschaffen, das sich aktiv für Prävention und Maßnahmen gegen Zwangsverheiratung sowie für Opfer von Zwangsverheiratungen einsetzt. Außerdem legte Baden-Württemberg bereits 2004 den ersten Gesetzentwurf für ein Zwangsheirats-Bekämpfungsgesetz vor.[66]

(d) Strafbarkeit der Verstümmelung weiblicher Genitalien

Mit dem am 28. September 2013 in Kraft getretenen § 266a StGB ist die Verstümmelung weiblicher Genitalien in einem eigenen Straftatbestand unter Strafe gestellt. Schon die Gesetzentwürfe zu diesem Thema zeigen den Einfluss der Präventions- und Opferschutzdebatte. Der Gesetzentwurf der Bundestagsfraktion Bündnis 90/Die Grünen zur Strafbarkeit der Genitalverstümmelung[67] wies auf das bisher fehlende Bewusstsein der Öffentlichkeit für dieses Thema hin[68] und berief sich für Fallzahlen auf die Statistik von Terre des Femmes e.V.[69] Der Gesetzentwurf des Bundesrates zum selben Thema[70] wollte laut Begründung nicht nur eine wirksame Strafverfolgung ermöglichen, sondern insbesondere auch bei Migranten aus Ländern mit entsprechender Praxis ein Bewusstsein für das Unrecht der Genitalverstümmelung schaffen.[71] Auch beim Thema Genitalverstümmelung gingen diesen Gesetzentwürfen Aktivitäten von opferschützenden Organisationen voraus wie z.B. Terre des Femmes e.V.[72] oder des

---

[64]   Siehe z.B. Terre des Femmes e.V. (Hrsg.), Zwangsheirat. Lebenslänglich für die Ehre.

[65]   BT-Drs. 17/1213, 7.

[66]   BR-Drs. 767/04.

[67]   BT-Drs. 17/1213.

[68]   BT-Drs. 17/1213, 5.

[69]   Siehe BT-Drs. 17/1213, 5.

[70]   BR-Drs. 867/09.

[71]   BR-Drs. 867/09, 4.

[72]   Terre des Femmes (Hrsg.), Schnitt in die Seele. Weibliche Genitalverstümmelung.

im Jahr 2000 gegründeten „Deutschen Netzwerks zur Überwindung weiblicher Genitalverstümmelung", das inzwischen mit dem Namen „Integra" unter der Schirmherrschaft des Bundespräsidenten steht.

(e) Gesetz zur Erweiterung der jugendgerichtlichen Handlungsmöglichkeiten

Mit dem Gesetz vom 4. September 2012,[73] das am 7. März 2013 in Kraft getreten ist, werden u.a. die Sanktionsmöglichkeiten des Jugendgerichts durch die Einführung und Ausgestaltung des Jugendarrests neben einer zur Bewährung ausgesetzten Jugendstrafe, die Anhebung der Höchststrafe für Heranwachsende bei Mord auf 15 Jahre und die gesetzliche Grundlage und rechtliche Ausgestaltung für die jugendgerichtlich entwickelte sog. Vorbewährung erweitert. Es ist hier weder Raum noch gegebener Anlass, die interessanten jugendstrafrechtlichen Diskussionslinien im Einzelnen aufzugreifen, die an vielen Stellen, etwa beim 64. Deutschen Juristentag 2002 gut dokumentiert sind[74] und letztlich zu den Kompromissen der Gesetzesformulierung führten. Dem Zweck der Untersuchung folgend ist allein der Einfluss der gesamtgesellschaftlichen Kriminalprävention auf das Gesetz nachzuzeichnen, wobei auf der Hand liegt, dass dies ebenfalls nur exemplarisch erfolgen kann. Ausgangspunkt ist deshalb wiederum der hessische Landespräventionsrat, auch wenn schon die Tatsache, dass 2007 in Wiesbaden der 12. Deutsche Präventionstag unter dem Titel „Starke Jugend – starke Zukunft" das Thema in aller Breite aufgriff, zeigt, wie sehr das Thema Jugendkriminalität in der Arbeit der Präventionsgremien verankert ist und deshalb unschwer auch auf die Gesetzgebung zurückwirken kann.

In Hessen hat 2008 der damalige hessische Justizminister Jürgen Banzer eine Expertenkommission zur Verbesserung der rechtlichen und tatsächlichen Instrumentarien zur Bekämpfung der Jugendkriminalität eingesetzt. Durch die Kommission wurden das Jugendstrafverfahren und der Jugendstrafvollzug einer eingehenden Prüfung unterzogen, einen Schwerpunkt bildete der Präventionsbereich.

Die Expertenkommission wurde zu einem großen Teil aus Mitgliedern des Landespräventionsrates, natürlich dem Vorsitzenden Prof. Dr. Rössner und dem Geschäftsführer, und insbesondere der Arbeitsgruppe „Jugendkriminalität" gebildet, so dass hier die Berücksichtigung kriminalpräventiver Überlegungen gewährleistet war. Im August 2008 legte die Kommission ihren Abschlussbericht mit Empfehlungen vor,[75] deren Umsetzung in der Folge erfolgreich betrieben wurde. Darüber hinaus wurden die Empfehlungen auch im Rahmen nachfolgender gesetzlicher Vorhaben aufgegriffen.

---

[73] BGBl. I 2012, 1854.

[74] Siehe z.B. *H.J. Albrecht*, Ist das deutsche Jugendstrafrecht noch zeitgemäß?, Gutachten D für den 64. DJT 2002; zusammenfassend *Kreuzer*, NJW 2002, 2345.

[75] Abschlussbericht der Expertenkommission zur Verbesserung der rechtlichen und tatsächlichen Instrumentarien zur Bekämpfung der Jugendkriminalität, Wiesbaden 2008.

Hinsichtlich der empfohlenen Klarstellung des Anwendungsbereichs des Haftgrundes der Wiederholungsgefahr in § 112a StPO ist es gelungen, durch eine entsprechende Stellungnahme Hessens zum 2. Opferrechtsreformgesetz[76] eine Kodifizierung zu bewirken. Der Einfluss präventiver Erwägungen wird hier besonders deutlich, da es sich bei der Sicherungshaft des § 112a StPO um eine Maßnahme handelt, welche präventivpolizeilicher Natur ist.[77] Durch das am 1. Oktober 2009[78] in Kraft getretene Gesetz wurde ermöglicht, dass auch Taten aus anderen, insbesondere rechtskräftig abgeschlossenen Verfahren bei der Beurteilung des Haftgrundes der Wiederholungsgefahr berücksichtigt werden können.

Auch die Empfehlung, erzieherisch befähigte und in der Jugenderziehung erfahrene Staatsanwälte und Jugendrichter einzusetzen, wurde berücksichtigt und ist nun Gegenstand des Gesetzes der Bundesregierung zur Stärkung der Rechte von Opfern sexuellen Missbrauchs (StormG).[79] Auch hier spielen präventive Erwägungen eine maßgebliche Rolle, da das im Rahmen des Jugendstrafverfahrens verfolgte Ziel, einer erneuten Straffälligkeit entgegenzuwirken, geeignete jugendgemäße Reaktionen voraussetzt, welche wiederum ein vertieftes Verständnis für die Entwicklungssituation und die Bedingung des Aufwachsens junger Menschen sowie ein fachlich fundiertes Wissen über die Wirkungen justizförmlicher Vorgehensweise erfordern.[80]

Aufgegriffen wurde zudem die seitens der Expertenkommission empfohlene gesetzliche Normierung des jugendgerichtlich entwickelten Instituts der sog. Vorbewährung. Mit dem Gesetz zur Erweiterung der jugendgerichtlichen Handlungsmöglichkeiten wurde in der Folge eine entsprechende gesetzliche Grundlage geschaffen, wobei sich – soweit es die rechtliche Ausgestaltung betrifft – die hessischen Empfehlungen ebenfalls weitgehend wiederfinden. Es ist an dieser Stelle wiederum darauf hinzuweisen, dass gerade die Personenidentität der zuständigen Referatsleiterin für das Jugendstrafrecht, die das Gesetzgebungsvorhaben für Hessen intensiv betreute, und der Geschäftsführerin der Arbeitsgruppe „Jugendkriminalität", die sogleich die Geschäfte der Expertenkommission führte, diese Verknüpfung erreichen konnte.

Schließlich wurde im Rahmen des Gesetzes auch die weitere Empfehlung der Expertenkommission, bei wegen Mordes verurteilten Heranwachsenden den Strafrahmen auf 15 Jahre Jugendstrafrecht zu erweitern, berücksichtigt.

Im Ergebnis bleibt also auch hier festzustellen, dass sich die Mitarbeit von Mitgliedern des Landespräventionsrates und der Arbeitsgruppe „Jugendkriminalität" in der

---

[76] BR-Drs. 64/109, 3.

[77] Siehe nur *Meyer-Goßner*, StPO, 55. Auflage, § 112a Rn. 1 m.w.N.

[78] BGBl. I 2009, 2280.

[79] BT-Drs. 17/6261.

[80] BT-Drs. 17/6261, 16 f.

Expertenkommission bei der Einbringung präventiver Belange als vorteilhaft erwiesen hat und hierdurch Einfluss auf das aktuelle Gesetzgebungsvorhaben genommen worden ist.

(f) Gesetz zur Stärkung der Rechte von Opfern sexuellen Missbrauchs (StormG)

Das Gesetz greift insbesondere Empfehlungen auf, die auf Beratungen des von der Bundesregierung eingesetzten Runden Tisches „Sexueller Kindesmissbrauch in Abhängigkeits- und Machtverhältnissen in privaten und öffentlichen Einrichtungen und im familiären Bereich" zurückgehen. Schon die Zusammensetzung des Runden Tisches zeigt die Aufnahme des prägenden Gedankens der gesamtgesellschaftlichen Kriminalprävention: Ressortübergreifende, über die Aufnahme gesellschaftlicher Institutionen bürgerbeteiligende Organisationen zur Lösung von sichtbar gewordenen Problemen, um nicht an Zuständigkeitsgrenzen zu scheitern. Unter gemeinsamer Federführung der Bundesministerin der Justiz, der Bundesministerin für Familie, Senioren, Frauen und Jugend sowie der Bundesministerin für Bildung und Forschung haben sich alle gesellschaftlich maßgeblichen Institutionen – von den beiden christlichen Kirchen bis zu den Sportverbänden – zusammengefunden, um über wirkungsvolle Opferhilfe, Opferschutz und Präventionsmaßnahmen zu beraten. In aufwendigen Arbeits- und Unterarbeitsgruppensitzungen sind eine Vielzahl von Empfehlungen erstellt worden, die jetzt umgesetzt werden können. Das Gesetz setzt im Justizbereich insbesondere die Empfehlungen des Runden Tisches zur Vermeidung von Mehrfachvernehmungen, die Ausweitung der Opferanwaltsbestellung und die Stärkung der Verletztenrechte um.[81] Weiterhin ist die Verjährung zivilrechtlicher Schadensersatzansprüche wegen sexuellen Missbrauchs auf 30 Jahre verlängert und die Qualifikationsanforderungen an Jugendstaatsanwälte und Jugendrichter – wie oben gesehen – verbindlicher gestaltet worden.[82]

Aus Hessen haben am Runden Tisch der Minister der Justiz, für Integration und Europa im Plenum und der Abteilungsleiter Strafrecht und die Leiterin der Landeskoordinierungsstelle gegen häusliche Gewalt in den Arbeits- und Unterarbeitsgruppen teilgenommen.

Schon im Frühjahr 2010 – also kurz nach der Einberufung des Runden Tisches in Berlin –, als das Ausmaß des sexuellen Missbrauchs von Kindern und Jugendlichen in Institutionen bekannt wurde, hat sich die Arbeitsgruppe des Landespräventionsrates „Vernachlässigung von Kindern" unverzüglich zusammengefunden, um mit dem Ziel, den Schutz von Kindern und Jugendlichen vor sexuellem Missbrauch zu verbessern und durch eine Kultur des Hinsehens und Redens Handlungsspielräume für Täter einzuschränken, Empfehlungen zu Präventivmaßnahmen an die Landesregierung auszusprechen. Diese wurden im April 2010 vorgelegt und schon am 5. Mai 2010 mit Herrn

---

[81]   BT-Drs. 17/6261, 8.

[82]   BGBl. I 2013, 1805.

Staatsminister der Justiz, für Integration und Europa Jörg-Uwe Hahn erörtert. Herr Staatsminister hat daraufhin die Arbeitsgruppe gebeten, sachverständige Empfehlungen für einen Landesaktionsplan auszuarbeiten. Diese wurden von der Arbeitsgruppe entwickelt und im Sommer 2011 vorgelegt. Auf Basis dieser Empfehlungen hat das Kabinett der Hessischen Landesregierung am 16. April 2012 den „Aktionsplan des Landes Hessen zum Schutz von Kindern und Jugendlichen vor sexueller Gewalt in Institutionen" beschlossen. Die hierdurch bewirkten positiven Effekte dürften auch dazu beitragen, gegen den sexuellen Missbrauch in Familien und im sozialen Nahbereich weiter vorzugehen. Der Plan verfolgt einen ganzheitlichen, interdisziplinären Ansatz, vorgesehen ist damit ein Gesamtkonzept für die relevanten Themen und Problemstellungen. Dieses umfasst Präventions- und Interventionsmaßnahmen der beteiligten Ressorts und ihres Geschäftsbereichs ebenso wie privater Institutionen.

Die Entstehung des Landesaktionsplans gegen sexuelle Gewalt in Institutionen folgt im Übrigen dem Beispiel des 1. und 2. Aktionsplans des Landes Hessen zur Bekämpfung der Gewalt im häuslichen Bereich,[83] deren Entwürfe die Arbeitsgruppe „Häusliche Gewalt" des Landespräventionsrates der Landesregierung – wie oben gesehen – vorgelegt hat.

Diese Beispiele zeigen zum einen den Einfluss der kriminalpräventiven Akteure auf spezifische Gesetzentwürfe und zum anderen die Anregung und Begleitung der Umsetzung der Handlungsvorschläge durch die gleichen Akteure.

(5) Einfluss auf untergesetzliche Normen

(a) Umsetzungen der Empfehlungen der Gewaltkommission der Bundesregierung in den Richtlinien für das Straf- und Bußgeldverfahren

Durch Kabinettbeschluss vom 16. Dezember 1987 hatte die Bundesregierung eine „Unabhängige Regierungskommission zur Verhinderung und Bekämpfung von Gewalt (Gewaltkommission)" eingesetzt.[84] Auftrag dieser Regierungskommission war, bis Ende 1989 in einer Sekundäranalyse die Ursachen der Gewalt, insbesondere der politisch motivierten Gewalt, der Gewalt auf Straßen und Plätzen, der Gewalt in der Schule und der Gewalt in der Familie, zu untersuchen.[85] Zugleich sollten Konzepte zur Eindämmung der Gewalt entwickelt werden, „die so praxisnah und handlungsorientiert gefasst sein sollten, dass sie von Gesetzgebung, Verwaltung und Justiz auch möglichst kurzfristig umgesetzt" werden könnten.[86]

---

[83] Siehe nochmals zur Entstehungsgeschichte des 1. Aktionsplans des Landes Hessen *Bell/Fünfsinn*, forum kriminalprävention, Heft 3/2007, 7 ff.

[84] Siehe hierzu *Schwind*, GA 1991, 435 ff.

[85] *Schwind*, GA 1991, 435, 436.

[86] *Schwind/Winter*, NStZ 1990, 106.

Nachdem das Endgutachten der Kommission[87] am 16. Januar 1990 dem Bundeskanzler für die Bundesregierung übergeben worden ist, haben sich die Justizminister und -senatoren der Länder in ihrer 61. Konferenz 1990 in München mit dem Gutachten der Gewaltkommission befasst und den Unterausschuss „Richtlinien für das Strafverfahren und Bußgeldverfahren (RiStBV)" mit der Auswertung der Vorschläge und Empfehlungen, soweit sie die Justiz betreffen, beauftragt.[88]

Es ist hier weder der Raum, die Entstehung der Gutachten der Gewaltkommission, die in vier Bänden vorgelegt worden sind, noch die Implementierung einzelner Ideen aus den Gutachten[89] insbesondere in rechtlichen Normen nachzuzeichnen, aber es soll doch ganz kurz darauf verwiesen werden, dass als allererstes Themen aus dem Bereich der häuslichen Gewalt ihre Umsetzung in den Richtlinien für das Straf- und Bußgeldverfahren fanden, und zwar schon im Jahre 1992, nachdem die 63. Konferenz der Justizminister und -senatoren vom 28. bis 31. Mai 1992 in Hannover den Bericht und die Stellungnahme des Unterausschusses „Richtlinien für das Strafverfahren und das Bußgeldverfahren (RiStBV)" zustimmend zur Kenntnis genommen hatte.[90] Konkret geändert wurden Nr. 233 und Nr. 235 RiStBV jeweils mit dem Ziel, dass bei Körperverletzungen auch in einer engen Lebensgemeinschaft, also in einer häuslichen Gemeinschaft, ein öffentliches Interesse an der Verfolgung zu bejahen ist und dass bei einer Kindesmisshandlung eine Verweisung auf den Privatklageweg in der Regel nicht angezeigt ist. Mit deutlicheren Worten: in den Richtlinien ist damit die Idee aufgenommen worden, dass häusliche Gewalt keine Privatsache ist, sondern der besonderen Schutzpflicht des Staates unterliegt. Damit haben also schon 1992 kriminalpräventive Überlegungen aus der Gewaltkommission den Weg in die Richtlinien für das Straf- und Bußgeldverfahren genommen.

(b) Umsetzung der Empfehlungen des von der Bundesregierung eingesetzten Runden Tisches „Sexueller Kindesmissbrauch in Abhängigkeits- und Machtverhältnissen in privaten und öffentlichen Einrichtungen und im familiären Bereich" in den Richtlinien für das Straf- und Bußgeldverfahren

In dem schon unter 4. (f) angesprochenen Runden Tisch „Sexueller Kindesmissbrauch in Abhängigkeits- und Machtverhältnissen in privaten und öffentlichen Einrichtungen und im familiären Bereich" haben Unterarbeitsgruppen Vorschläge für

---

[87]   *Schwind/Baumann u.a.* (Hrsg.), Ursachen, Prävention und Kontrolle von Gewalt. Analysen und Vorschläge der Unabhängigen Regierungskommission zur Verhinderung und Bekämpfung von Gewalt (Gewaltkommission), vier Bände, Berlin 1990.

[88]   Siehe Beschluss zu TOP 14 der 61. Konferenz der Justizminister und -senatoren.

[89]   Siehe hierzu z.B. *Egg/Sohn,* Von der Gewaltkommission zum Periodischen Sicherheitsbericht, in: Festschrift für Hans-Dieter Schwind, Heidelberg 2006, 35 ff. und *Schwind*, Zu Akzeptanz und Umsetzungsstand der Vorschläge der (Anti-)Gewaltkommission der Bundesregierung, in: Festschrift für Hans-Joachim Schneider, Berlin 1998, 813 ff.

[90]   Siehe Beschluss zu TOP 2.6 der 63. Konferenz der Justizminister und -senatoren.

Änderungen in den Richtlinien für das Straf- und Bußgeldverfahren (RiStBV) diskutiert, die insbesondere eine weitere Verbesserung des Opferschutzes zum Ziel haben.
Das Bundesministerium der Justiz hat diese Vorschläge umgehend aufgegriffen, aus
ihnen konkrete Änderungsvorschläge für die RiStBV erarbeitet und diese noch vor
Abschluss der Arbeiten des Runden Tisches im Dezember 2010 vorgelegt. So konnte
es gelingen, trotz umfänglicher Diskussion in zwei Sitzungen des Unterausschusses
der Konferenz der Justizministerinnen und -minister für die Richtlinien für das Straf-
und Bußgeldverfahren (RiStBV) schon am 21. November 2011 die Änderungen in
der RiStBV zu beschließen, die im April 2012 in Kraft getreten sind. Im Einzelnen
ist in Nr. 19 bei der Vernehmung von Kindern und Jugendlichen in Abs. 2 das Zeu-
genalter auf 18 Jahre heraufgesetzt worden, bei denen zur Vermeidung wiederholter
Vernehmungen von der Möglichkeit der Aufzeichnung auf Bildtonträger Gebrauch
gemacht werden soll. Weitere Änderungen sind in Nr. 19a und vor allem in Nr. 21
vorgenommen worden, wobei letztere eine neue Fassung erhielt. Diese Norm macht
nun deutlich, dass behinderten Menschen mit besonderer Rücksichtnahme auf ihre
Belange zu begegnen ist (Nr. 21 Abs. 1 RiStBV) und konkretisiert dies im Einzelnen
in den weiteren vier Absätzen. Weitere Änderungen sind sodann durch die Aufnahme
eines Abschnitts „sonstige Befugnisse des Verletzten" veranlasst worden, so die Nr.
174a mit Hinweisen auf die Unterrichtung des Verletzten und in Nr. 174b die Bestel-
lung eines anwaltlichen Beistandes.

Auch eine Regelung zur Anhörung des durch eine Straftat nach §§ 174 bis 182 StGB
Verletzten ist in Nr. 222a RiStBV neu aufgenommen worden, so dass der Verletzte
nunmehr auch vor der Einleitung verfahrensbeendender Maßnahmen Gelegenheit zur
Stellungnahme erhält.

Weitergehende Zeugenschutzüberlegungen werden diskutiert, sind aber bislang noch
nicht in die RiStBV aufgenommen worden. Insgesamt zeigt sich aber auch an diesem
Beispiel, wie es dem Runden Tisch und mithin den kriminalpräventiven Akteuren
gelungen ist, auch bei der Setzung untergesetzlicher Normen Gehör zu finden.

(6) Fazit und Ausblick

Der Einfluss der gesamtgesellschaftlichen Kriminalprävention auf das Strafrecht hat
sich verfestigt. Konnte vor fünf Jahren schon festgestellt werden, dass dieser Einfluss
dann nicht zu leugnen ist, wenn man die Idee als weiterer Transporteur derzeit im
Mittelpunkt stehender kriminalpolitischer Diskussionslinien wie insbesondere des
Opferschutzgedankens und die Beachtung der Frauenrechte begreift,[91] dann sind weitere prominente Nachweise hinzugetreten. Dies gilt einerseits für das Zusammenführen unterschiedlicher Organisationsformen. Wie dargelegt, sind in der Strafrechtsabteilung in Hessen die Referatsleitungen der strafrechtlichen Fachgebiete zugleich in
den Arbeitsgruppen des Landespräventionsrates zu den jeweiligen Fachthemen tätig.

---

[91] *H.J. Albrecht*, FPR 2006, 204.

Diese Tätigkeit kann sowohl die Leitung einer Organisationseinheit, wie etwa die Leitung der Landeskoordinierungsstelle gegen häusliche Gewalt, die Geschäftsführung
von Arbeitsgruppen als auch das engagierte Mitwirken in diesen bedeuten. Ressortübergreifende und bürgerbeteiligende Organisationsformen haben zuletzt aber auch
die Bundesregierung unter Federführung des Bundesministeriums der Justiz genutzt.
Wie selbstverständlich haben – wie oben gezeigt – die zuständigen Ministerien bei
der Gründung des Runden Tisches gegen sexuellen Missbrauch ihr jeweiliges Res-
sortwissen eingebracht und in vielen Arbeits- und Unterarbeitsgruppen auch auf das
Fachwissen von gesellschaftlichen Gruppen und Institutionen zurückgegriffen.

Diese Organisationsform der gesamtgesellschaftlichen Kriminalprävention wiederum
um hat – für den Verfasser selbstverständlich bzw. beinahe zwangsläufig – zu dem
Entwurf eines Gesetzes zur Stärkung der Rechte von Opfern sexuellen Missbrauchs
(StormG) geführt, das wohl auch noch in dieser Legislaturperiode Gesetz werden
wird. Dieser Entwurf eines Artikelgesetzes zeigt damit andererseits auch die Breite
des Einflusses der gesamtgesellschaftlichen Kriminalprävention auf das Strafrecht,
betroffen sind hier u.a. das Gerichtsverfassungsgesetz und das Jugendgerichtsgesetz.
Weitere Beispiele sind – wie gesehen – das Gesetz zur Bekämpfung der Zwangs-
heirat, der Entwurf eines Gesetzes zur Strafbarkeit der Verstümmelung weiblicher
Genitalien und ggf. demnächst der Entwurf zur Änderung des Straftatbestandes der
Nachstellung.

Die hier beschriebene Zunahme des Einflusses der gesamtgesellschaftlichen Kriminalprävention auf das Strafrecht sollte jedoch auch zur kritischen Folgenabwägung im
Sinne einer rechtsstaatlichen Strafrechtsdogmatik führen. Die in kriminalpräventiver
Absicht erfolgende Vermehrung von Gefährdungstatbeständen im materiellen Recht
kann unter Umständen den wichtigen ultima ratio-Gedanken und den Bestimmtheits-
grundsatzschwächen.[92] Die ständige Vermehrung von Opferrechten im Strafverfah-
rensrecht kann die rechtsstaatlichen Garantien für die Beschuldigten gefährden, die in
ihrem Kernbestand durch das Grundgesetz geschützt und damit zwingend sind, denn
jede Bürgerin und jeder Bürger kann natürlich auch zu Unrecht verdächtigt werden.
Diese Überlegungen gilt es auch als Grenzziehungen[93] gegenüber kriminalpräventiven Ideen zu beachten.

---

[92] Siehe hierzu etwa *Neubacher*, ZStW 118 (2006), 855, 864 ff.

[93] Zu den Grenzen des Strafrechts siehe z.B. *Kudlich*, JA 2007, 90 am Beispiel des strafrechtlichen Schutzes
      gegen Doping und zu den Schwierigkeiten der gegenwärtigen Gesetzgebung, *Redeker*, ZRP 2004, 160.
      Umfassend zu der Grenzziehung eines rechtsstaatlichen Strafrechts gegenüber dem Präventionsparadigma
      Sander, Grenzen instrumenteller Vernunft im Strafrecht, Frankfurt am Main 2007, 307 ff.

Dieter Hermann

Kriminalprävention braucht Grundlagenforschung

1. Einleitung

„Die Zivilisation, von der ich etwas zu sagen habe, ist niemals beendet und immer gefährdet. Sie ist gefährdet, denn um eine zivilisatorische Haltung in einer Gesellschaft aufrechtzuhalten, bedarf es eines verhältnismäßig hohen Maßes an Selbstzucht und es bedarf noch etwas anderem, es bedarf eines hohen Maßes der Pazifizierung einer Gesellschaft" - dies sagte Norbert Elias in einer Rede auf dem Deutschen Soziologentag in Bremen 1980. Eine Pazifizierung der Gesellschaft bedeutet, Gewalt möglichst zu verhindern - und dies ist das Ziel von Gewaltprävention. Es gibt bereits zahlreiche Projekte dazu, damit sie effizient sind und die gesteckten Ziele erreichen, bedarf es der Vernetzung von Grundlagenforschung, Evaluation und Praxis. Dies ist selbstverständlich, wenn Kriminalprävention auf der Grundlage der Beccaria-Standards betrieben wird, denn ein wichtiger Aspekt dieser Standards ist die Analyse der Entstehungsbedingungen, und dazu müssen Studien zu individuellen und strukturellen Ursachen von bestimmten (unerwünschten) Handlungen berücksichtigt werden. Dadurch ist es möglich, Prävention *ursachenorientiert* und damit möglichst *effizient* zu konzipieren. Zu den Beccaria-Standards gehört auch die Evaluation des Projekts, wobei diese in der Regel als Wirkungsevaluation verstanden wird. Die Einbeziehung von Grundlagenforschung in die Praxis soll an einem Beispiel demonstriert werden: Die Konzeption universeller Gewaltprävention. Anders ausgedrückt: *Wie könnte universelle Gewaltprävention aussehen, wenn die Ergebnisse von Grundlagenforschungen berücksichtigt werden.*

Die sozialwissenschaftliche Grundlagenforschung befasst sich mit Entstehungsbedingungen von Gewaltbereitschaft, wobei mehrere Fragestellungen denkbar sind:

- Ist Gewaltbereitschaft eine stabile Disposition - bleibt diese Handlungsorientierung, wenn sie erst einmal ausgebildet ist, über längere Zeit bestehen?
- Liegt die Ursache der Gewaltbereitschaft von Kindern in der Gewaltbereitschaft der Eltern, wird also diese Disposition „vererbt"?
- Ist der Konsum medialer Gewalt schuld an der Gewaltbereitschaft der Konsumenten oder sind individuelle Merkmale die Ursache für Gewaltbereitschaft?

Die Antwort auf die letzte Frage muss auch im Zusammenhang mit weiteren Aspekten gesehen werden:

- Wie kann die Präferenz für mediale Gewalt und ihr Konsum erklärt werden?
- Präferieren insbesondere gewaltorientierte Personen mediale Gewalt?

Wäre dies der Fall und würde die Rezeption von Mediengewalt zu entsprechendem Handeln führen, würde die Wechselwirkung zwischen Medienpräferenzen und Gewaltorientierung zu einer Eskalation der Gewalt führen.

Zu allen diesen Fragen gibt es bereits zahlreiche Studien. Sehr selten sind allerdings Untersuchungen über einen längeren Zeitraum, sodass die Ursache-Wirkungs-Beziehung angemessen in den statistischen Analysen berücksichtigt werden kann, sowie Untersuchungen, die Eltern und Kinder berücksichtigen, sodass intergenerationale Transmissionseffekte von Gewaltbereitschaft, der Präferenz für mediale Gewalt und möglichen Ursachen davon untersucht werden können. Die Antworten auf die oben formulierten Fragen sollen mithilfe einer deutschlandweiten Panelstudie mit Eltern und ihren Kindern gefunden werden. Die Ergebnisse dieser Analyse sind dann die Grundlage für die Konzeption von Präventionsvorschlägen.

2. Theoretische Grundlagen

Wird die Gewaltbereitschaft „vererbt", sind ihre Ursachen *externer* Natur - sie sind in der Person des Sozialisierenden zu finden. Als theoretische Grundlage für Prozesse und Bedingungen der intergenerationalen Transmission von Gewaltbereitschaft kann die Sozialisationstheorie von Bandura (1979) genutzt werden. Dieser Ansatz postuliert, dass Verhalten, aber auch Einstellungen und Werte gelernt werden. Lernen ist dabei umfassend im Sinne des sozialen Lernens zu verstehen, nicht in einer eingeschränkt kognitiven Bedeutung oder auf schulisches Lernen beschränkt. Die Mechanismen für die Entwicklung normabweichender Verhaltensmuster können nach dieser Theorie als Beobachtungs- und Modelllernen beschrieben werden. Bei diesem *Lernen am Modell* spielen Bezugspersonen wie Eltern, Idole, Identifikationsfiguren in Peergroups eine wichtige Rolle, wobei Rahmenbedingungen für die Übernahmen von Modellen von Bedeutung sind, nämlich die Ähnlichkeit und der Grad der emotionalen Beziehung zwischen Modell und Akteur sowie der soziale Status und die soziale Macht des Modells. Werden Modellhandlungen von Personen ausgeführt, zu denen eine intensive emotionale Beziehung vorliegt oder von Personen, die einen höheren sozialen Status als der Akteur haben beziehungsweise sozial mächtiger sind, erhöht dies die Wahrscheinlichkeit der Verhaltensnachahmung. Der Lernprozess ist nach diesem Ansatz aber keine reine Imitation der Handlungen nahestehender Personen, sondern beinhaltet neben der sozialen auch eine kognitive Komponente, indem eine Bewertung von positiven oder negativen Konsequenzen vorgenommen wird. Folglich ist der Lernprozess nach diesem Ansatz nicht ausschließlich reaktiv geprägt, sondern wird durch Mechanismen der Selbststeuerung beeinflusst. Dieser Aspekt wird in neueren Auffassungen des Sozialisationsprozesses stärker betont. Sozialisation wird nicht länger als passiver Vorgang gesehen, der einem Individuum widerfährt, sondern als wechselseitiger Interaktionsprozess, bei dem auch das eigene Ich die Sozialisation beeinflusst. Sozialisation ist demnach ein aktiver Prozess, bei dem sich jedes Individuum zum Teil selbst sozialisiert und dabei eine Eigenleistung erbringt (Hurrelmann

2002; Niederbacher und Zimmermann 2011). Demzufolge dürften die Eltern bei der Sozialisation von Gewaltbereitschaft ein wichtige Rolle spielen, denn diese erfüllen in der Regel die Rahmenbedingungen für eine Übernahme von Modellen, nämlich eine intensive emotionale Beziehung zu ihrem Kind, ein höherer sozialer Status, und sie sind sozial mächtiger. Nach diesem Ansatz ist auch vorstellbar, dass Modelle aus Medien übernommen werden und folglich der Konsum medialer Gewalt die entsprechende Wirkung hat.

Eine Theorie zur Erklärung der Gewaltbereitschaft durch *interne* Faktoren ist die voluntaristische Kriminalitätstheorie (Hermann 2003 und 2014). Die zentrale Grundlage dieser Kriminalitätstheorie ist die Handlungstheorie von Parsons (1967 und 1972). Diese kann als Erweiterung der Handlungstheorie von Weber gesehen werden, und dieser stützt sich auf Kant (Schneider 2008, S. 89; Schluchter 2009, S. 6). Somit fließen die Annahmen über das Menschenbild von Kant in die Konzeption der voluntaristischen Kriminalitätstheorie ein. Es wird postuliert, dass (1) der Mensch an sich vernünftig ist, aber nicht immer vernünftig handelt, (2) das Bewusstsein einen Einfluss auf das Sein hat und (3) der Mensch einen (bedingt) freien Willen hat. Mit dem letztgenannten Punkt ist gemeint, dass der Mensch zwar wollen kann, was er will, aber seine Handlungen in das Prokrustesbett von Struktur und Situation eingebunden sind.

Nach der Handlungstheorie von Parsons sind Normen und Werte zentrale Kategorien zur Erklärung menschlichen Handelns. Werte können als zentrale und abstrakte Zielvorstellungen und Lebensprinzipien definiert werden, Normen als Verhaltensvorschriften und Verhaltenserwartungen. Der Mensch wird als Subjekt gesehen, das in eine komplexe Umwelt eingebunden ist. Zur Reduzierung der Komplexität, zur Verarbeitung der Informationen und zur Auswahl von subjektiv Wichtigem werden seitens der Akteure Normen und Werte verwendet. Diese Auswahlfilter beeinflussen das Ergebnis der Informationsverarbeitung sowie die Auswahl von Handlungszielen und Mitteln zur Zielerreichung. Durch Werte können wichtige von unwichtigen Handlungszielen unterschieden und durch Normen können akzeptierte von nicht akzeptierten Handlungsmitteln abgegrenzt werden. Jede Handlung ist demnach das Ergebnis der Wahrnehmung der Situation sowie der Auswahl von Handlungszielen und Handlungsmitteln, und auf allen Ebenen sind Werte und Normen von Bedeutung (Hermann 2004). Nach der Handlings- und Systemtheorie von Parsons und somit auch nach der voluntaristischen Kriminalitätstheorie stehen Wertorientierungen und Glaubensüberzeugungen von Individuen und von Umgebungssystemen wie Gesellschaft, Institutionen und Peergroups in einem Interdependenzverhältnis. Die Wertevermittlung wird als Sozialisationsprozess gesehen, bei dem die Wertorientierungen wichtiger Bezugspersonen eine zentrale Rolle spielen, wobei Wertorientierungen nicht einfach übernommen werden, sondern in Abhängigkeit vom Entwicklungsniveau reflektiert und an die Erfahrungswelt angepasst werden.

In empirischen Studien haben sich vor allem religiöse und leistungsbezogene sowie idealistische Werte als empirisch relevante kriminoresistente Faktoren erwiesen, während eine Verquickung von materialistischen, hedonistischen und subkulturellen Werten den gegenteiligen Effekt hat. Die erstgenannten Werte stehen mit höherer Normakzeptanz im Zusammenhang, der zuletzt aufgeführte Wertekomplex korrespondiert mit niedrigerer Normakzeptanz. Je höher die Normakzeptanz, desto niedriger ist die Kriminalität (Hermann 2003).

In beiden Theorien, der Transmissionstheorie von Bandura und der voluntaristischen Kriminalitätstheorie, sind Sozialisationsprozesse ein wichtiger Bestandteil. Der Unterschied ist, dass in der erstgenannten Theorie Gewaltbereitschaft direkt vermittelt wird, während im zweiten Ansatz die Vermittlung von Werten im Vordergrund steht - und diese werden als verhaltensrelevant betrachtet.

Die Frage nach Ursachen und Bedingungen von Medienpräferenzen und -konsum wird im Rahmen der Mediensoziologie und -psychologie behandelt. Die theoretische Grundlage für eine Hypothese zu der Fragestellung liefert der Uses and Gratifications Approach (Katz et al. 1973-1974). Demnach präferieren Rezipienten solche Medienangebote, die ihren Bedürfnissen am besten entsprechen. Es handelt sich also um einen utilitaristischen Ansatz, wobei medial erfüllte Bedürfnisse dem Nutzen von Medienkonsum entsprechen; die Kosten sind der zeitliche und materielle Aufwand, der damit verbunden ist. Aus diesem Ansatz kann man die Hypothese ableiten: Gewaltorientierte Personen haben ein vergleichsweise höheres Bedürfnis nach medialer Gewalt und konsumieren diese deshalb auch vergleichsweise häufig.

3. Untersuchungsdesign und Operationalisierungen

Grundlage der Analysen zu den Bedingungen von Gewaltbereitschaft ist ein von der DFG gefördertes Projekt, dessen Schwerpunkt in der Untersuchung der Wirksamkeit der Erstkommunionkatechese lag (Forschungsgruppe Religion und Gesellschaft 2015), die Erhebungen erlauben jedoch auch Aussagen über Werte, Medienkonsum und Gewaltbereitschaft.

Die *Grundgesamtheit* für die Befragung besteht aus allen 8- bis 9-jährigen Kindern in Deutschland. Die *Stichprobe* der Befragten wurde durch eine zweistufige Zufallsauswahl festgelegt. Auf der ersten Stufe wurden zufällig 81 Gemeinden ausgewählt (Gewichtung nach Einwohnerzahl), auf der zweiten Stufe wurden dann von den zuvor gewählten Gemeinden Adressen der Zielgruppe angefordert und daraus jeweils Zufallsstichproben gezogen. Dieses Verfahren führte zu 11.824 Adressen von Kindern und ihren Eltern. Diese erhielten Fragebögen zugesandt, wobei für jede Familie die Identifikationsnummern der Kinder- und Elternfragebögen übereinstimmten, um eine Zuordnung zu gewährleisten. Die Eltern wurden gebeten, dass der Elternteil den Fragebogen ausfüllt, der im Wesentlichen für die religiöse Erziehung zuständig ist. An der ersten Befragung (Sommer 2010) haben 2.529 Kinder und Eltern teilgenommen; davon waren 1.877 zu weiteren Befragungen bereit. Die erste Befragung diente in erster Linie der Erfassung der Bereitschaft, mehrfach an der Befragung teilzunehmen.

An der ersten, inhaltlich umfassenderen Befragung im Spätsommer 2010 (Welle 2) haben sich 1.383 Kinder und jeweils ein Elternteil beteiligt. An der dritten Welle im Frühsommer 2011 waren es 1.111, an Welle 4 im Sommer 2012 noch 1.022 und an Welle 5 im Herbst 2013 noch 603 Personenpaare. Der Grund für den Rückgang der Teilnahmebereitschaft nach Welle 4 war die ursprüngliche Information, dass insgesamt vier Befragungswellen geplant seien. Bei der vierten Befragung wurde um die Bereitschaft geworben, weiterhin an der Studie teilzunehmen.

Durch die Methode der Auswahl kann die Stichprobe als zufällig angesehen werden. Für die Hypothesenprüfung wurde lediglich auf die Fälle zurückgegriffen, die sich erstens an allen fünf Wellen beteiligt haben und zweitens entweder einer christlichen Konfession angehören oder konfessionslos sind - das sind 452 Personenpaare.

Die Operationalisierungen der relevanten Variablen können Tabelle 1 entnommen werden.

Tabelle 1: Operationalisierungen

Merkmal	Fragen (Anzahl der Items)
Gewaltbereitschaft	Ich bin bereit, andere auch mal aus Spaß zu schlagen / Lieber jemanden prügeln, als selbst verprügelt zu werden (2)
Normakzeptanz	Kinder tun manchmal Dinge, die nicht in Ordnung sind. Uns interessiert, wie schlimm Du sie findest: Einen Schwächeren schlagen / Etwas absichtlich kaputt machen (2)
Christlich-religiöse Werte	Jeder Mensch hat etwas, das für ihn besonders wichtig ist. Wie wichtig sind für Dich ... An Gott zu glauben / So zu leben, wie Gott es will (2)
Idealistisch-nomozentrierte Werte	... Anderen Menschen zu helfen / Mich an die Regeln der Schule zu halten (2)
Konsum und Präferenz gewaltorientierter Filme	•Welche Eigenschaften müssen Filme oder Serien haben, damit Sie Dir besonders gut gefallen? Sie sollten ... gruselig / gewaltorientiert / brutal und blutrünstig sein (3) •Viele Menschen haben einen Lieblingsfilm oder eine Lieblingsserie. Wie heißt Dein Lieblingsfilm oder Deine Lieblingsserie? Wie kann man diesen Film/ diese Serie beschreiben? ... gruselig / gewaltorientiert / brutal und blutrünstig sein (3)
Konsum und Präferenz gewaltorientierter Spiele	•Wie viele Stunden pro Tag entfallen durchschnittlich auf die verschiedenen Spielarten? ... Actionspiele mit Gewalt (z.B. Counterstrike, Doom, Call of Duty) / Abenteuerspiele mit Gewalt / Rollenspiele mit Gewalt / Simulationsspiele mit Gewalt / Strategiespiele mit Gewalt (5)
Umfang des Medienkonsums	•Wie viele Stunden siehst Du an einem durchschnittlichen Schultag (Mo-Fr) Filme, Serien, Dokumentationen oder Nachrichten an ... •Wie viele Stunden verwendest Du an einem durchschnittlichen Schultag (Mo-Fr)zum Spielen an einer Spielkonsole, einem Smartphone oder am Computer (2)

4. Der Einfluss der Eltern auf die Gewaltbereitschaft der Kinder

Nach der Transmissionstheorie von Bandura wird die Gewaltbereitschaft der Eltern direkt an ihre Kinder weitergegeben, nach der voluntaristischen Kriminalitätstheorie vermitteln Eltern ihren Kindern Werte, die Ursache der Gewaltbereitschaft sind. Zur Prüfung der Hypothesen werden die postulierten kausalen Beziehungen durch Strukturgleichungsmodelle (z.B. Reinecke 2005) abgebildet und geprüft, wobei zeitlich versetzte Messungen von Ursache und Wirkung verwendet werden, um die postulierte kausale Ordnung abzubilden. Nach diesem statischen Verfahren hat die *Gewaltbereitschaft der Eltern zum Zeitpunkt der dritten Befragung einen signifikanten Einfluss auf die Gewaltbereitschaft der Kinder in der fünften Befragung.* Zwischen dritter und fünfter Welle liegen etwa 2,5 Jahre. Berücksichtigt man allerdings gemäß der voluntaristischen Kriminalitätstheorie die Werte der Eltern und Kinder als weitere unabhängige Variablen, ist der Einfluss der Gewaltbereitschaft der Eltern auf die Gewaltbereitschaft der Kinder *nicht* mehr *signifikant* – das Ergebnis der entsprechenden Analyse ist in Schaubild 1 dargestellt. Somit ist die aus der Transmissionstheorie von Bandura abgeleitete Hypothese falsifiziert: *Die Gewaltbereitschaft der Eltern wird nicht unmittelbar von ihren Kindern übernommen.*

Schaubild 1: Intergenerationale Transmission von Werten und der Einfluss von Werten auf Gewaltbereitschaft

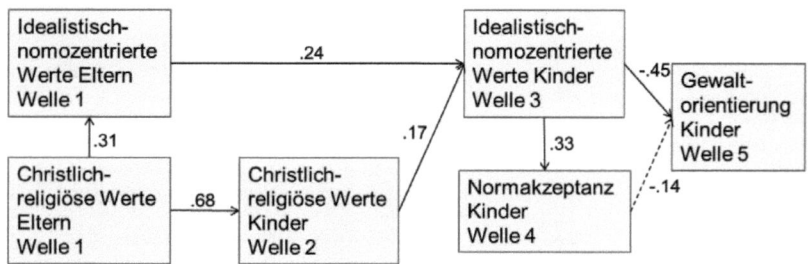

Die Zahlen auf den Pfeilen sind standardisierte Pfadkoeffizienten. Alle Effekte sind bis auf den Einfluss der Normakzeptanz der Kinder auf ihre Gewaltorientierung signifikant. Insgesamt gesehen übernehmen Kinder die Wertorientierungen ihrer Eltern, wobei idealistisch-nomozentrierte und christlich-religiöse Werte eine zentrale Rolle spielen. Diese Werte haben einen erheblichen Einfluss auf die Gewaltorientierung.

5. Medienkonsum und Gewaltorientierung

Zu diesem Themenbereich sind zwei Fragen von Bedeutung:

- Hat der Konsum medialer Gewalt einen Einfluss auf Gewaltbereitschaft?
- Konsumieren gewaltorientierte Kinder überdurchschnittlich häufig mediale Gewalt?

Zur ersten Frage gibt es zahlreiche empirische Studien, die in der Regel zu dem Ergebnis kommen, dass der Medienkonsum einen Einfluss auf Einstellungen und Verhalten hat. Dies trifft auch auf Panelstudien und Metaanalysen zu (anstatt vieler: Huesmann et al. 2003; Paik & Comstock 1994). Auch mit den vorliegenden Daten kann das Ergebnis reproduziert werden, dass die Präferenz von Kindern für mediale Gewalt und ihr Konsum ihre Gewaltbereitschaft beeinflussen: Der Korrelationskoeffizient beträgt 0,3 und ist signifikant.

Zur zweiten Frage gibt es nur wenige empirische Studien, die Ursache und Wirkung zeitversetzt erfasst haben. Für die Überprüfung der Hypothese wurde die postulierte Kausalstruktur in ein Strukturgleichungsmodell übertragen. Das Ergebnis der Analyse ist in Schaubild 2 abgebildet, wobei die Analyseergebnisse zweier Modelle dargestellt sind: In einem Modell wurden Messungen der unabhängigen Variable zum Zeitpunkt der zweiten Befragungswelle verwendet, in dem anderen Modell wurde auf die vierte Welle Bezug genommen. Die Effektschätzungen sind standardisiert.

Schaubild 2: Einfluss der Gewaltorientierung von Kindern auf die Präferenz medialer Gewalt

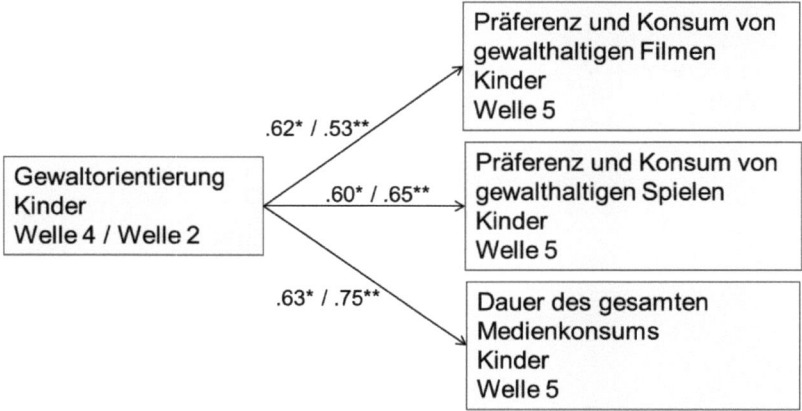

Legende:
*) Messung der Gewaltorientierung in Welle 4
**) Messung der Gewaltorientierung in Welle 2

Die Analyse zeigt einen starken Einfluss der Gewaltorientierung auf den Konsum medialer Gewalt und auf den Umfang des Medienkonsums, wobei der Zeitpunkt der Messungen der unabhängigen Variable nahezu bedeutungslos ist: Die Effektschätzungen verändern sich nur geringfügig, wenn zwischen der Messung von Gewaltorientierung und Medienkonsum sowie Präferenzen nicht 1,5 Jahre, sondern die doppelte Zeitspanne liegt. Somit hat die Gewaltorientierung auch langfristige Konsequenzen. Insgesamt gesehen *präferieren gewaltorientierte Kinder nicht nur Medieninhalte, die ihrer Orientierung entsprechen, sie konsumieren auch länger als andere Kinder.*

Folgt man der Sozialisationstheorie Banduras, könnte man auch vermuten, dass Kinder die Medienpräferenzen der Eltern direkt übernehmen. Die entsprechende Analyse zeigt, dass dies nicht der Fall ist: Die Präferenz der Eltern und ihr Konsum von gewalthaltigen Filmen korreliert nicht signifikant mit den entsprechenden Merkmalen der Kinder. Lediglich bei der Dauer des gesamten Medienkonsums ist die Korrespondenz zwischen Eltern und Kindern signifikant.

Die alternative Erklärung - Medienpräferenzen sind werteabhängig - kann hingegen nicht falsifiziert werden. Das Ergebnis der entsprechenden Analyse ist in Schaubild 3 dargestellt. Die Grundlage ist wiederum ein Strukturgleichungsmodell; die Effektschätzungen sind signifikante und standardisierte Zahlenwerte.

Schaubild 3: Einfluss der Wertorientierungen von Kindern auf die Präferenz medialer Gewalt

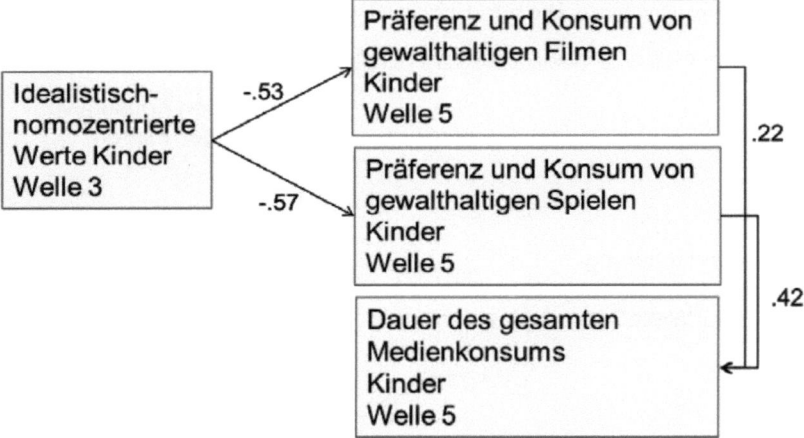

Demnach unterscheiden sich Kinder, die idealistisch-nomozentrierte Werte bevorzugen, in ihrem Medienkonsum und ihren Medienpräferenzen von anderen Kindern, aber sie unterscheiden sich nicht in der Dauer des Medienkonsums. Die Orientierung an der genannten Wertedimension bedingt einen vergleichsweise niedrigeren Konsum medialer Gewalt und eine entsprechende Ablehnung solcher Medieninhalte.

6. Fazit der empirischen Untersuchungen

Die oben dargestellten Ergebnisse können in Schaubild 4 zusammengefasst werden. Zwischen der Präferenz und dem Konsum von Mediengewalt und der Gewaltorientierung gibt es eine Wechselbeziehung: Gewaltorientierte Kinder präferieren verstärkt mediale Gewalt und konsumieren diese häufiger als andere, und dies beeinflusst wiederum die Gewaltorientierung. Sowohl die Gewaltorientierung als die Präferenz und der Konsum medialer Gewalt ist von den Wertorientierungen der Kinder abhängig, insbesondere von idealistisch-nomozentrierten Werten - und diese sind von christlich-

religiösen Werten abhängig. Somit sind diese Werte *protektive Faktoren*, die auch verhindern können, dass der Konsum medialer Gewalt verhaltenswirksam wird. Beide
Werteorientierungen übernehmen die Kinder von ihren Eltern, wobei auch Prozesse
der Eigensozialisation von Bedeutung sind.

Schaubild 4: Zusammenfassung der Ergebnisse der empirischen Analysen

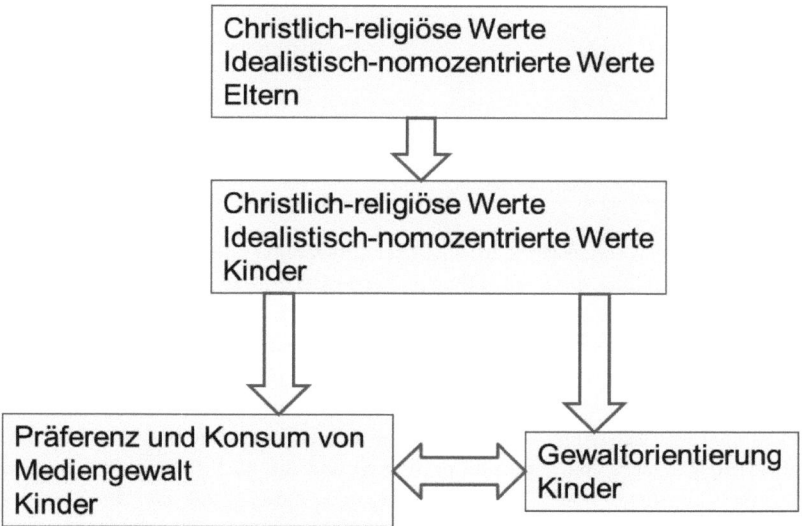

7. Übertragung der Ergebnisse der Grundlagenforschung auf die Konzeption universeller Prävention

Nach den Ergebnissen der empirischen Studien sind Wertorientierungen sowie Präferenz und Konsum medialer Gewalt wichtige Bedingungen für die Gewaltorientierung.
Eine ursachenorientierte Gewaltprävention müsste folglich versuchen, diese Bedingungen günstig zu beeinflussen. Werte werden zwar in erster Linie von den Eltern vermittelt, aber auch von kirchlichen Einrichtungen und der Schule (Forschungsgruppe
Religion und Gesellschaft 2015). Somit könnten diese einen Beitrag zur Gewaltprävention leisten, ebenso zivilgesellschaftliche Gruppen, die sich zur Aufgabe gemacht
haben, anderen zu helfen. Die Präferenz und der Konsum medialer Gewalt könnte
durch die Vermittlung eines reflektierten und selbstkontrollierten Umgangs mit medialer Gewalt beeinflusst werden; dabei könnten Schulen eine wichtige Rolle spielen.
Diese Beispiele für die Umsetzung von Ergebnissen der Grundlagenforschung in Präventionsprojekte sind in Tabelle 2 zusammengefasst.

Tabelle 2: Beispiele universeller Prävention

Gewaltursache	Präventionsziel	Präventionsgruppen und -methode (Beispiele)
Ablehnung christlich-religiöser Werte von Kindern und Eltern		Christliche Kirchen und Gruppen: Zeit- und altersgemäße (medienwirksame) Vermittlung ihrer Kernbotschaft
Ablehnung idealistisch-nomozentrierter Werte von Kindern und Eltern	Wertevermittlung	Sichtbar praktizierte Hilfsbereitschaft und Normorientierung von zivilgesellschaftlichen Gruppen und Personen, z.B. Weisser Ring, ehrenamtliches Engagement
Präferenz und Konsum von Mediengewalt von Kindern	Reflektierter und selbstkontrollierter Umgang mit medialer Gewalt	Medienkompetenz als Unterrichtsfach an Grundschulen

Das Motto des Präventionstages 2014 lautete: „Prävention braucht ... Wissenschaft". Die oben dargestellten Analysen sollten an einem Beispiel zeigen, wie Grundlagenforschung in Gewaltpräventionsprojekte einfließen kann. Fazit: Prävention braucht Grundlagenforschung, denn Prävention ohne Wissenschaft ist blind. Aber auch seitens der Wissenschaft ist der Bedarf für Anwendungsmöglichkeiten ersichtlich; Wissenschaft ohne Anwendung in der (Präventions-)praxis bleibt im Elfenbeinturm. Somit gibt es eine wechselseitige Abhängigkeit von Präventionspraxis und Wissenschaft, eine Interdependenz, von der beide profitieren und die zu Erfolg versprechenden Präventionskonzepten führt. Die Pazifizierung einer Gesellschaft, von der Elias gesprochen hat, ist nur möglich, wenn Präventionspraxis und Grundlagenwissenschaft verknüpft sind.

Literatur

Elias, Norbert, 1981: Zivilisation und Gewalt. In: Ästhetik und Kommunikation, H. 10, S. 5-12. http://www.kuwi.uni-linz.ac.at/hyperelias/z-elias/abstracts/Fulltext-ger-1981-N-ger-3.htm; Zugriff 09/2014.

Forschungsgruppe Religion und Gesellschaft, 2015: Werte – Religion – Glaubenskommunikation. Eine Evaluationsstudie zur Erstkommunionkatechese. Wiesbaden: Springer-VS.

Hermann, Dieter, 2004: Werte und Kriminalität. Konzeption einer allgemeinen Kriminalitätstheorie, Wiesbaden: Westdeutscher Verlag.

Hermann, Dieter, 2003: Values, Milieus, Lay Perspectives and Criminal Behavior. In: Albrecht, Hans-Jörg; Telemach Serassis & Harald Kania (Hrsg): Images of Crime II, Freiburg i. Br.: Edition Iuscrim, S 95-110.

Hermann, Dieter, 2013: Werte und Kriminalität - Konzeption der voluntaristischen Kriminalitätstheorie und Ergebnisse empirischer Studien. In: Dölling, Dieter & Jörg-Martin Jehle (Hrsg.): Täter - Taten - Opfer. Grundlagenfragen und aktuelle Probleme der Kriminalität und ihre Kontrolle (Hrsg.): Neue Kriminologische Schriftreihe Band 114. Mönchengladbach: Forum Verlag Bad Godesberg, S. 432-450.

Huesmann, L. Rowell, Jessica Moise-Titus, Cheryl-Lynn Podolski & Leonard D. Eron, 2003: Longitudinal relations between childhood exposure to media violence and adult aggression and violence: 1977-1992. In: Developmental Psychology, 39(2): 201-221.

Hurrelmann, Klaus, 2002: Selbstsozialisation oder Selbstorganisation? Ein sympathisierender, aber kritischer Kommentar. In: Zeitschrift für Soziologie der Erziehung und Sozialisation 22: 155-166.

Katz, Elihu, Jay G. Blumler & Michael Gurevitch, 1973–1974: Uses and Gratifications Research. In: The Public Opinion Quarterly 37: 509-523.

Niederbacher, Arne & Peter Zimmermann, 2011: Grundwissen Sozialisation, Wiesbaden: VS Verl. für Sozialwiss.

Paik, Haejung & Comstock, George A., 1994: The effects of television violence on antisocial behaviour: A meta-analysis. In: Communication Research 21: 516-546.

Parsons, Talcott, 1967: The Structure of Social Action, 5. Aufl (1. Aufl 1937), New York: Free Press.

Parsons, Talcott, 1972: Das System moderner Gesellschaften, München: Juventa (Original: The System of Modern Societies, Englewood Cliffs : Prentice-Hall, 1971).

Reinecke, Jost, 2005: Strukturgleichungsmodelle in den Sozialwissenschaften: München, Wien: Oldenbourg.

Schluchter, Wolfgang, 2009: Grundlegungen der Soziologie, Band 2, Tübingen: Mohr Siebeck.

Schneider, Wolfgang Ludwig, 2008: Grundlagen der soziologischen Theorie. Band 1: Weber - Parsons - Mead - Schütz, 3. Auflage, Wiesbaden: VS Verlag für Sozialwissenschaften.

Harrie Jonkman

Was wissen wir und was können wir erreichen in der Präventionsarbeit für Jugendliche?

Der Bericht des National Research Council/ Institute of Medicine (2009): „Die Prävention seelischer, emotionaler und verhaltensbezogener Störungen bei jungen Menschen: Fortschritte und Möglichkeiten"

Vorbemerkung

Das Institute of Medicine (IOM) ist Teil der US National Academies und bietet als regierungsunabhängige Einrichtung fachlichen Rat in Fragen des Gesundheitswesens an. Zwei seiner zahlreichen Berichte befassen sich mit der Prävention von Verhaltensstörungen: „Verringern des Risikos von Verhaltensstörungen: Perspektiven für vorbeugende Interventionsforschung" (*Reducing Risks for Mental Disorders: Frontiers for Preventive Intervention Research, 1994*) und „Die Prävention seelischer, emotionaler und verhaltensbezogener Störungen bei jungen Menschen: Fortschritte und Möglichkeiten" (*Preventing Mental, Emotional and Behavioral Disorders Among Young People: Progress and Possibilities, 2009*). Insbesondere die letzte Veröffentlichung ruft dazu auf, der Prävention von Verhaltensstörungen größeres Gewicht zu geben und sich dabei vorrangig auf nachweislich wirksame Maßnahmen zu konzentrieren, um so die psychosozialen und finanziellen Schäden einzudämmen, die Verhaltensstörungen für die Betroffenen und deren Umfeld mit sich bringen.

Der DPT teilt dieses Anliegen und will darum auch im deutschen Sprachraum die Diskussion über nachweislich wirksame, d.h. evidenzbasierte Präventionsmaßnahmen fördern. Die Verbreitung des zweiten Berichts des IOM mit seiner fundierten Übersicht über konzeptionelle, methodologische, ökonomische und praktische Fragen der Prävention von Verhaltensstörungen ist Teil dieses Vorhabens. Mit dem Verweis auf den Link zu dem amerikanischen Original-Dokument und seiner Zusammenfassung (www.nap.edu/catalog.php?record_id=12480) ist es aber nicht getan. Da nicht alle Teilnehmer an diesem Diskussionsprozess die Möglichkeit haben, diesen Bericht insgesamt zu lesen, wurde von Herrn Dr. Jonkman (Verwey-Jonker-Institut in Utrecht, Niederlande) eine englische Kurzfassung des Berichts erstellt, die derzeit im Auftrag des dpt-i ins Deutsche übertragen wird. Ein Auszug aus dieser deutschen, noch unvollständigen Fassung ist diesem Beitrag beigefügt, die vollständige Fassung wird bis Ende 2014 auf der Website des DPT eingestellt werden.

Als öffentlichen Beitrag zu dieser Diskussion hat Herr Dr. Jonkman auf dem 19. DPT in Karlsruhe den zweiten IOM Bericht und dessen Potential für die Prävention in Deutschland vorgestellt - eine Fortsetzung des Gesprächs ist im Rahmen des 20. DPT in Frankfurt geplant.

1. EINLEITUNG

Seelische, emotionale und Verhaltensstörungen – wie beispielsweise Depression, Störung des Sozialverhaltens und Drogenmissbrauch – bei Kindern, Jugendlichen und jungen Erwachsenen stellen eine enorme Belastung für sie selbst, ihre Familien und die Gesellschaft insgesamt dar. Sie gefährden die zukünftige Gesundheit und das Wohlbefinden junger Menschen. 14 bis 20 Prozent der jungen Menschen durchleben irgendwann in ihrem Leben eine Verhaltensstörung. Eine Umfrage bei Erwachsenen ergab, dass die Hälfte aller Fälle diagnostizierter psychischer Erkrankungen bis zum Alter von 14 Jahren begonnen hatte und Dreiviertel der Fälle bis zum Alter von 24 (Kessler et al. 2005). Eine Überprüfung von drei Längsschnittuntersuchungen ergab, dass fast 40 Prozent der Jugendlichen mindestens eine psychiatrische Störung vor ihrem sechzehnten Lebensjahr gehabt hatten (Jaffee et al. 2005). Darüber hinaus bekamen im Jahr 2006 ungefähr ein Fünftel (21,3 Prozent) der Jugendlichen im Alter von 12-17 wegen einer Verhaltensstörung Medikamente oder Behandlung (Substance Abuse and Mental Health Services Administration 2007). Zeichen potentieller Verhaltensstörungen sind oft schon in sehr jungen Jahren sichtbar. Eltern sprechen oft schon vor dem fünften Lebensjahr entsprechende Sorgen aus, und es gibt Anzeichen, dass die Ausschlussrate von Kindern aus Kindergärten höher ist als die Ausschlussrate von Kindern im Alter von sechs bis 19 Jahren aus der Schule (Gilliam & Sahar 2006)[1]. Die Kosten für seelische Gesundheit sind jedoch oft durch die nationalen Erfassungsmethoden verschleiert, da ein Großteil dieser Kosten nicht in den Systemen für seelische Gesundheit entsteht, sondern stattdessen in Systemen wie Bildung, Justiz und körperliche Gesundheit. Aus demselben Grund können die Einsparungen, die durch Prävention entstehen können, ebendiese Systeme besonders begünstigen.

Ein früher Beginn von Verhaltensstörungen führt oft zu geringerer Schulleistung, einer höheren Belastung des Jugendhilfewesens und einer höheren Beanspruchung des Jugendstrafrechtssystems (Institute of Medicine 2006). In einer Studie wurde geschätzt, dass mehr als ein Viertel der gesamten Kosten für Behandlungen psychischer Krankheiten bei Heranwachsenden im Bildungs- und im Jugendstrafrechtssystem anfallen (Costello et al. 2007). Nach einer Schätzung lagen die Kosten im Jahr 2007 in den USA bei ungefähr $247 Milliarden (Eisenberg & Neighbors 2007). Zusätzlich besteht für Jugendliche mit Verhaltensstörungen ein stark erhöhtes Risiko, psychiatrische und Drogenmissbrauchsprobleme zu bekommen (Gregory et al. 2007). Je früher junge Menschen anfangen zu trinken, desto eher werden sie als Erwachsene schwer alkoholabhängig sein (Grant & Dawson 1997, Gruber et al. 1996). Frühes aggressives Verhalten erhöht das Risiko von Störungen des Sozialverhaltens, Drogenmissbrauch und anderem externalisierendem Verhalten stark, während schützende Faktoren im Umfeld und auf individueller Ebene (Kellam et al. 1998) sowie präventive Maßnahmen diese Risiken senken können.

---

[1] Anmerkung des Übersetzers: im Original wird von dem amerikanischen System „K-12" gesprochen, das das Vorschulalter bis hin zur 12. Klasse beinhaltet

Die gute Nachricht ist, diesem Bericht zufolge, dass Untersuchungen mehrere Faktoren identifiziert haben, die zur Entwicklung von Verhaltensstörungen beitragen und dass Maßnahmen entwickelt wurden, um diesen Faktoren erfolgreich entgegenzuwirken. Durch die Anwendung von Maßnahmen, Programmen und Strategien, die darauf abzielen, Risiken zu eliminieren und Stärken zu fördern, gibt es ein großes Potential, die Anzahl der neuen Fälle von Verhaltensstörungen zu reduzieren und das Leben junger Menschen deutlich zu verbessern.

Eine Vielzahl von Faktoren – unter anderem individuelle Kompetenzen, familiäre Ressourcen, Schulqualität und Merkmale auf Gemeindeebene– können das Risikoverringern oder erhöhen, dass ein junger Mensch eine Verhaltensstörung oder ein anderes Fehlverhalten entwickelt, wie früher Substanzgebrauch, risikoreiches Sexualverhalten oder Gewalt. Diese Faktoren tendieren dazu, einen kumulativen Effekt zu haben: Eine höhere Anzahl an Risikofaktoren (und manchmal ein längeres diesen ausgesetzt sein, wie beispielsweise psychische Krankheiten der Eltern) erhöhen die Wahrscheinlichkeit negativer Resultate, und eine höhere Anzahl schützender Faktoren (z.B. eigene Ressourceneiner Person, Stärken in der Familie, Zugang zu Mentoren, gute Bildung) verringern die Wahrscheinlichkeit negativer Resultate. Dieser Bericht stellt die These auf, dass die Vorbeugung der Entwicklung von Verhaltensstörungen und verwandten Problemen unter jungen Menschen sowie die Verringerung der Risiken und die Förderung positiver psychischer Gesundheit hohe Prioritäten für den Staat sein sollten.

Familien, Entscheidungsträger, Praktiker und Wissenschaftler teilen eine Verpflichtung für das Wohlergehen junger Menschen – dies ist keine neue Idee. Eine Vielzahl gesicherter Forschungsergebnisse zeigt jedoch inzwischen, dass es möglich ist, positiven Einfluss auf das Leben junger Menschen zu nehmen und viele Verhaltensstörungen zu verhindern. Zusätzlich entsteht ein Konsens bezüglich der Notwendigkeit, positive Aspekte emotionaler Entwicklung zu fördern. Obwohl weitere Forschung benötigt wird, wurde die Wirksamkeit vieler verschiedener präventiver Maßnahmen nachgewiesen, besonders solcher, die die Risikofaktoren verringern beziehungsweise schützende Faktoren verstärken. Weniger Forschung wurde betrieben, um Strategien empirisch zu evaluieren, die relevante Präventionsmaßnahmen einführen und präventive Maßnahmen weitgefächert und effektiv übernommen haben, die an den kulturellen Kontext angepasste Maßnahmen entwickelt haben oder die Infrastruktur für Prävention aufgebaut haben, so dass effektive Maßnahmen für alle Familien und jungen Menschen, die davon profitieren könnten, vorhanden sind.

GRUNDKONZEPTE

Verschiedene Konzepte bilden die Grundlage der Möglichkeit, Prävention und Gesundheitsförderung als nationale Prioritäten anzunehmen. Diese Konzepte sind unverzichtbare Elemente, die von Familien, Entscheidungsträgern, Dienstleistungssystemen und Wissenschaftlern angenommen werden müssen, um weiterhin Fortschritte in diesem Bereich machen zu können. Sie werfen auch ein Licht darauf, warum bisher nicht genug Aufmerksamkeit auf Prävention und Gesundheitsförderung gelegt wurde.

- Prävention erfordert einen Paradigmenwechsel

Prävention von Verhaltensstörungen beinhaltet von Natur aus die Denkweise, über das übliche Krankheitsmodell hinauszusehen, in dem man darauf wartet, dass eine Krankheit auftaucht und sie dann evidenzbasiert behandelt. Prävention richtet sich auf die Frage „Was wird für das Kind in 5, 10 oder mehr Jahren gut sein?" und versucht, die Ressourcen zu mobilisieren, um diese Dinge bereitzustellen.

- Psychische und körperliche Gesundheit sind untrennbar

Die Prävention von Verhaltensstörungen und von körperlichen Krankheiten und die Förderung von psychischer und physischer Gesundheit sind untrennbar. Junge Menschen, die in guter physischer Gesundheit aufwachsen, haben auch eher eine gute psychische Gesundheit. Genauso trägt gute psychische Gesundheit oft zur Erhaltung guter physischer Gesundheit bei.

Des Weiteren erhöhen Verhaltensstörungen das Risiko für übertragbare und nicht-übertragbare Krankheiten und tragen sowohl zu beabsichtigten als auch unbeabsichtigten Verletzungen bei (Prince et al. 2007). Umgekehrt besteht für junge Menschen mit besonderen medizinischen Bedürfnissen oder chronischen physischen Gesundheitsproblemen ein höheres Risiko für Verhaltensstörungen (Kuehn 2008, Wolraich et al. 2008). Verbindungen zwischen Verhaltensstörungen und verschiedenen chronischen Krankheiten wurde nachgewiesen.

- Erfolgreiche Prävention ist von Natur aus interdisziplinär

Die Prävention von Verhaltensstörungen ist von Natur aus interdisziplinär und greift auf eine Vielzahl unterschiedlicher Strategien zurück. Beispielsweise haben gleichzeitig auf mehreren Ebenen angewandte Strategien (z.B. in der Familie, in der Schule und in der Gemeinschaft) zu effektiver Tabakkontrolle und Verringerungen des Alkoholkonsums Minderjähriger beigetragen. Diese Strategien beinhalten weitreichende politische oder rechtliche Maßnahmen und Regulierungen (Besteuerung, Erwerbs- und Gebrauchsmindestalter, Werbebeschränkungen, Feiertagsgesetze, Vorschriften zu rauchfreien Arbeitsplätzen, Geldstrafen für Verkäufe an Minderjährige, Klagen gegen Hersteller), und Verhaltensweisen Einzelner sowohl innerhalb als auch außerhalb des Gesundheitswesens (z.B. Eltern, die ihre Kinder über Rauchen und Trinken aufklären).

- Psychische, emotionale, und Verhaltensstörungen sind entwicklungsbasiert

Der Gesundheitsstatus junger Menschen hat einen bedeutenden Einfluss auf die gesundheitliche Entwicklung bis ins Erwachsenenalter (National Research Council & Institute of Medicine 2004). Während Untersuchungen vermuten lassen, dass die ersten

Lebensjahre am ehesten geeignet sind, um Veränderungen zu bewirken (National Research Council & Institute of Medicine 2000), bieten andere Entwicklungsphasen (z.b.
frühe Jugend) oder Umgebungen (z.b. Schulen) im Leben junger Menschen ebenfalls
Möglichkeiten für Eingriffe (National Research Council & Institute of Medicine 2002).
Kinder entwickeln sich in der Umgebung ihrer Familie (oder, bei manchen, in der Institution, die ihre Familie ersetzt), ihren Schulen und ihren Gemeinschaften.

- Aufeinander abgestimmte Systeme auf Gemeindeebene sind nötig, um junge
  Menschen zu unterstützen

Um die Entwicklung von Kindern zu unterstützen ist es notwendig, dass eine Infrastruktur in einem oder mehreren Systemen vorhanden ist – im Gesundheitswesen, im
Bildungswesen, in Gemeinschaftszentren – um dem jeweiligen kulturellen Kontext
angemessene präventive Maßnahmen auf verschiedenen Ebenen zu unterstützen und
zu finanzieren. Ebenso können die Erträge und Einsparungen durch Prävention in
einem anderen System auftauchen (z.b. im Bildungswesen, in der Justiz) als in dem,
das für die Präventionsmaßnahme bezahlt hat (z.b. das Gesundheitswesen), wofür
eine breite gesellschaftliche Perspektive nötig ist. Gemeinsam veranschlagte Kosten
und Nutzen von Maßnahmen zwischen den Einrichtungen und Programmen werden
wahrscheinlich neue Möglichkeiten für weitreichende Fortschritte eröffnen.

GRUNDPRINZIP VON PRÄVENTIVEN INTERVENTONEN

Die vergangenen 15 Jahre haben eine explosionsartige Erweiterung an Wissen erbracht, wie jungen Menschen geholfen werden kann, eine gesunde Entwicklung zu
durchlaufen. Die Belege, dass derartige Bemühungen einen positiven Einfluss auf
ihr Leben haben können, sind triftige Argumente für solche Bemühungen. Es gab
jedoch starken Druck von einigen öffentlichen Interessengruppen gegen viele Arten
präventiver Eingriffe.

Die Ansichten der Öffentlichkeit über psychische Behandlung und Prävention sind oft
konträr. Versicherungs- und öffentlich finanzierte Programme unterstützen typischerweise Behandlung, tun aber weniger für die verschiedenen Arten von Prävention. Ein
wesentlicher Unterschied zwischen einigen Arten von Prävention und Behandlung ist,
dass Behandlung typischerweise auf einer eins-zu-eins Beziehung zwischen dem Hil-
fesuchendem und dem Helfenden basiert, während Prävention auf individueller Basis
(z.B. frühzeitige Untersuchungen von Kleinkindern), gruppenbezogen (z.B.Verhalten
smanagementprogramme im Klassenraum), oder bevölkerungsweit (z.B.Antidrogen-
Werbekampagnenoderstadtweite Antibullying-Programme) angegangen werden kann.
Im Fall der Prävention übernimmt es manchmal der öffentliche Sektor, in der Form
einer gesetzgebenden Körperschaft oder eines Schulsystems, im Interesse des All-
gemeinwohls in das Leben Einzelner einzugreifen. Wenn dieser öffentliche Eingriff
individuelle Rechte verletzt, kann es zu öffentlichem Widerstand kommen. Sowohl
der praktische Kontext des Gesundheitswesens als auch verschiedene philosophische

Überlegungen liefern eine überzeugende Rechtfertigung für einen präventiven Ansatz beim Umgang mit Verhaltensproblemen der Jugend.

Erstens ist der Hauptfokus des öffentlichen Gesundheitswesens Prävention, nicht die Behandlung von Kranken. Das öffentliche Gesundheitswesen ist sich der Bedeutung des Identifizieren und des Eingreifens bei bekannten Risikofaktoren bewusst. Im Kontext des öffentlichen Gesundheitswesens wird die Gesundheit der Bevölkerung als Resultat der Wechselwirkungen von vielen verschiedenen Faktoren über das Individuum hinaus verstanden. Im Fall von Kindern, Jugendlichen und jungen Erwachsen würde der Ansatz des öffentlichen Gesundheitswesens die Beteiligung von Familien, Schulen, Gesundheits- und Jugendamt sowie ähnlichen Diensten, von Nachbarn und Gemeinschaften verlangen, um die zusammenhängenden Faktoren anzugehen, die die psychische Gesundheit beeinflussen. Zweitens legt die Wirtschaftswissenschaft nahe, dass der öffentliche Sektor eingreifen sollte, wenn die Entscheidungen oder das Verhalten einer Person andere beeinträchtigt. Junge Menschen, die an Verhaltensstörungen leiden, bürden der Gesellschaft Kosten über ihre Krankheit hinaus auf. Verhaltensstörungen zu verhindern und psychische Gesundheit zu fördern begünstigt daher nicht nur die Person, die direkt an diesem Problem leidet, und deren Familie, sondern auch die Gesellschaft als Ganzes. Drittens verlangt eine politikwissenschaftliche Perspektive, dass die Regierung in Bereichen eingreift, in denen gemeinsame Interessen nach gemeinsamen Lösungen verlangen – in Fällen wie dem öffentlichen Schulwesen, globaler Erwärmung, Landesverteidigung und anderen, in denen ein breites öffentliches Vorgehen erforderlich ist. Und Letztens verlangen die grundlegenden ethischen Prinzipien von Gerechtigkeit, Wohltätigkeit und Ehrlichkeit vertretbare Maßnahmen, um die jungen Menschen der Nation zu schützen und ihr Wohlergehen zu fördern.

Gemeinsam stellen diese verschiedenen Sichtweisen eine tragfähige Begründung für die Regierung dar, ihre Ressourcen zu nutzen, um eine große zukünftige Belastung durch Verhaltensstörungen, die direkt oder indirekt jeden Teil der Gesellschaft beeinflusst, zu verhindern. Dies ist besonders zwingend im Fall vorbeugbarer Krankheiten unter jungen Menschen. An Regierung, Gemeinschaften und Familien sollte appelliert werden, diese für ihr Leben erwiesenermaßen vorteilhaften Veränderungen vorzunehmen.

HINTERGRUND DER STUDIE

Das Medizinische Institut (Institute of Medicine, IOM) veröffentlichte im Jahr 1994 den Bericht „Reducing Risks for Mental Disorders: Frontiers for Preventive Intervention Research" (Risiken für psychische Störungen verhindern: Horizonte für die Präventionsforschung), eine bahnbrechende Bestandsaufnahme der Forschung zur Prävention von psychischen Störungen (im Folgenden als 1994 IOM Bericht bezeichnet). Der Bericht bestätigte den zunehmenden Fortschritt seit die Nation das erste Mal durch Präsident John F. Kennedy in den frühen 1960ern aufgerufen worden war, auf psychische Krankheiten und deren Prävention zu achten. Der Bericht gab eine neue

Definition der Prävention psychischer Krankheit sowie einen konzeptuellen Rahmen, der die Verringerung der Risiken für psychische Krankheiten betonte. Und er unterbreitete eine gezielte Forschungsagenda mit Vorschlägen, wie effektive Interventionen zu entwickeln seien, ein Personalstamm an Präventionsforschern zu erstellen und wie die Koordination zwischen den Bundesbehörden zu verbessern sei.

Seit dem 1994 IOM Bericht sind viele andere Berichte und Aktivitäten erschienen, die die Aufmerksamkeit auf den Bedarf an Forschung, Prävention und Behandlung von psychischen Störungen gelenkt haben. Professionelle und Laienorganisationen für seelische Gesundheit und Drogenmissbrauch haben Schritte unternommen, Prävention anzugehen, ohne den Bedarf an Behandlung zu vernachlässigen. Zur selben Zeit haben die Zunahme forschungsbasierter Nachweise und neue Regierungsaufträge in Bezug auf Programmverantwortlichkeit gezielte Aufmerksamkeit auf bestimmte präventive Maßnahmen gelenkt. Die Anzahl präventiver Programme, die mit randomisierten kontrollierten Studien getestet wurden, ein Ansatz, der allgemein als der "Goldstandard" verstanden wird und von dem 1994 IOM Bericht wärmstens empfohlen wird, ist seit dieser Zeit erheblich gestiegen.

Einige Regierungsprogramme haben vorgegeben, dass Ressourcen nur für Programme mit nachgewiesener Wirksamkeit genutzt werden dürfen, und zahlreiche Anstrengungen wurden unternommen, um Modellprogramme oder „best practices" zu identifizieren und weiterzugeben. Verschiedene Behörden haben Verfahren in Gang gesetzt, mit denen Informationen über Maßnahmen, einschließlich präventiver Maßnahmen, identifiziert und verbreitet werden können. Viele Bundes- und Staatsorganisationen haben Leitfäden oder Listen über „Modell-" oder „effektive" Programme veröffentlicht (National Institute on Drug Abuse 1997, National Institute on Alcohol Abuse and Alcoholism 2002, Maryland Governor's Office of Crime Control and Prevention 2003). Es gibt jedoch viele verschiedene Kriterien, die zur Identifizierung und Klassifizierung der Programme genutzt werden, ebenso wie verschiedene Terminologien um diese zu beschreiben (forschungsbasiert, evidenzbasiert, Modell-, erfolgversprechend, usw.).

Beeindruckende Fortschritte wurden in der Entwicklung und Dokumentation wirksamer Interventionen gemacht, die erfolgreich eine Reihe von Risikofaktoren verringern oder Schutzfaktoren für Verhaltensstörungen und Drogenmissbrauch verstärken. Es gibt immer mehr Beweise, dass einige dieser Interventionen effektiv in Gemeinschaften eingeführt werden können. Und es gibt relativ neue, aber immer weiter zunehmende Nachweise dafür, dass einige dieser Interventionen kosteneffektiv sind. Trotz dieser bedeutenden Entwicklungen bleibt die Übertragung vorhandenen Wissens mit dem Ziel einer weitverbreiteten Verringerung der Inzidenz und der Prävalenz von Verhaltensstörungen bei jungen Menschen eine Herausforderung. Der Präventionswissenschaft und -praxis fehlen noch immer empirisch getestete Strategien zur weiträumigen Verbreitung evidenzbasierter Programme sowie eine Infrastruktur in

Schulen, familienunterstützenden Organisationen oder Gesundheitsdiensten, die verlässlich evidenzbasierte Programme einführen können. Die erstaunliche Anzahl an
jungen Menschen mit Verhaltensstörungen hat außergewöhnliche Anforderungen an
Bildungs-, Kinderschutz-, und Justizsysteme hervorgebracht, da Kinder und Jugendliche mit unerfüllten Bedürfnissen in diese Systeme eintreten. Ebenso hat dies das
Interesse an präventiven Ansätzen geweckt, die helfen könnten, dieser Flut entgegen
zu wirken.

DER AUFTRAG AN DEN AUSSCHUSS

Angesichts der beachtlichen Veränderungen in Politik- und Forschungskontexten sowie der beträchtlichen Zunahme der Verfügbarkeit an Präventionsforschung, beauf-
tragten die Substance Abuse and Mental Health Services Administration, das National
Institute of Mental Health, das National Institute on Drug Abuse und das National
Institute on Alcohol Abuse and Alcoholism den Ausschuss für Kinder, Jugendliche
und Familien (Board on Children, Youth, and Families) des National Research Coun-
cils sowie das Medizinische Institut mit einer Fortschreibung des 1994 IOM Berichts
mit besonderer Beachtung der Forschung und der Erfahrungen mit Programmen für
die jüngere Bevölkerung, die seitdem entstanden sind. Der Ausschuss wurde gebeten,
sich auf die Bevölkerung bis 25 Jahre zu konzentrieren. Wie oben erwähnt, haben
die meisten Verhaltensstörungen ihren Ursprung vor diesem Alter und die meisten
Menschen haben im Alter von 25 Jahren eine Erwachsenrolle übergenommen (Furstenberg et al. 2003). Auf diese Art und Weise unterscheidet sich dieser Bericht (in
seiner Terminologie und seiner Ausrichtung) von dem 1994 IOM Bericht, der die
ganze Lebensspanne einbezog.

AUFBAU DES BERICHTS

Der Bericht besteht aus drei Teilen. Teil I stellt Hintergrundinformationen bereit, angefangen mit einer Beschreibung vorhandener epidemiologischer Literatur über die
Prävalenz und Inzidenz von Verhaltensstörungen (Kapitel 2). Es folgt eine Diskussion
über die Ausrichtung der Prävention, einschließlich der Definitionen verschiedener
Präventionsarten und Diskussionen über aktuelle Entwicklungen und Definitionen der
verschiedenen Arten der Förderung seelischer Gesundheit (Kapitel 3). Die nächsten
zwei Kapitel beschreiben Auffassungen über die Entwicklungsverläufe, die zu Störungen führen können, und stellen eine empirische und theoretische Basis für präventive Interventionen bereit.

Das erste präsentiert verfügbare Untersuchungen über Risiko- und Schutzfaktoren in
Bezug auf Prävention und Förderung seelischer Gesundheit in einem Entwicklungs-
kontext (Kapitel 4). Das zweite bezieht sich auf Forschung im Zusammenhang mit
Genetik und Entwicklungsneurologie und hebt dabei die Entwicklungsplastizität und
die wichtigen Erkenntnisse der Epigenetik und der Gen-Umwelt-Interaktion hervor,
die potentielle Eingriffsmöglichkeiten darstellen (Kapitel 5).

Teil II beinhaltet zwei Kapitel, die die Belege vorstellen bezüglich der Maßnahmen, die auf individuelle, familiäre und gemeinschaftliche Faktoren zielen, welche mit seelischen, emotionalen und Verhaltensweisen zusammenhängen (Kapitel 6) sowie die Befunde, die entweder eine spezifische Störung betreffen oder auf die allgemeine Gesundheitsförderung ausgerichtet sind (Kapitel 7). Angesichts der potentiellen Bedeutung von Bevölkerungs-, Gruppen- und Individualuntersuchungen zur Zielrichtung von Interventionen beschreibt das nächste Kapitel die Probleme und Möglichkeiten in Verbindung mit Screening (Kapitel 8). Die mit Verhaltensstörungen verbundenen Kosten und die verfügbaren Nachweise zu Kosten und Nutzen der Interventionen, die in Kapitel 6 und 7 besprochen wurden, werden im nächsten Kapitel erörtert (Kapitel 9). Das letzte Kapitel in Teil II beschreibt, wie sich die Methoden seit dem 1994 IOM Bericht verbessert haben, sowie die methodologischen und statistischen Ansätze zur Untermauerung der Ergebnisse und die Vorteile randomisierter und anderer Forschungsdesigns. Es stellt auch die methodologischen Herausforderungen für die nächste Dekade vor (Kapitel 10).

Teil III beinhaltet Kapitel, die die Herausforderungen der Präventionswissenschaft beschreiben. Er beginnt mit einer Diskussion über die Umsetzung: Obwohl es eine wachsende Implementationsforschung gibt, haben weder die umsetzungsbezogene Forschung noch die Praxis mit den vorhandenen Erkenntnissen Schritt gehalten, und dies stellt ein wichtiges Gebiet dar, auf das sich die Präventionswissenschaft fokussieren muss (Kapitel 11). Infrastrukturprobleme, insbesondere Systemfragen und fehlende finanzielle Mittel und fehlendes Training werden anschließend diskutiert (Kapitel 12). Der dritte Teil endet mit einem Kapitel, das übergreifende Betrachtungen über die Zukunft der Prävention anstellt (Kapitel 13).

TEIL I: ÜBERBLICK UND HINTERGRUND

2. ART UND UMFANG DES PROBLEMS

ZUSAMMENFASSUNG

Die Epidemiologie stellt die Basisinformationen bereit, die nötig sind, um den Umfang und die gesellschaftlichen Folgen von Verhaltensstörungen herauszufinden und die Effektivität (und Kosteneffektivität) von umfangreichen Präventionsmaßnahmen zu verfolgen. Um diese Aufgabe auszuführen, muss eine Nation in der Lage sein, die Veränderungen von Risikofaktoren und Krankheiten in der Bevölkerung als Ganzes beobachten zu können, sowohl zu verschiedenen Entwicklungsstufen als auch in Minderheitengruppen, die verschiedene Risikomuster haben können. Basierend auf Erkenntnissen aus einer Mischung kleiner Umfragen hat ungefähr einer von fünf oder sechs jungen Menschen eine oder mehrere aktuelle Verhaltensstörungen. Retrospektive Studien bei Erwachsenen zeigen, dass die Hälfte oder mehr ihre erste Episode als Kinder, Jugendliche oder junge Erwachsene hatten. Die ersten Symptome der meisten Störungen gehen der vollen Krankheit mehrere Jahre voraus, daher besteht die Möglichkeit für präventive Maßnahmen.

Psychische, emotionale und Verhaltensstörungen sind bei jungen Menschen genauso verbreitet wie bei Erwachsenen. Die Mehrheit der Erwachsenen mit psychischer, emotionaler oder Verhaltensstörung erlitt zuerst eine Störung, als sie jung waren, und erste Symptome gehen der vollen Störung voraus, was eine Möglichkeit für Prävention und frühe Maßnahmen ermöglicht.

Verhaltensstörungen bilden eine schwere nationale Belastung. Frühe emotionale und Verhaltensprobleme gehen Schulabbruch, ungeplanten Schwangerschaften und Verbrechen voraus. Verhaltensstörungen werden von den Sterbestatistiken, die eine der wenigen einschlägigen statistischen Quellen in den Vereinigten Staaten sind, nicht gut genug aufgelistet. Andere Mittel werden benötigt, inklusive regelmäßiger Haushaltsumfragen und Umfragen von Institutionen, wie Krankenhäusern und Gefängnissen, in denen die Raten psychischer Krankheit hoch sind.

Obwohl die Vereinigten Staaten reichlich Daten in Bezug auf Drogennutzung und-missbrauch sammeln, sind systematische Daten zu Prävalenz und Inzidenz von psychischen, emotionalen und Verhaltensstörungen bei jungen Menschen spärlich.

3. DEFINITION DES UMFANGS VON PRÄVENTION

ZUSAMMENFASSUNG

Präventionsdefinitionen sind wichtig zur Identifizierung potentieller Beiträge von Präventionsmaßnahmen zum allgemeinen Ziel des öffentlichen Gesundheitswesens, die Belastung durch Verhaltensstörungen bei Kindern und Jugendlichen zu verringern sowie zum Auseinanderhalten der sich ergänzenden Beiträge der Förderung der seelischen Gesundheit und dem Behandeln von Störungen. Zurzeit haben sich Theorie, Forschung und Praxis dahin entwickelt, einen Präventionsansatz zu unterstützen, der nicht nur darauf zielt, Störungen zu verhindern, sondern auch positive seelische, emotionale und Verhaltensgesundheit von jungen Menschen zu fördern.

4. NUTZUNG EINES ENTWICKLUNGSANSATZES, UM PRÄVENTION UND GESUNDHEITSFÖRDERUNG ZU LEITEN

ZUSAMMENFASSUNG

Seit dem 1994 IOM Bericht über die mit Verhaltensstörungen bei jungen Menschen verbundenen Faktoren ist umfangreiche Literatur erschienen, die darin übereinstimmt, dass diese Faktoren auf mehreren miteinander verbundenen Ebenen agieren. Sowohl spezifische Faktoren für eine bestimmte Störung als auch solche, die allgemeine Risiken für verschiedene Störungen darstellen, bieten wichtige Möglichkeiten für die Entwicklung von Interventionen, die diese Faktoren modifizieren und mögliche Wirkungsmechanismen erkunden.

Untersuchungen haben wohlbekannte Risiko- und Schutzfaktoren für Verhaltensstörungen auf individueller, familiärer, schulischer und Gesellschaftsebene identifiziert, die Ziele präventiver Eingriffe sind. Die Wege, über die diese Faktoren einander beeinflussen, um zur Entwicklung der Störungen zu führen, sind jedoch noch nicht gut verstanden. Spezifische Risiko- und Schutzfaktoren wurden für viele der Hauptstörungen herausgefunden, wie krankheitsspezifische Denkfehler und Verhaltensmuster für Depression oder kognitive Defizite bei Schizophrenie. Zusätzlich wurde gezeigt, dass unspezifische Faktoren wie Armut und aversive Erfahrungen in der Familie (z.B. Ehestreit, schlechte Erziehung), der Schule (z.B. Misserfolg in der Schule, schlechte Beziehungen zu Gleichaltrigen), und in Gemeinschaften (z.B. Gewalt) das Entwicklungsrisiko der meisten Verhaltensstörungen und Problemverhaltensweisen erhöht. Es gibt solide neuere Forschungsergebnisse rund um das Konzept der Entwicklungskompetenzen, die die Entwicklung künftiger Interventionen beeinflussen könnte, die sich auf die Stabilisierung psychischer und emotionaler Gesundheit und die Förderung gesunden Verhaltens richten. Maßnahmen, die zur Prävention von Verhaltensstörungen und Problemverhaltensweisen entwickelt wurden und solche, die die seelische und emotionale Gesundheit und gesundes Verhalten fördern sollen, beziehen häufig sowohl Kompetenzstärkung der Kinder als auch die Stärkung seelischer Gesundheit oder die Stärkung der Familien, Schulen oder Gemeinschaften mit ein. Bessere Erkenntnisse zur Konzeptualisierung und Messung von Entwicklungskompetenzen werden jedoch benötigt, um Interventionen besser zu entwickeln. Die Art und Weise, in der Entwicklungskompetenzen gesundheitsfördernd wirken, ist weniger gut verstanden und zusätzliche Forschung wird benötigt, um allgemeine Messinstrumente zu entwickeln, die in der Interventionsforschung genutzt werden können.

5. PERSPEKTIVEN AUS DER ENTWICKLUNGSNEUROLOGIE

ZUSAMMENFASSUNG

Fortschritte in der Neurologie seit 1994 haben zu einem wachsenden Wissen über die Bestimmungsfaktoren seelischer Gesundheit beigetragen, über die Pathogenese von Störungen und über die Ansätze, mit denen diese Determinanten durch Interventionsstrategien beeinflusst werden können. Viele Belege weisen auf die zentrale Bedeutung der Gehirnentwicklung während der pränatalen und frühen postnatalen Periode sowie von achtsamer elterlicher Fürsorge für die Entwicklung neuraler Systeme hin, die gesunde Bindung, Sozialisierung, adaptives Lernen und Selbstkontrolle während Säuglingsalter, Kindheit und Jugend unterstützen. Die wachsende Wissensgrundlage in diesen Bereichen hat wichtige Implikationen für die Unterstützung von Strategien, die gesunde kognitive, emotionale und Verhaltensentwicklung fördern und Verhaltensstörungen verhindern.

Umwelt und Erfahrung haben eine starke Auswirkung auf Veränderungen der Gehirnstrukturen und Gehirnfunktionen in allen Stufen der Entwicklung junger Menschen. Interventionsstrategien, die die Umwelt und Erfahrungen eines jungen Menschen verändern, haben ein großes Potenzial, die gesunde Gehirnentwicklung zu fördern und Verhaltensstörungen zu verhindern.das Wachstum an Erkenntnissen in der Entwicklungsneurologie war bei der Erklärung der Rollen genetischer und epigenetischer Einflüsse und von Gen-Umwelt Interaktionen bei der Gehirnentwicklung besonders schnell. Erstens wurde auf dem Feld der Genetik viel über spezifische Gene und molekulare Verläufe gelernt, die spezifische, aber sehr seltene Neuroentwicklungsstörungen verursachen. Diese Fortschritte haben die vorher weit entfernte Hoffnung realistisch gemacht, dass diese verheerenden Krankheitsbilder eines Tages behandelt oder verhindert werden können. Diese Fortschritte haben dabei geholfen, den Weg zu ähnlichen Fortschritten beim Verständnis allgemeinerer Verhaltensstörungen bei Kindern zu ebnen. Technologische Fortschritte bei groß angelegten schnellen Genotypisierungen mit hohem Durchsatzhaben die Studie genetisch bedingter Risiken und der Grundlagen für häufigere Störungen möglich gemacht. Zweitens haben Fortschritte beim Verstehen und Identifizieren der Gen-Umwelt Interaktionen Wege aufgezeigt, auf denen spezifische Genvarianten und Lebenserfahrungen sowohl Risiken erhöhen als auch vor der Entwicklung von Verhaltensstörungen schützen. Drittens wurde viel über die Mechanismen epigenetischer Modifikation der Genome gelernt, die dauerhafte Veränderungen in der Genexpression und genetisch bedingtem Verhalten übertragen können. Diese epigenetischen Modifikationen haben ein viel größeres Verständnis der Bedeutung biologischer Adaption des sich entwickelnden Organismus an seine Umwelt ermöglicht. Wissen in diesen drei Bereichen zusammenzubringen hat wichtige Auswirkungen auf die Aussicht, durch Umweltmodifikation allgemeine biologische Verläufe mit neuen Präventionsstrategien zu beeinflussen.

Genetische und neurobiologische Faktoren tragen zur Entwicklung von Verhaltensstörungen bei, aber ihr relativer Beitrag ist durch Umweltfaktoren beeinflusst. Ähnlich sind die Wirkungen von Umweltmanipulationen abhängig von genetischen und
anderen neurobiologischen Faktoren. Daher sind Bemühungen, die neurologische
Grundlage kognitiver, emotionaler und Verhaltensentwicklung zu verstehen, und
insbesondere wie diese neuralen Substrate durch Umwelteingriffe verändert werden
können, eine wichtige Grundlage für die Präventionsforschung. Obwohl Forschungsbemühungen für Interventionsstrategien in allen Entwicklungsstadien junger Menschen gerechtfertigt sind, hat die Entwicklungsneurologie überwältigende Belege für
die besondere Bedeutung fötaler und früher postnataler Entwicklung gebracht, um die
grundlegende anatomische und funktionelle Architektur des menschlichen Gehirns,
die während des ganzen Lebens besteht, aufzubauen. Hinzu kommen Hinweise auf
die Existenz von für Umwelteinflüsse empfindliche Perioden während des Kleinkind-
alters. Daher verdienen die pränatale Periode und die frühe Kindheit eine relativ hohe
Aufmerksamkeit künftiger Forschungsbemühungen.

Teil II: Forschung zu präventiven Maßnahmen

Seit dem 1994 IOM Bericht gab es in vielen Bereichen Fortschritte in der Forschung
zu präventiven Maßnahmen. Umfang, Zuverlässigkeit und Detailgenauigkeit experi-
menteller Forschung haben sich bedeutend verbessert, zum Teil auf Grund bedeuten-
der Fortschritte in den methodologischen Ansätzen, die bei der Interventionsforschung
eingesetzt wird. Randomisierte Studien, die in dem 1994 IOM Bericht nachdrücklich
empfohlen wurden, nahmen zu. Die Forschung hat positive präventive Interventionen
über die ganze Entwicklungsspanne junger Menschen und für eine große Zahl von
Verhaltensweisen ausgemacht. So wie der Umfang der Interventionsforschung stieg,
stieg auch die Anzahl der Studien, die ökonomische Analysen beinhalten, um Kosten
und Nutzen dieser Interventionen zu untersuchen und dadurch den Wert dieser Ansätze unterstützen. Dies liefert Argumente für die Ergänzung herkömmlicher allgemeiner
Gesundheitsförderungsansätze, wie pränatale Fürsorge, Impfungen, und Programme,
die Familien unterstützen, um die gesunde Entwicklung junger Menschen zu unterstützen.

Dieser Bericht kann die hunderte von randomisierten kontrollierten Studien, die seit
dem 1994 IOM Bericht erstellt wurden, nicht behandeln. Stattdessen bezieht sich
diese Analyse auf Befunde aus mehreren Duzend maßgeblichen Meta-Analysen und
systematischen Übersichten, welche selbst ein Zeugnis des bedeutenden Anstiegs einschlägiger Forschung sind. Die Analyse unterstreicht auch spezifische Interventionen,
die in mehreren gutdurchdachten randomisierten kontrollierten Studien getestet und
verbessert wurden; manche beinhalten Analysen über Kosteneffizienz oder Langzeit-
resultate. Obwohl dies nicht alle Eingriffe beinhaltet, für die Belege vorhanden sind,

oder auch nur all jene, die von anderen Forschergruppen als wirksam bezeichnet wurden, umfasst der Bericht die Maßnahmen, die am strengsten evaluiert wurden und illustriert das Potenzial, viele der psychischen, emotionalen und Verhaltensstörungen und das damit zusammenhängende Problemverhalten verhindern zu können. In manchen Bereichen, in denen die Beweise begrenzt sind, aber es ein klares konzeptuelles Potenzial gibt, erwähnen wir Eingriffe, die erfolgversprechend erscheinen, aber nicht in mehrfachen experimentellen Evaluationen getestet wurden.

Das Feld der Präventionswissenschaft zieht eine wertvolle Grenze zwischen Wirksamkeitsstudien, welche die Resultate in einem Forschungsumfeld zeigen, und Effektivitätsstudien, die die Ergebnisse in der realen Welt zeigen. Obwohl Wirksamkeitsstudien hilfreich sein können, konzeptuelle Grundlagen für eine Maßnahme zu validieren, werden die Befunde einer Effektivitätsstudie als relevanter angesehen, da sie sich auf die Anwendung der Maßnahme in der alltäglichen Praxis beziehen. Das Blatt wendet sich inzwischen, so dass Effektivitätsstudien häufiger werden.

6. FAMILIEN-, SCHUL- UND GEMEINSCHAFTSBASIERTE INTERVENTIONEN

ZUSAMMENFASSUNG

Meta-Analysen und viele randomisierte kontrollierte Studien haben starke empirische Unterstützung für Interventionen erbracht, die darauf gerichtet sind, Erziehungs- und Familienfunktionen zu verbessern. Die Maßnahmen richten sich schwerpunktmäßig auf die Verbesserung der Kommunikation, die Förderung positiver Erziehungstechniken, wie unterstützendes Verhalten der Eltern ihren Kindern gegenüber, die Verringerung harscher Erziehungspraktiken und die Ausweitung der elterlichen Aufsicht und Grenzsetzung. Viele Eingriffe wiesen Wirkungen bei mehreren Problemverhaltensweisen auf, zeigten positive Wirkungen sowohl in Präventions- als auch in Behandlungskontexten und erzeugten dauerhafte Wirkungen. Allgemeine Bemühungen, Erziehungsfähigkeiten in Familien mit Kindern und Jugendlichen zu verbessern, könnten positive Auswirkungen bei der Prävention einer Reihe von Problemverhaltensweisen haben, insbesondere bei externalisierendem Verhalten. Diese Möglichkeit verdient weitere Erforschung durch Evaluationen der Auswirkungen von Familien-Interventionen auf die gesamte Breite der Kinder- und Jugendprobleme.

Daneben hat es beträchtliche Entwicklungen bei empirisch bestätigten schulbasierten Programmen gegeben, die das Risiko von Verhaltensstörungen bei jungen Menschen verringern können. Viele dieser Programme richten sich auf die Förderung positiven Verhaltens der Kinder oder auf die Prävention von Verhaltensproblemen, mit einigen positiven Resultaten bei Maßnahmen, die Verhaltensstörungen direkter angehen. Interventionen werden oft entwickelt, um Risiko- und Schutzfaktoren in Verbindung mit Gewalt, Aggression und Drogenkonsum anzugehen. Viele tendieren dazu, sich auf die Entwicklung von Fähigkeiten zu richten, um die Beziehungen, das Selbstbewusstsein und die Fähigkeit der Schüler zur Entscheidungsfindung zu verbessern. Manche Programme haben sich auch auf Schulstrukturen, Klassenmanagement der Lehrer oder Schul-Familien-Beziehungen fokussiert. Universale, selektive und indizierte Interventionen sind für Schul- und Familienumgebungen entwickelt worden, sowie einige Programme, die Interventionen auf mehreren Ebenen beinhalten. Studien haben hinsichtlich der Effektivität unterschiedliche Ergebnisse bei unterschiedlichen Risikogruppen gezeigt. Es gibt ein paar Anzeichen, dass Programme, die auf einer CD-ROM bereitgestellt werden, Auswirkungen haben können auf die Verringerung des Risikos Alkohol zu konsumieren, insbesondere wenn Eltern beteiligt sind (Schinke, Schwinn et al., 2004). Einige Studien haben bessere Ergebnisse bei Gruppen mit höherem Risiko gezeigt, während wieder andere im Allgemeinen positive Ergebnisse, jedoch weniger Vorteile bei Gruppen mit mehreren Risikofaktoren zeigten.

Mehrere der in diesem Kapitel hervorgehobenen Programme wurden in zwei oder mehr randomisierten kontrollierten Studien getestet und von anderen Forschern evaluiert und nicht von den Entwicklern dieser Eingriffe. Es wurden Belege für Langzeitwirkungen bei unterschiedlichen Bevölkerungsgruppen gefunden. Viele andere erfolgversprechende Programme wurden dieser Form von Überprüfung noch nicht ausgesetzt. Auf Grund der Übereinstimmung von Belegen bezüglich der positiven Ergebnisse von Maßnahmen, die darauf abzielen Familienfunktion und Familienunterstützung zu verbessern, folgert das Komitee, dass dieser Bereich sowohl eine koordinierte Verbreitung als auch eine fortgesetzte Forschung verdient. Einige Faktoren, wie zum Beispiel Armut, die auffällige Auswirkungen auf mehrere Störungen haben, aber kaum empirisch untersucht wurden verdienen eine gründliche Betrachtung. Ähnlich weisen die Belege für positive Auswirkungen von schulbasierten Maßnahmen auf das beträchtliche Potenzial von Präventionsprogrammen an Schulen, die darauf abzielen, die Widerstandsfähigkeit von Kindern zu erhöhen und das Risiko für Verhaltensstörungen zu verhindern. Diese erfordern allerdings Unterstützung in Form kontinuierlicher Evaluations- und Implementationsforschung in Zusammenarbeit mit den Erziehern. Ebenso erfolgversprechend sind die Interventionen auf Gemeinschaftsebene, inklusive örtlich begrenzter Maßnahmen sowie durch Massenmedien und das Internet verbreitete Interventionen und politikbezogene Ansätze, welche fortgesetzte und gründliche Forschung erfordern.

7. PRÄVENTION SPEZIFISCHER STÖRUNGEN UND FÖRDERUNG SEELISCHER GESUNDHEIT

ZUSAMMENFASSUNG

Dieses und das vorhergehende Kapitel haben erheblichen Fortschritt seit dem 1994 IOM Bericht bei Ansätzen zur Prävention in mehreren Entwicklungsstufen aufgewiesen. Die Stärke der Nachweise in bezüglich der Prävention von Symptomen und dem Vorkommen externalisierender Störungen und Problemverhaltensweisen ist deutlich gestiegen, insbesondere durch schulbasierte Maßnahmen. Es gibt mehr und mehr Hinweise, dass präventive Interventionen nicht nur Symptomatik von Depression verringern können, sondern auch die Anzahl neuer Fälle von Depression. Ebenso gibt es vielversprechende Hinweise auf die Möglichkeit, in das Leben junger Menschen einzugreifen, die im frühen Stadium der Schizophrenie sind, noch vor der ausgereiften Krankheit. Viele der Programme, die in mehreren randomisierten kontrollierten Studien getestet wurden, weisen Wirksamkeit auf und eine steigende Anzahl zeigte Effektivität in Alltagsumgebungen. Mehr und mehr Programme sind kulturell angepasst und einige, wenn auch stark begrenzt, wurden mit verschiedenen Rassen, ethnischen oder kulturellen Gruppen getestet. Es ist nicht mehr richtig zu behaupten, emotionale und Verhaltensprobleme könnten nicht verhindert werden, oder dass es keine Beweise für die Prävention von Verhaltensstörungen gäbe, die in Kindheit, Jugend und frühem Erwachsenenalter durchlebt werden.

Seit 1994 wurde erheblicher Fortschritt dabei gemacht, zu zeigen, dass evidenzbasierte Programme, die Risiko- und Schutzfaktoren in verschiedenen Stadien angehen, viele Problemverhaltensweisen und Fälle von Verhaltensstörungen verhindern können. Interventionen richten sich unter anderem darauf, Familien zu stärken, indem Bestrafungspraktiken oder Erziehungsstile verändert werden; Einzelpersonen zu stärken, indem die Widerstandsfähigkeit erhöht wird und kognitive Prozesse und Verhalten junger Menschen verändert werden; oder Institutionen, wie Schulen, zu stärken, die mit jungen Menschen arbeiten, indem ihre Strukturen oder Managementprozesse verändert werden. Erziehungs- und familienbasierte Interventionen zeigten positive Wirkungen auf das Verringern der Risiken für spezifische externalisierende Störungen, bei mehreren Problemverhaltensweisen in der Jugend, bei der Prävalenzverringerung diagnostizierter Verhaltensstörungen sowie bei der Verringerung von erziehungs- und familienbezogenen Risikofaktoren.

Es wurde gezeigt, dass Interventionen, die Familien, Einzelpersonen, Schulen und andere Organisationen und Strukturen in Gemeinschaften stärken, Verhaltensstörungen und verwandte Probleme verringern. Interventionen in Familien und in der frühen Kindheit scheinen zurzeit die stärksten Nachweise von Wirksamkeit zu haben. Schulbasierte Eingriffe zeigten positive Wirkungen bei Gewalt, aggressivem Verhalten und Drogenkonsum sowie Drogenmissbrauch. Neue Belege weisen auf das Potenzial positiven Einflusses einiger dieser Maßnahmen auf schulische Ergebnisse hin. Gemeinschaften haben eine Rolle beim Unterstützen präventiver Interventionen und bei der Entwicklung von Reaktionen, die Bedürfnisse der Gemeinschaft angehen und darauf aufbauen.

Gemeinschaftsbasierte Organisationen, insbesondere Schulen und Gesundheitsdienstleister, können dabei helfen, die Entwicklung von Verhaltensstörungen und verwandten Problemen zu verhindern. Obwohl eine wachsende Anzahl an Interventionen positive Ergebnisse bei der Senkung der Inzidenz und Prävalenz von Verhaltensstörungen gezeigt haben, messen die meisten Evaluationen hochrelevante Risiko- und Schutzfaktoren, nicht jedoch die Störungen als solche.

Präventive Maßnahmen können Risiko- und Schutzfaktoren, die stark mit Verhaltensstörungen assoziiert sind, beeinflussen. Zukünftige Forschung muss die volle Auswirkung dieser Maßnahmen auf Verhaltensstörungen feststellen. Präventive Interventionen haben mehr und mehr positive Auswirkungen bei vielen Verhaltensweisen gezeigt, der Umfang der evaluierten Verhaltensweisen ist jedoch begrenzt. Dieselbe Art von Intervention kann positive Wirkungen bei verschiedenen Ergebnissen zeigen. Obwohl schulische Ergebnisse wahrscheinlich für Schulen, die eine Aufnahme präventiver Maßnahmen überdenken, wichtig sein würden, weil es einige Anzeichen positiver Auswirkungen auf schulische Leistungen gibt, wurde dies nur in wenigen Studien beurteilt. Die Einbeziehung eines breiteren Spektrums von Verhaltensweisen könnte bei der Identifizierung potenzieller iatrogener Auswirkungen, die die Entwicklung zukünftiger Interventionen bedeutend prägen können, helfen.

Obwohl evidenzbasierte Maßnahmen inzwischen für eine umfassende Umsetzung in manchen Gemeinschaften möglich ist, ist es nötig, die Effektivität der Präventionsprogramme zu erhöhen und Programme zu entwickeln, die größere Gruppen der gefährdeten Bevölkerung erreichen.

8. SCREENING FÜR PRÄVENTION

ZUSAMMENFASSUNG

Eins der Kriterien, die Anwendbarkeit von Screening zu bewerten, ist das Vorhandensein von Möglichkeiten, das Screening durchzuführen und Maßnahmen bereitzustellen. Die große Mehrheit junger Menschen geht zur Schule, hat einen Hausarzt oder beides. Diese Umgebungen werden am ehesten als weniger stigmatisierend angesehen als andere Dienstleistungseinrichtungen.

Schulen und Grundversorgungseinrichtungen ermöglichen eine wichtige Möglichkeit für Screening, um Risiken und frühe Symptome seelischer, emotionaler und Verhaltensprobleme bei jungen Menschen zu erkennen. Mehrere Screeningmethoden sind für verschiedene Altersgruppen, Umgebungen und Verhaltensrisiken vorhanden. Aus verschiedenen Gründen werden diese Methoden nicht einheitlich genutzt. Schulen und Grundversorgungseinrichtungen könnten auch leicht hoch gefährdete Gruppen, wie beispielsweise Kinder in geschiedenen Familien oder Kinder bei Pflegefamilien identifizieren.

Eine Vielzahl an Screeningmethoden und Screeningansätzen sind vorhanden, es gibt jedoch keinen Konsens zur Nutzung dieser Methoden. Obwohl potenzielle Screeningeinrichtungen und Methoden vorhanden sind, sollte es eine übergreifende Regel bei der Feststellung der Anwendbarkeit von Screening sein, dass eine Interventionsmöglichkeit gegeben ist, wenn ein Risiko identifiziert wurde. Mehrere Ansätze sind vorhanden, aber nur wenige wurden im Zusammenhang mit Screening im realen Leben getestet.

Manche Gruppen junger Menschen, wie beispielsweise Kinder in Pflegestellen, Kinder in Jugendstrafanstalten und Kinder depressiver Eltern, haben bekanntermaßen ein stark erhöhtes Verhaltensstörungsrisiko. Zielgerichtetes Screening oder in manchen Fällen volle Begutachtung Einzelner in diesen Gruppen, um einen potenziellen Bedarf an Prävention oder Behandlung zu erkennen, ist angezeigt.

Gruppen oder Gemeinschaften mit erhöhtem Risiko zu erkennen und anzugehen kann eine präventive Funktion zusätzlich zur Identifikation gefährdeter Einzelner haben. Dieses Screeninglevel nutzt Prinzipien des Gesundheitswesens und könnte besonders kosteneffektiv sein.

Screening auf Risikofaktoren auf Gemeinschafts- und Gruppenebene sowie Screening auf Individualebene auf Symptome ist eine wichtige Funktion des Gesundheitswesens. Screening auf Gemeinschaftsebene wurde in den Vereinigten Staaten größtenteils darauf beschränkt, dass Gemeinschaften ihre eigenen Stärken und Bedürfnisse beurteilen, statt bekannte Risikofaktoren zu nutzen, um bestimmte Gemeinschaften mit erhöhten Bedürfnissen zu identifizieren. Obwohl es beispielsweise bedeutende Dokumentation darüber gibt, dass Faktoren wie Armut junge Menschen in Gemeinschaften mit diesen Charakteristiken stärker gefährden, negative Emotionen und Verhaltensweisen zu haben, stellen nur wenige Programme Ressourcen für diese Gemeinschaften bereit, um Risiken auf der Gemeinschaftsebene anzugehen.

9. KOSTEN UND NUTZEN DER PRÄVENTION

ZUSAMMENFASSUNG

Der potentielle Wert der Prävention von Verhaltensstörungen bei jungen Menschen ist enorm. Verhaltensstörungen bei jungen Menschen führen zu beachtlichen Kosten in vielen Dienstleistungsbereichen. Die Störungen bedrohen die zukünftige Produktivität und das Wohlbefinden der Kinder und stören das Leben der Menschen in ihrer Umgebung.

Die ökonomischen, sozialen und persönlichen Kosten von Verhaltensstörungen bei jungen Menschen sind außerordentlich hoch. Bisher gibt es einige Belege, dass der Nutzen einiger spezifischer Maßnahmen die Kosten übertrifft. Die wissenschaftliche Literatur über die Kosteneffizienz in der Prävention ist jedoch noch jung und steht einer Reihe von konzeptuellen und praktischen Hindernissen gegenüber.

Die derzeitige Forschung zu Kosten, Kosteneffizienz und Kosten-Nutzen seelischer, emotionaler und Verhaltenspräventionsmaßnahmen ist sehr begrenzt. Viele der aussagekräftigsten derzeitigen Nachweise beziehen sich auf Maßnahmen, die Schutzfaktoren verbessern oder Risikofaktoren verringern, die durch Forschung als mit Verhaltensstörungen eng verbunden erklärt wurden (siehe Kapitel 4). Mehrere ökonomische Evaluationen früher Kindheitsentwicklungsprogramme, beispielsweise, haben Nutzen aufgewiesen, die die Kosten übertreffen. Es ist auch zu beachten, dass bei der begrenzten Anzahl an Maßnahmen, die kosteneffizient waren, sich viele entweder auf stark gefährdete Kinder richteten (z.b. frühe Kindheitsprogramme wie das Perry Preschool Projekt) oder nur für eine stark gefährdete Untergruppe innerhalb der Analyse kosteneffizient waren (z.b. die Fast Track Studie). Abgesehen von einer kleinen Anzahl von Präventionsprogrammen gegen Substanzgebrauch (siehe Übersicht (8)), haben nur wenige allgemeine Maßnahmen gezeigt, dass sie bei der Prävention von Verhaltensstörungen kosteneffizient sind. Zukünftige Forschung wird benötigt, um herauszufinden, ob selektive und indizierte Präventionsprogramme grundsätzlich im Kontext von Verhaltensstörungen eher kosteneffizient sind oder ob diese Funde ein Produkt der Programme sind, die zufällig bis jetzt ökonomischen Evaluationen unterlagen.

Von den wenigen Maßnahmenevaluationen, die irgend eine Art ökonomischer Analysen beinhalteten, haben die meisten Kosten-Nutzen Befunde präsentiert und zeigten, dass der Nutzen der Maßnahme die Kosten überstieg, in vielen Fällen um beachtliche Summen. Wenige Studien jedoch messen Auswirkungen bei diagnostizierbaren Verhaltensstörungen als Ergebnis, und die meisten führen keine ausreichenden Längsschnittstudien durch, um den potenziellen Langzeitnutzen vollständig aufzulisten. Auch bleibt beachtliche Ungewissheit über einige dieser Schätzungen bestehen. Ökonomische Analysen sind zur Bemessung des potenziellen Werts der Prävention und der Schätzung des tatsächlichen Werts existierender Maßnahmen wichtig. Viele Wissenschaftler im Bereich der Prävention haben regelmäßigere ökonomische Analysen verlangt (13-15). Viele präventive Maßnahmen zeigten sich als hoch effektiv, wurden jedoch noch nicht in „Alltags" Umgebungen auf Kosteneffizienz getestet. Es werden Leitfäden für hochwertige Kosteneffizienzstudien benötigt, um die Entwicklung in diesem Forschungsbereich zu formen während es sich weiter entwickelt.

10. FORTSCHRITTE IN DER PRÄVENTIONSMETHODOLOGIE

ZUSAMMENFASSUNG

Seit dem IOM Bericht von 1994 wurden neue methodologische Werkzeuge entwickelt, die differenziertere Ergebnisanalysen, weiter entwickelte Designs und die randomisierte Zuweisung von Teilnehmern zu den Versuchsbedingungen gestatten und verlässlichere Ergebnisse ermöglichen. Diese Fortschritte in den modernen statistischen Ansätzen sind besonders im Kontext der Feldstudien zu Präventionsmaßnahmen nützlich gewesen, die bestimmten Herausforderungen bei der Zufallszuweisung gegenüberstehen, die üblicherweise für klinische Studien nicht relevant sind.

Beachtliche Fortschritte in statistischen Auswertungsverfahren, Messmethoden und Analysen, die in der Präventionsforschung genutzt werden, haben seit 1994 zu verbessertem Verständnis der Ätiologie von emotionalen und Verhaltensstörungen und verwandten Problemen beigetragen. Die Präventionsmethodologie hat die Nutzung verfeinerter statistischer und analytischer Verfahren ermöglicht, um sie in iterativer Weise zur Verbesserung der Maßnahmen nutzen, um zum Beispiel Bestandteile der Maßnahme oder Gruppen, für die die Maßnahme besonders erfolgreich ist, zu identifizieren und um Theorien über kausale Mechanismen, die zur Entstehung der Probleme oder zu den Ergebnissen der Maßnahme beitragen, weiterzuentwickeln.

Verbesserte Methoden haben auch zu verbesserten Maßnahmen, ätiologischen Theorien und Veränderungstheorien geführt. Die größte Zuverlässigkeit der Ergebnisse von Interventionsstudien wird durch wiederholte, gut durchgeführte randomisierte Studien ermöglicht. Allerdings haben in einigen Bereichen der Prävention die üblicherweise genutzten Designarten relativ begrenzte Möglichkeiten, eindeutige kausale Schlussfolgerungen über die Auswirkung der Maßnahme zu erlauben auf Grund statistischer Konfundierung von Merkmalsausprägungen oder unzureichenden Kontrollmöglichkeiten, niedriger statistischer Aussagekraft, Mangel an angemessenen Ergebnismassen oder dem vorzeitigen Ausscheiden von Teilnehmern. In diesen Fällen ist es wichtig, zusätzliche Evaluationsdesigns zu entwickeln, die gründlichere Testverfahren dieser Maßnahmen ermöglichen. Des Weiteren wurden nur wenige Maßnahmen auf Langzeitergebnisse getestet worden, trotz der Verfügbarkeit angemessener Methoden. Mehrere Maßnahmen haben Auswirkungen bezüglich der Verringerung mehrerer Störungen und anderer damit verbundener Resultate gezeigt, wie zum Beispiel Schulleistung. Der Wert präventiver Maßnahmen würde bedeutend gestärkt werden, wenn Langzeitergebnisse konsistenter gezeigt werden könnten.

Methoden, die Ansätze zu Durchführung und Verbreitung von Präventionsmaßnahmen beurteilen, sind nicht so gut entwickelt wie Methoden zur Wirksamkeits- und Wirkungsforschung. Andere neuere Fortschritte, unter anderem die Ergebnisse von Imaging und anderen Methoden der Entwicklungsneurologie und Befunde zur Rolle der Gen-Umwelt Interaktion stellen neue Herausforderungen und Möglichkeiten für die Maßnahmenforschung dar und erfordern gut durchdachte Überlegungen über Designstrategien.

Literaturhinweise

Costello, E. J., Copeland, W., Cowell, A., & Keeler, G. (2007). Service costs of caring for adolescents with mental illness in a rural community, 1993-2000. *The American Journal of Psychiatry, 164*(1), 36-42.

Eisenberg, D., & Neighbors, K. (2007). *Economics of preventing mental disorders and substance abuse among young people.* (Paper commissioned by the Committee on Prevention of Mental Disorders and Substance Abuse Among Children, Youth, and Young Adults: Research Advances and Promising Interventions, Board on Children, Youth, and Families). Washington, DC: National Research Council and Institute of Medicine.

Furstenberg, F. F., Jr., Kennedy, S., McCloyd, V. C., Rumbaut, R. G. & Settersen, R. A., Jr. (2003) Between adolescence and adulthood: Expectations about the timing of adulthood. Retrieved August, 2008, from http://www.transad.pop.upenn.edu/downloads/between.pdf

Gilliam, W. S., & Shahar, G. (2006). Pre-kindergarten expulsion and suspension: Rates and predictors in one state. *Infants and Young Children, 19*(3), 228-245.

Grant, B. F., & Dawson, D. F. (1997). Age of onset of alcohol use and its association with DSM IV alcohol abuse and dependence: Results form the national longitudinal alcohol epidemiological survey. *Journal of Substance Abuse, 9*, 103-110.

Gregory, A. M., Caspi, A., Moffit, T. E., Koenen, K., Eley, T. C., & Poulton, R. (2007). Juvenile mental health histories of adults with anxiety disorders. *American Journal of Psychiatry, 164*(2), 301-308.

Gruber, E., DiClemente, R. J., Anderson, M. M., & Lodico, M. (1996). Early drinking onset and its association with alcohol use and problem behavior in late adolescent. *Preventive Medicine: An International Journal Devoted to Practice and Theory, 25*, 293-300.

Institute of Medicine (2006). *Improving the quality of of health care for mental and substance-use conditions: Quality chasm series.* (No. Committee on Crossing the Qualtiy Chasm: Adaption to Mental Health and Addictive Disorders, Board on Health Care Services). Washington, DC: The National Academic Press.

Jaffee, S. R., Harrington, H., Cohen, P., & Moffit, T. E. (2005). Cumulative prevalence of psychiatric disorder in youths. *Jounal of the American Academy of Child and Adolescent Psychiatry, 44*(5), 406-407.

Kellam, S. G., Ling, X., Merisca, R., Brown, C. H., & Ialongo, N. (1998) The effect of the level of aggression in the first grade classroom on the course and malleabiltiy of agressive behavior into middle school. *Development and Psychopathology, 10*, 165-185.

Kessler, R. C., Berglund, P., Demler, O., Jin, R., Merikangas, K. R., & Walters, E. E. (2005). Lifetime prevalence and age-of-onset distributions of DSM-IV disorders in the national comorbidity survey replication. *Archives of General Psychiatry, 62*(6), 593-602.

Kuehn, B. M. (2008). Asthma linked to psychiatric disorders. *Journal of the American Medical Association, 299*(2), 158-160.

Maryland Governor's Office of Crime Control and Prevention. (2003). *Maryland blueprints*. (). doi:http://www.jhsph.edu/preventyouthviolence/Resources/blueprints.sect2.pdf. (accessed August 2008)

National Institute on Alcohol Abuse and Alcoholism. (2002). *How to reduce high-risk college drinking: Use proven strategies, fill research gaps.* (No. Final report of the Panel on Prevention and Treatment). Rockville, MD: National Institutes of Health.

National Institute on Drug Abuse. (1997). *Preventing drug use among children and adolescents: A research-based guide for parents, educators, and community leaders (1st edition).* (). Rockville, MD: National Institutes of Health.

National Research Council & Institute of Medicine (2000). *From neurons to neighborhoods: The science of early childhood development.* (No. Committee on Integrating the Science of Early Chidlhood Development, Board on Children, Youths, and Families). Washington, DC: National Academy Press.

National Research Council & Institute of Medicine. (2002). *Community programs to promote youth development.* (No. Committe on Community Level Programs for Youth, Board on Children, Youth, and Families). Washington, DC: National Academy Press.

National Research Council & Institute of Medicine. (2004). *Children's health, the nation's wealth: Assessing and improving child health.* (No. Committee on Evaluation of Children's Health, Board on Children, Youth, and Families, Division of Behavioral and Social Sciences and Education). Washington, DC: The National Academies Press.

Prince, M., Patel, V., Saxema, S., Maj, M., Maselko, J., Phillips, M. R., & Rahman, A. (2007). No health without mental health. *Lancet, 370*(9590), 859-877.

Substance Abuse and Mental Health Services Administration. (2007). *Results from the 2006 national survey on drug use and health: National findings.* (Office of Applied Studies, NSDUH Series H-32, DHHS Pub. No. SMA. 07-4293.). Rockville, MD: US. Department of Health and Human Services.

Wolraich, M., Drotar, D., Dworkin, P., & Perrin, E. (2008). *Developmental-behavior pediatrics: Evidence and practice.* Philadelphia: Elsevier.

Wolfgang Kahl

„Entwicklungsförderung & Gewaltprävention für junge Menschen": Gelingensbedingungen und Nachhaltigkeit

Zu den Perspektiven einer nachhaltigen Strategie der systematischen Weiterentwicklung sowie Verbreitung wirksamer und praxistauglicher Präventionsansätze auf Bundes- und Länderebene

1. Einleitung: ... Prozesse nachhaltig gestalten?

Der Beitrag erläutert den Ansatz einer komplementären Entwicklungsförderung und Gewaltprävention für junge Menschen und zeichnet jene Bemühungen der *Stiftung Deutsches Forum für Kriminalprävention (DFK)* und ihrer Partner sowie das Engagement von Mitarbeitern der zugehörigen Geschäftsstelle nach, die darauf abzielen, entwicklungsförderliche und gewaltpräventive Arbeit in den relevanten gesellschaftspolitischen Handlungsfeldern (etwa Jugend, Familie, Soziales, Bildung, Innen, Justiz) zu qualifizieren und nachhaltig zu stärken. Mit den *„Gelingensbedingungen für die Prävention von interpersonaler Gewalt im Kindes- und Jugendalter"* (2008 / 2012) und den *„Impulsen zur Entwicklungsförderung und Gewaltprävention für junge Menschen"* (2013) hat die Praxis fachliche Grundlagen eines entwicklungsbezogenen Verständnisses von Förderung und Prävention erhalten: Sachverständige Experten verdichten dort wissenschaftliche und praxisbezogene Erkenntnisse und geben Empfehlungen für die Arbeit in pädagogischen Handlungsfeldern. Im Frühjahr 2014 haben DFK und Landespräventionsrat Niedersachsen das gemeinsame *Webportal „Wegweiser Entwicklungsförderung und Gewaltprävention"* präsentiert, das als dynamisches Wissensangebot die Programmempfehlungen der niedersächsischen *„Grünen Liste Prävention"* mit Informationen und Hilfestellungen für die Implementierung von Präventionskonzepten verknüpft. In einem weiteren Schritt sollen Fortbildungsangebote entwickelt werden, die die Verantwortlichen in pädagogischen Institutionen dabei unterstützen, nachhaltige Veränderungs- und Implementierungsprozesse erfolgreich und zu gestalten.

2. Konzeptioneller Ansatz: Positive Entwicklung junger Menschen fördern

Fast jeder fünfte junge Mensch in Deutschland zeigt zeitweise problematische Auffälligkeiten des Erlebens und Verhaltens. Neben nach innen gerichteten Formen wie Ängsten und depressiver Stimmung sind vor allem Aggression, Delinquenz, Gewalt, Kriminalität und Substanzmissbrauch weit verbreitet. Ein Großteil dieser Verhaltensauffälligkeiten ist nicht sehr schwerwiegend und wird durch ein stabilisierendes soziales Umfeld und andere positive Einflüsse sowie Förderungen in der Entwicklung wieder überwunden. Dies gilt zum Beispiel für die sogenannte jugendtypische Delinquenz und Gewalt. Ein kleiner Teil eines Altersjahrgangs entwickelt aber schon in der Kindheit schwerwiegende und langfristige Probleme, die bis ins Erwachsenenalter andauern können. Auch bei den erst später auffällig werdenden Jugendlichen verschwinden die Probleme oft nicht wieder von selbst. Insbesondere die gravierenden Verhaltensprobleme führen zu Leiden bei Tatopfern, in der Familie und im sozialen Umfeld. Auch die Täter sind nicht selten zugleich Opfer, z. B. als Folge von Misshandlung, familiärer Vernachlässigung oder beeinträchtigender Lebensumstände. Die Probleme des Sozialverhaltens gehen zudem mit erhöhten Schwierigkeiten in der Bildung, beruflichen Qualifikation, Gesundheit und sozialen Integration einher. Für die Gesellschaft entstehen erhebliche Kosten, die im Einzelfall durchaus mehr als eine Million Euro betragen können.

Sowohl im Hinblick auf die Opfer und Täter als auch auf die Gesellschaft insgesamt ist es deshalb erforderlich, durch präventive Maßnahmen so früh und so gut wie möglich gegenzusteuern. Dies geschieht im Rahmen der entwicklungsbezogenen bzw. -förderlichen Prävention.

Entwicklungsbezogene Gewaltprävention geht von der Annahme aus, dass dissoziale Verhaltensprobleme und schwerwiegende Formen von Kriminalität oft eine Entwicklungsgeschichte aufweisen. Vor allem bei frühzeitigen und schwereren Problemen sind nicht selten dauerhafte Problemkarrieren bis ins Erwachsenenalter zu erwarten. Die umfangreiche Ursachenforschung konnte in den letzten Jahren zeigen, dass zahlreiche biologische, psychologische und soziale Faktoren für Probleme von Gewalt und Kriminalität verantwortlich sind.

Der Ansatz der entwicklungsbezogenen Gewalt- und Kriminalitätsprävention beruht auf der Erkenntnis, dass es sich lohnt, eine gesunde Sozialentwicklung von Kindern und Jugendlichen zu fördern und sich anbahnende Negativentwicklungen frühzeitig zu unterbrechen. Entwicklungsbezogene bzw. -förderliche Präventionsmaßnahmen setzen auf systematische Formen der sozialen Bildung und Erziehung im Kontext von Familie, Schule und Kommune und richten sich an unterschiedliche Zielgruppen (Kinder, Jugendliche, Eltern, Lehrer, sozialer Nahraum, ganze Gemeinden), um kausale Risikofaktoren für Fehlentwicklungen zu vermindern und Schutzfaktoren zu stärken.

Der entwicklungsbezogene Ansatz steht nicht in Konkurrenz zu anderen Maßnahmen (z.B. der situationsbezogenen Kriminalprävention), sondern ist ein zentraler Bestandteil von integrierten, ressortübergreifenden Präventionskonzepten. Er ist vorrangig auszubauen, ohne andere Konzepte der Prävention zu entwerten bzw. zu vernachlässigen. Allgemeine soziale Entwicklungsförderung und primärpräventive Arbeit haben fließende Übergänge und ergänzen sich in ihren Wirkungen.

Die wichtigsten individuellen, familiären und sozialen Risikofaktoren für die Verhaltensprobleme junger Menschen sind bekannt, während der Einfluss von Schutzfaktoren noch weniger erforscht ist. Die Entwicklungsrisiken können in den einzelnen Fällen unterschiedlich wirken und variieren auch je nach Alter und Entwicklungsstand. Darauf sollten die jeweiligen Präventionsprogramme abgestimmt sein. In Deutschland existieren inzwischen zahlreiche Ansätze, um der Entstehung und Verfestigung von kindlichen Verhaltensproblemen vorzubeugen und eine positive Entwicklung zu fördern. Dazu gehören z. B. soziale und kognitive Frühförderung, Trainings der sozialen Kompetenz, Elternberatung, Erziehungskurse, Hausbesuche durch Familienhelfer, Ganztagsbetreuung, Programme gegen Mobbing in Schulen, Maßnahmen gegen Schulversagen, Elterntreffs in sozialen „Brennpunkten", Integrationsprogramme für Migranten, Nachbarschaftshilfen oder Behandlungsmaßnahmen bei Jugenddelinquenz.

Die internationale Forschung legt nahe, dass die entwicklungsbezogene Prävention erfolgversprechend ist und sich wirksame Programme auch unter Kosten-Nutzen-Aspekten rechnen. Es ist deshalb dringend erforderlich, dass dieser Bereich in Deutschland ausgebaut wird, und zwar nicht nur quantitativ, sondern vor allem auch hinsichtlich der Qualität der Interventionen. Diesem Ziel dienen die Arbeiten des Deutschen Forums für Kriminalprävention sowie die resultierenden Wissensangebote: Sie enthalten grundlegende Überlegungen und Kriterien für eine erfolgreiche Entwicklung, Durchführung, Evaluation und Verbreitung von entwicklungsbezogenen Präventionsprogrammen. Die Informationen können Praktikern, Politikern, Administratoren und anderen interessierten Personen dabei helfen, die Relevanz und Qualität von vorhandenen Präventionsprogrammen angemessen zu beurteilen und fundierte Entscheidungen zu treffen. Weiterhin dient das sich fortentwickelnde Wissensangebot dazu, die nachhaltige Verbreitung (Dissemination) wirksamer und praxistauglicher Präventionsansätze zu unterstützen.

Der Rückblick auf die bisherigen Arbeiten des DFK zeigt einen kontinuierlichen Prozess der Aufbereitung und des Transfers wissenschaftlicher Expertise für die sozialen und pädagogischen Handlungsfelder im Kinder- und Jugendbereich.

3. Impulse des DFK zur Weiterentwicklung der Gewaltprävention in Deutschland im Zeitraum 2001 bis 2011

Das DFK befasst sich von Beginn an seit 2001 schwerpunktmäßig mit der Frage, wie Gewaltprävention systematisch und nachhaltig gestaltet werden kann. Die nachfolgende Darstellung stellt gleichsam den roten Faden der bisherigen Aktivitäten dar.

3.1 Projekt „Primäre Prävention von Gewalt gegen Gruppenangehörige" (2001-2006)

Im August 2001 beauftragte das Bundesministerium der Justiz die Stiftung, das in den USA entwickelte kriminologische Konzept der sogenannten „Hate Crimes" im Hinblick auf die deutsche Situation zu diskutieren und Schlussfolgerungen für die Prävention zu erarbeiten.

Das Erscheinungsbild vorurteilsbedingter Gewaltausübung ist geprägt durch die Zielrichtung, Menschen aufgrund ihrer gruppenbezogenen Eigenschaften wie Hautfarbe, Nationalität, Religion, politische Einstellungen, Behinderungen, Lebensstil, Sozialstatus oder sexuelle Orientierung zu erniedrigen, einzuschüchtern und gewaltsam anzugreifen. Es handelt sich häufig um brutale Gewalt, bei der die Täter das konkrete Opfer zufällig und gesichtslos auswählen, um dadurch eine ganze Bevölkerungsgruppe insgesamt symbolisch zu treffen.

Hauptergebnis der mehrjährigen Arbeit waren Empfehlungen zur primären Prävention von „Gewalt gegen Gruppenangehörige". Zu den generellen Wirksamkeitskriterien der primären Prävention heißt es im 2006 erschienenen Endbericht: *„Die Effektivität der Prävention ist umso höher, je früher das soziale Norm- und Verhaltenslernen erfolgt und je intensiver der Personenbezug und die Zuwendung dabei sind. Daher spielen neben der familiären Basissozialisation, Kindergarten und Schule eine wichtige Rolle. Ziel ist die Ausbildung bzw. Änderung der inneren Einstellung, zum Umgang mit dem >Anders-Sein<. Gegenmittel von allgemeiner Gewalt- und Vorurteilsbereitschaft sind die ständige Thematisierung, Isolierung und Sanktionierung von Gewalthandlungen."*

3.2 Unterrichtung der Ministerpräsidentenkonferenz über den Stand der Gewaltprävention sowie über zentrale Handlungserfordernisse zu ihrer nachhaltigen Gestaltung (2003-2006)

Mit Beschluss vom 26. Juni 2003 bekräftigte die Ministerpräsidentenkonferenz (MPK) ein Jahr nach dem Amoklauf am Gutenberg-Gymnasium in Erfurt, dass die gesamtgesellschaftliche Allianz zur Ächtung von Gewalt und Gewaltverherrlichung auf hoher politischer Ebene unterstützt werden muss.

Sie nahm hierbei Bezug auf den ihr im März 2003 vorgelegten Bericht *„Ächtung von Gewalt und Stärkung der Erziehungskraft von Familie und Schule – Zum politischen Handlungsbedarf in Bezug auf Entstehung, Anwendung und Ausbreitung von Gewalt in den unterschiedlichen Handlungsfeldern unserer Gesellschaft"* der von ihr unmittelbar nach der Erfurter Bluttat im Frühjahr 2002 eingesetzten Arbeitsgruppe „Gewaltprävention".

Die MPK forderte eine enge Zusammenarbeit und Abstimmung aller relevanten Einrichtungen und Institutionen; insbesondere seien das Deutsche Jugendinstitut (DJI) und die Polizeiliche Kriminalprävention der Länder und des Bundes (ProPK) umfassend zu beteiligen. Das Deutsche Forum für Kriminalprävention (DFK) wurde gebeten, die notwendigen Absprachen zu treffen sowie Vernetzungen und Bündelungen zu initiieren und zu koordinieren (dem weitergehenden Organisationsvorschlag der Arbeitsgruppe „Gewaltprävention" aus März 2003, das DFK als zentrale Vernetzungs- und Koordinierungsstelle der Gewaltprävention einzusetzen, wurde dagegen nicht gefolgt).

Im Frühjahr 2004 wurden vom DFK die einschlägigen Bundesressorts und Fachministerkonferenzen, alle Spitzenverbände der freien Wohlfahrtspflege, sowie weitere zentrale Organisationen schriftlich befragt. Die Auswertung dieser Abfrage hat eine bemerkenswert große Vielfalt an Projekten, Maßnahmen und Programmen sichtbar gemacht. Zum Teil handelte es sich um bundes- oder länderweite Programme, zum Teil um regionale bzw. lokale Initiativen. Teilweise waren die Projekte nur auf einzelne Einrichtungen bezogen. Genannt wurden Modellprogramme und Weiterentwicklungen der Regelpraxis.

Im Sommer 2006 wurden die Bundeskanzlerin und die MPK in einem federführend vom DFK erarbeiteten Bericht über den erhobenen Stand der Gewaltprävention in Deutschland sowie über zentrale Handlungserfordernisse zu ihrer nachhaltigen Gestaltung unterrichtet, wobei die beschriebenen Entwicklungen in der Fachpraxis nicht darüber hinwegtäuschen dürften, *„dass das Wissen über die Nachhaltigkeit, die Übertragbarkeit der Verfahren und Erfahrungen sowie über die Gelingensbedingungen der Strategien bislang äußerst dürftig ist. Es bedarf deshalb verstärkter Bemühungen im Bereich der Evaluation vor allem in Form von follow-up-Studien im Bereich der Gewaltprävention im Kindes- und Jugendalter. Dabei realistische Ziele zu verfolgen und keine überzogenen Erwartungen (z.B. in Form von überall einsetzbaren einfachen >Rezepten<) zu hegen, wäre für alle Beteiligten hilfreich und entlastend.“*

Zu den notwendigen gesellschaftlichen Rahmenbedingungen heißt es: *„Alle Bemühungen um eine Weiterentwicklung von Gewaltprävention im Kindes- und Jugendalter würden wirkungslos bleiben, wenn sie nicht in entsprechende institutionelle Rahmenbedingungen und sozialpolitische Anstrengungen eingebettet wären. Bemühungen um Konfliktschlichtung werden schnell ad absurdum geführt, wenn im näheren Umfeld der Beteiligten, also z.B. im Kindergarten, in der Schule, in der Jugendgruppe und im Stadtteil nicht ein entsprechendes, unterstützendes Klima herrscht. [...] Daneben bedarf es, entgegen der Orientierung an spektakulären Gewalttaten, einer bewussteren Aufwertung und Unterstützung der Nicht-Gewalttätigen. Für Erwachsene sowie für Kinder und Jugendliche muss eine Ethik und Kultur der Gewaltfreiheit und des prosozialen Umgangs gelten und zur politischen wie gesellschaftlichen Maxime gemacht werden. Statt immer wieder auf die Defizite muss mehr auf die positiven Beispiele und die Erfolge im Umgang mit der Gewalt hingewiesen werden. Familien und Schulen sind im Allgemeinen keine Horte der Gewalt, sondern überwiegend werden gesellschaftliche Erziehungs- und Integrationsaufgaben erfüllt, die eine bürgerliche Gesellschaft erst möglich machen. [...] Damit Gewaltprävention gelingt, muss sie von einer nachhaltig wirksamen Sozialpolitik begleitet und unterstützt werden. Kindern und Jugendlichen reale Zukunftschancen zu ermöglichen, ihre Bildung und Qualifikation zu unterstützen, ihnen Teilhabe- und Beteiligungsmöglichkeit zu eröffnen und der zunehmenden Spaltung der Gesellschaft in den Städten und zwischen den Regionen entgegenzuwirken, bleiben deshalb unverzichtbare Herausforderungen auch im Zusammenhang mit Gewaltprävention im Kindes- und Jugendalter.“*

3.3 Bericht des Deutschen Jugendinstituts (DJI): Strategien der Gewaltprävention im Kindes- und Jugendalter – Eine Zwischenbilanz in sechs Handlungsfeldern (2007)

Um angesichts der in der DFK-Abfrage deutlich gewordenen Vielfalt vertiefende Aussagen zum Stand der Gewaltprävention gewinnen zu können, wurde das DJI mit der Erarbeitung eines umfänglichen Berichts unter Beteiligung von DFK und des Programms Polizeiliche Kriminalprävention (ProPK) beauftragt.

Die weitere Arbeit konzentrierte sich auf sechs Handlungsfelder: Familie, Kindertagesbetreuung, außerschulische Angebote der Jugendhilfe, Schule, Polizei und Justiz. Soweit in den einzelnen Handlungsfeldern relevant, wurden die Themenkomplexe Migration und Geschlecht als Querschnittsthemen verfolgt.

Zur Erstellung des Berichtes wurden einschlägige Expertinnen und Experten beauftragt, den aktuellen Stand der Diskussion in den jeweiligen Handlungsfeldern entlang vergleichbarer Vorgaben zu beschreiben und Herausforderungen zu benennen. Mitte 2007 hat das Deutsche Jugendinstitut den umfassenden Bericht zu den *„Strategien der Gewaltprävention im Kindes- und Jugendalter"* vorgelegt und die Herausforderungen für die Weiterentwicklung der Fachpraxis sowie der notwendigen und unterstützenden Rahmenbedingungen ausführlich dargestellt.

Im Mittelpunkt des Berichtes stehen die Strategien der Gewaltprävention, die den zahlreichen Praxisprojekten, Maßnahmen und Programmen vor Ort zugrunde liegen. Ermöglicht wird auf diese Weise ein Überblick über den Stand der konzeptionellen und methodischen Grundlagen und der sich abzeichnenden Herausforderungen im Bereich der Gewaltprävention im Kindes- und Jugendalter – unabhängig von ihrer Realisierung in konkreten Projekten, Maßnahmen oder Programmen.

Der Bestandsaufnahme zur Folge hat sich in Deutschland ein sehr breites Spektrum zwischen formalisierten, hochgradig standardisierten Programmen auf der einen Seite und sehr offenen, eher allgemein gehaltenen Konzepten auf der anderen Seite entwickelt. Zwischen diesen Polen fänden sich viele Mischformen. Nur wenige Programme seien an Hand überprüfbarer Kriterien evaluiert worden, vor allem sei über langfristige Erfolge wenig bekannt. Zudem wurde auf eine problematische Tendenz hingewiesen, einzelne Projekte oder Programme als „best-practice" bzw. „good-practice" auszuweisen: *„Im Normalfall steckt hinter solchen Etiketten nicht viel mehr als die Erfahrung, dass sich die Programme in der Praxis aus der Sicht der Beteiligten bewährt haben. Harten Überprüfungskriterien aus anderen Handlungsfeldern , wie z.B. die erfolgreiche Nachhaltigkeit über einen längeren Zeitraum, die Vorlage messbarer Ergebnisse, der innovative Charakter, die Beobachtbarkeit anerkannter positiver Wirkungen im Sinne von Outcome, die Wiederholbarkeit, der ausreichend große Einsatzbereich und die Unabhängigkeit von regionalen oder anderen Bedingungen würden diese Programme in der weit überwiegenden Zahl der Fälle nicht standhalten. "*

Zum Entwicklungsstand der Gewaltprävention in Deutschland wird schließlich ausgeführt:

„Die vorgenommene überblicksartige Darstellung gewaltpräventiver Strategien ergibt aufs Ganze gesehen ein erfreuliches Bild. Dieser positive Eindruck von der Fachpraxis der Gewaltprävention muss jedoch relativiert werden, wenn man erstens die Verbreitung dieser Strategien in der Fachpraxis betrachtet. Es kann nicht davon ausgegangen werden, dass die jeweils notwendigen Ansätze und Konzepte überall dort, wo einschlägiger Bedarf besteht, bekannt sind, geschweige denn zur Verfügung stehen und umgesetzt werden können. Zweitens fehlt es immer wieder an der Bereitschaft der Politik, der Öffentlichkeit sowie der Fachpraxis, die entsprechenden Probleme sachgerecht wahrzunehmen, sich damit offensiv auseinander zu setzen und sie konstruktiv als Aufgabe für das eigene Handeln zu verstehen. Denn in vielen Fällen würde dies bedeuten, mindestens sich selbst und den unmittelbar Beteiligten einzugestehen, dass man der Gewalt unter Kindern bzw. Jugendlichen mit seinen bisher probaten Mitteln nicht mehr Herr wird. Drittens zeigt sich mancherorts, dass die institutionellen Voraussetzungen sowie die kooperativen Strukturen nur unzureichend vorhanden, ausgebildet bzw. erwünscht sind. Ebenso zeigt sich, dass die erforderliche Fachkompetenz nur begrenzt abrufbar und die notwendigen personellen und finanziellen Ressourcen nicht verfügbar sind, z.B. weil Lizenzen erworben oder teure Kurseinheiten absolviert werden müssen, oder weil nicht genug Personal für zusätzliche Aktivitäten vorhanden ist. Zusammenfassend kann festgehalten werden, dass angesichts der dargestellten Gesamtschau gewaltpräventiver Fachpraxis u.E. die zentrale Herausforderung in erster Linie in der Absicherung und weitergehenden qualifikatorischen Fundierung, der Verbreitung und Weiterentwicklung vorhandener Strategien liegt und weniger in der Notwendigkeit, gänzlich neue Ansätze zu entwickeln."

3.4 Expertise „Gelingensbedingungen für die Prävention von interpersonaler Gewalt im Kindes- und Jugendalter" (2008)

Die Erkenntnis, dass nur unzureichende Kriterien für die Beschreibung der Erfolgsaussichten gewaltpräventiver Arbeit vorlagen, hat das DFK veranlasst, Herrn Professor Dr. Scheithauer und sein Team von der Freien Universität Berlin (FUB) zu beauftragen, im Rahmen eines systematischen Reviews - unter Einbeziehung des internationalen Forschungsstandes - Gelingensbedingungen der Gewaltprävention zu erarbeiten, die einen Maßstab für die Bewertung der Wirksamkeit von Präventionsprogrammen darstellen: Zum Ausgangspunkt für eine Verbesserung des Spektrums der Angebote wird in der 2008 vorgelegten Expertise ein entwicklungsorientiertes Verständnis von Prävention vorgestellt, das nicht nur und erst dann einsetzt, wenn Kinder und Jugendliche auffällig werden bzw. auffällig geworden sind, sondern Kinder und Jugendliche einerseits systematisch in ihrer psychosozialen und emotionalen Entwicklung fördern sowie andererseits mögliche Defizite vor Eintritt in neue Lebensabschnitte und im Übergang zu neuen Umgebungsfeldern (so genannte Transitionen, wie zum Beispiel der Übergang von Kindergarten in die Grundschule oder von der Schule in die Ausbildung) ausgleichen helfen. Zu betonen ist in diesem Sinne insbesondere die Bedeutung universeller Maßnahmen, die auf die Förderung emotionaler und sozialer Kompetenzen bereits in einem frühen Lebensalter zielen und gerade nicht auf individualisierbare Delinquenzrisiken bzw. -gefahren ausgerichtet sind. Positive Effekte im Sinne einer allgemeinen Kompetenz- und Entwicklungsförderung kommen zudem allen Teilnehmern universeller Maßnahmen zu Gute und erzeugen keine Stigmatisierung. Einige Gewaltphänomene entstehen erst in Gruppen (z.b. in der Schulkasse das so genannte Bullying / Mobbing) und sind über Gruppenphänomene (z.b. nach dem Ansatz der sozialen Rollen, nach dem es nicht nur Täter und Opfer von Gewalt, sondern auch weitere Beteiligte gibt, die bei der Durchführung von Präventionen zu berücksichtigen sind) und Interaktionen erklärbar, so dass eine effektive Präventionsarbeit auch in den Gruppen und nicht nur mit (möglichen) Tätern und Opfern stattfinden sollte.

Gewaltpräventive Effekte entwicklungsorientierter Präventionen stellen sich bei denjenigen Kindern und Jugendlichen ein, die ein konkretes Risiko aufweisen, - ohne fördernde Unterstützung - später gewalttätig zu werden. Aber auch Wirkungen im Hinblick auf andere Risiken (z.b. psychische Auffälligkeiten, Sucht, Depression) können mit solchen Präventionen erreicht werden. Der Mangel an wichtigen sozial-emotionalen Kompetenzen steht in einem deutlichen Zusammenhang zu aggressivem Verhalten, Gewalt und Delinquenz/Dissozialität. Für Risikogruppen bedarf es im weiteren Entwicklungsverlauf selektiver Maßnahmen, und bereits gewalttätige Kinder / Jugendliche benötigen Hilfe im Sinne besonderer, indizierter Präventionen und Interventionen.

Für einen flächendeckenden Implementierungsansatz sind – alleine schon wegen der dadurch gegebenen umfassenden Erreichbarkeit der Zielgruppen - in erster Linie die Handlungsfelder Familie, institutionelle Betreuung (z.b. Kindergärten), Schule und soziale Umwelt angesprochen, deren Akteure mit einem gemeinsamen Verständnis von Entwicklungsförderung besser kooperieren sollten. Die Auswirkungen des Perspektivenwechsels von einem an Defiziten ausgerichteten Ansatz hin zu einem an Stärken anknüpfenden Verständnis, ohne jedoch Defizite außer Acht zu lassen, zeigen sich bereits bei einigen erprobten und evaluierten Programmen zur Förderung von Kompetenzen, Selbstbewusstsein und Empathiefähigkeit. Diese Maßnahmen liegen manualisiertes und um Fortbildungsformate für Eltern/Pädagogen/Erzieherinnen ergänzt vor, die insbesondere für Kindertageseinrichtungen und für Schulen der Primar- und Sekundarstufe 1 angeboten werden.

Gelingensbedingungen der Gewaltprävention - Ein kurzer Überblick

Nach einer systematischen Literaturrecherche zu Metaanalysen und Reviews zu Aggression und Gewalt konnten Scheithauer & Team risikoerhöhende und risikomildernde Bedingungen identifiziert werden. Zudem sind Bestandteile von Präventionsprogrammen herausgearbeitet worden, die erwiesenermaßen effektiv in der Reduktion und Verhinderung von Gewalt sind. Erfolgreiche Programme lassen sich demnach wie folgt beschreiben: Sie (sind)

- theoretisch gut begründet,
- individuums- und umweltzentriert,
- sprechen Ressourcen und Defizite, Entwicklungsaufgaben/Transitionen an,
- settingübergreifend (z.B. Schule und Elternhaus),
- oftmals Multikomponenten-Programme,
- kulturell anpassbar, und berücksichtigen dabei Alters- und Geschlechterunterschiede,
- hochstrukturiert (z.B. manualisiert) und dabei trotzdem
- variabel in der Didaktik (Tayloring).
- Sie werden von trainierten Anleitern durchgeführt,
- wobei insbesondere über einen längeren Zeitraum (mind. 9 Monate) regelmäßig durchgeführte Programme sinnvoll erscheinen.
- Sie legen wert auf Beziehungspflege und Implementierungsbereitschaft aufseiten der Stakeholder,
- weisen eine hohe Implementierungsqualität auf und
- sind bestenfalls kombiniert universell und selektiv/indiziert.

Neben den Qualitätskriterien Wirksamkeit und Effektivität zeigen sich die Qualität und damit der Erfolg von Programmen auch in ihrer Umsetzung (Implementierung). Neben der Professionalität/Kompetenz der Anwender/Trainer gewinnen folgende Implementierungs-aspekte an Bedeutung:

- Maßnahmendauer und -intensität
- Nachhaltigkeit
- Support, Fortbildung, Supervision

Am Ende liegt die Qualität und der Erfolg einer Gewaltpräventionsmaßnahme mit der wissenschaftlichen fundierten Entwicklung unter Berücksichtigung der Implementationsstrukturen sowohl in den Händen von Programmentwicklern, Trainern und dem Support als auch in den Händen der Anwender und Umsetzer, denen insbesondere nach Abschluss der Maßnahmeneinführung eine programmtreue Fortsetzung geraten wird, um einen nachhaltigen Erfolg der eingesetzten Maßnahme zu gewährleisten.

3.5 Förderung der Evaluation gewaltpräventiver Programme (seit 2009)

Als besondere Form von Förderung der Gewaltprävention ist die 2009 begonnene finanzielle Unterstützung von Evaluationen zur Implementierung gewaltpräventiver Programme in kommunalen Arbeitsfeldern (Kindertagesstätten, Schulen, Familienhilfe, Jugendhilfe) sowie zur Resozialisierung extremistischer Gewaltstraftäter zu nennen, etwa *„Miteinander an Kita und Schule-EFFEKT / Antibullying"* im Landkreis Ostprignitz-Ruppin, *„Prävention im Team - PiT - Hessen",* *„Familien optimal stärken – famos"* in Paderborn, *„buddY - Übergänge Kita-Grundschule"* in Detmold und Paderborn, *„Violence Prevention Network: Abschied von Hass und Gewalt",* *„PARTS - Programm zur Förderung von Akzeptanz, Respekt, Toleranz und Sozialer Kompetenz".* Die Ergebnisse der zum Teil abgeschlossenen Prozess- und Wirkungsevaluationen werden im Rahmen des Wissenstransfers auf ihre Übertragbarkeit hin ausgewertet und die Erkenntnisse über die unterschiedlichen Transfer-Formate des DFK zur Verfügung gestellt.

3.6 Kooperationsprojekt von Deutscher Bahn AG (DB), DFK und FU Berlin zur Verbreitung entwicklungsorientierter Programme (seit 2010)

Die Erkenntnis, dass eine flächendeckende Implementierung wirksamer entwicklungsorientierter Programme in Deutschland noch am Anfang steht und insbesondere finanzielle Ressourcen fehlen, um einen nachhaltigen Prozess von aufeinander abgestimmten Modulen zu gewährleisten, haben das DFK, sein Kuratoriumsmitglied Deutsche Bahn AG (DB) und die Freie Universität Berlin (FUB) zu einer Kooperation veranlasst, um - mit einem Präventionsprogramm beginnend - eine Verstetigung nachweislich wirksamer entwicklungsorientierter Präventionsarbeit einzuleiten.

Die DB hat zur deutschlandweiten Verbreitung des mit dem Europäischen Präventionspreis des Jahres 2011 ausgezeichneten Antimobbingprogramms fairplayer.manual eine Basisfinanzierung für zunächst fünf Jahre bereitgestellt.

3.7 Wissensmanagement zu Entwicklungsförderung und Gewaltprävention (seit 2008)

Um sowohl die durch eigene Impulse als auch aufgrund anderer Initiativen gewonnenen Erkenntnisse für Forschung und Praxis recherchier- und nutzbar zu machen, stellt das DFK Wissensangebote für den Transfer bereit. In Fachartikeln der *Zeitschrift „forum kriminalprävention"* werden aktuelle kriminologische und präventionsbezogene Forschungsergebnisse vorgestellt, strategische bzw. konzeptionelle Fragestellungen erörtert, fachpraktische Erfahrungen präsentiert und zur Diskussion gestellt. Der *DFK-Newsletter* verweist ebenfalls auf neue Erkenntnisse und Wissensangebote. Die *DFK-Website* führt die eigenen Formate zusammen (*„Wissen gegen Gewalt")* und bündelt im Portal *„Prävention im Überblick"* die Informationssammlungen bzw. Rechercheformate unterschiedlicher Institutionen und Akteure (www.kriminapraevention.de).

4. DFK-Projekt „Entwicklungsförderung und Gewaltprävention für junge Menschen (E&G)" (seit 2011)

Die Bedarfe nach Unterstützung beim Umgang etwa mit Störungen, Mobbing, Gewaltphänomenen, Suchtverhalten und psychischen Auffälligkeiten werden in den Regelsystemen von Bildung und Erziehung nach wie vor artikuliert. Trotz oder vielleicht gerade wegen der beachtlichen Vielfalt des dem Bedarf gegenüber stehenden Spektrums von Angeboten ergab sich für das DFK dann folgende Ausgangslage:

Erstens zeigt sich, dass die Bedarfe zur Stärkung von Erziehungskompetenzen in den Kindertagesstätten, Einrichtungen der sozialen Kinder- / Jugendarbeit und Schulen von ihren verantwortlichen Trägern und Verwaltungen nur (sehr) begrenzt systematisch aufgegriffen werden.

D.h.: Insbesondere von Praxis und Experten für notwendig erachtete Anpassungen etwa in der Aus- und Fortbildung sowie bei der Organisationsentwicklung werden nicht oder nur zögerlich eingeleitet.

Zweitens muss festgestellt werden, dass die Qualität des Großteils der gewaltpräventiven Angebote problematisch, da in aller Regel ungeklärt ist.

D.h.: Bedarfsträger experimentieren häufig mit ungeprüften bzw. unwirksamen Angeboten.

Drittens existiert bereits seit einigen Jahren ein großes Wissen um wirksame gewaltpräventive Ansätze und ihre Implementierungsvoraussetzungen, jedoch sind diese in der Praxis nicht in ausreichendem Maße bekannt, geschweige denn stehen sie den Bedarfsträgern nachhaltig und in qualitätsgesicherter Weise zur Verfügung.

D.h.: Wirksame Ansätze finden keine systematische und damit nachhaltige Verbreitung.

Viertens: Vielfältige Bemühungen zur Qualitätsverbesserung, -verbreitung und -sicherung (etwa Projektmanagement-Tools, Programmdatenbanken, wissenschaftliche Reviews und Expertisen) zeigen bislang wenig Wirkung.

D.h.: Der Wissenstransfer ist nicht effektiv und/oder wahrgenommene Erkenntnisse wollen/können nicht aufgegriffen werden.

4.1 DFK Sachverständigenrat und Leitfaden „Entwicklungsförderung und Gewaltprävention für junge Menschen" (2012 / 2013)

Im Herbst 2012 konnte das DFK zur weiteren Klärung der aufgezeigten Probleme (unzureichende Systemanpassungen, Verbreitung unwirksamer Angebote, fehlende Verstetigung wirksamer Ansätze, geringe Wirkung bisheriger Steuerungsinstrumente) einen Sachverständigenrat mit 13 Experten aus Wissenschaft und Praxis einberufen, der seitdem insbesondere daran arbeitet

- mehr Transparenz über wirksame und praxistaugliche Angebote und ihrer Implementierung herzustellen,

- die wirksamen und praxistauglichen Angebote stärker zu verbreiten und miteinander zu verknüpfen,

- mehr Wissen über noch ungeprüfte Angebote, über die Implementierung von Angeboten sowie über die Verknüpfung / Verzahnung von Angeboten zu erhalten.

DFK Sachverständigenrat "Entwicklungsförderung & Gewaltprävention für junge Menschen":	
Professor Dr. Britta Bannenberg: Justus-Liebig-Universität Giessen	Professor Dr. Siegfried Preiser: Psycholog. Hochschule Berlin
Professor Dr. Andreas Beelmann: Friedrich Schiller Universität Jena;	Professor Dr. Herbert Scheithauer: Freie Universität Berlin
Dr. Christian Böhm: Landesinstitut für Lehrerbildung und Schulentwicklung Hamburg	Professor Dr. Dr. Christiane Spiel: Universität Wien
Professor Dr. Thomas Görgen: Deutsche Hochschule der Polizei Münster	Elmar Undorf: Schulpsycholog. Dienst Rhein-Sieg-Kreis
Professor Dr. Nina Heinrichs: Technische Universität Braunschweig	Professor Dr. Ulrich Wagner: Philipps-Universität Marburg
Professor Dr. Dr. Friedrich Lösel: University of Cambridge;	Professor Dr. Andreas Zick: Universität Bielefeld
Erich Marks: Landespräventionsrat Niedersachsen	

Erstes Ergebnis ist der Leitfaden *„Entwicklungsförderung und Gewaltprävention für junge Menschen (E&G)"*, der 2013 im Rahmen des *18. Deutschen Präventionstages (DPT)* in Bielefeld vorgestellt und diskutiert wurde. Er knüpft an die Expertise *„Gelingensbedingungen für die Prävention von interpersonaler Gewalt im Kindes- und Jugendalter"* an und erweitert die fördernde und präventive Perspektive insbesondere um Aspekte der Effektivität, der Messung von Wirksamkeit und Umsetzungsqualität sowie der Implementierung in Kitas und Schulen. Schließlich werden Fragen des Transfers und einer weitergehenden Verbreitung (Dissemination) von wirksamen und praxistauglichen Präventionsangeboten erörtert. Weitere Impulse gibt ein Qualitätskriterienkatalog, der dabei hilft, die Qualität von Präventions- und Interventionsmaßnahmen oder -programmen zu beurteilen. Er kann als Entscheidungshilfe für die Auswahl, den Einsatz und die Förderung von Maßnahmen genutzt werden. Programmanbietern dient er als Hilfestellung für die Optimierung ihrer Angebote. Der Leitfaden richtet sich an professionelle Praktiker aber auch an Entscheidungsverantwortliche in Institutionen, in Verwaltung und nicht zuletzt in Politik.

4.2 Weiterführende Perspektiven: Memorandum „Qualität, Struktur und Kooperation fördern" (2013)

DFK und Sachverständige waren sich im Klaren, dass es zur Fortentwicklung der Präventionsarbeit für junge Menschen weiterer Schritte bedarf, etwa zur Verbesserung von Wissenstransfer und praktischer Umsetzung: *Wie kann es gelingen, die im Leitfaden dargestellten Erkenntnisse noch besser zu verbreiten und einen strukturell spürbaren Fortschritt bei der präventiven Arbeit in allen Handlungsfeldern und insbesondere in den pädagogischen Institutionen zu erreichen?*

Der DFK-Sachverständigenrat diskutiert diese Fragen fortlaufend und wird auch weiterhin daran mitarbeiten, Qualität und Verbreitung entwicklungsorientierter Prävention zu fördern. Er empfiehlt der Stiftung und ihren Kooperationspartnern, u.a. folgende Gesichtspunkte zu berücksichtigen *(Memorandum des DFK-Sachverständigenrates, Stand Oktober 2013, mit dem Motto „Qualität, Struktur und Kooperation fördern", vgl. www.wegweiser-praevention.de):*

- *Die Instrumente des Wissenstransfers sind weiter auszubauen. Beispielsweise können über ein Webportal Hinweise und Hilfestellungen, die für unterschiedliche Bedarfe in den Institutionen, Ämtern und bei den Trägern sozialer Arbeit nützlich sind, gegeben werden. Dabei sind bereits vorhandene, qualitativ gute Wissensangebote zu integrieren.*

- *Das Wissensangebot eines bedarfsgerechten Webportals sollte sich nicht nur auf die expliziten Empfehlung effektiver Programme konzentrieren, sondern diese in den Kontext zentraler Aspekte wie wissenschaftliche Fundierung, Zielgruppenauswahl, Setting, Timing, Intensität, Methoden, Didaktik, besondere Rahmenbedingungen stellen.*

- *Die Erkenntnisse und Programmempfehlungen der „Grünen Liste Prävention" des Landespräventionsrates Niedersachsen sollten aufgegriffen und mit dem Webportal verknüpft werden. Zuvor sollten Systematik, Verfahren und Ergebnisse konstruktiv geprüft und ggf. Modifizierungen empfohlen werden.*

- *Es gilt insbesondere, die Voraussetzungen und Unterstützungsmöglichkeiten für eine gelingende Implementierung von Präventionskonzepten bzw. –programmen in den Handlungsbereichen der pädagogischen Institutionen sowie des sozialen Hilfesystems bekannt zu machen. Ein ergänzendes personelles Beratungs- und Serviceangebot ist ebenso wünschenswert wie die Schaffung von entsprechenden Fortbildungsangeboten für professionelle Akteure etwa in Kitas und Schulen bzw. auch für deren Steuerungsebenen.*

- *Die Überprüfung von Implementierungsprozessen und die dauerhafte Sicherung der Implementierungsqualität sollte durch entsprechende Standards und Rahmenbedingungen ermöglicht werden.*

4.3 Projektfortsetzung und Webportal „www.wegweiser-praevention.de" (2014)

Das Projektteam der Geschäftsstelle hat die Empfehlungen des Sachverständigenrates aufgegriffen und bereits weitere Teilprojekte begonnen:

Eine Gruppe erarbeitet unter Federführung von Professor Dr. Andreas Beelmann (Jena) eine Systematik, Sammlung und Bewertung deutschsprachiger Evaluationsstudien zu Präventionsprogrammen und bereitet sie für den Wissenstransfer auf. Aufgabe einer zweiten Arbeitsgruppe unter Mitwirkung von Professorin Dr. Christiane Spiel (Wien) ist die Schaffung von Transparenz zu Theorie und Praxis der Implementierung präventiver Angebote.

Mit der finanziellen Unterstützung aus dem Bundesministerium der Justiz und für Verbraucherschutz (BMJV) sind in Abstimmung mit dem Landespräventionsrat Niedersachsen (LPR NI) das Design und die technische Umsetzung des empfohlenen *Webportals „Wegweiser Entwicklungsförderung und Gewaltprävention"* erarbeitet worden, das seit dem 12. Mai 2014 über www.wegweiser-praevention.de bzw. die Webseiten der Kooperationspartner DFK und LPR Niedersachsen verfügbar ist und künftig von anderen Präventionsakteuren, Bildungsservern etc. auf ihre Webseiten verlinkt werden kann.

Der *„Wegweiser Prävention"* ist ein umfassendes Informationsportal zu *„Entwicklungsförderung und Gewaltprävention für junge Menschen (E&G)"* in Kooperation mit der *„Grünen Liste Prävention"*. Er weist den Weg zu Präventionsprogrammen, die auf ihre Wirksamkeit und Praxistauglichkeit hin überprüft sind und daher von renommierten Wissenschaftlern empfohlen werden.

Insbesondere allen Verantwortlichen und Mitwirkenden in Kitas und Schulen, die ihre Einrichtungen weiterentwickeln und dafür professionelle Unterstützung in Anspruch nehmen wollen, wird die Orientierungshilfe empfohlen. Neben grundlegenden Empfehlungen zur Arbeit mit Präventionsprogrammen findet man gezielte Hinweise zu Zielsetzung, Qualität, Verbreitung und Verfügbarkeit einzelner Angebote sowie zu ihrer Implementierung. Fünf W-Fragen (Warum Entwicklungsförderung und Gewaltprävention? Welche Programme? Woher das Wissen zur Qualität? Wie implementieren?) bündeln die Informationen in sinnvolle Kategorien.

Warum brauchen wir Entwicklungsförderung und Gewaltprävention?

Entwicklungsorientierte Präventionsmaßnahmen setzen auf systematische Formen der sozialen Bildung und Erziehung im Kontext von Familie, Schule und Kommune und richten sich an unterschiedliche Zielgruppen (Kinder, Jugendliche, Eltern, Lehrer/innen, sozialer Nahraum, ganze Gemeinden). Der Ansatz zielt auf eine gesunde Sozialentwicklung von Kindern und Jugendlichen, will diese fördern und sich anbahnende Negativentwicklungen frühzeitig unterbrechen. Allgemeine soziale Entwicklungsförderung und primärpräventive Arbeit haben fließende Übergänge und ergänzen sich in ihren Wirkungen.

Eine Auswahl von Texten erläutert die wissenschaftliche Begründung und Logik des Ansatzes. Leitfaden, Gelingensbedingungen und Qualitätskriterien stehen zum Download bereit. Dargestellt werden zudem die daraus abgeleiteten strategischen Überlegungen für systematische präventive Arbeit und ihre notwendigen Rahmenbedingungen.

Welche Programme können empfohlen werden?

Soziales Lernen kann durch unterschiedliche pädagogische Ansätze, Methoden und Trainings unterstützt werden, die theoretisch gut begründet sind und sich in der Praxis als wirksam erwiesen haben (Effektivität).

Angebote zur *„Entwicklungsförderung und Gewaltprävention (E&G)"*, die empfohlen werden, bündeln Prinzipien und Methoden in ein sinnvolles *Handlungsprogramm* mit Manualen, Materialien und anderen Hilfsmitteln, um die angestrebten positiven Wirkungen bei den Zielgruppen altersangemessen und den jeweiligen Lernkontext (z.B. Kita) berücksichtigend erreichen zu können.

Programme sind keine „Blaupausen", die gedankenlos umgesetzt werden können, vielmehr unterstützen und erleichtern sie die pädagogische bzw. soziale Arbeit, weil z.B. nicht alle Vorgehens- bzw. Lernschritte jeweils neu erdacht werden müssen und auf Bewährtes zurückgegriffen werden kann. Die Arbeit mit Programmen sollte allerdings in ein übergeordnetes pädagogisches Konzept integriert sein, das die im *Leitfaden E&G, Kap. 3 und 4* bzw. in den *Leitlinien für effektive Präventionsproramme der „Grünen Liste Prävention"* erläuterten Prinzipien berücksichtigt.

Rechtzeitiger Beginn und Kontinuität sind wichtige Prinzipien der Präventionsarbeit, dennoch ist zu beachten: Es wird weder empfohlen, möglichst viele Programme gleichzeitig ins Konzept aufzunehmen, noch eine bloße Aufeinanderfolge von Programmen zu planen. Allerdings gibt es Kombinationsmöglichkeiten etwa zur Verknüpfung der Angebote in unterschiedlichen Lern- und Lebenskontexten (Schule, Familie) oder z.B. in der zeitlichen Abfolge von Kita und Grundschule. Die Kennzeichnung entsprechender Kompatibilität der Programme ist in Vorbereitung.

Eine *Übersicht empfehlenswerter Programme* führt zu einzelnen *Programmsteckbriefen*: Man klickt auf das relevante Handlungsfeld und das zugehörige Programmangebot wird sichtbar. Zu den Basisdaten und vertiefenden Informationen kommt man dann über das jeweilige Logo.

Die Benennung der Programme stützt sich auf die Einstufungen der Grünen Liste

Prävention in die Kategorien Effektivität nachgewiesen (Stufe 3) und Effektivität wahrscheinlich (Stufe 2). Die Informationen zur Aussagekraft der meisten den Einstufungen jeweils zugrunde liegenden Evaluationen sind in einem gesonderten Evaluations-Steckbrief zusammengefasst.

Zusätzliche Aspekte für eine Berücksichtigung in der Übersicht sind: Die Wirkrichtung soll die Entwicklungsförderung von jungen Menschen und gewaltpräventive Verhaltensziele betreffen. Weiterhin bieten die empfohlenen Programme in Deutschland einen Unterstützungsservice etwa durch eigene Trainer, Multiplikatorenfortbildungen oder verschiedene Beratungsformate an. Dadurch sind sie besonders praxistauglich und unterscheiden sich von Angeboten, die z.B. mit einer Buchvorlage lediglich autodidaktisch umgesetzt werden können. Die Übersicht erfüllt momentan nicht den Anspruch der Vollständigkeit. Sie wird den Arbeitskapazitäten der DFK-Geschäftsstelle entsprechend ständig erweitert. Anträge auf Aufnahme in die Übersicht können nicht direkt gestellt werden, sind aber über einen Vorschlag um Aufnahme in die „Grüne Liste Prävention" indirekt möglich.

Woher kennen wir die Qualität der Programme?

Präventionsprogramme müssen vor ihrer Verbreitung evaluiert werden, d.h. mit wissenschaftlich anerkannten Methoden im Hinblick auf ihre Zielerreichung bzw. Wirksamkeit überprüft werden. Weiterhin sind Aussagen zur Qualität der Maßnahmendurchführung erforderlich, um Programme empfehlen zu können. *Programmevaluationen* werden methodisch unterschiedlich durchgeführt und ihre Ergebnisse sind schwer vergleichbar. Es gibt keine verbindlichen Standards.

In den *Evaluationssteckbriefen* werden deutschsprachige Studien hinsichtlich ihres Designs und ihrer Vorgehensweise beschrieben und in Einzelmerkmalen detailliert beurteilt und dann zusammenfassend bewertet. Ein Ergebnisprotokoll beschreibt schließlich die gemessenen Effekte in ihrer Stärke und Nachhaltigkeit. Die Evaluationssteckbriefe sind noch nicht verfügbar. Sie werden zum Ende des Jahres 2014 freigeschaltet.

Wo sind die Programme in Deutschland verbreitet?

Die *Verbreitung und Verfügbarkeit* wirksamer und praxistauglicher Präventionsprogramme zur „*E&G*" ist in Deutschland sehr unterschiedlich. Bei der Auswahlentscheidung kann die Frage der Verfügbarkeit von fachlichen und organisatorischen Serviceleistungen eine wichtige Rolle spielen. Eine Karte mit Aufklappfenstern gibt einen Anhalt zur Verbreitung der Programme in den Bundesländern.

Wie werden Programme implementiert?

Die *Implementierung* von pädagogischen Angeboten und Präventionsprogrammen ist ein komplexer und anspruchsvoller Prozess, der über einzelnes persönliches Engagement hinaus regelmäßig Anpassungen auf System-, Organisations- und Praxisebene erfordert. *Implementierung* bedeutet, ein ausgewähltes Programm konzeptionell in den jeweiligen institutionellen Kontext z.b. einer Schule oder Kita so einzupassen, dass es die gewünschten Wirkungen erreichen kann.

Häufig konzentrierten sich fachliche Diskussionen um Fragen der generellen Wirksamkeit von Präventionsangeboten, ohne die Logik in den Umsetzungskontexten hinreichend zu berücksichtigen bzw. die Voraussetzungen für erfolgreiche pädagogische Arbeit ausreichend zu bedenken.

Das in diesem Abschnitt angebotene Wissen widmet sich dem deutschen und internationalen Stand im *Forschungsfeld Implementierung* und stellt zentrale Ergebnisse vor, zunächst eine Zusammenfassung amerikanischer wissenschaftlicher Studien und Konzeptionen sowie *Abstracts* der einzelnen Publikationen, auf die Bezug genommen wird. Daran anknüpfend werden konkrete Hilfestellungen in Form von Checklisten, Mustervorlagen und Online-Tools zur praktischen Nutzung bereitgestellt.

Verfügbar sind bereits die *„Beccaria-Steps"* des LPR Niedersachsen: Das interaktive online Werkzeug unterstützt dabei, ein Projekt Schritt für Schritt zu planen, durchzuführen und zu überprüfen (vgl. auch www.beccaria.de).

Weitere Module sind in Vorbereitung und werden kontinuierlich ergänzt.

5. Fazit: ... und am Ende nachhaltige Prozesse?

Das Projekt *„Wegweiser E&G"* ist zunächst ein gutes Beispiel dafür, dass Kooperation zwischen Akteuren auf Bundes- und Länderebene möglich ist, wenn die Partner eine übereinstimmendes Präventionsverständnis und gemeinsame Ziele haben, Vertrauen aufbauen können und arbeitsteilig Verantwortung im Projekt übernehmen. DFK und Landespräventionsrat Niedersachsen werden den begonnenen Weg fortsetzen.

www.wegweiser-praevention.de ist am 12. Mai 2014 freigeschaltet worden, ohne bereits den vollen geplanten Leistungsumfang anbieten zu können. Ein ungeplanter Vorteil ist, Rückmeldungen und Erfahrungswerte der Nutzer/innen für den weiteren Ausbau und die konzeptionelle Fortentwicklung berücksichtigen zu können. Längerer *„work in progress"* verdeutlicht aber auch, dass die fachlich fundierte, umfassende und zügige Fortführung eigentlich eine bessere personelle und finanzielle Ausstattung erforderlich macht, die bislang im DFK nicht erreichbar gewesen ist.

Der *DFK-Sachverständigenrat „E&G"* hatte im Herbst 2013 in einem Schreiben seines Sprechers Prof. Dr. Beelmann an die regierungsbildenden Bundestagsfraktionen auf die Bedeutung von entwicklungsorientierter Bildungs- und Präventionsarbeit hingewiesen und neue politische Initiativen gefordert, u.a. *„die Rahmenbedingungen für präventives Handeln zu verbessern und dazu eine zentrale Stelle mit eigener Personalausstattung und Budget auf Bundesebene einzurichten."*

Wie wissenschaftliche Erkenntnisse, DFK-Projektarbeit und die positive Resonanz aus der Fachpraxis zeigen, können bedeutsame Effekte mit relativ geringen - jedoch nur mit hinreichenden - Mitteln erreicht werden. Der Vergleich zum Ressourceneinsatz etwa bei repressiven Konzepten braucht nicht gescheut werden.

Es ist zu hoffen, dass sich der konstruktive Dialog innerhalb der Bundesregierung fortsetzt und das von einer Expertenkommission im Auftrag der Bundeskanzlerin vorgeschlagene *„Nationale Präventionszentrum"* unter Einbeziehung von Ressourcen und Expertise der DFK-Geschäftsstelle realisiert werden kann - vor allem mit dem Ziel, die bisher begonnenen Arbeiten zur *„Entwicklungsförderung und Gewaltprävention für junge Menschen (E&G)"* mit angemessenen Ressourcen auszustatten. Nur dann können die weiteren Impulse etwa in die Kultusministerkonferenz sowie die zuständigen Ressorts von Bund und Ländern gelingen, z.B. für die Etablierung eines Fortbildungsangebotes zur Implementierung von Präventionsprogrammen.

„Entwicklungsförderung und Gewaltprävention (E&G)" ist ein auf nachhaltige Wirksamkeit angelegtes Konzept, das theoretisch gut begründet ist, in der Praxis vielfach erfolgreich getestet wurde und in Deutschland zunehmende Beachtung und Relevanz findet. Ein zugehöriges Wissens- und Unterstützungsangebot ist in den letzten Jahren - wie im Beitrag gezeigt - auf Länder- und Bundesebene geschaffen worden und kann die vielfältigen Informationsbedarfe weitgehend befriedigen. Inwieweit die Anstrengungen des Wissenstransfers die Qualifizierung und nachhaltige Verbreitung der Ansätze und Angebote von „E&G" maßgeblich beeinflussen können, ist noch nicht absehbar. Deutlichere politische Unterstützung ist auf allen Handlungsebenen ebenso notwendig wie die Schaffung von den bisherigen Wissenstransfer ergänzenden Fortbildungsformaten insbesondere für pädagogische Arbeitsfelder.

Ob es am Ende zur Entwicklung einer *„Nationalen Strategie"* wie z.B. in Österreich, der Schweiz oder skandinavischen Staaten kommen wird, ist momentan nicht erkennbar, sollte aber als strategisches Ziel im Blick behalten bzw. gefordert werden. Nach Erweiterung, Vervollständigung und Verbesserung der Angebote des Wissenstransfers sollten daher Wege der fachpolitischen Erörterung in den zuständigen Politikressorts und ihren Konferenzen beschritten werden.

Der hierbei anzustrebende Maßstab der Präventionsarbeit in Deutschland sollte (vergleichbar den vom *United Nations Office on Drugs and Crime* herausgegebenen *Internationalen Standards zur Prävention des Drogenmissbrauchs*) sein:

- eine unterstützende Politik und rechtliche Rahmenbedingungen
- wissenschaftlich begründete Entscheidungsfindungen
- Kooperation in den bzw. Koordination der unterschiedlichen Handlungsfelder (vertikal und horizontal)
- Qualifizierung von Entscheidungsträgern und Praktikern

- politisches Einverständnis, dass angemessene Ressourcen bereit gestellt und langfristig abgesichert werden.

Angesichts der drängenden Herausforderungen auch in anderen Politikfeldern sind diese Prinzipien unumgänglich und Kooperation ist dabei ein zentrales Paradigma.

Literatur:

Stiftung Deutsches Forum für Kriminalprävention (Hrsg.):
   Gelingensbedingungen für die Prävention von interpersonaler Gewalt im Kindes- und Jugendalter (2008 / 2012),
   Entwicklungsförderung und Gewaltprävention für junge Menschen -
   Impulse und Qualitätskriterienkatalog für die Auswahl und Durchführung wirksamer Programme (2013),
   forum kriminalprävention (2-2013 und 2-2014),
   www.wegweiser-praevention.de (2014)
Deutsches Jugendinstitut (Hrsg.):
   Strategien der Gewaltprävention im Kindes- und Jugendalter - Eine Zwischenbilanz in sechs Handlungsfeldern (2007)
Bundesministerium der Justiz (Hrsg.):
   Hasskriminalität-Vorurteilskriminalität - Endbericht und Empfehlungen der Arbeitsgruppe (2006)

Daniela Pollich & Stefan Kersting

Kriminalitätsmonitor NRW – Ergebnisse aus einer repräsentativen Opferbefragung zum Wohnungseinbruch

1. Einführung

Schwerpunktmäßig widmet sich dieser Beitrag – dem Anlass des vorliegenden Bandes gemäß – den Befunden des Kriminalitätsmonitors NRW zur *polizeilichen Einbruchsprävention*. Nicht zuletzt das Gutachten für den 19. Deutschen Präventionstag zum Thema „Prävention braucht Praxis, Politik und Wissenschaft" (Steffen 2014) würdigt den Wert von Dunkelfeldstudien, wie beispielsweise dem Kriminalitätsmonitor NRW, um Prävention evidenzbasiert gestalten zu können. Ungeachtet des weithin anerkannten Nutzens von derartigen Opferbefragungen (siehe jedoch auch Wetzels 1996), auch für eine effektive und effiziente Kriminalprävention, finden in Deutschland, anders als beispielsweise in den USA oder England/Wales, bislang keine regelmäßigen Opferbefragungen statt. Wegen der mangelnden Erfahrung im Umgang mit derartigen Studien sind hier zu Lande Fragen nach der Belastbarkeit der Ergebnisse, der Vergleichbarkeit mit Hellfelddaten – wie sie beispielsweise die Polizeiliche Kriminalstatistik (PKS) liefert – sowie der Relation zwischen Hellfeld- und Dunkelfelddaten noch nicht vollständig geklärt. Fragen dieser Art können nicht losgelöst von den Rahmenbedingungen der Befragungen, der gewählten Befragungsmethode, den erhobenen Delikten oder den räumlichen und zeitlichen Bezugsgrößen beantwortet werden. Die Beantwortung dieser Fragen ist dabei auch im Kontext der Prävention bedeutsam, weil Erkenntnisse für eine *ursachengeleitete* Kriminalprävention nur unter Berücksichtigung der Besonderheiten der zugrunde liegenden Datenquellen gewonnen werden können.

Zur Gewährleistung einer angemessenen Einordnung der weiter unten dargestellten Befunde des Kriminalitätsmonitors NRW zum Wohnungseinbruchdiebstahl halten wir es für erforderlich, zunächst die Rahmenbedingungen dieser konkreten Opferbefragung vor dem Hintergrund allgemeiner Hinweise zur Vergleichbarkeit der Befunde mit Hellfelddaten zu beschreiben. Zentrales Anliegen des Kriminalitätsmonitors NRW war es, strukturelle Differenzen zwischen Hell- und Dunkelfelddaten aufzuzeigen. Konkret: Finden sich bezüglich der Opfer, der Täter oder der sonstigen Tatumstände Unterschiede zwischen den Hell- und Dunkelfeldtaten und wie lassen sich diese Unterschiede ursächlich erklären? Was ist für die Opfer ausschlaggebend bei einer Entscheidung für bzw. gegen eine Anzeigenerstattung? Denkbar wären hier die Höhe des finanziellen Schadens, die Beziehung zum Täter oder Erfahrungen mit der Polizei. Demgegenüber war es aus inhaltlichen und methodischen Gründen nicht beabsichtigt bzw. möglich, Hell-/Dunkelfeldrelationen herzustellen: Während in der PKS alle bekanntgewordenen Fälle erfasst werden, beschränkt sich der Kriminalitätsmonitor NRW auf die Befragung deutschsprachiger Bürgerinnen und Bürger im Alter von 18 bis 75 Jahren. Damit werden Fälle nicht deutschsprachiger Opfer oder

Fälle mit Opfern unter 18 oder über 75 Jahren aus der Befragung ausgeschlossen, während sie in der PKS erfasst werden. Aber nicht nur die Sprache oder der gewählte Altersbereich steht der Berechnung von Relationen entgegen. Hellfelddaten wie die PKS oder auch die Verurteiltenstatistik basieren auf dem Ordnungsprinzip strafrechtlicher Normen und den Tatbeständen des Strafgesetzbuches. Diese enthalten abstrakte Beschreibungen von Handlungen oder Unterlassungen, unter die Lebenssachverhalte zu subsumieren sind. Für den strafrechtlichen Laien – um solche handelt es sich regelmäßig bei den Befragten – ist kaum zu beurteilen, welche Lebenssachverhalte unter einen bestimmten strafrechtlichen Tatbestand zu fassen sind. Wann handelt es sich beispielsweise um einen versuchten Wohnungseinbruchdiebstahl i.S.d. § 244 StGB? Und wann hingegen ist der Wohnungseinbruchdiebstahl vollendet? Allgemein vorherrschend, aber rechtlich unzutreffend, dürfte die Vorstellung sein, dass das Versuchsstadium mit dem Eindringen in die Wohnräume überschritten wird. Tatsächlich liegt auch dann ein Versuch vor, wenn der Täter in die Wohnräume eindringt, die Wegnahmehandlung aber unterbleibt.

Im Rahmen von Befragungen der Allgemeinbevölkerung muss man sich daher auf typische, allgemeinverständliche Fälle und Sprachregelungen beschränken und nimmt damit in Kauf, spezielle Opfererlebnisse auszublenden oder Unschärfen bezüglich der deliktischen Einordnung zu erzeugen. Ein Vergleich mit Hellfelddaten würde aber eine vollständige und rechtlich eindeutige Erfassung aller Sachverhalte unter die einschlägige Norm voraussetzen (vgl. hierzu ausführlich Birkel, im Erscheinen). Da das Befragungsdesign des Kriminalitätsmonitors NRW von vornherein nicht auf eine Berechnung von Hell-/Dunkelfeldrelationen ausgerichtet war, ist eine Darstellung solcher Relationen auf der Basis der Befunde nicht zulässig und zudem für die Zwecke der Präventionsarbeit wenig ertragreich.

2. Der Kriminalitätsmonitor NRW und die Erhebung von Wohnungseinbruch

Der Kriminalitätsmonitor NRW ist die erste deutsche Opferbefragung, die für die deutschsprachige Bevölkerung zwischen 18 und 75 Jahren eines gesamten Bundeslandes repräsentativ ist.

Die Studie umfasst insgesamt drei Haupterhebungswellen aus den Jahren 2007, 2009 und 2011 sowie eine Sondererhebung aus dem Jahr 2008, die sich schwerpunktmäßig mit kriminalpräventiven Themen befasst hat. Während in 2007 etwa 4 000 Personen befragt wurden, wurde die Stichprobengröße in 2009 und 2011 auf jeweils ca. 8 000 Personen erhöht. Im Zuge der Sonderbefragung des Jahres 2008 wurden etwa 2 000 Personen befragt. Die Durchführung der Interviews erfolgte mittels standardisierter telefonischer Interviews.

Die Stichproben aller Erhebungsjahre basieren auf einer dreistufigen Zufallsauswahl aus der Grundgesamtheit der 18- bis 75-jährigen Bürgerinnen und Bürger von NRW, die in ausreichendem Maße die deutsche Sprache beherrschten, um an einem Interview teilzunehmen. Nach der Gewichtung der disproportionalen Stichprobe können die Ergebnisse als repräsentativ angesehen und für die Grundgesamtheit verallgemeinert werden.

Zu den abgefragten Delikten gehören Körperverletzung (einschließlich der gefährlichen Körperverletzung), Diebstahl aus Kraftfahrzeugen, Wohnungseinbruch sowie Raub; darüber hinaus wurde das Wissen der Befragten zu EC-Karten-Betrug und Internetkriminalität erhoben.

Der vorliegende Beitrag widmet sich den Ergebnissen des Kriminalitätsmonitors NRW zum *Wohnungseinbruch*, insbesondere zur Ergreifung präventiver Maßnahmen gegen dieses Delikt. Zur Erfassung von Erfahrungen mit dem Wohnungseinbruch wurde zunächst danach gefragt, wie häufig einer Person das Delikt bereits ein- oder mehrmals im Leben widerfahren ist. Wurde jemals mindestens ein Wohnungseinbruch erlebt, schloss sich die Frage an, ob das Delikt auch innerhalb eines kürzeren Zeitraums vor der Befragung ein- oder mehrmals erlebt wurde: Sämtliche Haupterhebungen des Kriminalitätsmonitors NRW haben im Frühjahr bzw. Sommer stattgefunden; die Erfahrungen mit Wohnungseinbruch wurden jeweils immer rückwirkend *bis zum Beginn des vorherigen Jahres* erfasst. Daraus ergibt sich der so genannte *Referenzzeitraum* von 18 Monaten vor den jeweiligen Befragungen, auf den sich viele der im Folgenden dargestellten Auswertungen beziehen.

Die Frageformulierungen des Kriminalitätsmonitors NRW lassen es zu, nach versuchtem und vollendetem Wohnungseinbruch zu differenzieren. Die entsprechenden Wortlaute der Fragen sind für den vollendeten Wohnungseinbruch

„Wie häufig ist es jemals/seit dem 1. Januar 20XX[1], d. h. seit Beginn des letzten Jahres vorgekommen, dass jemand ohne Erlaubnis in Ihre Wohnräume tatsächlich eingedrungen ist? Gemeint sind nur Einbrüche in Ihre Wohnräume, nicht in Keller und Garage"

und für den versuchten Wohnungseinbruch

„Wie häufig ist es jemals/seit dem 1. Januar 20XX, d. h. seit Beginn des letzten Jahres vorgekommen, dass jemand ohne Erlaubnis versucht hat, in Ihre Wohnräume einzudringen, und dies nicht geschafft hat? Gemeint sind nur Versuche, in Ihre Wohnräume einzubrechen, nicht in Keller und Garage."[2]

Wurde von einer Opfererfahrung durch Wohnungseinbruch berichtet, schlossen sich im Kriminalitätsmonitor NRW weitergehende Detailfragen, beispielsweise zum An-

---

[1]   Da die Befragung in verschiedenen Jahren, jedoch stets mit demselben Fragetext durchgeführt wurde, ist die Bezeichnung „XX" als Platzhalter für das Jahr vor dem jeweiligen Erhebungsjahr zu sehen.

[2]   Wie in Abschnitt 1 erläutert, ist eine Deckungsgleichheit zwischen der Erfassung des Wohnungseinbruchdiebstahls im Kriminalitätsmonitor NRW und in der PKS nicht gegeben und auch nicht intendiert.

zeigeverhalten, an, die ausschließlich an die Opfer von Wohnungseinbrüchen gerichtet waren.[3] In diesem Zusammenhang ist – auch im Hinblick auf die folgenden Auswertungen – festzuhalten, dass bei mehrmaliger Opferwerdung eine Beschränkung der Detailfragen auf das *zuletzt* erlebte Delikt stattfand.

3. Anzeigeverhalten und Zufriedenheit mit der Polizei

Um, beispielsweise zum Zwecke der polizeilichen Einbruchsprävention, einen Anhaltspunkt dafür zu haben, wie das Ausmaß der polizeilichen Bekanntheit von Wohnungseinbrüchen bzw. das Anzeigeverhalten der Opfer ausgeprägt sind, wurde in den Hauptbefragungen des Kriminalitätsmonitors NRW erfasst, ob der letzte erlebte Wohnungseinbruch zur Anzeige gekommen ist oder nicht. Im Zuge einer Anzeige können den Opfern beispielsweise bei der Tatortaufnahme Informationen zum Opferschutz, aber auch einem künftigen verbesserten Einbruchschutz (z. B. durch Hinweise auf die technischen Fachberater der Polizei) übermittelt werden. Aus diesem Grund ist es wichtig, die Größenordnungen der Anteile angezeigter Delikte, aber auch die Struktur der angezeigten Delikte (z. B. Vollendungen vs. Versuche) einschätzen zu können. Die im Folgenden dargestellten Befunde beziehen sich dabei ausschließlich auf Delikte, die innerhalb des *Referenzzeitraums* (siehe weiter oben im Text) stattgefunden haben.

Insgesamt zeigt die Studie, dass die Anzeigequoten zwischen den Erhebungsjahren kontinuierlich abgesunken sind. Bei der Betrachtung von Abbildung 1 wird zunächst deutlich, dass vollendete Wohnungseinbrüche insgesamt eine hohe Anzeigequote aufweisen: Der Anteil angezeigter vollendeter Wohnungseinbrüche lag in den drei Jahren der Haupterhebung zwischen 85,1 % (63) und 94,7 % (107). Deutlich niedriger lagen die Anteile angezeigter versuchter Wohnungseinbrüche. Aus Abbildung 1 wird deutlich, dass das tendenzielle Absinken der Anzeigequote beim Wohnungseinbruch weitestgehend auf den Rückgang beim *versuchten* Wohnungseinbruch zurückgeht. Erklärungsbedürftig ist insbesondere der deutliche Rückgang der Anzeigequote versuchter Wohnungseinbrüche zwischen 2007 und 2009 von 65,9 % (56) auf 37,7 % (52); über Gründe könnte an dieser Stelle lediglich spekuliert werden.

---

[3]   Die Inhalte der Detailfragen waren im Kriminalitätsmonitor NRW je nach Delikt verschieden gestaltet.

Abbildung 1: Anzeigenquote des letzten Vorfalls nach versuchten und vollendeten Delikten

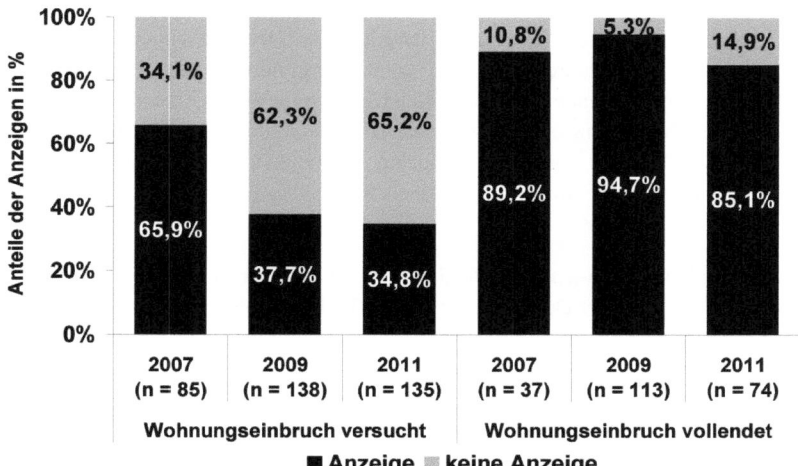

Referenzzeitraum; Anteile in %; nur Opfer; Erhebungsjahre einzeln

Die im Folgenden dargestellten Befunde zur *Zufriedenheit* mit der polizeilichen Bearbeitung einer Anzeige, sowie den Gründen einer möglichen Unzufriedenheit, ermöglichen eine Einschätzung, wie die Opfer ihre Anzeigenerstattung bei der Polizei erlebt haben. Mag dieser Aspekt im Zusammenhang mit polizeilicher Prävention auf den ersten Blick von untergeordneter Bedeutung erscheinen, so hat die Zufriedenheit mit der Polizei und das damit verbundene Vertrauen in die Polizei (vgl. hierzu beispielsweise Reuband 2012; Kiefert und Kersting 2013) auf den zweiten Blick durchaus Gewicht: Nur durch eine positive Einstellung gegenüber der Polizei kann diese auf die Mithilfe der Bürger bei der Bekämpfung des Wohnungseinbruchs (z. B. durch Hinweise auf verdächtige Beobachtungen) sowie eine Akzeptanz *polizeilicher* Präventionsaktivitäten in der Bevölkerung bauen.

Befragte, die das letzte im Referenzzeitraum erlebte Delikt bei der Polizei angezeigt haben, wurden im Kriminalitätsmonitor NRW nach ihrer Zufriedenheit mit der polizeilichen Bearbeitung ihrer Anzeige gefragt; die Zufriedenheit mit der Polizei erwies sich in diesem Zusammenhang in allen Befragungsjahren als recht hoch. Während der Anteil derer, die mit der Bearbeitung ihres Anliegens durch die Polizei zufrieden oder sehr zufrieden waren, im Referenzzeitraum der Befragung von 2007 bei 57,4 % (31) lag, stieg dieser Anteil in 2009 auf 77,3 % (75) an, um in 2011 wieder leicht auf 69,9 % (65) abzusinken.

Personen, die im Referenzzeitraum Anzeige erstattet und bei der Befragung angegeben haben, mit der Bearbeitung der Anzeige durch die Polizei *nicht* zufrieden gewesen zu sein, wurden nach Gründen dieser Unzufriedenheit gefragt. Im Fragebogen
wurden zu diesem Zweck verschiedene mögliche Gründe vorgeschlagen, von denen
die Befragten auch mehreren zustimmen konnten. Abbildung 2 gibt einen Überblick
über die Anteile, mit denen den potentiellen Gründen für die Unzufriedenheit mit der
polizeilichen Bearbeitung einer Anzeige zugestimmt wurde. Bei der Darstellung wird
zwischen den Angaben von Opfer versuchter und vollendeter Taten unterschieden.
Um eine ausreichende Fallzahl zu gewährleisten, wurden alle Erhebungsjahre zusammengefasst.

Unzufriedenheit wegen der Unhöflichkeit von Polizeibeamten wurde am seltensten
geäußert: 13,3 % (4) der Opfer von versuchten Wohnungseinbrüchen und 23,1 % (9)
der Opfer von vollendeten Wohnungseinbrüchen, die mit der Polizei unzufrieden waren, stimmten dieser Aussage zu. Das – aus der Sicht der Befragten – nicht ausreichende Tätigwerden wurde insgesamt am *häufigsten* als Grund für Unzufriedenheit
genannt: 81,0 % (34) derer, die als letztes einen vollendeten Wohnungseinbruch erlebt
haben und mit der polizeilichen Bearbeitung ihrer Anzeige nicht zufrieden waren,
stimmten dieser Aussage zu und noch etwas mehr, nämlich 92,9 % (26) derer, die
einen versuchten Einbruch erlebt haben und unzufrieden mit der Polizei waren.

Deutliche Unterschiede hinsichtlich der Gründe für Unzufriedenheit in Abhängigkeit
davon, ob man einem versuchten oder vollendeten Delikt zum Opfer gefallen ist, zeigen sich bei der Aussage „Ich war unzufrieden, weil die Polizisten nicht interessiert
waren". Dieser Grund wurde deutlich häufiger von mit der Polizei unzufriedenen
Opfern versuchter Wohnungseinbrüche genannt, nämlich von 80,0 % (24), dagegen
nur von 36,6 % (15) derer, die als letztes einen vollendeten Wohnungseinbruch erlebt haben. Umgekehrt verhält es sich mit der Aussage „Ich war unzufrieden, weil
die Polizisten zu langsam ankamen": Dieser wurde eher dann zugestimmt, wenn es
sich beim letzten Wohnungseinbruch im Referenzzeitraum um ein vollendetes Delikt
gehandelt hat; der entsprechende Anteil der Zustimmung durch mit der Polizei unzu-
friedene Befragte beträgt 66,7 % (28). Dem gegenüber stimmten der Aussage 30,0 %
(9) der Unzufriedenen zu, die sich als letztes angezeigten Vorfall auf einen versuchten
Einbruch beziehen.[4]

---

[4]   Der Befund hinsichtlich der Aussage „Ich war unzufrieden, weil die Polizisten mein Eigentum nicht wieder erlangten" ist indes erklärungsbedürftig: Es zeigt sich zwar ein deutlicher Unterschied zwischen den
Opfern versuchter und vollendeter Delikte, jedoch ist den Opfern eines versuchten Wohnungseinbruchs
per se kein Eigentum abhanden gekommen. Vermutlich haben die Opfer von versuchten Einbrüchen die
Aussage missverstanden und das angesprochene „Eigentum" als den entstandenen Schaden an ihren Häusern oder Wohnungen (z. B. in Form von Einbruchsspuren) interpretiert.

Abbildung 2: Gründe für Unzufriedenheit bei Anzeige des letzten Vorfalls nach Versuch/Vollendung

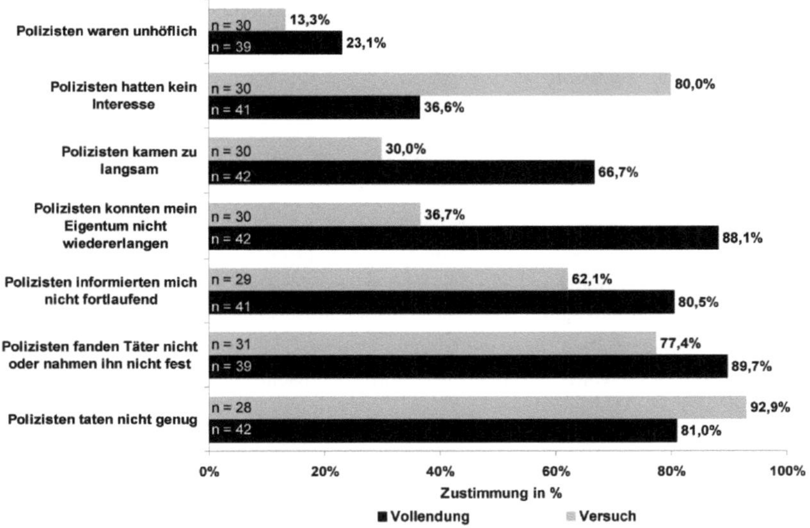

Referenzzeitraum: Anteile in %; nur diejenigen Opfer, die angezeigt haben und unzufrieden waren; alle Erhebungsjahre; Mehrfachantworten

4. Präventionsmaßnahmen gegen Wohnungseinbruch

Sämtliche im Folgenden dargestellten Auswertungen basieren auf der Sondererhebung aus dem Jahr 2008, die sich insbesondere mit Aspekten der Kriminalitätsvorbeugung beschäftigt hat (siehe auch weiter oben im Text).

Um einen Überblick über die Verbreitung verschiedener Präventionsmaßnahmen zu gewinnen, wird zunächst dargestellt, welche Schutzmaßnahmen an den Häusern bzw. den Wohnungen der Befragten zum Befragungszeitpunkt vorhanden waren. Mehrfachnennungen waren hierbei möglich. Aus Abbildung 3 wird ersichtlich, dass die am wenigsten verbreitete Maßnahme des privaten Einbruchschutzes der Einbau einer Alarmanlage war. Lediglich 12,8 % (257) der Befragten haben angegeben, einen derartigen Schutz zu haben. Über Zäune und Hecken als Einbruchschutz verfügten 31,5 % (630) der Befragten, über eine Zeitschaltuhr 39,7 % (791). Die am weitesten verbreiteten technischen Maßnahmen zum Schutz gegen Einbrecher waren zusätzliche Schlösser oder Gitter an Fenstern und/oder Türen (56,6 %; 1 123) sowie Außenbeleuchtungen und Bewegungsmelder (69,1 %; 1 393).

Neben den technischen Möglichkeiten der Einbruchsprävention kann auch auf verhaltensorientierte Präventionsmaßnahmen zurückgegriffen werden. Zum Beispiel steigen durch gute soziale Kontakte im Wohnumfeld die Achtsamkeit und die Bereitschaft zur

Anzeige, wenn am Haus oder an der Wohnung des Nachbarn Auffälligkeiten beobachtet werden. Insgesamt ist von einer Erhöhung der sozialen Kontrolle auszugehen, wenn sich die Menschen innerhalb von Nachbarschaften kennen und gegenseitig auf einander achten (vgl. beispielsweise Lüdemann 2006). Der Einsatz von sozialen Kontakten zum Einbruchschutz wird hier deshalb in einem weiten Sinne als verhaltensorientierte Präventionsmaßnahme verstanden. Derartige Präventionsmaßnahmen waren unter den Befragten recht weit verbreitet: 76,2 % (1 559) aller Befragten pflegten Kontakte zu ihren Nachbarn, indem sie sich einmal oder mehrmals pro Woche über persönliche Dinge wie Garten, Auto, Beruf oder Kinder unterhielten, wenn sie ihre Nachbarn zufällig im Wohnumfeld trafen. Sogar 89,6 % (1 805) der Befragten ließen immer oder meistens jemanden aus dem Bekanntenkreis in ihren Wohnräumen nach dem Rechten sehen und beispielsweise die Blumen gießen, die Briefkästen leeren oder die Rollläden bewegen, wenn sie mehr als eine Woche nicht zuhause waren.[5] Insgesamt ist festzuhalten, dass verhaltensorientierte Präventionsmaßnahmen damit unter den Befragten weiter verbreitet waren als technische Sicherungsvorkehrungen.

Abbildung 3: Eingesetzte Schutzmaßnahmen am Haus/an der Wohnung

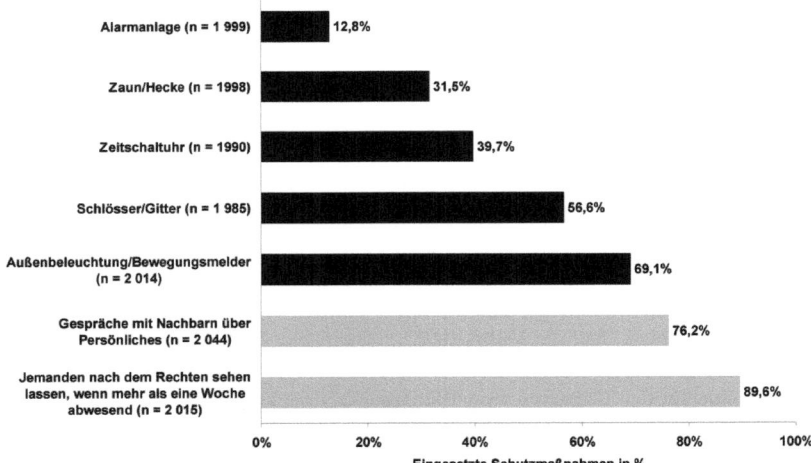

Anteile eingesetzter Maßnahmen in %; Erhebungsjahr 2008; Mehrfachantworten

Im Zusammenhang mit technischen Sicherungsmaßnahmen wurden diejenigen Befragten, deren Häuser oder Wohnungen zum Befragungszeitpunkt mit Alarmanlagen,

---

[5]   Die Angaben zu den verhaltensorientierten Präventionsmaßnahmen (Gespräche mit den Nachbarn und jemanden nach dem Rechten sehen lassen) wurden ursprünglich in einem vierstufigen Format erhoben, das zu Auswertungszwecken nachträglich zusammengefasst wurde. Die angegebenen Anteile beziehen sich bei der Angabe, jemanden bei Abwesenheit nach dem Rechten sehen zu lassen, auf die Kategorien „ja, immer" und „ja, meistens" und den Gesprächen mit den Nachbarn auf die Kategorien „mehrmals in der Woche" und „einmal in der Woche".

Außenbeleuchtungen bzw. Bewegungsmeldern oder zusätzlichen Schlössern bzw. Gittern ausgestattet waren, jeweils nach den Beweggründen für die Installation dieser technischen Präventionseinrichtungen gefragt; Mehrfachnennungen waren hierbei möglich. Im Falle aller drei Maßnahmen war ein selbst erlebter, vorangehender Einbruch der am seltensten bejahte Grund, der je nach Maßnahme zwischen 12,6 % (129) und 16,5 % (141) genannt wurde. Dabei darf jedoch nicht übersehen werden, dass Wohnungseinbrüche – trotz der Fallanstiege in den letzten Jahren – im Allgemeinen als ein eher seltenes Ereignis anzusehen sind und schon deshalb kaum als ein weit verbreiteter Grund für die Einrichtung von Schutzmaßnahmen auftreten können. Ein Wohnungseinbruch bei Bekannten wurde etwas häufiger als Grund für die Installation von Präventionsmaßnahmen genannt; die Anteile lagen hier je nach Maßnahme zwischen 32,1 % (330) und 46,7 % (401). Als eine Selbstverständlichkeit sahen die Anschaffung der drei genannten Schutzvorkehrungen zwischen 55,1 % (98) und 67,0 % (689[6]) der Befragten an. Am häufigsten wurde der Aussage, man habe gehört oder gelesen, dass eine bestimmte Maßnahme vor Einbruch schützt, als Grund für die Installation der betreffenden Maßnahme zugestimmt: Zwischen 63,4 % (652) und 79,5 % (682) der Befragten haben dies als ausschlaggebend für die Installation von Außenbeleuchtungen bzw. Bewegungsmeldern, Alarmanlagen oder zusätzlichen Schlössern bzw. Gittern angegeben.

Personen, die in der Befragung einen weitergehenden *Informationsbedarf* zu Schutzmaßnahmen gegen Wohnungseinbruch geäußert haben, wurden im Anschluss gefragt, auf welchem Wege sie diese Informationen bevorzugt erhalten möchten. Mehrfachnennungen waren in diesem Zusammenhang möglich. Aus Abbildung 4 wird ersichtlich, dass telefonische Beratungen von den Befragten am wenigsten gewünscht wurden; nur 10,0 % (89) nannten diese als bevorzugte Informationsquelle. Auch persönliche Beratungsgespräche waren mit 31,2 % (278) im Vergleich eher schwach nachgefragt. Am beliebtesten schienen hingegen Informationsbroschüren (90,0 %; 800) und Fernsehsendungen (90,4 %; 803) zu sein, um weitere Informationen zu Schutzmöglichkeiten gegen Wohnungseinbruch zu erhalten. Gründe für diesen Befund könnten in einer stärkeren Kontrolle über die eigene Informationsaufnahme liegen: Während in einem telefonischen oder persönlichen Beratungsgespräch, d. h. einer direkten Kommunikationssituation, der subjektiv empfundene Verbindlichkeitsgrad eines Gesprächs recht hoch erscheint und das Gespräch schwerer abgebrochen werden kann, kann im Falle von Fernsehsendungen oder Informationsbroschüren die Informationsaufnahme stets eigenständig vom Rezipienten kontrolliert und auch abgebrochen werden.

---

[6] Die stark unterschiedlichen absoluten Häufigkeiten rühren von der Tatsache her, dass die abgefragten Schutzmaßnahmen insgesamt unterschiedlich weit verbreitet waren und nur diejenigen Personen befragt wurden, die die betreffende Schutzmaßnahme installiert hatten.

Abbildung 4: Bevorzugte Informationsquellen zur Wirksamkeit von Schutzmaßnahmen

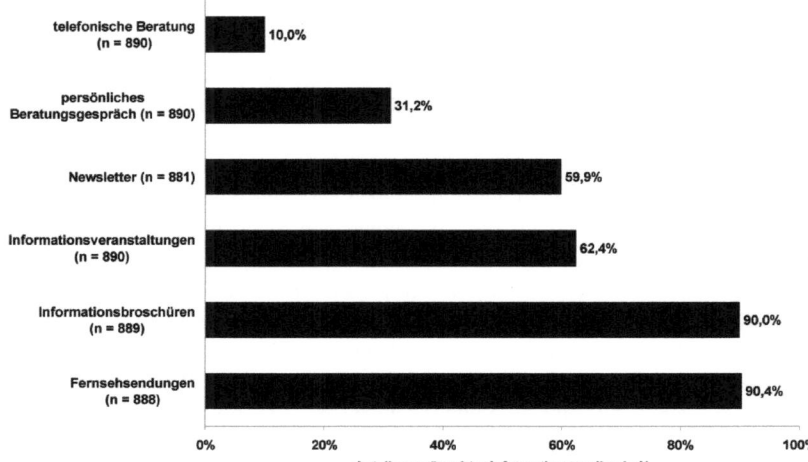

Anteile in %; nur Personen mit Informationsbedarf zum Einbruchschutz; Erhebungsjahr 2008; Mehrfachantworten

Abschließend werden kurz einige Ergebnisse zur Verbreitung von Schutzmaßnahmen in verschiedenen Gruppen von Befragten skizziert. Die Analysen bewegen sich hier auf einer beschreibenden Ebene; da die zahlreichen Einflussfaktoren auf die Installation von Präventionsmaßnahmen auch untereinander stark zusammenhängen, werden keine simultanen Zusammenhänge dargestellt.

Die Tatsache, ob Wohnraum gemietet war oder ob es sich um Wohneigentum handelte, hatte auf fast alle erfassten technischen Präventionsmaßnahmen[7] den gleichen Effekt: Befragte, denen ihr Wohnraum selbst gehörte, sicherten diesen besser ab als Befragte, die zur Miete wohnten. Lediglich die Einrichtung einer Alarmanlage war vom Besitzstatus unabhängig. Abbildung 5 stellt diese Zusammenhänge grafisch dar.

---

[7]   Ein Haushalt kann dabei auch mehrere Maßnahmen gleichzeitig getroffen haben.

Abbildung 5: Einsatz von Schutzmaßnahmen nach Miete/Wohneigentum

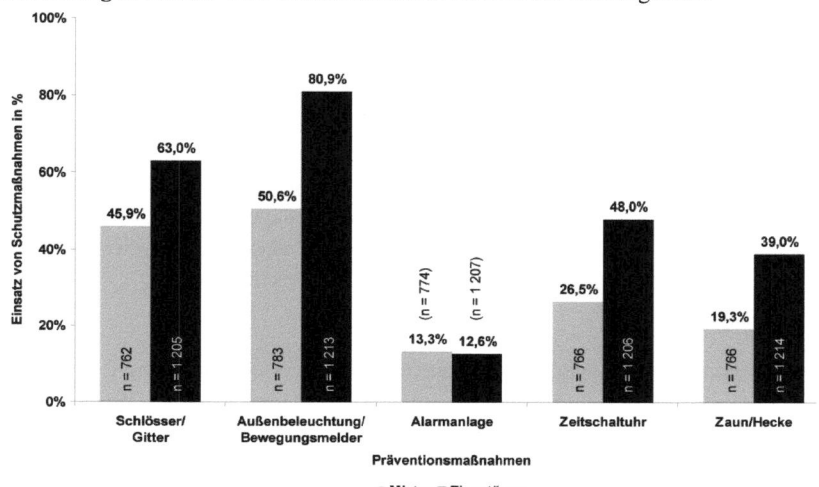

Anteile in %; Erhebungsjahr 2008

Auch das Nettoeinkommen eines Haushalts stand in Beziehung mit der Installation von (möglicherweise kostenintensiven) technischen Sicherungsmaßnahmen. Während sich im Falle von zusätzlichen Schlössern oder Gittern, Außenbeleuchtungen oder Bewegungsmeldern, Zeitschaltuhren sowie Zäunen oder Hecken die Tendenz zeigte, dass Haushalte mit zunehmendem Nettoeinkommen vermehrt zu diesen Sicherungsmaßnahmen gegen Wohnungseinbruch griffen, war der Zusammenhang im Falle der Alarmanlagen uneindeutig; er erwies sich als nicht linear. Was außer im Kontext der Alarmanlagen durchgängig auffiel, war die verhältnismäßig schlechteste Ausstattung der untersten Einkommensgruppen mit Schutzvorkehrungen gegen Wohnungseinbruch.

5. Präventionsbezogene Handlungsempfehlungen

Ziel des Kriminalitätsmonitors NRW war es, die polizeiliche Erkenntnislage zum Dunkelfeld des Kriminalitätsgeschehens – unter anderem zum Wohnungseinbruch – sowie zu präventiven Aspekten zu verbessern. Um einen *polizeilichen* Nutzen aus der Untersuchung ziehen zu können, wurden auf Basis der Erkenntnisse Handlungsempfehlungen erarbeitet, die Anregungen für die praktische polizeiliche Arbeit geben. Im Folgenden werden einige dieser Handlungsempfehlungen mit einem unmittelbaren Präventionsbezug dargestellt.

„Aufklärung statt Beunruhigung"

Ein Wohnungseinbruch hat oftmals eine belastende Wirkung auf die Opfer. Es empfiehlt sich daher, die Maßnahmen des polizeilichen Opferschutzes und der polizeilichen Einbruchsprävention konsequent fortzuführen. Eine zielgerichtete Prävention kann dazu beitragen, dass es durch ergriffene Schutzmaßnahmen gar nicht erst zur Opferwerdung kommt. Obwohl verhaltensorientierte und technische Sicherungsmaßnahmen bereits von zahlreichen Bürgern ergriffen werden (vgl. Abbildung 3), sollten derartige Maßnahmen weiterhin konsequent empfohlen werden. Bei sämtlichen Präventions- und Aufklärungsmaßnahmen sollte jedoch gleichzeitig vermieden werden, bei den Bürgern überzogene Ängste und Kriminalitätsfrucht zu schüren.

„Gemietete Sicherheit"

Gerade gemietete Wohnungen fallen durch eine schlechtere Sicherung mit technischen Präventionsmaßnahmen auf (vgl. Abbildung 5). Hierbei sind die Mieter selbst, aber vielmehr die Vermieter und Wohnungsbaugesellschaften gefordert, den vermieteten Wohnraum angemessen zu sichern. Denn die häufig als hoch eingeschätzten Kosten für technische Sicherungen können sich durch eine höhere Attraktivität des Wohnraums für potentielle Mieter bezahlt machen. Die Polizei sollte noch stärker als schon jetzt als Motor und wertvoller Berater im Hinblick auf geeignete Maßnahmen auftreten und offensiv die Zusammenarbeit mit der Wohnungswirtschaft suchen.

„Am Geld soll's nicht scheitern"

Ein wesentlicher Grund für den Verzicht auf technische Präventionsmaßnahmen sind oftmals deren als hoch eingeschätzte finanzielle Kosten. Tatsächlich zeigt sich, dass Haushalte, die über ein geringeres Nettoeinkommen verfügen, schlechter durch technische Präventionsmaßnahmen gesichert sind (siehe Ausführungen weiter oben im Text). Hier ließe sich durch eine verstärkte Information der Bürger bezüglich verhältnismäßig kostengünstiger und dennoch wirksamer Maßnahmen Abhilfe schaffen und möglicherweise übersteigerte Kostenerwartungen entkräften. Empfehlenswert wäre außerdem eine Optimierung des Mitwirkens von Versicherungen beim Schutz vor Wohnungseinbruch.

Literatur

Birkel, Christoph (im Erscheinen): Hellfeld vs. Dunkelfeld: Probleme statistikbeglei-
tender Dunkelfeldforschung am Beispiel der bundesweiten Opferbefragung
im Rahmen des Verbundprojektes „Barometer Sicherheit in Deutschland"
(BaSiD). In: Eifler, Stefanie/Pollich, Daniela: Empirische Forschung über
Kriminalität. Methodologische und methodische Grundlagen. Wiesbaden:
Springer VS.

Kiefert, Julia/Kersting, Stefan (2013): Vertrauen. Die Basis erfolgreicher Polizeiarbeit. Ergebnisse einer internationalen Befragung zum Vertrauen der Bevölkerung in die Polizei. In: Die Polizei (6). S. 177–180.

Lüdemann, Christian (2006): Soziales Kapital und soziale Kontrolle. Zu den Determinanten sozialer Kontrolle in Nachbarschaften. In: Kriminalistik 3/2006.
S. 177–183.

Reuband, Karl-Heinz (2012): Vertrauen in die Polizei und staatliche Institutionen.
Konstanz und Wandel in den Einstellungen der Bevölkerung 1984-2011. In:
Soziale Probleme (23). S. 5-39.

Steffen, Wiebke (2014): Gutachten für den 19. Deutschen Präventionstag. 12. &
13. Mai 2014 in Karlsruhe. „Prävention braucht Praxis, Politik und Wissenschaft". Heiligenberg (Baden) und München.

Wetzels, Peter (1996): Kriminalität und Opfererleben: Immer öfter das Gleiche?
Defizite und Perspektiven repräsentativer Opferbefragungen als Methode
empirisch-viktimologischer Forschung in der Kriminologie. Monatsschrift
für Kriminologie und Strafrechtsreform 79(1): 1-24.

Arthur Kreuzer

Ausweitung des Strafrechts auf dopende Sportler – ein sinnvoller Präventionsbeitrag?

Abstract

Es ballen sich rund um den Sport skandalöse Vorfälle, die für öffentliche Empörung sorgen: Wettbewerbsbetrügereien und Korruption im Profi-Fußball, Fan-Krawalle und Hooliganismus bei Fußball-Veranstaltungen, Ausschreitungen gegen Schiedsrichter, systematisches Doping im Radsport, namentlich bei der Tour de France. Alle Olympiaden der letzten Jahrzehnte waren von Doping-Skandalen begleitet. Solche Erscheinungen rufen Kriminalpolitik auf den Plan. Politiker wollen dann gern das vermeintliche Allheilmittel des Strafrechts einsetzen, um der Missstände Herr zu werden und verantwortliches Handeln zu beweisen. Meistens ist es jedoch der falsche Weg. Er gaukelt eine Problemlösung vor. Tatsächlich schafft er oftmals neue Probleme, führt zu doppelter Moral und ändert nichts an tatsächlichen Missständen.

I. Doping-Skandale und kriminalpolitische Konsequenzen

Die Dopingproblematik kann mit wenigen Stichworten entsprechender Skandale der letzten Zeit aufgezeigt werden: „Geständnisse" des wohl berühmtesten und vielleicht berüchtigtsten Radsportlers Lance Armstrong und seiner deutschen Kollegen Jan Ullrich, Stefan Schumacher und Erik Zabel; neue Vorwürfe wegen eines gedopten Rennpferds gegen die Reitsportlerin Isabell Werth; Skandal um den amerikanischen Baseballstar Alex Rodriguez; Freispruch Stefan Schumachers vom Vorwurf, wegen des zugegebenen Dopings seinen Gerolsteiner-Teamchef Hans-Michael Holczer um mehrere Monatsgehälter betrogen zu haben; Ausschluss der Biathlon-Skiläuferin Evi Sachenbacher-Stehle aus der deutschen Olympia-Delegation in Sotschi wegen Nachweises des Stimulans Dimethylpentylamin in beiden Doping-Proben.

Rufe nach strafrechtlichen Konsequenzen ließen nicht auf sich warten. Mit Dieter Rössner forderte sogar ein Kriminalwissenschaftler und Sportrechtssachverständiger öffentlich: „Der Staat muss Doper bestrafen". In einem Anti-Doping-Gesetz solle das „Eigendoping" mit dem Ziel eines Vermögensvorteils in sportlichen Wettkämpfen strafbar werden. Sonst der Terrorabwehr dienende Verfolgungsmaßnahmen sollen sich gegen dopende Sportler richten. Dazu gehören Durchsuchung, Beschlagnahme, Telefonüberwachung, Untersuchungshaft, Kronzeugenregelung. Über die Sportler will man in die abgeschotteten Strukturen im Hintergrund dringen, illegale Märkte austrocknen. Die GRÜNEN und die Baden-Württembergische Regierung haben den Vorschlag in Gesetzesform im Bundesrat eingebracht. Das „Eigendoping" von „Berufssport treibenden Personen" soll strafbar werden. Zu erfassen seien Personen, die durch Teilnahme an sportlichen Wettkämpfen „wesentliche Teile ihres Einkommens" erzielen. Auszunehmen seien ärztlich verordnete Mittel. Bayern ging in einem Gesetzesantrag noch weiter: In gewohntem Vertrauen auf Abschreckungs-Prävention sollte jeglicher Besitz und Einsatz verbotener Stoffe und Methoden, ja schon der Versuch von „Eigendoping" unter Strafe gestellt werden.

Bislang hatte sich die Bundesregierung darauf beschränkt, dafür gesorgt zu haben, dass der Besitz nicht geringer Mengen von Dopingmitteln im Arzneimittelgesetz strafbar geworden ist. Auch die meisten Sportverbände sprachen sich gegen eine weitergehende Strafbarkeit des „Eigendopings" aus. Nun jedoch ist im Koalitionsvertrag von CDU/CSU und SPD vorgesehen, eine Ausweitung des Strafrechts auf das „Eigendoping" zu betreiben, falls sich verfassungsrechtliche Einwände klären lassen. Und voraussehbar reagierte postwendend der neue Bundesjustizminister Heiko Maas auf den Dopingskandal einer deutschen Skiläuferin in Sotschi. Er kündigte ein scharfes Anti-Doping-Gesetz mit Strafbarkeit des Besitzes auch geringer Mengen von Doping-Substanzen an.

Aber was kann Strafrecht tatsächlich auf diesem Feld leisten? Wird womöglich das Gegenteil des Gewünschten bewirkt? Und was muss der Sport selbst richten? Dies zu beurteilen, setzt voraus, den heutigen Spitzensport und dessen staatliche Förderung gründlich auf den Prüfstand zu stellen. Man muss sich von Illusionen und doppelter Moral befreien. Die Sportpolitik muss Konsequenzen ziehen. Denn Spitzen- und Leistungssport unterliegen prägenden gesellschaftlichen Zwängen. Diese lassen Sportdoping als fast unausweichlich, gegen Vermeidungsmaßnahmen weitgehend immun erscheinen.

II. Einbettung des Doping in gesellschaftliche Zwänge

1. Leistungssteigerungsmaxime

Jeder Sport, besonders aber der Hochleistungssport, fügt sich in die vorherrschende „Leistungssteigerungsmaxime". Sie gilt für die gesamte Gesellschaft. In allen Bereichen wird versucht, die Leistung zu steigern mit Arznei- und Suchtmitteln, Schwächen physischer oder psychischer Art entgegenzuwirken. Unter ADHS leidende Schüler erhalten Ritalin, um mithalten zu können. Schüler bereiten sich mit „Brain Boosters" auf Prüfungen vor. Ein Fünftel der Studierenden räumt Arznei- und Suchtmittelgebrauch vor Examina ein. In beruflichen Bewerbungsgesprächen, bei Stress-Überforderung von Ärzten und Politikern, in der Szene von Rock-, Pop- und Rap-Musik, in Schönheitswettbewerben oder in der Prostitution bedient man sich künstlicher Hilfsmittel. Im Sport sind nicht nur der Leistungssport betroffen, bei dem jeder Dritte Doping zugibt, sondern auch der Behinderten- und Breitensport. Viele Kunden von Fitness-Studios setzen anabole Steroide ein. Bereits antike Olympiaden kannten Leistungsdruck und Manipulationen, um Erwartungen der Öffentlichkeit und rivalisierenden Städte gerecht zu werden. Vielleicht ist das olympische „citius, altius, fortius" – immer schneller, höher, stärker – eine anthropologische Wettkampf-Konstante. Nur Illusionäre glauben, man könne immer neue Rekorde aufstellen, ohne künstlich nachzuhelfen.

Erst recht wächst der Druck auf Spitzensportler, weil ihnen bei ausbleibender Höchst-
leistung Fördermittel entzogen werden. Die Hochsprung-Siegerin Ariane Friedrich
dazu: „Stimmt die Leistung nicht, sind die Gründe dafür zweitrangig. So wird eben
ganz schnell gekürzt. Leistungssport lebt vom permanenten Leistungsdruck." Der
Radsportler Stefan Schumacher : „Ich hatte ja niemals den Wunsch zu dopen. Ich
wollte nur nicht gegenüber den anderen nachstehen...Selbst wenn ich gesundheitlich
angeschlagen war, wurde ich angetrieben, vorn im Feld zu fahren oder Tempo zu
machen."

2. Professionalisierung und Kommerzialisierung

Leistungssport ist hochgradig professionalisiert und kommerzialisiert. 1986 hat man
– überfällig – in der olympischen Charta den von Pierre de Coubertin geprägten Glauben an sauberen Amateursport aufgegeben. Börsengang von Fußballclubs, Werbever-
träge, Trikot- und Bandenwerbung, Kauf von Übertragungslizenzen, Start- und Preis-
gelder, Börsengang von Fußballvereinen sowie Millionen-Summen für Ablösung
und Transfer begehrter Fußballer sowie die Marktwert-Berechnung von Spielkadern
verdeutlichen den Kommerz. In einem Gesetzesantrag heißt es treffend: „Eben weil
sich mit Doping erhebliche finanzielle Vorteile erzielen lassen, wird der Sport, soweit
er vorrangig wirtschaftlicher Wettbewerb ist, zur Triebfeder des Dopings." Wenn
sich dann ein Teamchef wie Holczer vom Doper überrascht oder gar betrogen gibt,
zeugt das von Scheinheiligkeit oder Naivität und Blindheit gegenüber dem Alltag des
Teams.

3. Medialisierung

Die Medialisierung leistungssportlicher Ereignisse hat wesentlichen Anteil an der
Verfremdung des Sports durch Doping. Große Sportwettbewerbe werden insbesondere durch die Fernseh-Massenmedien als Unterhaltung inszeniert und entsprechend
hoch dotiert. Das massenmediale Vermarkten fördert eher passives Erleben von Sport,
statt Eigensport zu aktivieren. Vor allem werden „falsche Ideale und Hoffnungen auf
großes Geld, Ruhm und große Gefühle vermittelt und pseudolegitimiert". Es werden
Erwartungen an „immer neue absolute Weltrekorde" genährt. Doping-Ereignisse und
entsprechendes Empörungspotential werden als „Theater im Theater" verarbeitet – so
der Philosoph Kai Gregor. Dazu der Fußball-Torwart René Adler: „Ich arbeite in der
Entertainmentbranche. Nichts anderes ist die Bundesliga...Der Boulevard verlangt
ständig nach Sensationen und Skandalen."

4. Politisierung des Leistungssports

Die Politisierung des Leistungssports dürfte eine der wichtigsten Triebfedern für Doping sein. Zwar war sie schon der Antike geläufig, als griechische Stadtstaaten in
Olympiaden um des Prestiges willen wetteiferten. Doch hat in der Moderne der Leistungssport einen gewaltigen Motivationsschub im nationalen und politisch-ideologi-

schen Wettbewerb erhalten. Man darf das Nationalprestige als entscheidenden Grund für staatliche Förderung des Leistungs- und Spitzensports werten. Hochleistungssport gilt als „wichtige Visitenkarte eines Landes". Das ist zugleich ein Maßstab für die staatliche Förderung. Der ehemalige Innenminister Friedrich räumte das ein: „Zusätzlich (zur Grundförderung) fördern wir bestimmte Projekte und schauen dabei dann stärker auf die Erfolgsaussichten in den nächsten Olympischen Spielen." Staatliche Förderung damit zu legitimieren, dass „der Spitzensportler Vorbildfunktion für junge Menschen" habe, gehört zu der doppelten Moral, wissen Politiker doch um die Schattenseiten dieses Sports und seiner negativen Leitbildfunktion, zumal in der massenmedialen Vermarktung. Drastisch drückt das ein Olympionike aus: „Ethik und Moral im Spitzensport" sei „dumme Schwafelei".

Auf gleicher Linie liegt die wirklichkeitsfremde These der Olympischen Charta, Olympiaden seien keine Wettbewerbe zwischen Ländern, nur zwischen Individuen und Teams. Hohn sprechen dem schon der Einzug von Olympiade-Teilnehmern oder Mannschaften bei anderen internationalen Wettbewerben unter National-, nicht Sportart-Flaggen, Siegerehrungen mit jeweiligen Nationalhymnen, Medaillenspiegel der Nationen und Titulierungen wie Nationalmannschaft, Nationaltrainer, Nationaltorwart. Die Kugelstoß-Europameisterin von 2013 bringt es auf den Punkt: Sie kämpfe fürs Vaterland; es sei eine Art Krieg, den man führe. Diktaturen wie die der Nazis und kommunistischer Herrschaftssysteme haben exzessiv solche Politisierung im Kampf um Prestige und internationale Akzeptanz genutzt. Das reichte bis hin zum organisierten, gezielten Doping in aufwendiger „individueller Förderung", mitunter sogar ohne Wissen der dadurch in ihrer Entwicklung schwer geschädigten jungen Sportler, beispielsweise in der DDR. Demokratische Länder haben sich dem moderat angepasst. So wurde in der Bundesrepublik zumindest seit 1970 Dopingforschung an zentralen universitären Instituten staatlich gefördert. Ergebnisse sollten dem Doping im Spitzensport zugutekommen. Ein Journalist resümiert entsprechende Forschungsergebnisse so: „Der Wille westdeutscher Sportmediziner, mit Wissen von Sportstrategen und einer Bundesinstitution rücksichtslos Medaillen zu produzieren, ist längst gut dokumentiert." Wolfgang Schäuble, seinerzeit sportpolitischer Sprecher seiner Fraktion, äußerte in einer Anhörung 1977: „Wir wollen solche Mittel unter absolut verantwortlicher Kontrolle der Sportmediziner einsetzen, weil es offenbar Disziplinen gibt, in denen ohne Einsatz dieser Mittel der leistungssportliche Wettbewerb in der Weltkonkurrenz nicht mehr mitgehalten werden kann."

5. Mythos vom sauberen, gesunden Hochleistungssport

Zur Duldung und zugleich Verdrängung des Doping trägt ferner bei, dass für den Hochleistungssport realitätswidrig eine „Ethik des fairen, sauberen und gesundheitlich positiven Sports" reklamiert wird. Sie gilt es zu entzaubern und zu erkennen, „wie kaputt und krank" diese vermeintlich heile Welt machen kann. Was soll eine Gesundheitsideologie angesichts offenkundig schädlicher Wirkungen? Nämlich: Alltägliche

Unfälle im Training und Wettbewerb mit Folgen bis hin zu Querschnittlähmungen und Tod. Langzeitfolgen wegen einseitiger Dauerbelastungen, fehlender Ruhepausen und Versagenserlebnisse; dazu zählen Herz- und Kreislaufleiden, Rücken- und Haltungsschäden, Verkrüppelungen, Depressionen bei jedem zehnten Hochleistungssportler und Selbstmorde. Wer denkt schon an die Masse in Wettkämpfen Unterliegender und daran, wie sie das bewältigen? „Schon der Zweite ist der erste Verlierer" – so der Kugelstoß-Olympionike Udo Beyer. Man denke auch an vielfältige Schäden durch teils freizügig ärztlich verordnete Medikamente gegen Schmerz, Infektionen, Leistungsabfall, Ängste und Depressionen. Die Siebenkämpferin Birgit Dressel etwa hatte vor ihrem Tod 120 verschiedene, teils verordnete Mittel genommen, eine andere Olympiaathletin 64 erlaubte Mittel für die zwei Tage vor der Doping-Kontrolle angegeben. Nicht zuletzt sind Doping-Schäden zu nennen.

6. Verwissenschaftlichung, Medizinalisierung und Technisierung

Moderner Leistungssport unterliegt darüber hinaus einer Verwissenschaftlichung, Medizinalisierung und Beeinflussung durch Technik. Fachleute in Medizin, Naturwissenschaften und Technik widmen sich professionell dem Spitzensport. Ihr Wirken ist ambivalent. Sie kümmern sich als Betreuer um das Wohl von Sportlern. Sie sind aber auch daran beteiligt, missbräuchlich zu rezeptieren, unvernünftige und schädigende Wünsche ihrer Klienten oder von Veranstaltern zu erfüllen, neue leistungssteigernde Stoffe und Methoden zu entwickeln, die Wettbewerbsvorteile bringen und das Verbots- und Kontrollsystem unterlaufen. Der Einfluss von Technik im Ehrgeiz um immer neue Rekorde zeigt sich am stärksten im Formel-1-Rennsport. Dort erlebt man zusätzlich einen Wettkampf zwischen Mensch und Maschine. Ähnlich verhält es sich bei Segel-Welt-Regatten. Der Tod des englischen Olympiasiegers Andrew Simpson in der Vorbereitung des America's Cup 2013 belegt es drastisch: Man baute dafür die Bootsklasse AC 72. Sie kostete das Team zehn Millionen Dollar und erreichte doppelte Windgeschwindigkeit. Sie brachte deswegen aber auch zusätzliche lebensgefährliche Risiken, für Simpson den Tod.

III. Verfassungsrechtliche Einwände gegen die Strafbarkeit des „Eigendoping"

Forderungen nach Ausweitung des Strafrechts auf den einzelnen Sportler wegen „Eigendopings" sind fehl am Platz. Der kriminalpolitische Kampf wäre zum Scheitern verurteilt. Die verheerenden Wirkungen des strafrechtlichen „Drogenkriegs" belegen es. Er hat illegale Märkte und immense Gewalt stimuliert bis hinein in die Haftanstalten. Er hat die Therapiearbeit behindert. Er hat die Rechtsstaatlichkeit beschädigt mit den „Verfahrensdeals", den „Kronzeugen", den dubiosen Untergrundfahndungsmethoden, den zwielichtigen „V-Leuten". Er hat Unsummen verschlungen für die Aufrüstung auf beiden Seiten.

Namentlich eine Bestrafung des Besitzes oder Konsums von Dopingmitteln oder der Anwendung entsprechender Methoden stößt zudem auf erhebliche verfassungsrechtliche Bedenken.

1. Straflosigkeit eigenverantwortlicher Selbstgefährdung

Selbst im Betäubungsmittelstrafrecht war verfassungsgerichtlich anerkannt, dass bloßer Drogenkonsum straflos bleiben müsse. Da Erwerb und Besitz dem Drogenkonsum regelmäßig vorausgehen, muss auch das dem Konsum vorgelagerte Verhalten straflos bleiben. Das gilt ebenfalls für Erwerb und Besitz geringer Mengen von Dopingstoffen zum eigenen Konsum. Eine Bestrafung verstieße nämlich gegen das aus Artikel 2 Abs. 1 Grundgesetz ableitbare Prinzip der Straflosigkeit eigenverantwortlicher Selbstschädigung oder Selbstgefährdung. Dieses Grundrecht wäre erst recht verletzt bei Strafbarkeit des „Eigendopings". Bei Drogen konnte man immerhin noch davon ausgehen, dass Besitzer gelegentlich etwas von ihrem Vorrat an andere abgeben. Das trifft für dopende Sportler nicht zu. Sie verheimlichen erfahrungsgemäß das Doping, gefährden lediglich sich selbst. Doping-Mittel werden nicht wie ein „Joint" in der Freundesrunde weitergereicht.

2. Verletzung des Bestimmtheitsgebots

Alle vorgeschlagenen Strafausweitungs-Gesetz-Entwürfe verletzen zudem das verfassungsrechtliche Gebot der Bestimmtheit von Strafbestimmungen. Dies in dreierlei Hinsicht:

Erstens sind die betroffenen Personengruppen nicht bestimmt genug erfasst. Abgrenzungen zwischen Breiten-, Spitzen-, und Wettbewerbssport sowie zwischen Wettkampfteilnahme mit oder ohne wirtschaftliche Vorteile sind völlig vage. So ließe sich überwiegend auch der Schulsport mit Wettbewerben und Auszeichnungen oder der Volksmarathon mit Siegerprämien dem Straftatbestand zuordnen.

Zweitens sind die erfassten Handlungssituationen unklar. Wenn nur der Wettkampf gemeint ist, muss man nach Beginn und Ende fragen: Vorausgehendes Training, Anmeldung, Zulassung, Antritt zum Start, Tests nach Abschluss? Wie steht es überdies mit jahrelanger Vorbereitung durch Wachstumshormone, Epo, Testosteron, Anabolika? Würde das mit erfasst, wäre es die Bestrafung einer Lebensführung. Wäre es nicht erfasst, entstünde eine Gerechtigkeitslücke, denn derjenige, der sich Vorteile frühzeitig verschafft hat, im Wettkampf davon profitiert und jetzt darauf verzichten kann, wäre straffrei.

Drittens sind die erfassten Stoffe und Methoden unbestimmt. Die von Anti-Doping-Agenturen erstellten Verbotslisten müssten laufend angepasst und dann vom nationalen Verordnungsgeber geprüft und gegebenenfalls übernommen werden. Da die meisten Stoffe zugleich medizinischen Zwecken dienen können, wären sie über entsprechende ärztliche Rezeptur erhältlich und schieden so als Dopingmittel aus. Die subjektive Zwecksetzung bei der Verwendung entschiede also über Strafbarkeit oder Straflosigkeit. Entsprechende Beweisschwierigkeiten lägen auf der Hand. Verschreibungsmissbrauch würde stimuliert. Weiter ist auf die „Grauzone von leistungssteigernden Manipulationen, die nicht auf der Liste verbotener Methoden stehen," hinzuweisen. Letztlich ist der stete Wettlauf zwischen Herstellern und Fahndern zu erwähnen, neue, noch nicht nachweisbare Mittel zu entwickeln oder sie aufzuspüren und zu verbieten. Negative Doping-Tests bedeuten bekanntlich nur: Bisher verbotene und durch Tests erkennbare Mittel nicht nachgewiesen.

3. Verstoß gegen das Verhältnismäßigkeitsgebot

Verfassungsrechtlich zu rügen ist außerdem ein Verstoß gegen das Gebot der Verhältnismäßigkeit von staatlichen Eingriffen. Das gilt in mehrfacher Hinsicht. Zum einen wird durch solche Strafbarkeit unverhältnismäßig in die Sportautonomie eingegriffen. Strafrecht als „ultima ratio", als letztes und äußerstes Mittel staatlicher Missbilligung hat hier auszuscheiden, weil Sportorganisationen selbständig und wirksamer handeln können. Sie müssen Regeln fachkundig festlegen. Was Sport-Moral sein soll, haben sie zu entscheiden. Der Sport ist zwar ein wichtiges gesellschaftliches Gut. Aber es zu schützen und zu regulieren obliegt seinen Sachwaltern, den Sportorganisationen. Vergleichbar ist dieses Gut den Gütern von Kunst und Wissenschaft. Auch sie bestimmen autonom ihre Moral, Verhaltensregeln und Reaktionen auf Regelverstöße. Erst wenn Belange der Allgemeinheit durch sozialschädliches Verhalten beeinträchtigt werden, greift das für alle gleichermaßen geltende Strafrecht, etwa bei Betrug oder Körperverletzung, nicht schon bei Verstößen gegen ethische oder moralische Regeln von Sport, Kunst oder Wissenschaft. Das gehört zum Wesen des Rechtsgüterschutz-Strafrechts.

Außerdem verfügen nur Sportorganisationen über geeignete Verfahren und Sanktionen, Regelverstöße angemessen zu ahnden. Die Geeignetheit ist eine der Voraussetzungen einer Verhältnismäßigkeit staatlichen Eingreifens. Verbandsgerichtliche Sanktionen sind weit wirksamer als staatliche Strafen, gezielter, einschneidender. Dazu gehören Sperren, Aberkennung von Titeln, Rückzahlung von Preisgeldern und Fördermitteln, Schadensersatzleistungen und Vertragsstrafen. Lance Armstrong bezeichnete die lebenslange Sperre als „Todesstrafe". In Unterwerfungsverträgen können überdies jederzeitige verdachtslose Dopingkontrollen vereinbart werden. Sportgerichtliche Vorgaben und Verfahren unterliegen nicht gleich strengen Beweislastregeln, dem Bestimmtheitsgebot und Rückwirkungsverbot, dem Schuldprinzip, wie sie für Strafrecht und Strafverfahren gelten. Ohnehin würden dopenden Sportlern in der staatlichen Strafjustiz allenfalls geringe Geldbußen mit Einstellung des Verfahrens, äußerstenfalls Geldstrafen drohen.

Schließlich verstießen drastische polizeiliche Ermittlungsmaßnahmen gegen das Verhältnismäßigkeits-Gebot, wenn es sich lediglich um minder schwere Straftaten wie Besitz geringer Mengen von Dopingstoffen handelte. Ohnehin wären solche Ermittlungen abhängig von einem konkreten Straftatverdacht. Nötig sind hingegen verdachtslose Kontrollen. Wie wenig von staatlichem Strafrecht durch Strafbarkeit des „Eigendopings" zu erwarten ist, belegt eine rechtsvergleichende Umfrage bei

Nachbarstaaten wie Dänemark und Italien. Sie haben solche Kriminalisierung im Sport vorgenommen. In den vier Jahren seit Einführung einer Strafbarkeit des „Eigendopings" ist es dort aber in keinem einzigen Fall zur Bestrafung eines Sportlers gekommen. Im Übrigen würde die Erwartung polizeilicher Zwangsmaßnahmen zur Abschreckung gegen Doping, also eine bloß kriminalistische Zielsetzung, die Strafbarkeit nicht legitimieren. Erst wenn das Verhalten selbst nach Unwert und Sozialschädlichkeit entsprechend gravierend erscheint, ist es rechtsstaatlich legitim, es mit Strafandrohung zu verbieten und dann im Verdachtsfall notfalls polizeiliche Zwangsmittel anzuwenden.

Um die Ungeeignetheit staatlichen Strafrechts gegen das „Eigendoping" abschließend noch an einem Beispiel aufzuzeigen:

Die Skisportlerin Sachenbacher-Stehle geriet in Sotschi aufgrund zweier routinemäßiger verdachtsloser Proben in der Überprüfung durch die zuständige Agentur der Sportorganisation in den Verdacht verbotenen Dopings. Sie wurde sogleich aus dem deutschen Kader ausgeschlossen. Die Prüfung weiterer Konsequenzen durch Sportgerichte steht an. Was hätte eine Strafandrohung in diesem Fall bewirken können? Nichts Bedeutsames. Deutsche Polizei hätte in Russland nicht ermitteln dürfen. Auch im Inland wäre ihr verdachtslose Kontrolle verwehrt. Sie hätte also allenfalls nach dem durch Sportorganisationen belegten Verdacht tätig werden können. Eine Durchsuchung der inländischen Wohnung oder eine Telefonüberwachung wäre ihr dabei versagt gewesen, weil es sich nur um den Verdacht eines leichten Delikts handelt. Zudem hätte die Verdächtige sich anwaltlicher Hilfe bedient und ein Auskunftsverweigerungsrecht gehabt. Im Falle einer staatlichen Anklage wären die sportgerichtlich erwartbaren Sanktionen zu berücksichtigen gewesen. Sie sind allemal einschneidender als strafjustizielle. Es ist also nicht zu erkennen, wo die Strafbarkeit des „Eigendopings" zu eigenständigen staatlichen strafjustiziellen Ermittlungen führen könnte, die Dopingermittlung durch Sportorganisationen zuvorkommen könnten. Das Strafrecht wäre bloß symbolisch, anders ausgedrückt: ein Papiertiger.

IV. Folgerungen

Die desillusionierenden Befunde zu Möglichkeiten, Sportdoping – womöglich sogar mithilfe des Strafrechts – zu unterbinden, drängen dazu, in der Sportpolitik umzudenken. Das Strafrecht sollte sich aus diesem Bereich heraushalten und den Sportorganisationen die Kontrolle überlassen. Ein Doping-Strafrecht darf nicht zum Alibi für mangelhafte eigene Vorsorge der Sportorganisationen werden, die Politik sich nicht in einen „Krieg gegen Doping" manövrieren lassen. Wo es um gravierende Kriminalität mit Schäden für die gesamte Gesellschaft geht, mag das Strafrecht auch weiterhin greifen. Das gilt etwa für Maßnahmen gegen organisiertes Doping, Handel und Verabreichung von Dopingstoffen oder Betrug durch organisierte Wettkampfmanipulationen. Darüber hinaus mag der Staat weiterhin die innersportliche Dopingkontrolle finanziell und organisatorisch unterstützen. So trägt er wesentlich die Arbeit der Nationalen Anti-Doping-Agentur Deutschland. Aus der finanziellen Förderung des gesundheitsschädlichen, durch nationales Prestige-Streben gezeichneten Spitzensports sollte er sich jedoch – möglichst im Verbund mit anderen Staaten etwa der Europäischen Union – tendenziell zurückziehen. Stattdessen gilt es, den Breiten-, Schul- und Behindertensport nicht zuletzt aus Gründen der Prävention in der Gesundheitspolitik zu fördern.

Schrifttumshinweis:

Dieser Beitrag findet sich in dem Buch des Verfassers „Das Verbrechen und wir – Essays zur Einführung in Strafrecht und Kriminalpolitik". Es ist im September 2014 im Verlag Mohr Siebeck erschienen. Eine frühere ausführlichere und mit Belegen versehene Fassung ist unter dem Titel „Kriminalisierung des dopenden Sportlers?" gerade in der Gedenkschrift für Michael Walter (Duncker & Humblot, Berlin 2014, S. 101-116) erschienen. Stellungnahmen des Verfassers und anderer Experten finden sich im „Expertengespräch zur Dopinggesetzgebung am 26. September 2013 im Bundesministerium des Innern, Bonn": Publikation des BMI v. 10.10.2013 >www.bmi.bund.de/SharedDocs/Downloads/DE/Kurzmeldungen/bericht.pdf?_blob=publicationFile<.

Helmut Kury

Kriminalprävention durch härtere Sanktionen?

Die Rolle der Kriminologie

1. Einleitung

Seit Jahrzehnten wird in der Kriminologie, vor allem in den westliche Industriestaaten, die Frage diskutiert, wieweit ein zunehmend härteres Vorgehen gegen Straftäter von Seite staatlicher Kontrollinstanzen, wie etwa der Polizei bzw. Justiz, nützlich bzw. erforderlich sei, um eine vermeintliche oder tatsächliche Gefährdung der inneren Sicherheit zu bekämpfen. Während von kriminologischer Seite auf der Basis inzwischen zahlreicher vorliegender entsprechender Untersuchungsergebnisse immer wieder auf die fragwürdige Wirkung härterer Sanktionen hingewiesen wird, aufgrund empirischer Studien vor allem auch deren schädliche Nebeneffekte betont werden, wurde von kriminalpolitischer Seite, in Unkenntnis oder Missachtung dieser Resultate, in der Regel vor dem Hintergrund eines öffentlichen Druckes, meist nach einzelnen schweren Straftaten, weitgehend versucht, mit Gesetzesverschärfungen das „Problem" zu „lösen". Im Kontext des Gefühls einer wachsenden Unsicherheit, die vor allem auch im Zusammenhang einer rasch zunehmenden und die Bürger vielfach überrollenden Globalisierung aufkam, wurde der Ruf nach mehr Sicherheit, etwa auch bezogen auf Kriminalität, hier schwerpunktmäßig bezogen auf die „Straßenkriminalität", immer lauter. Man kann nie genug Sicherheit haben und die lässt sich am leichtesten ohne Widerspruch dort einfordern, wo der „Gegner" sich kaum wehren kann und es „offenkundig" ist, dass er ein „Böser" ist.

Vor diesem Hintergrund wurde von politischer Seite immer wieder ein härteres Vorgehen gegen Straftäter gefordert, vielfach mit populistischem Hintergrund, etwa im Zusammenhang mit Wahlkämpfen. In diesem Kontext ist Justizpolitik einfach: Das Versprechen, nun endlich härter gegen Straftäter vorzugehen, indem die Gesetze und die Strafverfolgung verschärft werden, führt bereits zu einer Beruhigung der Öffentlichkeit und bewirkt Zustimmung. Das führte letztlich dazu, dass etwa in Deutschland zahlreiche Strafgesetze geändert, in aller Regel verschärft wurden. Hassemer (2006) spricht in diesem Zusammenhang von einer Entwicklung hin zu einem Sicherheitsstrafrecht. So betont der Autor (2009, S. 285f.): „Das Strafrecht bewegt sich, wie andere Bereiche unseres Lebens auch, im Spannungsverhältnis von Sicherheit und Freiheit seit geraumer Zeit hin zum Pol der Sicherheit. In dieser Bewegung verschärft sich das Strafrecht, es verbessert sich nicht. ... Es antwortet damit auf eine wachsende Angst der modernen Gesellschaften vor unbeherrschbaren Risiken, auf verbreitete Kontrollbedürfnisse, auf Prozesse normativer Desorientierung, in denen Gewissheiten verblassen, auf die wir uns früher blind verlassen haben".

In diesem Beitrag soll zunächst kurz auf die Hintergründe des Wunsches nach immer mehr Sicherheit eingegangen werden. Im Hauptteil soll anhand empirischer kriminolo-

gischer Untersuchungen die Frage geprüft werden, ob ein härteres Vorgehen gegen Straftäter wirklich eine Reduzierung der Kriminalitätsbelastung in einem Lande bewirkt bzw.
wenn nicht, woran dies liegt. Entsprechend soll kurz angesprochen werden, welche Alternativen nach vorliegenden Ergebnissen mehr Erfolg hinsichtlich der Herstellung innerer
Sicherheit versprechen, einen konstruktiveren Umgang mit Straftätern darstellen, wieweit
diese ein größeres Potential haben, den sozialen Frieden in einer Gesellschaft wieder herzustellen. Schließlich soll kurz angesprochen werden, welche Rolle der Kriminologie hinsichtlich der Durchsetzung einer rationaleren Kriminalpolitik zukommen könnte.

2. Der Wunsch nach (immer) mehr Sicherheit – steigende Punitivität?

Umfragen zeigen immer wieder und seit man sie mit dieser Fragestellung durchführt,
auch im internationalen Vergleich, dass die Bevölkerung sich vor allem (mehr) Sicherheit vor Kriminalität wünscht, und das vor dem Hintergrund einer mehr oder
weniger großen Angst, selbst Opfer einer Straftat zu werden. Seit man, mit dem Auf-
kommen der sozialwissenschaftlichen Umfrageforschung etwa Mitte des letzten Jahrhunderts, auch vermehrt Bevölkerungsbefragungen zur Angst vor Straftaten macht,
ist die „Verbrechensangst in der Bevölkerung", angeregt durch die Medien, ein Thema
geworden, auch in der kriminologischen Diskussion. Da man nie genug Sicherheit in
der Gesellschaft haben kann ist es nicht verwunderlich, wenn stets ein Teil der Befragten sich mehr davon wünscht. Kunz (2013, S. 114) spricht in diesem Zusammenhang von einer „Unersättlichkeit des Sicherheitsverlangens". Nach Walgrave (2013,
S. 522) nahm die „obsession with security" Ende der 1980er Jahre zu und endete in
einem „boosting punitive populism". Angst vor Straftaten oder anderen Bedrohungen
ist bis zu einem gewissen Umfang allerdings geradezu „natürlich" und kann auch zu
eigenen vernünftigen Vorsichts- und Präventionsmaßnahmen anregen.

Angst ist ein vielfach unklar umschriebenes Konzept, etwa in Abgrenzung von
Furcht, wird in Umfragen in unterschiedlichem Kontext oft uneinheitlich operatio-
lisiert. So erfasst das sogenannte Standarditem, das nach dem Sicherheitsgefühl bei
einem abendlichen alleinigen Ausgang im Umfeld des eigenen Wohngebietes fragt,
etwa nicht spezifisch die Angst, Opfer einer Straftat zu werden, sondern erfasst eher
generelle Ängste, etwa auch vor Dunkelheit oder einem Unfall. Es ist nicht überraschend, dass die Ergebnisse zur Verbrechensfurchtforschung vor diesem Hintergrund
ausgesprochen unterschiedlich ausfallen. Einheitlich ist etwa lediglich, dass Frauen
stets höhere Furcht angeben als Männer, schon zum Einfluss des Alters auf die Verbrechensangst sind die Resultate teilweise verschieden. Untersuchungen, etwa von Farrall u.a. (2000), die in Deutschland bestätigt werden konnten (vgl. Kury u.a. 2004b;
2005) zeigen deutlich, dass die Angaben zur Verbrechensfurcht in standardisierten
Inventaren etwa von der Stellung des Items innerhalb eines Fragebogens, vor allem
aber auch dessen Formulierung abhängen (Kury 1995). Nachfragen bei den Personen,
die eine hohe Verbrechensfurcht angaben zeigten, dass bei differenzierterer Erhebung
die Angaben zur „Verbrechensfurcht" deutlich, teilweise bis zur Hälfte, zurückgehen.

Ein erheblicher Teil der Befragten gab etwa an, dass sie zwar generell eine bedeutsame Verbrechensfurcht haben, sich aber schon lange nicht mehr wirklich gefürchtet
hätten (vgl. zur Problematik der Erfassung von Verbrechensfurcht a. Kreuter 2002).

Dass die Angst vor Straftaten in Deutschland im Vergleich zu anderen „Ängsten" gegenwärtig offensichtlich kein herausragendes Problem darstellt zeigen seit Jahren die Ergebnisse der jährlich durchgeführten standardarisierten Umfragen der R+V-Versicherung zu
den „Ängsten der Deutschen" (Infocenter 2014). Hier wird von einer Versicherungsgesell-
schaft in neutralem Rahmen, also nicht im Kontext einer kriminologischen Victim-Survey,
allgemein nach den Ängsten hinsichtlich verschiedener Ereignisse gefragt mit dem Ergebnis, dass die Angst vor Straftaten in der Regel generell niedriger ausfällt als bei Opferstudien, wo die Frage im Kontext von straffälligem Verhalten gestellt wird. Nahm die „Angst
vor Straftaten" etwa zu Beginn der Befragungen 1991 noch einen prominenten Platz unter
allen Ängsten ein, rangiert sie seit Jahren an vorletzter Stelle, wird nur noch von der Angst
um ein Zerbrechen der Partnerschaft unterboten. Die letzte Umfrage 2014 zeigte insgesamt ein ausgesprochen niedriges Angstniveau. So gaben 26 %, also ca. ein Viertel, an,
Angst zu haben Opfer einer Straftat zu werden. An vorderster Front liegen dagegen schon
seit Jahren Ängste vor steigenden Lebenshaltungskosten (58 %), Naturkatastrophen (51
%), ein Pflegefall im Alter zu werden (51 %), schwer zu erkranken (47 %), einer Überforderung der Politiker (44 %), Spannungen durch Ausländer (43 %) bzw. einer Verschlech-
terung der Wirtschaftslage (41 %). Dass in Ostdeutschland das Angstniveau durchgehend
höher liegt als im Westen verwundert vor den nach wie vor unterschiedlichen Arbeits- und
Lebensbedingungen nicht (vgl. a. Ludwig u. Kräupl 2005; Kury u.a. 2002). Wiederum
zeigen insgesamt Frauen ein höheres Angstniveau als Männer (34 % im Vergleich zu 19
%). Die Deutschen mögen offensichtlich vor vielem Angst haben, mit am wenigsten aber
davor, Opfer einer Straftat zu werden. Tyler u. Boeckmann (1997, S. 256) stellten für die
USA in diesem Zusammenhang bereits vor Jahren fest: "People are troubled because they
feel important institutions within society (for example, the family) are declining ... people
are concerned about the symbolic harms that develop from the lack of clear, shared set of
moral values as well as from declining social ties among people. Those citizens who feel
the moral and social consensus that holds society together is declining are more supportive
of punitive public policies".

Die Angst der Bürger vor Straftaten wird politisch immer wieder zu nutzen versucht,
vor allem etwa in Wahlkämpfen, um in populistischer Weise die eigenen Chancen zu
erhöhen. So betont Kunz (2013, S. 114): „Politiker und Medien waren bis vor kurzem
die Wortführer des Kriminalitätsthemas, welches, einem Schauspiel vergleichbar, vor
einem rezipierenden Publikum inszeniert wurde". Es ginge darum, „aus der möglichst
prominenten Platzierung des Kriminalitätsthemas Profit zu schlagen", erprobt bereits
in den US-amerikanischen Wahlkämpfen der 1980er Jahre (Beckett 1997), inzwischen
auch in Deutschland mehr oder weniger erfolgreich praktiziert. Nach Klimke (2008,
S. 42) erweitere „der Populismus der Kriminalpolitik ... den Umfang des Strafrechts".

So hat etwa 2008 im Zusammenhang mit dem Landtagswahlkampf in Hessen Roland Koch eine drastische Verschärfung der Strafen bei Jugendlichen gefordert. Bei der Vorstellung eines Wahlplakates mit dem Titel „Sicher leben" stellte er nach Bericht von Fokus Online vom 2. 1. 2008 einen Sechs-Punkte-Plan zur Verschärfung des Jugendstrafrechts vor, in welchem u.a. ein „Warnschuss-Arrest" für jugendliche Täter gefordert wurde, die Anwendung des Erwachsenenstrafrechts auf Jugendliche ab 18 Jahren als Regelfall und eine Anhebung der Höchststrafe bei Heranwachsenden von 10 auf 15 Jahre. „Es muss Schluss sein mit falsch verstandener Rücksichtnahme und Schönfärberei", meinte Koch. Es wird Bezug genommen auf einen Überfall Jugendlicher auf einen älteren Mann in einer Münchner U-Bahn (http://www.focus.de/politik/ deutschland/jugendgewalt/jugendgewalt_aid_231927.html). Wenige Tage danach beschloss die CDU auf einer Klausurtagung in einer „Wiesbadener Erklärung" u.a. die Erhöhung der Höchststrafe bei Jugendkriminalität auf 15 Jahre, folgte den Forderungen Kochs (Focus Online vom 5. 1. 2008; http://www.focus.de/politik/deutschland/ jugendgewalt/cdu-klausurtagung_aid_232306.html). Als er dann in Ausnahmefällen letztlich auch Freiheitsstrafen bei Schwerkriminalität von unter 14-Jährigen „andachte" fiel die Stimmung um. Nach der Wahltagsbefragung war zwar eine Mehrheit in Hessen für eine Verschärfung des Jugendstrafrechts, vor allem unter den CDU-Anhängern, allerdings lehnten 66 % eine Bestrafung von Kindern ab, was zu einem „Absturz Roland Kochs durch die Forderung nach Kinderhaft" führte (Funke 2008, S. 34).

In das gleiche Horn stieß die Bayerische Staatsministerin der Justiz und für Verbraucherschutz, Beate Merk, Ende 2012 in einer Stellungnahme zur Frage einer „Höheren Jugendstrafe" (Merk 2012, S. 157). Zunächst schildert sie einen „fiktiven Fall", der allerdings eng an ein tatsächliches Geschehen in München angelehnt war. Ein Jugendlicher wird von zwei weiteren jungen Menschen auf der Straße angegriffen, ein Mann versucht dem Opfer zu helfen, wird von den Tätern zu Boden geschlagen und tödlich verletzt. „Sie bringen ihn zu Fall und schlagen und treten brutal auf ihn ein – immer wieder". Der jugendliche Haupttäter wird wegen Mord zur Höchststrafe von 10 Jahren Freiheitsentzug verurteilt. Die Ministerin stellt sich die Frage, ob es „gerecht" und „richtig" sei, „dass die Ehefrau des Mannes damit rechnen muss, dem Täter so bald schon wieder auf der Straße zu begegnen?" Sie setzt sich dafür ein, und hält es für einen „richtigen und wichtigen Schritt", dass bei Heranwachsenden, „die wegen besonders grausamer oder anderer besonders schwerer Mordverbrechen verurteilt werden, eine Jugendstrafe bis zu 15 Jahren" verhängt werden kann. Darüber hinaus fordert sie, die Sanktion für Heranwachsende „für all die Delikte zu erhöhen, bei denen das allgemeine Strafrecht als Höchststrafe lebenslange Freiheitsstrafe androht…", nennt als Beispiel sexuellen Missbrauch von Kindern mit Todesfolge oder Vergewaltigung mit Todesfolge. „Darüber hinaus kann man sich die Frage stellen, ob das Höchstmaß der Jugendstrafe nicht nur für Heranwachsende, sondern auch für Jugendliche entsprechend angehoben werden sollte. Denn auch Jugendliche können schwerste Straftaten begehen, auf die mit dem derzeitigen Höchstmaß von zehn Jahren kaum schuldangemessen reagiert werden kann". „Strafzweck der Jugendstrafe" sei „nicht allein der Erziehungsgedanke", sondern auch „Sühne der Schuld und ein angemessener Schuldausgleich". Durch „Sühne" solle die Schuld durch eine „Ausgleichsleistung" aufgehoben oder gemildert werden. Der Gesetzgeber habe dafür den Rahmen zu bieten, „sonst bleiben einmal mehr die Opfer und ihre Angehörigen auf der Strecke". Müller (2013), ein Jugendrichter, bringt das dann später auf die kurze griffige Formel: "Schluss mit der Sozialromantik!"

In neuerer Zeit berichtet beispielsweise die Pforzheimer Zeitung vom 15. 4. 2014 in einem „Offenen Brief an den Innenminister von Baden-Württemberg" (http://ps-news.de/cms_media/module_ob/11/5696_1_brief_gall.pdf) mit dramatisierendem Unterton: „... in Pforzheim und dem Enzkreis herrscht große Verunsicherung. Grund dafür ist die nicht enden wollende Einbruchserie in unserer Region. Die Menschen haben Angst, ihr Hab und Gut zu verlieren. Die Menschen haben Angst, ihre Wohnung zu verlassen. Die Menschen haben Angst, auf offener Straße Opfer von Diebesbanden zu werden. Die Reaktionen auf die Berichterstattung in der ‚Pforzheimer Zeitung' in Sachen Einbruchserie haben diese besorgniserregende Gemütslage zutage befördert". Es wird auf einen hohen Ausländeranteil bei den Straftaten hingewiesen. Dieser hohe Ausländeranteil gebe „erheblichen Anlass zum Nachdenken". Die Politik versage bei der Bekämpfung der Kriminalität. „77 Prozent unserer Leser, das ergab eine Umfrage auf unserem Internetportal PZ-news, trauen den staatlichen Institutionen aktuell nicht zu, die Situation in den Griff zu bekommen ... Die Unsicherheit der Bürger geht sogar so weit, dass sie sich zu Bürgerwehren zusammenschließen". Es werden mehrere Fragen an den Minister gestellt, u.a.: „3. Wird sich die Landesregierung für eine verschärfte Gesetzgebung bei der Bekämpfung von Wohnungseinbrüchen einsetzen?" Es wird betont, dass dieses wie das Antwortschreiben in der Zeitung veröffentlicht würden.

Durch solche Medienberichterstattung wird das Bild eines Bedrohungsszenarios geschaffen, werden „Lösungsvorschläge" gemacht, die, wie die empirische Forschung einhellig zeigt, nicht bzw. kaum Wirkung zeigen, die allerdings der Aufmerksamkeit für die Medien und damit deren Absatz dienen mögen. Experten zeichnen ein völlig anderes Bild. Görgen u.a. (2011, S. 4f.) etwa befragten Fachleute aus unterschiedlichen Bereichen: Die Anhebung der Höchststrafe für Jugendliche bewerteten nur 6 % als kriminalpräventiv wirksame Maßnahme, 62 % lehnten sie als nicht wirksam ab, 32 % schätzten sie darüberhinaus als kontraproduktiv ein.

Solche Berichte verstärken allerdings punitive Einstellungen in der Bevölkerung, wobei davon auszugehen ist, dass Rezipienten mit einer positiven Haltung gegenüber Sanktionen auch vermehrt entsprechende Presseveröffentlichungen lesen werden. Unter dem Druck der (Presse-)Öffentlichkeit werden dann vor dem Hintergrund einzelner schwerer Straftaten teilweise Gesetzesverschärfungen geschaffen, die danach allgemeine Gültigkeit haben. Wie etwa Streng (2014, S. 75) zu Recht betont, führen eigene Viktimisierungserfahrungen, wenn sie nicht ausgesprochen schwer sind, was glücklicherweise vergleichsweise selten der Fall ist, nicht zu einer härteren Sanktionseinstellung (vgl. a. King u. Maruna 2009, S. 161). Auch die Zusammenhänge zwischen Verbrechensfurcht und Punitivität sind nicht eindeutig, es kommen „vor allem Medienwirkungen in Betracht", die sowohl Verbrechensfurcht als auch punitive Einstellungen verstärken können (Streng 2014, S. 76). Plausibel ist in diesem Kontext „das Zusammenwirken der auf Publikumsresonanz ausgerichteten, verzerrt und skandalisierend berichtenden Massenmedien mit Politikern, die mit Blick auf Wählerstimmen auf den Beifall und die Beachtung durch diese Medien angewiesen sind und daher das Thema ‚Kriminalität und Strafe' weniger sachlich als medienwirksam bedienen" (S. 77).

Kriminalität stößt offensichtlich bei den Zuschauern seit alters her auf großes Interesse, das durch eine erhebliche Zahl von Kriminalromanen bzw. heute von Kriminalfilmen zu Hauptsendezeiten auf allen Kanälen bedient wird. Hierbei wird allerdings in der Regel nicht über Kriminalität generell berichtet, sondern lediglich über ausgefallene, schwere Straftaten, die eine „Nachricht" wert sind (Kunz 2007). So fand Hestermann (2010, S. 177) in seiner Untersuchung, dass „Sexualmorde" für die Fernsehmedien am „interessantesten" sind. Während die – glücklicherweise – wenigen Fälle in der Polizeilichen Kriminalstatistik etwa 2007 lediglich ca. 0,001 % ausmachten, macht ihr Faktor hinsichtlich der Gewaltberichterstattung im Fernsehen 6.450 aus. Bei den übrigen Tötungsdelikten ergibt sich immerhin noch ein Faktor von 627, im Gegensatz etwa zu Körperverletzungen ohne Raub, die mit einem Faktor von 0,1 schon kaum noch interessant für eine Berichterstattung sind. Das macht die enorme Selektivität der Mediendarstellung von Kriminalität und damit der Information für die Bevölkerung über das Thema deutlich. Die Medien, vor allem die privaten, sind, gerade im Bereich Kriminalität, nicht primär daran interessiert, objektiv zu berichten, sondern als Wirtschaftsunternehmen vor allem das, was sich „verkaufen" lässt, was die Auflage bzw. Einschaltquote erhöht, spektakuläre Kriminalfälle sind da ein sicherer Verkaufsschlager. „Der Hunger nach Bösem ist in allen Lebensbereichen offenbar so groß, dass es schwer vorstellbar ist, wie man ihn je stillen könnte" (Sessar 2013, S. 237). Wie Kunz (2013, S. 121) betont, ist „in der Hitze einer massenmedial bewegten Öffentlichkeit … die Sexualdelinquenz endgültig zum Motor der Kriminalpolitik geworden" (vgl. a. Duttge u.a. 2004, S. 1072).

Nach Dollinger (2015, S. 112) wurde die Bevölkerung „in den vergangenen Jahrzehnten zunehmend für Gewalt sensibilisiert und es zeigte sich eine wachsende Bereitschaft, Gewalthandlungen negativ zu sanktionieren". Streng (2014, S. 77f. fand bei den eigenen Untersuchungen an Jura-Studienanfängern „dass die Befragten umso positiver zu generalpräventiver Abschreckung eingestellt waren und umso höhere Strafen für den in dieser Untersuchung genutzten Affekttotschlags-Fall befürworteten, je mehr Sendungen bzw. Filme der erfragten Art sie pro Woche konsumierten. Ein gewisser Hinweis auf Punitivität begünstigende Effekte von Kriminalität in den Medien lässt sich also aufzeigen …". Das hat sich auch förderlich auf die Anzeigebereitschaft ausgewirkt, mit dem Effekt, dass eine Zunahme der erfassten Straftaten (teilweise) „lediglich" auf eine Reduzierung des Dunkelfeldes zurückzuführen sein wird.

Hierbei ist zusätzlich zu beachten, dass auch die Polizeiliche Kriminalstatistik ein weitgehend verzerrtes Bild von Kriminalität liefert. Begründet muss davon ausgegangen werden, dass das Dunkelfeld der nicht erfassten Straftaten bei (mindestens) 90 % liegt, selbst bei Schwerkriminalität enorm hoch ist (Kürzinger 1996, S. 181; Kury 2001). Straftaten im Wirtschafts- und Finanzbereich, die teilweise enorme finanzielle Schäden verursachen, werden vielfach nicht verfolgt, da etwa entsprechende Fachleute bei den Strafverfolgungsbehörden bzw. ein fehlendes politisches „Verfolgungsinteresse" fehlen (vgl. ZDF-Fernsehen 2014). Zu Recht muss hier die Frage gestellt werden, über was sprechen wir eigentlich, wenn wir über Kriminalität sprechen, offensichtlich über einen ausgesprochen wenig repräsentativen Teil derselben, etwa über das, was vielfach als „Straßenkriminalität" bezeichnet wird.

Wie im Bereich von Verbrechensfurcht zeigen sich auch bei der Erfassung von Punitivität erhebliche forschungsmethodische Probleme, gerade etwa auch bei internationalen Vergleichen (Harrendorf 2011). Noch unklarer als bei der Verbrechensfurcht ist hier, was unter dem zu messenden Konstrukt, hier Punitivität, verstanden werden soll (vgl. Kury u.a. 2004b). In der Regel wird sie im Zusammenhang mit Gesetzesverschärfungen, dem Strafzumessungsverhalten der Gerichte, Inhaftiertenzahlen oder Umfragen zu den Sanktionseinstellungen in der Bevölkerung diskutiert, wobei die Entwicklungen in diesen Bereichen in Deutschland in den letzten Jahren, mit Ausnahme von Gesetzesverschärfungen, eine wachsende Punitivität nur in Ansätzen belegen können. Allerdings weisen einzelne Untersuchungen immer wieder auf „Fehlermöglichkeiten" bei solchen Umfragen hin. So fanden etwa Kreuzer u.a. (1993, S. 232ff.), dass sich hinter den „Unentschiedenen" bei Fragebogenumfragen bei Jura-Studenten, wenn diese sich entscheiden müssen, weil es etwa eine entsprechende Kategorie im Fragebogen nicht gibt, mehr Befürworter als Ablehner der Todesstrafe verstecken. Auch Reuband (2009a, S. 653) kann dies in seiner Untersuchung bestätigen: „Offenbar verbirgt sich unter denen, die üblicherweise in Umfragen zur Todesstrafe als ‚unentschieden' klassifiziert werden und sich einer inhaltlichen Stellungnahme entziehen, überproportional ein Potenzial an Befürwortern der Todesstrafe … Besonders die schlechter Gebildeten, die in ihrer überproportionalen Befürwortung der Todesstrafe am stärksten im Gegensatz zur herrschenden Kultur stehen, bergen offenbar ein noch stärkeres Potential für ‚Law and Order'-Forderungen als es aufgrund ihrer Meinungsäußerung im Interview zunächst sichtbar wird" (S. 655).

Zu Recht betonen Klimke u.a. (2013, S. 110), dass „unzweifelhaft … eine ‚Expansion des Strafrechts' … festzustellen" ist. Auch Albrecht (2013, S. 214) gibt Sack insofern Recht als er wie dieser betont, dass die „Welle der Punitivität an Deutschlands Grenzen Halt gemacht habe, kann man wohl kaum behaupten. Die von Fritz Sack und seinen Mistreitern zusammengetragenen Materialien sprechen meines Erachtens eindeutig dagegen".

Sack (2004; 2006) bringt zwar als „Beleg" für eine auch in Deutschland wachsende Punitivität vor allem auch die Verschärfung des Strafrechts im Zusammenhang mit einer „Straflust". So betont Hassemer (2001, S. 416): „Das Strafrecht ist mit wachsenden Kontrollbedürfnissen, ja mit einer gewissen Straflust konfrontiert, und diese Entwicklung wird von allgemeiner Zustimmung getragen, außerhalb, aber auch innerhalb der Strafrechtspraxis und Strafrechtswissenschaft". Reformen des Strafrechts seien seit zwei Jahrzehnten ein „einäugiges Unterfangen. Es geht in diesen Reformen, von randständigen und zumeist typischen Ausnahmen abgesehen, um nichts anderes als um Verschärfungen ..." (s. a. Sack 2006, S. 51). Sack (2006, S. 62ff.) weist zu Recht darauf hin, dass Punitivität in einem Lande ein „,kollektives' Merkmal, die ,Eigenschaft' eines Landes, einer Gesellschaft bzw. deren System der sozialen Kontrolle, insbesondere deren staatlichen Strafsystems" darstellt, also deutlich weiter gefasst werden müsse, als es in standardisierten Massenumfragen in der Regel der Fall ist. Letztere können nur Einzelaspekte erfassen, nicht jedoch einen gesamtgesellschaftlichen Entwicklungstrend mit vielen Facetten, etwa was Medien oder Kriminalpolitik betreffen.

Auch bei solchen Einzelaspekten zeigen sich in den letzten Jahren Hinweise, die für eine wachsende Punitivität, etwa hinsichtlich Sanktionseinstellungen sprechen. So konnte Reuband (2011, S. 142) in Bezug auf die Gesamtbevölkerung zeigen, dass die Unterstützung der Todesstrafe nach ihrer Abschaffung 1949 ab den 1950er Jahren insgesamt deutlich abgenommen hat, auch bezüglich Tötungsdelikten. Gleichzeitig betont der Autor allerdings (S. 155): „It is remarkable, however, that among university students – who often constitute an elite whose changes in opinions are later reflected in others – the abstract support for a tougher handling of crime has continuously gained popularity since the 1980s".

Bargel (2008) führte zwischen 1983 und 2007 insgesamt 10 Erhebungen bei nahezu 88.000 Studierenden an 25 Hochschulen im ganzen Bundesgebiet durch, hat dabei u.a. nach der Einstellung zu einer „harten Bestrafung der Kriminalität" gefragt. Während sich 1985 29 % für harte Sanktionen gegenüber Rechtsbrechern aussprachen, stieg der Anteil bis 2004 auf 55 %, ging 2007 wiederum leicht auf 52 % zurück. Es zeigte sich ein deutlicher Einfluss der politischen Ausrichtung auf die Sanktionseinstellungen. Während die Anhänger der grün-alternativen Partei weniger punitiv waren, zeigten sich die National-Konservativen besonders sanktionsorientiert (S. 18). Hierbei ist zu beachten, dass es sich bei Studierenden ja um angehende Akademiker handelt, von denen man einen differenzierteren Umgang mit der Problematik Strafen erwarten darf als von der Allgemeinbevölkerung. Auch Streng fand bei seinen seit 1977 regelmäßig durchgeführten Befragungen bei Jura-Studienanfängern eine deutliche Zunahme der Strafvorstellungen. Als besonders „todesstrafenwürdige" Delikte zeigten sich Sexualmord (38,1 % für die Todesstrafe) und Mord auf besonders grausame Art (34,5 %). Bei Mord allgemein stimmten immerhin noch 12,4 % für die Todesstrafe (Streng 2009, S. 855). Was die Antwort auf die allgemeine Frage „Bejahen Sie die Todesstrafe für manche Straftaten?" betrifft zeigt sich eine Zunahme der Zustimmungen bei den Jura-Studienanfängern von 11,5 % im Jahre 1977 auf 32 % 2007, mit einem leichten Rückgang auf 31,9 % im Jahre 2010 (Streng 2014, S. 60). Vor allem bei den jüngeren Jahrgängen ist eine angestiegene Sanktionsbereitschaft festzustellen (S. 72).

In diesem Zusammenhang stellt sich die Frage, ob bei der nächsten Richtergeneration mit härteren Sanktionen und einem schärferen Vorgehen gegen Rechtsbrecher zu rechnen ist. Während Heinz (2011, S. 174) aufgrund seiner Analyse des Strafzumessungsverhaltens der Gerichte in Deutschland über die letzten Jahrzehnte noch zu dem Ergebnis kommt: „No evidence exists to show that relatively more individuals have been convicted or sanctioned. The relation of convictions per 100 police-recorded suspects remained mostly unchanged; indeed, a decrease rather than an increase was seen", belegt nach Streng (2014, S. 73f.) bereits heute ein Blick in die Justizpraxis „für das allgemeine Strafrecht – anders als für das Jugendstrafrecht – ganz eindeutige Verschärfungstendenzen: Bei Verurteilungen wegen Mordes wird die lebenslange Freiheitsstrafe zunehmend häufig ausgesprochen, was in engem Zusammenhang mit dem nun selteneren Zuerkennen verminderter Schuldfähigkeit steht; und auch beim Totschlag ist ein entsprechender Zusammenhang zwischen nun zurückhaltenderer Nutzung von § 21 StGB und angestiegenem Strafniveau unübersehbar". Wie Cornel (2013, S. 175) in seiner Untersuchung zeigen konnte, ging in Deutschland zwar einerseits die Strafrestaussetzungsquote zwischen 1994 bis 2010 von 30,8 % auf 26,6 % zurück. Allerdings wurde dieser Rückgang durch eine Erhöhung der Gnadenquote, die im selben Zeitraum von 2,2 % auf 6,8 % stieg ausgeglichen. „In der Summe wurden somit 1994 33,0 % und im Jahr 2010 33,4 % der Strafen im Verhältnis zu den voll verbüßten Strafen vorzeitig ausgesetzt", was in diesem Bereich nicht auf eine Zunahme der Punitivität hinweist.

„Sicherheit ist zu einem zentralen gesellschaftlichen und politischen Thema geworden, in das seit geraumer Zeit beträchtliche Förderungsmittel investiert werden" (Albrecht 2013, S. 78). Hierbei spielen „Kriminalitätsfurcht" bzw. allgemeine Unsicherheitsgefühle eine wesentliche Rolle. Nach Hefendehl (2013, S. 226) ist „die Sicherheitsgesellschaft ... Realität, ihr scheinbares Fundament hingegen, die Herstellung von Sicherheit bzw. die Vermeidung von Unsicherheit, ein Konstrukt".

Groenemeyer (2010, S. 11) sieht als Hintergrund für die „Sicherheitsgesellschaft" zu Recht mehrere gesamtgesellschaftliche Faktoren, neben dem Eindringen eines generellen Gefühls von Bedrohung durch Gewalt und Kriminalität in das Alltagsleben, vor allem auch eine „politische Instrumentalisierung" der Bedrohung und damit in Zusammenhang eine wachsende Privatisierung der Herstellung von Sicherheit, was letztlich dazu führt, dass man sich diese auch leisten können muss. Punitivität könne in diesem Zusammenhang als eine strategisch umgeleitete Reaktion vor allem auch auf gestiegene soziale Ängste gesehen werden, damit verändere sich Kriminalpolitik zu einem billigen Ersatz für fehlende oder brüchig werdende Sozialleistungen (Hefendehl 2013, S. 228; Wacquant 2009). Nach Kunz (2013, S. 115) habe die „punitive Wende" hin zu einem „Strafpopulismus" 1975 in den USA mit den Ausführungen von Wilson (1985) begonnen. Dieser habe vorgeschlagen, „dass die Gerichte sich auf das Aburteilen konzentrieren, für die Bestimmung des Strafmaßes uniforme Standards verwenden, Freiheitsentzug als Regelstrafart und Rückfall als Strafverschärfung verwenden sollen. Dieses von der US-Justiz strikt befolgte Programm führte seit den früher 1980er Jahren zu einer drastischen Mehrbelastung des Strafvollzugs".

Wacquant (2009, S. 23ff.) spricht von einer gesellschaftlichen Entwicklung hin zu einer „Unterwerfung unter die ‚freie Marktwirtschaft'" in deren Kontext eine „'Ei-

genverantwortung' auf allen Ebenen zelebriert" werde. Er betont in diesem Zusammenhang die auf Bestrafung setzenden „proaktiven Strategien zur Aufrechterhaltung
von Recht und Ordnung, die sich gezielt gegen Straßendelinquenz und gegen jene
sozialen Gruppen richten, die sich an den Rändern und in den Rissen der unter der
Doppelherrschaft von Finanzkapital und flexibilisierter Lohnarbeit neu entstehenden
Wirtschafts- und Moralordnung verfangen haben". Nach ihm weisen diese Strategien
folgende gemeinsame Merkmale auf: 1. Sie sollen eine „Nachsicht" gegenüber Kriminalität und Incivilities ablösen zugunsten mehr Härte, nicht jedoch gegenüber den
Ursachen, 2. Das führe zu einer Flut von neuen Gesetzen und „bürokratischen Innovationen", wie Nachbarschaftspatrouillen, Videoüberwachung und vermehrter Polizeipräsenz, 3. Werde ein „Gefahren-, ja Katastrophendiskurs" gepflegt, vor allem auch
von Betreibern privater Einrichtungen für „sichere Städte", 4. komme es in diesem
Zusammenhang zu einer „Wiederaufwertung von Repression" gegenüber etwa einer
„Pandemie von Bagatelldelikten" und 5. habe die Umsetzung der neuen punitiven
Politik dann zu einer Intensivierung polizeilicher Kontrolle und einer Verschärfung
der Strafverfahren geführt, letztlich zu einem Anstieg der Gefangenenzahlen und alles „obwohl der Einfluss solcher Maßnahmen auf die Delikthäufigkeit nie anders als
durch pure Proklamation nachgewiesen und Fragen nach der finanziellen Belastung,
den sozialen Kosten und den staatsbürgerlichen Folgen nie auch nur gestellt wurden".

Kunz (2013, S. 114) geht von einem breiteren Konzept von Punitivität aus, spricht von
einer „punitiven Attitüde", welche „die Gemütslage der Gesellschaft (abgibt): Ein Bild,
welches hintergründigem, nur mühsam tätliche Aggressionen unterdrückendem Zorn über
die Dreistigkeit der Verbrecher und die Unfähigkeit von Polizei und Justiz Ausdruck gibt".
Diese gesellschaftliche Punitivität entwickle dann „eine selbstreferentielle Dynamik, die
keiner konkreten Anlässe bedarf" (S. 114). „Das Publikum hat sich seine Meinung über
die angeblich katastrophale Sicherheitslage und die Unfähigkeit des Staates zum Schutz
der Bürger belehrungsresistent gebildet und überspielt seine situations- und objektungebundene Beängstigung durch wechselseitige Bestätigung seiner Vorurteile. Eine verbreitete punitive Mentalität strukturiert speziell für Menschen, die mit der Sicherheitslage
überfordert sind, das Weltbild und gibt ihm Sinn. Die Unabhängigkeit der punitiven Attitüde von der komplexen sozialen Realität bewirkt einen Realitätsverlust, der es nahezu
unmöglich macht, die angebotenen Deutungen zu überprüfen" (S. 114f.).

3. Helfen (härtere) Strafen – wenn nicht, warum nicht?

3.1 Wirken härtere Strafen?

Die Vorstellung, mit Strafen „abweichendes" bzw. unerwünschtes bzw. vor allem auch
strafbares Verhalten zu reduzieren, wenn das nicht wirkt, die Strafen zu erhöhen, im Bereich Straffälligkeit bis hin zur Todesstrafe, eventuell verschärft durch Folter, sind so alt
wie die Menschheit. „Seit es Menschen gibt, gibt es Verbrechen. Seit prähistorischer Zeit
sind menschliche Gesellschaften auf Regeln angewiesen, die das Miteinander ordnen...
Und es hat immer Menschen gegeben, die gegen diese Regeln verstoßen haben" (Hartz

2012, S. 7). So beschreibt etwa auch die Bibel grausamste Strafen für „Sünder", bis hin zur ewigen Verdammnis, eine Sanktion, die nicht mehr zu überbieten ist. „Bedenkt man, dass die durch die Bibel vorgestellten, explizit oder implizit zur Nachahmung (oder Abschreckung) empfohlenen Gestalten mit der überhaupt denkbar größten Macht, sowohl die exzessivsten Wohltaten als auch Strafen (z. B. Hölle) zuzuteilen … ausgestattet sind, so ist eine hohe Plausibilität nur schwer von der Hand zu weisen, dass durch die biblischen Texte Modelllernen in starkem Maße in Gang gesetzt wird" (Buggle 1992, S. 25). Bis heute wird etwa aus der Bibel (1980, S. 691), Buch der Sprichwörter 3, 12, zitiert: „Wen der Herr liebt, den züchtigt er, wie ein Vater seinen Sohn, den er gern hat". Solche „Weisheiten" tragen mit dazu bei, dass Strafen in der Erziehungs-, aber auch der Rechtswissenschaft, Theologie und Philosophie, bis in die heutige Zeit als gängiges und angemessenes Mittel betrachtet werden, eine Verhaltensänderung zum „Guten" zu bewirken. Verstärkt wurden diese Einstellungen etwa auch in populären Kinderbüchern, wo etwa dem „Daumenlutscher" vom Schneiderlein die Daumen abgeschnitten werden (Hoffmann 1844) oder der letzte Streich von Max und Moritz darin endet (Busch 1959, Band I, S. 225ff), dass die beiden Übeltäter gemahlen und der Rest von „Meister Müllers Federvieh" verspeist wird – was in der Bevölkerung auf Wohlgefallen stieß: „Als man dies im Dorf erfuhr, war von Trauer keine Spur … Gott sei Dank! Nun ist's vorbei, Mit der Übeltäterei!".

In aller Regel wird auf unerwünschtes Verhalten, auch in westlichen Gesellschaften, in denen die Körperstrafe in den letzten Jahrzehnten deutlich zurückgedrängt wurde, etwa auch in der Erziehung (vgl. Bussmann 2008), nach wie vor mit Sanktionen reagiert, nicht nur mit körperlichen, sondern auch mit psychischen (vgl. Kury 2015). So betont etwa Bueb (2006, S. 107) von fachwissenschaftlicher Seite, dass „wer gerecht erziehen" wolle, auch „bereit" sein müsse, „zu strafen". Erst im November 2000 wurde in Deutschland etwa das Recht der Eltern, ihre Kinder körperlich zu bestrafen (Prügelstrafe) abgeschafft. Alternative Gesellschaften, in denen das nicht so ist, in denen etwa die Gesetzestreuen belohnt werden, gibt es nur in Utopien. Bereits Beccaria (1764, 2005, S. 107) stellte vor ca. 250 Jahren fest, dass es besser sei, „Verbrechen zu verhüten, als sie zu bestrafen" und ein Mittel zur Kriminalprävention darin zu sehen sei, die „Tugend" zu „belohnen", ein Gedanke, der bereits ca. 40 Jahre davor von Swift (1726, 1993, S. 95) in seinem utopischen Roman „Gullivers Reisen" aufgegriffen wurde. Er berichtet aus dem Land der Lilliputer, dass dort „jeder, welcher den Beweis vorbringen kann, dass er die Landesgesetze dreiundsiebzig Monate lang mit größter Strenge befolgt" habe, Anspruch auf Privilegien habe, „je nach seinem Stande und Lebensverhältnis, zugleich eine besondere Geldsumme, die aus einem besonderen Fonds für diesen Zweck entnommen" werde, erhalte. Schließlich erhalte er einen Ehrentitel: „Der Gesetzliche". Dieses Volk habe es auch für „einen außerordentlichen Mangel unserer Staatsverfassung" gehalten, „als ich ihnen sagte, die Befolgung unserer Gesetze werde allein durch Strafen erzwungen, ohne dass von irgendeiner Belohnung die Rede sei".

Die Geschichte ist voll mit Belegen über grausamste Strafen und deren fehlender bzw. bestenfalls geringer Wirkung hinsichtlich der Prävention von als straffällig definiertem Verhalten. Bei der Erfindung grausamster Strafen für die „Übeltäter" war man bis in die Neuzeit hinein ausgesprochen kreativ, wandte jede Art von körperlichen Qualen an, um das „Böse" auszurotten bzw. die Täter durch Folter zum Reden zu bringen, in unserer Zeit etwa durch „Water Boarding" – allerdings auch da ohne bemerkenswerten Erfolg. Erhängen kann in diesem Kontext etwa im Vergleich zum Ertränken, Sieden, Pfählen oder lebendig Begrabenwerden geradezu noch als human eingeschätzt werden (vgl. Hinckeldey 1980, S. 136ff.). So berichtet etwa Aslan (2013, S. 82) aus der Zeit Christi, dass Pilatus als Präfekt Roms in Judäa während seiner Amtszeit in Jerusalem „Tausende und Abertausende Juden so bereitwillig und ohne jeden Prozess ans Kreuz" schlagen ließ, dass sich die Bevölkerung beim römischen Kaiser beschwerte, vor allem aber auch, dass durch das harte Vorgehen die Zahl der Messiasse keineswegs zurückgegangen sei. Thomas Morus (1516; 1992) berichtet vor ca. 500 Jahren von einer Tischgesellschaft, bei der „auch ein eurer Gesetze kundiger Mann aus dem Laienstande zugegen (gewesen sei), der aus irgendeinem mir unbekannten Anlasse jene stramme Justiz zu loben begann, die damals dortzulande eifrigst gegen die Diebe gehandhabt wurde, die, wie er erzählt, meist zu zwanzig an den Galgen gehangen wurden. Er sagte, er wundere sich nicht wenig, dass es, obwohl nur wenige der Todesstrafe entgingen, doch allerorten von Dieben wimmle".

Bereits an den grausamen mittelalterlichen Körperstrafen zeigt sich somit ein Dilemma von Strafen, nämlich ihre zweifelhafte Effizienz. Selbst bei schwersten Sanktionen, wie etwa der Todesstrafe, ist es keineswegs so, dass es mit der „Übeltäterei" insgesamt vorbei ist, nicht einmal, dass aufgrund der Strafe schwerste Straftaten zurückgehen. Eisner (2001), der die Homizidraten in fünf europäischen Regionen (England, Niederlande & Belgien, Skandinavien, Italien sowie Deutschland & Schweiz) seit dem 13. und 14. Jahrhundert bis heute vergleicht, konnte zeigen, dass es seit dem Mittelalter bis heute einen erheblichen Rückgang der Tötungskriminalität gegeben hat, auf ca. 1/20 des Ausgangswertes – und das, obwohl die Sanktionen im Laufe der Jahrhunderte deutlich milder geworden sind. Neuere Untersuchungen belegen international die zweifelhafte bzw. gerade bei den schwersten Sanktionen, wie etwa der Todesstrafe, ausbleibende Wirkung auf die Kriminalitätsbelastung in einem Lande (vgl. zusammenfassend Kury 2013a; 2013b). Die international wohl umfangreichste Metaevaluation zur generalpräventiven Wirkung von Sanktionen wurde von Dölling u.a. (2011) vorgelegt (vgl. a. Dölling u.a. 2006; 2009). Die Autoren haben 9.422 Literaturberichte zur Frage der Wirkung von Sanktionen von kriminologischer, soziologischer und ökonomischer Seite gesichtet und in der eigenen Metaanalyse die 700 methodisch besten und aussagekräftigsten Studien berücksichtigt. Sie kommen zusammenfassend zu dem Schluss (Dölling u.a. 2011, S. 374): „… the findings of the meta-analysis contradict a universal validity of the deterrence hypothesis, but the statement that deterrence has no effect has also been refuted … There are cases where deterrence can influence behaviour – the death penalty, however, does not seem to belong to these measures. Consequently, the theory of negative general prevention is unsuitable as a basis of legitimising all sanctions – but appears suitable with regard to the usefulness of increased probability of punishment".

Das stimmt weitgehend mit weiteren internationalen Studien überein, was letztlich, neben enormen finanziellen Belastungen, mit dazu beigetragen hat, dass auch in den USA als westlichem Industrieland, die Zahl der Hinrichtungen seit 1999 deutlich zurückgegangen ist, was auch damit zusammenhängt, dass dort die Todesstrafe inzwischen „nur" noch in 32 Bundesstaaten praktiziert wird (Death Penalty Information Center - DPIC 2014). Wurden 1999 noch 98 Personen hingerichtet, waren es 2013 noch 37 – die meisten in den Südstaaten und hier wiederum über die Hälfte in Texas und Oklahoma. Gleichzeitig haben die Südstaaten trotzdem die höchste Mordrate im Lande, 5,5 pro 100.000 der Bevölkerung, der landesweite Wert liegt bei 4,7, bei den nordöstlichen Bundesstaaten bei 3,8. Der Rückgang der Todesstrafe ist neben einer nationalen und internationalen Kritik vor allem auch Fehlurteilen zu „verdanken", aufgrund derer Personen hingerichtet wurden, bei denen sich später herausstellte, dass sie unschuldig waren. Seit 1973 wurden 140 Personen aus der Todeszelle entlassen, weil sich noch rechtzeitig herausgestellt hat, dass sie unschuldig waren (DPIC 2014, S. 2). „According to a survey of the former and present presidents of the country's top academic criminological societies, 88 % of these experts rejected the notion that the death penalty acts as a deterrent to murder" (DPIC 2014, S. 3; Radelet u. Lacock 2009). In einer Bevölkerungsumfrage von 2010 stimmten 33 %, somit immerhin noch ein Drittel, bei Mord für die Todesstrafe, 13 % für „Life without parole", 9 % für „Life with parole" und 39 % für „Life without parole plus restitution" (DPIC 2014, S. 4). Die US-Amerikaner erweisen sich somit bis heute nach wie vor als ausgesprochen punitiv eingestellt. Die Todesstrafe erwies sich gleichzeitig als die teuerste Kriminalsanktion, die Kosten liegen etwa 4 Mal höher als bei Freiheitsstrafen. Nach wie vor haben die USA mit Abstand die weltweit höchste Inhaftierungsrate, zeigen somit auch hier ein hohes Maß an Punitivität.

Eines der beeindruckendsten Beispiele zur Frage der (Nicht-)Wirkung von harten Sanktionen liefert Finnland (vgl. Lappi-Seppälä 2011). Das Land hatte 1950 eine Gefangenenrate von 187, die im Vergleich zu den anderen nordischen Ländern Dänemark (88), Norwegen (51) und Schweden (35) durchschnittlich etwa dreimal höher lag. „One month in other countries corresponded to three months in Finland. This ‚inflation' may partly explain the sustained severity in the Finnish courts" (Lappi-Seppälä 2011, S. 254). In den folgenden Jahren führte Finnland zahlreiche Reformen, vor allem auch im strafrechtlichen Bereich, durch. Die Kriminalpolitik des Landes veränderte sich deutlich, wurde zunehmend als Teil einer allgemeinen Sozialpolitik verstanden. Während die Gefangenenraten sich in Dänemark, Schweden und Norwegen von 1950 bis 2000 im Vergleich zu Finnland insgesamt kaum veränderten, gingen sie in Finnland von 187 im Jahre 1950 auf 55 im Jahre 2000, also auf weniger als ein Drittel, zurück. Hätten Gefängnisstrafen einen kriminalpräventiven Effekt, würde man nach dieser erheblichen Reduktion in der Sanktionshärte, die der Bevölkerung auch aufgrund der Medienberichterstattung über die Jahrzehnte nicht verborgen bleiben konnte, einen deutlichen Anstieg der Kriminalitätsbelastung erwarten. Tatsächlich stieg die offiziell registrierte Kriminalitätsbelastung in Finnland vor allem ab Mitte der 1960er Jahre an, das allerdings ebenso in den drei anderen nordischen und den meisten Industrieländern, so etwa auch in Deutschland, wo die Gesamthäufigkeitszahl 1955 noch bei 3.018 und 2000 bei 7.625 lag (Bundeskriminalamt 2011, S. 30). Im Vergleich zu den anderen drei nordischen Ländern, ist der Anstieg der registrierten Kriminalität in Finnland unterdurchschnittlich, der Anstieg in Schweden und Dänemark ist ausgeprägter. Lappi-Seppälä (2011, S. 266f.) betont in diesem Zusammenhang zu Recht: „These figures, once again, support the general criminological conclusion that crime and incarceration rates are fairly independent of one another; each rises and falls according to ist own laws and dynamics".

Ein weiteres Beispiel über die Nichteffizienz harter Strafen liefert Portugal, hier in Bezug auf die Strafverfolgung bei Drogenabhängigen, gegen welche in den USA jahrelang ein aufwendiger „War on Drugs" geführt wurde mit dem Ergebnis, dass dort ein erheblicher Teil der Gefangenen wegen – teilweise relativ leichten - Drogenvergehen inhaftiert wurden. Portugal entkriminalisierte 2000, gegen teilweise erheblichen Widerstand, gerade seitens der USA, durch das Gesetz 30/2000, das am 1. Juli 2001 in Kraft trat, den Eigengebrauch illegaler Drogen, während der Handel unverändert strafbar blieb. Der Eigengebrauch von illegalen Drogen bleibt weiterhin generell verboten, wird aber bei Besitz von geringen Mengen für den Gebrauch für etwa 10 Tage nicht mehr strafrechtlich, sondern nur noch auf administrativer Ebene verfolgt, gleichzeitig wird den Abhängigen konzentriert Hilfe und Unterstützung durch neu eingerichtete spezialisierte Behandlungszentren angeboten. Der Drogenmissbrauch ging nun, wie teilweise erwartet, in der Folgezeit keineswegs generell nach oben. Vor allem aber gingen die aufgrund des Drogenkonsums verursachten Todesfälle und die AIDS-Erkrankungen deutlich zurück. Das European Monitoring Centre for Drugs and Drug Addiction – EMCDDA (2009, S. 12) kommt nach mehrjähriger Erfahrung mit den Auswirkungen der Entkriminalisierung in Portugal zu dem Schluss: „Initial fears that this approach would lead to an increase in drug tourism or increased levels of use do not appear to be supported by the data available". Agra (2009) spricht vor dem Hintergrund der portugisischen Erfahraungen zu Recht von einem „Requien für den Krieg gegen Drogen" (vgl. a. Greenwald 2009; Kury u. Quintas 2010). Hughes u. Stevens (2010, S. 999) kommen in ihrer Analyse zu dem zusammenfassenden Ergebnis, „that contrary to predictions, the Portuguese decriminalization did not lead to major increases in drug use. Indeed, evidende indicates reductions in problematic use, drug related harms and criminal justice overcrowding". Reuband (2009b, S. 201) kommt für Deutschland und die hier praktizierte Drogenpolitik zu einem vergleichbaren Ergebnis: „Als weitgehend irrelevant erwies sich die landesspezifische Drogenpolitik, wie sie sich in rechtlichen Regelungen und Sanktionsandrohungen widerspiegelt. Egal, ob Sanktionen angedroht werden oder nicht – die Maßnahmen haben weder

Auswirkungen auf die Drogenprävalenz noch auf die Konsumbereitschaft von Nicht-Konsumenten bzw. die Häufigkeit des Konsums. Anderen, mit der Jugendkultur und dem sozialen und kulturellen Kontext verbundenen Faktoren dürfte eine bedeutendere Wirkung zukommen als rechtlichen Regelungen".

Storz (1992) machte in ihrer Untersuchung einen Vergleich zwischen den Diversions-raten gem. §§ 45, 47 JGG und Nachentscheidungsraten (informelle und formelle Sank-tionierung) innerhalb von drei Jahren nach der Art der erstmaligen Sanktionierung bei „einfachem Diebstahl" bei Jugendlichen in den 11 Bundesländern Westdeutschlands. Sie fand einerseits erhebliche Unterschiede bei den Einstellungsraten in den einzelnen Bun-desländern, also dem Ausmaß der Punitivität, die von ca. 44 % in Rheinland-Pfalz oder Baden-Württemberg bis zu ca. 90 % in Hamburg reichten. Das weist auf eine erheblich unterschiedliche Sanktionshärte bei Jugendkriminalität in den einzelnen Bundesländern hin. Betrachtet man nun die Nachentscheidungsrate (erneute Registrierung innerhalb von drei Jahren), zeigen sich über die Bundesländer hinweg so gut wie keine Auswirkungen der Sanktionshärte auf eine erneute Auffälligkeit. Sowohl in Rheinland-Pfalz als auch Hamburg wurden ca. 30 % der Betroffenen erneut registriert, die größere Sanktionshärte hatte somit keine größere kriminalpräventive Wirkung. Spieß (2013, S. 106) betont vor diesem Hintergrund zu Recht: „Für den ganz überwiegenden Teil der Sanktionierten ist die Notwendigkeit von Freiheitsentzug spezialpräventiv nicht zu begründen".

In einer weiteren vergleichbaren Untersuchung prüft die Autorin (Storz 1997) die Rück-fallraten (Wiederverurteilung) in Abhängigkeit von Bußen bzw. bedinger Freiheitsstrafen bei erstmals wegen Massendelikten (einfacher Diebstahl, Verletzung der Verkehrsregeln, Fahren in angetrunkenem Zustand) Verurteilten für die 26 Kantone der Schweiz. Auch hier zeigt sich ein vergleichbares Resultat. Während sich der Anteil der Bußen deutlich zwischen den einzelnen Kantonen unterscheidet, was wiederum auf eine erheblich un-terschiedliche Punitivität hinweist, zeigt sich keinerlei nachweisbare Auswirkung auf die Rückfallraten. So liegt etwa der Anteil der Bußen im Kanton Appenzell a. Rh. knapp über 20 %, was eine vergleichsweise milde Reaktion darstellt, und steigt dann bis zum Kanton Obwalden auf über 90 % an, was ein hartes Vorgehen anzeigt. Die Rückfallrate liegt, mit zwei Ausreißern, über alle Kantone hinweg jedoch bei ca. 10 % bis 15 %.

Das Bundesministerium der Justiz und für Verbraucherschutz (2014) legt eine Zusam-menfassung wesentlicher Ergebnisse von drei davor in Auftrag gegebenen Untersu-chungen zur „Legalbewährung nach strafrechtlichen Sanktionen" vor und kommt zu dem Ergebnis (S. 7): „Die zu einer freiheitsentziehenden Sanktion wie Freiheits- und Jugendstrafe ohne Bewährung Verurteilten weisen ein höheres Rückfallrisiko auf als diejenigen mit milderen Sanktionen wie Geldstrafe oder jugendrichterlichen Sanktio-nen. ... Bei zu Bewährungsstrafen Verurteilten, liegen die Rückfallraten im Vergleich mit vollzogenen Freiheits- und Jugendstrafen deutlich niedriger". Gleichzeitig wird zu Recht betont, dass bei der Interpretation der Befunde Vorsicht geboten sei: „Da die verschiedenen strafrechtlichen Reaktioinen unterschiedliche Personengruppen (mit unterschiedlicher Rückfallgefährdung) treffen, dürfen die Zusammenhänge zwischen strafrechtlichen Sanktionen und Rückfall nicht kausal interpretiert werden". Immerhin zeigen die Resultate allerdings, dass durch die härteren Sanktionen die Rückfallrate offensichtlich nicht besonders gesenkt werden kann. Die relativ hohe Rückfallwahrscheinlichkeit der Täter vor der Haft, die wahrscheinlich mit zur Haftstrafe beigetragen hat, bleibt hiernach offensichtlich auch nach der Haft erhalten – wohl weil die Ursachen des straffälligen Verhaltens nicht „behandelt" worden sind.

Auch ein Vergleich der Inhaftierungsraten in den 16 deutschen Bundesländern mit der Kriminalitätsbelastung gibt keine überzeugenden Hinweise darauf, dass Länder mit einem härteren Vorgehen gegen Straftäter (höhere Inhaftierungsrate) eine geringere Kriminalitätsbelastung haben. So hat Schleswig-Holstein 2008 nach Dünkel u. Morgenstern (2010, S. 174) mit 53 bundesweit die deutlich niedrigste Inhaftierungsrate, liegt hinsichtlich der Kriminalitätsbelastung im Mittelbereich, das benachbarte Niedersachsen hat bei nahezu gleicher Kriminalitätsbelastung eine Inhaftierungsrate von 80, Nordrhein-Westfalen hat mit einer Inhaftierungsrate von 99 die höchste aller Flächenländer, gleichzeitig trotz offensichtlch hartem Vorgehen gegen Straftäter auch die höchste Kriminalitätsbelastung unter allen Flächenstaaten. Bereits Albrecht u.a. (1981, S. 319) kommen in ihrem Überblick über die Wirkung von Sanktionen abschließend zu dem Ergebnis: „Es findet sich keine empirische Rechtfertigung für die Erwartung, durch eine Verschärfung von Strafandrohung oder den Gebrauch härterer Sanktionsformen günstigere präventive Effekte erzielen zu können. Andererseits kann gegen Lockerungen oder die Ersetzung des herkömmlichen Strafvollzugs durch ambulante Reaktionsformen nach dem gegenwärtigen Forschungsstand kein empirisch belegbarer Einwand vorgebracht werden".

Der von Bundesministerium des Innern und dem Bundesministerium der Justiz (2006) in Auftrag gegebene „Zweite Periodische Sicherheitsbericht" kommt abschließend zu dem Ergebnis (S. 665f.): „Entgegen einer weit verbreiteten Alltagsmeinung erscheinen nach dem gegenwärtigen Stand der kriminologischen Forschung die Abschreckungswirkungen (negative Generalprävention) von Androhung, Verhängung oder Vollzug von Strafen eher gering. Für den Bereich der leichten bis mittelschweren Kriminalität jedenfalls gilt grundsätzlich, dass Höhe und Schwere der Strafe keine messbare Bedeutung haben. Lediglich das wahrgenommene Entdeckungsrisiko ist – allerdings nur bei einer Reihe leichterer Delikte – etwas relevant. Bislang wurden auch keine Anhaltspunkte dafür gefunden, dass eine Verschärfung des Strafrechts das Normbewusstsein positiv beeinflussen würde". Hinsichtlich der spezialpräventiven Wirkung von Strafen wird betont (S. 666), dass: „... es keinen empirischen Beleg dafür (gibt), dass – bei vergleichbaren Tat- und Tätergruppen – die Rückfallrate nach einer Verurteilung niedriger ist als nach einer Verfahrenseinstellung (Diversion). Wo, in vergleichbaren Gruppen, Unterschiede festgestellt wurden, waren die Rückfallraten nach Diversion niedriger. Negative Effekte der Diversion im Vergleich zur formellen Sanktionierung sind nicht belegt" (vgl. a. Kury u. Lerchenmüller 1981). Auch vor dem Hintergrund internationaler Forschung gebe „es keinen empirischen Beleg für die Annahme, durch härtere Sanktionen messbar bessere Legalbewährungsraten erzielen zu können". Hofer u. Tham (1975, S. 268) weisen kritisch auf weitere wesentliche Punkte hin, warum von Kriminalstrafen wenig Wirkung zu erwarten ist: „... it becomes obvious that general prevention is pure ideology, i.e. concealment of reality. General prevention claims to secure basic societal values which in reality are specific interests of various power groups. General prevention pretends consensus where there is conflict ... General prevention is based upon fear and threat. It is at least partly repressive in its character. It does focus on individuals rather than on structures" (S. 270).

3.2 Wenn härtere Strafen nicht wirken – woran liegt es – was sollte verändert werden?

Einige kritische Punkte wurden bereits angemerkt, vor allem, dass sich Kriminalstrafen auf das Indididuum des Rechtsbrechers konzentrieren, ihn zu verändern suchen, ohne (in ausreichendem Maße) darauf zu achten, warum er zu dem geworden ist, was er ist und welche Rolle das Umfeld, in welchem es zum straffälligem Verhalten kam, spielte. Die meisten als Straftäter Registrierten, zumindest nahezu alle Inhaftierten, wachsen unter gestörten Sozialisationsbedingungen auf, machen Erfahrungen, die sie vielfach im Strafvollzug wieder erleben, die sie kennen. Hierbei ist auch zu beachten, dass der Anteil der zu vollstreckenden Freiheitsstrafen an allen von den Gerichten ausgesprochenen Sanktionen in den letzten einhundertdreißig Jahren deutlich zurückging, auf inzwischen deutlich unter 10 % (Kaiser 1996, S. 986). Das deutet auf einen enormen Selektionseffekt hinsichtlich der inhaftierten Täter hin. Hierbei handelt es sich nun mehr und mehr um Straftäter mit erheblichen Sozialisationsschäden, langen kriminellen Karrieren, umfangreichen Sanktionserfahrungen, zunehmend um solche mit psychischen Schädigungen, und vielfach ungünstigen Zukunftsperspektiven. Was etwa Stelly u. Thomas (2011) für Jugendstrafgefangene feststellen, gilt weitgehend auch für Erwachsene (2013, S. 827): „Den Jugendstrafgefangenen werden häufiger Suchtprobleme zugeschrieben, sie werden häufiger als verhaltensauffällig und aggressiv wahrgenommen und sie haben mehr Probleme im Leistungsbereich". Sie sind im Vergleich zur Normalbevölkerung einem höheren Armutsrisiko ausgesetzt. Risikofaktoren, „wie alleinerziehend, Arbeitslosigkeit, fehlende Bildung etc. erhöhen ... nicht nur das Risiko arm zu sein, sondern auch das Risiko im Jugendstrafvollzug zu landen". Gerade bei dieser Gruppe dürften Sanktionen einen erheblichen Teil der Abschreckungswirkung verloren haben, selbst eine Inhaftierung. Hinzu kommt, dass die „Fallhöhe" bei Personen, die sowieso schon „weit unten" angekommen bzw. nie aufgestiegen sind, niedriger ist. Die Öffentlichkeit betrachtet die „Kriminellen" aus einer Mittelschichtsperspektive, wobei die teilweise schrecklichen Taten den Rest der Persönlichkeit überstrahlen, man sieht nur noch den „Täter", nicht mehr den Menschen dahinter.

Koch (2008, S. 115) betont in diesem Zusammenhang zurecht, dass kein Zweifel daran bestehen könne, „dass die Ablehnung des frühkindlichen Versuchs, mit der Welt über seine ersten Bezugspersonen in wechselseitigen Kontakt zu treten, zu schwersten psychischen Störungen führt ... In den Gefängnissen wiederholen sich für viele der

Jugendlichen jene Erfahrungen, die die meisten von ihnen in ihrer frühen Kindheit bereits zur Genüge kennen gelernt haben: bedingungslos geforderter Gehorsam, eine permanente Bedrohung durch Gewalt durch Zellennachbarn, autoritäre Amtspersonen, die sich für ihr Tun nicht rechtfertigen müssen; hinzu kommt der weitgehende Verlust ‚echten' verbalen Austauschs. Das alles knüpft an archaische Strukturen und entsprechende Erfahrungen in der frühen Kindheit an, so dass es kein Wunder ist, dass ein Gefängnisaufenthalt dieser Art in den meisten Fällen wirkungslos ist und eine erneute Gewalttätigkeit nur bis zu ‚Entlassung' aufschiebt" (S. 124).

Gefängnisse bieten in aller Regel ausgesprochen schlechte Bedingungen für wirksame und dauerhafte Verhaltensänderungen. Nur wenige können sich dem Sog einer Insassensubkultur dauerhaft entziehen und sich dauerhaft wirksam auf eine Veränderung ihres Lebensstiles konzentrieren. Zwar sieht § 2 des Strafvollzugsgesetzes von 1977 als Aufgaben des Vollzugs der Freiheitsstrafe und als „Vollzugsziel" vor, den Gefangenen zu befähigen, „künftig in sozialer Verantwortung ein Leben ohne Straftaten zu führen". Allerdings fehlen im Regelvollzug weitgehend die Fachleute, welche eine wirksame Behandlung umsetzen könnten, nur wenige haben die Chance, einen der relativ wenigen Plätze in einer Sozialtherapeutischen Anstalt zu erhalten. Nach § 3 des Strafvollzugsgesetzes soll das „Leben im Vollzug … den allgemeinen Lebensverhältnissen soweit als möglich angeglichen werden. Schädlichen Folgen des Freiheitsentzuges ist entgegenzuwirken. Der Vollzug ist darauf auszurichten, dass er dem Gefangenen hilft, sich in das Leben in Freiheit einzugliedern". Nach § 10 soll ein Gefangener „mit seiner Zustimmung in einer Anstalt oder Abteilung des offenen Vollzugs untergebracht werden, wenn er den besonderen Anforderungen des offenen Vollzugs genügt und namentlich nicht zu befürchten ist, dass er sich dem Vollzug der Freiheitsstrafe entzieht oder die Möglichkeiten des offenen Vollzuges zu Straftaten missbrauchen werde".

Die Möglichkeiten, die sich hier bieten könnten, werden in der Praxis allerdings keineswegs ausgeschöpft, in den letzten Jahrzehnten zunehmend auch vor dem Hintergrund eines gesteigerten Sicherheitsdenkens. Nach Calliess u. Müller-Dietz (2000, S. 135) sollte nach § 10 Strafvollzugsgesetz „die Unterbringung im offenen Vollzug … die Regelvollzugsform" und die im geschlossenen Vollzug „die Ausnahme sein". Die Realität im bundesdeutschen Strafvollzug sieht allerdings deutlich anders aus. Nach der Strafvollzugsstatistik für das Jahr 2013 (Statistisches Bundesamt – DeStatis 2014, S. 11) befanden sich zum Stichtag 31. 3. 2013 in Deutschland 56.641 Gefangene im Strafvollzug bzw. in der Sicherungsverwahrung. Davon waren 47.374 im geschlossenen und lediglich 9.267 im offenen Vollzug, somit mit 19,56 % ca. ein Fünftel. Auch bei dieser Variable ergeben sich wieder erhebliche Unterschiede zwischen den einzelnen Bundesländern. So lag der Anteil der im offenen Vollzug untergebrachten Gefangenen in Berlin bei immerhin 42,06 %, in Nordrhein-Westfalen bei 38,48 %, in Niedersachsen bei 22,55 % und im Saarland bei 21,21 %, in allen anderen Bundesländern darunter, in Bayern etwa bei 7,07 % und in Schleswig-Holstein bei 6,04 %, lediglich noch durch die ostdeutschen Länder Thüringen (5,53 %) und Sachsen-Anhalt (5,47 %) unterboten. Gerade im Rahmen einer schrittweisen Vollzugsöffnung wäre es allerdings besser möglich, die Nachteile einer Inhaftierung, Prisonisierungsschäden, zu reduzieren und die Gefangenen schrittweise an ein straffreies Leben heranzuführen.

Ortmann (2002, S. 356) betont vor dem Hintergrund der Ergebnisse seiner Studie: „An Strafvollzug und Sozialtherapie sind vier Punkte des Konzeptes für das Ziel falsch, ein rückfallfreies Leben der Häftlinge nach deren Entlassung aus der Haft zu unterstützen: Die Bestrafung, die schwerpunktmäßige Einwirkung auf die Persönlichkeit der Insassen, die Zusammenballung aller Insassen an einem Ort und die Abschottung der Insassen gegenüber der Außenwelt ... Das Konzept der Bestrafung ist falsch, weil Menschen ihr Verhalten v.a. dann ändern, wenn man ihnen letztlich etwas erkennbar Gutes tut" (S. 357). Zu betonen ist in diesem Zusammenhang vor allem auch, dass durch die Inhaftierung eines Täters in aller Regel dessen soziales Umfeld geschädigt wird, bei verheirateten Tätern vor allem auch dessen Familie, insbesondere eventuell vorhandene Kinder, in Mitleidenschaft gezogen werden. Nach Schätzungen sind in Deutschland ca. 100.000 Kinder von einer Inhaftierung eines Elternteils betroffen (Vgl. Die Tageszeitung 2014). Eine internationale von der EU finanzierte Studie bei 700 Kindern inhaftierter Elternteile in Deutschland, Schweden, Rumänien und England machte die enormen, vielfach langfristigen Schäden deutlich, welche Kinder in solchen Situationen davontragen (Jones u. Wainaina-Wozna 2013). Jedes vierte Kind ist psychisch auffällig belastet, etwa durch Verlustängste, weil eine wesentliche Bezugsperson meist plötzlich und unerwartet aus ihrem Alltag gerissen wurde, die Kontakte zu dem inhaftierten Elternteil oft durch Formalien erheblich eingeschränkt und in aller Regel kurz und selten sind. Hieraus können Schwierigkeiten entstehen, sich auf Beziehungen zu anderen Menschen einzulassen, die Wahrscheinlichkeit, dass hier die nächste Generation von Straffälligen heranwächst, ist erhöht (vgl. Kury u. Kern 2003). So ist beispielsweise auch bei Scheidungskindern die Wahrscheinlichkeit für Entwicklungsstörungen erhöht. Thome u. Birkel (2007, S. 404) betonen in diesem Zusammenhang: „Die Durchsicht vorliegender Forschungsliteratur führt uns zu dem Ergebnis, dass trotz hoher Variation der Einzelfälle Scheidungserfahrungen bei den davon betroffenen Kindern durchschnittlich die Wahrscheinlichkeit erhöhen, längerfristig wirksame psycho-soziale Schädigungen (darunter mangelnde Selbstkontrolle und Neigung zu aggressivem Verhalten) zu erleiden".

Andrews u. Bonta (2010) führen zur Begründung, warum Strafen nicht die erwartete Wirkung zeigen, vier Gesichtspunkte an, die möglichst alle gleichzeitig berücksichtigt werden müssten. Ausgesprochen kritisch zu beurteilen bleibt auch, ob, selbst wenn diese umgesetzt werden könnten, ein entsprechendes Vorgehen das Optimale wäre. Die vorliegenden Forschungsergebnisse können dies, zumindest was schwere Straftaten betrifft, um die es ja in der Regel geht, kaum bestätigen. Die Autoren betonen, 1. Strafen müssten hart sein, sonst würde eine Toleranz gegenüber den Sanktionen eintreten mit dem Ergebnis lediglich kurzer Effekte. Das würde etwa gegen Diversionsmaßnahmen bei leichter und mittelschwerer Kriminalität sprechen. 2. Weiterhin müssten Kriminalsanktionen möglichst rasch auf die Tat folgen. Bereits hier zeigt sich ein kaum lösbares Problem, da gerade bei schweren Taten die Untersuchungen zum Schuldnachweis, auch aufgrund der Überlastung der Strafverfolgungsorgane, erheblich Zeit in Anspruch nehmen und „kurze Prozesse" nicht erwünscht sein können. Kurzfristige Sanktionen, wobei es hier um wenige Tage geht, können wohl nur im Straßenverkehrsbereich bei üblichen Verkehrsvergehen umgesetzt werden. Entsprechend zeigen auch vorliegende Untersuchungen hinsichtlich einer Beschleunigung der Strafverfahren in Bezug auf eine günstige Auswirkung auf die Rückfallkriminalität wenig ermutigende Ergebnisse (vgl. Bliesener u. Thomas 2012; Verrel 2012, S. 527). 3. Strafe müsse immer, für jede Tat erfolgen. Berücksichtigt man die enorme Dunkelfeldproblematik kann auch dieser Punkt keineswegs erfüllt werden. 4. Ausweichverhalten und der Erhalt alternativer Begünstigungen für straffälliges Verhalten müsse unterbunden werden. Bereits das enorme Dunkelfeld macht die Erfüllung dieses Punktes ebenfalls kaum möglich. Hinzu kommt, dass gerade Jugendliche, die ihre Straftaten oft aus einer Gruppe heraus machen, hier für ihre Taten vielfach eine positive Rückmeldung erhalten, geradezu zu „Helden" werden.

Was die Freiheitsstrafe, als die in den westlichen Industrieländern schwerste Sanktion, betrifft, wird man, zumindest gegenwärtig, bei schweren Straftaten und andauernder erheblicher Gefährdung der inneren Sicherheit durch den Täter bei einer hohen Rückfallgefahr, generell auf eine Inhaftierung nicht verzichten können, auch um den inneren Frieden in der Gesellschaft nicht zu gefährden. Selbst bei Jugendlichen dürfte das schwer umsetzbar sein, auch wenn hier entsprechende Forderungen eher nachvollziehbar und begründet sein mögen (vgl. Nickolai 2011, S. 23). Um das Strafvollzugsziel, nämlich die Wiedereingliederung des Täters in die Gesellschaft, somit das Ziel des Strafvollzugsgesetzes, möglichst effizient zu erreichen, sollten allerdings wesentliche Gesichtspunkte einer Resozialisierung besser beachtet werden.

So sollte Prisonisierungsschäden möglichst effizienter entgegengearbeitet werden. Das ist allerdings nur bei guter Personalausstattung und entsprechender Ausbildung der Mitarbeiter umsetzbar. Vor allem auch die Fachdienste sollten in diesem Zusammenhang ausgebaut werden. Dass ein bloßes Wegsperren in aller Regel mehr Schaden anrichtet als Nutzen bringt ist nicht neu. So wies etwa Schiller (1786; 1998, S. 9), der in seiner auf einer wahren Begebenheit beruhenden Erzählung „Der Verbrecher aus Infamie" den Werdegang eines Täters schildert, der im Rahmen der Strafverfolgung und sich steigernder Sanktionierung immer mehr abrutscht, schließlich gar einen Mord begeht, auf die Fragwürdigkeit des Freiheitsentzuges hin, liefert damit „ein literarisches Musterbeispiel dafür …, wie soziale Ausgrenzungs- und Stigmatisierungsstrategien zur Entwicklung gesellschaftlicher Außenseiter beitragen können" (Müller-Dietz 2006, S. 25). Er fordert eine größere Beachtung der „Beschaffenheit und Stellung der Dinge, welche einen solchen Menschen umgaben, bis der gesammel-

te Zunder in seinem Inwendigen Feuer fing" (S. 5). Eine gründlichere „Seelenkunde"
behalte „schon allein darum den Vorzug, weil sie den grausamen Hohn und die stolze
Sicherheit ausrottet, womit gemeiniglich die ungeprüfte aufrechtstehende Tugend auf
die gefallne herunterblickt; weil sie den sanften Geist der Duldung verbreitet, ohne
welchen kein Flüchtling zurückkehrt, keine Aussöhnung des Gesetzes mit seinem
Beleidiger stattfindet, kein angestecktes Glied der Gesellschaft von dem gänzlichen
Brande gerettet wird". Der Täter wurde bestraft: „Die Richter sahen in das Buch der
Gesetze, aber nicht einer in die Gemütsverfassung des Beklagten" (S. 8). Aufgrund
seiner schweren Straftat wurde er zu Festungshaft verurteilt. „Auch diese Periode
verlief, und er ging von der Festung – aber ganz anders, als er dahin gekommen war
... ‚Ich betrat die Festung', sagte er, ‚als ein Verirrter und verließ sie als ein Lotterbu-
be'" (S. 9). „‚Alle Welt floh mich wie einen Giftigen, aber ich hatte endlich verlernt,
mich zu schämen ... Es war mir wohl, weil ich nichts mehr zu verlieren und nichts
mehr zu hüten hatte. Ich brauchte keine gute Eigenschaft mehr, weil man keine mehr
bei mir vermutete'" (S. 12). Letztlich schließt er sich einer Bande Gleichgesinnter an.
„‚Die Welt hatte mich ausgeworfen wie einen Verpesteten – hier fand ich brüderliche
Aufnahme, Wohlleben und Ehre'" (S. 21). Eindringlicher kann man die Probleme von
Prisonisierung und Stigmatisierung wohl kaum ausdrücken und: Schiller hat recht,
wie uns die empirisch-kriminologische Forschung inzwischen gezeigt hat, von der
immanenten Logik ganz abgesehen. Kunz (2013, S. 113) betont in diesem Kontext:
„Exkludierend ist eine soziale Praxis, die Rechtsbrecher mit der Sanktion aus der
Gesellschaft demütigend ausgrenzt. Inkludierend bedeutet, eine maßvolle, mit Integ-
rationschancen verbundene Sanktion zu bevorzugen".

Der Strafvollzug dient nach dem Gesetz primär der Resozialisierung, entsprechend
sollte dem Täter von vornherein signalisiert und durch das eigene Verhalten gezeigt
werden, dass man weniger an der Strafe, mehr an der Verhaltensänderung interessiert
ist, Strafe sollte als Mittel zum Zweck und nicht als Selbstzweck gesehen werden.
Dem Straftäter sollte mit der einen Hand nicht nur die „rote Karte" vorgehalten, sondern ihm gleichzeitig die andere Hand hinsichtlich einer Zusammenarbeit und Hilfe
gereicht werden. Eine ernsthafte Zusammenarbeit bedeutet immer auch ein Ernst-
nehmen und ein Respektieren des anderen, von beiden Seiten. Gerade hier dürften
Inhaftierte aufgrund ihrer Sozialisationserfahrungen besonders empfindlich reagieren.
Zu beachten sind hier auch nach wie vor praktizierte Benachteiligungen, wie schlechte Bezahlung für geleistete Arbeit in den Betrieben oder keine Einzahlungen in die
Rentenkasse. Respekt gegenüber dem anderen, trotz seiner (eventuell) schweren Ver-
fehlungen, bringen in der Regel stets mehr Erfolg, als ein hartes Vorgehen, wie neuere
Studien vor dem Hintergrund von älteren Erfahrungen, etwa auch bei polizeilichen
Verhören zeigen. Alison u.a. (2014) haben Ton- und Videoaufzeichnungen von Verhören analysiert, die britische Spezialisten mit später verurteilten Terrorverdächtigen
geführt haben. Es zeigte sich, dass schon milder Druck mehr schadet als nützt. Besonders erfolgreich erwies sich eine Methode die darauf setzt, mit Respekt ein gutes

Verhältnis zum Gesprächspartner aufzubauen, um so eine kooperative Atmosphäre zu schaffen (Paulus 2014, S. VII). Alison u.a. (2014, S. 2) betonen: „Overall, findings indicate that adopting an adaptive rapport based interrogation style in which suspects are treated with respect, dignity and integrity is an effective approach for reducing suspects' use of CITs (counter interrogation tactics)".

Umso mehr muss der Aufbau einer vertrauensvollen Beziehung im Strafvollzug gelten, wo Menschen für den Rest ihres Lebens verändert werden sollen. Grawe u.a. (1994, S. 775) betonen hinsichtlich der Wirkung von Psychotherapie allgemein die zentrale Bedeutung von persönlicher Beziehung für deren Erfolg: „Wenn man alle je untersuchten Zusammenhänge zwischen bestimmten Aspekten des Therapiegeschehens und dem Therapieergebnis zusammennimmt, dann sind Aspekte des Beziehungsgeschehens in Psychotherapien diejenigen Merkmale des Therapieprozesses, deren Einfluss auf das Therapieergebnis am besten gesichert ist". Die Gründe hierfür liegen nach den Autoren vor allem darin, dass psychische Störungen zu einem wesentlichen Teil Beziehungsstörungen seien (S. 776), aber auch (S. 778), „dass das zwischenmenschliche Geschehen in der Therapie eines der wichtigsten Mittel ist, um therapeutische Veränderungen herbeizuführen" und dass sich schließlich (S. 781), Psychotherapie immer auf der Ebene menschlicher Beziehungen abspiele „und die Qualität dieser Beziehungen (hat) nachweislich einen sehr großen Einfluss auf das Therapieergebnis ... Eine gute Therapiebeziehung bewirkt nicht nur direkt ein verbessertes Selbstwertgefühl des Patienten und erhöht seine Bereitschaft, sich seinen Schwierigkeiten zu stellen, sie öffnet den Patienten auch für die therapeutischen Einflüsse, macht ihn aufnahmebereit für die therapeutischen Interventionen, die ohne eine solche Aufnahmebereitschaft nicht viel ausrichten würden. Die Bedeutung der Qualität der Therapiebeziehung für das Therapieergebnis ist in nahezu eintausend signifikanten Zusammenhängen zwischen verschiedenen Merkmalen der Qualität der Therapiebeziehung und dem Therapieerfolg dokumentiert". Die Herstellung einer solchen therapeutischen Beziehung in einer Haftanstalt, zumindest einer großen, bedarf großer Anstrengungen, ist aber, wie einzelne Beispiele immer wieder zeigen, durchaus möglich.

Der Inhaftierte sollte durch sein Wohlverhalten und seine konstruktive Mitarbeit deutlicher als bisher auf die Länge der Freiheitsstrafe bzw. die Gewährung von Vollzugslockerungen einwirken können, auch um ihn zu motivieren. Der offene Vollzug sollte deutlich ausgebaut werden, auch um den Übergang von drinnen nach draußen fließender zu gestalten. Entsprechend sollten die Inhaftierten auf Vollzugslockerungen intensiver vorbereitet und bei deren Gewährung begleitet werden. Schließlich sollte die Nachbetreuung ausgebaut werden, etwa auch durch den Einsatz freiwilliger Helfer, auch um die Öffentlichkeit mehr bei der Wiedereingliederung der Straffälligen zu beteiligen (vgl. etwa zur freiwilligen Bewährungshilfe in Japan Kury u. Sato 2013). So betont etwa Sonnen (2013, S. 474): „Wenn der Staat den Strafvollzug so ausstatten muss, wie es zur Erzielung des Vollzugszieles erforderlich ist, so gehört dazu auch ‚eine mit angemessen Hilfen für die Phase nach der

Entlassung verzahnte Entlassungsvorbereitung'" (BVerfG, Urt v. 31. 5. 2006; BVerfGE 116, 69ff. (Rn. 61) = NJW 2006, 2093ff. = ZJJ 2006, 193ff.).

Das gängige Argument gegen eine Verbesserung der Situation im Strafvollzug, die vor allem mit einem Ausbau der Personalstruktur verbunden ist, bezieht sich, gerade auch von politischer Seite, in der Regel auf die zu erwartenden höheren Kosten. Von Seite von Opferorganisationen wird teilweise argumentiert, mehr für die Geschädigten der Straftaten, statt „immer nur" für die Täter auszugeben. Zweifellos ist richtig, dass die Opfer von Straftaten bis heute vielfach vernachlässigt werden, jedoch führt ein Kampf um finanzielle Unterstützung zu Lasten der jeweils anderen Gruppe in keiner Weise weiter. Manche Opfergruppen versuchen die Interessen ihrer Klientel auch dadurch zu vertreten, dass sie für härtere Sanktionen eintreten, was dann auch zu einer Verschärfung der Punitivität beigetragen hat. Klimke (2008, S. 42) spricht in diesem Zusammenhang von einem „Viktimismus". Oelkers u.a. (2008, S. 208) stellen eine „Rückkehr der Gefühle" in die Kriminalpolitik fest, in deren Zusammenhang sich aber „das Interesse und die Empathie weg von den Tätern und hin zu den Opfern verschoben hat". Hierbei wird auch vielfach übersehen, dass ein erheblicher Teil inhaftierter Straftäter aufgrund dessen, dass sie in ihrer Kindheit Opfer ihrer Sozialisationsbedingungen geworden sind, erst zu Tätern wurden.

Schließlich muss vor allem auch beachtet werden, dass sich Resozialisierungsmaßnahmen, vor allem auch eine psychotherapeutische Behandlung, nach inzwischen vorliegenden umfangreichen internationalen Untersuchungen, durch eine Reduzierung der Rückfallwahrscheinlichkeit finanziell rechnen. Zu beachten ist zusätzlich auch, dass „für den ganz überweigenden Teil der Sanktionierten ... die Notwendigkeit von Freiheitsentzug spezialpräventiv nicht zu begründen" ist (Spieß 2013, S. 106), die Zahl der Inhaftierten somit ohne Gefährdung der inneren Sicherheit reduziert werden könnte, was etwa schon die Unterschiede in den Haftquoten zwischen einzelnen Ländern oder etwa das finnische Beispiel zeigen.

Die Gesamtkosten für einen Hafttag werden in Deutschland pro Inhaftiertem auf ca. 90 bis 100 Euro geschätzt, was jährliche Gesamtkosten von ca. 35.000 Eur pro Gefangenem ausmacht. Die Kosten für eine Bewährungsaufsicht liegen dagegen bei ca. 1.000 Eur jährlich (vgl. Spieß 2013). Auch Untersuchungen in den USA, wo teilweise die Kosten für den Strafvollzug aufgrund der enorm hohen Inhaftierungsquote, kaum noch zu bezahlen sind, zeigen deutlich, dass anstelle einer Inhaftierung alternative Reaktionsformen auf Kriminalität kriminalpräventiv zumindest genauso effektiv, gleichzeitig deutlich billiger sind. Aos (2003, S. 442) konnte mit seinen differenzierten Untersuchungen belegen, dass bei frühen Interventionen und Hilfen für benachteiligte und unterprivilegierte Familien etwa im Kindes- und Jugendalter der Betroffenen, aber auch durch Behandlungsmaßnahmen im Strafvollzug, wodurch die Rückfallquoten gesenkt werden konnten, erheblich Kosten eingespart werden können, von einer Vermeidung von nicht-materiellen Opferschäden ganz abgesehen (vgl.

a. Sherman u.a. 1998). Gowar u. Farrington (2013, S. 453) schätzen die Kosten von Kriminalität bei den 411 in der Cambridge Study in Delinquent Development untersuchten Straftätern und kommen zu dem Ergebnis: „In light of the enormous costs of crime revealed by the present research, and the low cost of intervention programmes (rarely greater than Pound 10,000 per person), it seems very likely that the benefits of such programmes would greatly outweigh their costs".

Ein erheblicher Vorteil gegenüber einer „klassischen" Bestrafung von Rechtsbrechern, insbesondere einer Inhaftierung, bieten alternative Vorgehensweisen wie Restitution oder Täter-Opfer-Ausgleich, neben einer Kosteneinsparung vor allem auch, was eine Wiederherstellung des Rechtsfriedens in einer Gesellschaft betrifft. So weisen etwa Hopt u. Steffek (2008, S. 7) neben einer hohen Wahrscheinlichkeit einer Konfliktlösung zu Gunsten aller Beteiligten vor allem auch auf die enorme Kosteneinsparung hin, etwa auch aufgrund einer Entlastung der Judikative).

4. Die Rolle der Kriminologie

Die Bedeutung der Kriminologie in Deutschland, wie auch anderen kontinentaleuropäischen Ländern, im Gegensatz etwa zu den USA oder Großbritannien, stets ein kleines Fach, das aus seiner Rolle als Anhängsel und „Hilfswissenschaft des Strafrechts", bis heute nie so richtig herausgekommen ist, ging in den letzten Jahren im Rahmen einer gegenwärtig „abnehmenden Institutionalisierung der Kriminologie an deutschen Universitäten" zusätzlich deutlich zurück (Sessar 2013, S. 71). Die britische Kriminologie dagegen „präsentiert sich derzeit neben den USA als eine der führenden Nationen in der Kriminologie. … Der multidisziplinäre Kontext, in den kriminologische Lehre und Forschung eingebettet sind, schafft ein hervorragendes Fundament für eine besonders lebendige und international erfolgreiche Kriminologie" (Karstedt 2013, S. 127). Nun war die britische und US-amerikanische Kriminologie aufgrund ihrer interdisziplinären empirischen Ausrichtung und größeren Eigenständigkeit stets lebendiger und innovativer. Der interdisziplinäre Kontext schafft einen „systemischen Vorteil, den Juristen, die in juristischen Fakultäten als Kriminologinnen und Kriminologen arbeiten, einfach nicht haben oder nur unter großem Aufwand herstellen können. ‚Getting unstuck' ist daher das erste Ziel und die erste Aufgabe, wenn es darum geht, die deutsche Kriminologie international wettbewerbsfähig zu machen" (Karstedt 2013, S. 130).

Auf einer Tagung „Zur Lage der Kriminologie in Deutschland" 2012 in Freiburg wurde versucht, die gegenwärtige Lage des Faches zu umreißen. Auch ein in diesem Zusammenhang verfasstes „Freiburger Memorandum" (Albrecht u.a. 2012) betont die Gefährdung der deutschen Kriminologie an den Universitäten. „Die Kriminologie ist in ihrer Existenz an den deutschen Universitäten durch die Streichung von Lehrstühlen, die Reduzierung qualifizierter Lehrangebote und die Ausdünnung des wisschenschaftlichen Personals gefährdet. Ähnliches gilt für benachbarte Fachrichtungen wie die ‚Soziologie abweichenden Verhaltens' oder ‚Soziale Probleme', die so gut wie vollständig aus den Lehrplänen verschwunden sind" (Albrecht u.a. 2012, S. 5). „Die

Kriminologie leidet ... an einer strukturbedingten Auszehrung" (S. 10). In 10 Thesen wird vor allem auch die Bedeutung eines Ausbaus der Lehre und Forschung betont.

Vor dem Hintergrund dieser zunehmenden Probleme der Kriminologie in Lehre und Forschung an den deutschen Universitäten mag es erklärbar werden, dass deren Einfluss auf die Kriminalpolitik auch deutlich geringer geworden ist. Allerdings ist dieses Phänomen kein Deutsches, was allein schon auf weitere Dynamiken hinweist. Becker (2013, S. 208f.) weist darauf hin dass das Vorhaben, die Höchststrafe im Jugendstrafrecht für Mord von 10 auf 15 Jahre zu erhöhen im Gesetz zur Erweitrung der jugendgerichtlichen Handlungsmöglichkeiten (JGGÄndG) vom 4. 9. 2012 (BGBl I S. 1854) in die Tat umgesetzt worden sei, obwohl „in den vorangehenden Beratungen ... nicht verborgen (blieb), dass die Geeignetheit des Mittels zur Erreichung des angegeben Ziels höchst umstritten ist". Es habe sich hieran gzeigt, „dass Fragen der Kriminalpolitik an die Kriminologie von letzterer zwar beantwortet werden – die Folgen, welche die Politik daraus zieht, entsprechen aber nicht immer den Erwartungen der Gefragten". Daraus sei zu schließen, dass „der Fragebedarf nach den Grundlagen der kriminologischen Forschungen, nach Kriminalitätstheorien, ... nicht stark ausgeprägt" sei (S. 209).

Das mag teilweise daran liegen, dass die Kriminologie in wichtigen Teilbereichen nicht die für eine effiziente Kriminalpolitik wesentlichen Informationen zur Verfügung stellt. So betont etwa Heinz (2013, S. 346) es gebe „viele kriminalpolitisch relevanten Fragen, aber keine hinreichenden Antworten", vor allem was Kriminalstatistiken betrifft, die „statistischen Voraussetzungen für eine wissensbasierte Kriminalpolitik sind defizitär" (S. 355). Andererseits ist es bisher mit politischer Unterstützung bis heute nicht gelungen, wie etwa in Großbritannien oder den USA, regelmäßige „Crime Surveys" durchzuführen, die wesentliche, zu den bisherigen Statistiken, zusätzliche Informationen über Kriminalität und deren Entwicklung bringen könnten, insbesondere etwa was das Dunkelfeld und Viktimisierungen betrifft. Über eine Arbeitsgruppe, welche eine entsprechende Umfrage vorbereiten sollte, ist man in Deutschland nie hinausgekommen.

Kerner (2013, S. 196) betont einerseits dass sich aus öffentlichen Mitteln finanzierte Wissenschaftler verpflichtet fühlen müssten, mit ihrem Wissen dem Gemeinwohl wiederum zu dienen und dieses zu fördern. „Etliches davon bündelt sich jedenfalls rezent in den breiter gewordenen ‚Landschaften' bzw. ‚Bewegungen' der Prävention, der Mediation, der Konfliktschlichtung oder auch Diversion". Gleichzeitig weist er jedoch auch darauf hin, dass es eine nicht unwichtige Rolle spiele, „dass das Feld von ‚Kriminalität und Kriminalitätskontrolle' von besonders der Ordnung und Sicherheit sowie der Aufrechterhaltung der staatlichen Rechtsordnung verpflichteten Instanzen und deren entsprechend sozialisierten Ausbildung geprägt wird". Das führe letztlich dazu, dass, „wenn es um (aus dem einen oder anderen gesellschaftspolitischen, gesundheitspolitischen oder staatspolitischen Grund heraus) sensible Kriminalitätsbereiche geht, ... die Schwierigkeit des Gehört-Werdens und der Möglichkeit substantieller Einflussnahme" steigen würde (S. 197). So habe sich etwa auch nach Veröffentlichung der beiden Periodischen Sicherheitsberichte keine breite fachöffentliche Diskussion entwickelt (S. 198). Auch von politischer Seite werden die Ergebnisse wohl kaum beachtet.

Kriminalpolitische Entscheidungen sind, wie andere Entscheidungen auch, wobei allerdings die Kriminalpolitik vor dem Hintergrund der breiten öffentlichen Diskussion und großen Sensibilität gegenüber den Themen Angst und Strafbedürfnis, eine Sonderrolle spielen dürfte, in ein politisches Machtgefüge eingebunden, bei dem es vor allem darum geht, politisch nicht an Boden zu verlieren. Das vorrangige Interesse eines Politikers wird und muss es sein, vor dem Hintergrund eines mehr oder weniger vagen Wissens darüber, was die Kriminologie hinsichtlich der zur Entscheidung anstehenden Fragen zu sagen hat, alles zu tun, um seine Position, die Chancen wiedergewählt zu werden, zu sichern. Von Seite seiner Partei wird er in dieser Einstellung sicher unterstützt. Hierbei spielen aber Kriminologen und deren Ergebnisse im Vergleich zur öffentlichen Meinung zwangsläufig eine untergeordnete Rolle, wobei sich die Marginalisierung dieser Fachleute und ihrer Ergebnisse in den letzten Jahrzehnten verstärkt hat. Kunz (2013, S. 115) spricht in diesem Zusammenhang von einem „Prestigeverlust von Expertentum". Für die Medien andererseits, vor allem die privatwirtschaftlichen, geht es primär darum, die Auflagen bzw. Einschaltquoten zu steigern, schließlich handelt es sich um Wirtschaftsunternehmen in einem härter werdenden Konkurrenzkampf, in dem es vielfach um das Überleben, vor allem aber um den Gewinn geht. Wichtig ist somit, „aus der möglichst prominenten Platzierung des Kriminalitätsthemas Profit zu schlagen", erprobt schon in den US-amerikanischen Wahlkämpfen der 1980er Jahre, die das Thema „governing through crime" immer populärer gemacht haben (Kunz 2013, S. 114; vgl. Beckett 1997; Beckett u. Sasson 2004). Hinzu kommt, dass Kriminalität und Kriminalprävention, wie Erziehung, ein Thema ist, bei dem jeder das Gefühl hat, „mitreden" zu können, bei dem jeder sich als Experte fühlt, das gleichzeitig einen höheren Stellenwert im Alltagsdiskurs hat, etwa im Gegensatz zu komplexen politischen Fragestellungen (vgl. Converse 1964).

Im Sinne eines „politisch-publizistischen Verstärkerkreislaufs" (Scheerer 1978) kommen Politiker vielfach aufgrund der Medienberichterstattung, meist über Einzelfälle schwerer Kriminalität, etwa schwerer Sexualstraftaten, erheblich unter Druck, in der Regel werden von den Medien und der Öffentlichkeit härtere Strafen gefordert, dem dann die Politik oft nachgibt, mit dem Resultat, dass dies wiederum von der Öffentlichkeit begrüßt wird. Schwere Einzelfälle, zu deren Prävention nun gerade harte Strafen, wie in der kriminologischen Forschung immer wieder gezeigt, nicht beitragen (Dölling u.a. 2011), führen so zu Änderungen von Gesetzen, die nun auch auf „Normalfälle" anzuwenden sind.

Die Öffentlichkeit ist in aller Regel wenig über Kriminalität, Kriminalstrafen und deren zweifelhafter Wirkung informiert, ebenso wenig über die Hintergründe straffälligen Verhaltens, da die Medien meist nur über Straftaten und deren Auswirkung auf die Opfer, kaum dagegen differenziert über die Täter und deren Entwicklung hin zu Straftätern informieren. Internationale Untersuchungen weisen einheitlich darauf hin, dass die Punitivität in der Bevölkerung abnimmt, je mehr diese über die Hintergründe von Straffälligkeit und die

Wirkungen von Kriminalsanktionen informiert wird (Roberts u.a. 2003; Roberts u. Hough 2005; Sato 2014). So hat etwa auch die Akzeptanz eines Täter-Opfer-Ausgleichs in den neuen Bundesländern nach der politischen Wende zugenommen, je mehr die Bürger Erfahrung damit machen konnten (Ludwig u. Kräupl 2005, S. 57). Eine Möglichkeit, eine rationalere, mehr auf Fakten beruhende Kriminalpolitik, zu bewirken bestünde somit in einer besseren Aufklärung der Öffentlichkeit. Hierbei müsste es vor allem auch darum gehen, besser über alternative Möglichkeiten der Konfliktschlichtung, auch bei Straftaten, zu informieren, etwa Täter-Opfer-Ausgleich und Mediation, sowie deren positive Auswirkung, auch auf die Opfer .

Diese Alternativen zu harten Strafen, vor allem einer Inhaftierung, zeigen in aller Regel nicht nur bessere Ergebnisse hinsichtlich der Verhinderung eines Rückfalles, sie sind vor allem auch billiger (vgl. oben). Zu Recht betont deshalb Frühauf (1988, S. 20), dass das Fehlen einer Wiedergutmachungskomponente als ein Nachteil des modernen Strafrechts angesehen werden kann, deren Zurückdrängung möglicherweise ein gravierender Fehler hinsichtlich der Lösung von Konflikten in einer Gesellschaft gewesen ist. Nach Kaiser (1996, S. 1088) dürfe begründet angenommen werden, „dass das Bedürfnis zur Lösung von Konfliktsituationen miteinander zu reden, noch tief in der Gesellschaft verwurzelt ist, dass aber dieses Potential zur Konfliktlösung im herkömmlichen Strafverfahren nicht oder nur dürftig genutzt wird". Auch nach Ausführungen im Zweiten Periodischen Sicherheitsbericht (BMI – BMJ 2006, S. 593f.) wird das Potential des Täter-Opfer-Ausgleichs noch nicht voll ausgeschöpft, die Quote liegt unter 1 %. „Die Praxis ist damit noch weit entfernt von der TOA-Quote, die in der Literatur geäußert wird. Danach sollen mehr als 20 % aller Strafverfahren gegen bekannte Tatverdächtige TOA-geeignet sein" (Wandrey u. Weitekamp 1998, S. 143). Die Ergebnisse der durchgeführten „Konfliktbereinigungsversuche" sind ausgesprochen ermutigend. „Die Mehrzahl der kontaktierten Täter und Opfer ist bereit, sich auf ein entsprechendes Verfahren einzulassen; bei den schließlich tatsächlich zustande kommenden Gesprächen halten die meisten Beteiligten durch und kommen zu einem für beide Seiten zufriedenstellenden Beratungsergebnis bzw. zur Vereinbarung von Leistungen des Täters an das Opfer oder an Dritte (so genannte symbolische Wiedergutmachung)" (BMI – BMJ 2006, S. 594), Ergebnisse, die auch international bestätigt werden.

Erste Berichte über ein in Baden-Württemberg durchgeführtes Modellprojekt zum Täter-Opfer-Ausgleich in fünf Strafvollzugsanstalten des Landes, der etwa in Belgien seit Jahren mit sehr guten Erfolgen durchgeführt wird (Buntinx 2012), zeigen auch hier ausgesprochen positive Ergebnisse (Wieselmann 2014, S. 7), sowohl bei den inhaftierten Tätern als gerade auch den betroffenen Opfern. Zu Recht wird betont, dass hier zumindest ansatzweise das geleistet werden kann, was der Strafprozess mit einer anderen Aufgabe nicht schaffen kann „die Verarbeitung eines oftmals furchtbaren Geschehens" (S. 7; vgl. a. Snacken u. Dumortier 2012). Bisher haben seit Beginn des Projektes vor ca. einem Jahr mehr als 90 Täterinnen und Täter mit teilweise schwersten Verbrechen, bis hin zum Mord, Interesse an dem Projekt gezeigt, wobei Voraussetzung stets eine freiwillige Teilnahme ist.

Wichtig sind wissenschaftliche Untersuchungen zu diesen Alternativen und Möglichkeiten einer konstruktiveren Lösung von durch Kriminalität entstandenen Konflikten in einer Gesellschaft, vor allem auch den Ursachen dieser Konflikte. Die Kriminologie muss sich hier auch aufgerufen fühlen, für eine empirisch fundierte Kriminalpolitik zu streiten (Schumann 2003). Die Erwartungen hinsichtlich einer Änderung der Kriminalpolitik dürfen allerldings nicht zu hoch gesteckt werden. Streng (2014, S. 80) betont sicher zu Recht: „Die Perspektiven für eine Zurückdrängung von Punitivität erscheinen ... nicht eben günstig. Nicht einmal effiziente Strafverfolgung und entsprechend hohes Sicherheitsgefühl der Bevölkerung dämpfen ohne weiteres eine Neigung zu hartem Strafen. Die Berichterstattung über Kriminalität folgt von vornherein andern Regeln: Kriminalität verkauft sich gut – für quotengesteuerte Medien und für durch Wählerstimmen motivierte Politiker" (vgl. a. Kunz 2007; Niggli 2004, S. 197).

5. Schluss

Kriminalität ist ein fester Bestandteil jeder Gesellschaft, sie dient auch unterschiedlichen „Interessen", wird für unterschiedliche Ziele von Politikern und Medien eingesetzt, vermehrt auch seitens der Wirtschaft, etwa der „Sicherheitsindustrie" oder im Rahmen der Privatisierung von Gefängnissen in den USA. Die privaten Betreiber von Vollzugsanstalten dürften wohl kaum an einem Rückgang des „Nachschubs" interessiert sein. Im Rahmen der zunehmenden Globalisierung und Komplexität gesellschaftlicher Entwicklungen werden auch Politik und die Umsetzung gesellschaftlicher Ziele immer schwieriger, was auch die Öffentlichkeit so empfindet, wenn etwa bei der Umfrage 2014 zu den „Ängsten der Deutschen" die Angst vor einer Überforderung der Politiker von 44 %, damit bereits an 5. Stelle aller angegebenen Ängste, genannt wird.

Eine rationalere Kriminalpolitik, mehr Engagement für die Resozialisierung von Straftätern, eine bessere Kriminalprävention, können als wesentliche politische Ziele leicht in den Hintergrund geraten, weil man seit alters her ja „weiß, was wirkt": härtere Strafen. Insofern ist Kriminalpolitik für Politiker eine „einfache" Politik: Das Versprechen, dem Wunsch der Bevölkerung zu folgen, befriedigt die Mehrheit weitgehend und sorgt für Zustimmung. Insofern folgen populistisch orientierte Politiker, die vielfach auch wenig über Einzelheiten informiert sein dürften, oft allzuschnell diesem Rezept. Im Rahmen einer zunehmenden Verunsicherung der Öffentlichkeit, nicht nur durch Kriminalität, eher durch gesellschaftliche Veränderungen, ist die Gefahr, dass man sich mehr Sicherheit schaffen will, indem an sich von den „Übeltätern" abwendet und „wenigstens" diese hart bestraft sehen will, besonders groß. Kunz (2013, S. 115) spricht in diesem Zusammenhang von einem „Bedeutungsverlust einer integrativen Sozialpolitik und der Reintegration von Straffälligen", dem „Entstehen einer Angstkultur". Auf der Suche nach den Ursachen landet man schnell bei den Gruppen, deren Beschwerdemacht am geringsten ist.

Die eigentlichen Ursachen von Straffälligkeit geraten dann rasch aus dem Blick, auch weil man bei genauerem Hinsehen schnell bei komplexeren Zusammenhängen ankommt, die einer einfachen Lösung nicht mehr so gut zugänglich sind, man sich vor allem auch plötzlich mit in der Verantworgung sehen muss. So lange der Täter allein für sein Verhalten verantwortlich ist, können wir uns leicht zurückziehen auf die „Sanktionslösung", wird dagegen danach gefragt, warum der Täter denn zum Täter geworden ist, müssen wir uns schnell „mitverantwortlich" fühlen – denn die „Lösung" im Sinne eines „L'uomo delinquente" (Lombroso 1876) hat heute, trotz immer noch bestehender Anhänger, an Überzeugungskraft verloren. Man weiß schon, dass die Kriminalität, von der wir reden, etwas mit den gesellschaftlichen Bedingungen, unter denen die späteren Täter aufgewachsen sind, zu tun haben könnte, bei der Verteilung finanzieller Mittel geraten die Betroffenen aber leicht ins Hintertreffen, weil es immer wichtigere Themen gibt. Moser (1972, S. 289) betont in diesem Zusammenhang: „Erstaunlich ist, in welchem Ausmaß die Gesellschaft diesen Kindern Zeit lässt, sich zu Kriminellen zu entfalten. Sie kümmert sich kaum um sie, solange sie Opfer sind. Erst wenn die Gesellschaft sich selbst als Opfer fühlt oder wenigstens darstellen kann, greift sie ein. Dann aber so wie verwahrloste und unreife Eltern, die blind zuschlagen, wenn ihnen das Gezeter und die Streiche der von ihnen vernachlässigten Kinder auf die Nerven gehen, wenn das zornige Bedürfnis, sich Ruhe zu verschaffen, zum Hauptmotiv des Eingriffs wird".

Zahlreiche Studien haben deutlich belegt, dass Kriminalität vor allem mit Sozialisataionsbedingungen zu tun hat, also mit Familien- und Jugendpolitik, mit Unterstützung und Hilfe für benachteiligte Gruppen. Schon Thomas Morus (1516; 1992) wies bereits vor ca. 500 Jahren auf Armut und Elend als Hintergrund von Diebstahl hin, Beccaria (1764; 2005, S. 113) betonte, „das sicherste, aber auch schwierigste Mittel zur Verhütung von Verbrechen" sei die „Vervollkommnung der Erziehung". Beckett u. Western (2001) konnten für die USA zeigen, dass Bundesstaaten mit einem gut ausgebauten Wohlfahrtssystem niedrigere Gefangenenraten haben und umgekehrt. Downes u. Hansen (2006, S. 1) haben 18 Nationen hinsichtlich Gefangenenraten und Umfang staatlicher Fürsorge verglichen und kommen zu dem Ergebnis, dass ein ausgebauter Wohlfahrtsstaat „a principal, if not the main, protection against the resort to mass imprisonment in the era of globalization" ist (Kunz 2013, S. 117f.). Becket u. Sasson (2004, S. 190) betonen: „One of the most effective ways we can reduce crime – especially the very serious problem of lethal violence – is to reduce poverty and inequality". Nach Thome u. Birkel (2007, S. 409) werden Unterstützungsempfänger oft als arbeitsscheu dargestellt und stigmatisiert. „Offensichtlich sind viele Mitglieder der wirtschaftlichen und politischen Elite (darunter auch manche der wissenschaftlichen ‚Sachverständigen', die prominent im Beratungsgeschäft engagiert sind) völlig ahnungslos gegenüber den Lebensverhältnissen derer, die unterhalb der Armutsgrenze leben und vielleicht als Empfänger von ‚Arbeitslosengeld II' mit monatlich weniger als 250 Euro Zuschuss ein Kind nicht nur ernähren sollen". Hinzu kommt noch ein Weiteres: Wer ganz unten ist, wird offensichtlich auch leichter als „Übeltäter" festgestellt. Nach Ludwig (1983, S. 53) bestätigen Forschungsergebnisse: „In den Prozess strafrechtlicher Sozialkontrolle geraten vornehmlich Jugendliche, die ziemlich massiv sozial benachteiligt sind". „Armenfürsorge" kann dann nach Wacquant (2009, S. 298) schnell zu einem „In-Schach-Halten durch Strafe" werden, indem man die lästigen Gesellschaftsmitglieder aus den „schrumpfenden Sozialhilferegistern" verschwinden lässt. Mächtigere Täter können sich hier besser wehren, obwohl mehr und mehr beobachtbar wird, „dass zentrale Gesellschaftsschäden von den oberen sozialen Schichten ausgehen, mit anderen Worten, Kriminalität ein schichtunabhängiges und überdies ubiquitäres Phänomen ist" (Sessar 2013, S. 247). Spezielle Persönlichkeitseigenschaften treten dann gegenüber situativen Gegebenheiten und Gelegenheiten eher in den Hintergrund. Schon Zimbardo (2008) konnte in seinem „Stanford Prison Experiment" zeigen, wie schnell unter „günstigen" Bedingungen „jedermann" zum Täter werden kann. Für die Kriminologie bieten sich hier zahlreiche Fragestellungen, die auch ein neues Licht auf das Bild von der „Kriminalität" und der Bedrohung durch sie werfen dürften. Hieraus ergeben sich auch neue Anforderungen an die Politik, die inzwischen etwa auch von kritischen unabhängigen Medien mehr und mehr thematisiert werden.

Literatur:

Agra, C. da (2009). Requiem pour la Guerre à la Drogue. L'Espérimentation Portugaise de Décriminalisation. Déviance & Société 33, 27-49.

Albrecht, H.-J., Dünkel, F., Spieß, G. (1981). Empirische Sanktionsforschung und die Begründung von Kriminalpolitik. Monatsschrift für Kriminologie und Strafrechtsreform 64, 310-326.

Albrecht, H.-J., Quensel, S., Sessar, K. (Hrsg.)(2012). Freiburger Memorandum. Zur Lage der Kriminologie in Deutschland. Freiburg: Max-Planck-Institut für ausländisches und internationales Strafrecht.

Albrecht, H.-J. (2013). Zur Lage der Kriminologie in Deutschland. Eine Einführung. Monatsschrift für Kriminologie und Strafrechtsreform 96, 73-80.

Alison, L., Alison, E., Noone, G., Elntib, S., Waring, S., Christiansen, P. (2014). The Efficacy of Rapport Based Techniques for Minimizing Counter Interrogation Tactics amongst a Field Sample of Terrorists. Centre for Critical and Major Incident Research, Department of Psychological Sciences, University of Liverpool.

Andrews u. Bonta (2010). Rehabilitating criminal Justice Policy and Practice. Psychology, Public Policy and Law 16, 39-55.

Aos, S. (2003). Cost and benefits of criminal justice and prevention programs. In: Kury, H., Obergfell-Fuchs, J. (Eds.), Crime Prevention. New Approaches. Mainz: Weisser Ring, 413-442.

Aslan, R. (2013). Zelot. Jesus von Nazaret und seine Zeit. Reinbek b. Hamburg: Rowohlt.

Bargel, T. (2008). Wandel politischer Orientierungen und gesellschaftlicher Werte der Studierenden. Studierendensurvey: Entwicklungen zwischen 1983 und 2007. Bonn, Berlin: Bundesministerium für Bildung und Forschung, S. 17. https://www.bmbf.de/pub/politische_orientierung_gesellschaftliche_werte. pdf.

Beccaria, C. (1764; 2005). Von den Verbrechen und von den Strafen. Berlin: Berliner Wissenschafts-Verlag.

Becker, M. (2013). Fragen an die Kriminologie ... aus Sicht der Kriminalpolitik. Monatsschrift für Kriminologie und Strafrechtsreform, Schwerpunktheft zur Lage der Kriminologie in Deutschland (hrsg. Von Albrecht, H.-J., Quensel, S., Sessar, K.) 96, 207-211.

Beckett, K. (1997). Making crime pay. Law and order in contemporary american politics. New York u.a.: Oxford University Press.

Beckett, K., Western, B. (2001). Governing social marginality. In: Garland, D. (Hrsg.), Mass imprisonment. Social causes and consequences. London u.a.: Sage, 35-50.

Beckett, K., Sasson, T. (2004). The Politics of Injustice. Crime and Punishment in America. Thousand Oaks: Sage.

Bibel (1980). Altes und Neues Testament (Einheitsübersetzung). Freiburg/Brsg.: Herder.

Bliesener, T., Thomas, J. (2012). Wirkt Strafe, wenn sie der Tat auf dem Fuße folgt? Zur psychologisch-kriminologischen Evidenz des Beschleunigungsgebots. Zeitschrift für Jugendkriminalrecht und Jugendhilfe – ZJJ 23, 382-390.

Bueb, B. (2006). Lob der Disziplin – eine Streitschrift. 3. Aufl. Berlin: List Verlag.

Buggle, F. (1992). Denn sie wissen nicht, was sie glauben. Oder warum man redlicherweise nicht mehr Christ sein kann. Eine Streitschrift. Reinbek b. Hamburg: Rowohlt.

Bundeskriminalamt (Hrsg.)(2011). Polizeiliche Kriminalstatistik Bundesrepublik Deutschland. Berichtsjahr 2010. Wiesbaden: Bundeskriminalamt.

Bundesministerum des Innern, Bundesministerium der Justiz (Hrgs.)(2006). Zweiter Periodischer Sicherheitsbericht. Berlin: BMI und BMJ.

Bundesministerium der Justiz und für Verbraucherschutz (2014). Legalbewährung nach strafrechtlichen Sanktionen. Eine bundesweite Rückfalluntersuchung. Berlin: Bundesministerium der Justiz und für Verbraucherschutz.

Buntinx, K. (2012). Victim-offender mediation in homicide cases. Opportunities and risks. Brüssel: Unveröff. Vortrag.

Busch, W. (1959). Das Gesamtwerk des Zeichners und Dichters in sechs Bänden. Olten: Fackelverlag.

Bussmann, K.-D. (2008). Report über die Auswirkungen des Gesetzes zur Ächtung der Gewalt in der Erziehung. In: Landespräventionsrat Niedersachsen (Hrsg.), Betrifft: Häusliche Gewalt. Perspektiven für die Prävention. Hannover: Landespräventionsrat Niedersachsen.

Calliess, R.-P., Müller-Dietz, H. (2000). Strafvollzugsgesetz. Kommentar. München: Beck.

Converse, P.E. (1964). The nature of belief systems in mass publics. In: Apter, D.A. (Hrsg.), Ideology and discontent. New York, London, 206-261.

Cornel, H. (2013). Neue Punitivität durch Reduzierung der Strafrestaussetzungsquote im deutschen Strafvollzug? Mönchengladbach: Forum Verlag Godesberg.

Death Penalty Information Center – DPIC (2014). Facts about the Death Penalty (Stand 2. 10. 2014). (http://www.deathpenaltyinfo.org/documents/FactSheet.pdf).

„Die Tageszeitung" vom 25. 8. 2014: Pilotprojekt zu Kindern inhaftierter Eltern. 878 Tage ohne Papa (http://www.taz.de/!144517/).

Dölling, D., Entorf, H., Hermann, D., Häring, A., Rupp, T., Woll, A. (2006). Zur generalpräventiven Abschreckungswirkung des Strafrechts – Befunde einer Metaanalyse. In: Kury, H. (Hrsg.), Härtere Strafen – weniger Kriminalität? Zur Verschärfung der Sanktionseinstellungen. Soziale Probleme. Schwerpunktheft, 17, 193-209.

Dölling, D., Entorf, H., Hermann, D., Rupp, T. (2009). Is Deterrence Effective? Results of a Meta-Analysis of Punishment. European Journal on Criminal Policy and Research 15, 201-224.

Dölling, D., Entorf, H., Hermann, D., Rupp, T. (2011). Meta-Analysis of Empirical Studies on Deterrence. In: Kury, H., Shea, E. (Hrsg.), Punitivity – International Developments. Vol. 3: Punitiveness and Punishment. Bochum: Universitätsverlag Dr. Brockmeyer, 315-378.

Dollinger, B. (2015). Strafvorstellungen zu Jugenddelikten. In: Melzer, W., Hermann, D., Sandfuchs, U., Schäfer, M., Schubarth, W., Daschner, P. (Hrsg.), Handbuch Aggression, Gewalt und Kriminalität bei Kindern und Jugendlichen. Bad Heilbrunn: Verlag Julius Klinkhardt, 111-114.

Downes, D., Hansen, K. (2006). Welfare and punishment in comparative perspective. In: Armstrong, S., McAra, L. (Hrsg.), Perspectives on punishment. The contours of control. Oxford: Oxford University Press, 133- 154.

Dünkel, F., Morgenstern, C. (2010). Deutschland. In: Dünkel, F., Lappi-Seppälä, T., Morgenstern, C., van Zyl Smit, D. (Hrsg.), Kriminalität, Kriminalpolitik, strafrechtliche Sanktionspraxis und Gefangenenraten im europäischen Vergleich. Mönchengladbach: Forum Verlag Godesberg, 97-230.

Duttge, G., Hörnle, T., Renzikowski, J. (2004). Das Gesetz zur Änderung der Vorschriften über die Straftaten gegen die sexuelle Selbstbestimmung. Neue Juristische Wochenschrift 57, 1065-1072.

Eisner, M. (2001). Individuelle Gewalt und Modernisierung in Europa, 1200 – 2000. In: Albrecht, G., Backes, O., Kühnel, W. (Hrsg.), Gewaltkriminalität zwischen Mythos und Realität. Frankfurt/M.: Suhrkamp, 71-100.

European Monitoring Centre for Drugs and Drug Addiction – EMCDDA (2009). The State of Drugs Problem in Europe. Annual Report 2009. Luxembourg: Publications Office of the European Union (http://www.emcdda.europa.eu/publications/annual-report/2009).

Farrall, S., Bannister, J., Ditton, J., Gilchrist, E. (2000). Social psychology and the fear of crime: Re-Examining a speculative model. British Journal of Criminology 40, 399-413.

Frühauf, L. (1988). Wiedergutmachung zwischen Täter und Opfer. Eine neue Alternative in der strafrechtlichen Sanktionspraxis. Gelsenkirchen: Verlag Dr. Mannhold. Juristische Schriften, Band 42: Strafrecht.

Funke, H. (2008). Vom Landesvater zum Polarisierer. Eine Nachlese der Landtagswahlergebnisse in Hessen 2008. In: Brumlik, M. (Hrsg.), Ab nach Sibirien? Wie gefährlich ist unsere Jugend? Weinheim, Basel: Beltz, 18-40.

Görgen, T., Brink, H. van den, Taefi, A., Kraus, B. (2011). Jugendkriminalität im Wandel? Perspektiven zur Entwicklung bis 2020. Frankfurt/M.: Verlag für Polizeiwissenschaft.

Gowar, B.R., Farrington, D.P. (2013). The Monetary Cost of Criminal Careers. In: Boers, K., Feltes, T., Kinzig, J., Sherman, L.W., Streng, F., Trüg, G. (Hsrg.), Kriminologie – Kriminalpoltiik – Strafrecht. Festschrift für Hans-Jürgen Kerner zum 70. Geburtstag. Tübingen: Mohr Siebeck, 441-456.

Grawe, K., Donati, R., Bernauer, F. (1994). Psychotherapie im Wandel. Von der Konfession zur Profession. Göttingen u.a.: Hogrefe.

Greenwald, G. (2009). Drug Decriminalizatiaon in Portugal. Lessons for Creating Fair and Successful Drug Policies. Washington, D.C.: Cato Institute.

Groenemeyer, A. (2010). Vorwort. In: Groenemeyer, A. (Hrsg.), Wege der Sicherheitsgesellschaft. Gesellschaftliche Transformationen der Konstruktion und Regulierung der inneren Unsicherheiten. Wiesbaden, 7-19.

Harrendorf, S. (2011). How to Measure Punitiveness in Global Perspective: What Can be Learned from International Survey Data. In: Kury, H., Shea, E. (Hrsg.), Punitivity. International Developments. Vol. 1: Punitivenss – a global Phenomenon? Bochum: Universitätsverlag Dr. Brockmeyer, 125-148.

Hartz, C. (2012). Tatort Antike. Berühmte Kriminalfälle des Altertums. Darmstadt: Wissenschaftliche Buchgesellschaft.

Hassemer, W. (2001). Gründe und Grenzen des Strafens. In: Courakis, N. (Hrsg.), Die Strafrechtswissenschaften im 21. Jahrhundert. Festschrift für Professor Dr. Dionysios Spinellis. Athen, 399-424.

Hassemer, W. (2006). Sicherheit durch Strafrecht. Online-Zeitschrift für Höchstrichterliche Rechtsprechung im Strafrecht 7, 130-143.

Hassemer, W. (2009). Warum Strafe sein muss. Ein Plädoyer. Berlin: Ullstein.

Hefendehl, R. (2013). Sicherheit und Sicherheitsideologie – oder auch: Das Ende des Relativen". Monatsschrift für Kriminologie und Strafrechtsreform 96, 226-233.

Heinz, W. (2011). Punitiveness in German sanctioning practice – myth or reality? In: Kury, H., Shea, E. (Hrsg.), Punitivity. International Developments. Vol. 3: Punitiveness and Punishment. Bochum: Universitätsverlag Dr. Brockmeyer, 133-177.

Heinz, W. (2013). Was sollte der Strafgesetzgeber wissen wollen? Oder: Worüber sollten dem Gesetzgeber aus den Kriminal- und Strafrechtspflegestatistiken aktuelle und verlässliche Informationen zur Verfügung stehen? In: Boers, K.,

Feltes, T., Kinzig, J., Sherman, L.W., Streng, F., Trüg, G. (Hsrg.), Kriminologie – Kriminalpoltiik – Strafrecht. Festschrift für Hans-Jürgen Kerner zum 70. Geburtstag. Tübingen: Mohr Siebeck, 345-357.

Hestermann, T. (2010). Fernsehgewalt und die Einschaltquote. Welches Publikumsbild Fernsehschaffende leitet, wenn sie über Gewaltkriminalität berichten. Baden-Baden: Nomos.

Hinckeldey, C. (Hrsg.)(1980). Strafjustiz in alter Zeit. Rothenburg o.d.T.: Mittelalterliches Kriminalmuseum.

Hofer, H. von, Tham, H. (1975). Beware of General Prevention! In: National Swedish Council for Crime Prevention (Hrsg.), General Deterrence – A Conference on current Research and Standpoints. Stockholm: Research and Development Division, 257-270.

Hoffmann, H. (1844). Der Struwwelpeter – oder lustige Geschichten und drollige Bilder. Frankfurt/M.: Cobet.

Hopt, K.J., Steffek, F. (Hrsg.)(2008). Mediation. Rechtstatsachen, Rechtsvergleich, Regelungen. Tübingen: Mohr Siebeck.

Hughes, C.E., Stevens, A. (2010). What can we learn from the Portuguese decriminalization of illicit drugs? British Journal of Criminology 50, 999-1022.

Infocenter der R+V-Versicherung (2014): Die Ängste der Deutschen 2014. http://www.ruv.de/de/presse/download/pdf/aengste-der-deutschen-2014/grafiken-bundesweit.pdf.

Jones, A.D., Wainaina-Wozna, A.E. (Eds.)(2013). „Children of Prisoners". Interventions and mitigations to strengthen mental halth. Huddersfield: University of Huddersfield (http://eprints.hud.ac.uk/18019/1/ChildrenOfPrisonersReport-final.pdf).

Kaiser, G. (1996). Kriminologie. Ein Lehrbuch. Heidelberg: C.F. Müller.

Karstedt, S. (2013). Zur Lage der Kriminologie in Großbritannien: Was können und sollten wir lernen? Monatsschrift für Kriminologie und Strafrechtsreform, Schwerpunktheft Zur Lage der Kriminologie in Deutschland (hrsg. Von Albrecht, H.-J., Quensel, S., Sessar, K.) 96, 127-130.

Kerner, H.-J. (2013). Anwendungsorientierte kriminologische Forschung: Chancen und Risiken. Monatsschrift für Kriminologie und Strafrechtsreform, Schwerpunktheft Zur Lage der Kriminologie in Deutschland (hrsg. von Albrecht, H.-J., Quensel, S., Sessar, K.) 96, 184-201.

King, A., Maruna, S. (2009). Is a conservative just a liberal who has been mugged? Exploring the origins of punitive views. Punishment & Society 11, 147-169.

Klimke, D. (2008). Wach- & Schließgesellschaft Deutschland. Sicherheitsmentalitäten in der Spätmoderne. Wiesbaden: VS Verlag für Sozialwissenschaften.

Klimke, D., Sack, F., Schlepper, C. (2013). Wie der punitive turn an den deutschen Grenzen Halt machen soll. In: Klimke, D., Legnaro, A. (Hrsg.), Politische Ökonomie und Sicherheit. Weinheim, Basel: Beltz Juventa, 99-158.

Koch, C. (2008). Kinder aus dem Niemandsland – Jugendgewalt und Empathieverlust. In: Brumlik, M. (Hrsg.), Ab nach Sibirien? Wie gefährlich ist unsere Jugend? Weinheim, Basel: Beltz, 105-131.

Kreuter, F. (2002). Kriminalitätsfurcht: Messung und methodische Probleme. Opladen: Leske + Budrich.

Kreuzer, A., Görgen, T., Krüger, R., Münch, V., Schneider, H. (1993). Jugenddelinquenz in Ost und West. Vergleichende Untersuchungen bei ost- und westdeutschen Studienanfängern in der Tradition Gießener Delinquenzbefragungen. Bonn.

Kunz, K.-L. (2007). Medienkriminalität. In: Niggli, M.A., Hurtado Pozo, J., Queloz, N. (Hrsg.), Festschrift für Franz Riklin. Zur Emeritierung und zugleich zum 67. Geburtstag. Zürich: Schulthess, 655-665.

Kunz, K.-L. (2013). Zum Konzept der „Punitivität" und seiner Entwicklung im internationalen Vergleich. In: Boers, K., Feltes, T., Kinzig, J., Sherman, L.W., Streng, F., Trüg, G. (Hrsg.), Kriminologie – Kriminalpolitik – Strafrecht. Festschrift für Hans-Jürgen Kerner zum 70. Geburtstag. Tübingen: Mohr Siebeck, 113-125.

Kürzinger, J. (1996). Kriminologie. Eine Einführung in die Lehre vom Verbrechen. Stuttgart u.a.: Boorberg Verlag.

Kury, H., Lerchenmüller, H. (Hrsg.)(1981). Diversion. Alternativen zu klassischen Sanktionsformen. Bochum: Studienverlag Dr. Brockmeyer.

Kury, H. (1995). Wie restitutiv eingestellt ist die Bevölkerung? Zum Einfluss der Frageformulisierung aufa die Ergebnisse von Opferstudien. Monatsschrift für Kriminologie und Strafrechtsreform 78, 84-98.

Kury, H. (2001). Das Dunkelfeld der Kriminalität. Oder: Selektionsmechanismen und andere Verfälschungsstrukturen. Kriminalistik 55, 74-84.

Kury, H., Obergfell-Fuchs, J., Würger, M. (2002). Strafeinstellungen. Ein Vergleich zwischen Ost- und Westdeutschland. Freiburg: Edition iuscrim.

Kury, H., Kern, J. (2003). Frauen und Kinder von Inhaftierten. Eine vergessene Gruppe. Kriminologisches Journal 35, 97-110.

Kury, H., Lichtblau, A., Neumaier, A. (2004a). Was messen wir, wenn wir Kriminalitätsfurcht messen? Kriminalistik 58, 457-465.

Kury, H., Lichtblau, A., Neumaier, A., Obergfell-Fuchs, J. (2004b). Zur Validität der Erfassung von Kriminalitätsfurcht. Soziale Probleme 15, 141-165.

Kury, H., Kania, H., Obergfell-Fuchs, J. (2004c). Worüber sprechen wir, wenn wir über Punitivität sprechen? Versuch einer konzeptionellen und empirischen Begriffsbestimmung. In: Lautmann, R., Klimke, D., Sack, F. (Hrsg.), Punitivität. Kriminologisches Journal 36, Beiheft 8, 51-88.

Kury, H., Lichtblau, A., Neumaier, A., Obergfell-Fuchs, J. (2005). Kriminalitätsfurcht. Zu den Problemen ihrer Erfassung. Schweizerische Zeitschrift für Kriminologie (SZK) 4, 3-19.

Kury, H., Quintas, J. (2010). Zur Wirkung von Sanktionen bei Drogenabhängigen – Argumente für eine rationale Drogenpolitik. Polizei & Wissenschaft 1,

31-56.

Kury, H. (2013a). Zur (Nicht-)Wirkung von Sanktionen. Ergebnisse internationaler empirischer Untersuchungen. In: Kury, H., Scherr, A. (Hrsg.), Zur (Nicht-) Wirkung von Sanktionen. Immer härtere Strafen – immer weniger Kriminalität? Soziale Probleme 24, Heft 1, 11-40.

Kury, H. (2013b). Härtere Strafen – weniger Kriminalität? Ergebnisse internationaler Wirkungsforschung. In: Klimke, D., Legnaro, A. (Hrsg.), Politische Ökonomie und Sicherheit. Weinheim, Basel: Beltz Juventa, 159-180.

Kury, H., Sato, M. (2013). Bewährungshilfe – Die Rolle der Freiwilligen. Ein Vergleich zwischen Deutschland und Japan. In: Boers, K., Feltes, T., Kinzig, J., Sherman, L.W., Streng, F., Trüg, G. (Hrsg.), Kriminologie – Kriminalpolitik – Strafrecht. Festschrift für Hans-Jürgen Kerner zum 70. Geburtstag. Tübingen: Mohr Siebeck, 637-649.

Kury, H. (2015). Physische und psychische Gewalt. In: Melzer, W., Hermann, D., Sandfuchs, U., Schäfer, M., Schubarth, W., Daschner, P. (Hrsg.), Handbuch Aggression, Gewalt und Kriminalität bei Kindern und Jugendlichen. Bad Heilbrunn: Verlag Julius Klinkhardt, 162-167.

Lappi-Seppälä, T. (2011). Changes in Penal Policy in Finland. In: Kury, H., Shea, E. (Eds.), Punitivity. International Developments. Vol. 1: Punitiveness – a global Phenomenon? Bochum: Universitätsverlag Dr. Brockmeyer, 251-287.

Lombroso, C. (1876). L'uomo delinquente. Milano: Hoepli.

Ludwig, W. (1983). Kriminalpolitische Aspekte der Produktion von Jugendkriminalität. In: Schüler-Springorum, H. (Hrsg.), Jugend und Kriminalität. Kriminologische Beiträge zur kriminalpolitischen Diskussion. Frankfurt/M.: Suhrkamp, 50-61.

Ludwig, H., Kräupl, G. (2005). Viktimisierung, Sanktionen und Strafverfolgung. Jenaer Kriminalitätsbefragung über ein Jahrzehnt gesellschaftlicher Transformation. Mönchengladbach: Forum Verlag Godesberg.

Merk, B. (2012). Höhere Jugendstrafe? Zeitschrift für Rechtspolitik – ZRP, Heft 5, S. 157.

Morus, T. (1516; 1992). Utopia. Frankfurt/M.: Insel Verlag.

Moser, T. (1972). Jugendkriminalität und Gesellschaftsstruktur. Zum Verhältnis von soziologischen, psychologischen und psychoanalytischen Theorien des Verbrechens. Frankfurt/M.: Fischer.

Müller, A. (2013). Schluss mit der Sozialromantik! Ein Jugendrichter zieht Bilanz. Freiburg: Herder.

Müller-Dietz, H. (2006). Kriminalitäts-, Sozial- und Strafrechtsgeschichte in Schillers Erzählung „Verbrecher aus Infamie". In: Schiller, F., Verbrecher aus Infamie. Berlin: Berliner Wissenschafts-Verlag, 25-71.

Nickolai, W. (2011). Ein Plädoyer zur Abschaffung des Jugendstrafvollzugs. In: Stelly, W., Thomas, J. (Hrsg.), Erziehung und Strafe. Symposium zum 35-jährigen Bestehen der JVA Adelsheim. Mönchengladbach: Forum Verlag

Godesberg, 19-24.

Niggli, M.A. (2004). Wie viel Strafe braucht der Mensch? In: Stapferhaus Lenzburg (Hrsg.), Strafen. Ein Buch zur Strafkultur der Gegenwart. Baden: hier + jetzt Verlag für Kultur und Geschichte, 185-199.

Oelkers, N., Otto, H.-U., Schrödter, M., Ziegler, H. (2008). „Unerziehbarkeit" – zur Aktualität einer Aussonderungskategorie. In: Brumlik, M. (Hrsg.), Ab nach Sibirien? Wie gefährlich ist unsere Jugend? Weinheim, Basel: Beltz, 184-216.

Ortmann, R. (2002). Sozialtherapie im Strafvollzug. Eine experimentelle Längsschnittstudie zu den Wirkungen von Strafvollzugsmaßnahmen auf Legal- und Sozialbewährung. Freiburg: Iuscrim.

Paulus, J. (2014). Respekt statt Gewalt. Eine Studie über Verhöre zeigt: Sanfte Methoden kommen eher zum Ziel als rüdes Auftreten oder gar Brutalität. Badische Zeitungg. vom 6. 9. 2014, S. VII.

Reuband, K.-H. (2009a). Die Todesstrafe im Meinungsbild der Bevölkerung. Wie sich unterschiedliche Antwortkategorien und konfrontative Nachfragen im Interview auf das Antwortmuster von Befragten auswirken. In: Görgen, T., Hoffmann-Holland, K., Schneider, H., Stock, J. (Hrsg.), Interdisziplinäre Kriminologie. Festschrift für Arthur Kreuzer zum 70. Geburtstag. Zweiter Band. Frankfurt/M.: Verlag für Polizeiwissenschaft, 639-659.

Reuband, K.-H. (2009b). Entwicklungen des Drogenkonsums in Deutschland und die begrenzte Wirksamkeit der Kriminalpolitik. Soziale Probleme 20, 182-206.

Reuband, K.-H. (2011). Changing Punitiveness in the German Population? A Review of the Empirical Evidence Based on Nationwide Surveys. In: Kury, H., Shea, E. (Hrsg.), Punitivity. International Developments. Vol. 2: Insecurity and Punitiveness. Bochum: Universitätsverlag Dr. Brockmeyer, 131-163.

Roberts, J.V., Stalans, L.S., Indermaur, D., Hough, M. (2003). Penal populism and public opinion: lessons from five countries. Oxford/UK: Oxford University Press.

Roberts, J.V., Hough, M. (2005). Understanding public attitudes to criminal justice. Maidenhead/UK: Open University Press.

Sack, F. (2004). Wie die Kriminalpolitik dem Staat aufhilft – Governing through Crime als neue politische Strategie. In: Lautmann, R., Klimke, D., Sack, F. (Hrsg.), Punitivität. Kriminologisches Journal, Beiheft 8, 30-50.

Sack, F. (2006). Deutsche Kriminologie: auf eigenen (Sonder)Pfaden? – Zur deutschen Diskussion der kriminalpolitischen Wende. In: Obergfell-Fuchs, J., Brandenstein, J. (Hrsg.), Nationale und internationale Entwicklungen in der Kriminologie. Festschrift für Helmut Kury zum 65. Geburtstag. Frankfurt/M.: Verlag für Polizeiwissenschaft, 35-71.

Sato, M. (2014). The Death Penalty in Japan. Will the Public Tolerate Abolition? Wiesbaden: Springer.

Scheerer, S. (1978). Der politisch-publizistische Verstärkerkreislauf. Zur Beeinflussunfg der Massenmedien im Prozess strafrechtlicher Normgenese. Kriminologisches Journal 10, 223-227.

Schiller, F. (1786; 1998). Der Verbrecher aus verlorener Ehre. Stuttgart: Reclam.

Schumann, K. (2003). Ist der Traum von einer rationalen Kriminalpolitik ausgeträumt? In: Kunz, K.-L., Besozzi, C. (Hrsg.), Soziale Reflexivität und qualitative Methodik. Zum Selbstverständnis der Kriminologie in der Spätmoderne. Bern, 189-211.

Sessar, K. (2013). Vorwort. Monatsschrift für Kriminologie und Strafrechtsreform. Schwerpunktheft Zur Lage der Kriminologie in Deutschland (hrsg. Von Albrecht, H.-J., Quensel, S., Sessar, K.) 96, 71-72.

Sherman, L.W., Gottfredson, D., MacKenzie, D., Eck, J., Reuter, P., Busway, S. (1998). Preventing Crime: What works, what doesn't, what's promising. A Report tot he United States Congress. Prepared fort he National Institute of Justice. Washington, D.C.: National Institute of Justice.

Snacken, S., Dumortier, E. (Hrsg.)(2012). Resisting punitiveness in Europe? Welfare, human rights and democracy. London: Routledge.

Sonnen, B.-R. (2013). Empfiehlt sich ein Musterentwurf eines Landesresozialisierungsgesetzes (LResoG)?. In: Boers, K., Feltes, T., Kinzig, J., Sherman, L.W., Streng, F., Trüg, G. (Hsrg.), Kriminologie – Kriminalpoltiik – Strafrecht. Festschrift für Hans-Jürgen Kerner zum 70. Geburtstag. Tübingen: Mohr Siebeck, 471-483.

Spieß, G. (2013). Wenn nicht mehr, wenn nicht härtere Strafen – was dann? Die Modernisierung des deutschen Sanktionensystems und die Befunde der Sanktions- und Rückfallforschung. Soziale Probleme 24, Schwerpunktheft Zur (Nicht-)Wirkung von Sanktionen, Hrsg. von Kury, H., Scherr, A, 87-117.

Statistisches Bundesamt – DeStatis (2014). Rechtspflege. Strafvollzug. Fachserie 10 Reihe 4.1. Wiesbaden: Statistisches Bundesamt. (https://www.destatis.de/DE/Publikationen/Thematisch/Rechtspflege/StrafverfolgungVollzug/Strafvollzug2100410137004.pdf?__blob=publicationFile).

Stelly, W., Thomas, J. (2011). Die sozialen Lebenslagen von Jugendstrafgefangenen. In: Stelly, W., Thomas, J. (Hrsg.), Erziehung und Strafe. Symposium zum 35-jährigen Bestehen der JVA Adelsheim. Mönchengladbach: Forum Verlag Godesberg, 127-144.

Stelly, W., Thomas, J. (2013). „Die Gefangenen werden immer schwieriger …" Lebenslagen von Jugendstrafgefangenen in einer Langzeitperspektive. In: Boers, K., Feltes, T., Kinzig, J., Sherman, L.W., Streng, F., Trüg, G. (Hrsg.), Kriminologie – Kriminalpolitik – Strafrecht. Festschrift für Hans-Jürgen Kerner zum 70. Geburtstag. Tübingen: Mohr Siebeck, 817-830.

Storz, R. (1992). Jugendstrafrechtliche Reaktionen und Legalbewährung. In: Heinz, W., Storz, R. (Hrsg.), Diversion im Jugendstrafverfahren de Bundesrepublik Deutschland. Bonn: Bundesministerium der Justiz, Forum Verlag, 131-221.

Storz, R. (1997). Strafrechtliche Verurteilung und Rückfallraten. Statistik der Schweiz, Reihe 19: Rechtspflege, Bern: Bundesamt für Statistik.

Streng, F. (2009). Kriminalpolitische Extreme – die Sicht junger Menschen. In: Görgen, T., Hoffmann-Holland, K., Schneider, H., Stock, J. (Hrsg.), Interdisziplinäre Kriminologie. Festschrift für Arthur Kreuzer zum 70. Geburtstag. Zweiter Band. Frankfurt/M.: Verlag für Polizeiwissenschaft, 852-867.

Streng, F. (2014). Kriminalitätswahrnehmung und Punitivität im Wandel. Kriminalitäts- und berufsbezogene Einstellungen junger Juristen – Befragungen von 1989 bis 2012. Heidelberg: Kriminalistik.

Swift, J. (1726; 1993). Gullivers Reisen. Zürich: Diogenes.

Thome, H., Birkel, C. (2007). Sozialer Wandel und Gewaltkriminalität. Deutschland, England und Schweden im Vergleich, 1950 bis 2000. Wiesbaden: VS Verlag für Sozialwissenschaften.

Tyler, T.R., Boeckmann, R.J. (1997). Three strikes and you are out, but why! The psychology of public support for punishing rule breakers. Law & Society Review 31, 237-265.

Verrel, T. (2012). Zur (Un)Wirksamkeit schnellerer Reaktionen auf Jugendstraftaten - Erkenntnisse aus der Begleitforschung zum nordrhein-westfälischen „Staatsanwalt vor/für den Ort". In: Hilgendorf, E., Rengier, R. (Eds.), Festschrift für Wolfgang Heinz zum 70. Geburtstag. Baden-Baden: Nomos, 521-530.

Wacquant, L. (2009). Bestrafen der Armen. Zur neoliberalen Regierung der sozialen Unsicherheit. Opladen & Farmington Hills/MI: Verlag Barbara Budrich.

Walgrave, L. (2013). On the relation between Criminology and Criminal Justice. In: Boers, K., Feltes, T., Kinzig, J., Sherman, L.W., Streng, F., Trüg, G. (Hrsg.), Kriminologie – Kriminalpolitik – Strafrecht. Festschrift für Hans-Jürgen Kerner zum 70. Geburtstag. Tübingen: Mohr Siebeck, 517-530.

Wandrey, M., Weitekamp, E. (1998). Die organisatorische Umsetzung des Täter-Opfer-Ausgleichs in der Bundesrepublik Deutschland – eine vorläufige Einschätzung der Entwicklung im Zeitraum von 1989 – 1995. In: Dölling, D., Bannenberg, B., Hartmann, A., Hassemer, E., Heinz, W., Henninger, S., Kerner, H.-J., Klaus, T., Rössner, D., Stroezel, H., Uhlmann, P., Walter, M., Wandrey, M., Weitekamp, E. (Hrsg.), Täter-Opfer-Ausgleich in Deutschland. Bestandsaufnahme und Perspektiven. Bonn.

Wieselmann, B. (2014). „Es nimmt ein bisschen den Schrecken". Ausgleich zwischen Täter und Opfer – das Justizministerium wirbt für dieses schwierige Projekt. Badische Zeitung vom 30. 10. 2014, S. 7.

Wilson, J.Q. (1985). Thinking about Crime. Revised Edition. New York: Basic Books.

ZDF-Fernsehen (2014). "Das Geschäft mit der Armut. Die Lüge vom SCHUFA-freien Kredit". Sendung vom 15. 10. 2014. http://www.zdf.de/zdfzoom/zdfzoom-das-geschaeft-mit-der-armut-35373490.html.

Zimbardo, P. (2008). Der Luzifer-Effekt. Die Macht der Umstände und die Psychologie des Bösen. Heidelberg: Spektrum.

Gisela Mayer

Gewaltprävention – zur Praxis einer Theorie.

Inwieweit lenkt das Wissen um die Ursachen von Gewalt die Praxis der Prävention?

Praxis und Theorie sind aufeinander bezogen. Wer sich nicht mit dem Gegensatz-Klischee „Das mag in der Theorie richtig sein, taugt aber nicht für die Praxis" aus der Affäre ziehen will, wird nicht umhin kommen, sich dem, was in diesem Spannungs-verhältnis angesprochen wird, zuzuwenden. Das Verhältnis von „Theorie und Praxis" begegnet uns in vielen Spielarten, wie „Wissenschaft und Praxis", "Denken und Handeln" oder „Utopie und Realität". Angesprochen wird damit zweierlei:

Erstens - Denken und Handeln, Theorie und Praxis verhalten sich nicht einfach wie Stempel und Abdruck zueinander.

Zweitens - auch wenn das Interesse der Theorie auf Wahrheit und dasjenige der Praxis auf Bewältigung der Realität gerichtet ist; vernünftiges Denken und vernünftiges Handeln sind stets wechselseitig aufeinander verwiesen.

Überall dort, wo der Anspruch besteht, dass Menschen nicht einfach blindem Eifer, einge-fleischter Routine oder gedankenloser Gewohnheit folgen, gehört die produktive Verbin-dung von Theorie und Praxis grundlegend zu einem vernünftigen, guten Leben. Unsere Vorstellung von professionellem Können, verantwortlichem Handeln, guter Erziehung und demokratischem Zusammenleben schließt die Erwartung ein, dass unser Tun und Las-sen mit Hilfe vernünftiger Besinnung gelenkt und beurteilt wird. Dieser Anspruch bildet den Kern dessen, was wir heute modern mit den Begriffen „Vernunft" oder „Rationalität" bezeichnen. Ihr Anspruch gilt nicht mehr exklusiv für einen Kreis von Experten, sondern als allgemeine Erwartung, die wir mit Bildung, Mündigkeit und Demokratie verbinden. Mit der Bestimmung des Verhältnisses von Theorie und Praxis geht es also letzten Endes um die Frage, wie wir leben wollen (vgl. dazu Peter Fauser, November 2013).

In klassischer Tradition beschreibt Theorie ursprünglich unabänderliche Naturgeset-ze, die zwar erkannt, nicht aber verändert werden können. Theoretischer Erkenntnis geht es dabei um die Zuschreibung der Prädikate „wahr" oder „falsch", wobei Wahr-heit im Sinne einer immer noch möglichen Falsifikation immer vorläufig ist.

Praxis umfasst den Bereich menschlichen Tuns, das sich so oder anders verhalten kann, änderbar ist und seinen Zweck in eben diesem Tun, also in sich selbst hat (Er-ziehung, Bildung, moralisches Handeln, ...). Der Gegenbegriff dazu, die Poiesis, das technisch- handwerkliche Herstellen, das seinen Zweck im hergestellten Produkt hat, ist heute nicht mehr gebräuchlich und wird durch die operative Dimension der Praxis ersetzt. Der besondere Sinn von Praxis geht hierdurch allerdings verloren - mit fatalen Konsequenzen, wenn man etwa Erziehung nur noch technisch-operational begreift.

Insofern wir Theorie heute vor allem als wechselseitige Verständigung über Perspektiven, Intentionen und Begründungen unseres Handelns verstehen, ist Theorie eingebettet in alle menschliche Praxis, die dem normativen Anspruch der Rationalität oder „Vernunft" genügt.

I Der Präventionsgedanke

Der Gedanke der Prävention ist nicht neu. Schon immer versuchte man mit vorausschauendem Handeln und Vorsorge negativen Entwicklungen vorzubeugen oder negative Folgen des Handelns zu vermeiden.

„Prävention" (lat.prävenire) bedeutet im Wortsinn „etwas zuvor kommen" aber auch „voraus gehen". Der Präventionsgedanke wird für weite Bereiche der Gesellschaft verwendet: Suchtprävention, Vorsorgeuntersuchungen, Altersvorsorge und eben auch Kriminalitäts- und Gewaltprävention. Häufig wird Gewaltprävention dem Bereich der Kriminalitätsbekämpfung zugeordnet und als „Verhütung von Gewaltkriminalität" verstanden (Zypries, 20.11.2003). Demgegenüber betont der WHO Guide die Unterscheidung von Gewalt- und Kriminalitätsprävention. Kriminalitätsprävention orientiert sich an der Verhinderung von Straftatbeständen und der Etablierung gesetzeskonformen Verhaltens. Diese begriffliche Bestimmung greift hinsichtlich des Begriffs der Gewaltprävention zu kurz. Viele Delikte, die unter Strafe stehen, haben mit der Ausübung von Gewalt nichts zu tun, wohingegen nicht alle Gewaltformen von der Strafjustiz erfasst werden.

Gewaltprävention bezieht sich dabei vor allem auf eine Verhaltensbeeinflussung und -veränderung von Personen und orientiert sich zumindest im mitteleuropäischen Raum überwiegend an den Normübertretungen Jugendlicher.

II Der Begriff der Gewaltprävention

Was unter Gewaltprävention verstanden wird, ist vor allem davon abhängig, was unter Gewalt verstanden wird und worin die Ursachen von Gewalt gesehen werden.

Alltagsvorstellungen von Gewalt spiegeln dies wieder. Etwa, wenn gefragt wird „Ist diese Handlung für dich Gewalt?" (vgl. Schwind, Baumann 1989). Auf die Aussage „jemandem sein Eigentum wegnehmen" antworteten 54% der Jugendlichen mit „ist Gewalt", wohingegen „jemanden mit Worten, Gesten oder Gebärden zu beschimpfen oder zu beleidigen" für 78% der Jugendlichen keine Gewalt darstellt.

Eine detaillierte Darstellung des Begriffs Gewalt finden wir im World Report on Violence and Health, der 2002 von der WHO veröffentlicht wurde. Unter Gewalt wird hier verstanden „Der absichtliche Gebrauch von angedrohtem oder tatsächlichem Zwang oder physischer Macht gegen die eigene oder eine andere Person, gegen eine Gruppe oder Gemeinschaft, der entweder konkret oder mit hoher Wahrscheinlichkeit zu Verletzungen, Tod, psychischen Schäden, Fehlentwicklungen oder Deprivation führt."

Diese Definition umfasst individuelle Gewalt, zwischenmenschliche Gewalt ebenso wie suizidales Verhalten oder bewaffnete Auseinandersetzungen zwischen Gruppen.

Gewaltprävention braucht einen derart differenzierten Gewaltbegriff. Aber nicht nur, was unter Gewalt verstanden wird, sondern auch wo die Ursachen der Entstehung von Gewalt liegen, ist wesentlich für die Praxis der Gewaltprävention.

Die Anforderungen an Gewaltprävention sind vielfältig. Um nur einige zu nennen: Alle Arten von Gewalt sind einzubeziehen, multimodal ist anzusetzen(also Familie, Schule, Peergroup, ist einzubeziehen), spezifische Lebensbedingungen sind zu berücksichtigen, der Genderaspekt ist zu berücksichtigen, wissenschaftliche Begleitung und Evaluation ist erforderlich, die Arbeit sollte in Netzwerken stattfinden. Kann die Praxis diesen Anforderungen gerecht werden, oder ist eine strukturelle Überforderung nicht zu vermeiden?

Deutlich werden die Anforderung an Gewaltprävention, wenn man sich die Liste der am häufigsten in Berichten genannten Fehler ansieht (vgl. G. Gugel, 2006,S. 19ff):

- mangelnde Situationserhebung
- mangelnde theoretische Fundierung
- mangelnde Berücksichtigung der Enstehungsbedingungen des Konfliktes
- fehlende Kontinuität der Projekte
- mangelnde Kooperation mit anderen Einrichtungen
- mangelnde Berücksichtigung kultureller Überzeugungen und Gewohnheiten
- mangelnde Verzahnung von gesellschaftspolitischen, wirtschaftlichen und sozialen Hilfen.
- ...

Sind diese angemahnten „Fehler" lediglich Resultat individueller, persönlicher Unzulänglichkeiten oder liegen sie in der Komplexität der Vorhabens „Gewaltprävention" begründet? In den letzten Jahren ist eine nahezu unübersehbare Fülle von Publikationen zum Thema Gewaltprävention erschienen. Dennoch wird der Begriff der Gewaltprävention zumeist nur unzureichend differenziert und präzisiert. Es finden sich in der Literatur zudem häufig Vermischungen von Prävention und Intervention, zum Teil wird Intervention auch als Teil der Prävention verstanden.

Eine allgemein akzeptierte Definition der Gewaltprävention schlägt die WHO vor, wenn sie unter Gewaltprävention

„...alle institutionellen und personellen Maßnahmen, die der Entstehung von Gewalt vorbeugen bzw. diese reduzieren. Diese Maßnahmen zielen ab auf die Person selbst, auf die Lebenswelt dieser Adressaten wie auch auf den Kontext der sie tangierenden sozialen Systeme" (G. Schatz, Gewaltprävention, in I. Becker-Textor/ M. R. Textor (Hg), SGB VII, Online-Handbuch)

versteht.

In Ansätzen der westlichen Industriestaaten wird Gewaltprävention weitgehend als Prävention von Jugendgewalt verstanden. Der folgende Text bezieht sich vorzugsweise auf dieses Verständnis von Gewaltprävention.

Der Bezugsrahmen

Gewaltprävention arbeitet - bewusst oder unbewusst - immer vor dem Hintergrund normativer Vorstellungen, wie in Zukunft Entwicklungen verlaufen sollen und welche Verhältnisse als erwünscht oder unerwünscht und problematisch eingestuft werden. Deshalb werden mit Gewaltprävention auch immer Fragen des Zusammenlebens oder der gesellschaftlichen Entwicklung angesprochen, oder, wie Nelson Mandela sagt:

„Gewalt gedeiht dort, wo Demokratie und Achtung vor Menschenrechten fehlen und die Regierungsgeschäfte schlecht geführt werden." (vgl. WHO, 2003)

Soll Gewaltprävention sich nicht in einem bloßen „gegen Gewalt" erschöpfen, bedarf es eines übergeordneten Bezugsrahmens. Ein solches Bezugssystem stellen auf einer normativen Ebene die Menschenrechte dar, auf einer kulturellen Ebene bietet das von der UNO proklamierte Projekt einer Kultur des Friedens einen Orientierungsrahmen. Solche Bezugssysteme und Orientierungsrahmen haben die Funktion, das eigene Handeln in einem größeren Kontext zu verorten und es als Beitrag zu einem gemeinsamen Ziel zu verstehen. In der Erklärung zum Weltethos formuliert das Parlament der Weltreligionen das Recht auf Leben, Freiheit und Sicherheit der Person als Verpflichtung zur Durchsetzung einer „Kultur der Gewaltlosigkeit, des Respekts, der Gerechtigkeit und des Friedens (vgl. Erklärung zum Weltethos, Chicago 1993, S.3).

Verschiedene Ansätze

Trotz weitgehender Einigkeit über die Notwendigkeit von Gewaltprävention und deren übergeordneten Zielen, lassen sich idealtypisch zwei grundsätzlich verschiedene Ansätze unterscheiden.

Ordnungspolitisch orientierte Ansätze, die häufig auch als repressiv bezeichnet werden, versuchen durch strengere Gesetze, Überwachung und Sanktionierung das Problem „Gewalt" in den Griff zu bekommen.

Demgegenüber versuchen demokratisch-partizipatorisch orientierte Ansätze die Betroffenen verantwortlich in die Lösung der Probleme mit einzubeziehen. Dabei geht es darum, die jeweils eigenen Fähigkeiten und Fertigkeiten durch unterstützende Angebote zu entwickeln und zu begleiten.

In diesem Zusammenhang gewinnt der Bereich der konstruktiven Konfliktbearbeitung zunehmend Bedeutung als Beitrag zur Gewaltprävention. Zum einen sind Konflikte permanent in Gefahr zu eskalieren und in gewalttätige Austragungsformen abzugleiten, zum anderen fördert die Entwicklung einer Streitkultur ein konstruktives soziales Zusammenleben und positive Formen des Interessenausgleichs. Auch wenn es bei der Gewaltprävention darum geht, Gewalt einzudämmen bzw. zu verhindern, während im Zentrum konstruktiver Konfliktbearbeitung die Ermöglichung des Interessenausgleichs mittels kommunikativer Verfahren steht, sind beide Bereiche als einander ergänzend zu betrachten.

III Entstehung von Gewalt

Eine weitere Grundfrage zielt auf die Zusammenhänge von Motiven, Gründen und Ursachen für die Entstehung von Gewalt ab. Gewaltprävention setzt voraus, dass die Gründe und Ursachen eines Verhaltens, auf das präventiv eingewirkt werden soll, bekannt sein müssen.

„Denn nur, wenn man weiß, warum sich ein bestimmtes Verhalten zeigt bzw. in welchem Kontext es sich darstellt, kann zielgerichtet auf diese Ursachen Einfluss genommen werden und kann versucht werden, die Erscheinungsformen zu verhindern." (T. Feltes, 1993)

Die Aggressions- und Gewaltforschung bietet eine Vielzahl von Erklärungsmodellen und Theorien, die für die Praxis der Gewaltprävention von wesentlicher Bedeutung sind. Das „ökologische Erklärungsmodell" der WHO reflektiert diesen Umstand, indem es verschiedene Ursachen als Erklärungsansatz bietet und zugleich einen Rahmen für deren Wechselwirkung liefert.

Das Modell beschreibt vier Ebenen:

Die individuelle Ebene, die biologische Faktoren und persönliche Entwicklungsfaktoren reflektiert. Die Beziehungsebene, die Familie, Partner, Freundeskreis, Peergroup, Kollegen in Augenschein nimmt. Die Gemeinschaft. Hier werden die Bedingungen in der Schule, am Arbeitsplatz oder in der Nachbarschaft berücksichtigt. Die Gesellschaft, deren soziale und kulturelle Normen, Gesundheits-, Wirtschafts-, Bildungspolitik in ihrer Bedeutung für die Entstehung von Gewalt angesehen werden.

IV Theorien zur Entstehung von Gewalt

Gerade im Bereich der Aggression und Gewalt existieren eine Reihe von Alltags-
theorien wie beispielsweise „der Mensch ist von Natur aus böse" oder „Kriege und
Gewalt hat es schon immer gegeben", die die Funktion haben, das eigene Weltbild
aufrechtzuerhalten. Die Frage nach der Entstehung von Gewalt ist daher immer auch
die Frage nach dem dahinterstehenden Menschen- und Weltbild. Die Aggressionsfor-
schung der letzten fünfzig Jahre hat sich vor allem mit den folgenden psychologischen Modellen auseinandergesetzt.

Klassische psychologische Theorien

Triebtheorien. Die Triebtheorien stammen aus dem Bereich der tierischen Verhal-
tensforschung und nehmen auch beim Menschen einen genetisch determinierten Ag-
gressionstrieb an (vgl. K. Lorenz, Das sogenannte Böse, 1965). Die Existenz eines
biologisch bedingten Aggressionstriebs ist heute wissenschaftlich nicht mehr haltbar,
dennoch sind derartige Erklärungsansätze beliebt, insofern sie moralische Entlastung
bieten. Für ein Verhalten, das instinktgesteuert ist, muss keine Verantwortung übernommen werden.

Frustrations-Aggressions-Theorie. Aggression wird als Reaktion auf Frustrationen verstanden, wenngleich eingeräumt werden muss, dass nicht jede Frustration
zwangsläufig zu Aggression führen muss (vgl. J. Dollard, Frustration und Aggression, Weinheim 1970). Frustrations-Aggressions-Theorien erklären allerdings nicht, ob
der Zusammenhang zwischen Frustration und Aggression erlernt ist; desweiteren, ob
jede, oder nur bestimmte Arten von Frustration Aggression auslösen. Festgestellt ist
lediglich, dass ein Zusammenhang zwischen einengenden Lebensverhältnissen und
verstärkter Aggressionsneigung besteht.

Lerntheorien. Aggression ist dem lerntheoretischen Ansatz zufolge ein Verhalten
wie jedes andere und wird erlernt. Maßgebend sind hier die Konzepte von Erfolg
und Misserfolg; zur Erklärung komplexerer Lernvorgänge wird im Allgemeinen der
Ansatz des Modelllernens herangezogen. Die erzieherische Konsequenz dieses Modells wäre, dass aggressive Verhaltensmuster nicht belohnt werden(vgl. A. Bandura/
R. Walters, München 1972). Lerntheoretisch nicht erklärbar ist allerdings, weshalb
Menschen verschieden auf bestimmte aggressive Vorbilder reagieren, z.B. weshalb
beispielsweise Frauen aggressive Modelle anders verarbeiten als Männer.

Psychologische Aggressionstheorien sind als umfassende Erklärungsansätze für aggressives Verhalten allerdings unzureichend, insofern sie gesamtgesellschaftliche
Einflüsse und Entwicklungen nicht adäquat berücksichtigen, Aggressionshandlungen
häufig nur individuell und punktuell betrachten und demzufolge häufig zu monokau-
salen Erklärungsansätzen neigen.

Aggression und Gewalt sind jedoch gerade bei Jugendlichen vor allem Gruppenphänomene, die zum Teil zu kollektiven Handlungsmustern werden oder auf kollektiven
Legitimationsmustern beruhen.

Sozialpsychologische Erklärungsansätze

Aggression und Strafe. Bestrafung durch körperliche Züchtigung als erlebte Gewalt zerstört nicht nur das Vertrauen zu der jeweiligen Bezugsperson, sondern steht nachweislich
in engem Zusammenhang zu späterer eigener Gewaltanwendung. (vgl. Bundesministerium für Familie, Senioren, Frauen und Jugend, 2004, C. Pfeiffer, KFN, 1999).

Aggression und Geschlecht. Studien der Entwicklungspsychologie verweisen auf
geschlechtsspezifische Unterschiede bei aggressiven Verhaltensweisen. Unklar ist
bisher, ob es sich dabei um biologisch bedingte Unterschiede oder Ergebnisse von
geschlechtsrollenspezifischen Erwartungen und Sozialisationseinflüssen handelt.

Aggression und Gruppen. Vor allem im Bereich der Jugendgewalt spielen gruppendy-
namische Prozesse eine wesentliche Rolle. Das Bemühen, sich Zugehörigkeit zu und
Anerkennung in einer Gruppe zu verschaffen, kann bei ungünstiger Konstellation der
gruppenspezifischen Normen Gewaltverhalten begünstigen.

Ein zweiter Faktor besteht in der Förderung gruppenspezifischer Aggression durch
Etablierung einer repressiven Rangordnung. Zudem tendieren Gruppen dazu, sich
aggressiv gegen andere abzugrenzen und so den inneren Zusammenhalt zu sichern.
Insofern dient Aggression hier dem erstrebten Gefühl der Zugehörigkeit zu einer Gemeinschaft (Pfeiffer, a.a.O.).

Aggression und Medien. Ein kausaler Zusammenhang zwischen Gewaltkonsum und
Gewalthandlungen wird in der Medienforschung nicht gesehen. Unbestritten ist allerdings, dass aggressives Verhalten erlernt wird. Der stärkste Einfluss bezüglich des
Lernprozesses geht von der unmittelbaren, familiären Umgebung aus, nachgeordnet
ist der Einfluss der Peergroup und sozialen Umgebung. An dritter Stelle treten die
massenmedial angebotenen aggressiven Modelle auf, die allerdings für bestimmte
Problemgruppen starke Effekte zeigen (Kunczik/ Zipfel, 2002).

Moderne Theorien und Modelle gehen nicht mehr von linearen oder direkten Ur-
sache-Wirkungszusammenhängen bei der Entstehung von Gewalt aus, sondern von
einem komplexen Zusammenspiel vielfältiger Einzelelemente. Besondere Bedeutung
kommt auch der zunehmenden sozialen Desintegration in modernen Gesellschaften
zu, die mit der Auflösung traditioneller Verbindlichkeiten, Prozessen des Wertewan-
dels und sozialer Verunsicherung gewalttätige Verhaltensweisen begünstigen.

Die sozialwissenschaftliche Gewaltforschung interessiert sich gegenwärtig vor allem
für das Was und Wie des Gewaltverhaltens und nimmt vor allem das Problem der Ge-

waltdynamik in den Blick. Für die Praxis der Prävention sind jedoch vor allem Erklärungsansätze über Zusammenhänge der Gewaltentstehung notwendig, um bei entsprechenden
Präventionsmaßnahmen differenziert und wirkungsorientiert vorgehen zu können.

Insofern Gewaltprävention vor dem Hintergrund normativer Vorstellungen, wie in der
Zukunft Entwicklungen verlaufen sollen und welche Entwicklungen als unerwünscht
vermieden werden sollen, stattfindet, ist immer schon die zugrundeliegende Vorstellung von den Möglichkeiten menschlichen Zusammenlebens thematisiert.

Die Frage nach den Entstehungsbedingungen von Gewalt ist dabei eine eigentlich
philosophisch-anthropologische Frage, die Frage nach dem Wesen des Menschen,
nach unserem Menschenbild.

V Gewaltprävention und Neurobiologie

Konzepte und Vorstellungen vom Menschen begegnen uns in der Kunst, der Literatur, in der Philosophie und den Humanwissenschaften. Auf die Frage danach, ob der
Mensch gut oder böse, egoistisch oder altruistisch sei, gibt es vielfältige Antworten,
deren Bandbreite von „Mord steckt in uns" (Spiegel, 35/2005) bis zu dem Ausdruck
höchster Wertschätzung reicht, der in den USA lautet „He/she is a mensch".

Die ursprünglich philosophische Fragestellung nach dem Wesen des Menschen wird
heute zunehmend zum Gegenstand der empirischen Humanwissenschaften. Die Aussage der Philosophie der Antike, dass der Mensch von Natur aus ein gemeinschafts-
bildendes Wesen sei, das erst in seinem Gegenüber ganz zu sich selbst käme (Aris-
toteles, Politika) wird heute von der Neurobiologie bestätigt. Joachim Bauer erkennt
den „Kern aller Motivation in der Suche nach zwischenmenschlicher Anerkennung,
Wertschätzung, Zuwendung oder Zuneigung" (vgl. J. Bauer, Schmerzgrenze, 2008).

Der Mensch ist wesentlich auf Interaktion, auf Beziehung hin ausgerichtet. Alles, was
Menschen in Beziehungen erleben, wird vom Gehirn in biologische Signale verwandelt und wirkt sich auf die Biologie und Leistungsfähigkeit aus. Damit wird das Verhalten beeinflusst, was wiederum Auswirkungen auf unsere Beziehungen hat.

Neurobiologische Studien zeigen, dass die entscheidende Voraussetzung für das
Funktionieren unserer Motivationssysteme die soziale Anerkennung und persönliche
Wertschätzung, die ein Mensch erfährt, sind.

Das menschliche Motivationssystem wird durch soziale Interaktionen, die mit Vertrauen und guter Interaktion verbunden sind, aktiviert. Bereits die bloße Erfahrung,
freundlich zugewandten anderen Menschen zu begegnen, erweist sich beim Menschen als biologisch verankerte Grundmotivation. Umgekehrt ist ein auf diese Weise
aktiviertes Motivationssystem ein sicheres Vorzeichen dafür, dass sich die Betroffenen ihrerseits vertrauensvoll und kooperativ verhalten werden (Rilling et Koll.,

2002). Zudem ist das menschliche Gehirn nicht nur auf diese Weise als „social brain" zu verstehen, sondern ist darüber hinaus auch auf Fairness ausgerichtet (Moll et Koll, 2006). Der eigene Vorteil, verbunden mit einem Nachteil für einen anderen Betroffenen, schmälert den Ausstoß der sogenannten Glücksbotenstoffe. Diese Botenstoffe, Dopamin und Oxytozin, bilden dabei ein kooperierendes, aufeinander abgestimmtes System. Der Motivationsbotenstoff Dopamin versetzt den Körper psychisch und physisch in einen Zustand der Handlungsbereitschaft und Konzentration. Oxytozin ist ein wesentlicher Bestandteil der Motivation, Bindungen und Beziehungen einzugehen und beizubehalten. Oxytozin ist dabei sowohl Ursache als auch Wirkung von Bindungserfahrungen. Er wird verstärkt hergestellt, wenn es zu vertrauensstiftenden Begegnungen kommt, stabilisiert andererseits aber auch rückwirkend Bindungen, die zu seiner Ausschüttung geführt haben. Falsch wäre es allerdings, angesichts dieser Tatsachen anzunehmen, dass dies eine Art Garantie dafür darstellt, dass sich der Mensch positiv im Hinblick auf seine Bindungs- und Beziehungsfähigkeit entwickelt. Die genetische Ausstattung kann lediglich dafür garantieren, dass die neurobiologischen Werkzeuge dafür vorhanden sind. Sollten vor allem während der Kindheit und Jugend positive Bindungserfahrungen ausbleiben, hat dies fatale Folgen für die spätere Beziehungsfähigkeit der betreffenden Person. Für die neurobiologischen Systeme gilt die Aussage der amerikanischen Hirnforschung „use it or loose it".

Ohne gelingende Beziehungen gibt es demzufolge keine dauerhafte Motivation. Scheiternde Beziehungen, Ausgrenzung und soziale Isolation führen zu Stress- und Angstreaktionen, lösen Depression und Aggression aus.

Funktion von Aggression

Aggression ist kein Selbstzweck, sondern steht immer im Dienst des Strebens nach Anerkennung, Kooperation und sozialer Zugehörigkeit.

Die Überzeugung, dass Erfolg vor allem Aggression voraussetze, wie sie in dem Sprichwort „If you can't beat them, join them", das aus dem angelsächsischen Raum stammt, zum Ausdruck kommt, hat sich als unhaltbar erwiesen. Aktuelle neurobiologische Forschungsergebnisse legen vielmehr nahe, das Sprichwort auf den Kopf zu stellen – „if you can't join them, beat them" (J. Twelge). Aggression ist kein Selbstzweck, sondern steht im Dienst der Kooperation, es geht in vielfältiger Weise immer um das Gelingen von Beziehungen.

Wir kennen

- Aggression im Dienst der Verteidigung bestehender Beziehungen gegen äußere negative Einflüsse.

- Aggression im Kampf um Zuwendung und Anerkennung. So zum Beispiel unter Geschwistern im Wettstreit um elterliche Zuwendung oder unter Kollegen im Wettstreit um die Anerkennung des Vorgesetzten.

- Aggression innerhalb von Beziehungen entsteht als Signal für Dysbalancen bei ungerechter Verteilung von Vor-und Nachteilen, gegebenenfalls auch als „Test" für die Qualität und Stabilität der Beziehung.

- Aggression im Dienst der Gemeinschaft entsteht mit der Intention durch Abgrenzung und gemeinschaftlichen „Kampf" gegen Außenstehende diese Gemeinschaft herzustellen oder zu verteidigen. Bei Jugendlichen ist diese Variante der Aggression kennzeichnend für Mobbing, sie tritt aber auch bei Kampf- oder Kriegskameradschaften auf.

- Aggression aufgrund von Verwahrlosung oder negativen Beziehungserfahrungen. Diese Variante der Aggression ist zumeist das Resultat langdauernder, intensiver Gewalterfahrungen in Zusammenhang mit sozialer Isolation, wie sie etwa bewusst herbeigeführt wird bei der Ausbildung von Kindersoldaten in Afrika oder Terroristen in verschiedenen Regionen der Welt.

Aggression steht dabei immer in funktionalem Zusammenhang mit dem Grundbedürfnis nach Zuwendung, sozialer Anerkennung und positiver Beziehung. Aggression ist immer ein kommunikatives Signal, das der Umwelt anzeigt, dass eine Person nicht in der Lage oder bereit ist, einen ihm zugefügten physischen oder psychischen Schmerz oder eine damit zusammenhängende Bedrohung hinzunehmen. Voraussetzung für die Verständlichkeit eines solchen Signals ist seine sogenannte Kontingenz – das bedeutet, seine zeitliche und räumliche Nähe zu dem Ereignis, das sie hervorgerufen hat.

Aggressionsverschiebung

Um die volle Bandbreite menschlicher Gewalt zu verstehen, muss man das Phänomen der Aggressionsverschiebung beleuchten. Aggressive Impulse richten sich nicht immer an den Adressaten, der für die Provokation verantwortlich ist, sie können gegen eine andere Person gerichtet, „verschoben", sein. Diese Verschiebung kann auch die Zeit betreffen. Menschen, die aggressionsauslösenden Reizen ausgesetzt waren, zeigen eine aggressive Reaktion manchmal erst mit erheblicher, zeitlicher Verzögerung.

Verschobene Aggression hat in vielen Fällen ihre kommunikative Funktion verloren. Wie sollen die hier und jetzt von einer aggressiven Handlung Betroffenen erkennen und verstehen, dass der aktuellen Gewaltäußerung Ereignisse zugrundeliegen, die vor langer Zeit und in einem anderen Kontext stattfanden? Verschobene Aggression wird in der Regel nicht als das verstanden, was sie sein sollte: als Appell des aggressiven Akteurs, mit dem er auf Schmerz, Ausgrenzung, Demütigung oder gescheiterte Beziehung und fehlende Bindung hinweisen will (vgl. J. Bauer, Schmerzgrenze, 2011).

Wenn wir verhindern wollen, dass Menschen - besonders Kinder und Jugendliche – die die Kontrolle über ihre aggressiven Impulse verloren haben, zu Gewalttätern und geächteten Außenseitern werden, müssen wir in unserem präventiven Handeln diese Ergebnisse neurobiologischer Forschung berücksichtigen. Erwachsene können, wenn

Bindungen fehlen oder Beziehungen scheitern, auf ihre Umwelt konstruktiv oder destruktiv einwirken. Kinder sind im Vergleich zu Erwachsenen weitgehend macht- und hilflos. Sie verfügen nicht über die kognitiven Möglichkeiten ihrer Umgebung eine klar verständliche, geordnete Mitteilung über einen Mangel an Bezugspersonen, an vertrauensvollen Bindungen oder über Ausgrenzungserfahrungen zu machen.

Kinder und Jugendliche teilen sich uns durch ihr spontanes Verhalten, ihre Vertrauensbereitschaft oder ihr Misstrauen, durch ihre Kooperationsbereitschaft oder durch Aggression mit. Vernachlässigte oder an Gewalterfahrungen gewöhnte Kinder und Jugendliche interpretieren ihre Umwelt eher als gefährlichen, aggressiven Ort als solche, die in zugewandten Beziehungen aufwachsen. Gewalterfahrungen verändern das Wahrnehmungsschema im Gehirn und führen dazu, dass Betroffene auch ihnen unbekannten Menschen feindselige Absichten und aggressive Handlungen unterstellen. Auch völlig neutrale Reize, wie ein zufälliger Blickkontakt oder eine versehentliche Berührung werden dann als aggressiver Übergriff interpretiert und ebenso beantwortet.

Kinder und Jugendliche, die nicht die Erfahrung einer verlässlichen zugewandten Beziehung haben, erleiden auf allen Gebieten Nachteile. Sie zeigen verminderte Leistungen im Bereich Sprache. Lesen oder Mathematik, ihre Problemlösungsfähigkeiten sind reduziert. Sie haben meist auch Schwierigkeiten bei Gleichaltrigen Anerkennung oder soziale Zuwendung zu finden und werden bevorzugt Opfer von Ausgrenzung und Demütigung. Diese Kinder und jungen Menschen sehen häufig die einzige Möglichkeit, sich Anerkennung und Zuwendung zu verschaffen im Bereich Aggressivität und der Ausübung von Gewalt. Die gegenwärtig zu beobachtende Zunahme an Formen der Ausgrenzung und Demütigung wie Mobbing oder die besonders üble Form des Cyber-Mobbing zeigen, dass sich derartige „circles of violence" ausbreiten und erhebliche, langfristige Schäden bei den Opfern hinterlassen.

Mobbing als systemisches Phänomen ist dabei als als Ausgrenzung und Aggression im Dienst der Suche nach Gemeinschaft zu verstehen. Wenn es innerhalb einer Gemeinschaft an Bindung, Zusammenhalt oder verlässlichen Beziehungen fehlt, kann die Konstruktion einer „outgroup" oder einer einzelnen ausgegrenzten Person Abhilfe schaffen. Wo ein starkes „Feindbild" projiziert wird, kann das kollektive aggressive Handeln gegen diese Gruppe oder Person ein Gefühl gegenseitiger Verbundenheit herstellen, um das es dem Aggressor eigentlich geht. „Outgroups" werden also häufig erst erzeugt, damit sich diejenigen, denen es an Bindung und gemeinsamen Zielen fehlt, in einer „ingroup" zusammenfinden können. (J. Bauer, a.a.O.)

VI Gewaltprävention und Beziehung

Soziale Ausgrenzungen und Demütigungen ereignen sich in Familien, in Kindergarten und Schule ebenso wie im beruflichen Alltag. Die Austragung von Konflikten ist in allen diesen Lebensbereichen unausweichlich und ein wesentliches Erfordernis. Nicht erforderlich ist jedoch, sie mit Demütigungen, Gewalt und Ausgrenzung zu verbinden.

Zu hoher Leistungsdruck, Ausgrenzung, Demütigung und die Gefahr körperlicher
Gewalt machen Angst und aktivieren das menschliche Stresssystem. Das aktivierte
Stresssystem jedoch verhindert entspannte Aufmerksamkeit, Konzentration und be-
einträchtigt das, worauf es in der Schule vor allem ankommt, das Lernen. Kritik und
Rückmeldungen in Form von Noten können junge Menschen anspornen, wo diese
Rückmeldungen jedoch mit Bloßstellung und Demütigungen verbunden sind, entsteht
Dauerstress, der die Leistungsentwicklung behindert (vgl. hierzu die im September
2014 veröffentlichten Ergebnisse des interdisziplinären Forschungsprojekts TARGET
der FU Berlin, die die Relevanz von Stress und misslingenden Beziehungen zwischen
Schülerinnen/Schülern und Lehrerinnen/Lehrern als wesentlichen Faktor für die Ent-
stehung von Gewalt bestätigen. H. Scheithauer, Berlin 2014).

Kinder und Jugendliche sind in einem noch höheren Maße als Erwachsene auf Beziehungen und Bindungen angewiesen. Dabei sind Beziehungen zwischen Erwachsenen
und Jugendlichen keine Einbahnstraßen, sondern Straßen mit lebhaftem Gegenver-
kehr. Was Eltern/ Lehrer und andere Bezugspersonen tun, bildet sich in den Köpfen
der Kinder und Jugendlichen ab, darüber hinaus registrieren sie, wie sie in den Köpfen
der Erwachsenen wahrgenommen werden und erkennen daran nicht nur, wer sie sind,
sondern vor allem, wer sie sein können. „Sie leben gewissermaßen in den Korridor
der Vorstellungen und Visionen hinein, die sich ihre Bezugspersonen … von ihnen
machen." (J. Bauer, 2010). Fehlt ein solcher Zukunftskorridor, weiß das Kind oder der
junge Mensch nicht, wohin die Reise gehen soll.

Das System der Spiegelneurone

Die neurobiologische Grundlage für die Entstehung von Beziehungen ist ein Netz
von Nervenzellen, das System der Spiegelneurone, „mirror neuron system", das die
Zeichen, die ein anderer aussendet, verwertet und daraus rekonstruiert, was in diesem
Menschen vorgeht. Menschen sind keine isolierten Wesen, sie sind immer Bestandteile eines engvernetzten sozialen Gewebes (Keysers 2013).

Allein mit Einfühlung ist das Potential der Spiegelneurone jedoch nicht ausreichend
beschrieben. Indem wir auf die Zeichen, die das Verhalten eines anderen Menschen
aussendet, reagieren – und das tun wir nicht freiwillig oder wahlweise, sondern immer
und in jeder Situation, manchmal deutlich und bewusst, häufig jedoch unbewusst –
spiegeln wir etwas zurück. Unser Gegenüber und ganz besonders Kinder und Jugendliche suchen nach diesem Spiegelbild und sie tun dies aus zwei Gründen. Sie wollen
spüren, dass sie wahrgenommen werden und sie wollen wissen, wie sie wahrgenommen werden. Sie wollen wissen, wer sie sind oder sein können.

Der „Zukunftskorridor"

Junge Menschen suchen in dem Bild, das sich Erwachsene von ihnen machen, Auskunft darüber, wer sie sind, aber auch was sie sich zutrauen dürfen, worin ihre Poten-

tiale und Entwicklungsmöglichkeiten bestehen. Mittels der Art, wie wir jungen Menschen durch unser Reden und unser Verhalten Auskunft über sich selbst geben, legen wir eine Art „Korridor" an, der in die Zukunft weist und in dem sich – bis zu einem gewissen Grad – die Kraft einer sich selbst erfüllenden Prophezeiung entfalten kann.

Ein beeindruckendes Beispiel diese Vorgangs war für mich ein Gespräch mit einem jungen Täter, der sich des Totschlags schuldig gemacht hatte und der zu der Frage nach den Motiven und Gründen für seine Tat angab: „Als ich ein Kind war und traurig war, dachten alle, ich sei wütend. Na gut, dann wurde ich eben wütend."

Im Hinblick auf diesen „Zukunftskorridor" ist die Warnung von Wiebke Steffen vor einer „Entgrenzung des Kriminalitäts- und Präventionsbegriffs" von entscheidender Bedeutung,

Wenn ganz normale Projekte, etwa solche der Jugendarbeit, mit dem Ziel „Kriminalprävention" durchgeführt werden – auch deshalb, um sie finanziert zu bekommen – dann können nicht nur zivile Sachverhalte in kriminalitätsbezogene Sachverhalte umgedeutet werden und eine ganze Generation, nämlich die der heranwachsenden, als potentiell „kriminell „oder „gewalttätig" stigmatisiert werden, sondern dann kann es auch zu einer Kriminalisierung der Sozialpolitik kommen…" (W. Steffen, Gutachten zum 19. Deutschen Präventionstag, Bielefeld 2013).

Als was für ein Wesen wird sich ein junger Mensch begreifen, wenn er erkennt, dass er einer ist, vor dem die Erwachsenen warnen, den sie als potentielle Bedrohung verstehen? „…Manche Dinge, die heute öffentlich gesagt werden, können eigentlich nur gesagt werden von Leuten, die keine Kinder haben oder ihre Kinder abgeschrieben haben." (R. Spaemann, Stuttgart 2012)

Prävention als die Kunst des „Vorausgehens"

Junge Menschen befinden sich in einer Entwicklungssituation, von der sie nicht wissen, wohin sie führt. Das macht zunächst Angst. Deshalb suchen sie unbewusst in dem Bild, das sich Erwachsene – und besonders ihre Bezugspersonen - von ihnen machen, Auskunft darüber, was sie sich zutrauen dürfen und was andere ihnen zutrauen zu werden.

Die Kunst der Prävention besteht nun darin, Kritik und die Benennung von Mängeln immer mit der Perspektive einer Entwicklung zu verbinden, so dass sie den entstehenden „Zukunftskorridor", der über die gegenwärtige Problemsituation hinausweist, immer erkennen können. Alles, was von Elternhaus, Schule oder Öffentlichkeit an junge Menschen herangetragen wird, ist ein Signal darüber, was sich die Gesellschaft als Ganzes unter der Zukunft der Jugend vorstellt (Es wäre durchaus sinnvoll, die Vorstellung sozialen Zusammenlebens in unserer Gesellschaft, die in Talkshows, Castingshows oder Dokusoaps über die Bildschirme vermittelt wird, einmal unter diesem

Aspekt zu betrachten). Junge Menschen brauchen das Gefühl, willkommen zu sein, gebraucht zu werden, nicht nur verwöhnt und entmündigt zu werden oder dauerhaft Gegenstand ärztlicher Bemühungen zu sein. Hartmut von Hentig spricht hier eindrucksvoll von der „nützlichen Erfahrung nützlich zu sein".

Der Dreh- und Angelpunkt für Prävention als „Vorausgehen" sind die Erfahrungen, die junge Menschen mit den Erwachsenen machen. Damit ist die Kernfrage, die nach der Gemeinschaft, in der wir leben wollen, nach unseren eigenen Vorstellungen und Werten. Eine Haltung der Skepsis als Antwort wird nicht genügen, denn „...Die Energie des Veränderungswillens setzt die dezidierte Überzeugung voraus, dass es anders besser wäre. Andernfalls gilt: Was man hat, das hat man; was man stattdessen bekommt weiß man nicht. Mit solcher Skepsis kann man überleben.. Man kann jedoch nichts weitergeben, ohne die Überzeugung...dass etwas es wert ist, weitergegeben zu werden." (R. Spaemann, a.a.O.)

Wenn wir Prävention lediglich als ein „Vorbeugen negativer Entwicklungen oder Vermeiden der Folgen solcher Entwicklungen" verstehen, werden wir nicht die motivierende Kraft entwickeln, die nur aus einem Beziehungsgeschehen entstehen kann und jungen Menschen den „Korridor" in eine gewaltfreie Zukunft weist.

Unabdingbare Voraussetzung einer jeden Beziehung aber ist, dass sich die erwachsene Bezugsperson „zeigt", dass sie „da" ist. Nicht gewissermaßen als „Mensch ohne Eigenschaften", der zugunsten einer Haltung der „political correctness" eigene Überzeugungen abstreift. „Identitätslose Unangreifbarkeit auf Kosten persönlicher Eigenart ist der Totengräber jeder Bildung und Erziehung." (J. Bauer, a.a.O.)

Viel wichtiger als Perfektion ist es, eigene Überzeugungen zu haben und auch erkennbar zu machen. Erst die eigene Begeisterung wirkt „ansteckend", kann das Gegenüber motivieren und ist die Basis jeder Beziehung.

„Wir können sie (erg. Überzeugungen) uns nicht zum Zweck der Erziehung einfach zulegen. Im Grunde muss man sich erst einmal fragen, wie man selbst leben will und lebt, ehe man über Erziehung reden kann...junge Menschen weisen die Zumutung zurück, sie sollten etwas tun oder lassen, nur weil es uns gefällt. Nein, entweder wir können ihnen unsere Zumutungen als vernünftig einsichtig machen beziehungsweise sie fühlen lassen, dass sie aus unserer wirklichen Überzeugung stammen, oder sie haben das gute Recht, sie à limine'von sich zu weisen." (R. Spaemann, 1978).

Gewaltprävention, verstanden als „Vorausgehen" , nicht als „Zuvorkommen", hat die Chance durch Beziehung und Bindung als dem Kern der menschlichen Motivation die Kraft zu entfalten, die zu nachhaltigen Veränderungen führen kann.

Literatur:

Bauer, Joachim; Lob der Schule, München 2008

Ders; Schmerzgrenze,München 2011

A. Bandura/ R. H. Walters; in A. Schmidt-Mummendey/ H.-D. Schmidt (Hg); Aggressives Verhalten, München 1972

Bundesministerium für Familie, Senioren, Frauen und Jugend; Pressemitteilung 22.03.2004

Dodge K. A., Bates, J. F., Pettit G.R.; Mechanism in the Circle of Violence, Science 250, 1990

Feltes, Th.; Verhaltenssteuerung durch Prävention, 1993

Kunczik, M.; Zipfel A.; Gewalttätig durch Medien, in" Politik und Zeitgeschichte", 2002

Lösel, F. in Melzer, W., Schwing H.-D.; Gewaltprävention in der Schule Baden-Baden 2004

Viktor Mayer-Schönberger

Big Data – Chancen und Risiken in der Prävention

Im Jahr 2006 begann die lokale Polizei von Memphis, im US-Bundestaat Tennessee eine neue Software einzusetzen. BlueCRUSH genannt, konnten mit diesem neuen Werkzeug riesige Mengen an Daten analysiert und ausgewertet werden. Das Ziel war vorherzusagen, wann wo mit hoher Wahrscheinlichkeit in Memphis ein Verbrechen begangen werden würde und dann präventiv dorthin Polizeikräfte zu entsenden. Die Verantwortlichen rühmten sich später damit, dass nach Einführung von BlueCRUSH die Gewalt- und Eigentumsdelikte in Memphis um 25 Prozent zurückgegangen wären und sehen im neuen Ansatz von „predictive policing", also einer auf Vorhersagen beruhenden Polizeiarbeit, die Ursache.

Jedes Jahr sterben zehntausende Menschen an der Grippe. Aber im Jahr 2009 wurde ein neues Grippevirus entdeckt, das – so fürchteten Experten – Millionen Menschen töten könnte. Zu Beginn gab es auch keinen Impfstoff, so dass die Gesundheitsbehörden nur versuchen konnten die Verbreitung der Grippe einzudämmen. Aber dazu mussten sie erst einmal wissen, wo die Grippe gerade war. Diese Aufgabe kommt in den USA den „Centers for Disease Control and Prevention" (CDC) zu. Tausende Allgemeinmediziner melden jeden Grippefall den CDCs und daraus ermitteln die Experten dort den Verbreitungsgrad der Grippe. Aber das Sammeln und Analysieren der Daten dauert ein bis zwei Wochen – eine Ewigkeit im Falle einer tödlichen Pandemie.

Etwa zur gleichen Zeit hatten Mitarbeiter beim Internet-Unternehmen Google eine alternative Idee, wie man die Verbreitung der Grippe ermitteln könnte – nicht nur auf die ganzen USA bezogen, sondern auch heruntergebrochen auf einzelne Regionen. Sie verwendeten dazu Suchanfragen, die an Google über das Internet gestellt worden waren. Google erhält etwa fünf Milliarden davon täglich und speichert sie alle ab.

Ganz konkret hat Google die 50 Millionen am öftesten verwendeten Suchanfragen genommen und wann und von wo diese Suchanfragen gestellt wurden mit den offiziellen Verbreitungsdaten der Grippe der letzten fünf Jahre verglichen. Die Idee war, die Verbreitung der Grippe lediglich aus Suchanfragen vorhersagen zu können.

Und sie hatten Erfolg. Nachdem sie fast eine halbe Milliarde mathematischer Modelle geprüft hatten, identifizierte das Google-Team ein Modell aus 45 unterschiedlichen Suchanfragen, das mit hoher Genauigkeit die Verbreitung der Grippe vorhersagte. Aber im Gegensatz zu den offiziellen Daten des CDC waren Googles Analysen nahezu in Echtzeit und ohne Verzögerung verfügbar.

Beide Geschichten eint, dass Vorhersagen gemacht werden über Gegenwart und Zukunft, und in beiden Fällen werden diese Vorhersagen im weitesten Sinne präventiv verwendet. Beide eint aber auch, wie diese Vorhersagen entstehen - sie basieren auf "Big Data".

Was aber ist Big Data? Intuitiv denken wir an viele Daten, also eine große absolute Zahl an Daten. Da ist durchaus was dran, auch wenn es letztlich zu kurz greift. Es begann vielleicht vor zwei Jahrzehnten in den Naturwissenschaften. Nehmen wir nur die Astronomie: Dort konnte ein neues Teleskop, das im Jahr 2000 in Betrieb ging in den ersten paar Wochen mehr Daten über die Gestirne sammeln als in der gesamten Geschichte der Astronomie davor. Dieses neue Teleskop sammelte seitdem über 200 GB an Astronomiedaten, aber ein Nachfolgeteleskop wird diese über 15 Jahre erreichte Datenmenge in nur einer Woche sammeln.

Ähnlich verhält es sich in der Biologie und Medizin. Erst im Jahr 2003 wurde als Ergebnis eines zehnjährigen Forschungsprojektes, das mehr als seine Milliarde Dollar verschlang, das Genom eines einzigen Menschen mit seinem 3 Milliarden Basenpaaren an Information komplett entschlüsselt. Heute dauert der Vorgang weniger als zwei Tage und kostet weniger als eintausend Dollar.

Auch Internet-Unternehmen gehen in Daten fast unter: Twitter erhält eine halbe Milliarde Tweets am Tag, zehn Millionen Fotos werden auf Facebook pro Stunde hochgeladen, und Google verarbeitet einige Petabyte an Daten täglich – das ist mehr als das Hundertfache aller Informationen in der größten Bibliothek der Welt!

Nach Schätzungen hat sich die Datenmenge in der Welt von 3 Milliarden Gigabyte im Jahr 1987 in nur zwanzig Jahren fast verhundertfacht. Und waren im Jahr 2000 noch drei Viertel der Daten analog, so sind es heute weniger als ein Prozent. Der Rest ist digital.

Wie in vielen anderen Bereichen führte diese enorme Zunahme an Quantität auch zu einer neuen Qualität, die mit "Big Data" bezeichnet wird. Drei Eigenschaften kennzeichnen Big Data:

(1) Zum ersten ist hier die Möglichkeit zu nennen, mit Big Data viel mehr Daten relativ zum Problem oder zur Frage, die man beantworten möchte, zu sammeln als bisher. Damit kann man die Daten sprechen lassen, und das erlaubt uns Einsichten in die Wirklichkeit, an die wir nie zu denken gewagt haben.

Nehmen wir nur den Big-Data-Anwender und Online-Händler Amazon. Zu Anfang beschäftigte das Unternehmen noch ein Dutzend Buchrezensenten, um für die Kunden Buchempfehlungen zu verfassen. Aber schon bald wollte Jeff Bezos, der Unternehmensgründer, diese durch eine geschickte Datenanalyse ersetzen. Dazu arbeitete er zunächst mit traditionellen Datenanalytikern zusammen. Diese schlugen vor, jeden Kunden mit Hilfe der über diesen gesammelten Daten in eine von einigen Dutzend vorgefassten Käufergruppen zu kategorisieren, und dann allen Kunden einer bestimmten Gruppe entsprechende Buchempfehlungen zukommen zu lassen. So hatte man es bisher immer gemacht. Aber im Test kamen die Kunden zu einem vernichtenden Urteil: die Buchempfehlungen seien so, als würde man mit dem Dorftrottel einkaufen gehen. Amazon zog das Projekt zurück und erfand es neu. Diesmal würden nicht Kunden in vorgefasste Kategorien eingeteilt, sondern aus den Daten für jeden Kunden und jede Kundin individuelle Empfehlungen ermittelt. Das funktionierte dramatisch besser, und Amazons Empfehlungssystem ist angeblich heute verantwortlich für 30 Prozent des Umsatzes.

Das Beispiel Amazon zeigt deutlich: ein „profiling", also ein Einteilen der Menschen in vorgefasste Gruppen hat massive Nachteile. Es kategorisiert zu pauschal. Dem gegenüber verheißt Big Data die Quadratur des Kreises, also durch individuelle Vorhersagen eine nicht diskriminierende, weil nicht auf Gruppenzugehörigkeit basierende Treffsicherheit.

(2) Die zweite Qualität ist, dass wir im Angesicht von Big Data Datenqualität nicht mehr als Ziel an sich wahrnehmen können, sondern verstehen lernen, dass es mit der Datenmenge in einem Zielkonflikt steht. Manchmal ist es daher besser, sehr viel mehr, wenn auch ungenauere Daten zu analysieren, also mit hohem Aufwand nur ein kleines Sample von hoher Qualität zu sammeln, das die Komplexität und Detailliertheit dessen, was man verstehen will, nicht ausreichend abbilden kann. Das führt dazu, dass von Big Data auch ganz unterschiedliche Datenquellen kombiniert und gemeinsam analysiert werden können.

(3) Viel mehr, wenn auch unscharfe Daten stützen eine dritte Qualität von Big Data: eine Verschiebung der Deutungsmethode durch Datenanalyse vom Primat der Ursachenerforschung zur Anerkennung der Bedeutung des Erkennens von sogenannten Korrelationen, also scheinbaren Zusammenhängen in den Daten. Anstatt wie seit jeher immer sofort nach dem „warum" zu fragen, werden wir mit Big Data oftmals zuerst das „was" analysieren. Denn mitunter reicht es schon zu verstehen was passiert, ohne die genauen Ursachen zu kennen. Computergestützte Übersetzungsprogramme etwa wissen auch nicht, warum ein Wort in einer Sprache in ein bestimmtes Wort einer anderen Sprache zu übersetzen ist, und trotzdem entstehen so relativ brauchbare Übersetzungen.

Freilich fällt uns Menschen dieser Schritt schwer. Wir haben seit jeher die Welt erklärt, indem wir sie als Folge von Ursachen und Wirkungen gesehen haben, auch, wenn die von uns identifizierten Ursachen am Ende gar keine waren. Und oft haben wir deshalb wichtige Erkenntnisse nicht angenommen, weil die Ursachen nicht gänzlich geklärt waren. Ignaz Semmelweis etwa erkannte Mitte des 19.Jahrhunderts, dass in Krankenhäusern, in denen sich Ärzte intensiv die Hände waschen, bevor sie Patienten untersuchen, wesentlich weniger Frauen an Kindbettfieber sterben als anderswo. Trotzdem verweigerte die Ärzteschaft jahrzehntelang an führenden Kliniken Europas das Händewaschen, und hat damit den Tod tausender Frauen zu verantworten, nur weil Semmelweis die genaue Ursache für seine Erkenntnis schuldig blieb.

Big Data wird uns ähnlichen Herausforderungen gegenüberstellen. Nehmen wir nur den Fall von Frühgeborenen. Sie sind besonders anfällig für Infektionen, aber wenn die Symptome einer Infektion erkennbar werden ist es oft schon zu spät. Am Universitätsspital in Toronto wird mit Big Data eine alternative Vorgangsweise versucht. Dort werden über digitale Sensoren die Vitalfunktionen eines Frühgeborenen laufenden gemessen – und über eintausend Datenpunkte pro Sekunde aufgezeichnet. Über Tage und Wochen und Dutzende von Frühgeborenen ergibt dies eine sehr große Datenmenge, in der die Forscher nach Mustern suchten, die mit großer Wahrscheinlichkeit mit einer späteren Infektion korrelieren und wurden fündig. So können dort akut gefährdete Babys schon 24 Stunden vor dem Auftreten erster Symptome identifiziert und damit gerettet werden. Die Forscher kennen nicht die Ursache, aber zu wissen, was vermutlich passieren wird, rettet für sich schon Menschenleben.

Das bedeutet nicht, dass Big Data eine Methode ohne Theorie wäre – ganz und gar nicht. Aber es bedeutet, dass mit Big Data der Mensch nicht mehr eine konkrete Hypothese erfinden muss, die dann mit Daten getestet wird. Stattdessen können nun Millionen leicht unterschiedlicher Hypothesen algorithmisch getestet werden, um die Hypothese zu identifizieren, welche die Daten am besten erklären kann. Das ist, als würde man menschlicher Erkenntnis einen Turbo beigeben. Und es eröffnet so eine neue Sicht auf die Wirklichkeit, nicht so wie wir uns die Wirklichkeit vereinfachend vorstellen, sondern so wie sie ist, mit all ihrer Komplexität.

Genau daraus ergibt sich aber auch ein sehr mächtiges neues Werkzeug der sehr spezifischen, sehr individuellen Vorhersage wahrscheinlichen menschlichen Verhaltens. In unserer heutigen Gesellschaft wollen wir mit Vorhersagen oftmals Risiken erkennen, die Welt so ein wenig einschätzbarer machen. Das mindert die Chance auf negative Überraschungen. Auf Vorhergesagtes kann man sich einstellen und vorbereiten, vor allem aber sich und andere, mithin die Gesellschaft schützen.

Die Vorstellung ist gerade für die Politik verlockend: Big Data sagt zukünftiges menschliches Verhalten sehr gut voraus - also wie wir uns in Zukunft verhalten **werden**, nicht wie wir uns zu verhalten **haben** - und das erlaubt dem Staat, uns dafür zur Verantwortung zu ziehen, noch bevor wir den Gesetzesbruch überhaupt begangen haben. Wenn Sie jetzt an den Hollywood-Film "Minority Report" denken, dann ist das ziemlich genau diese Art von vorsagedurchtränkter Zukunft, die ich meine.

Und: Ist es nicht immer besser, ein Verbrechen zu verhindern, als nachher jemanden dafür zu bestrafen? Wenn der Mörder gestoppt wird, noch bevor der Mord ausgeführt wird, dann gibt es ja jedenfalls kein Opfer, das zu Schaden kommt.

Ich denke, Sie als Präventionsexperten sind hier ebenso tiefskeptisch wie ich. Denn zum Ersten sind Vorhersagen nie perfekt, sie geben lediglich eine statistische Wahrscheinlichkeit wieder. Damit würden wir Menschen bestrafen, die das vorhergesagte

Verbrechen gar nie begangen hätten. Schlimmer noch: Indem wir eingreifen, noch bevor das Verbrechen geschieht und den vermeintlichen Verbrecher zur Verantwortung ziehen, verweigern wir diesem im Kern den freien Willen, also die Fähigkeit, sich selbst zu entscheiden, ob und wann er handelt. Wie sollte denn ein Mensch in dieser Welt noch seine Unschuld beweisen? Denn noch vor dem Verbrechen aus dem Verkehr gezogen kann er nicht nachweisen, dass er es gar nicht getan hätte! In dieser Welt wäre die Vorhersage gleichbedeutend mit dem Urteil der Schuld.

Das bedeutet aber auch: das Ende von Verantwortlichkeit. Denn die Freiheit des Menschen, über sein Handeln selbst zu entscheiden, ist die Kehrseite menschlicher Verantwortlichkeit. Wer schon aufgrund von Vorhersagen bestraft wird, hat jedenfalls gegenüber dem Staat keinen freien Willen mehr. Aber wie können wir uns ohne freien Willen so etwas wie persönliche Schuld und Verantwortlichkeit überhaupt vorstellen? Wenn ich nicht mehr frei entscheiden kann, was ich tue, dann kann ich für mein lediglich vorhergesagtes Handeln auch gar nicht schuldig sein. Sperrt mich die Gesellschaft dann trotzdem ein, dann kann ich nicht schuldig im herkömmlichen Sinn sein, denn Schuld macht ja nur Sinn, wenn ich mich frei entscheiden konnte und bewusst für das Falsche entschied.

Dieses Ende der Schuld, wie wir sie kennen, würde dann bedeuten, dass Menschen, die wir aufgrund von Big Data Vorhersagen ins Gefängnis stecken, nicht schuldig sind, wir sie aber trotzdem bestrafen. Wir hätten damit menschliche Verantwortung abgeschafft und durch etwas viel Schlimmeres ersetzt: schuldlose Strafe. Es wäre nichts weniger als das Ende menschlicher Handlungsfreiheit, jedenfalls gegenüber der Gesellschaft.

Big Data Vorhersagen einzusetzen, um damit Menschen zu bestrafen - in einem freiheitlichen Rechtsstaat, um Frau Merkel zu zitieren, "geht das gar nicht". Aber was ist, wenn der Staat die Vorhersagen nicht zur unmittelbaren Strafe nutzt? Wenn etwa nur eine Polizeistreife hält und nach dem Rechten sieht oder den Betroffenen so lange in ein Gespräch verwickelt, bis die vorhergesagte Tatsituation vorbei ist? Das wäre doch keine Strafe! Oder doch? Wie würde die betroffene Person es empfinden, wie würden die Nachbarn auf den Streifenwagen reagieren, der mitten in der Nacht auftaucht und dann stundenlang vor der Tür parkt?

Die Grenzen zwischen präventiver Intervention und empfundener Strafe sind fließend. Wie stark darf der Staat intervenieren? Wo ist unsere eigene Entscheidungsfreiheit zu Ende? Ich denke jedenfalls dort, wo wir gar nicht mehr entscheiden können. Wenn die Polizei bleibt, bis die vorhergesagte Tatsituation vorüber ist, dann kann ich mich gar nicht mehr für oder gegen das vorhergesagte Verbrechen entscheiden. Wenn die Polizei aber davor nur vorbeikommt, oder ein Sozialarbeiter mit mir ein Gespräch führt, mag ich das als Strafe empfinden, aber mir bleibt vielleicht im Kern noch die Freiheit der Entscheidung.

Noch schwieriger wird es, wenn wir uns fragen, welche Reaktion gerade von kommerziellen Anbietern als Bestrafung unzulässig ist und welche nicht. Versagt der Staat jemandem den Führerschein, weil eine Big Data Vorhersage voraussieht, dass die Person ein schlechter Autofahrer wird, dann ist das klar eine Strafe. Aber was ist, wenn die Person zwar den Führerschein bekommt, aber keine Auto-Versicherung mehr abschließen kann, und damit faktisch nicht Auto fahren kann? Ist das dann nicht Strafe? Und was ist, wenn die Person zwar eine Versicherung bekommt, aber die Monatsprämie doppelt so hoch ist wie bei anderen, obwohl die Person noch nie einen Unfall verursacht hat? Im Kern geht es hier um die Frage welche Konsequenzen an eine Big Data Vorhersage geknüpft werden, und wie diese die Handlungsfreiheit des Einzelnen verringern.

Wir müssen freilich vorsichtig sein: Das zentrale Problem hier ist nicht die Big Data Vorhersage an sich, sondern für welche Zwecke wir sie einsetzen. Menschen nur für vorhergesagtes Verhalten verantwortlich zu machen heißt nichts anderes als Big Data Korrelationen, die uns lediglich das "was" sagen können, für kausale Zwecke - wer ist schuld? - zu missbrauchen. Wie ich erklärt habe, können uns Big Data Korrelationen eben gerade nichts über das "Warum", die Ursachen, sagen. Das mag in einer Reihe von Fällen ausreichen. Aber es macht Big Data Korrelationen außerordentlich ungeeignet zu entscheiden, wer Schuld trägt. Leider sind wir Menschen darauf ausgerichtet, die Welt als Folge von Ursachen und Wirkungen zu sehen. Damit aber ist Big Data der permanenten Gefahr ausgesetzt zur Ursachenforschungen missbraucht zu werden.

Wir brauchen daher dringend eine öffentliche Debatte über die Grenzen der Vorhersage im Zeitalter von Big Data - staatlicher Vorhersage aber auch privatwirtschaftlicher Vorhersage.

Es gilt, die menschliche Handlungsfreiheit zu schützen. Traditionelle liberale Grundrechte schützen vor den Gefahren des 19./20.Jhdts. Wir müssen nun neue Grundrechte für das 21.Jahrhundert schaffen, die uns davor bewahren, dass wir Big Data und ähnliche mächtige Werkzeuge ohne Schranken einsetzen und damit unsere eigene menschliche Freiheit zu handeln und zu entscheiden untergraben.

Im Bereich der staatlichen Strafverfolgung muss das ganz klar in der Zukunft heißen: Keine Verantwortlichkeit ohne Kenntnis der Verursachung. Aber darüber hinaus bedarf es der verstärkten und nachhaltigen Verankerung neuer Leitlinien für das Big Data Zeitalter wie Transparenz, Zertifikation von Big Data Vorhersagen in wichtigen Entscheidungskontexten und die Sicherstellung der Widerlegbarkeit dieser Vorhersagen durch die Betroffenen.

Dazu mag es einer neuen besonderen Berufsgruppe von Experten bedürfen, die wir Algorithmiker nennen, und die nicht nur mit den Methoden der Big-Data-Analyse vertraut sind, sondern auch mit den ethischen Grenzen und stellvertretend für Betroffene Big-Data-Vorhersagen einer Kontrolle unterziehen können.

Aber es geht um noch Grundlegenderes: Freiheit, unsere Freiheit, unser Leben zu gestalten als Individuen und auch als Gesellschaft, diese ganz zentrale Freiheit bedeutet auch, ein Stück Risiko anzunehmen und zu akzeptieren, ein Stück anzuerkennen, dass wir Menschen verwundbar sind und verletzbar sein müssen, wollen wir am Ende auch Menschen bleiben und nicht bloß Erfüllungsgehilfen und Rädchen in einer Maschinerie von Vorhersage und Risikomanagement.

Big Data wird unsere Welt tiefgreifend verändern und uns viele neue Erkenntnisse in die Wirklichkeit eröffnen. Aber Big Data bringt auch bedeutende neue Herausforderungen mit sich. Da ist es von zentraler Bedeutung, dass wir dieses mächtige Werkzeug richtig einsetzen.

Und dass wir verstehen, dass genau so wichtig wie mit Big Data die Wirklichkeit zu verstehen es ist, auch einen Platz für das zutiefst Menschliche zu bewahren: unsere Kreativität, unsere Vorstellungskraft, unsere Irrationalität, uns auch manchmal gegen das Vorhergesagte zu entscheiden. Denn die Daten sind immer nur ein Schatten der Wirklichkeit und damit immer unvollständig. Gerade deshalb bedürfen wir im Zeitalter von Big Data einer großen Portion Demut – und Menschlichkeit.

Grygorii Moshak

Forschung und Prävention der Milizgewalt

Die Milizbeamten der Ukraine stehen immer unter scharfe Kritik wegen ihrer Verstöße gegen die Bürgerrechte und wegen ihrer Passivität. Eine *kriminologische Beurteilung* von Faktoren und Maßnahmen zur Prävention ungesetzlicher Gewalt ist bezüglich der ukrainischen Miliz und der deutschen Polizei bisher noch nicht durchgeführt worden. Die Forschung wurde mit Hilfe von Fragebögen durchgeführt, die auf die Klärung der Einstellung der Bevölkerung zur Miliz gerichtet ist. In diesem Zusammenhang fand auch eine Erörterung verschiedener (Gewalt-)Szenarien mit Milizionären statt. Ziel der Diskussion war, herauszufinden, welche Begründungen für Gewaltanwendung Beamte je nach persönlichem und kulturellem Hintergrund gaben.

Eine vergleichende Beurteilung von Faktoren und Maßnahmen zur Prävention ungesetzlicher Gewalt ist - einerseits - auf Basis der Publikationen von Herrn Professor T. Feltes[1] (Ruhr-Universität Bochum) und anderseits ukrainischer Autoren[2] durchgeführt worden. Die Ergebnisse belegen, dass ein großer Anteil der Bevölkerung mit der Arbeit der Miliz unzufrieden ist, und zwar besonders im Umgang mit den Opfern von Verbrechen sowie dem Fehlen der notwendigen positiven Veränderungen bei der Arbeit. Dies zeugt von einem beispiellos niedrigen Vertrauensniveau. Die Unterstützung der Miliz durch die Bevölkerung verringerte sich in den Jahren 2006 bis 2013 fast um die Hälfte. Der Miliz vertrauen nur noch 6,7 % der Befragten. 43,4 % der Hilfesuchenden haben keine Hilfe bekommen.

Zur widergesetzlichen Gewaltanwendung trägt die Orientierung der Mitarbeiter der Miliz vor allem im Kampf gegen die Kriminalität bei. Die Arbeit mit der Bevölkerung dient vorzugsweise dem Sammeln geheimer Informationen und der geheimen Kontrolle von Gesetzesbrechern, nicht aber dem Schutz der Rechte von Bürgern. Die neue Strafprozessordnung der Ukraine (sie gilt seit November 2012) beschränkt die widergesetzliche Gewaltanwendung mittels der Senkung von Faktoren, die dazu beitragen. Die Zahl der Verhaftungen und der Durchsuchungen ist auf 30 %, die Zahl der Anträge auf Arrest ist auf 45 % abgesunken. Der Entwicklung (neuester) zeitgemäßer Methoden und Strategien zur Prävention polizeilicher Gewaltanwendung dient auch der Deutsche Präventionstag.

---

[1] Thomas Feltes / Astrid Klukkert / Thomas Ohlemacher „..., dann habe ich ihm auch schon eine geschmiert." Autoritätserhalt und Eskalationsangst als Ursachen polizeilicher Gewaltausübung.- Monatsschrift für Kriminologie und Strafrechtsreform, 4/ 2007, S. 285-303;
Thomas Feltes . - Die diskursive Rechtfertigung von Gewaltanwendung durch Polizeibeamte Vortrag beim 37. Strafverteidigertag 8. - 10. März 2013 in Freiburg;
Thomas Feltes.- Polizeiliches Fehlverhalten und Disziplinarverfahren – ein ungeliebtes Thema. Überlegungen zu einem alternativen Ansatz. Erschienen in: Die Polizei, 10/2012, S. 285 ff. und 11/2012, S. 309 ff.

[2] Мартиненко О.А. «Детермінація и предупреждение преступности среди персонала оганов внутренних дел Украины.- Монография. – Х.: Изд-во ХНУВС, 2005.515с.

Die Studien veranschaulichen, dass im Jahr 2009 als Opfer der ungesetzlichen Gewaltanwendung seitens der Milizbeamten 604.000 Personen registriert sind, 2010 waren es schon 780-790.000, 2011 steigt die Zahl der Betroffenen bis auf 980.000.

Laut der durchgeführten Studien hat 2012 jeder 50. Ukrainer unter Milizwillkür und Folter gelitten[3]. Einer der Hauptgründe der Unzufriedenheit der ukrainischen Bevölkerung gegenüber den Vollzugsorganen ist die gemeinsame Verheimlichung von begangenen Verbrechen durch die Miliz und die Behörden. Das generiert unter Umständen Massenproteste der Bevölkerung und Gewaltausbrüche wie in Form von Straßenschlachten mit der Miliz. Eine Vergewaltigung, die 2013 von zwei Offizieren der Miliz im Dorf Vradievka (Gebiet Nikolaew) begangen worden ist, führte zu einem Massenaufruhr der Bevölkerung, zur Erstürmung und zur Brandlegung der Bezirksabteilung und der daraus resultierenden Entlassung der Mehrheit der dort arbeitenden Mitarbeiter.

Der Miliz werden die Misshandlung von Verhafteten, Folter und das Verprügeln von Verdächtigten, grausame Vertreibung von friedlichen Protestaktionen, Übergriffe auf Journalisten sowie Einschüchterung und Erpressung vorgeworfen. 2012 sind bei der Staatsanwaltschaft 114.000 Beschwerden gegen die Handlungen der Miliz eingegangen, darunter auch wegen der Folter von Festgenommenen. An die Gerichte sind jedoch nur 44 Strafsachen überwiesen worden. Etwa eine Million Bürger waren im Jahr 2012 Opfer von Willkür seitens der Miliz (Anwendung von Fesseln, Folter und Inhaftierung über den gesetzlich festgelegten Termin hinaus). Innerhalb der ersten acht Monate des Jahres 2013 sind von Ukrainern etwa eintausend Beschwerden gegen die Folteranwendung durch die Miliz erhoben worden. Nichtsdestoweniger werden nach verschiedenen Einschätzungen etwa 80 % der Folteranwendungen und Misshandlungen von Bürgern verschwiegen[4]. Die Angaben des Innenministeriums der Ukraine über die Folter entsprechen kaum der Realität.

Die Betroffenen erstatten oftmals keine Anzeigen über Folterungen durch die Miliz, da sie nicht glauben, dass die Milizionäre wegen Gesetzesverletzungen bestraft werden können. Die Betroffenen fürchten sich vor der Rache der Rechtsschutzorgane oder glauben nicht an die Effizienz solcher Beschwerden. Eine der Situationen für die häufigsten Fälle von Folteranwendung ist die Ermittlung, die schon für das sowjetische Rechtsschutzsystem charakteristisch war. Die Verwendung von derartigen Ermittlungsmethoden kommt den Milizionären (zynisch gesagt) weniger aufwendig vor (wie es ja auch zu früheren Zeiten der Fall war), als die Ermittlung laut der neuen Strafprozessordnung der Ukraine. Erschwerend kommen in solchen Fällen Beste-

[3] Солонина Є. Антиміліцейські протести: хто і що їх роздмухує?- «Радіо Свобода».- Режим доступу: http://www.radiosvoboda.org/content/article/25147396.html. – Назва з екрана.

[4] Поваляєв І. Про тортури — ні пари з вуст .- Україна молода.- Режим доступу: http://www.umoloda. kiev.ua/number/2371/.- Назва з екрана.

chung und die Möglichkeit, Geld von den Betroffenen zu erpressen, hinzu. Die unangemessene Gewaltanwendung wird folglich auch als Einnahmequelle angesehen. In diesem Fall ist die Gewaltprävention gemäß den Prinzipien der Humanität perspektivlos. Auch ein Jahr nach dem Inkrafttreten der geltenden Strafprozessordnung der Ukraine (SPO) wird die Gewaltanwendung den Bürgern gegenüber weiter praktiziert. Die ukrainische SPO wird von denselben „alten Beamten" verwaltet, deshalb bleibt seine Anwendung so gut wie außen vor.

Die Folteranwendung und Beleidigung von Festgenommenen sind nicht immer Komponenten eines durchdachten Handlungsplanes. Sie werden oft als Routine, als Nebenprodukt nervlicher Anspannungen und Zusammenbrüche, als elementare Unwissenheit angesehen. Diese Missstände können z.B. auf Alkoholismus oder sadistische Neigungen zurückgeführt werden. Die Zuversicht, ungestraft davonzukommen,[5] bekommt solche Ausmaße, dass das Gesetzbuch diesen Missständen nichts entgegenzusetzen hat. Unter den Faktoren der Gewaltanwendung ist in erster Linie ein niedriges kulturelles Niveau der ukrainischen Miliz zu nennen. Die Soziologen registrierten dabei auch eine *beispiellos* niedrige Zahl von Bürgern, welche der Miliz völlig vertrauen: sie macht weniger als 1 % aus.

Zur Verbreitung des ungesetzlichen Gewaltgebrauchs durch die Miliz tragen das Ausbleiben eines effizienten Untersuchungssystems solcher Fälle und das Fehlen von objektiven, vollständigen statistischen Angaben über die Maßstäbe dieser Erscheinungen bei. Die von den Rechtspflegeorganen oder der Staatsanwaltschaft durchgeführten Untersuchungen von Fällen der Gewaltanwendung durch die Miliz macht diese nicht wirklich objektivierbar.

Zum ungesetzlichen Gewaltgebrauch durch die Miliz tragen auch die Verstöße gegen die Rechte der Verhafteten, so z.B. auf ärztliche Untersuchung, auf das Recht einen Anwalt zu sprechen und das fehlende Recht, den bzw. die *nächsten Angehörigen* über die Festnahme zu informieren, bei. Diese Verfahrensweise befördert *illegale Festnahmen* und Gewaltanwendung den Verhafteten gegenüber. Eine schlechte Behandlung von inhaftierten und verurteilten Personen, die Misshandlung von diesen im Zuge der Haft, die Verweigerung notwendiger medizinischer Hilfe, Massenverprügelungen von Gefangenen sowie andere Formen der Gewaltanwendung dienen dabei zur Einschüchterung von Gefangenen und zum eigenen Nutzen. Die Nichtbefolgung der Rechte von Milizbeamten trägt auch zur Gewaltanwendung bei. Als positive Veränderungen, die 2013 registriert werden konnten, sind die Bemühungen des Innenministeriums, um die Verwendung von neuen Verfahren zur Bewertung der Tätigkeit der Miliz und der Erwerb von neuen Transportmitteln für die Beförderung der Verhafteten

---

[5] Врадіївських міліціонерів-садистів вимагають звинуватити у замаху на вбивство.- Зеркало недели,- Режим доступу: http://dt.ua/UKRAINE/vradiyivskih-milicioneriv-sadistiv-vimagayut-zvinuvatiti-u-zamahu-na-vbivstvo-125466.-html.- Назва з екрана

anzusehen, was gewissermaßen bessere Eskortierungsbedingungen der Inhaftierten
ermöglicht. Die Gewalt seitens der Miliz und der deutschen Polizei unterscheidet sich
wesentlich durch die rechtliche Natur der begangenen Verbrechen. Die Milizionäre
begehen Morde, Straßenraub, Vergewaltigung, Kidnappen und nehmen unschuldige
Personen gesetzeswidrig fest. Beispiele über ähnliche Verbrechen von deutschen Polizisten sind mir unbekannt.

Der Protest als Mittel der Prävention von Milizgewalt bleibt unter den gegebenen Umständen die einzige wirksame Reaktion der Bürger[6]. Die Situation wird sich nur dann
ändern, falls der größere Teil der Ukrainer gegen jeden solchen Fall eine Beschwerde
erhebt, in geschlossen Reihen für den Schutz von gesetzlichen Interessen eintritt und
aufhört, die Willkür seitens der Organe des Innenministeriums zu ertragen.

Zur Prävention von rechtswidrigen Handlungen der Miliz müssen auch die Öffentlichkeit und unabhängige Medien beitragen. Dank diesen beiden konnten schon einmal
sich strafbar gemachte Milizionäre zur strafrechtlichen Verantwortung herangezogen
werden. Es geht um die Mörder des Journalisten G. Gongadze, um den Chef eines
Bezirksmilizreviers, der zusammen mit dem ehemaligen Volksabgeordneten der Ukraine V. Lozinskij einen Mord begangen hat; um die Milizbeamten, die I. Kraschkowa
vergewaltigt haben. Die Bürger sollten selbst mehr zu ihrem Schutz beitragen und um
Gewalttaten zu verhindern, sollten sie der Ungerechtigkeit und Gesetzlosigkeit aktiv
Widerstand leisten und furchtlos Anzeigen erstatten, um Täter zu überführen.

Aus den Studienergebnissen von Professor T. Feltes von Ruhr-Universität Bochum
geht hervor, dass die innere (seelische) Anspannung von Polizisten durch die Angst
vor Durchsuchungen an ihren Arbeitsplätzen, am Computer, vor der Überwachung
ihrer Telefongespräche und Emails und deren mögliche negative Ergebnisse verstärkt
wird. Die mir zur Verfügung stehenden Informationen weisen auf das Vorhandensein
von Gemeinsamkeiten in der Miliz- und Polizeigewalt hin. Die Zahl der Mitteilungen
darüber ist in den Medien bedeutend gestiegen, vor allem dank der breiten Anwendung der IT-Technik in den europäischen Ländern, mit Möglichkeiten der Fixierung
von Gewalttaten in der Öffentlichkeit sowie dank dem Reagieren darauf, von darin
verwickelten Personen oder zufälligen Augenzeugen mittels der Verwendung der er-
wähnten Technik.

Beide Staaten zeigen eine gewisse Passivität hinsichtlich der Einführung einer offiziellen statistischen Erfassung[7] von unbegründeter Miliz- oder Polizeigewalt. Das

---

[6] Українська міліція: деградація та протести.- Режим доступу: http://ukrzurnal.eu/ukr.archive.
html/1312/.- Назва з крана.

[7] «...beim Erfassen von Straftaten die Statistik geschönt und manipuliert wurde....Diese Form des "un-
derrecording", also der Strategie, weniger Staftaten zu erfassen, als tatsächlich begangen und der Polizei
gemeldet wurden, wurde für verschiedene Straftatengruppen festgestellt, darunter neben dem PKW-
Diebstahl auch Vandalismus und Gewaltdelikte».-Thomas Feltes M.A. Gutachterliche Stellungnahme zur
Umsetzung der Richtlinien des Bundeskriminalamtes für die Führung der Polizeilichen Kriminalstatistik

begünstigt diese und lässt die Verheimlichung dieser Fälle seitens der Polizei (der Miliz), der Gerichte und der Staatsanwaltschaft zu. Der Korpsgeist[8] in den Reihen der Polizei (Miliz) und das Verhalten ihrer Leitungsorgane üben einen bedeutenden Einfluss auf die Untergebenen aus. Die Untergebenen nehmen sich ein Beispiel an der Milizführung, sogar wenn diese ihre Fehler verschweigen oder verheimlichen. Die leitenden Milizbeamten fordern auf, die inneren Probleme nicht publik zu machen und „die funktionierende Organisation" im positiven Licht darzustellen. Dadurch bestärkt die Polizeileitung ihre Untergebenen in dem Gedanken, um jeden Preis die „Problemlosigkeit ihrer Existenz" zu bewahren und gewalttätiges Verhalten von Kollegen zu decken.

Aus Mangel an alternativen Arbeitsplätzen in Kleinstädten und aus Angst, landesweit als Beamte berüchtigt zu werden, die mit ihren Kollegen oder sogar mit der Leitung streiten, scheuen sich die Mitarbeiter vor einer Überführung ihrer gewalttätigen Kollegen. Man ist weder an einem Ortswechsel, noch an der schnellen Verbreitung negativer Informationen über persönliche Qualitäten eines Beamten interessiert. Es ist allgemein bekannt, dass nur wenige Angestellte die Gewaltanwendung missbrauchen, und doch reagiert die Leitung auf diese Vorfälle nicht. Je mehr die Beamten und Angestellten in den Konfliktstrudel[9] hineingerissen werden, desto stärker lassen sie sich in ihrem Benehmen von Emotionen leiten, desto mehr gewinnt die Gewalt als Mittel der Konfliktlösung an Bedeutung und desto weniger richten sich Angestellte in ihren Taten nach den Bestimmungen des Gesetzes. Es kommt folglich mehr auf die persönlichen Qualitäten der Beamten an. Die Verstärkung der emotionalen Komponente verringert den Einfluss von Ausbildungscharakteristiken der Milizbeamten und verstärkt den Faktor einer subjektiven Wahrnehmung der Situation.

Die alltägliche Auseinandersetzung mit straffällig gewordenen Bürgern verwandelt die Fälle der Gewaltanwendung in eine Routine. Die juristische Bildung wirkt hier nicht und ein gesetzmäßiges Verhalten geht in jenem Milizrevier verloren, wo der Gewaltkult herrscht. Nur eine dünne Linie trennt die zulässige Milizgewalt von der Ausschreitung ab, sie verschwindet häufig unter dem Einfluss einer banalen Rechtsverletzung. Die Bereitschaft zur Gewaltanwendung unter dem Einfluss der alltäglichen Jagd auf die Rechtsverletzer (der Jagdinstinkt)[10] wächst bei ungenügender Be-

---

(PKS) im Land Brandenburg. - http://www.cdu-fraktion-brandenburg.de/aktuell/gutachten-manipulationsvorwuerfe-polizeistatistik-brandenburg

[8]   Feltes, Thomas (Hg.): Neue Wege, neue Ziele. Polizieren und Polizeiwissenschaft im Diskurs, Frankfurt am Main, S. 25-43; Ohlemacher, Thomas; Feltes, Thomas & Klukkert, Astrid (2008): Die diskursive Rechtfertigung von Gewaltanwendung durch Polizeibeamtinnen und -beamte. Methoden und Ergebnisse eines empirischen Forschungsprojektes. - Beitrag für die Zeitschrift „Polizei & Wissenschaft" Entwurfsfassung vom 29.2.2008.

[9]   „…, dann habe ich ihm auch schon eine geschmiert." Autoritätserhalt und Eskalationsangst als Ursachen polizeilicher Gewaltausübung Thomas Feltes / Astrid Klukkert / Thomas Ohlemacher (in: Monatsschrift für Kriminologie und Strafrechtsreform, 4/ 2007, S. 285-303

[10]   Feltes, Thomas. -- Polizeiliche Verfolgungsfahrten und der „Jagdinstinkt"

rufsausbildung, wenn der Polizist die Bedrohung des Verlustes seiner persönlichen Autorität und „des Gesichtsverlustes" befürchtet.

Die Häufigkeit der Milizgewalt wird durch ein defizitäres Verantwortungsgefühl und die Komplexität seines Zustandekommens gefördert. In den kriminalistischen Kreisen weist man darauf hin, dass die überführten Verdächtigten gegen die Milizionäre falsche und deshalb perspektivlose Anschuldigungen vorbringen. Zahlreiche Gauner verwenden auch raffiniert gefälschte Anschuldigungen, um dem Gericht diese oder jene Vorteile abzugewinnen. Die Betroffenen können oft die Milizionäre nicht fehlerfrei identifizieren, was die Grundlage für gegenseitige Anschuldigungen beim Fehlen anderer Beweise schafft. In der Regel wird der Beschuldigte von seinen Kollegen freigesprochen und sein Verbrechen gedeckt. Die falsche Solidarität von Milizbeamten, ihr interner Druck (die Notwendigkeit, um jeden Preis Fehler zu vermeiden)[11], die Angst, selbst in den Fokus der Ermittlungen wegen der Informiertheit über eine bestimmte Sache zu geraten[12] – das alles trägt zum Errichten einer „Mauer des Schweigens"[13] bei.

Dem Bürger fällt es schwer, ohne Hilfe oder Unterstützung durch das Gericht und die Staatsanwaltschaft, den Milizionär zu verklagen, da gegen diesen Bürger wiederum wechselseitige Anschuldigungen wegen des Widerstandes dem Milizbeamten gegenüber erhoben werden. Die Milizionäre erstatten gern Anzeigen, in denen sie sich als Opfer darstellen und finden dabei zumeist die notwendige Unterstützung durch ihre Kollegen. Die Richter, die eine lange Zeit mit den Milizbeamten im Rahmen ihrer gemeinsamen Tätigkeit vertraut sind, fällen negative Urteile häufig nicht, da sie sich davor fürchten, dem Image der Rechtspflegeorgane hierdurch zu schaden. Die Staatsanwaltschaft ist häufig machtlos, da sie von der Zuarbeit der Milizionären abhängt, welche die Taten der eigenen Kollegen untersuchen, und im Gerichtsverfahren häufig als Kronzeugen auftreten.

Zur Prävention der Milizgewalt in der Ukraine muss man zu bedenken geben, dass die Staatsanwälte und Richter ihr reflektorisches Vertrauen gegenüber den Milizangestellten zuerst schärfen sollte und in der Folge auch einmal mehr den Bürgern als den Beamten vertrauen sollten, um folglich auch in der Lage zu sein, Letztere bei Verstößen anzuklagen.

Kriminologisch-polizeiwissenschaftliche Anmerkungen zu einem wenig beachteten Phänomen.- in: Polizei & Wissenschaft 2011, S. 11-23

[11] Feltes T.- Stellungnahme zu dem Gesetzentwurf der Fraktion der SPD für ein Gesetz über die Landesbeauftragte oder den Landesbeauftragten für die hessische Polizei beim Hessischen Landtag .- http://starweb. hessen.de/cache/AV/18/INA/INA-AV-029-T1.pdf.

[12] Feltes T. - Polizeigewalt.- Das halte ich für rechtswidrig.- http://www.zeit.de/2012/42/Polizeigewalt-Interview

[13] Feltes T. - Legitime oder illegitime Gewalt durch staatliche Institutionen: Gewalt und Polizei. - http://www. amnesty-polizei.de/d/wp-content/uploads/legitime_oder_illegitime_polizeigewalt_feltes_bpb_2006.pdf

In beiden Ländern kommt man häufig zu dem gemeinsamen Schluss darüber, dass man die gesetzwidrige Gewalt mittels der Bestrafung der daran schuldig gewordenen Mittäter überwinden kann. Diese These ist illusorisch, da das Sanktionieren die bestehenden Zustände kaum ändert. Das Verhalten, das eine Folge von institutionellen und strukturellen Bedingungen in der Polizei oder der Miliz ist, wird unter ähnlichen Bedingungen reproduziert[14]. Dieses Verhalten ist sehr selten auf die Mängel eines Individuums zurückzuführen. Das Schaffen eines unabhängigen Mechanismus für die Untersuchung von Beschwerden der Bürger wegen der Folter und Milizgewalt würde zur Prävention dieser Missstände beitragen.

Schlussfolgerungen. Die Miliz- und Polizeigewalt haben viele Gemeinsamkeiten (hinsichtlich des Charakters, der dazu beitragenden Umstände und der präventiven Maßnahmen). Diese These begründet die Schlussfolgerung darüber, dass die moderne Miliz genauso ordentlich arbeiten kann, wie es die deutsche Polizei laut der EU-Regeln macht. Meine Schlussfolgerung stützt sich auch auf das Vorhandensein einer positiven Berufserfahrung während der Euro-2012. Die Maßnahmen zur Prävention der Milizgewalt müssen auch die lokalen Besonderheiten berücksichtigen.

Der aufgedeckte Zusammenhang zwischen den Schwierigkeiten, die bürgerlichen Grundrechte zu schützen, die der Milizgewalt ausgesetzt werden, und der Spezifik der Milizarbeit, dem Desinteresse von Staaten an der Feststellung von Fällen der Gewaltanwendung und ihrer Überwindung, soll die eigene präventive Tätigkeit von jedem einzelnen Bürger beeinflussen und verändern.

Der Ausblick auf weitere Forschungsansätze ist mit der Suche nach Wechselbeziehungen der Milizgewalt und dagegen gerichteten prophylaktischen Maßnahmen verbunden sowie mit der Bewertung von möglichen Budgetaufwendungen für diese Maßnahmen und mit den in der Zukunft zu erwartenden Ergebnissen. Die Übernahme positiver Erfahrungen der deutschen Polizei sollte hierbei den Zeitverlust zur Einführung der europäischen Standards in der Ukraine reduzieren helfen.

---

[14] Feltes, T. - Polizeiliches Fehlverhalten und Disziplinarverfahren – ein ungeliebtes Thema. Überlegungen zu einem alternativen Ansatz. Erschienen in: Die Polizei, 10/2012, S. 285 ff. und 11/2012, S.8.

Autoren

Prof. Dr. Dr, Klaus Michael Beier
Charité - Universitätsmedizin, Berlin

Dr. Helmut Fünfsinn
Hessisches Ministerium der Justiz, Wiesbaden

Dorit Grundmann
Charité - Universitätsmedizin, Berlin

Prof. Dr. Dieter Hermann
Universität Heidelberg

Dr. Harrie Jonkman
Verwey-Jonker Institute, Niederlande

Dr. Stefan Kersting
Landeskriminalamt Nordrhein-Westfalen, Düsseldorf

Anna Konrad
Charité - Universitätsmedizin, Berlin

Prof. em. Dr. Arthur Kreuzer
WEISSER RING e.V., Mainz

Laura F. Kuhle
Charité - Universitätsmedizin, Berlin

Prof. Dr. Dr. Helmut Kury
Universität Freiburg

Dr. Olaf Lobermeier
proVal - Gesellschaft für sozialwissenschaftliche Analyse, Beratung und Evaluation, Hannover

Erich Marks
Deutscher Präventionstag, Hannover

Gisela Mayer
Aktionsbündnis Amoklauf Winnenden

Prof. Dr. Viktor Mayer-Schönberger
Oxford Internet Institute, UK

Prof. Dr. Dr. Grygorii Moshak
Nationale Meeresuniversität, Ukraine

Dr. Daniela Pollich
Landeskriminalamt Nordrhein-Westfalen, Düsseldorf

Karla Schmitz
Deutscher Präventionstag, Hannover

Christoph Schüle
proVal - Gesellschaft für sozialwissenschaftliche Analyse, Beratung und Evaluation,
Hannover

Dr. Wiebke Steffen
Deutscher Präventionstag, Heiligenberg (Baden) / München

Dr. Rainer Strobl
proVal - Gesellschaft für sozialwissenschaftliche Analyse, Beratung und Evaluation,
Hannover

Jens Wagner
Charité - Universitätsmedizin, Berlin